湖南省社科基金项目（05YB150），湖南省高等学校科学研究重点项目（06A012）

湖湘人才史略

◎ 易永卿　陶用舒　著

群言出版社
QUNYAN PRESS
·北京·

图书在版编目（CIP）数据

湖湘人才史略 / 易永卿，陶用舒著 . -- 北京：群言出版社，2025. 1. -- ISBN 978-7-5193-1037-0

Ⅰ . C964.2

中国国家版本馆CIP数据核字第20256GW090号

责任编辑：胡　明
装帧设计：寒　露

出版发行：群言出版社
地　　址：北京市东城区东厂胡同北巷1号（100006）
网　　址：www.qypublish.com（官网书城）
电子信箱：qunyancbs@126.com
联系电话：010-65267783　65263836
法律顾问：北京法政安邦律师事务所
经　　销：全国新华书店
印　　刷：定州启航印刷有限公司
版　　次：2025年1月第1版
印　　次：2025年1月第1次印刷
开　　本：710mm×1000mm　1/16
印　　张：27.75
字　　数：450千字
书　　号：ISBN 978-7-5193-1037-0
定　　价：98.00元

【版权所有，侵权必究】

如有印装质量问题，请与本社发行部联系调换，电话：010-65263836

前　言

历史是人民创造的，人才作为人类的精华，往往处在社会发展的中心地位上，是人类文明进步中珍贵的财富。毛泽东同志说："世间一切事物中，人是第一个可宝贵的。"胡锦涛同志在全国人才工作会议上强调："人才资源是第一资源。"可以说，人类社会的竞争是人才的竞争，人类社会的发展关键靠人才，国之治乱兴衰靠人才。所以，墨子认为："贤者为政则国治，愚者为政则国乱。"孟子主张："贤者在位，能者在职。"诸葛亮指出："治国之道，务在举贤。"唐太宗也说："为政之要，惟在得人。"项羽失败，在于失人才；刘邦胜利，在于得人才。"得人者昌，失人者亡"，人才决定成败。人才战略是政府和企业共同的核心工作。中国乃至世界文明进化史，实际上都可以说是一部人才史。发展是党执政兴国的第一要务，科学技术是第一生产力，人才资源是第一资源，抓住了人才，就等于抓住了科学发展的龙头。

所谓人才，简而言之，就是人中之才，即才能超群的人。当然，这里所说的人中之才是一个简单化的定义，才能超群也是一个相对的说法，因为世上不存在可量化的绝对人才标准。人才有所谓全才、专才、偏才、怪才等，而所谓德才兼备、德艺双馨、文武双修、百科全书式的人才，都是极稀少的，诸葛亮、刘伯温这样出类拔萃的人才，几个世纪可能才产生一个，可遇而不可求、可一而不可再的。即使这样优秀的人才，也很难说他们是全才。因此，更多的人才是某一方面或某些方面具有特长的人，即专才、偏才、怪才，而不是所谓的全才。因为没有十全十美的人才，所以人们在选拔和任用人才时，不可求全。唐太宗说："人不可以求备，必舍其所短，取其所长。"《吕氏春秋·举难》中有："以全举人固难，物之情也。""神农、黄帝犹有可非"，更何况其他人？所以，龚自珍在《己亥杂诗·其一二五》中呼吁："我劝天公重抖擞，不拘一格降人才。"战国时期，诸侯争战，各诸侯国为了在竞争中取得优势，不遗余力地搜罗各类奇才、怪才、偏才，战国四公子之一的孟尝君就是善于用人的典范，所谓"鸡鸣狗盗"之士，也能为其所用，各尽其才。本书所录的众多湖湘人才绝大多数是德才兼备的优秀人才，但也并非全才，他们可能有这样或者那样的不足，这并不影响他们成为优秀的人才。

很多人才并不是全才，而是术业有专攻的专才、偏才或怪才，倘其才不被世人所识，得不到发挥，这样的人才就等同于普通人，往往被埋没。人才得不到发现和重用的现象，在历史上相当普遍。历史上还有很多人才在本地得不到发现和重用，却在外地被发现和重用，出现所谓"楚材晋用""墙内开花墙外香"等人才异地任用的现象。晋国前期人才流入较多，出现"楚材晋用""周材晋用"等人才流入现象，因而国力强盛，到后期，如战国时期的晋国不仅外来人才减少，而且本地人才流出，导致国力日益衰落。又如，秦之所以强大，一个重要原因是秦王善于识人才和用人才，秦国有着依靠外来人才富国强兵的传统。在秦国的优秀人才中，商鞅是卫国人，张仪是魏国人，李斯则是楚国人。还有很多优秀的人才，因为得不到发现和重用，长期被埋没，英雄无用武之地，最终才能被发现而大器晚成。如中国历史上著名的政治家、军事家和韬略家姜子牙，年轻时生活贫困，落魄潦倒，曾经不得不以宰牛、卖酒艰难谋生，连妻子都嫌弃他，后来幸得周文王姬昌所识，终于建功立业，成为大器晚成的人才典范。又如，著名数学家陈景润是世界级的数学大师，被称为哥德巴赫猜想第一人，但在生活中，他被人们称为"痴人"和"怪人"，在北京四中任教时，他也曾经因为口齿不清而被拒绝上讲台授课，只可以批改作业。所以，人才需要被发现，这就是识才。历史上，人们常用"伯乐相马"的故事比喻识才，并用"千里马常有，而伯乐不常有"表示识才之难，识才之重要。明代第一宰相张居正在《权谋书》中说："经世之道，识人为先，用人后之。"领导者要把识才作为为政的第一要务，要时刻反思人才的选拔和任用机制。本书所录的湖湘人才实际上可分为三大类：一是在湘域本地立言立功的本地人才，二是在外地立言立功的湘籍人才，三是在湘域立言立功的外地人才；其中主要是第一类和第二类人才，对于第三类人才，只重点选录并简要介绍那些对湘域影响巨大的部分人才。这符合人才流动的特点和人才异地任用的规律。

人才的成长主要依赖培养教育和自身努力。湖南著名的岳麓书院培养了王夫之、陶澍、魏源、曾国藩、左宗棠、胡林翼、郭嵩焘、熊希龄、唐才常等无数杰出的人才。这是人才培养和教育的成功典范。此外，人才的成长也需要一定的外

前 言

部客观条件，如环境、家世、政治形势等，所以有所谓"世家人才""时势造英雄"之说，也有"环境出人才"之说和"孟母三迁"的故事。对于历史上的湖湘人才的成长规律，包括地理环境因素、政治时势因素、家庭家族因素等，本书在不同章节做了具体的分析。

总之，人才需要培养和教育，人才的成长具有一定的规律，这是人才学成为一门学问的前提，也是本书立论的基础。

湖湘文化是中华文化中独具地域特色的重要一脉。湖南人才的兴盛是中国人才史上的一道壮丽的奇观。"楚虽三户，亡秦必楚"的湖南，在历史上人才辈出，精英不断，成为人才之渊薮。在这块神奇的土地上，先后诞生了周敦颐、王夫之、陶澍、魏源、贺长龄、曾国藩、左宗棠、胡林翼、郭嵩焘、谭嗣同、熊希龄、唐才常、黄兴、宋教仁、陈天华、蔡锷、毛泽东、刘少奇、蔡和森、彭德怀、胡耀邦、朱镕基等无数杰出人才，并有屈原、贾谊、柳宗元、朱熹等著名人才或贬谪、或游历、或求学、或供职来到湖湘大地，问苍天，哀民艰，作先忧后乐之叹，抒救国救民之志。

湖南地处中国南方中部，是中华文明古国的重要组成部分。炎帝尝百草、种五谷，堪称农业的始祖，其活动范围在湖南等地。蚩尤在湖南冶铁砂、制器具，开启工业之先河。舜帝南巡，在湖南留下了许多美丽的神话。屈原在湖南创楚辞、作《离骚》，开创了中国诗歌史上的一个新时代。蔡伦在湖南以树皮、麻草造纸，为文明的传播与发展提供了可能和保障。周敦颐是一代宗师，续文武周公孔孟之道统，开宋明理学之先河，使理学从湖南走向全国，成为中国哲学史上的一颗明珠。南宋时期，岳麓山下，朱张会讲，湖湘学派，蔚成气象。明末清初，王夫之高举反清复明义旗，结草堂而居，自谓"六经责我开生面，七尺从天乞活埋"，何等英雄气概。鸦片战争后，国家民族到了生死存亡的关键时刻，湖南人魏源第一个睁眼看世界，倡导经世救国，高呼"师夷长技以制夷"，曾国藩、左宗棠等群起响应，倡经世，兴洋务。甲午战后，谭嗣同、唐才常、熊希龄等人成为维新变法中的左派，并为改革变法流血牺牲，付出了生命的代价。辛亥革命时期，首义之区在武昌，但起义的组织和领导者是湖南澧县人蒋翊武，领导保卫武昌的是湖南长沙人黄兴，黄兴、宋教仁、陈天华、蔡锷等湖南籍人是辛亥革命的领导骨干。新民主主义革命时期，毛泽东、刘少奇、蔡和森、彭德怀、贺龙、罗荣桓等湖南人以救国救民为己任，引领中国人民推翻了"三座大山"。改革开放时期，湖南

3

人胡耀邦、朱镕基先后成为党和国家的主要领导人。

湖南湘潭人杨度在《湖南少年歌》中写道:"中国如今是希腊,湖南当作斯巴达,中国将为德意志,湖南当作普鲁士。诸君诸君慎如此,莫言事急空流涕。若道中华国果亡,除非湖南人尽死。"不光是湖南人有这种认识,外地人也有如此认识。安徽人陈独秀在《欢迎湖南人的精神》演说辞中写道:"湖南人的精神是什么?'若道中华国果亡,除非湖南人尽死。'无论杨度为人如何,却不能以人废言。湖南人这种奋斗精神,却不是杨度说大话,确实可以拿历史证明的。二百几十年前的王船山先生,是何等艰苦奋斗的学者!几十年前的曾国藩、罗泽南等一班人,是何等'扎硬寨''打死战'的书生!黄克强历尽艰难,带一旅湖南兵,在汉阳抵挡清军大队人马;蔡松坡带着病亲领子弹不足的两千云南兵,和十万袁军打死战;他们是何等坚韧不拔的军人!"当代著名学者钱钟书先生说:"中国只有三个半人:两广算一个人,湖南算一个人,江浙算一个人,山东算半个人。"在曾国藩为官时期,官至巡抚、总督、尚书的多达30多人,全国八大总督,湘人占据5个。中共一大时期,全国50余名党员中湘人占了30%,而孙中山创立同盟会时,70余名会员中湘人也是占了30%。中华人民共和国授予的十大元帅中湘人占30%,十位大将中湘人占60%,57名上将中湘人占33%;中共党史上46位杰出人物,湘人占34%……并且不仅仅是数量的问题,湘人的人才质量之高、影响之深,都是无与伦比的。今天人们仰望这些闪耀在历史星空中的智慧之星,无不熠熠生辉,光芒四射。"惟楚有材,于斯为盛",这是对湖南人才现象的集中概括。在人才学成为显学的当今,湖南堪称人才史研究的典型样本。历史上尤其是近现代史上湖湘人才辈出的盛况,备受世人关注,至今却没有一部《湖南人才史》,不能不说是一件憾事,这也是本书写作的初衷。

因为历史时间跨度太大,很多湖湘人才生活的年代久远,需要查阅的史料浩如烟海,更重要的是人才的成长、生活、事功是极其丰富多彩的,而文字的表现力却是极其有限的,加上作者才疏学浅,凭借零散的史料,很难完整地还原历史人物的本来面貌,且限于篇幅,本书无法面面俱到。本书如能为后世青年的成才提供一些借鉴,或者为将来的学术研究做些铺垫,就很不错了。在地域空间上,本书述录的人才仅限于湘域,而历史上湖南独立建省是在清康熙三年(1664),之前湖南不是一个独立的省;在时间上,本书基本定位的时间下限为1949年,并不涉及现当代。作者采纳了学术界相关专家的意见和建议,将书名定为《湖湘人才史略》。

目 录

第一章　湖南人才概况 ··· 001

第二章　秦汉魏晋隋唐时期的湖南人才 ···························· 031

第三章　宋元时期的湖南人才 ·· 087

第四章　明代的湖南人才 ··· 142

第五章　清代前、中期的湖南人才 ·································· 186

第六章　道光时期的湖南人才 ·· 232

第七章　咸同年间的湖南人才 ·· 292

第八章　维新运动时期的湖南人才 ·································· 362

第九章　湖南人才的地理分布 ·· 419

参考文献 ··· 433

后　记 ·· 435

第一章　湖南人才概况

　　湖南位于中国中部偏南，地处长江中游。地理位置在东经108°47′～114°15′，北纬24°38′～30°08′。总面积约21.2万平方公里，约为全国总面积的2.2%。地理环境多样化且独具一格：武功、幕阜山脉绵亘于东，与江西为界；南岭山脉屏障于南，和广东、广西毗邻；雪峰、武陵山脉逶迤于西，连接贵州、重庆；洞庭湖、长江交织于北，与湖北接壤。境内湘、资、沅、澧四水由南至北或自西向东注入洞庭湖，流进长江。东、南、西三面高而顺势向中、北部倾斜，呈一向北敞口的马蹄形，构成了一个极具特色而又比较独立和完整的自然地理环境。至2021年底，全省常住人口6 622万人，约占全国的5%。

　　中华人民共和国成立之前的湖南，参照中国历史的分期和湖南人才发展的规律，可分为三个阶段：远古时期、古代时期、近代时期。①"远古湖南"指秦朝以前，这一时期又可以分为前后两个时期：一是楚国统一湖南之前（约公元前770），湖南基本上处于自立自主、各民族自行管理的自然状态，在文字上基本没有留下湖南人才的记录，只有一些远古人物在湖南的传说；二是楚国统治湖南的时期，强化了湖南的行政设施，促进了湖南与中原各地的交流融合，湖南社会经济和文化都有所发展，文字上也有了不少人才的记载，但这些人才基本上不是土生土长的湖南人。②"古代湖南"指公元前221年秦始皇统一中国到1820年清仁宗逝世的两千年。这个时间的划分，和流行的中国历史分期稍有区别，有以下几个原因。第一，在先秦时代，中原地区的经济文化已经比较发达，而湖南大部分地区尚处于榛狉草莽阶段，为三苗、扬越所居之地。至秦代，中国历史上第一次建立了统一的中央集权国家，湖南纳入中国的版图之中，成为中国不可分割的极为重要的组成部分。第二，从社会制度和生产方式上来说，秦代至清仁宗的两千年，中国处于封建帝制社会时期。到清宣宗时，中国封建社会开始解体，处于封建社会向半殖民地半封建社会的过渡时期。第三，湖南人才发展状况与历史的分期有必然的联系，但也有其特殊性。秦统一以前，湖南是楚国的领地，土生土长的湖南人才基本上不见于史籍，秦建立统一的中央集权国家后,史籍上才有湖南人才的明确记载。但是,从全国范围来看,这2 000年中湖南人才数量不多、影响不大。③"近代湖南"指清宣宗时期到中华人民共和国成立。这一时期湖南人才发生了巨大变化,无论是在人才的数量方面,还是在人才的质量方面,都在全国位居前列,产生了巨大的影响,湖南成为中国的"人才大省"。

一、远古湖南人才综述

湖湘文化历史悠久。考古发现,早在18 000年前,常德临澧县竹马村就有了中国最早的高台式木构房屋;12 000至15 000年前,永州道县就有了中国乃至世界最早的水稻种植和陶器烧制技术。8 250至9 100年前,常德澧县彭头山出现了大面积的水稻栽培、陶器制作、房屋建筑、生产工具和公共墓地。6 800至7 800年前的怀化会同和洪江高庙出现了晶莹剔透、精美绝伦的各种玉器(特别是玉璜、玉钺)、陶器、象牙雕刻和精致竹席等手工制品,出现了我国最早的白陶和绘制在白陶器物上的八角星图(连山八卦天文图)及太阳神鸟(凤凰)、獠牙神兽图案与文字符号,出现了略呈八字形的"双阙"式宫殿和二排或三排式的楼房建筑以及窖穴、夫妻合葬墓、大型祭祀场所等,还出现了猪牛羊鸡鸭等家畜家禽饲养。6 500至8 000年前,在常德澧县梦溪镇三元宫等地,出现了大量的陶纺轮,各种玉器、陶瓷、酒器以及轮制薄胎黑陶、朱绘陶和蓝纹彩陶等器物;在6 000年前的澧县城头山遗址,考古人员发现了我国最早的护城河、城墙、城门和街道排水系统等设施齐备、功能完整,城区面积达22万平方米的大型城市,还发现了水上交通工具船舵、木浆,人造稻田、水塘、灌渠,磨光红陶、陶鼎,还有玉璜、玉钺等玉器,以及陶器制品等。考古人员近年还从泸溪、高坎垅、斗篷山,常德石门县皂市镇、澧县八十垱,宋家台、划城岗、汤家岗、车轱山、坟山堡、岱子坪、益阳石湖等距今4 200至7 900年的古遗址中发现了大量的人工栽培稻的稻谷、大米,还有家畜家禽骸骨、农具,筑有围墙、围沟的居民聚落、窖穴、房屋、公共墓地、瓦棺葬,玉器(如玉簪、玉镯等玉佩饰)、轮制陶器(如陶杯、陶碗、陶钵、陶盆、陶盘、陶鬶、陶罐、陶釜、盆型大鼎、圈足盘、绳纹罐、长颈壶、陶纺轮)、夹沙黑陶、灰陶,几何印纹硬陶及陶制玩具与泥塑狗等。这些表明,湖南是中华文明的发祥地之一。

第一章　湖南人才概况

笔者把公元前221年秦统一六国以前的漫长历史时期叫远古时期，这一时期的时间跨度较大。在楚国统治湘域之前，湖南没有统一的政权，各民族在一种自然状态下发展，湖南人才的成长状况也没有史籍可查，只有一些具有神话色彩的英雄人物的传说。楚国统治力量进入湖南之后，湖南的政治、经济、社会文化有了明显的发展，湖南与外地的文化交流有所加强。在这一时期的历史典籍中，才有屈原、贾谊等人物的记载，但这些人物大多不是在湖南本地成长起来的。

（一）传说时代的英雄人物

传说时代的伏羲、炎帝、黄帝、蚩尤、舜帝、驩（huān）兜、善卷等中华民族杰出的部落联盟首领，都在湖南留下了很多传说。

1. 伏羲

伏羲又作宓羲、庖牺、包牺、伏戏，亦称牺皇、皇羲、太昊，《史记》中称伏牺。伏羲聪慧过人，相传其人首蛇身，与其妹女娲成婚，生儿育女，成为人类的始祖。也有说法认为：伏羲并非人首蛇身，而是真正的道家创始人，人首蛇身即"道"字的原型。伏羲根据天地间阴阳变化之理，创造了八卦，即以八种简单却寓意深刻的符号来概括天地之间的万事万物。此外，他还模仿自然界中的蜘蛛结网而制成网罟（gǔ），用于捕鱼打猎。关于伏羲的记载在古籍中常见，但又说法不一。北魏郦道元《水经注·渭水》记载："故渎东经成纪县，故帝太皞庖牺所生之处也。"司马贞《史记·补三皇本纪》："母曰华胥，履大人迹于雷泽而生庖羲于成纪。"宋代罗泌《路史》中记载："太昊伏羲氏华胥，居于华胥之渚，尚暨叔姬翔于渚之汾。巨迹出焉，华胥决履以轸之，意有所动，虹且绕之，因孕十有二岁。生于仇夷，长于起城。"伏羲的母亲华胥，生活在华胥水边，因为踩神的足迹而怀上伏羲。近有学者提出伏羲于7 800年前生于湖南怀化洪江市辰水之畔的高庙。刘俊男《华夏上古史研究》曰："古洞庭湖又曰雷泽。"刘志一《神农氏炎帝考》曰："伏羲氏族的最早发祥地'雷泽'，是南方的洞庭湖，不是什么甘肃的成纪，更不是以往传说的伏羲氏所生在山东巨野泽。"华胥在楚地黔中，即今常德武陵一带，离西洞庭湖很近。"成纪"就是辰水之畔的洪江高庙。伏羲就是华胥于洞庭"感蛇"而"娠"，生于今怀化洪江辰水之畔的高庙"神龙"。

2. 炎帝

炎帝姓姜，大约生活在距今4 500多年以前黄河上游的陕西岐山姜水一带，当时是父系社会部落联盟时代。炎帝部落联盟掌握了先进的农业生产技术，相传炎帝教导人们种植五谷。在他的领导下，人们不断总结生产经验，改进生产工具，农业得到了较快发展，因而他深受人们的爱戴，被尊为"神农"，故炎帝又有"神农氏"之称。为了使部落成员免受疾病之苦，炎帝尝遍百草，从而发明了医药。后来，炎帝部落逐步沿黄河向东迁移，最后定居在中原地区。据传，炎帝是华夏中草药的第一位发现者和利用者。相传炎帝晚年到南方巡视，了解民情，尝草采药，为民治病，不幸误尝断肠草中毒身亡，"崩葬长沙茶乡之尾"，即今湖南省株洲市炎陵县鹿原陂。炎帝陵一直受到历朝历代炎黄子孙的敬仰和祭祀。西汉时已有陵，唐代已有奉祀，至宋代，太祖赵匡胤奉炎帝为感生帝，于是"立庙陵前，肖像而祀"，并设守陵记，禁樵牧。随着历史的变迁，炎帝陵也历尽沧桑，毁建多次，逐渐形成了规模宏大的建筑群，留下了众多的名胜古迹。炎帝时代后期，炎帝的姜姓部落曾与黄帝部落在阪泉（今河北涿鹿东南）大战。炎帝战败后与黄帝部落结成联盟，在涿鹿（今河北涿鹿南）大战南方九黎族，击败并擒杀其首领蚩尤。炎黄两部落联合成为中原各族的主干，故炎帝与黄帝并称为中原各族的共同祖先，是中华民族的人文始祖，天下华人均以身为"炎黄子孙"而自豪。

3. 蚩尤

蚩尤是与炎黄同时代的中华民族远古时期的部落联盟首领，范文澜在《中国通史》中认为，传说中的中国远古居民，"居住在南方的人被统称为'蛮族'，其中九黎族最早进入中部地区。九黎当是九个部落的联盟，每个部落又各包含九个兄弟氏族，共八十一个兄弟氏族。蚩尤是九黎族的首领，兄弟八十一人，即八十一个氏族酋长。神话里说他们全是兽身人语，吃沙石，铜头铁额，耳上生毛硬如剑戟，头有角能触人。这大概是以猛兽为图腾，勇悍善斗的强大部落"。以范文澜为代表的传统学派，坚持蚩尤是南方苗蛮首领，其中九黎族进入中原后与炎黄族发生了中国古代第一次大规模南北战争。翦伯赞主编的《中国史纲要》，采用《管子》《兵书》《世本》之说："据说蚩尤是金属冶炼的最早发明者。"尸佼《尸子》载："造冶者，蚩尤也。"可见，蚩尤是中华大地上最早发明冶炼技术、最早使用金属兵器的部落首领。由于蚩尤率先发明了金属兵器,掌握了当时最先进的武器制造技术,所以曾经在部落争战中占有优势,连炎黄联盟也战不过蚩尤部落联盟。史载炎黄联盟在与蚩尤部落联盟的争战中,"九战九不胜"。蚩尤最后因为战术的原因而落败,余部退回南方,并逐渐演变成今天南方苗、瑶、土家、布依等众多少数民族。今湖南湘西苗、瑶等少数民族奉蚩尤为始祖,并流传着许多关于蚩尤的传说。据刘范弟《善卷、蚩尤与武陵——上古时期一段佚史的破解》一书考证,蚩尤战败以后,其遗体被肢解,分葬在多处,最后的一处在湖南常德,也因蚩尤是中国古代的战神,所以常德古称武陵。也有学者认为,湘中雪峰山区的古梅山,就是蚩尤及其族众的故地,今新化大熊山,有蚩尤屋场古迹,安化思游过去叫蚩尤界,被誉为蚩尤故里。[①]

4. 舜帝

舜,历来与尧并称,是传说中的圣王,传说其目有双瞳而名重华,生于姚墟,故为姚氏,因受尧的禅让而称帝于天下,其号"有虞氏",称"有虞氏帝舜"。死后,禅位于禹。《孟子》曰:"舜生诸冯,迁于负夏,卒于鸣条,东夷人也。"《风工记》则曰:"舜,东夷之人,生姚丘。"而《括地志》云:"越州余姚县,顾野王云舜后支庶所封之地。舜,姚姓,故云余姚。""姚丘"并非舜的诞生地,而是"舜后支庶所封之地"。但从舜是"东夷之人"来说,他的出生地当为"吴越"之地。那么距离"(余姚)县西七十里"的"汉上虞故县",是不是舜的出生地呢?《中国古今地名大辞典》曰:"上虞县,秦置,本汉司盐都尉治。地名虞宾。舜避丹朱于此。故以名县。故城在浙江上虞县西。"说明这里是"舜避丹朱"的地方,并非舜的出生地。如此,舜的出生地当为孟子所说的"冯"。"冯"在何处?《中国古今地名大辞典》云:"冯水,今名东河,在湖南江华县东南。《水经注》云:'冯水出临贺郡冯乘县东北冯冈。流为冯溪。带约众流,浑成一川,谓之北渚。'汉冯乘县以此名。"并曰:"冯乘县,汉置,界内有冯水,因名。宋省,故城在今湖南江华县西南六十里,接广西富川县界。""富川",《辞源》云:"(汉时)属苍梧郡……三国吴属临贺郡。""东夷"为东方少数民族,亦称九夷。梅山傩戏《和梅山》云:"昔日轩辕传天下,收服九黎为九夷。"可见"东夷人"就是蚩尤等部落的南楚人。帝舜死后,葬于湖南零陵的九嶷山,零陵即舜陵的别称或者美称。传说舜帝南巡之时,他的

[①] 易永卿. 蚩尤与梅山文化 [M]. 长沙:岳麓书社,2008:3.

两个妃子娥皇和女英千里寻夫,从中原来到洞庭湖君山,得到舜帝驾崩的噩耗,不禁伤心落泪,直到泪尽泣血,泪血洒到竹子上,留下泪斑,使竹子成为泪竹,又称为斑竹。"零"就是"涕零","零陵"就是"舜陵"。《山海经·海内南经》载:"苍梧之山,帝舜葬于阳。帝丹朱葬于阴。"《大荒南经》曰:"帝舜葬于岳山。""岳山"就是"九嶷山"。《尚书正义·舜典》孔颖达疏:"舜即位五十年,升道南方巡狩,死于苍梧之野而葬焉。"《礼记·檀弓上》曰:"舜葬于苍梧之野。"《史记·五帝本纪》曰:"(舜)南巡狩,崩于苍梧之野,葬于江南九疑,是为零陵。"《水经注·湘水注》云:"蟠基苍梧之野,峰秀数郡之间,罗岩九举,各导一溪,岫壑负阻,异岭同势,游者疑焉,故曰九疑。"《汉书·武帝纪》:"(武帝)行南巡狩,至于盛唐,望祀虞舜于九疑。"

按照孟子"舜生于诸冯,迁于负夏"之说,舜从诸冯出生后迁至"负夏"。刘俊男在《华夏上古史研究》一书中说:"'负夏'者,临夏也。即湘北之幕阜山(幕为舜祖,以此名名山),临近夏水。"舜代尧为天子所开展的一系列政治和军事活动也都是以湘北为基地来进行的。如《尚书·尧典》:"(尧)厘降二女于沩汭,宾于虞。"王肃曰:"沩汭,为虞地名。""汭","水涯也"。马季长曰:"水所出曰汭。"《水经注》云:"(湖南)宁乡、益阳交接处有沩山,为大沩山……"《中国古今地名大辞典》曰:"沩水源出湖南宁乡县西大沩山,东北流会乌水入长沙县界,名新康河。"《寰宇记》曰:"大沩山,沩水出焉。"《名胜志》曰:"四方皆水,故曰大沩。""宾于虞"即礼归于舜,嫁二女给舜之意。这就是说舜居于宁乡之"沩(wéi)汭(ruì)"时,娶了尧之二女娥皇和女英为妃。从《路史·国名纪》所载"长沙,今岳之沂江,潭之益阳,梁之重华县有重华城,一号虞帝城,记为帝都"来看,虞舜重华早年确曾被尧帝派往益阳宁乡的沩汭之地经受锻炼和考验。《史记·五帝本纪》载:"尧曰:'嗟!四岳,朕在位七十载,汝能庸命,践朕位。'岳应曰:'鄙德忝帝位……有矜(无妻之人)在民间,曰虞舜……'尧曰:'吾其试哉!'于是尧妻之二女,观其德于二女。舜饬下二女于沩汭,如妇礼。尧善之,乃使舜慎和五典,五典能从……尧使舜入山林川泽,暴风雷雨,舜行不迷。"在此期间舜经受住了"德""礼"和"山林川泽、暴风雷雨"的考验和锻炼,取得了尧的信任,并使尧将二女娥皇、女英嫁给了他。至今宁乡有"唐市镇""虞帝城""重华城"和"沩山""沩水"及宁乡湘妃寺可证。《史记·五帝本纪·索隐》皇甫谧云:舜早年时期曾

"（躬）耕（于）历山，渔（于）雷泽，陶（于）河滨，作什器于寿丘。"这"历山"就是"以长沙为中心的厉山国"，"雷泽"就是洞庭湖，"寿丘"就是洞庭君山的"陶唐之丘"。可见虞舜在代尧行天子之事以前，一直生活在湘北地区。尧禅位于舜也是在湘东北的大围山一带。大围山旧名首禅山，今本《竹书纪年》云"首山"。这里还有古史记丹朱避舜于房，遂封之的"横山"（房山）。当地人念"横"为"房"，故至今仍称房山。据《尚书大传》载"虞帝舜禹于洞庭，张乐成于洞庭之野"，舜晚年禅天下于禹，也是在湘北的洞庭湖地区进行的。舜帝南巡时，曾在今湘潭韶山举行过一场盛大的韶舞，今韶山之名，由此而来。之后，舜帝南下衡疑，崩于苍梧之野，葬于九嶷之阳。《史记·五帝本纪》皇甫谧集解曰："舜以尧之二十一年甲子生，三十一年甲午征用，七十九年壬午即真，百岁癸卯崩。"

5. 驩兜

驩兜，又作欢兜或驩头，是中国古代传说中三苗的杰出首领，因为与共工、鲧（gǔn）一起作乱，而被舜流放至崇山。崇山在今湖南张家界市，山上有欢兜墓、欢兜屋场、欢兜庙等古遗迹。驩兜在古籍中有驩头、丹朱、鹏吺等九名，当为丹朱部族与苗蛮驩兜部族融合后的一个部族。舜放驩兜（尧子丹朱）于崇山之事，史籍多有记载。如《尚书·舜典》载："（舜）放驩兜于崇山。""（舜）流共工（之裔）于幽州，放欢兜（丹朱）于崇山，窜三苗于三危。"《太平御览》引《尚书》："尧子不肖，舜使居丹渊（丹水之源）为诸侯，故号曰丹朱。"《荆州记》曰："（舜）放驩兜于崇山。崇山在澧县南七十五里。"明万历《慈利县志》云："驩兜墓在崇山，舜放驩兜于此，后遂葬于山下。"清道光《永定县志》亦云："古驩兜冢在县西南崇山绝顶，有巨垄。"

6. 善卷

善卷，远古尧舜时代人，相传为尧舜时一位著名的隐士，是一位"得道之士"。刘范弟在《善卷、蚩尤与武陵——上古时期一段佚史的破解》一书中考证："善卷是蚩尤一位直系子孙。"他辞帝不授，归隐枉山（今湖南常德德山），德播天下，成为中国道德文化的渊源。他不仅受到当地群众敬仰，还曾为尧、舜所尊崇。善卷的事迹在先秦、汉代、晋代的文献中有所记载。《吕氏春秋·权勋》记载："尧不以帝见善卷，北面而问也。尧，天子也；善卷，布衣也。何故礼之若此之甚也？善卷，得道之士也，得道之士不可骄也。尧论其德行达智而弗若,故北面而问焉。"尧帝不以天子的身份,而以弟子的身份,躬身向善卷学习,请教"德行达智",说明善卷是尧尊敬的老师。《庄子·让王》记载:"舜以天下让善卷,善卷曰:'余立于宇宙之中,冬日衣皮毛,夏日衣葛绤,春耕种,形足以劳动;秋收敛,身足以休食。日出而作,日入而息,逍遥于天地之间而心意自得。吾何以天下为哉?悲夫!子之不知余也。'遂不受。于是去而入深山,莫知其处。"舜帝要把天下让给善卷,善卷不受。1992年《安化县志》载:"插合岭,位于常德、桃源、安化三县交界之所,大部分在金鸡乡梨树村境内,海拔715米。原有插合庵,相传舜时有一贤人善卷,隐居于此。善溪以其得名。"善卷被历代文人称为中华民族的"德之始祖",善卷道德文化是湘楚文化的源头之一,是中华传统文化的重要组成部分。善卷其人其事可浓缩为"让""和"二字,善卷道德文化主要表现在仁爱、正义、和谐、淡泊名利等方面。善卷居,即今常德德山。隋朝刺史樊子盖莅任常德,听说善卷曾居枉山,将此山易名"善德山",后简称德山,于是便有名谚"常德德山山有德,长沙沙水水无沙"。

楚国统治湖南之前,历史上没有湖南人才的记载,只有伏羲、炎帝、黄帝、蚩尤、舜帝、骦兜、善卷等神话时代的人物在湖南活动的传说。这些传说虽然难以得到考古学确证,但后世史料、民间习俗、口述历史、部分考古资料等方面能得到一些印证,它们大多隐含着中原部落联盟首领巡征伐南方,南方部落联盟在逐鹿中原的争战中失败而退隐湖南的远古历史信息。因此,在边远蛮荒之地成长起来的湖南人才,逐渐养成了勇武、敢为人先的人才品格。

(二)屈原及其对湖南人才的影响

屈原(约前340—前278),芈姓,屈氏,名平,字原,又自名正则,字灵均。一般认为,他是战国时期楚国丹阳人,今湖北宜昌市秭归县人,楚武王熊通之子屈瑕的后代,自称颛顼的后裔。屈原主张联齐抗秦,提倡"美政"。屈原是我国伟大的爱国主义诗人之一,也是我国已知较早的著名诗人、思想家和伟大的政治家。据《史记·屈原贾生列传》记载,由于楚国贵族排挤,屈原先后遭到楚怀王和楚顷襄王的流放,空怀满腔爱国热情和满腹经邦治国之才却无用武之地,眼看着楚国"兵挫地削,亡其六郡",楚怀王自己也"身客死于秦,为天下笑"。在万分悲痛失望之下,屈原"于是怀石,遂自投汨罗以死"。

作为一个杰出的诗人,屈原创立了"楚辞"体,开创了"香草美人"的传统，留下了大量的诗作。他的诗歌文字优美，内涵丰富，感情细腻，思想深刻，因而广为流传，并为后学效仿。鲁迅先生在评价司马迁的《史记》时，就是以屈原的《离骚》作为衡量标准的，说它是"史家之绝唱，无韵之离骚"。《史记》记载："屈平疾王听之不聪也，谗谄之蔽明也，邪曲之害公也，方正之不容也，故忧愁幽思，而作《离骚》。'离骚'者，犹离忧也。夫天者，人之始也；父母者，人之本也。人穷则反本，故劳苦倦极，未尝不呼天也。"故作《天问》。西汉时期的贾谊也有和屈原相似的人生经历，被流放湖南担任长沙王太傅时，有感于屈原的遭遇，写作了《吊屈原赋》。《史记》记载，贾谊"既辞往行，闻长沙卑湿，自以为寿不得长。又以适去，意不自得。及渡湘水，为赋以吊屈原。"所以，后世常以屈贾并称，就如李杜、元白、苏辛等。

屈原虽然不是湖南本地人，却被贬谪到湖南，并在湖南完成了他的传世之作。据胡则在《屈原第二故乡》中的考证，屈原在湖南桃江生活了13年，那里至今流传着许多传说故事，在桃花江边还有天问台等遗迹。也有学者考证，屈原《楚辞·涉江》中所记"登昆仑"并非神话，实际是指登湖南桃江的浮丘山。[①] 屈原的主要代表作《离骚》《九章》《九歌》《天问》等都是在湖南创作的，作品中既饱含着作者的家国情怀，也融入了湖湘的地域特征。屈原以贬谪者的身份来到蛮荒之地湖南，经受恶劣生存环境的考验，以强烈的忧患意识与情怀感动着后人，是品行高洁、傲世独立、出淤泥而不染的真君子。屈原的独立不迁、高贵自洁，坚忍决绝、忧患意识，乃至他的投江自沉，无不出自一种源于尘世生活却又超越尘世生活的伟大的诗意品格。这品格里有大悲痛、大欢喜、大超然，这品格是湖湘大地山水花草孕育生长出来的。他开创了中国文化、中国文学中特别重要、特别珍贵的一条长河，后世的李杜、苏辛等等无不是这条长河的继续伸展或支脉。

屈原是有思想、有个性，敢于向主流社会挑战的思想家，被贬到湖南之后，对湖南的本土文化和人才产生了巨大的影响，给湖湘士子留下了宝贵的精神财富。他正道直行、位卑仍忧国，志洁自净、泥而不滓，知其不可为而为之的坚守与决然，在后世湖湘人才的言行事迹中得到了悠远的回响。湖南相对封闭的特殊文化环境也影响到贬谪文人的思想和他们的文艺创作心态，体现在其作品中是重峦叠嶂的神秘色彩、纵情山水的诗情画意、心忧天下的爱国情怀、

---

① 张国荣.《楚辞·涉江》中的"登昆仑"之谜[J].湖南城市学院学报，2005（3）：63-68.

怀才不遇的悲剧人生，这构成湖南独具特色的贬谪文化，使湖湘文化中多了一些经世爱国的传统。这种本土文化与贬谪文化的合流，使湖湘文化更加丰富多彩，也使湖南人才更加突出地具有勇敢、刚毅、爱国、勇于担当等多重性格。

在那个急需人才的时代，屈原怀才不遇，报国无门，忧郁而终。他远离庙堂，浪迹山野，抒离骚之恨，发天问之惑，把爱国之躯留在湖湘大地。屈原的事迹在湖湘大地广为流传，影响着一代代湖湘子弟，因此，在湖南人心目中，屈原就是湖南人，湖南是屈原的第二故乡。屈原的品格、诗作，对湖湘文化影响至深，对湖南人才的品格影响至深。

二、古代湖南人才稀零

（一）古代人才分布情况与特点

自秦始皇开始，历经汉、晋、唐、宋、元、明，至清嘉庆的长达 2 000 年的时间内，中国是一个以汉民族为主体的统一的封建专制帝国。其间，虽制度时有变化，疆域或有增减，郡县多有分合，国势代有强弱，但是，民族以汉民族为主体，政治以皇权为核心，经济以农业为基础，文化以汉字为表达形式，思想以儒家为正宗，这些基本没有变化。作为世界文明古国之一的中国，有着悠久灿烂的文化，也涌现了无数叱咤风云的杰出人才。湖南自秦开始正式纳入中国的版图，成为中国不可分割的组成部分。此时的湖南不是一个单独的行政区，一些史学工作者把这一时期的湖南称为湘域，湖南古代人才史就从秦代湘域开始。

本书结合现有的一些人物、人名辞典的记载，对中国古代人才的分布分省统计，从而使读者对古代湖南人才在全国的地位有宏观的了解。

民国时期的学者丁文江曾在《中国历史人物与地理的关系》中对二十四史列传人物的籍贯进行统计，在 5 783 名列传人物中，湖南籍的仅 57 人，只占全国列传人物的 0.99%。

1981 年，上海辞书出版社出版的《辞海·历史分册·中国古代史》，虽系征求意见稿，但是集全国专家编辑的工具书，具权威性，又曾广泛发行，影响深远。其共收录古代（本书指自秦至清嘉庆，下同）中国人物 1 359 人，其中湖南籍人物 13 人，仅占古代中国人物的 0.96%。

1982 年，南京大学历史系编辑的《中国历代名人辞典》，搜集了历代政治人物、农民起义领袖、文学艺术家、思想家、科学发明家、少数民族人物、宗教领袖等，以政治人物为主。其中古代人物2 647人，其中湖南籍名人24人，仅占古代全国名人的0.91%。

1983年，吴海林、李延沛编辑出版了《中国历史人物辞典》，"凡历史著名人物，如政治家、哲学家、军事家、科学家、文学家、艺术家、农民起义领袖、少数民族重要人物，以及帝王将相、学者名流、高人逸士、仕宦僧尼、能工巧匠等，尽量收入"。共有中国古代人物4 737人，其中湖南籍人物有60人，占全国古代人物的1.27%。

1987年，黄邦和、皮明庥编辑了《中外历史人物词典》，"对中外古今政治、军事、经济、学术、文化及民族、宗教、社会等方面的人物进行筛选，择最有历史地位、最具代表人物列入条目，其间，忠奸、正反俱收，但着力介绍富有爱国主义精神和对人类有重大贡献的人物"。其中共收中国古代人物1 623人，湖南籍18人，占全国古代人物的1.11%。

1992年，许焕玉、周兴春、朱亚非编辑了《中国历史人物大辞典》，共收录中国古代人物5 250人，其中湖南籍人物46人，仅占全国古代人物的0.88%。

本书将古代中国各省人才的情况列表如下，进行比较。中国古代各省人才统计表如表1-1所示。

表1-1 中国古代各省人才统计表

省名	《中国历史人物大辞典》	《中国历史人物辞典》	《中国历代名人辞典》	《中外历史人物词典》	《辞海·历史分册·中国古代史》	合计	比例/%	名次
江苏	573	869	265	171	118	1 996	12.76	1
河南	622	421	304	213	179	1 739	11.11	2
浙江	444	518	196	137	72	1 367	8.74	3
河北	483	336	252	155	140	1 366	8.74	4
山东	389	329	200	121	108	1 147	7.33	5
陕西	338	246	162	130	108	1 004	6.42	6

续表

省名	《中国历史人物大辞典》	《中国历史人物辞典》	《中国历代名人辞典》	《中外历史人物词典》	《辞海·历史分册·中国古代史》	合计	比例/%	名次
安徽	270	262	150	97	81	860	5.50	7
辽宁	306	154	142	89	109	800	5.11	8
山西	293	169	148	77	85	772	4.93	9
江西	213	245	106	66	40	670	4.28	10
甘肃	201	113	98	79	73	564	3.60	11
内蒙古	223	70	114	48	55	510	3.26	12
福建	153	204	52	43	33	485	3.10	13
四川	154	141	74	45	26	400	2.61	14
湖北	109	125	70	43	35	382	2.44	15
湖南	46	60	24	18	13	161	1.03	16
黑龙江	97	21	37	3	3	161	1.03	16
广东	38	64	22	11	8	143	0.91	18
新疆	29	32	35	15	13	124	0.79	19
宁夏	54	7	9	4	5	79	0.57	20
云南	20	14	13	3	4	54	0.35	21
西藏	19	3	15	2	1	40	0.26	22
贵州	8	11	7	7	5	38	0.24	23
广西	10	10	5	4	3	32	0.20	24
青海	5	3	5	3	2	18	0.12	25

续表

省名	资料名称					合计	比例/%	名次
	《中国历史人物大辞典》	《中国历史人物辞典》	《中国历代名人辞典》	《中外历史人物词典》	《辞海·历史分册·中国古代史》			
台湾	2	6	—	3	—	11	0.07	26
吉林	3	1	3	—	—	7	0.04	27
不明省籍	148	304	119	66	40	677		
总计	5 250	4 737	2 647	1 653	1 359	15 646	—	—

从上述中国古代人才分布图和表中，人们可以了解到中国古代人才的整体分布情况，从而发现中国古代人才分布的一些特点。

一是中国古代长达2 000多年，人才的分布是发展的、变化的，而不是静止的、恒定的，大致是自黄河流域即中原地区向长江下游即东南地区流动的过程。早在秦汉三国时期，中原地区就是中国人才的中心，河南一省将近集中了全国人才的1/4，其次是山东和陕西，湖南名列第13名，占全国人才总数的0.82%。到两晋南北朝时期，河南仍是中国最大的人才中心，但河南人才在全国人才总数中的占比下降为18%。山东仍然名列第二，陕西失去了第三的位置，江苏人才数量上升，占据全国第三。湖南则下降为古代人才占比的最低点，只占全国人才总数的0.29%。到隋唐五代时期，陕西、河南、河北三省齐头并进，占了全国人才总数的2/5，分列全国前三名。湖南人才在全国人才总数的占比上升为0.56%，但名次却下降为第19名。到宋辽金元时期，全国人才的分布发生了较大的变化，浙江异军突起，成为全国人才第一大省，占了全国人才总数的13.29%，河北居第二，河南第三，陕西在前十名之外，南方的江西和北方的内蒙古则发展为全国第四和第五，湖南为第18名，占全国人才总数的0.94%。明代，东南各省人才数量明显增加，江苏成为全国人才第一大省，占了全国人才的1/5以上，浙江退居第二，安徽上升为第三，江西、福建紧随其后，河南、河北、山东等中原各省均落在后面，湖南则上升为第15名，在全国人才总数中的占比则达到了1.25%。清代前、中期，中国人才分布再次发生较大的变化，人才更加集中，江苏一省的人才占全国人才总数的1/4以上，辽宁急速发展，上升为全国第二人才大省，辽宁人才约占全国人才总数的1/5，浙江退居第三，占全国人才总数的1/10以上。这三省人才数量相加，竟占全国人才总数的57%以上。湖南则上升为第10名，在全国人才总数中所占的比例也上升为2%以上。可见，中国古代的人才中心在不断发生变化，而古代湖南人才始终在全国人才中处于落后的地位。

二是中国古代人才分布呈现出较为明显的地域特征。具体而言，可以将中国古代人才分布区域划分为两个人才中心、两个人才带、一个人才荒漠区。两个人才中心：一个是河南、河北、山东、山西、陕西、甘肃等中原地区，即黄河流域地区，为中国古代的政治中心，历代国都大多设在这个地区，这是中国古代最重要的人才中心，约占中国古代人才的45%；另一个是江苏、浙江、安徽、江西等东部地区，即长江下游地区，是中国古代财赋之地，文化发达，经济繁荣，更有南京、杭州等著名古都，这一地区的人才约占中国古代人才的32%。围绕两个人才中心，形成了两个人才带：一个是北方辽宁、内蒙古、新疆、黑龙江等地，多为少数民族聚居区，民风强悍，政权建立较早，和中原地区往来密切，且时有战争，蒙古族、满族曾先后入主中原，这个地区地广人稀，人才却不少，约占古代人才的10%，辽宁更位列古代人才省份第八名；另一个人才带是福建、广东、湖北、湖南、四川等地，虽然开发晚于中原地区，但地理环境优越，北靠长江，东临大海，交通便利，物产丰富，约占中国古代人才的10%以上，且呈不断上升之势，福建更是人才增长最快的省份。一个"人才荒漠区"是指西南地区的广西、贵州、云南、西藏、青海等广大地区，多为山地高原，交通闭塞，经济落后，且多为少数民族杂居，其土地面积约占全国的1/5，人才却只占全国的1%左右。

三是古代湖南人才稀少。古代湖南人才只占全国人才的1%左右，和湖南在全国的地位很不相称。湖南地处中国中部稍偏南，土地面积约占全国的2%以上，人口占全国的5%左右，但湖南人才只占全国1%左右。教育家杨昌济如是总结古代湖南人才状况："考之春秋，楚地不到湖南。此后两千余年历史上亦殊寂寥。从前科举时代，南北合闱，湖南士子惮泛重湖赴试者少，获隽亦难。有一年仅有一人中试，当时巡抚特加宠异，赠以'一鹗横秋'之匾。风气闭塞，人才寥落，可想而知。"[①] 皮锡瑞在《师伏堂未刊日记》中说得更具体：

---

① 杨昌济. 杨昌济文集[M]. 长沙：湖南教育出版社，1983：351.

"湖南人物，罕见史传。三国时如蒋琬者，只一二人。唐开科三百年，长沙刘蜕始举进士，时谓之破天荒。"蔡元培在《论湖南的人才》中也说："湖南人才，在历史上比较的很寂寞，最早的是屈原；直到宋代，有个周濂溪；直到明代，有个王船山，真少得很。"湖南属第二个人才带，东靠江西，与第二个人才中心联在一起，易于受到东南地区人才急速发展的启迪和影响。同时，北方与中原人才的南下和东进，东南人才的北上与西向，使湖南成为一个重要的思想文化交锋、人才交汇之区，自然对湖南人才的发展产生巨大的促进作用。故古代湖南人才呈不断上升的趋势，到清代前、中期，湖南人才已占全国人才总数的2%以上，而且出现了大思想家王夫之等杰出人才，对后世产生了巨大的影响。

（二）古代湖南人才稀少的原因

古代湖南人才如此稀少，和其在全国的地位大不相称，原因大致如下。

1. 湖南一直远离中国政治中心

一个国家的政治中心是其首都。秦建都咸阳，西汉建都长安（今西安市），东汉和西晋建都洛阳，东晋迁都建康（今南京市），虽从黄河流域到了长江流域，但与湖南仍隔着千山万水。隋唐建都长安，元、明、清都在北京建都。以上各朝首都都与湖南隔山隔水，相距千里之遥。在交通不便的古代，湖南人才不易到中央发展，全国人才也不易进入湖南。这些显然都不利于湖南人才的发展。

政治斗争最激烈的地区也会成为国家重要的政治中心。长达2 000多年的中国帝制社会，政治斗争不停，而且异常激烈；但湖南却一直称不上是政治斗争最激烈的地区，而是远离政治斗争中心。中国古代政治斗争主要表现为阶级斗争、民族斗争、统治阶级内部争权夺利的斗争三种形式。从阶级斗争的角度来看，地主阶级与农民阶级的矛盾对立最终会演变为农民起义。中国古代第一次全国性的农民大起义是陈胜、吴广发起的反对秦朝暴政的起义，第二次波及全国的农民大起义是王仙芝、黄巢领导的唐末农民起义，第三次全国性的农民大起义是明末李自成、张献忠等领导的农民起义。三次全国性的农民大起义，湖南都未成为起义的主要战场，也没有湖南人才进入全国性的农民起义的领导核心（宋代杨幺领导的农民起义发生在湖南、湖北地区）。从民族斗争的角度来看，少数民族与汉民族的战争、民族之间的战争、少数民族人民群众反对上层统治者和汉族统治者的战争主要在北方，匈奴、契丹等少数民族建立的政权，对湖南较少产生影响。湖南是一个少数民族较多而又杂居的地区，古代曾发生过许多次少数民族人民群众反对上层统治者和汉族统治者的起义战争，但一般规模不大，时间不长，影响也不深远。从统治阶级内部争权夺利的斗争来看，中国自秦以来就是统一—分裂—再统一的历史。中国先后在汉末三国、西晋十六国、南北朝、五代十国、南宋发生五次大分裂，但多在北方和中原地区，除三国及五代十国时在湖南建立楚国之外，其他分裂活动、割据战争都远离湖南，对湖南影响不大。

在封建帝制社会，任人唯亲，一人得道，鸡犬升天，故皇乡（皇帝的家乡）一般都是人才集中之地。湖南没有成为皇乡，而且远离皇乡，这也是古代湖南人才稀少的一个原因。除了中央政权之外，中国古代还有许多雄霸一时、割据一方、甚至称王称帝的人物。何光岳主编的《中国帝王大全》收录帝王1 521人，其中，湖南仅10人，分别是钟相、杨幺、雷德进、雷德通、蒋丙、吴者泥、蒙能、李再万、龚福全、吴八月，只占中国帝王总数的0.7%，而且他们称王的时间不长，10个人称王的时间加起来，也仅仅10年左右，所占地方也很小，最大的称王者，也仅仅一度占领了县城，知名度很低，影响不大，称王和起义的地区多在湖南边远的农村。因此，湖南的这10位称王称帝者和他们所领导的起义斗争，对湖南人才的成长和发展没有产生较大的影响。

首都是一个国家的政治、经济、人才中心，同样，省府也是一个省的政治、经济和人才中心。一方面，行政省有一定的自然地理区域以及由此而形成的人文地理区域。另一方面，行政省又对其人文地理区域的形成以及该地区政治、经济、文化的发展，产生巨大的促进作用，也对该地区人才的产生和发展起着巨大作用。而古代湖南不是一个独立的行政单位，也就没有省府，没有一个稳定的政治、经济和人才中心。相反，湖南存在多个中心，沅陵、零陵、郴州、溆浦、常德等地，均曾和长沙取得同等的政治地位。存在多个中心，就没有稳定的人才中心，也就难以产生影响全省和全国的人才。同时，湖南没有单独设省，湖南读书人要到武昌才能参加乡试，这也是古代湖南人才稀少的一个重要因素。

2. 湖南自然条件较差，开发较晚

经济的发展和人才的发展是成正比的，又是相互促进的。经济的发展有利于人才的产生与发展,可促进大量人才的出现,各类人才一般集中在经济发展较快的地区。而大量人才的涌现,也会促进经济的快速发展。反过来,经济落后不利于人才的发展,易导致人才稀少的局面。在古代中国,湖南是经济相对落后的地区。

中原地区多平原,利于农耕,易于发展农业。北方地区多草原,有许多天然牧场,利于发展畜牧业,在古代,畜牧业是一个非常重要的经济部门。东南沿海地区,土肥水足,宜于耕作,而且物产丰富,商业活动发达,历来是中国财赋之地。湖南北有洞庭湖水患,农业生产没有保障,东、南、西三面环山,多为山地高原地区,山多田少,水急土瘦,难以耕作,不利于农业生产的发展,而且多雨潮湿,气候变化无常。《后汉书·城阳恭王祉传》载:"地势下湿,山林毒气。"生活条件较差,疾病时有发生。司马迁《史记》中载:"江南卑湿,丈夫早夭。"即人的寿命不长。唐代张谓在《长沙风土碑铭》中对湖南的描述:"郡邻江湖,大抵卑湿,修短疵疠,未违天常,而云家有重腿之人,乡无颁白之老,谈者之过也。地边岭瘴,大抵炎热,寒暑晦明,未愆时序,而云秋有爁曦之日,冬无凛冽之气,传者之差也。"故湖南被称为瘴疠卑湿之地,是古代犯人流放之所、谪官发配之地。

早在秦汉时期,我国经济就比较发达,农业、畜牧业、手工业、商业都有较高的发展水平,并和中亚、西非、东南亚等地区有着频繁的商业贸易往来。但湖南一直是一个农业大省,经济结构单一。《后乐集·潭州劝农文》中有:"湖湘之俗,素号淳朴,非有游观侈泰之欲以荡其心,非有工械伎巧之蠹以分其力,民无末作,多事南亩。""多事南亩"即湖南人多从事农业生产,甚至是单一的粮食生产。《善化县志》载,长沙一带农民"其务本者,不过从事一熟之田,至于麦、豆、竹、木,皆可生利,而彼不事。其逐末者,不过肩一瓜一蔬,及持网罟觅蝇头利于烟水间"。人们都死守山土,耕种田亩,不愿经商,不愿外出,只是一心致力于农业生产。单纯发展农业也不利于人才的产生和发展。

湖南地处中国内陆,称为"四塞之省"。曾国藩说:"湖南之为邦,北枕大江,南薄五岭,西接黔蜀,群苗所萃,盖亦山国荒僻之亚。"[①] 在古代,北方的洞庭湖和长江都是难以逾越的天堑,东有幕阜山、连云山、八面山等大山相

---

① 曾国藩. 曾国藩全集: 第14卷 [M]. 长沙: 岳麓书社, 1994: 334.

隔，南则"五岭逶迤"，连续千余里，西有雪峰山脉和云贵高原，交通阻塞，道路艰险。湖南山岭纵横，交通不易。钱基博指出，湖南"其地水少而山多，重山叠岭，滩河峻激，而舟车不易为交通"①。宋人刘攽在《朝散郎虞则可荆湖西路转运判官制》说："荆及衡阳，洞庭之阻，漕米之转京师，其行永久，列郡之富，百吏之治邈远幽阻。"交通不便，山水重重阻隔，为人才的成长和发展设置了诸多障碍。

3. 古代湖南教育相对落后，风气保守

文化教育事业直接影响着人才的成长和发展。中国自古以来，政治、经济、文化中心三位一体，基本同步发展。文化中心往往跟随政治、经济中心运转，文化中心更直接地影响着人才的发展。中国华夏文化主流发源于以陕西为中心的黄河流域中游地区，从秦汉开始，渐次向东，往河南、山东等黄河下游地区转移。随着长江下游经济的发展，华夏文化的重心又逐渐南移，到南宋时期，南方的苏、浙、皖、赣地区已经成为华夏文化的重心。湖南则由于湖湘学派的形成和发展，逐渐加强了与其他地区文化的交流与对话，到明清时期，湖南文化教育有了进一步发展，才开始步入全国先进行列。

整体而言，古代湖南长期被视为蛮荒之地，文化教育远逊于中原和东南沿海各省。春秋战国时期被称为文化发展的轴心时期，出现了诸子百家争鸣的繁荣局面，但诸子百家中，却无一家是湖南人所创。秦汉时期，湖南文化仍远远落后于中原地区。东汉时，有卫飒"迁桂阳太守，郡与交州接境，颇染其俗，不知礼则。飒下车，修庠序之教，设婚姻之礼，期年间邦俗从化"。（《后汉书·卫飒列传》）据张伟然统计，西汉成书282种，湖南仅1种；东汉成书568种，湖南仅2种；西晋出书649种，湖南仅1种。② 中国古代文人著作分为经、史、子、集四大类，其中经部是研究儒家文化的理论著作。唐代以前，湖南基本上没有经部著作，表明儒家文化是湖南的薄弱环节。唐五代时期，湖南文化有了长足的进步，湖南读书人开始登上全国舞台，但相对而言，仍然地位不高。唐代诗歌丰富多彩，形成了中国文化的一座高峰，湖南也产生了一些有成就的诗人，如李群玉、齐己等，但仍称不上全国一流的诗人。

教育方面，西汉时期全国已经建立了比较完善的、从中央到地方的学校

---

① 钱基博，李肖聃. 近百年湖南学风·湘学论 [M]. 长沙：岳麓书社，1985：1.
② 张伟然. 湖南历史文化地理研究 [M]. 上海：复旦大学出版社，1995：19.

教育制度，但就湖南而言，却看不到这方面的资料，私家教授和五经博士均没有。史载汉初学者贾谊担任长沙王太傅，将中央学术带进了湖南，对湖南教育的起步和发展起到了重要作用，后人将其作品编辑为《贾长沙集》，更有人将贾谊称为"湖湘文化的源头"。东汉时，有武陵太守应奉"兴学校，举仄陋"（《后汉书·应奉传》），应是湖南兴办学校教育的最早记载。到宋代，湖南各地普遍建设书院，千年学府岳麓书院虽创于五代后期，实兴于宋。石鼓书院兴起于衡阳。潭州、湘阴、安仁、耒阳、永州、道州、桂阳、郴州、岳州（今岳阳市）、邵州（今邵阳市）、武冈、武陵、靖州、沅州、澧州（今澧县）、常德等地，纷纷建立了州学、县学或私家书院。外省学者胡安国、胡寅、胡宏、张栻、朱熹等纷纷到湖南讲学，产生了巨大的影响。这一时期，湖南书院教育有了极大发展，不仅产生了湖南第一个土生土长的大思想家、教育家周敦颐，还出现了一批理学家、哲学家。明清时期，湖南教育才开始同中原教育并驾齐驱。

古代湖南的民风民俗很复杂，既有刚劲、勇悍、勤奋、劲直的一面，也存在保守、隐忍、懦弱、消极的一面。楚国灭亡后，楚人失意，湖南原有民族又长期受挤压，老庄思想在湖南影响较大。湖南人一方面不思进取，委曲求全；另一方面自命清高，自娱田园。湖南志书中多有湖南人"性怯懦""人性畏懦""柔懦畏法"的记载。湖南地广人稀，不缺食物，居民不愿勤作，形成不求进取、懒惰消极的民风习俗。

三、近代湖南人才兴盛

湖南人才发展变化是从古代"湖南人物，罕见史传"到近代"惟楚有材，于斯为盛"的过程。古代湖南人才数量极少，在全国所占比重很低，一般排到最后几名，而到近代，湖南人才数量大增，雄居全国第一的位置。具体可以从已经出版的较有影响的人物、人才、人名辞典所收录的人才数据中得到证明。

《中国近现代人名大辞典》，李盛平主编，中国国际广播出版社1989年出版，是目前收录近现代人名最广最多的辞典之一，共收录自1840年到1988年9月30日期间逝世、并在中国近现代历史上起过一定作用或产生较大影响的人物9 904人，除去中华人民共和国时期的人物以外，共有近代人物5 686人，其中湖南以596人之多居全国各省之冠，占全国人才总数的10.48%。

《辞海》，1980年上海辞书出版社分别出版了《辞海》的《中国近代史》和《中国现代史》分册，共收录从鸦片战争到中华人民共和国成立之前的人物711人，其中湖南106人，高居各省第一，占14.90%。

《中国历史人物大辞典》，由许焕玉、周兴春、朱亚非主编，黄河出版社1992年出版，自称"人物收录适当，观点正确公正，资料翔实准确，释文精练畅达，风格鲜明独特，吸取各家之长"。其中1820年到1949年的人物共有1 789人，湖南有197人，占11.01%，虽在全国各省中排名为第四位，但比排名第一的江苏只少了6人。

《中国历史人物辞典》，由吴海林、李延沛主编，黑龙江人民出版社1983年出版。该书收录近代历史人物共647人，其中湖南51人，占全国人才总数的7.88%，名列第五。

《中外历史人物词典》，由黄邦和、皮明庥主编，湖南人民出版社1987年出版，其中1820年以来的中国历史人物有966人，湖南以152人名列第一位，占全国人才总数的15.73%。

《中国近代历史辞典》，由江西省社会科学院和江西师范大学历史系共同编写，江西人民出版社1986年出版，上限起于鸦片战争，下限止于中华人民共和国成立，"内容为中国近代政治、经济、军事等方面的重要人物与事件，兼及文化、教育等方面的人物与事件"。共收录1 524人，其中湖南以208人高居榜首，占全国人物的13.65%。

《中国革命史辞典》，由戴祥成、程世高主编，湖北教育出版社1989年出版。该"辞典选收1840年到1956年中国革命史内容之政治、经济、军事、文化、外交等重大事件、人物"等，共收人物1 324人，湖南以162人列第一名，占全国人物的12.24%。

《中国历代名人辞典》，由南京大学历史系编写，江西人民出版社1982年出版，收录1820年到五四运动时期的人物共738人，其中湖南83人，占全国人物的11.25%，仅次于广东而居全国第二名。

《中国近代史词典》，该书由上海辞书出版社1982年出版，收录1840年鸦片战争至1919年五四运动时期的历史人物1 181人，其中湖南117人，占全国的9.91%，居全国第二位。

《中国现代史词典》，由李盛平主编，中国国际广播出版社1987年出版。

该书"选收中国现代史（1919年五四运动至1986年底）上比较重要的历史人物"。1919年至1949年的人物共1 253人，其中湖南184人，占全国人物的14.68%，名列全国第一。

上述10部辞典，有人物辞典，也有综合性的历史辞典，所选取的时间稍有差别，但都包括1820年到1949年这一时间段，人物选录的标准则大同小异，侧重点稍有区别，出版的时间不同，出版单位也不同，所录人物的省籍分布则基本相同。这10部辞典收录的1820年至1949年的历史人物达15 819人次，其中湖南以1 856人次位居全国第一名，占全国总数的11.73%。从土地面积和人口来说，湖南在全国各省中属于中等偏下，土地面积占全国2%稍多一点，人口也只占全国的5%左右，但近代人才却占了全国的11%以上。因此，到了中国近代，湖南已成为中国人才第一大省，甚至有人以中国的"人才首都"来形容近代湖南人才之盛。中国近代人才分省统计情况如表1-2所示。

表1-2 中国近代人才分省统计表

省名	《中国历史人物大辞典》	《中国历史人物辞典》	《辞海》	《中外历史人物词典》	《中国现代史人物大辞典》	《中近代名人辞典》	《中国近代历史辞典》	《中国革命史辞典》	《中国历代名人辞典》	《中国近代史词典》	《中国现代史词典》	合计	占比/%	名次
湖南	197	57	106	152	596	208	162	83	117	184		1 862	11.66%	1
广东	198	64	81	113	496	174	145	93	179	113		1 656	10.37%	2
浙江	199	113	55	100	557	128	124	71	92	139		1 578	9.88%	3
江苏	203	127	54	87	454	107	84	78	92	105		1 391	8.71%	4
湖北	92	20	41	66	508	98	104	42	55	100		1 126	7.05%	5
安徽	103	54	46	53	315	86	81	46	83	56		923	5.78%	6
河北	105	28	39	48	384	65	72	26	51	88		906	5.67%	7
四川	73	19	49	52	307	71	71	24	37	74		777	4.86%	8

续表

省名	《中国历史人物大辞典》	《中国历史人物辞典》	《辞海》	《中外历史人物辞典》	《中国历代人名大辞典》	《中国近代名人辞典》	《中国近代历史辞典》	《中国革命史辞典》	《中国历代名人辞典》	《中国近代史词典》	《中国现代史词典》	合计	占比/%	名次
广西	55	27	34	35	156	85	44	46	88	72		642	4.02%	9
福建	71	19	19	37	212	66	55	38	56	47		620	3.88%	10
山东	65	10	28	259	44	46	28	27	37	55		599	3.75%	11
江西	46	12	22	29	232	85	52	11	16	71		576	3.61%	12
河南	30	5	12	17	179	29	36	12	24	21		365	2.28%	13
陕西	34	4	15	29	101	37	37	6	13	48		324	2.03%	14
山西	27	4	12	17	135	23	27	8	14	30		297	1.86%	15
辽宁	29	4	11	15	128	29	24	8	11	29		288	1.80%	16
云南	33	8	13	15	94	22	30	10	23	20		268	1.68%	17
贵州	30	7	11	8	74	26	23	15	20	13		227	1.42%	18
台湾	17	4	2	2	80	7	4	5	13	7		141	0.88%	19
内蒙古	19	6	6	5	42	16	7	10	15	—		126	0.79%	20
吉林	11	—	6	4	46	13	16	—	1	12		109	0.68%	21
甘肃	13	4	4	5	38	12	10	—	6	8		100	0.63%	22
黑龙江	7	1	—	3	31	4	2	—	—	9		57	0.36%	23
新疆	4	1	1	1	11	1	—	1	—	—		20	0.13%	24
西藏	4	—	—	—	7	1	—	—	—	3		15	0.09%	25

续表

省名	《中国历史人物大辞典》	《中国历史人物辞典》	《辞海》	《中外历史人物词典》	《中国历代名人大典》	《中国近代史辞典》	《中国革命史辞典》	《中国历代名人辞典》	《中国近代史词典》	《中国现代史词典》	合计	占比/%	名次
青海	—	—	—	1	5	—	1	—	1	—	8	0.05%	26
不明省籍	124	55	44	40	338	91	67	77	137	124	55	—	—
合计	1 789	653	711	1 193	5 570	1 530	1 306	737	1 181	1 304	15 974	—	—

关于近代湖南人才兴盛的原因，有"移民说"，认为近代湖南人才的兴盛，是元末明初，以及明末清初两次大移民的结果；也有"科举说"，认为清雍正年间实行"南北分闱"，湖南能单独举行乡试，促进了湖南人才的兴起；还有"学术说"，即学术兴则人才出，自清嘉庆道光以来100多年湖湘学术兴盛，造成了湖南人文蔚起，人才兴盛。这些学说都很有见地，却又失之偏颇，有以偏概全之嫌。笔者认为，近代湖南出现人才兴盛的局面，主要有以下几方面原因。

（一）湖南在全国地位的提高

自古以来，湖南被认为是边远蛮荒之地，是流放犯人及贬谪官员的地方。唐末，湖南地位开始发生变化，马殷在湖南建立楚国，统一湖南，在历史上湖南第一次形成了与其他地方抗衡的政治势力，缩小了湖南与中原的差距。北宋时长沙已成为军事重镇，是正规军的防治之所，重要的军事物资供应地。南宋时，无论在政治、军事，还是在经济方面，湖南均已成为中国的重要地区之一。从明代开始，一方面，大批湖南人从南方走向中原，在明代中央政府中占据了重要位置；另一方面，明朝开发云南、贵州，湖南则是中原至滇黔的交通要道，在中原人眼中，湖南开始成为中国腹心之地。到清代，湖南已取得了和全国其他省同等的地位。清雍正年间，湖南单独设省，成为清朝十八行省之一，这是湖南历史上最重要的政治事件之一。当时，东南沿海各省迅速发展，北方各省的中心地位开始动摇，特别是在社会经济和思想文化方面，东南沿海各省的地位越来越重要，大有后来居上之势。湖南是北方各省和东南沿海各省往来的交通要道，是北方各省和东南沿海各省经济和思想文化等方面相互激荡交融的中间地区。新旧思想的激烈交锋，一方面，激励着湖南知识界，促使湖南人才对各种文化思想进行分析比较，择优汰劣，除旧布新；另一方面，也促使湖南人才走出省门，北上东下，学习先进，向全国发展。这两方面的情况都促进了湖南近代人才的产生和成长。

（二）湖南经济的发展

经济是人才成长的基础，只有经济发展了，人才才能迅速成长和发展。明清时期的湖南，虽说自然经济仍占主导地位，但资本主义经济萌芽已经出现，并对湖南社会经济产生了深刻影响。这种影响主要表现在农业和手工业经济的商品化倾向上。洞庭湖是重要的粮食产地，自给有余，粮食产品纷纷进入市场。据《岳州府志》记载，岳阳"产谷之乡"，各地商家云集，"四方采买，络绎转移"。经济作物种植面积扩大，产品产量增加，苎麻、烟叶、茶叶、桐油、木材、香菇、木耳、棉花、蔗糖等，成为专门化的商品生产，不仅在省内进入市场，而且开始在全国各地销售。如安化等地的茶叶，就远销湖北、广东及西北各省，并由广州向国外出口。手工业也开始出现了资本主义萌芽性质的较大规模的作坊和手工工场。随着商业化的出现，许多地主、官僚、士绅也开始进入商场，经营商业，甚至集资开矿建厂。经济的发展促进了商业的发展，江浙商人将苏花等原料运来长沙、岳阳等地织布工场，然后收购制成品。商业资本的发展使一些具有经济实力的商人人数逐渐增多，势力范围日渐扩大。他们的经济活动促使湖南的自然经济渐次演变，成为湖南社会经济向近代发展的积极因素。当然，商人并不满足于经济上的地位，还推出自己的代表，问鼎政治领域。这些情况也促进了湖南人才的成长，并使利商、用商、便商的思想成为近代湖南人才群体的一个共识。

近代湖南经济逐渐形成本地特色，也较好地促进了湖南人才的发展。一方面，湖南是中国重要的粮食供应基地，洞庭湖地区素有"中国粮仓"之称。明清以前，洞庭湖地区和长江三角洲就是全国粮食的重要供应基地，特别是苏湖一带，土肥水足，交通便捷，更有"苏湖熟，天下足"之民谚。明清时期，长江三角洲地区大力发展桑棉等经济作物，不太重视粮食生产，而洞庭湖地区粮食生产却日益发展，成为全国粮食的主要产地和供应基地，长沙成为中国四大米市之一，"苏湖熟，天下足"的说法也逐渐为"湖广熟，天下足"所取代。另一方面，湖南近代经济的发展，走出了自己的道路。

（三）近代湖南政治斗争复杂

湖南土地肥沃，物产丰饶，被称为"鱼米之乡"，因此，统治阶级对湖南人民的盘剥榨取非常残酷，人民群众的反抗斗争非常激烈。农民抗租，商人抗税罢市，手工业者反对官府掠夺，各种反抗斗争此起彼伏。从1820年至1949年的130年间，湖南政治斗争复杂，是全国斗争最激烈的省份之一。

激烈的政治斗争锻炼了湖南广大劳苦大众，也刺激了湖南的地方势力。在战争的洗礼中，各种势力都在大动荡、大改组，各个阶级、各类人才都在经历血与火的考验，活跃在湖南及全国的政治舞台上。时势造英雄，湖南激烈的斗争好比一座大熔炉、大学校，各阶层的杰出人才从而被铸造、培养出来。恩格斯在谈到欧洲资产阶级革命时期英雄辈出的情形时指出："这是一次人类从来没有经历过的最伟大的、进步的变革，是一个需要巨人而且产生了巨人——在思维能力、热情和性格方面，在多才多艺和学识渊博方面的巨人时代。给现代资产阶级统治打下基础的人物，决不受资产阶级的局限。相反地，成为时代特征的冒险精神，或多或少地推动了这些人物……他们几乎全都处在时代运动中，在实际斗争中生活和活动着，站在这一方面或那一方面进行斗争，一些人用舌和笔，一些人用剑，一些人则两者并用。因此，就有了使他们成为完人的那种性格上的完整和坚强。"① 根据列宁的观点，在湖南近代激烈的阶级斗争中，无论是农民阶级还是地主阶级，都必定要"推举出自己善于组织运动的政治领袖和先进代表"②。这些领袖和代表，不仅是自己阶级利益的捍卫者，其中的一些杰出人物还会随着时代的前进、社会的发展，而超越甚至背叛自己的阶级，成为湖南走向近代、走向世界的领路人。因此，在湖南近代社会涌现了一大批统治集团中的精英人才和农民起义的英雄，造就了一大批杰出的思想家和革命英豪。

---

① 中共中央马克思恩格斯列宁斯大林著作编译局.马克思恩格斯选集：第3卷[M].北京：人民出版社，1972：445-446.
② 中共中央马克思恩格斯列宁斯大林著作编译局.列宁选集：第1卷[M].2版.北京：人民出版社，1972：210.

（四）湖湘文化的熏陶

如果说近代湖南社会的发展变化为湖南人才的迅速成长提供了客观条件和活动舞台，那么，湖湘文化和以岳麓书院为代表的不断发展的湖南文化教育事业，则为湖南人才的成长奠定了基础。湖湘文化，或说湖湘学派、湖湘学术、湖湘学、湘学，是一个区域文化概念，是指形成于今日湖南省范围内的区域文化。杨树达在《积微翁回忆录》中说："自船山先生以后，湖南人笃信民族主义，因欲保持自己的民族，故感觉外患最敏，吸收外来文化最力，且在全国为最先。如魏默深之《志海图》，郭嵩焘、曾颉刚之赞西化，光绪丁酉戊戌之办新政，皆其例也。"魏源、贺长龄编辑《皇朝经世文编》，在湖南思想界产生了深刻影响。这种面对现实、通经致用的湖湘学风在湖南长期流传，发扬光大，造就大批经世致用之才。

明清时期，统治者更加重视教育，湖南教育事业发展较快。各地恢复和新建了学校、书院，石鼓书院、城南书院等著名学府争奇斗艳，培养了许多优秀的人才。特别是千年学府岳麓书院，由乾隆皇帝亲题"道南正脉"匾额，一再重修、扩建，成为湖南最高学府，是湖南各书院、学校的榜样，是培养人才的摇篮。康熙五十六年（1717）开始，李文炤、王文清、罗典、欧阳厚均、丁善庆、王先谦等著名学者和教育家先后担任岳麓书院山长。他们既是著名的教育家，又是有成就的学者，博学多识，从学者众。他们在岳麓书院发扬经世致用的学风，培养了一大批人才，贺长龄、魏源、曾国藩、左宗棠、胡林翼、郭嵩焘、罗泽南、曾国荃、刘长佑、唐才常、沈荩、杨昌济等近代著名的湖南人物，都曾经是岳麓书院的学生。

（五）外来移民的作用

秦代以后，湖南接连发生几次大的移民潮，中原民族不断迁入湖南，湖南原有民族和楚人则不断向边远山区发展，同时向省外移民。这些移民活动，一方面促成了湖南以汉族为主的民族大家庭的形成，另一方面促进了各民族的交流融合，有利于经济文化的发展。同时，移民也在一定程度上促进了人才的发展。对此，林增平指出："在古代史上，湖南开发较晚，又长期被人们称作瘴疠卑湿之地，故文教远逊中原和东南地区，不能不令人产生'湖南人物，罕见史传'的浩叹。经历元末明初、明末清初两度大移民，湖南居民实行了历史性的全面更新，从而导致了湖南人口重新组合，形成了与清代以前居民不同素质、不同性格的新居民。近代湖南赢得'功业之盛，举世无出其右'的声誉，就主要是清初起进入湖南的移民，经数代的繁衍生息致使湖南的经济和文化获得发展的结果；而氤氲绵延、潜滋暗长地导致这个结果的精神支柱，则是清初起移入境内的新居民中逐渐形成的习俗和风尚。"[①] 为什么说移民导致了湖南近代人才的兴起呢？林增平分析了三个理由。一是"经过元末明初、明末清初两度移民，湖南居民族源和血缘就基本上实现了更新，从而导致人口素质的提高"。二是"大凡离乡背井、迁徙他方的移民，一般都具有不同程度的开拓意识、自立自强和勤奋创业的精神。相对来说，那些秉性庸懦、游惰懒散、无所作为的人，多数是不愿流离迁徙去追求温饱或较为富足的生活。所以，从生理素质、心理因素等方面来说，除了遭到某种限制和压迫者外，移民一般是强于土著的"。三是外来移民"与苗、瑶、侗、土家族等族联姻，吸收了这些少数民族强韧、犷悍和刻苦的习性，从而在湖南渐次形成了一种有别于他省的乡俗民气"。因此，湖南近代出现了人才鼎盛的局面。当然，移民只是近代湖南人才兴盛的重要原因之一，而不是唯一的原因，也不是最主要的原因。

（六）政治精英人物的扶植与培养

无论何时何地，都会有潜在的人才存在，人才却不一定为社会所发现和承认，不一定有机会对社会的发展和进步做出贡献。人们常说的"怀才不遇""埋没人才"，就是说，有的人才因各种原因，未能为社会所认识和了解，因而不能一展抱负，没有为社会做贡献的机会。历史上"怀才不遇"的现象普遍存在。也因此，古人常有"千里马常有，而伯乐不常有"之叹。在专制社会，大批的人才被压抑、被摧残，"伯乐"的作用，就显得尤为重要。当然，伯乐非一般人物，必须是有一定社会地位的"政治精英"。人才的发现在一定程度上要依靠政治精英人物的举荐、提拔和任用。湖南近代人才之盛一个很直接的原因就是，依靠陶澍、曾国藩等政治精英的扶植与培养。萧一山指出，晚清"中兴人才之盛，多萃于湖南者，则由于陶澍种其因，而印心石屋乃策源地也"，如果"不有陶澍之提倡，则湖南人物不能蔚起"。[②] 这一看法充分论证

[①] 林增平. 近代湖湘文化试探[J]. 历史研究，1988（4）：3-17.
[②] 萧一山. 清代通史：三[M]. 北京：中华书局 1986：735-737.

了政治精英对湖南近代人才兴起所发挥的巨大且直接作用。正是由于政治精英对湖南人才的发现、培养、举荐、信任、使用、组织，才形成湖南人才辈出、群星灿烂的局面。正是由于政治精英人物对人才的重视，使得他们自身也成为近代湖南人才群体的核心和领袖。

四、湖南人才发展的基本脉络

自公元前221年秦统一中国至1949年中华人民共和国成立，湖南人才不断发展壮大。以清道光帝继位的1820年为界，湖南人才的发展状况前后大不相同。之前，称为古代湖南人才，人数不多，一般只占全国人才总数的1%左右，在全国影响不大，地位不高；之后，称为近代湖南人才，这一时期湖南人才人数众多，占全国人才总数的10%以上，在全国影响较大，有着领袖的地位。古代湖南人才发展期间，人才稀少，但也出现了5次小小波峰；近代湖南人才发展期间，人才兴盛，并形成了5个前后相承的人才群体。5个人才小波峰和5个人才群体构成了湖南人才发展的基本脉络。

古代湖南人才稀少，但也不是一直波澜不惊。在2 000多年的古代人才发展长河中，先后出现了5个人才相对集中的时期，可以说是古代湖南人才发展中的5个小波峰。由秦到南北朝，湖南人才非常稀少，1992年湖南出版社出版的《湖南省志·人物志》共收录这一时期湖南人才31人，约26年才收录1人。其中秦汉400多年仅收录9人，即约每45年才收录1人，两晋南北朝的300多年也只收录11人，即约每30年收录1人。而三国时期的60余年，共收录11人，即约每6年就收录1人。显然，湖南人才在由秦到南北朝的800年的低潮中，三国时期的几十年是一个人才小高峰期。因此，三国时期是古代湖南人才的第一个小波峰。两晋南北朝时期的湖南人才落入低谷，直到唐玄宗年间，湖南人才稀少的现象才开始有所改变，到晚唐五代时期，终于迎来了古代湖南人才的第二个小波峰。之后，到南宋的一个半世纪，由于全国政治、经济、文化的中心转移到了南方，湖南经济发展，文化繁荣，成为理学的策源地，形成了湖湘学派。这一时期湖南人才兴起，超过了以前各朝各代，形成了古代湖南人才的第三个小波峰。从此，湖南人才开始走向全国。至明代后期，即明世宗继位（1521）后的100多年，湖南人才的数量大增，形成了古代湖南人才的第四个小波峰。杨慎之主编的《湖南历代人名词典》，共收明代湖南人才718人，其中属于明代后期的约360人，占了一半。明代湖南人才多为统治阶级精英人才，后期位居六部尚书职务以上的官僚也相对多于明代前期和中期。古代湖南人才的第五个小波峰形成于清代中期，即清乾隆、嘉庆年间。其主要表现有：一是在人才数量上，清代中期湖南人才的人数明显多于清代前期，也明显多于古代的任何历史时期；二是在人才结构上，清代中期的湖南人才结构逐渐趋于合理，清前期主要是文化型人才，中期则政治型人才增加，湖南人才在全国的地位也稍有提高；三是清代中期承前启后，实为湖南人才由稀少转为兴盛的关键时期。

"人才波峰"和"人才群体"是两个相似却又完全不同的概念。笔者在《现代湖南人才群体研究》一书中曾提出了"人才群体"的六个特征。第一，"人才群体"是由单个的人才组合而成的，"人才波峰"也是如此。不同点在于"人才波峰"不存在"组合"的问题。第二，"人才群体"由同一时期的人才组成，"人才波峰"也是如此。第三，"人才群体"由同一地域的人才群组成，"人才波峰"也是如此。第四，"人才群体"有着共同的思想理念和基本相同的实践活动；"人才波峰"却不存在共同的思想和活动，甚至人才之间存在相互对立斗争。第五，"人才群体"具有公认的领袖和一定的组织形式；"人才波峰"却不存在共同的领袖和组织，基本上是一盘散沙。第六，"人才群体"在当时发挥了巨大的作用并对以后产生了巨大的影响；"人才波峰"却只有人才个人的作用和影响。综上所述，"人才波峰"是指在漫长的人才低潮中出现的人才相对集中的时期，是人才的小高潮。而"人才群体"是生活在同一时期，具有基本相同的思想，为着共同的目的，在其核心人物的带领下，彼此联系，相互支持，对社会发挥积极作用，并对后世产生了深远影响的人才群。

近代湖南人才兴盛，其突出表现是形成了5个人才群体。清道光时期是中国由古代走向近代、由封闭走向世界的转变时期，是近现代湖南人才兴盛的起点。面对当时内外交困的形势，政治精英与思想精英结合，形成了以陶澍、魏源、贺长龄为核心的"湘系经世派"，他们团结了大批湖南人才对内提倡兴利除弊的改革，对外反对西方侵略，形成了湖南第一个人才群体。清咸丰初年，太平天国兴起，统治阶级面临崩溃，湖南的地主士绅在曾国藩、左宗棠、胡林翼、郭嵩焘、江忠源等领导下组织湘军，一方面镇压太平天国运动，另一方面发起洋务运动，开始向西方学习。他们取得了很大权力，形成了湖南第二个人才群体，即湘军人才群体。此时湖南人才鼎盛，成为全国各省的翘楚。清光绪年间，特别是甲午中日战争之后，中国面临西方国家的瓜分危机，全国兴起了挽救国家的维新运动。湖南以谭嗣同、唐才常、熊希龄为首，团结大批知识分子和士绅阶层，建工厂、开矿山、创学校、办报刊，使湖南的维新运动在全国最开风气。湖南也形成了第三个人才群体，即维新人才群体。辛亥革命时期，为了彻底推翻清王朝的腐朽统治，黄兴、宋教仁、蔡锷、陈天华等形成了湖南的第四个人才群体，即资产阶级革命派人才群体。他们以满腔热血，投身资产阶级民主革命。他们建立华兴会、同盟会等，留学日本，创办报刊，引领革命舆论，投笔从戎，发动武装起义，为辛亥革命的胜利建立了不朽功勋。新民主主义革命时期，为了推翻帝国主义、封建主义、官僚资本主义在中国的反动统治，以毛泽东、蔡和森、刘少奇、任弼时等为领导的湖南共产党人，带领广大工农群众，抛头颅、洒热血，建立工农红军，开展土地革命，经过几十年的革命战争，终于打败了日本侵略者，推翻了国民党的统治，中华人民共和国成立。以毛泽东等人为领导的湖南无产阶级革命家人才群是湖南第五个人才群体。

第二章 秦汉魏晋隋唐时期的湖南人才

公元前231年，秦国发动了历时10年的战争，于公元前221年建立了全国统一、高度集权的专制王朝，湖南成为这个统一的专制王朝的一部分。此后，经过两汉、三国、两晋、南北朝、隋、唐、五代，至960年北宋建立，这是中国专制社会的初期和发展阶段。在这一时期，中国人才集中于中原和北方的河南、山东、陕西、河北等省，湖南人才少之又少，而且没有产生在全国有影响的人物。具体而言，秦汉三国时期，湖南人才开始见于史册，崭露头角，蔡伦、梅鋗、蒋琬、刘巴、黄盖等，可算是一代英才，汉末三国时期出现了古代湖南人才发展的第一个小波峰。魏晋南北朝时期是一个政局动荡、战乱频仍的时期，乱世出英雄，这一时期中国人才相对比较多，出于政治、军事等种种原因，湖南与中原的联系有所加强，湖南也出现了罗含、车胤、阴铿、欧阳頠等比较杰出的人才，并产生了一些较有影响的僧侣。但整体而言，这一时期的湖南人才数量不仅没有增长，反而呈下降趋势。唐代是一个人才辈出的时代，政治家、军事家、文学家、诗人、科学家层出不穷，灿若群星，但湖南人才不多。一方面，从全国来看，湖南人才仍远远落后，人数少，知名度低，对全国的影响微不足道；另一方面，从湖南人才史的角度来看，湖南人才发展走出了两晋南北朝时期的低谷，于唐末五代出现了一个以文化型人才为主体的古代湖南第二个人才小波峰。

一、秦汉魏晋隋唐时期湖南人才和外省在湘人才概况

自秦至五代近1 200年，湖南人才非常稀少，罕见史传。1992年，湖南出版社出版的《湖南省志·人物志》中，共介绍了这个时期的湖南人才65人，其中本省人才49人。从朝代上来看，秦汉时期的400年，湖南仅4人；三国时期的60多年，11人；两晋南北朝时期的300多年，11人；隋唐时期的300多年，13人；五代时期的半个世纪稍有增加，10人。另外，外省在湘人物多达16人，占总数的24.62%，可见这一时期外省在湘人才对湖南影响相当大。

（一）秦汉魏晋隋唐时期湖南人才在全国的地位

已经出版的中国人物类辞典对秦汉魏晋隋唐时期湖南人才的介绍非常少。

1982年，江西人民出版社出版了南京大学历史系编辑的《中国历代名人辞典》，共收录秦汉魏晋隋唐时期历史名人1 220人，其中湖南仅7人，占全国的0.57%。

1983年，黑龙江人民出版社出版了吴海林、李延沛编辑的《中国历史人物辞典》，共收录秦汉魏晋隋唐时期历史人物1 998人，其中湖南仅9人，占全国的0.45%。

1987年，湖南人民出版社出版了黄邦和、皮明庥编辑的《中外历史人物词典》，共收录秦汉魏晋隋唐时期历史人物795人，其中湖南仅5人，占全国的0.63%。

1992年，黄河出版社出版了许焕玉、周兴春编辑的《中国历史人物大辞典》，共收录秦汉魏晋隋唐时期历史人物2 382人，其中湖南仅13人，占全国的0.55%。

此外，上海辞书出版社出版的《辞海·中国古代史》，共收录秦汉魏晋隋唐时期历史人物748人，其中湖南仅5人，占全国的0.67%。

上述5种人物辞典对秦汉魏晋隋唐时期人物的收录标准可能有差别，但都说明了这一时期湖南人才稀少的事实。5种辞典共收秦汉三国时期人物6 672人次，其中湖南仅39人次，只占全国的0.58%，在全国各省中排名第16位。秦汉魏晋隋唐时期中国人才分省统计情况如表2-1所示。

表2-1 秦汉魏晋隋唐时期中国人才分省统计表

省名	《中国历史人物大辞典》	《中国历代名人辞典》	《中国历史人物辞典》	《中外历史人物词典》	《辞海·中国古代史》	合计	占比/%	名次
河南	443	172	263	162	144	1 184	17.56	1
山东	249	129	198	82	84	742	11.00	2
河北	259	118	159	80	73	689	10.22	3

续表

省名	《中国历史人物大辞典》	《中国历代名人辞典》	《中国历史人物辞典》	《中外历史人物词典》	《辞海·中国古代史》	合计	占比/%	名次
陕西	251	124	136	89	86	686	10.17	4
江苏	202	105	156	58	56	577	8.56%	5
山西	196	103	104	57	64	524	7.77	6
甘肃	169	81	90	65	64	469	6.96	7
浙江	117	52	65	31	22	287	4.26	8
安徽	82	43	45	38	31	239	3.69	9
蒙古	65	31	34	17	23	170	2.52	10
湖北	57	27	41	18	19	162	2.37	11
四川	45	31	50	18	15	159	2.36	12
辽宁	40	16	19	9	12	96	1.42	13
新疆	19	13	22	12	17	83	1.23	14
江西	16	10	17	3	7	53	0.79	15
湖南	13	7	9	5	5	39	0.58	16
广东	7	6	9	6	5	33	0.49	17
宁夏	10	7	5	3	2	27	0.40	18
云南	10	7	1	2	1	21	0.31	19
福建	7	—	11	1	2	21	0.31	19
西藏	8	7	—	1	—	16	0.24	21

续表

省名	《中国历史人物大辞典》	《中国历代名人辞典》	《中国历史人物辞典》	《中外历史人物词典》	《辞海·中国古代史》	合计	占比/%	名次
青海	4	2	2	3	2	13	0.19	22
广西	1	1	4	2	3	11	0.16	23
贵州	—	1	1	1	1	4	0.06	24
黑龙江	—	1	—	—	—	1	0.02	25
不明省籍	107	77	133	31	18	366	—	—
总计	2 377	1 171	1 574	794	756	6 672	—	—

（二）贾谊及其对古代湖南的影响

贾谊（前200—前168），时称贾生，河南洛阳人。20岁入京，召为博士，升任太中大夫，旋调湖南，为长沙王太傅。前元八年（前172），汉文帝召见贾谊，很佩服贾谊的学问，但又不重用贾谊。故唐代诗人李商隐有诗相讽："宣室求贤访逐臣，贾生才调更无伦。可怜夜半虚前席，不问苍生问鬼神。"随后，贾谊被任命为梁怀王刘胜太傅。但刘胜在一次骑马时坠落而死，贾谊自认有失辅导之责，忧郁逝世，年仅33岁。

贾谊是西汉著名的思想家、政治家、政论家、文学家。贾谊的哲学思想较多地受到了道家思想的影响，强调"道"的本体性，认为"道"是宇宙万物原始的本原，而由"道"派生的"德"，则是宇宙万物具体的本原。"道""德"二字可以说明各种自然现象和社会现象。掌握了"道"的知识，就能明确事物发展变化的规律。贾谊哲学思想的进步意义在于，他继承和发展了中国古代哲学中的辩证法思想，认为宇宙自然和人类社会都不是静止的，而是不断运动和变化的。他强调社会的矛盾现象不是个别的、偶然的，而是普遍存在的，并且是可以互相转化的。他主张将辩证法的思想方法用于治理国家，要根据国家形势的变化，分别采取"无为"或"有为"的统治方法。在政治上，贾谊主要受儒家思想的影响，提出了"以民为本"的政治主张。他说："夫民者，万世之本也。国以民为本，君以民为本，吏以民为本。"①他察觉到当时社会存在着许多矛盾，统治阶级有不少错误，故而反复思考国家长治久安之策，认为关键在于"安民"，实质上为西汉初期的"与民休息""清静安民"的具体政策提供了理论依据。同时，贾谊主张"削封国"，强固中央政权，对外主张对匈奴严加控制，巩固国防。在经济上，贾谊是一个"重农主义"者，重视"积贮粮食"而忽视甚至取消"末业"，主张限制豪富而反对奢侈，反对私人铸钱，统一币制。在文学上，贾谊也很有成就，他的政论文、散文都十分出色，是一位杰出的辞赋家，《吊屈原赋》和《鹏鸟赋》是他的代表作。

贾谊对古代湖南文化和湖南人才的影响十分深远。在长沙生活的4年，是贾谊一生中重要的时期，他的许多著作都是在长沙完成的，如《吊屈原赋》《鹏鸟赋》及《新书》中的许多篇章。贾谊的成长和成名都和湖南有着非常密切的关系。在长沙期间的著述，不仅奠定了他在中国文学史上的地位，而且在政治上，他也逐渐走向成熟并形成了教育思想。下面仅就贾谊的教育思想，即如何培养人才的理论，进行简要介绍。

1. 教育阶段论：人才成长的过程

贾谊先后担任长沙王、梁怀王太傅，形成了比较系统的君主教育思想。对君主的教育，是中国君主专制社会的一项特殊事业，也是一个非常重要的教育问题。贾谊指出："君能为善，则吏必能为善矣；吏能为善，则民必能为善矣……故为人君者，其出令也，其如声；士民学之，其如响；曲折而从君，其如景矣。"②太子是君主的继承人，故君主教育的核心就是对太子的教育。

贾谊提出，对太子的教育可以分为四个阶段。其实，四阶段论对一般人都适用，实质上就是培养人才的四个阶段。一是"胎儿教育阶段"。这是人生教育的起点，胎儿教育的目的在于为胎儿提供一个舒适良好的生理和心理环境，以便胎儿更好地发育，提高其先天素质。胎儿教育的责任主要在于母亲。为了给胎儿创造一个良好的生长环境，母亲要保持身体的健康和自然姿态，要维持心理的宁静和愉悦的心情，做到"立而不跛，坐而不差，笑而不喧，独处

---

① 贾谊. 贾谊集[M]. 上海：上海人民出版社，1976：149.
② 贾谊. 贾谊集[M]. 上海：上海人民出版社，1976：152.

不倨，虽怒不骂"①。同时，家庭要为孕妇提供保障，使其饮食、居住、生活各方面都有良好的条件。二是"赤子教育阶段"。"赤子"即婴儿。《汉书·贾谊传》记载，贾谊认为，小儿出生后，首先要保其身体，即保障幼儿的身体正常发育和健康成长。其次，要进行学前教育，使其"生而见正事，闻正言，行正道，左右前后皆正人也。夫习与正人居之，不能毋正，犹生长于齐不能不齐言也；习与不正人居之，不能毋不正，犹生长于楚之地不能不楚言也。故择其所嗜，必先受业，乃得尝之；择其所乐，必先有习，乃得为之"。所谓"正人"，就是道德品质端正、行为举止优秀的人。幼儿心地单纯，可塑性强，易于受到影响。必须为幼儿创造好的环境，以品行端正之人为师。三是"少长教育阶段"，实质上是指学校教育。《汉书·贾谊传》记载，贾谊指出："帝入东学，上亲而贵仁，则亲疏有序而恩相及矣；帝入南学，上齿而贵信，则长幼有差而民不诬矣；帝入西学，上贤而贵德，则圣智在位而功不遗矣；帝入北学，上贵而尊爵，则贵贱有等而下不逾矣；帝入太学，承师问道，退习而考于太傅，太傅罚其不则而匡其不及，则德智长而治道得矣。此五学者，既成于上，则百姓黎民化辑于下矣。""帝"当指太子；"上"同尚，崇尚之意。所谓"东、南、西、北、太"学，西周时称为"五学"，可以理解为从低到高的学校级别。这讲太子学习的内容，主要是儒家提倡的亲、仁、长、信、贤、德、贵、贱、道等伦理道德和治国理论。这对于一般学校教育也是适合的。更为可贵的是，他明确了学校教育的几个原则：学习内容、知识结构循序渐进、先易后难的原则；德育和智育相结合，全面发展的原则；理论联系实际，学习知识是为了"治道得"，用于治理国家，即"学以致用"的原则。四是"成人教育阶段"。太子成年后，身体发育成熟，知识也有了扎实的基础，自控能力增强，识别能力提高。这时教师就不应管得太严太多，即"免于保傅之严"。教师的教育主要采取提示、劝勉、启发的方法，以促其进一步成熟，提高能力。

2.教育的内容：培育德才兼备的人才

贾谊认为，教育的核心是道德品行教育。这包括"六法"：道、德、性、神、明、命；"六行"：仁、义、礼、智、信、乐。而"六法""六行"的教育，是通过儒家经典，即所谓"六艺"（《诗》《书》《礼》《乐》《易》《春秋》）来实现的。通过系统地学习文化知识，来完成道德品行的修养，实际上是把智

---

① 贾谊.贾谊集[M].上海：上海人民出版社，1976：178.

育和德育有机地结合起来,通过学习所谓"六艺"的儒家经典,来完成"六法""六行"在受教育者身上的表现,也就是培养"德才兼备"的人才。

3.师道:培养教育人才的原则

贾谊认为:"师傅之道,既美其施,又慎其齐;适疾徐,任多少;造而勿趣,稍而勿苦;省其所省,而堪其所堪。故力不劳而身大盛,此圣人之化也。"① 即教师在教学中应遵循教学的规律和原则,即教学内容要正确,又要适合学生的接受能力;教学进度要快慢适当,教学内容的多少、深浅要符合学生的水平;既要激励学生发奋,又不能强制学生;要严格要求,随时检查,又不能加重学生负担;要培养学生学习的兴趣,不要让学生产生厌学情绪;教学要从学生的发展水平出发,又要提出更高的要求,促使学生上进等。实质上是,教师要从学生的实际情况,即学生的年龄、文化水平、知识结构、个性特点、身体状况等出发,来决定所传授内容的深浅、多寡以及应采取的教学方法。

贾谊"以民为本"的民本思想,以农为本的"重农主义","削封国、强中央"的改革思想,控制匈奴的爱国思想,以及他的辞赋、散文等文学著作,对儒家经典和黄老思想的推崇等,都对湖南人才有深刻的影响。这不仅在长沙马王堆汉墓出土的大批帛书中得到了证明,而且在历代湖南人才的思想主张以及文学作品中得到了印证。同时,作为"屈贾伤心之地"的湖南人民,也一直记着他。在汨罗和长沙的屈子祠,在长沙的贾太傅祠,一直是湖南人民向往的纪念圣地。王夫之在《楚辞通释》中,释贾谊之作《惜誓》。先后有长沙人黄宝、郴州人何孟春、湘潭人王闿运等,为贾谊著作集作序。毛泽东诗词中多次提到贾谊,如《七律·咏贾谊》:"少年倜傥廊庙才,壮志未酬事堪哀。胸罗文章兵百万,胆照华国树千台。雄英无计倾圣主,高节终竟受疑猜。千古同惜长沙傅,空白汨罗步尘埃。"②

(三)秦汉魏晋隋唐时期其他外省在湘人才

《湖南省志·人物志》中,共介绍了秦汉魏晋隋唐时期外省在湘人才16人,分别是马援、宋均、卫飒、茨充、钟离牧、陶侃、王昌龄、杜甫、元结、阳城、刘禹锡、柳宗元、高郁、马殷、马希范、秦彦晖。此外,还有刘发、张

---

① 贾谊.贾谊集[M].上海:上海人民出版社,1976:178.
② 毛泽东.毛泽东诗词集[M].北京:中央文献出版社,1996:221.

机、度尚、杜弢、司马丞、张缵、崔瑾、李泌、李皋、李巽、柳公绰、崔俊、李系、吕师周、许德勋、廖爽、拓跋恒、朱遵度等。他们对湖南的开发和经济文化的发展，都做出了积极贡献，现择其要介绍如下。

1. 长沙郡公陶侃

陶侃（259—334），字士行，原籍鄱阳郡鄱阳县。幼年家贫，发奋读书，锐意进取。初为县吏，继任湖南武冈县令，但与太守不和，弃官。后随荆州刺史刘弘征讨张昌起事有功，擢江夏太守。平陈敏之乱，调任武昌太守。重视吏治，救济灾民，稳定社会，安置流民，重农植谷，开放集市，政绩显著。永嘉六年（312），奉命率军进入湖南，镇压杜弢流民起义，投荆州刺史。建兴三年（315），长沙大战，流民溃散，杜弢败亡。陶侃却因功高遭忌，调离荆州，迁广州刺史。王敦之乱后，陶侃都督荆、雍诸州军事，领护南蛮校尉，征西大将军，荆州刺史。平定苏峻之乱，晋侍中、太尉、长沙郡公，加都督八州（荆、江、雍、梁、交、广、益、宁）军事，荆、江二州刺史。此时陶侃控制了长江上游和中游，权力之煊赫，在东晋一朝屈指可数。晋成帝咸和九年（334），陶侃以病辞官回长沙，死于途中，终年76岁。

陶侃勤于吏治，明于军事。据《晋书》记载，陶侃在任40多年，才干为时人所称道："陶公机神明鉴似魏武，忠顺勤劳似孔明，陆抗诸人不能及也。"他重视社会秩序的稳定和农业生产的发展，"务勤稼穑，虽戎阵武士，皆劝励之。有奉馈者，皆问其所由，若力役所致，欢喜慰赐；若他所得，则呵辱还之。是以军民勤于农稼，家给人足"。在他的治理下，"自南陵迄于白帝数千里中，路不拾遗"。荆州地区，社会安定，生产发展，是当时最好的地区。

陶侃行事十分节俭，小到一草一木、竹头木屑，都十分爱惜。他主持造船，将木屑竹头全部收集储备，后来果然做了大用。曾国藩说："古之成大业者，多自克勤小物而来。百尺之栋，基于平地；千丈之帛，一尺一寸之所积也；万石之钟，一铢一两之所累也……陶侃综理密微，虽竹头木屑皆储为有用之物。"① 毛泽东也说："人立身有一难事，即精细是也。能事事俱不忽略，则由小及大，虽为圣贤不难。不然，小不谨，大事败也。克勤小物而可法者，陶桓

---

① 曾国藩.曾国藩全集：诗文[M].长沙：岳麓书社，1989：386.

公是也。"① 其节俭行事、小物大用的优秀品德，使其成为后人的楷模。

陶侃一生，十分爱惜时间。《晋书·陶侃传》记载，陶侃曾说："大禹圣者，乃惜寸阴，至于众人，当惜分阴。岂可逸游荒醉，生无益于时，死无闻于后，是自弃也。"陈大育在《惜阴书舍记》中记载，陶澍在江苏为官时，"感其先人晋长沙桓公'大禹惜寸阴、吾侪当惜分阴之言'……即于其下置馆舍，建惜阴书舍"。以陶侃之名建设书院，培育人才，表明陶侃在1 000多年之后，仍然影响着人才的发展。

1 000多年来，湖南人民一直怀念陶侃。陶侃初入长沙，曾在岳麓山结杉庵居住，又在江边筑垒，与杜弢相持，今号"陶关"，以资纪念。陶侃死后，归葬长沙，"其墓在长沙南二十三公里"处。清人在长沙南门外建陶公祠，每年农历八月十三日祭祀陶侃，并就祠屋设惜阴书院，教授学子。陶澍说："(陶侃死后)今子孙散居吴楚间，或有在鄱阳之柴桑，或有在洞庭湖南之长沙，或有江南之芜湖、昆山，云礽频繁。"② 在湖南的陶侃子孙，有的成长为湖南人才。陶侃之孙陶淡，字处静，好"导引之术"，有才名，举秀才及州县征召，均不就，隐居长沙山中。现长沙县有陶真人庙，每年农历正月十三日和八月十六日祀之，香火颇盛。宋代陶岳、陶弼父子，明代陶汝砺、陶汝鼐、陶之典父子，清代陶士㒜、陶浔霍、陶必铨、陶澍、陶茂林，民国时期陶思曾、陶晋初、陶峙岳等，都是陶氏后人。

2. "七绝圣手"王昌龄

王昌龄（698—757），字少伯，河东晋阳（今山西太原）人，著名诗人，尤工七绝，故称"七绝圣手"。他写作的《出塞》中的"秦时明月汉时关，万里长征人未还。但使龙城飞将在，不教胡马度阴山"被称为七绝中的压卷之作。玄宗开元十五年（727）进士，历任秘书省校书郎、汜水县尉、江宁县丞。天宝七年（748），王昌龄被贬至湖南，任龙标县尉。龙标在今黔阳，是一个交通不便的山乡小县。李白闻王昌龄被贬，曾有诗《闻王昌龄左迁龙标遥有此寄》相赠："杨花落尽子规啼，闻道龙标过五溪。我寄愁心与明月，随君直到夜郎西。"王昌龄在龙标生活7年，为政以德，深入民间，重视治安，关心民

---

① 中共中央文献研究室、中央湖南省委《毛泽东早期文稿》编辑组.毛泽东早期文稿[M].长沙：湖南出版社，1990：600.

② 陶澍.陶澍集：下册[M].长沙：岳麓书社，1998：135.

瘦，深得汉、苗、侗各族人民爱戴。当地有芙蓉楼，曾是王昌龄宴饮、送客之所，留下了他不少诗歌。如《龙标野宴》："沉溪夏晚足凉风，春酒相携就竹丛。莫道弦歌愁远谪，青山明月不曾空。"又如《芙蓉楼送辛渐》："寒雨连江夜入吴，平明送客楚山孤。洛阳亲友如相问，一片冰心在玉壶。"王昌龄在龙标理政安民，吟诗舞剑，交友论文，促进了当地文化的发展、人才的成长，也留下了许多美丽的故事。湖南人民一直怀念这位伟大的诗人，芙蓉楼多次扩建、重建，被称为"龙标胜迹"，成为黔阳一大景观。

3. "诗圣"杜甫

杜甫（712—770），字子美，出生于河南巩县（今河南巩义市西南）。杜甫知识渊博，有治国平天下之志。唐代宗大历三年（768），杜甫全家离开四川，经湖北进入湖南。此后，杜甫在岳阳、长沙、衡阳、耒阳一带流离漂泊，战乱、饥寒、疾病始终伴随着他。杜甫在湖南的诗作，始终围绕着两个主题。一个是描写战乱、时局、饥饿、逃亡。如《入衡州》："竟流帐下血，大降湖南殃。"这是写臧玠兵乱潭州的恶果。又如，《逃难》诗："故国莽丘墟，邻里各分散。归路从此迷，涕尽湘江岸。"这是描述湖南人民逃避兵祸战乱的情景。"残杯与冷炙，到处潜悲辛。""万姓疮痍合，群凶嗜欲肥。"深刻地叙述了人民生活的艰难和疾苦。还有的诗作揭示湖南人民因战乱而丧生、抛尸荒野的惨象。"丧乱死多门，呜呼泪如霰。""痛彼道边人，形骸改昏旦。"另一个是描绘湖南自然风光。"春岸桃花水，云帆枫树林。""雪岸丛梅发，春泥百草生。"湘江两岸，春光如画，令人陶醉。《发潭州》堪称代表作："夜醉长沙酒，晓行湘水春。岸花飞送客，樯燕语留人。贾傅才未有，褚公书绝伦。高名前后事，回首一伤神。"据此，1 000多年后，陶澍为汉口的长沙会馆题联："隔秋水一湖耳，看岸花送客，樯燕留人，此境原非异土；共明月千里兮，记夜醉长沙，晓浮湘水，相逢好话家山。"由此可见杜甫对湖南文化、湖南人才影响之深远。

4. 浯溪元结

元结（719—772），字次山，号漫郎，原籍洛阳，后迁鲁山（河南鲁山县）。天宝十二年（753）进士。元结于广德二年（764）进入湖南，任道州刺史。广德元年（763），道州为岭南溪洞蛮和西原瑶族攻陷，户口由4万户下降至仅4000户，萧条衰乱，民不聊生。但上司仍一日数封公文，限时催讨赋税，声称"失其限者，罪至贬削"。元结为百姓着想，决心不应上命，而"静以安人，待罪而已"。并作《舂陵行》"以达下情"："州小经乱亡，遗人实困疲。大乡无十家，大族命单羸。朝餐是草根，暮食仍木皮。出言气欲绝，意速行步迟。追呼尚不忍，况乃鞭扑之。"又作《贼退示官吏》，指责"诸使何为忍苦征敛"。杜甫见到二诗后，赞元结为"俊哲"。元结还上疏，要求减免百姓赋税和市杂物十三万缗（一缗为一贯，一千文）。

元结晚年，遭权臣妒忌，乃辞官归隐，居于一无名小溪旁。元结爱其"凝流绿可染，积翠浮堪撷"，乃自创"浯、峿、㾽"三字，命溪名为"浯溪"，山为"峿山"，又建一厅堂为"㾽庼（wù qǐng）"，合称"三吾"。祁阳县城原名"三吾镇"。"浯溪"在祁阳西南松山，流入湘江，水清石峻，风景优美，元结有《浯溪铭》。溪旁有20余丈（1丈≈3.33米）的大"怪石"，元结命名为"吾台"，作《吾台铭》。又有高60余尺（1尺≈0.33米）的"异石"，元结在石上筑亭，名曰"浯亭"，撰《浯亭铭》。元结请名家书写"三铭"，刻于浯溪崖壁之上，又将自己抵抗史思明时所作《大唐中兴颂》请颜真卿书写，刻于浯溪120平方米的崖壁之上，后人称之为"摩崖三绝"，又称"三绝碑"，即文绝、字绝、石绝。元结在《㾽庼铭》中说："目所厌者远山清川，耳所厌者水声松吹，霜朝厌者寒日，方暑厌者清风。"远山、清川、水声、松吹、寒日、清风，合称"六厌"。在古代文人心目中，"厌"就是满足、满意。此后，"㾽庼六厌"就成为浯溪的典故。自唐以来，浯溪的"三铭""三绝碑""㾽庼六厌"等，令多少文人学者倾倒，留题勒石，吟诗填词，形成浯溪碑林，成为湖南名胜，成为湖湘文化的象征。无产阶级革命家陶铸在《东风诗》中说："东风吹暖碧潇湘，闻道浯溪水亦香。最忆故园秋色里，满山枫叶艳惊霜。"

5."诗豪"刘禹锡

刘禹锡（772—842），字梦得，河南洛阳（一说江苏铜山）人。贞元九年（793）进士，大历十年（775）被贬为朗州（今湖南常德）司马，正是风华正茂的年华。在湖南期间，刘禹锡游历武陵山水，采风五陵民歌，为其诗歌创作提供了丰富而新鲜的思想和内涵。《旧唐书》载："禹锡在朗州十年，唯以文章吟咏，陶冶性情。蛮俗好巫，每淫辞鼓舞，必歌俚辞，禹锡或从事于其间，乃依骚人之作，为新辞以教巫祝，故武陵溪洞间夷歌，率多禹锡之辞也。"他的《竹枝词》清新通俗，流利爽口，为其诗歌中的翘楚。"山桃红花满上头，蜀江春水拍山流。花红易衰似郎意，水流无限似侬愁。""杨柳青青江水平，闻郎江上唱歌声。东边日出西边雨，道是无晴却有晴。"《踏歌词》："春江月出大堤平，堤上女郎联袂行。唱尽新词欢不见，红霞映树鹧鸪鸣。"这些诗保存着武陵民歌清新爽朗的情调和响亮和谐的节奏感，朗朗上口，形象鲜明，为人喜闻乐听，"于是武陵夷俚悉歌之"。可见，刘禹锡的诗在一定程度上为湖湘文化的发展与普及开辟了新路。

刘禹锡在常德的诗作还为常德地方文化保存了珍贵的资料。如他吟咏善卷坛、司马错古城、古汉寿城、伏波神祠、屈平祠、阳山庙等怀古诗歌，既有很高的艺术水平和很大的文学价值，又记录了许多历史资料，具有学术研究价值。特别是他的《游桃源一百韵》《桃源行》《旧十五夜桃源玩月》等关于桃花源的诗作，不仅肯定桃花源在常德境内，而且为桃花源美景进行大量宣传，使桃花源成为人人向往的旅游胜地。刘禹锡在常德的诗作还生动地反映了常德地区当时的社会经济生活，如《畲田行》《贾客词》等诗，或以生动明快的笔调描绘了放火烧山的热烈场面，或以辛辣的笔调揭露了商人唯利是图的本质，同时，又反映了当时常德商业繁荣、物产丰富的实际情况，是社会经济史的重要资料。

刘禹锡是一个朴素的唯物论思想家，他在常德写的《天论》等著作，奠定了其在中国思想上的重要地位。他认为天和人都是有形的"物"，阐述了"天人交相胜"的无神论思想。他在《天论》中认为："天之道在生植，其用在强弱；人之道在法制，其用在是非。"他强调"人能胜乎天"，指出自然界和人类社会各有不同的特征和职能，只要政治清明，功必赏、罪必罚，鬼神迷信思想就难以产生和发展。刘禹锡还认为客观世界是发展变化的，他在《天论》中说："以理揆之，万物一贯也。"他的所谓"理"就是万事万物发展变化的客观规律，"数"是说明这一规律存在的必然性，"势"则是强调这一规律的必然趋势。他认为客观事物的发展变化是不以人的意志为转移的客观规律。

6. 柳宗元

柳宗元（773—819），字子厚，河东（今山西永济市）人。唐德宗贞元九年（793）进士，授校书郎，擢监察御史。当时社会矛盾尖锐，革新派和保守派之间斗争频繁。王叔文、柳宗元、刘禹锡等主张改革。革新派失败后，柳宗元被贬为永州司马，元和十年（815）迁柳州刺史。元和十四年（819），病逝于柳州，年仅47岁。

柳宗元是唐代著名的文学家、哲学家、教育家。其著作收入《柳河东集》，大多是在湖南永州完成写作的。湖南是柳宗元思想成熟、著作成名之地。在哲学、政治思想方面，柳宗元有《天说》《天对》《非国语》《封建论》等重要著作，指出天、地、元气、阴阳都是自然现象，是没有意志的。宇宙都是物质的，所谓"元气"，则是天地的本原。由于元气的存在，才有了昼夜交替、万物变化、暑热寒冷以及阴、阳、天三者的结合。柳宗元是无神论者，认为宇宙是由混沌的"元气"所构成的，并没有所谓神的主宰，批评了"君权神授"的谬说。他提倡政治平等，反对贵族、宦官和官僚地主的特权，主张中央集权，反对封建割据，主张革新，反对保守。在《封建论》一文中，他全面总结了从先秦到唐代中央集权和分封割据两种政治体制的得失，充分肯定了秦始皇废除分封制、推行郡县制的巨大功绩。在学术思想方面，柳宗元主张兼收并蓄，取各家之长，强调各种学说虽然观点不同，说法各有偏重，甚至有矛盾冲突之处，但也有相通之处，对治理国家和社会都有一定作用，对民众有一定的劝导作用。因此，不应把各种学说完全对立起来，而应兼收并蓄，取各家之长，充分发挥各家学说的积极作用。在教育方面，他认为教育的目的就在于培养一批"明道""行道"而能治世、济世的人才，而要"明道""行道"，就必须"博极群书"。因此，教育的内容应该广泛。他主张以"五经"为根本，同时兼顾各家著作。在教育方法上，他提出了顺其自然、融会贯通、博专结合、勤恒结合等原则，并提倡尊师重道、学必有师、以友为师、师生平等的精神。

柳宗元的诗现存140多首，基本上都是在永州创作的，更多地抒发了个人忧伤悲凉的情怀。同时，他还写了不少直接反映社会生活的诗篇，对社会政治进行讽刺和抨击，表达了对人民的深刻同情。此外，柳宗元的一些写景小诗，格调清新，脍炙人口。如《江雪》："千山鸟飞绝，万径人踪灭。孤舟蓑笠翁，独钓寒江雪。"这些诗语言简练、意境深远、画面清新，给人以美的感受。柳宗元和韩愈一道发起古文运动，后世以"韩柳"并称。柳宗元的散文丰富多彩，大致分为三种类型。一是山水游记，代表作为"永州八记"：《钴𬭁（mǔ）潭记》《钴𬭁潭西小丘记》《至小丘西小石潭记》《袁家渴记》《始得西山宴游记》《石渠记》《小石城山记》《石涧记》八篇。他给自然山水一种美丽、高洁、幽静、鲜艳的性格，写一草一木、一泉一石、一水一竹，颜色、动静、声音、远近、形态、变化，生动逼真，神妙入微，融情于景，景中生情，词语简练，意境清幽，物我浑然一体，真是千古绝唱，是我国文学史上山水文学的瑰宝。二是讽刺寓言，代表作有"三戒"，即《临江之麋》《黔之驴》《永某氏之鼠》，以及《罴说》《蝜蝂（fù bǎn）传》等。他借各种动物故事，对社会上的尔虞我诈、弱肉强食、贪婪成性、专横跋扈、外强中干、狂妄自大、目中无人、愚蠢无知、恃宠而骄等丑恶现象，进行尖锐、辛辣的讽刺，委婉生动、形象具体、通俗明白、语言精练、寓意深刻。三是传记文学，代表作有《童区寄传》《捕蛇者说》《种树郭橐驼传》《梓人传》等。这些作品或表彰人间正义，或揭露阶级剥削，或展示官场贪恶，或歌颂英勇自救的少年，或鞭挞趋炎附势的丑类，都写得具体逼真，形象生动，针对现实，意义深刻。

柳宗元在永州的10年，是其思想成熟的10年，是其作品大放异彩的10年。他的作品写于湖南，写湖南的人和事，写湖南的自然风光和社会现象，他的作品实际上已成为湖湘文化的组成部分。柳宗元的学识、才华、人品深受湖南人的钦慕和敬重。韩愈在《柳子厚墓志铭》中说："衡湘以南为进士者，皆以子厚为师，其经承子厚口讲指画为文词者，悉有法度可观。"《旧唐书》中也有："江岭间为进士者，不远数千里，皆随宗元师法，凡经其门，必为名士。"可见，柳宗元对湖南人才的成长是大有贡献的。

7. 马殷

马殷（852—930），字霸图，许州鄢陵（今河南鄢陵）人。家贫，少年时做木工为生。后应募从军，为蔡州戍将孙儒所部。后孙儒败死，由刘建锋领军，以马殷为先锋，进入湖南。刘建锋遇害后，由马殷领军，占湖南，封楚王，建楚国。《资治通鉴》记载，马殷采高郁策："上奉天子，下抚士民，训卒厉兵，以修霸业。"因此在十国割据中，楚国曾一度称雄。楚国的兴盛主要在于其采取了"利商、用商、兴商"的政策。如以优惠政策招徕各国商人；铸铅、铁为货币，在湖南流通；鼓励以货易货，促进商业贸易的繁荣；大力发展茶叶生产，实行自由贸易政策，茶税成为楚国财政收入的主要来源；鼓励手工业，实行"命民输税者皆以帛代钱"，从而促进了棉纺织业的发展；给商人以官位，保护商人利益。

马殷比较重视人才，在其周围聚集了一些才士。其子马希范设天策府，也集中了一些名人。在马氏父子统治期间，湖南形成了一个人才群：廖匡齐、王仝、谭进颇、邓进忠、丁思觐、何仲举、彭士愁、李宏皋、刘昭禹、李宏节、徐仲雅、廖偃等，他们或者是卓有战功的将军，或者是治理国家的良吏，或者是学有专长的天策府学士。可见，马殷对湖南人才的发展是有贡献的，马殷也因此得到湖南人民的拥护。930年，79岁高龄的马殷寿终正寝。马殷死后，长沙百姓自发立碑以表达对马楚王的拥戴、怀念之情。1921年长沙出土的"楚王马殷纪功碑"说，在他死后"群民号洮，念不欲生"，想必也非溢美之词。现长沙有"马王街"，依然提醒人们铭记这位马楚王。

二、秦汉时期的湖南人才

秦汉两朝约400年，湖南人才基本上可以分三种类型。一是政治人才，这一时期产生的湖南政治人才虽然官位不显，没有全国性的影响，但在其各自岗位上表现出较强的才干，做出了较多的贡献。二是农民和少数民族领袖，梅铜是其中的杰出代表，但史料很少，有待进一步挖掘。三是科技精英，如蔡伦，对中国和世界文明的发展都有巨大贡献。

（一）罗宏、胡腾、谷永等政治人才

秦汉时期，湖南出现了一批政治型人才。他们为湖南和全国经济、文化的发展做出了一定的贡献，在史籍中可以发现他们的名字和简单的事迹。

罗宏，也作罗弘，长沙人，生卒年月不详，西汉元封五年（前106）任交州刺史（辖在今广东、广西地区和越南一部分）。罗受命督察所部郡国，治所在苍梧郡。该郡于汉武帝元鼎六年（前111）设立，前几任刺史多以所管地区"荒远"为由，疏于巡查，懒于督察，不管不问，致使各级官吏忘其职守，甚至危害百姓。《湖南通志·人物·罗宏》记载，罗宏自到任后，一改前任作风，勤于吏治，"春行冬息，遍历所部，咨询疾苦"。在了解民情、考查官吏的基础上，罗宏对贪残太守予以严惩，有的则"解绶请罪"，予以彻查。此后各级官吏"贪残敛迹"，罗宏被称为"能吏"。

胡腾，字子升，湖南桂阳县人，生卒年月不详。东汉桓帝出巡南阳，腾为护驾从事，见随行公卿贵戚的车马舆轿数以万计，沿途征夫、征粮不可胜数，浪费极大。《后汉书》记载，胡腾上书："天子无外，乘舆所幸，即为京师。臣请以荆州刺史比司隶校尉，臣自同都官从事。"桓帝采纳了他的意见，"自是肃然"，扰民和违法之事大为减少，胡腾因之声誉大著，后官至尚书。

谷永，耒阳人，生卒年月不详。东汉建宁年间，任郁林（今广西桂平）太

守。时岭南一带，因地处蛮荒，又多瘴疠，官吏皆不愿往。一些庸劣官吏趁机横行霸道，贪赃枉法，时时激起民变。谷永赴任后，为人正直，为官清明，严肃吏治，体恤民艰，深得辖区民众喜爱。当地少数民族乌浒人为谷永感化，相率来归者达10多万人。朝廷为之新置七县治理。

胡绍，字伯蕃，耒阳人，生卒年月不详。东汉中叶时为河内（指今河南省黄河以北、京广铁路以西地区）怀县县令。胡绍为官清廉，出巡时自备干粮，从不扰民，重视地方治安，曾主持捕盗数百人，境内大治。其被推为三河第一，后升任九真（今属越南）、零陵太守。

祝良，字邵卿，一作邵平，临湘（今长沙）人，生卒年月不详。自幼"聪明博学，有才干，以廉平见称"。东汉顺帝永建年间，任洛阳县令，为政严明，令行禁止，豪猾不敢生事，士民一致感戴。时庞参为宰相，任太尉，权倾朝野，其后妻妒杀前妻之子，引起洛阳士民不平。祝良闻知，率众直闯太尉府，执其后妻，并参奏庞参。庞被免职，祝良亦因擅撞太尉府而坐罪入狱。洛阳士民坐守朝门，声援祝良，其遂得以释放。永和二年（137），南郡（今属越南）象林起事，屡败官兵，汉顺帝任祝良为九真（今属越南）太守，祝良单车进入敌军营，晓以利害，招以威信，降者数万人，起事得以平定。

蒋晋，泉陵（今零陵）人，生卒年月不详。汉灵帝时举孝廉，任尚书郎，后迁汝南（今属河南）太守。因吏治严明，擢交州刺史（辖广东、广西大部和越南一部分）。蒋晋为官清正，勤于吏治，入京奏事，反应迅速，应对得当，官拜尚书。其在职清廉正直，为群僚所敬服。

苏耽，郴州人，方士，生卒年月不详。传说其母误吞丝带而孕，生苏耽后，有白鹿为苏耽哺乳。耽自小聪明好学，有机谋，平时放牛打柴，贴补家用，突然遇仙得道，成为仙人，有仙术，法号"苏仙"。时郡中时疫流行，苏耽以庭前井水煮橘叶治病，乡人赖之以活，名扬远近，后人以其所居牛脾山改名"苏仙岭"（在今郴州市苏仙区）。宋元符三年（1100），哲宗赵煦诏封其为"冲素真人"。

（二）梅铜等人民起义首领

秦末的残酷统治引起了湖南人民的强烈反抗，有"楚虽三户，亡秦必楚"之说。秦末农民起义得到湖南人民的广泛响应，在起义中产生了一批杰出人物。同时，湖南少数民族为了反抗官府的压迫与剥削，也不断进行斗争，从而也产生了一批杰出人物。

1. 梅锅及其历史功绩

梅锅（前228—前196）。1992年出版的《湖南省志·人物志》将梅锅置于第一位人物，该书这样叙述："梅锅，西汉益阳梅山（今属安化县）人。初随番阳令吴芮等起兵反秦，率军北上，与刘邦相遇于南阳，即合军破析、郦两县，遂入武关。秦亡，项羽初封诸侯，以吴芮为衡山王，都邾，锅为列侯。刘邦即位汜水，以锅从入武关，功多，故感激吴芮，因徙芮为长沙王。都临湘（今长沙），锅亦随芮来长沙，相传后定居梅山。""番阳"，今湖北蒲圻一带，与湖南益阳相距不远，故梅锅能从家乡梅山北上，与吴芮会合讨秦。"析"，今河南西峡；"郦"，今河南南阳市西北；"邾"，今湖北黄冈一带。梅锅因功封为列侯，"食十万户"。清嘉庆《安化县志》说："梅山隶长沙益阳地，长沙王吴芮将梅锅之家林也。""梅锅之家林"在梅山，就是说梅锅为安化县人。

梅锅是少数民族反秦起义的杰出领袖，从《史记》《汉书》等史籍中，可知梅锅有两大功劳。一是为颠覆暴秦立下了战功。秦末农民起义时，梅锅是安化、益阳一带越人的首领，他率领部分越人建立了一支反秦的队伍，北上行军中，加入了番阳令吴芮领导的反秦大军。继续北上后，在南阳与刘邦会合，共同攻克析、郦两县，占领了今河南省西南部。梅锅英勇善战，加上从荆湖到河南、陕西一带，多为少数民族杂居之区，梅锅以少数民族首领领军，所到之处，比较容易与各地少数民族沟通，得到群众支持，成为刘邦首先占领咸阳的一个积极因素。二是平定赵佗在南粤的分裂活动，稳定了南疆。汉初，北方匈奴、南方赵佗为外部的两大威胁。赵佗在秦末农民起义中，诛除秦吏，进击桂林、象郡，自立为"南越武王"。随后，赵佗乘楚汉相争之际，引兵北上，与吴芮争斗。《古今图书集成》记载，梅锅"从吴芮定百粤有功，封侯"。梅锅因平赵陀而封侯，可见其功劳之大。梅锅是我国历史上第一次农民起义中的少数民族首领，是一员英勇善战的将军，为秦的灭亡、汉的统一做出了贡献。同时，梅锅又是梅山人民千百年来所敬仰的英雄，是梅山文化的奠基人之一。

2. 相单程等少数民族起义首领

相单程，沅陵人（今湖南洪江一带），五溪蛮首领，生卒年月不详。东汉建武二十三年（47），领导武陵五溪蛮起义，被推为领袖，率众据险抗击官军。

朝廷派威武将军刘尚率万余官军沿沅水而上，镇压起义军。相单程在战争开始之际，避敌锋芒，据险自守，将敌引入绝境，当敌人后退时，穷追猛打，使刘尚官兵全军覆没。之后，相单程率义军顺沅水而下，乘势打败李嵩、马成等率领的朝廷援兵，攻占武陵郡城临沅（今常德）。建武二十五年（49），相单程率军进攻临乡（今桃源县地）。汉光武帝派著名老将、伏波将军马援领兵，率12个郡的官兵4万多人赶往临乡，与起义军展开激战。起义军准备不足，兵力少，武器又差，作战失利。相单程率起义军据险阻击，马援军不得上，又值酷暑，士卒多疫死，援亦染病，遂困。稍后，《后汉书·第五钟离宋寒列传》记载"马援卒于师，军士多温湿疾病，死者太半"。改由监军宋均领兵，改变策略，对起义军进行招抚。起义军因长期作战，人员死伤，粮食短缺，亦无力再战，表示愿意归顺朝廷。沅陵民间传说，相单程投降朝廷后，被封为报春的"春官"。

田强，湘西人，活动于西汉末年。田强为"五溪酋长，威信素著"。王莽篡汉建立新朝后，遣使"驰传天下，班行符命"。《汉书·诸侯王表》记载，当时，各地"汉诸侯王厥角稽首，奉上玺韨，惟恐在后"。但是，田强却表示："吾汉臣，誓不事二姓。"据清代王万树对《湖南阳秋》载，"蛮酋田强有子十人，雄勇过人，皆曰：'吾等汉臣，誓不事莽。'遂于东筑三城，居三子，屯五万人，以拒莽，烽火相应。田子居上城，王子居中城，仓子居下城"。以武力抗拒王莽，表现了田强勇武不屈的精神和忠贞不二的品德。

覃儿健（前4—80），溇中（今湖南张家界市）人。东汉建初三年（78），覃儿健率当地民众起义，"攻烧零阳、作唐、屠陵界中"，势力发展到湖南与湖北交界的十来个县。朝廷调集荆州7郡等地万余官兵镇压，建初五年（80）春，起义军作战失败，覃儿健牺牲。

詹山，武陵人，东汉元嘉元年（151）集众4 000余人起义，抗拒官兵。朝廷多次派兵进剿，均不能胜。至永兴元年（153），武陵太守应奉前往招抚，起义队伍才解散归降。

胡兰，桂阳郡（今郴州地区）人。东汉延熹八年（165），胡兰率众在湘南地区起义，并与荆州驻兵朱盖部会合，达数万之众，先后进攻桂阳郡和零陵郡。零陵太守陈球联合将军度尚官兵，合力镇压，胡兰牺牲，起义失败。

（三）古代湖南的第一个发明家蔡伦

蔡伦（63—121），字敬仲，桂阳郡（今属耒阳县）人。著名学者章炳麟说："湖南人士，始后汉桂阳蔡伦。伦诚宦者，然史称其有才学，校雠经典，伦实监理，斯固弘恭、史游之次，又始造树肤渔网为纸，中夏文化升降之迹，伦有力焉。"[①] 章炳麟对蔡伦的评价，突出了两点：一是蔡伦为湖南自古以来的第一人；二是蔡伦对中国文化发展贡献巨大。

蔡伦出身于农民家庭，贫困穷苦，难得温饱。汉明帝永平末年（75），年仅12岁的蔡伦离开家，入宫当了太监。章帝建初中（约80年前后），由于蔡伦头脑灵活，办事认真，担任了"小黄门"的职务，是亲近天子之官。《后汉书·宦者列传》载："及和帝继位，转中常侍，豫参帷幄。"负责传达皇帝诏令和掌理文书，能参与机密，与闻决策，权力极大。《后汉书》说蔡伦任中常侍后，表现突出，"有才学，尽心敦慎，数犯严颜，匡弼得失。每至休沐，辄闭门绝宾，暴体田野"。和帝永元九年（97），蔡伦被提拔为"尚方令"，负责掌管御府兵器、玩物、器具制造，主管一个带工业制造性质的行政部门，直接对皇帝和朝廷负责。汉安帝元初元年（114），蔡伦被"封为龙亭侯，邑三百户"。稍后，又任蔡伦为"长乐太仆"，跻身上层统治阶层，成为朝廷"九卿"之一，具体掌管皇帝的舆马和马政。元初四年（118），蔡伦领导通儒和博士整理和校勘经传、经典，表明蔡伦学识渊博，具有崇高的学术地位和威望。安帝时期，宦官和外戚轮流执政，争权夺利，相互倾轧，不幸的是，蔡伦也卷入了这种政治斗争。建光元年（121），蔡伦被迫自杀，终年57岁。

蔡伦的最大贡献在于改进造纸术。《后汉书·宦者列传》指出："自古书契，多编以竹简，其用缣帛者，谓之纸。缣贵而简重，并不便于人。伦乃造意，用树肤、麻头及敝布、渔网以为纸。元兴元年奏上之，帝善其能，自是莫不从用焉。故天下咸称蔡侯纸。"蔡侯纸是用树皮、麻头、破布、渔网等做原料，制作而成。具体大约经过五道工序。一为"挫"，将破布、树皮等剪碎、切断，成为碎片、碎粒。二为"捣"，将挫碎的原料用水浸泡，加温，加入石灰、草灰等物，再捣烂成浆状物。三为"打"，将捣成糊状的原料用木棒、石臼等捣打、碾烂，使其纤维分丝帚化，以增强纤维间的结合力。四为"抄"，将碾打

[①] 钱基博，李肖聃. 近百年湖南学风·湘学略 [M]. 长沙：岳麓书社，1985：224.

的纸浆稀释，均匀地摊在平整的木板、竹席或其他物件上，再经水漂洗成薄片，使其附在木板、竹席之上。五为"烘"，将附在木板、竹席之上的薄片在太阳下晒干，或用火烘烤而干。这样，就成了可以写字的纸。这种纸，体轻质薄，色白柔软，可折贴，便剪裁，很适合写字，且以废物做原料，价格低廉，便于推广，工艺流程简单，易于制造，因此受到普遍欢迎。

蔡伦于105年改进造纸术后，东汉和帝下令在全国推广，纸成为竹简、木牍、绢帛的有力竞争者，逐渐成为主要的文字载体。到东汉末年，左伯又改进了蔡伦的造纸方法，制造出比"蔡侯纸"更加洁白细腻的纸。东晋末年（404），朝廷下令以纸代简，简牍文书从此逐渐退隐，纸则广泛流行，成为官方文书的载体。蔡伦的造纸术不仅在全国推广、应用、发展，而且传到世界各地。据专家考证，至迟在289年，造纸术传到了朝鲜、日本；唐朝时，又传到了东南亚地区，再由阿拉伯人传到欧洲、大洋洲、非洲、美洲等地，有力地促进了世界文明的发展。造纸术是中国人民的伟大发明，是中国古代的四大发明之一。

三、三国时期是古代湖南人才的第一个小波峰

西汉建安元年（196），曹操迎汉献帝迁都河南许昌，皇帝被架空，实际上结束了汉王朝的统治。各地方势力纷纷割据称雄，从此揭开了三国鼎立的序幕。建安五年（200），曹操在河南中牟县的官渡一举击败了袁绍的主力，从而占据了中原和北方，在军阀混战中处于有利地位。建安十三年（208），曹操大军开始南征。这时，刘备兵败当阳，在荆州依附刘表，得诸葛亮辅佐，与割据江东的孙权联合，共抗曹操。赤壁一战，曹操败走，但取得了襄阳。孙权占领了荆州东部，扩大了地盘，巩固了割据地位。刘备得利最多，占有荆州西部，有了立足之地。这样，三国鼎立的局面形成。220年，曹丕称帝，221年，刘备称帝，229年，孙权称帝，三国鼎立局面正式形成。三国时期，湖南是吴、蜀、魏三国争斗的主要战场之一，产生了一批政治、军事方面的杰出人物，形成了古代湖南人才的第一个波峰。

（一）古代湖南第一个人才小波峰的形成背景

三国时期古代湖南人才第一个波峰形成，秦汉时期政治、经济、文化的

第二章 秦汉魏晋隋唐时期的湖南人才

发展在一定程度上为其奠定了基础。统一的中央政权的建立和巩固，湖南的相对安定，使湖南人才和全国人才有了较多的交流，更为湖南人才的成长和发展提供了有利条件。湖南经济、文化的发展，为湖南人才的发展提供了物质基础和精神力量。特别是中原及其他各地文化传入湖南，全国人才在湖南的活动，都直接促进了湖南人才的发展。

东汉时期，湖南绝大部分地区属荆州，战略地位非常重要。诸葛亮说："荆州北据汉、沔，利尽南海，东连吴会，西通巴蜀，此用武之国。""天下有变，则命一上将，将荆州之军，以向宛、洛""则霸业可成，汉室可兴矣"。[①] 因此，荆州是三国时期魏、蜀、吴争战最激烈的地区。赤壁之战后，湖南以湘、资二水为界，一分为二：孙吴据有长沙、桂阳二郡；刘备占有武陵、零陵二郡。随后，在诸葛亮的辅助下，刘备分别用军事进攻和招抚的手段，夺取了长沙、桂阳二郡，从而占有湖南全省，曹魏则占据了基本上在河南的南阳、章陵二郡，孙吴占有基本上在湖北的南郡、江夏二郡。曹操在赤壁之战后，一心经营中原和北方地区，暂时无力南下争夺荆州，孙刘矛盾加剧，争斗日趋激烈。建安二十年（215），孙权派吕蒙进攻长沙、桂阳，在益阳一带展开激战，二郡重归孙权。建安二十四年（219），关羽率湖南七军北上进占江陵，打败魏将曹仁。曹操为拆散孙刘联盟，主动与孙吴通好，孙权派吕蒙袭取江陵，斩杀关羽，又夺取武陵、零陵二郡。223年，刘备在白帝城病亡，湖南全境为孙吴所有。从此，刘蜀势力困于巴蜀，成为三国中势力最弱的一国。孙吴占领湖南全境后，比较重视农业生产，兴修水利。孙吴统治时期，湖南经济、文化均有所发展，这对湖南人才的成长也是有利的。

三国时期吴、蜀、魏对湖南的争夺，虽然给湖南人民带来战乱和灾难，但是也给湖南人才的成长提供了机会，为湖南人才提供了施展才华的舞台。各政治利益集团为了扩大和巩固其在湖南的地盘和势力，用各种手段拉拢和重用湖南人才，从而促使湖南人才大批进入政治舞台，在激烈的政治斗争和军事斗争中施展才能，积累经验和教训，湖南人才在斗争中得到了锻炼，有了进一步的成长和发展。

---

① 房立中.诸葛亮全书[M].北京：学苑出版社，1996：25.

（二）古代湖南第一个人才小波峰的主要成员

章炳麟在谈论湖南人才时曾说，三国时期的湖南人才"后蜀有蒋琬、刘巴兴于零陵，琬代诸葛亮执政，成劳炳然。巴在汉末称高士，声及吴会，诸葛亮自言，运筹帷幄不及子初远甚，誉或少过，然蜀世文诰策命皆巴所为，诚文章之隽也"。[1] 蒋琬、刘巴和黄盖都是三国时期湖南人才之俊杰。

1. 蒋琬

蒋琬（168—246），字公琰，灵陵郡湘乡县（今属双丰县）人，自幼聪慧，有才学，具文名。建安十六年（211），刘备应益州牧刘璋之邀进入四川，蒋琬以"州书佐"的身份跟随其入川，任县令。建安二十四年（219），擢尚书郎。建兴元年（223），诸葛亮为丞相，兼领益州牧，总揽朝政。蒋琬是其得力助手，任职参军，参与朝中大事决策。建兴五年（227），诸葛亮驻汉中，主持北伐中原大计。蒋琬与长史张裔留成都，主持朝廷日常事务。建兴八年（230），蒋琬代张裔为长史，总理府事，又加抚军将军。诸葛亮曾对刘备说："蒋琬，社稷之器，非百里之才也。其为政以安民为本，不以修饰为先。"并秘密向刘禅推荐："臣若不幸，后事宜以付琬。"[2] 建兴十二年（234），诸葛亮病卒，刘禅擢蒋琬为尚书令，不久加授都护将军，统率诸将。并领益州刺史，升任大将军，统兵征战，加封安阳亭侯，统领尚书事物，总揽朝政。诸葛亮病逝时，蜀国突失擎天大柱，朝野震惊，举国危惧。蒋琬临危受命，胸有成竹，团结所有朝臣，将朝政处理得井井有条，既无戚容不安，又无喜悦表现，神情举止，一如平常。既鼓舞了群僚，又使全国军心、民心迅速安定，蒋琬因此树立了威望。此后，蜀国在蒋琬的治理下，以保境安民为主，军事活动减少，终于使弱蜀在三国鼎立中，保持了一席之地。

延熙元年（238），刘禅命蒋琬率各路军马进驻汉中，并开建府署，第二年加大司马，准备北伐中原。《三国志·蒋琬传》记载，蒋琬认为："昔诸葛亮数窥秦川，道险运艰，竟不能克，不若乘水东下。乃多作舟船，欲由汉、沔袭魏兴、上庸。会旧疾连动，未时得行。"诸葛亮数出秦川伐魏，均因山道艰险，运粮不便，无功而返。蒋琬准备改走水道，由汉水、沔水顺流而下，袭击

---

[1] 钱基博，李肖聃. 近百年湖南学风·湘学略 [M]. 长沙：岳麓书社，1985：224.
[2] 房立中. 诸葛亮全书 [M]. 北京：学苑出版社，1996：223.

曹魏上庸、魏兴（今陕西湖北交界地区）。由陆路改为水路，对行军运粮多有方便，应有可行之处，但蒋琬旧疾缠身，又是七十老翁，精力不济，加上一些朝臣和将领心有怯意，"众论咸谓如不克捷，还路甚难"，加以阻拦，故蒋琬的决策未能实行。到延熙九年（246），蒋琬病情加重，上奏刘禅："芟秽弭难，臣职是掌。自臣奉辞汉中，已经六年，臣既暗弱，加婴疾疢，规方无成，夙夜忧惨。今魏跨带九州，根蒂滋蔓，平除未易。若东西并力，首尾掎角，虽未能速得如志，且当分裂蚕食，先摧其支党。然吴期二三，连不克果，俯仰惟艰，实忘寝食。辄与费祎等议，以凉州胡塞之要，进退有资，贼之所惜；且羌、胡乃心思汉如渴，又昔偏军入羌，郭淮破走，算其长短，以为事首，宜以姜维为凉州刺史。若维征行，衔持河右，臣当帅军为维镇继。今涪水陆四通，惟急是应。若东北有虞，赴之不难。"（《三国志·蒋琬传》）蒋琬对三国鼎立形势、国家大政、后继诸事，都做出了分析和安排。稍后，蒋琬进驻涪县，病逝于任所，终年78岁，谥"恭"。

蒋琬为政，秉承诸葛遗风，明察善断，清正廉明，勤政公正，循法治国。为人不喜阿顺，不听谗毁，不计前嫌，不夹私报复。故群臣悦服，乐于效命。平时好读书，学问优长，有《蒋恭侯集》《丧服要记》各一卷留世。

2. 刘巴

刘巴（170—222），字子初，零陵郡丞阳（今衡阳市、邵东市）人。祖父刘曜，曾任苍梧太守；父亲刘祥，曾任江夏太守、荡寇将军。刘巴自幼聪慧好学，少年时就很有名，被称为"奇才"。荆州牧刘表举刘巴为茂才，几次征召其为官，都被拒绝。18岁时，刘巴任郡署史户曹主记主簿，典领文书，办理事务。建安十九年（214），刘备攻占成都，刘巴归附刘备，任左将军西曹掾，负责草拟、管理文书等事务。建安二十四年（219），升任尚书，稍后擢为尚书令，主管中央军政机要，成为刘蜀朝廷重臣之一。章武二年（222）刘巴卒于任所，终年52岁，有《刘令君集》传世。

刘巴为官，清廉节俭，不置私产，奉公循法，躬履勤政。才智过人，心藏机谋，善于处理政务。诸葛亮曾说："运筹策于帷幄之中，吾不如子初远矣。"[①] 刘备入蜀和称帝时期，几乎所有文诰及策命，都出自刘巴之手。刘备攻成都时，为鼓励士气，曾许诺破城之后，不过问府库财物。故破城之日，刘璋

---

① 房立中. 诸葛亮全书[M]. 北京：学苑出版社，1996：223.

多年的积蓄被兵卒一扫而光，以致后来军用乏绝，财政困难。为此，刘备问计于刘巴，刘巴献计，赶铸面值百文的大钞，统一物价，开放市场。这样，被士卒抢走的府库财物很快收回，数月之间，府库充实，社会安定，刘备因之渡过了难关。刘巴长于文学，学问优长，声名远播，是当时著名的学者。但他自视极高，自命不凡，恃才傲物。性格的偏激，气量的偏狭，对人的偏见，使得这个三国时期的第一流人才在蜀汉少有建树。

3. 黄盖

黄盖，生卒年不详，字公覆，零陵泉陵（今湖南省永州市零陵区人），本南阳太守黄子廉的后代，后家贫，黄盖幼年备受艰辛，打柴负薪，耕田放牛，劳动之余，读书识字，除经书之外，还特别喜欢研习兵法。稍长，黄盖加入长沙太守孙坚的军队，作战勇敢，并有机谋，且能善待士兵，故每所征战，"士卒皆争为先"。因而多立战功，官拜别部司马。孙坚战死后，黄盖随孙策进取江东，对江东的治理做出了很大贡献。时江东地区有一支少数民族"山越"，主要居于苏、皖、赣各省山区，以刀耕火种和狩猎采集为生，经常进行激烈的反抗斗争。故境内时有动乱，每当动乱发生，黄盖辄被任为县令。黄盖善于采取各种手段，恩威并施，抑强扶弱，使"山越怀附"，罢息动乱。因此，黄盖先后在石城、春谷、寻阳等九个县担任县令，又迁丹阳都尉。

献帝建安十三年（208），曹操与东吴赤壁大战，曹军号称百万，来自北方，不习水战，用铁链将战舰连环联结，以求平稳。黄盖建议采用火攻，又献苦肉计，诈降曹操。是时，黄盖以战舰十艘，装载柴草、芦苇等引火之物，并灌以膏油，外面用布蒙被，顺东南风过长江向江北曹营疾驰。曹军以为黄盖来降，不作准备，纷纷出营观望。及驰近曹营，黄盖即纵火烧船，火借风势，曹营成为一片火海。东吴兵将趁机渡江，曹兵仓皇失措，全军崩溃。黄盖为东吴赢得了赤壁之战的关键一役，为东吴在三国鼎立局面中取得一席之地做出了巨大贡献，被擢升为武锋中郎将，任武陵郡守，参加了平定长沙、益阳等地"山贼"的战斗，加偏将军。黄盖"姿貌严毅"，令出必行，性格刚毅，行事坚定，"当官决断，事无留滞"，又"善于养众"，体恤部属，善于治军，为三国时期著名将领之一。

古代湖南第一个人才小波峰主要人才如表2-2所示。

第二章 秦汉魏晋隋唐时期的湖南人才

表2-2 古代湖南第一个人才小波峰主要人才一览表

姓名	生卒年月	籍贯	所属国	主要官职	主要事迹
吴巨	？—211	长沙	汉	苍梧太守	为吴将步骘诱杀
区景	不详	长沙	汉	苍梧都督	为吴将步骘诱杀
杨怀	？—212	零陵	汉	白水关主将	反对刘备入川被杀
刘优	不详	零陵	汉	御史大夫、尚书右仆射	献宗年间总理朝政
周不疑	192—208	零陵	魏	—	神童，为曹操忌杀
桓阶	？—211	长沙	魏	赵郡太守、尚书令	游说长沙太守张羡投曹操
桓嘉	？—252	长沙	魏	乐安太守	与吴作战死
刘巴	170—222	衡阳	蜀	尚书令	蜀重臣
赖恭	不详	零陵	蜀	交州刺史、镇远将军、太常	请封刘备为汉中王
刘敏	不详	零陵	蜀	御史、扬威将军	曾以疑兵退曹兵
廖立	不详	武陵	蜀	巴郡太守、长水校尉	被诸葛亮削职为民
刘邕	不详	零陵	蜀	江阳太守、镇南将军、关内侯	随刘备入蜀
蒋琬	168—246	零陵	蜀	尚书令	诸葛亮病逝后稳定蜀国
蒋斌	不详	零陵	蜀	绥武将军	蜀亡时被杀
赖雄	不详	零陵	蜀	丞相西曹令史	辅助蜀后主刘禅
刘武	不详	义阳	蜀	尚书	有文采
徐熙	不详	长沙	吴	豫章太守	—
黄盖	不详	零陵	吴	丹阳都尉、偏将军	赤壁大战中献策
潘濬	？—239	汉寿	吴	郎太常	镇压樊伷，诱导蛮夷部落起义

055

续表

姓名	生卒年月	籍贯	所属国	主要官职	主要事迹
桓彝	？—258	长沙	吴	尚书	反对孙綝专权被杀
潘秘	不详	汉寿	吴	尚书仆射	娶妻孙权姐姐陈氏之女
谷朗	218—272	耒阳	吴	校尉、九真太守	镇压交趾叛乱
车浚	？—276	南平	吴	会稽太守	曾为民请赈免赋
虞授	？—279	临湘	吴	广州都督	擅长易学
刘先	不详	零陵	魏	武陵太守、荆州尚书、魏尚书令	—

从上表 25 人的情况来看，可以做出以下分析。一是三国时期的湖南人才多属政治军事型人才。25 人中政界人物 14 人，占 56%；军事将领 4 人，占 16%；政治人物兼学者 3 人，占 12%；文化型人才仅周不疑、虞授 2 人，占 8%。这种人才格局的形成主要是由当时的形势决定的，因为吴、蜀、魏三国对湖南的争夺主要需要安民治军的政治军事型人才。因此，古代湖南人才的第一个波峰以政治军事型人才为主体，并以此奠定了湖南人才的发展方向。二是三国时期湖南人才集中于湘江流域。25 人中，零陵 10 人，长沙 6 人，分别处于湘江的上游和下游，加上衡阳、耒阳各 1 人，湘江流域共有 18 人，占了总数的 72%。三是三国时期的湖南人才多为蜀、吴两国所用。其中，蜀国 9 人，占总数的 36%，因为刘备是汉室宗亲，又善于用人，故"荆楚之士，从者如云"，这是儒家正统观念影响所致；在吴国任职的有 8 人，占总数的 32%，因为吴国曾长期占据湖南，需要湖南人才的支持；为曹魏所用的有 4 人，只占 12%，其中周不疑并未事曹，且为曹操所杀；另有 4 人，则没有归附于三国中的任何一国。四是三国时期的湖南人才存在较多的血亲关系。如桓阶父子、潘浚父子、蒋琬父子、刘邕父子、赖恭父子。另外，刘先和周不疑、刘敏和蒋琬则是亲戚关系。至于同乡、同僚、部属等关系也普遍存在，这是当时社会人才关系的一个特色。

四、两晋南北朝时期的湖南人才

280年，司马炎灭吴，结束了三国鼎立的局面。司马氏所建立的西晋王朝，只有短短的几十年。317年，司马睿在建康（今南京）建立东晋，北方则是"五胡十六国"的混乱局面。420年，东晋灭亡，南北分裂，直到581年，杨坚建立隋朝，中国才重新统一。以上史称两晋南北朝时期。其间湖南人才数量很少，在全国的地位下降。秦汉三国时期湖南人才数在全国排第13名，占全国人才总数的0.82%；两晋两北朝时期湖南人才在全国排名第17名，比例也下降为0.29%。而且有影响有成就有知名度的人更少，可以说，在湖南人才发展史上，两晋南北朝时期是一个人才衰退的时期。

（一）两晋南北朝时期湖南人才衰退的原因

1. 文化教育的停滞阻碍了人才的成长

文化教育的发展状况直接影响着人才的成长和发展。张伟然通过对湖南历史人物、著作、学者、藏书、文化状况等情况的统计和分析，指出："湖南文化的发展历程比较曲折，其发展趋势经过了三个阶段：晋代以前，文化稳步前进；南朝到隋，文化出现倒退；唐代以后，再次上升，总体呈现出一波三折之势。"[①] 这个分析是符合实际的，两晋南北朝时期湖南文化教育事业确实出现了倒退。这种倒退现象从西晋后期开始出现。隋代以前，湖南文化仍然落后，即使开发得最好的长沙地区，也没有避免这种尴尬的局面。《隋书·地理志》指出："长沙郡又杂有夷蜒，名曰莫徭。"至于"武陵、巴陵、零陵、桂阳、澧阳、衡山、熙平皆同焉，其丧葬之节颇同于诸左"，沅陵更是"多杂蛮左"。隋代以前，湖南境内居民未尽汉化，保留了一些野蛮落后的风俗习惯。

文化的停滞集中表现为教育的停滞和衰退。东汉时，湖南学校教育开始起步，特别是长沙和桂阳（今湖南郴州）相对突出。西晋立国不久，湖南就陷入动乱之中，荆湖地区还相继发生了长达10年之久的大规模流民起义。《晋书·甘卓传》记载，湘州刺史甘卓说："往遭寇乱，学校久替，人士流播。"教育受到了严重破坏。东晋偏居江南一隅，统治者无心教育，晋元帝停止了孝廉考试。即使朝廷主持的秀才考试，考生竟因害怕而不敢前往京城应试。可见教

---

① 张伟然.湖南历史文化地理研究[M].上海：复旦大学出版社，1995：44.

育衰退、人才凋零到了何等程度。之后宋、齐、梁、陈四个朝代,湖南教育更加不景气。《南史》载:"江左草创,日不暇给,以迄宋齐,国学时或开置而劝课未博,建之不能十年,盖取文具而已。是时乡里莫或开馆,公卿罕通经术,朝廷大儒独学而弗肯养众,后生孤陋,拥经而无所讲习。"朝代更换频繁,学校教育自然时起时落,史籍上几乎见不到湖南办教育的记载。教育的落后和倒退是人才凋零的一个根本原因。

2. 九品中正制的推行制约了人才的发现和选拔

所谓"九品中正制",是黄初元年(220)提出的官吏选拔制度。《通典·选举典》记载,按九品之制,各"州、郡、县俱置大小中正,各以本处人任诸府公卿及台省部吏,有德充才盛者为之,区别所管人物,定为九品"。各州郡的"中正"规定由本州、郡有声望的人担任。实际上,各州、郡的"中正"都是在朝廷担任官职的本州、郡人,而且都是本地的士族、名士。"中正"有权将当地士人分为九等(九品),政府按等选任官吏,称之为"九品官人法"。《晋书·惠帝纪》记载,司马氏当政以后,于各州、郡设立"大中正",选门阀世族担任,门第、出身成为衡量人才的第一甚至是唯一的标准,形成了"上品无寒门,下品无世族"的现象,从而"纲纪大坏,货赂公行,势位之家,以贵陵物。忠贤路绝,逸邪得志,更相荐举,天下谓之互市焉"。"九品中正制"严重地限制和打击了出身寒门人才的发现和选拔。

"九品中正制"成为统治者压制人才的工具,压抑了人才的成长。这种现象是全国范围的,湖南人才也莫能例外。一是被举荐和征辟的人才多来自门阀世族、官宦之家,如长沙的龚玄之家族是湖南很有地位和影响的门阀世族,一家四代竟有6人得到举荐、征辟,有的还享受了"玺书"特征殊荣。欧阳頠、邓粲、罗含、虞悝、虞望等门阀世族之家,也都被多次举荐、征辟。而广大寒门学子则基本上得不到举荐的机会。二是湖南的门阀世族与中原、北方以及东南地区的门阀世族相比,人数少得多,经济实力差得远,政治地位低得多,社会影响更远不及。因此,被选为"中正"的人数少,在举荐本地湖南人才方面,显得无能为力。三是湖南人才在门阀政治统治下,很难走出湖南。终西晋一朝,湖南人才不仅未能进入朝廷中枢,未能封侯拜相,就是在中央朝廷任职为官的,也极为罕见。

3. 黄老思想的流行和宗教的传播扼杀了人才的积极入世情怀

两晋南北朝时期，黄老思想在湖南流行。黄老思想提倡"无为而治"。南朝梁人伍安贫在《武陵记》中说，湖南"人气和柔，多淳孝，少宦情，常弹五弦之琴，以黄老自乐"。黄老思想在湖南士人中影响较大。

两晋南北朝时期湖南人才中流行黄老思想有以下几个原因。一是历史渊源的影响。春秋战国时期，湖南属于楚国。当时的楚国是大国、强国，是"五霸""七雄"之一，大有问鼎中原之势，后来为秦所吞并而亡国，楚人失意，灰心政治，转而不思进取，但又要保持高尚气节，只得归隐田园，钻研学问。二是政局动荡的影响。两晋南北朝时期是中国历史上的一个大分裂时期，分裂的时间长，产生的小国家、小朝代多，动乱、战争频繁，波及的范围广，斗争的性质也复杂。在复杂而频繁的斗争中，湖南并没有自己的地盘，没有建立自己的国家，因而湖南的人才无所适从。三是多种社会因素的影响。湖南士人中，归隐成为潮流，归隐田园，耕读自娱，成了湖南士人的理想。

宗教方面，佛教传入中国后，立即得到统治阶级的认可。随着佛教的发展，许多士人成为佛教的信徒。一方面，佛教是外来宗教，大批佛经需要知识分子翻译、解释、宣传，而且佛教经典有很深的哲理，吸引着知识分子深入钻研。另一方面，投身佛教后，能够得到保护。僧众可以享受很多特权，可以"寸绢不输官府，升米不进公仓"。僧众免除了赋税徭税的负担，而且不受官府和差役的压迫与骚扰。因此，大批仕途无望的人才进入佛教队伍，有的成为一代高僧。当然，这其实也只是极个别人才的机遇，大多数的人才只能长年吃斋诵经，念佛修行，默默无闻地终了一生。

另外，道教宣传长生不老、飞化成仙之说。东汉末年，张角等人曾将道教形式作为组织农民起义、反对统治阶级的工具。到东晋时，葛洪著《抱朴子》，使道教在理论上得到升华。葛洪还是著名的医家，他将炼丹成仙和健身治病结合起来，使道教的传播更加广泛。南朝齐、梁间的陶弘景，受葛洪影响，自幼钻研道术，兼通阴阳五行、天文地理、风水星算、文学书法，更精通医术药理，著有《本草经集注》，该书是古代著名的药典。陶弘景为梁武帝所重，被称为"山中宰相"。由于葛洪、陶弘景等人的努力，道教在南北朝时期迅速发展。湖南一些知识分子亦加入道教，有的钻研医学药理，在民间治病救人。

总之，宗教传入湖南后，吸引了不少湖南人才到宗教中寻求出路。虽然为湖南增加了一个新的人才群体，即宗教人才群体，却使更多的湖南人才埋没于宗教的海洋中，无所作为。

（二）罗含等文化学术型人才的发展

两晋南北朝时期，湖南的文化学术型人才迅速发展，成为当时湖南人才的主体。耒阳人罗含则是其中最突出的代表。

1. 思想者罗含

罗含（292—372），字君长，出身官宦之家，幼年丧亲，由叔母抚养成人，好学勤读，志向高远。东晋成帝咸和九年（334），荆州刺史庾亮引其为江夏从事。罗含与江夏太守谢尚友善，谢尚器重罗含的才华，称之为"湘中之琳琅"。桓温任荆州刺史，为控制全荆州，排挤谢尚势力，特派罗含到江夏检劾谢尚。罗含则巧妙地调和桓、谢关系，缓和矛盾。罗含的气度与才华得到桓温的重视，称罗为"荆楚之才""江左之秀"。晋穆帝升平四年（360），罗含任郎中令。之后，擢升侍中。其时，桓温伐燕失败，罗含奉旨安慰，着力调整桓温与朝廷的关系。太和五年（370），罗含调任长沙相，加中散大夫。晋简文帝咸安二年（372），罗含病逝，终年80岁。

罗含是东晋时期较有成就的思想家、哲学家、地理学家。"所著文章刊行于世"，其中，《更生论》是其代表作，是古代湖南人较早的哲学著作。全文如下。

> 善哉，向生之言。曰天者何？万物之总名。人者何？天中之一物。因此以谈，今万物有数，而天地无穷。然则无穷之变，未始出于万物。万物不更生，则天地有终矣。天地不为有终，则更生可知矣。寻诸旧论，亦云："万兆悬定，群生代谢。"圣人作《易》，已备其极："穷神知化，穷理尽性"。苟神可穷，有形者不得无数。是则，人物有定数，彼我有成分，有不可灭而为无，彼不得化而为我。聚散隐显，环转我无穷之涂；贤愚寿夭，还复其物，自然相次，毫分不差。与运泯复，不成不知。邈哉邈乎？其道冥矣！天地虽大，浑而不乱；万物虽众，区已别矣。各自其本，祖宗有序，本支百世，

不失其旧。又神之与质，自然之偶也。偶有离合，死生之变也。质有聚散，往复之势也。人物变化，各有其性。性有本分，故复有常物。散虽混淆聚不可乱。其往弥远。故其复弥近。又，神质冥期，符契自合。世皆悲合之必离。而莫慰离之必合；皆知聚之必散，而莫识散之必聚。未之思也，岂远乎哉者。凡今生之为，即昔生；生之故事，即故事。于体无所厝，其意与已，冥各不自觉，孰云觉之哉。今谈者徒知向我非今，而不知今我故昔我耳。达观者所以齐死生，亦云死生为寤寐。诚哉是言。①

《更生论》全文仅392个字，但内容和思想十分深刻。

第一，指出"天是万物之总和"。两晋南北朝时期，玄学盛行，玄学家强调"虚无"，认为天地万物，就是这种"虚无"所派生的。同时，他们又宣传"天生蒸（众）民而树之君"，强调君主是由天命决定，派来统治人民的。故这种学说的目的在于宣传"虚无"，承认天命，取消斗争，服从命运，是有利于统治阶级的，是古代中国的一种唯心主义哲学。罗含指出："天者何？万物之总名。人者何？天中之一物。"强调天是万物之和，而不是"虚无"的，是一种可以感知的物质。人也是天中一物，从而肯定了人民的地位。在当时，承认天是物质的，人是天中一物，是一种大胆的、进步的思想，具有唯物主义的因素。

第二，强调宇宙万物是发展变化的，即"更生"。唯心主义和形而上学认为："万物皆备于我矣。"即精神凌驾于物之上，而且物是静止不动、永远不变的。罗含提出了"天地"和"万物"两个概念，从两个方面论述了二者的关系。一是"万物有数，天地无穷"，"天地无穷，出于万物"，即"天地"的存在要依靠"万物"的存在，没有了"万物"，则"天地"也就不存在了，肯定"万物"是根本，是本原，是主体，这是对"天地永存论"的大胆挑战，对"天地"无上权威的否定。二是"万物更生，天地无穷"，所谓"更生"，即重新获得生命，万物在不断发展变化之中，不断地死亡（有终），又不断地新生（更生），只有万物不断变化、不断发展、不断更生，天地才能无穷，才能无终。万物更生的思想即万物不断发展、变化、新生的思想，是辩证法思想的体

---

① 严可均.全上古三代秦汉三国六朝文[M].北京：中华书局，2000：661.

现,是罗含哲学思想的闪光之处。

第三,万物的发展变化是有规律的。万事万物的发展变化是否有规律可循?唯物主义的回答是肯定的。这种规律是事物本身所固有的,如季节循环、昼夜更替、生物体的新陈代谢。唯心主义否定这种规律,认为事物的发展变化来源于神秘力量,如"天命"。罗含的观点趋同于前者。他说:"人物有定数,彼我有成分,有不可灭而为无,彼不得化而为我。聚散隐显,环转我无穷之途;贤愚寿夭,还复其物,自然贯次,毫分不差。"罗含认为,人和自然万物都有一定的规律性,都有其特定的成分,它们之间的变化、"更生",也是有规律的,"自然贯次,毫分不差",而不是混杂无章的。

第四,万物的变化只是形式上的变化。在事物变化的问题上同样存在两种完全对立的观点。对此,罗含是矛盾的。一方面,他提出"更生"的观念,承认万事万物不断运动和变化,不断更新和发展;另一方面,他又认为这种运动和变化、更新和发展,只是形式上的变化,而不是本质的变化。他认为,有与无、我与彼,不能转化,事物只是"聚散隐显",不断地改变其形式。实质上这是一种形而上学的变化观。

第五,关于"神不灭"的观点。所谓"神不灭"就是灵魂不灭,即一个人的富贵贫贱,都是前生决定的,所以对今生的遭遇,只能接受,只能忍受,希望只能寄托于来生。显然,罗含也受到佛教"神不灭"思潮的影响。他根据《周易》提出:"穷神知化,穷理尽性。"并以之作为"神不灭"的经典理论。认为:"神之与质,自然之偶也。偶有离合,死生之变也。质有聚散,往复之势也。"他强调神与形体是自然的偶合,形体虽然可以"分散",但"有其往","复有常",在冥冥中又能"聚合",似有"符契"。实质上,这是"神形可分可合"的唯心主义观点,即人的精神(灵魂)和身体可以结合,也可以分开。

第六,预言中国必定由分裂走向统一。罗含关于"神不灭""神形可分可合"的观点是唯心主义的。但他运用这一观点来解释社会现象时,提出了社会有分裂就会有统一的辩证观点。他说:"世皆悲合之必离,而莫慰离之必合;皆知聚之必散,而莫识散之必聚。未之思也,岂远乎哉者。"所谓"离""散"就是社会的分裂局面,"合""聚"就是社会的统一局面。罗含的这种观点和预言反映了当时人民迫切希望社会稳定、国家统一的良好愿望,具有积极的进步意义。同时,这种观点也符合辩证法原则和中国历史发展的实际,"分久必合，合久必分"是中国帝制/专制社会几千年来的历史事实，是中国封建帝制社会发展的规律。

综上所述，罗含的《更生论》是中国古代重要的哲学著作。《更生论》的基本体系是唯心主义的，但包含着唯物论的因素，《更生论》还包含有不少辩证法的思想光芒。不承认天命，肯定事物的发展变化，期望统一，都具有积极进步的意义。除《更生论》外，罗含还著有《湘中记》三卷，又名《湘中山水记》，这是一部关于湖南地理的著作。罗含生长在湖南，又长期在湖南地区生活与为官，经常察访民情，考证地理，时有所得，可惜，原书已经散佚。

2. 诗人阴铿（kēng）

阴铿，生活于南朝梁、陈间，字子坚，澧州作唐（今安乡县）人。祖籍甘肃武威，晋安帝义熙（405—418）末年，其高祖南迁至南平（今湖北荆州地区）。梁武帝大同（535—546）年间后期，阴铿任湘东王法曹参军，后历任录事参军、晋陵太守、员外散骑常侍等职。

阴铿自幼聪明好学，5岁能诵诗。及长，博涉史传，学识渊博，是当时著名的诗人。阴铿的诗以写景见长，尤精五言，形象生动鲜明，善于炼字造句，注意通篇完整，格律整齐明白，词语清新而不华丽，诗意深刻而不晦涩。如《渡青草湖》："洞庭春溜满，平湖锦帆张。沅水桃花色，湘流杜若香。穴去茅山近，江连巫峡长。带天澄迥碧，映日动浮光。行舟逗远树，度鸟息危樯。滔滔不可测，一苇讵能航。"青草湖，又名巴丘湖，在岳阳西南，即今洞庭湖东南部。每当水涨，青草水波相接，浑然一体，分外壮观。阴铿以明快、酣畅的笔调，以丰富、精细的想象力，对青草湖的景物风光进行了生动描绘，并将周围的桃花源、湘夫人、洞庭地穴、茅山洞天、巫山神女等神话传说有机地融于诗中，与青草湖的自然美色结合，构成了一幅雄浑、绮丽、神奇、美艳的图画，堪称咏洞庭湖诗歌中的最早佳作。同时阴铿的诗细致工巧，亦长于写人的情感。如《和侯司空登楼望乡》："怀土临霞观，思归想石门。瞻云望鸟道，对柳忆家园。寒田获里静，野日烧中昏。信美今何益，伤心自有源。"诗中流淌着作者浓浓的思乡之情，结合自然景物的描绘，情景交融。阴铿还擅长描绘羁旅行役、山水风光、情感思念，如《新成安乐宫》《晚出新亭》《蜀道难》《开善寺诗》《秋闺怨诗》《雪里梅花诗》等。这些诗情景交融，明为写景，实则怡情，声调爽朗，词语清新，一扫南朝绮丽、柔弱的诗风。

阴铿的诗在中国文学史上占有较为重要的一席之地。首先，阴铿是南朝诗坛中优秀诗人之一，他虽处于宫体诗全盛的时代，却能在浮靡绮丽的诗风和歌功颂德的习气中坚守自己的个性特色，把自然美景引入诗中，从而使他成为南朝特别是陈代最有成就的诗人之一。其次，阴铿的诗基本上形成了律诗格调，因而对唐代诗歌的繁荣产生了深刻影响。杜甫《解闷十二首》中有："陶冶性灵在底物，新诗改罢自长吟。孰知二谢将能事，颇学阴何苦用心。"杜甫曾用心学习阴铿的诗，很欣赏阴铿诗格律工整，风格清新。杜甫认为，李白诗作的风格和阴铿有相似之处。可见，阴铿的诗对杜甫、李白都产生了较大的影响。

3. 史学家邓粲

邓粲，长沙人，出身于官宦世家，活动于东晋初期。父亲邓骞，是东晋前期的政治家，"为人有节操，识量宏远"。邓粲历任零陵、始兴太守，大司农。邓粲年少时，好学聪慧，以"高洁"知名，受两晋玄学之风的影响，"志存遁逸"，不应州郡征辟，隐居于山林民间，与隐士刘骥之、刘尚公为友，不愿入世受命做官。晋孝武帝太元二年（377），荆州刺史桓冲请他出任荆州别驾，邓粲才开始参与政治活动，在职期间政绩斐然，深受倚重。桓冲病逝后，邓粲就以病为由告退，专门从事著述。

邓粲的著述主要是史学，代表作为《晋纪》，又名《元明纪》。所谓"元明"，乃指东晋初年的元帝与明帝，二帝在位仅10年，即317年至326年。《晋纪》主要记录了东晋初年的历史，特别是王敦叛晋的历史。原书早已遗佚，现存的是清代汤球和陈运溶的两种辑佚本。《晋纪》不仅对晋代历史记载有所贡献，它的写作范例亦有许多可取之处。我国最早的历史书籍《春秋》，在正文之前首先清楚写明作者命笔之初的主张，记言记事的规则，从而既反映作者的编纂方法，也反映作者的观点、宗旨。这样的著书典则被称作"举例发凡"，是一种良好的撰史方法。但汉代的史学家却都不采用，就是《史记》《汉书》等史家名著，也只在"太史公自序"或"叙传"中表明自己写作史书的缘由，且往往语焉不详，所以撰明凡例这种传统中止了数百年，直到邓粲著《晋纪》才予以恢复。这在中国传统史学的发展中起到了重要作用，因而受到人们的赞扬。另外，邓粲还著有《晋阳秋》（又名《晋阳春秋》）32卷、《老子注》，但都已散失。

此外，两晋南北朝时期的湖南文化学术型人才还有龚玄之、车胤、潘京、伍朝、黄闿、伍安贫、易雄、阴颢、欧阴颙、谷俭、李志等，他们都是学有专长的文人学者，是当时颇有成就的文学家、诗人、思想家、史学家、地理学家、书法家。

（三）车胤、欧阳颁等政治型人才

两晋南北朝时期，政治型人才仍是湖南人才的主体，但和秦汉三国时期湖南政治型人才比较则有明显的区别：秦汉三国时期湖南政治型人才中，有不少是领军的将领，可称之为"政治军事型人才"；而两晋南北朝时期湖南的政治型人才则多为文人学者，可称为"政治文化型人才"。这一时期湖南人才具体包括王毅、王机、王矩、桓雄、尹虞、车胤、唐谌、虞悝、虞望、易雄、唐宏、潘京、邓骞、蒋珂、周崎、黄峦、阳子春、欧阳颁、邓正直、韩阶、阴颢等。他们都从政为官，取得一定政绩，为后人所称道。他们中的许多人，如车胤、虞悝、虞望、易雄、潘京、欧阳颁、阴颢等，还是学有专长的学者。此外，前述文化学术型人才中的罗含、邓粲、阴铿等，在政治上也做出了较大贡献，都可称为"政治文化型人才"。当然，从整体上而言，这一时期的湖南政治型人才影响力是有限的，很少有出类拔萃的人物，最多也不过是当时的二三流人才，其中较为突出的是车胤和欧阳颁。

1. 学者政治家车胤

车胤（333—401），字武子，东晋时期南平郡人。其曾祖父车浚曾任东吴会稽太守，为人正直聪敏，为官清正廉明。其父车育，为东晋吴郡主簿。车胤自幼聪慧可爱，好学不倦，远近闻名。东晋穆帝永和四年（348），荆州刺史桓温闻车胤"学富五车，才高八斗"，征辟其为从事。从此，车胤进入仕途，历任别驾、骠骑长史、中书侍郎、国子监博士、辅国将军、丹阳尹、吏部尚书等职，并两次晋爵，封关内侯、临湘侯。

车胤一生，为学虚心求实，追求真理，追求知识。宁康初年（373），车胤任中书侍郎，为讲《孝经》，担当章句剖析，常通宵达旦，索句寻源，每遇不详不悉之处，便上下求索，不耻下问，力求准确。车胤为官，清廉勤政，实事求是。太元年间（376—396），车胤任国子监博士，总管太学学士。时朝廷上下，大议明堂之制。车胤主张不必拘泥于古制，而应从实际出发，修建明堂，以便"九服咸宁，四野无尘"。车胤为政，公正严明，正直敢言，不畏强权。在任吏部尚书时，其闻孝武帝同母弟司马道子任左司侍兼会稽王，暗通朝廷大臣，谋求丞相高职，便向皇帝进言，使其阴谋破产。司马道子父子相斗，其子尚书司马元显趁其父生病之机，夺取了父亲的职务和权力，骄横放纵。车胤指责元显，被元显派猛士威逼自杀，终年68岁。车胤在文学上也很有成就，其散文、政论文都值得称道。

车胤虽出身官宦之家，但小时候家境贫困。他少小有志，勤学不辍，刻苦用功，囊萤夜读，传为美谈。《晋书·车胤传》记载："胤恭勤不倦，博学多通。家贫不常得油，夏月则练囊盛数十萤火以照书，以夜继日焉。"其"囊萤夜读"的精神，激励着一代又一代的莘莘学子，发奋图强。唐代建有车公祠，元代、清代曾分别另建、重建，元代建车渚书院，又名萤渚书院，历代文人骚客，常常吟咏歌颂车胤"囊萤夜读"的精神。1 000多年之后，湖南人才领袖陶澍主讲澧阳书院时，曾为书院题联："台接囊萤，如车武子方称学者；池临洗墨，看范希文何等秀才。"将车胤和北宋著名的政治家、文学家范仲淹并列，作为书院学生学习的楷模。

2. 世族政治家欧阳頠

欧阳頠（498—563），字靖世，长沙临湘人。欧阳家为湖南最显赫的门阀世族，祖父欧阳景达，梁代为湘州治中，父欧阳僧宝，任屯骑校尉。欧阳頠自幼好学，博通经史，不谋私利，"家产累积，悉让诸兄"，"以言行笃信著闻于岭表"，州郡频辟不应。梁武帝普通八年（527），"其兄逼令从宦"，任萧正德、萧纶中兵参军，从此进入仕途。

欧阳頠的主要功绩有三个。一是以参军身份协助蓝钦平定南方少数民族起事。《陈书·欧阴頠传》记载："钦南征夷獠，擒陈文彻，所获不可胜计，献大铜鼓，累代所无，頠预其功。"接着"湘衡之界五十余洞不宾，敕令衡州刺史韦粲讨之，粲委頠为都督，悉皆平殄。粲启梁武，称頠诚干，降诏褒赏，仍加超武将军。"二是侯景之乱时，欧阳頠主持衡州政务，支持萧绎，即梁元帝。萧绎认为欧阳頠有"匡济之才"，擢通直散骑常侍、云麾将军、衡州刺史，并封赐始兴县侯。三是为南陈安定南疆。南朝梁、陈争战中，萧梁失败，陈霸先建立陈朝，欧阳頠被俘，陈霸先"释之，深加接待"，授安南将军。《陈书·欧阳頠传》记载："岭南扰乱，頠有声南土，且与高祖有旧，乃授頠使持节、通直散骑常侍、都督衡州诸军事、安南将军、衡州刺史、始兴县侯。未至岭南，颁子纥已克定始兴。及颁至岭南，皆慑伏，仍进广州，尽有越地。改授都督广、交、越、成、定、明、新、高、合、罗、爱、建、德、宜、黄、利、安、石、双十九州诸军事、镇南将军、平越中郎将、广州刺史，持节、常侍、侯并如故。"南陈建置共有42州，欧阳颁一人领19州军事，可见其权之重。其弟欧阳盛为交州刺史，次弟欧阳邃为衡州刺史，其子欧阳纥为广州刺史，封阳山郡公。故《陈书》称其"合门显贵，名振南土"。

（四）宗教型人才的出现

两晋南北朝时期，湖南出现了宗教型人才，主要是佛教中的高僧。佛教经典包含着高深的哲理，没有深厚的文学功底和理解能力以及刻苦钻研的精神，就不可能理解佛经。同时，佛教的传播需要培养僧侣的组织能力、宣传能力、辩论口才等，许多文人学士本就是到佛教中寻找人生出路的，他们在学习佛经、阐释佛理，以及传扬佛教人物、故事、典故的过程中，才能得到不断提高和发展，成为高僧。他们学有专长，精通佛理，是僧侣中的杰出人才。

大善，衡阳人，大约生于梁武帝（502—549年在位）年间。少年时爱好佛理，常独自一人到山林旷野诵读《法华经》。陈宣帝（568—582年在位）年间，大善到南岳参谒名僧慧思，相互研讨佛经佛理。据唐代释道宣《续高僧传》记载，慧思曾说："信重三千，业高四百，其中僧昭得定最深，智顗说法无碍。两门功课都好者，要算大善了。"僧昭、智顗都是慧思弟子，智顗是佛教天台宗的创始人。慧思将大善与智顗并列，并认为大善超过智顗，可见其水平之高。

慧成，俗姓段，湖南澧阳（今澧县）人。受业于本地十住寺，成年后游方南京，学习《成实论》10年。该书为印度诃梨跋摩所著，主张"人、法两空"。陈宣帝年间，慧成闻慧思禅师在南岳宣扬佛法，教化众生，特前往皈依学习。3年后，证得了"解众生语言三昧"。《续高僧传》记载，慧思称赞说："智顗先发三昧后证总持，慧成今又及之，二子行解亦且齐矣。"后慧成在荆州枝江（今常德市东北）创建寺院，平日持诵《阿弥陀经》，30年来常坐不卧。陈后主曾派专人迎慧成到南京宣讲佛法，赐慧成所居寺为禅慧寺。

五、隋唐时期的湖南人才

581年,陕西人杨坚(541—604),废北周静帝,自立为帝,即隋文帝,国号"隋"。开皇元年(581),统一全国,结束了近3个世纪的大分裂局面。隋文帝推行改革,全国出现了一片繁荣景象,但昙花一现,随着穷奢极欲的隋炀帝当政,很快爆发了农民起义。甘肃人李渊(566—635)乘势而起,于大业十四年(618)建立唐朝。唐朝是中国封建社会历史上国势强盛、经济发达、文化繁荣的一个朝代,也是人才辈出的时代,政治家、军事家、文学家、诗人、科学家层出不穷,灿若群星。但湖南人才却是另一番景象:人才仍远远地落后于全国平均水平,人数较少,知名度较低,对全国的影响可说是微不足道。

(一)欧阳世家和欧阳询

1.长沙欧阳世家

两晋时期是中国古代门阀世族发展的高峰期,长沙的欧阳世家是湖南最显赫的门阀世族,自两晋以来,几乎代有才人出。

第一代欧阳景达,南朝宋时曾任湘州治中,"治中"为刺史的助理,非有才干不能担此任。第二代欧阳僧宝,曾任屯骑校尉。校尉是略次于将军的武将,屯骑校尉则是专长特种部队的将领。第三代欧阳頠,是南朝陈的显贵,历任将军、刺史、都督十九州军事、平越中郎将,并两次封侯;其弟欧阳盛、欧阳邃,分别任交州刺史、衡州刺史。第四代欧阳纥,字奉圣,历任黄门侍郎、安远将军、衡州刺史、都督十九州军事、轻车将军、山阳公。《陈书·欧阳纥传》载:"上流蕃镇并多怀贰,高宗以纥久在南服,颇疑之。太建元年,下诏征纥为左卫将军。纥惧,未欲就征,其部下多劝之反,遂举兵攻衡州刺史钱道戢。道戢告变,乃遣仪同章昭达讨纥,屡战兵败,执送京师,伏诛。时年三十三,家口籍没。"至此,欧阳家族遭到沉重打击。第五代为著名的书法家欧阳询。

第六代欧阳通,字通师,是欧阳询的第四子。询死时,通年幼,不谙世事。其母徐氏,亦精于书法,盼子承父业,悉心辅导他学习书法。先以《小楷千字文》为范本,使其日夜勤学苦练。徐氏又花费重金,购回散失在民间的欧阳询手书真迹，供其临摹学习。因而欧阳通书法大进，步欧阳询之后，人称"小欧"。"书有大小欧阳，父掌邦礼，子居庙堂。随运变化，为龙为光。"[①]欧阳通现存《道因法师碑》《泉男生墓志》等作品，其书法险峻刚劲、结构严谨。欧阳通为子至孝，事母最真；为人正直，不附权贵；为政清廉，关爱百姓。唐高宗时任中书舍人，武则天天授初年（690），任礼部尚书。因敢同武氏家族的倒行逆施抗争而下狱，于天授二年（691）遇害。至中宗继位，始得昭雪。

第七代欧阳昶，字子愿，欧阳通之孙。因通之功袭爵，封渤海子。第八代欧阳琮，欧阳昶之子。天宝年间（742—756）住吉州刺史，其子孙遂为江西吉州人。

此外，欧阳询之从弟欧阳允，贞观初年任正议大夫、鲁王傅。曾奉命出使突厥，不辱使命，为朝廷嘉许。屡官至施、光二州刺史，封南海郡公。欧阳允之曾孙欧阳稚，字子瑾，"志尚恬旷"，精研经史。开元十八年（730）进士，为唐代湖南进士第一人。开元二十九年（741）官晋昌郡户曹参军，擢岳州长史。为政公勤，关心民瘼，曾捐俸赈饥，岳州百姓称其为"青天大人"。至德元年（766），升任商州刺史，抗击安史之乱，坚守孤城，凛然正气，不从于寇。官至防御使。

2. 杰出的书法家欧阳询

欧阳询（557—641），字信本，长沙人。隋朝时官太常博士，唐代时历任太子率更令、银青光禄大夫、给事中、弘文馆学士，封爵渤海县男。自幼聪敏勤学，曾涉猎大批经世著作，博览古今，立志高雅，尤喜书法艺术。隋唐书法受北齐、北周影响，劲峭有力，戈戟森然，而以楷书为主。欧阳询精研书法一生，能博采众家，兼容南北，在继承传统书法的基础上独辟蹊径，形成既有戈戟森然之险劲，复有演化精妙之秀骨。欧体尤其正楷，骨气劲峭、笔力劲激、结构严谨、法度森然，被后代书法家奉为圭臬。

欧阳询对中国文化的最大贡献就是他的书法艺术。书法艺术是唐代文化的一个重要组成部分，表现出一种泱泱大国的精神和俊发青秀的艺术风貌。欧阳询是"初唐四大家"（欧阳询、虞世南、褚遂良、薛稷）的杰出代表，名震全国。他的书法自成一家，各代书法评论家对其评价甚高。当时学书法者均以"欧体"为法，得其尺牍文字，皆视为楷范。《九成宫醴泉铭》等书帖，更

[①] 祝嘉. 书学史 [M]. 北京：中国书店，1987：167.

历代流传，广为发行，学习书法者无不以之为范本。甚至高丽国王也不惮千里跋涉，派专使来长安求欧阳询墨宝。欧阳询对中国文化的第二大贡献是他的书法理论。他在长期的书法实践中总结出书法运笔八法，提出"刚则铁画，媚若银钩"，要求字体结构刚柔有机结合，雄劲清秀得体。这些理论非常具体、形象地总结了书法的运笔、结体、章法、笔画、字体的技巧，明确了书法的美学要求，是我国书法理论的宝贵财富。欧阳询对中国文化的第三大贡献是编辑了《艺文类聚》。该书共100卷，为保存古代文献做出了重要贡献，是研究古代文学、历史的重要工具书。

（二）李群玉、怀素等文化型人才

唐代的诗歌是我国文化史上的一座高峰，著名诗人群星璀璨，数不胜数。但唐代湖南诗人并不突出，远不及书法家在全国的地位。唐代湖南较有名气的诗人是李群玉。

1. 诗人李群玉

李群玉（808—863），字文山，澧州（今湖南澧县）人。自幼聪慧好学，喜吟诗，善吹笙，工书法，是唐代湖南最有才华的诗人，尤工五言古诗。

李群玉纵情山水诗歌，"清才旷逸，不乐仕进"。后在亲友规劝下赴长安考试，落第不中；经裴休引荐，进入官场，却也只是昙花一现。李群玉一生不得志，其诗的风格也是沉郁、悲凉的。他曾有诗《请告南归留别同馆》告别诸同事和友人："一点灯前独坐身，西风初动帝城砧。不胜庾信乡关思，遂作陶潜归去吟。书阁乍离情黯黯，彤庭回望肃沉沉。应怜一别瀛洲侣，万里单飞云外深。"表示要像庾信、陶潜那样，辞官归隐，回到家乡。诗中的"一灯""西风""情黯黯""肃沉沉"都表示了他的心情沉重、悲凉。他的《请告出春明门》一诗，直言心中的愤懑："本不将心挂名利，亦无情意在樊笼。鹿裘藜杖且归去，富贵荣华春梦中。"表示淡泊名利，视官场为樊笼，宁愿布衣粗茶，远离富贵，而在田野乡村中自由自在生活。他许多诗句，如"黄叶黄花古城路，秋风秋雨别家人。""此时为尔肠千断，乞放今宵白发生""摇落江天里，飘零倚客舟""夜雨寒潮水，孤灯万里舟""请量东海水，看取浅深愁""种树人何在，攀枝空叹息。人无重见日，树有每年花"都描述了人生愁苦，别离愁思，穷困愁忧，羁旅愁怀，形成哀愁悲凉、感情真挚、语言精练、通俗生动、意境深远、沉郁悲凉的诗歌风格。

李群玉一生大部分时间在家乡,行吟于沅、澧流域。其早年曾在《仙眠洲口号》对自己的家乡有很美的描绘:"长爱沙洲水竹居,暮江春树绿阴初。浪翻新月金波浅,风损轻云玉叶疏。半浦夜歌闻荡桨,一星幽火照叉鱼。二年此处寻佳句,景物常输楚客书。""水竹居"是李群玉在家乡仙明洲上傍水修建的竹斋,李群玉曾在此居住、写作。"暮江春树""浪翻新月""风吹叶疏""渔歌桨声""星火叉鱼",一幅幅诗情画景,既歌唱家乡的美景良辰,又表达了作者对自由生活的向往。李群玉在家乡蛰居的同时,又时常四出游历,东至江表,西极巴蜀,南游粤桂,北到荆襄、京师。处处游历处处诗,对祖国河山、古迹的赞美,对旅途生活的描绘,对亲友的思念,构成了李群玉诗歌的主要内容。《湖阔》描写洞庭湖:"楚色笼青草,秋风洗洞庭。夕霏生水寺,初月尽云汀。棹响来空阔,渔歌发杳冥。欲浮阑下艇,一到斗牛星。"秋天的洞庭湖,秋风月色,渔歌小艇,令人心旷神怡。在广州,李群玉在:《中秋越台看月》中写越秀山的月光:"海雨洗尘埃,月从空碧来。水光笼草树,练影挂楼台。皓曜迷鲸目,晶莹失蚌胎。宵分凭槛望,应合见蓬莱。"这里的月色,给人以立体的感觉,使人想起蓬莱仙境。李群玉还善于刻画自然景物,如《池塘晚景》:"风荷珠露倾,惊起睡鸂鶒。月落池塘静,金刀剪一声。"在宁静的夜晚,月光笼罩池面,睡鸟惊起,抖落荷叶上的露珠,只听到像剪布的一声响。在湘西,李群玉在《湘西寺霁夜》中吟道:"雨过琉璃宫,佳兴浩清绝。松风冷晴滩,竹路踏碎月。月波荡如水,气爽星朗灭。皓夜千树寒,峥嵘万岩雪。后山鹤唳断,前池荷香发。境寂凉夜深,神思空飞越。"描写山中寺庙的夜景,松风、竹影、月波、星朗、树林、霜雪、鹤鸣、荷香,耳闻目见,情景交融。

李群玉生活在人民群众之中,其诗作的一个重要内容就是反映人民的生活。如《龙山人惠石廪方及团茶》:"客有衡岳隐,遗余石廪茶。自云凌烟露,采掇春山芽。珪璧相压叠,积芳莫能加。碾成黄金粉,轻嫩如松花。红炉爨霜枝,越儿斟井华。滩声起鱼眼,满鼎漂清霞。凝澄坐晓灯,病眼如蒙纱。一瓯拂昏寐,襟鬲开烦拏。顾渚与方山,谁人留品差?持瓯默吟味,摇膝空咨嗟。"描述了茶叶的采摘、加工、制作的全过程。李群玉有《引水行》一诗:"一条寒玉走秋泉,引出深萝洞口烟。十里暗流声不断,行人头上过潺湲。"歌颂了人民改造自然、兴修水利的成绩。《石门戍》揭露了贪官污吏对人民的盘剥压榨。《乌夜号》描写人们在黑暗统治下的悲惨生活:"如闻生离哭,其声痛人心。悄悄夜正长,空山响哀音。"这些诗歌对当时的社会阴暗面进行了深刻揭露和无情鞭挞,反映了人民生活疾苦,表达了诗人对人民群众的同情与关怀。

李群玉的诗,感情真实热烈,词句绚丽多彩,结构严谨,意境深远。清人贺裳在《载酒园诗话又编》中说:"文山虽生晚唐,不染轻靡僻涩之习,五言古颇有素风。"唐代的著名诗人周朴有诗《吊李群玉》:"群玉诗名冠李唐,投诗换得校书郎。"可见,李群玉在当时诗坛颇有影响。咸通四年(863),李群玉病殁于家中(另一说是旅途中逝于"洪井"),终年55岁。《全唐诗》收李群玉诗263首,有《李群玉集》传世。

2."草圣"怀素

怀素(725—785),俗姓钱,零陵人,一说长沙人。怀素在《自叙帖》中说"家长沙",在《藏真帖》中则明确说"生于零陵"。怀素自幼出家为僧,世称沙门怀素、释怀素、僧怀素。怀素是唐代名僧,又是一代狂草大师,他的草书被公认为中国书法艺术中一颗璀璨的明珠,与稍前的张旭(江苏人,精草书,人称"张颠")齐名,有"颠张狂素"之称。

怀素自幼有志气,好读书,初习佛法、读佛经、理佛事,后致力于书法。早年的代表作《论书帖》,字字飞动,笔法超群。怀素《自叙帖》中摘录颜真卿称赞其为"僧中之英""精心草圣"。大历四年(769),怀素第一次来到京城长安,与颜真卿、邬彤等为友,常在一起讨论书法艺术,这些给怀素以新的启迪。怀素把自然界的现象、传统的书法技艺、当代名家的心得体会和运笔技巧有机地结合起来,形成了自己独特的风格。怀素使书法更有生命力,其草书如暴风骤雨、旋风惊雷、字字飞跃、旋转自如。其字乖张狂怒,笔画电激流星,整体书法疏密有致,平衡呼应,如奔驰的野马,如疾风中飞转的残云,故人们誉之为"狂草"。怀素又性格豪放,不拘小节,平生嗜酒。每次喝得酩酊大醉,即泼墨作书,而且特别出色,故有人称其为"醉僧"。其时,怀素已名震京城,唐代诗人任华作《怀素上人草书歌》:"狂僧前日动京华,朝骑王公大人马,暮宿王公大人家。"李白有诗《草书歌行》盛赞怀素草书:"少年上人号怀素,草书天下称独步。墨池飞出北溟鱼,笔锋杀尽中山兔。八月九月天气凉,酒徒词客满高堂。笺麻素绢排数厢,宣州石砚墨色光。吾师醉后倚绳床,须臾扫尽数千张。飘风骤雨惊飒飒,落花飞雪何茫茫。起来向壁不停手,一行数字大如斗。恍恍如闻神鬼惊，时时只见龙蛇走。左盘右蹙如惊电，状同楚汉相攻战。湖南七郡凡几家，家家屏障书题遍。王逸少、张伯英，古来几许浪得名。张颠老死不足数，我师此义不师古。古来万事贵天生，何必要公孙大娘浑脱舞。"得到李白如此热情的歌颂，是怀素草书的极大荣誉。

怀素不仅登上了书法艺术的高峰，其诗作也很有特色。如《寄衡岳僧》："祝融高座对寒峰，云水昭丘几万重。五月衲衣犹近火，起来白鹤冷青松。"写祝融峰之高，以寒来衬托，农历五月已是夏天，尚需烤火，可见其山之高。又如，《题张僧繇醉僧图》："人人送酒不曾沽，终日松间挂一壶。草圣欲成狂便发，真堪画入醉僧图。"完全是怀素形象的自我写照，语言精练，刻画深刻，形象突出，想象奇特。贞元元年（785），怀素病卒，终年60岁。他一生精研勤学，孜孜不倦，书写未停，留下的书法作品不计其数。

3. 其他文化型人才

刘昭禹，字休明，桂阳人。勤奋好学，工于诗。创作态度严肃认真，一丝不苟。其在《句》中自称"句向夜深得，心从天外归。"精于构思，勤于练句。如《晚霁望岳麓》"湘西斜日边，峭入几寻天。翠落重城内，屏开万户前。崖峻危溅瀑，林罅静通仙。谁肯功成后，相携扫石眠。"描写岳麓山峻峭的山峰，幽深的小路，翠郁的树林，飞溅的瀑布。此景此情，如图画之美，引人深思浮想。《全唐诗》《沅湘耆旧集》都收录有刘昭禹的诗。

杨惠之，郴州人，生卒年月不详，主要活动于唐玄宗时期，唐代著名的民间艺术家、雕塑家。青年时，曾与吴道子同学绘画，后专攻雕塑，技术一流，为一时之冠。其最擅长人物雕塑，代表作为其在郴州通惠禅师院手塑九子母一堂。人物皆坐立于地，不用床具，不着彩绘，形神各异，或说或笑，嬉戏玩乐，栩栩如生。该作品成为镇寺之宝。宋仁宗嘉祐年间（1056—1063），郴州知军解程闻此名迹，专程观赏，愿捐资为雕像加绘彩饰、添置床坐。寺院住持认为，若加彩饰，则毁坏了几百年之手迹，有损大师名声，坚决不从。宋代诗人张舜民曾专门观赏此雕塑，并将其写入《郴行录》。杨惠之流传至今的作品只有一尊罗汉，现存于江苏吴县（现属江苏省苏州市甪直镇）保圣寺，已经列为国家重点保护文物。

大津，澧县人，幼年出家为僧。大津非常仰慕佛教圣地，于高宗永淳二年（683），结伴西游，从南海出发，旅游西域，途中备历艰险，同伴均死亡，大津一人幸存。其后随唐使臣船只抵达印度尼西亚的苏门答腊岛，流寓多年，学习梵文，并会见中国高僧义净，二人商定在西域建造中国寺院，由大津先行回国，带回义净所著《大唐西域求法高僧传》《南海寄归内法传》及其所翻译的经论10卷。

惠开（733—797），俗姓欧阳，一作惠闽，长沙人。19岁出家为僧，43岁登坛为大律师。重视佛教戒律的实行和经典的研究，在弟子中选择4人，其中2人学习佛教戒律，2人研习佛家经典，对佛教僧众进行整顿，严格戒律，研究佛经，成为风气，并在南岳衡山建立大明寺。柳宗元认为，惠开的行为举止是僧人的表率，在《南岳大明寺律和尚碑》中说："凡其衣服器用，动有师法。言语行止，皆为物轨。执巾匜，奉杖屦，为侍者数百；剪发髦，被教戒，为学者数万。得众若独，居尊若卑，晦而光，介而大，灏灏焉无以加也。"故惠开在佛教界威信很高，分别被唐肃宗诏选为讲律僧，唐代宗诏选长居寺僧21人，也以惠开为首。

日悟（735—804），即般舟，俗姓蒋，零陵人。13岁出家为僧，居于永州龙兴寺。22岁受具戒，33岁主持戒坛。据柳宗元的《南岳般舟和尚第二碑》记载，日悟是南岳律宗祖师津大师的大弟子，严格遵守佛教戒律，深谙戒理，在佛教界有很高的威信。乾元元年（758），唐肃宗诏令天下，各定大德7人长讲戒律，而以日悟为南岳大德之首。日悟传戒37年，每年度僧约1 000人，南方僧众多出自他的门下。日悟居南岳般舟台（今祝圣寺），世称"般舟和尚"。

僧哲，澧县人，早岁出家。僧哲解悟超群，谈辩敏锐，聪慧好学，是僧侣中的学者。对佛教经典、禅律以及《中论》《百论》诸书均有研究，并兼通《庄子》《文心雕龙》等哲学和文艺理论著作。为了朝拜佛教圣地，他循海路远走西域、印度、三摩呾吒国（今印度东北部）、师子国（今斯里兰卡）等地，并收一高丽人为弟子，取名玄游。他和当地僧侣以及同游的中国僧人一道学习梵文，讨论佛教经典。

（三）罗弘信等政治型人才

1. 罗弘信

罗弘信（836—898），字德孚，祖籍长沙。出身于官宦家庭，曾祖罗秀、祖父罗珍和父亲罗让皆为魏博军校。罗弘信自幼习武，骑射精熟，身体健壮，状貌雄伟。青年时投军魏博节度使韩简、乐彦祯部，任裨将，管理马政。魏博节度使是为招抚安史余众而设立的河北三镇之一。唐僖宗光启末年（887），魏博军乱，乐彦祯被杀。《旧唐书》记载："先是，有邻人密谓弘信曰：'某尝夜遇一白须翁，相告云，君当为土地主。如是者再三。'弘信窃异之。及废文弁，军人聚呼曰：'孰愿为节度使者？'弘信即应之曰：'白须翁早以命我。'众乃环而视之，曰：'可也'。"显然，这是罗弘信以阴谋手段取得的节度使职权。文德元年（888），僖宗任罗弘信为魏博节度使，加工部尚书，稍后又加金紫光禄大夫、检校尚书右仆射、观察处置使。翌年，唐昭宗继位，又加罗弘信检校司空、同平章事，晋封豫章郡公。

当时黄巢起义军横行天下，唐统治集团内部矛盾重重，各地节度使拥兵自重，相互争权夺利。当时，宣武（治所在汴州，今开封市）节度使朱全忠（朱温）和河东（治所在太原府，今太原市西南）节度使李克用发生激烈斗争，罗弘信为求自保，站在朱全忠一边。其实，早在朱全忠与黄巢起义军作战时，罗弘信曾供应粟三万斛，马二百匹。这时，为与李克用作战，朱全忠又向罗弘信"借"粮食、马匹，并要求在河北驻军、借道，罗弘信不从，于是双方发生争战，罗五战五败，只得"厚币求和"。光化元年（898），昭宗封罗弘信为临清郡王。同年，罗弘信卒，赠太师，追封北平郡王，谥"庄肃"。

2. 其他政治型人才

罗绍威，字端己，罗弘信之子，好学能文、工诗、善书法。《旧唐书》载："威性明敏，达于吏道。伏膺儒术，招纳文人，聚书至万卷。每花朝月夕，与宾佐赋咏，甚有情致。钱塘人罗隐者，有当世诗名，自号'江东生'。威遣使赂遗，叙其宗姓，推为叔父。隐亦集其诗寄之。威酷嗜其作，目己所为曰《偷江东集》，凡五卷，今邺中人士讽咏之。"罗绍威在政治上虽有高官，却无实力。初任左散骑常侍、魏博节度副使，罗弘信死后，继任魏博节度使，后又加检校太尉，兼侍中，又进封邺王。可是，当幽州刘仁恭进攻魏博，以及自己属下作乱时，罗绍威都要依靠朱全忠的力量平息，实际上沦为朱全忠的附庸。昭宗天祐四年（907），朱全忠篡唐，改国号后梁，罗绍威则是其帮凶和走卒，以功授太傅，兼中书令，邑万户。不久，罗绍威病卒，年仅34岁。朱全忠追赠其为尚书令，谥"贞壮"。实则不贞不壮，乃对其一生的讽刺。

韩约，字重革，武陵（今常德）人。性格勇敢坚毅，又知书明理，颇具才干，历任振武军陆运使、虔州刺史、安南都护、左金吾卫大将军，因参与甘露之变，事泄被杀。

刘瞻，字几之，郴州人。唐宣宗大中元年（1847）进士，唐懿宗咸通十一年（870），擢同平章事，加中书侍郎。其主持正义，不畏强权，上疏直言懿宗过错，贬为康州刺史。咸通十四年（873），僖宗继位，刘瞻复相，旋去世。

邓处讷，字冲韫，邵州龙潭（今邵阳市武冈）人。唐僖宗时任邵州刺史，昭宗景福二年（893），攻占潭州，任武安军节度使，旋为部下所害。

雷满父子。雷满，字秉人，武陵（今常德）人。僖宗乾符六年（87），率领武陵地区少数民族起兵，建立"土团军"，次年攻占朗州。昭宗天复元年（901），雷满之子雷彦威继立，曾率军偷袭江陵，并加固朗州城防。旋其弟雷彦恭夺兄权位自立，开平二年（908）为马殷所败，彦恭逃散。

（四）李郃、刘蜕等湖南进士人才

自隋朝实行科举制以来，终隋一朝，没有发现湖南学子考试中第的记载。湖南的第一个进士是欧阳世家的后代欧阳稚，中于唐代中期开元十八年（730）。据记载，唐代湖南共有25名进士，先后依次为欧阳稚、周崇昌、何坚、罗玠、卿侃、陈谏、周瑀、孟琯、刘景、周惟简、李郃、吴汝纳、周鲁儒、刘蜕、拔野古、周彦朴、厉图南、刘瞻、胡曾、李群玉、陈光问、曹松、邓进忠、周虞宾、于邺。其中，李群玉是死后追赐的。现对上述25名进士，择要介绍（有的前面已经介绍）如下。

1. 湖南第一个状元李郃

李郃（808—873），字子玄，号西贞，延唐县（今永州市宁远县）人。出身于书香世家，从曾祖到父亲都是道州文学。李郃自幼好学，刻苦发奋，精通经史，工诗能文。大和二年（828）参加科考，中头名狀元。但是，李郃的仕途却不顺畅，中状元后，任河南参军，后官至贺州刺史，一直未得朝廷重用。

李郃为人正直，敢于直言，不畏权贵，敢于抗争。与其同科考生刘蕡针对形势，独树一帜，论宦官专权。主考官怕得罪宦官，不敢录取，言官亦不敢明言。李郃认为："刘蕡下第，我辈登科，实厚颜矣。"他在《清旌刘蕡直言疏》中说："今蕡所对，敢空臆尽言。至皇王之成败，陛下所防闲，时政之安危，不私所料，又引《春秋》为据。汉、魏以来，无以寘比。有司以言涉讦忤，不敢闻。自诏书下，万口籍籍，叹其诚鲠，至于垂泣。谓贲指切左右，畏近臣衔怒，变兴非常，朝野惴息。诚恐忠良道穷，纲纪遂绝，季汉之乱，复兴于今……且陛下以直言召天下士，贲以直言副陛下所问，虽讦必容，虽过当奖，书于史册，千古光明，使万有一贲不幸死，天下必曰陛下阴杀谠直，结雠海内，忠义之士，皆惮诛夷，人心一摇，无以自解。"

李郃此疏，言简意赅，切中时弊，直言不讳，正气凛然，却因此得罪了宦官集团，给他的仕途带来了重重困阻。中国科举史上的状元约600人，德才兼备，位极人臣者不少。而如李郃正直敢言者，在状元中却罕见。

2."破天荒"的进士刘蜕

刘蜕，字复愚，自号文泉子，长沙人，生卒年不详。好学聪慧，能诗能文。大中四年（850），刘蜕进京应考，一举中的，谓之"破天荒"。因长沙自开元十八年（730）欧阳稚考取进士，到刘蜕之时，经历了120年，其间竟无一人考中进士，故刘蜕的中试引起了朝野轰动。宋人孙光宪《北梦琐言》中有："荆州衣冠薮泽，每岁解送举人，多不成名，号为'天荒解'。刘蜕舍人以荆解及第，号为'破天荒'。"唐末王定保《唐摭言》载："时崔铉作镇，以'破天荒'钱七十万资蜕，蜕谢书略曰：'五十年来，自是人废；一千里外，岂曰天荒'。"50年来，千里之内无人考中进士，还称不上"天"，不能说"破天荒"。刘蜕性格耿直，只认真理，不畏权贵。咸通年间（860—874），刘蜕官至左拾遗，曾直言劝谏皇帝，批评其游宴无度，两次上书批驳宣宗不当的人事任命，又弹劾宰相卖官鬻爵，故被贬为华阴县令。即使如此，他仍然勤于政事，坚持真理，严于律己，关心民生，颇具政声。

刘蜕一生酷爱吟诗作文，其在《梓州兜率寺文冢铭》中自称"饮食不忘于文，晦冥不忘于文，悲戚、怨愤、疾病、嬉游、群居、行役，未尝不以文之为怀也。"他的散文质朴情真，有深刻的思想内涵。他在《山书》中写道："车服妾媵，所以奉贵也。然而奉天下来事贵者，贱夫！有车服必有杂佩，有妾媵必有娱乐。圣人既为之贵贱，是欲鞭农父子以奉不暇，虽有杵曰，吾安得粟而舂之。呜呼！教民以杵曰，不若均民以贵贱。"语言朴实无华，却表达了对农民的深切同情，反映了人无贵贱的平等思想。《四库全书总目提要》评价说："蜕文原本扬雄，奇奥险于孙樵，而易于樊宗师，大旨与元结相出入，亦可谓特立者矣！"刘蜕的诗亦很著名，有《文泉子集》，早佚。

3.唐五代时期湖南进士的特点

一是湖南进士特别稀少。唐代自武德五年（622）开科取士，到天佑四年（907），共历进士262科，录取进士6 656人。湖南仅25人（另有五代时期进士4人），只占全国进士总数的0.38%，还远赶不上唐代湖南人才在全国人才中所占的比例。其中一个主要原因是路途遥远，入京赶考困难重重。刘蜕在《上礼部裴侍郎书》中说："家在九曲之南，去长安近四千里。膝下无怡怡之助，四海无强大之亲。日行六十里，用半岁为往来程，岁须三月侍亲左右，又留二月为乞假衣食于道路，是一岁之中，独留一月在长安。王侯听尊，媒妁声深，况有疾病寒暑风雨之不可期者，杂处一岁之中哉。是风雨生白发，田园变荒芜，求抱关养亲，亦不可期也。"另外，湖南的文化教育水平比较落后，湖南士子在科举考试中无甚作为，比不上中原地区的士子，也无力与江浙地区的士子竞争。湖南的经济发展水平也比较落后，湖南富裕的家庭较少，一个中产之家的子弟若无亲友支持，也很难远行长安赴考。

二是唐五代时期进士集中于唐代晚期。从时间上看，湖南29名进士，唐代前期100年无一人；唐代中期100年有6人，占总数的20.69%；晚唐100年19人，占总数的65.52%；五代4人，占总数的13.79%。这种情况的出现，有着复杂的原因：如"安史之乱"后，全国的经济文化重心开始向南方转移；中原战乱，藩镇割据，尚武轻文之风开始在北方和中原兴起，和全国相比，湖南相对安定，中原文化开始在湖南广泛传播；唐武宗（840—846年在位）划定各地参加进士考试的举人名额，湖南属一类地区，湖南成为科举考试的大区。因此，晚唐的后50年，湖南进士激增，达12人，占晚唐进士人数的63.16%，差不多占整个唐代进士总数的一半。

三是唐五代时期进士集中于湘南地区。从29名进士的籍贯来看，分布于全省15个县市，其中属于湘南地区的16人，占总数的58.62%，即延唐（今宁远）的周崇昌、周瑀、周惟简、李郃、周鲁儒、周彦朴、周虞宾7人；桂阳的刘景、刘瞻、刘赞3人；道县的何坚、何仲举；郴州的孟琯、邓洵美；蓝山的陈谏；耒阳的拔野古。湘中地区6人，占总数的20.69%，即长沙的欧阳稚、刘蜕；邵阳的卿倜、胡曾；衡山的罗玠；衡阳的曹松。湘北地区5人，占总数的17.24%，即澧县的吴汝纳、厉图南、李群玉；湘阴的邓进忠；常德的于邺。

湘东地区 1 人，即茶陵的陈光问。

四是唐代进士的宁远和周姓现象。唐代 25 名进士中，宁远县占了 7 名，占总数的 28%，这在湖南科举史上是空前绝后的。宁远在永州与道州之间，潇水的上游，汉置泠道、营道两县，唐改为唐兴县，后改名延唐县，宋改名宁远县至今。宁远的 7 名进士中，除李郃外，其他 6 名全部姓周，这又是湖南科举史上的一个特别现象。据《宁远县志》记载，宁远周姓是唐代大历年间朝廷镇压"西原蛮"之后而定居在宁远的，因其平叛有功，在当地有影响、有地位。周姓作为外来户，为了维护自己的地位，加强文化修养，考取进士，就是最理想的选择。

六、五代时期是古代湖南的第二个人才小波峰

自两晋南北朝以来，湖南人才落入一个低谷。隋唐之际，湖南人才仍然稀少。直到唐玄宗年间，湖南人才稀少的现象才开始有所改变，到晚唐，终于形成了古代湖南人才的第二个波峰。与第一个人才波峰比较，古代湖南第二个人才波峰所产生的人才在数量上增加了，但在质量上没有提高。古代湖南第一个人才波峰以政治军事型人才为主体，第二个人才波峰则以文化型人才为主体。

（一）第二个人才小波峰形成的原因

古代湖南第二个人才小波峰的出现，原因是多方面的。其中既有社会大环境方面的因素，即全国政治、经济、文化发展的大背景，也有湖南内在的因素，即湖南政治、经济、文化的发展。

1. 盛唐的大发展是产生人才波峰的基础

唐代是中国封建社会的兴盛繁荣时期，先后形成了政治清明的"贞观之治"和经济富庶的"开元盛世"。《新唐书·食货志》记载："海内富实，斗米之价钱十三，青、齐间斗才三钱，绢一匹钱二百。道路列肆，具酒食以待行人，店有驿驴，行千里不持尺兵。天下岁入之物，租钱二百余万缗，粟千九百八十余万斛，庸调绢七百四十万匹，绵百八十余万屯，布千三十五万余端。"杜甫有诗《忆昔二首》说："忆昔开元全盛日，小邑犹藏万家室。稻米流

脂粟米白，公私仓廪俱丰实。九州道路无豺虎，远行不劳吉日出。齐纨鲁缟车班班，男耕女桑不相失。"国家如此强盛富裕，湖南也处于经济繁荣时期。当时的长沙，风光秀丽，游者如云。杜甫《清明》中有"著处繁花各是日，长沙千人万人出。渡头翠柳艳明眉，争道朱蹄骄啮膝。"如果没有繁荣的经济作为基础，不可能出现如此动人的景象。可见，湖南社会安定，生产发展，经济繁荣，人口增加，为人才小波峰的出现奠定了坚实的物质基础。

2.湖南文化教育的发展必然带来人才的兴盛

唐代是中国封建社会文化空前繁荣的朝代，名家辈出，成就卓著，湖南也受到影响和鼓舞，产生了一批杰出人才，如初唐时"初唐四大家"之一的欧阳询就是长沙人。其后，中唐、晚唐时期，湖南又出现了怀素、刘蜕、李群玉、罗弘信等有成就的书法家、诗人、文学家、政治家等。同时，许多全国闻名的文化界名人，如柳宗元、刘禹锡、杜甫等都曾来到湖南，他们促进了湖南文化的发展及其与中原文化的交流。他们有的在湖南为官，理政治民；有的在湖南游历，观赏风景，广交朋友；有的则作为"罪臣"，被流放到湖南。他们在湖南一住几年、十几年，有的甚至在湖南定居。他们在湖南传播中原文化，了解、研究湖南文化；在湖南吟诗作文、交友论学、开馆授徒、讲学传道，大大促进了湖南文化教育的发展。而湖南独特的山川景物、风俗民情，也为这些文化名人提供了丰富的创作素材。

湖南教育的发展更直接培养了一批人才。隋唐时期，湖南许多地方设置了府学、州学、县学。杜甫的《题衡山县文宣王庙新学堂》一诗，赞扬衡山县学说："衡山虽小邑，首唱恢大义……讲堂非曩构，大屋加涂墍。下可容百人，墙隅亦深邃……耳闻读书声，杀伐灾仿佛。"柳宗元在《道州文宣王庙碑》中曾如实记载了道州刺史薛伯高创建道州州学的过程、规模、讲学等具体情况："庙舍峻整，阶序廊大，讲肆之位，师儒之室……里邑之秀民，感道怀和，更来门下，咸愿服儒衣冠，由公训程。公摄衣登席，亲释经旨，丕谕本统，父庆其子，长励其幼，化用兴行，人无争讼。"除了官办学校外，湖南各地还有私学和书院。湖南最早的书院是攸县的光石山书院，当建于748年之前。在耒阳，为纪念杜甫，建有杜陵书院。在衡山，有南岳书院，又名集贤书院、卢藩书院、韦宙书院。在桃源，有天宁书院。在衡阳，李宽建立了秀才书院。据《湖南教育史》统计，唐代全国有书院37所，其中湖南7所，占总数的 18.92%。仅就书院教育而言，湖南已处于各省前列。同时，唐代科举制度为广大寒门学子提供了一个进取成才的机会，寒门学子在这一目标的指引下发奋读书，提高了文化素质，为成才奠定了一定基础。

3. 佛教在湖南的发展，促进了宗教人才的成长

佛教自魏晋时期传入湖南后，在隋唐时期有了进一步的发展，并分成许多宗派，广泛传播。南岳衡山成为全国佛教圣地之一，全国许多著名高僧来湖南修行传法。据《湖南通史》，唐及五代湖南全省有寺庙56座，寺庙也是传佛说法的学校。如岳麓山下的道林寺，不仅有"道林三百众"僧侣之说，而且是长沙文人骚客的集会之所，全国各地来往长沙的文化界人士，也在此参观、会友、吟诗、讲学，这里实际上成了长沙的一个文化中心。唐朝宰相裴休在宁乡沩山建密印寺，由灵佑禅师传经讲学，"僧徒至三千人"，相当于一所大型的学校。后灵佑禅师又到江西仰山讲学，从而形成"沩仰宗"。"沩仰宗"传到日本，日本的"沩仰宗"亦尊密印寺为祖寺。马楚时代在长沙建开福寺，寺僧多达千人。寺庙的繁荣产生了一些相对杰出的僧侣，并在一定程度上推动了当地文化教育的发展。

4. 马殷在湖南立国，有利于湖南人才发展

马殷在湖南建立楚国，这是湖南历史上唯一一次建国，为广大湖南人才提供了施展才华的机遇和政治舞台。马殷父子比较重视文化教育，重视人才，设立"天策府"，招纳贤能博学之士，号称"天策府十八学士"。马殷建国对湖南人才的发展是有利的。

5. 唐代后期湖南人民在反抗斗争中产生了一批人才

唐代安史之乱后，全国动乱，政治腐败，经济停滞，赋税增加，人民困苦。湖南各地各民族人民先后进行了多次反抗斗争，澧州、郎州、道州、溪州、黔州、岳州、潭州、武陵等地纷纷起义，在斗争中产生了一批杰出人才。

（二）古代中国第一诗僧齐己

齐己（861—937），俗姓胡，名得生，字迩沩，晚年自号衡岳沙门，潭州益阳（今属湖南宁乡）人。齐己出身贫苦，父母早逝，生性颖悟，自小聪明好学，刻苦自励。7岁在大沩山为寺庵牧牛，不久入戒，在潭州大沩山同庆寺出家，先后在长沙道林寺、庐山东林寺为僧，并在一些著名寺院游方。后梁贞明

七年（921），齐己应蜀僧之约赴剑南（今成都），因战乱未果。路过荆州时，被荆南节度使南平王高季兴任为龙兴寺僧正，掌管辖内僧务。南唐升元元年（937），齐己圆寂于江陵，终年77岁。

齐己一生致力于诗歌创作，爱诗成癖，行吟坐卧，从无懈息。在《九日逢虚中虚受》中说："解语便吟诗。"在《示诸侄》中说："死也何烦恼，生而有咏歌。"有诗815首，在唐五代时期2 000多位诗人中其诗数量仅次于白居易、杜甫、李白、元稹而位居第五，其诗被门人编为《白莲集》《白莲编外集》。

齐己诗歌的内容大致分为4个方面。一是反映唐末五代各军阀之间的战乱，这是齐己诗的重要内容。齐己一生经历了唐五代中的三个朝代，政权的更替有如走马灯，战争成了这一时期的主旋律，各军阀拥兵自重，掠取人民、土地和财富，相互杀戮，极其残酷。齐己用他的如椽笔触如实地描绘了那一幅幅惨象，全面而广泛地反映战乱及战乱给人民带来的无尽痛苦。二是反映人民群众在统治者剥削下的痛苦及其根源。齐己的诗歌描绘了农民辛劳耕作，却食不果腹。官府赋税繁重，官吏层层盘剥，剥削者像一群鼠雀，吞噬着劳动者的劳动果实，这就是造成农民痛苦的根源。这些诗歌真切地反映了剥削阶级与劳动阶级的尖锐对立，对当时统治者进行了有力鞭挞。三是对理想政治的见解和追求。齐己深受儒家积极入世思想的影响，对现实政治提出了自己的主张和构想。他迫切希望圣君明臣平治天下，构建王道乐土的理想社会。四是对佛教教义的解悟。齐己在诗歌创作中把禅宗不染不著、任运自然、清静无为的禅理，通过自己对山水自然景物的感应和心理上的契合，用诗的形式加以表现，使描绘的对象带有一种哲理或者禅趣，充分显示出大自然的妙谛。

齐己是我国古代第一诗僧表现在以下几个方面。

首先，在僧侣群体中，齐己堪称诗坛独尊。中国能诗的僧人非常多，沈玉成、印继梁主编的《中国历代僧诗全集·晋唐五代卷》收录的诗僧就有400多人，齐己只是隋唐五代的一位诗僧。唐代是我国古代诗歌发展的巅峰，其中僧人之诗是一个重要的组成部分。从诗的数量来看，齐己以815首占诗僧第一的位置，次为贯休735首，皎然470首，王梵志393首，寒山319首。从诗的艺术水平看，齐己的诗也给人以独步江湖之感。《四库全书总目提要》指出："唐代淄流，能诗者众，其有集传于今者，惟皎然、贯休及齐己。皎然清而弱，贯休豪而粗，齐己……风格独遒。"明人胡震亨在《唐音癸签》中说：

第二章 秦汉魏晋隋唐时期的湖南人才

"释子以诗闻世者,多出江南……诸衲大历间独吴兴昼公能备众体,缀六义清英,首冠方外;文宣之代,可公以雅正接绪;五代之交,己公以清赡继响,篇什并多而益善。余则一联一什,并无可观。"

其次,在诗人群体中,齐己也堪称独树一帜。齐己一生,刻苦学习前人的创作经验,转益多师,兼收并蓄,博采众长,因而形成了自己独特的风格。他在诗中说:"吟把离骚忆前事,汨罗春浪撼残阳。""乱世难逸迹,乘流拟濯缨。"可见齐己以屈原的诗歌为学习与追求的目标。在《吊杜工部坟》中,齐己则流露出对杜甫的极度仰慕赞惜之情。齐己还特别推崇李白与李贺,说李白"搜括造化空牢牢,冥心入海海神怖。骊龙不敢为珠主,人间物象不供取"。激赏李贺诗歌,以为有搜尽"赤水精华""荆山玉璞"的精神。此外,齐己对贾岛、王维、白居易等著名诗人都非常赞赏:"贾岛存正始,王维留格言。千篇千古在,一咏一惊魂。""乐天歌咏有遗编,留在东林伴白莲。百尺典坟随丧乱,一家风雅独完全。"齐己广涉前贤使他的诗歌在诗坛上独树一帜。

最后,就诗歌本身而论,齐己诗歌风格多样,敢于创新。齐己的诗既承继了屈原的瑰奇,又融合了陶渊明的自然、王孟的恬淡,既吸收了杜甫的沉郁、李白的飘逸,又汇入了贾岛的深幽、姚合的清峭与李贺的奇崛险怪,从而形成了自己独特的风格。他的反映社会现实的诗作写得沉郁感伤,反映诗人志向抱负的诗作显出清新爽利,反映禅门生活的诗作直现清润平淡的特点,而游历怀古之作表现出高远冷峭的风格,酬赠之作则有着典雅清和的特征。总之,齐己的诗歌是多种风格的统一。在体裁上,他的"七言"崇尚贞元、元和以来尚荡尚怪的风气,加以发展变化,敢于打破约束,任意而为,刻意矫变,成为晚唐五代诗坛上的奇葩。齐己的"五言"明显承继了贾岛、姚合瘦硬和冷峭的特点,又融合清新明丽、吐属自然的语句,而显得更加遒劲清润。齐己的"七律"效法李商隐,于沉博精工中,显出恢宏峭拔之气,在唐五代诗坛上写下了崭新的一页。齐己是晚唐五代之际潇湘大地上升起的一颗巨星,他以自己的璀璨诗作为光辉的唐代诗歌增添了光彩。

齐己的诗在艺术上的成就,前人早有公允评价。最早高度评价齐己诗作的是都官郎中郑谷,《白莲集》序中引用了郑谷《赠齐己》一诗,诗中称赞齐己诗"格清无俗字,思苦有苍髭"。长沙楚国"天策府十八学士"之一徐仲雅用"格古""意新""调雅""语奇"八个字评价齐己的诗作。明代竟陵派代表人物钟惺、谭元春在《诗归》中则称赞齐己诗有一种"高浑灵妙之气"。明人胡震亨在《唐音癸签》中说齐己诗"清润平淡,亦复高远冷峭"。齐己的好友、长沙楚国著名诗僧尚颜在《读齐己上人集》中说:"诗为儒者禅,此格的惟仙。古雅如周颂,清和甚舜弦。冰生听瀑句,香发早梅篇。想得吟成夜,文星照楚天。"齐己这颗文星,不仅"照楚天",还能辉耀万里,亘古长存。

此外,齐己还擅书法,长绘画,懂音乐,堪称全才。

(三)其他文化型、政治型和少数民族杰出人才

古代湖南第二个人才小波峰的主要人才基本上可以分为三种类型。第一种是文化型人才,如齐己、何涓、李宏皋、何仲举、李宏节、刘昭禹、廖匡图等,他们中有诗人、书法家、文学家、医生以及学有专长的学者,齐己是其中杰出的代表。第二种是政治型人才,如廖匡齐、欧阳彬、邓进忠、谭进颇、廖偃、邓鲁、王仝、丁思觐、刘昭禹、廖凝、王进逵、彭士愁、刘昌嗣、周行逢、彭师暠等,他们一般有较高的官位,也有较好的政声,有不少人还是学有专长的文人学者,周行逢是其中杰出的代表。第三种是劳动人民和少数民族中的杰出人物,他们多在反抗斗争中形成,但人数不多,知名度较低,社会影响也较小。以下对其中的几个代表人才进行简单介绍。

1. 湘南诗人何仲举

何仲举,道县人,后唐长兴四年(933)进士。自幼聪慧,极有文才,出口成吟。何家贫困,不能按期完税,何父入狱,何仲举时年13岁。县令李宏皋,长沙人,工于诗,闻何仲举之名,命赋诗。何仲举当堂吟诗:"似玉来投狱,抛家去就枷。可怜两片木,夹却一枝花。"李宏皋立即开释,并以礼相待。后唐天成年间(926—930),何仲举游洛阳,以诗投秦王李从荣,有"碧云章句才离手,紫府神仙尽点头"之句,得秦王赞赏。后洛阳政变,李从荣被杀,何仲举转赴长安,参加后唐科考,高中进士。但在长安,何仲举并没有发展,于是返回湖南,投奔马楚王朝,受到重用。这时,何仲举与李宏皋一道,成为马希范"天策府十八学士"的成员,一时声名远扬。何仲举则先后任全州、衡州刺史。何仲举是五代时湖南的重要诗人,有诗集,但已散佚,《全唐诗》有何仲举诗的残句"树迎高鸟归深野,云傍斜阳过远山"等。

2. 衡山廖氏四兄弟

廖氏四兄弟，即廖匡图、廖匡齐、廖凝、廖融，均称得上文学家。廖氏兄弟先世为虔州（今江西赣州）大家族，达3 000多人，廖匡图随父廖爽举族迁入湖南，投奔马殷建立的楚国，马殷将廖氏家族安顿于衡山。后廖匡图为"天策府十八学士"之一，名列第八。廖匡图学识渊博，诗文俱佳，有诗集二卷已佚。廖匡齐能文能武，以武成名。后唐天成三年（928），廖匡齐从马殷征讨高季兴，单骑搏杀高从嗣，声名大显，后在湘西与彭士愁作战被杀。廖凝曾任彭泽令，继而擢升连州刺史、江州团练副使。后因为厌倦官场应酬，学陶渊明解印归家，并在修江寺题诗："五斗徒劳谩折腰，三年两鬓为谁焦。今朝官满重归去，还挈来时旧酒瓢。"归隐后，其以交友饮酒作诗为乐，留有诗集7卷，早佚。廖融纵情山水，采药行医，吟诗访友，有诗集5卷，亦佚。

3. 主政湖南的周行逢

周行逢（916—962），朗州武陵（今常德）人，出身农民家庭。少年时曾犯法，被刺配辰州铜坑做苦工。楚武平军节度使马希萼镇朗州时，周行逢与同乡王进逵、潘叔嗣、张文表等十人投军，同为静江军校。后汉天福十二年（947），马希范死，马希萼与马希广为王位发生争战。周行逢助马希萼夺取益阳，授静江军副指挥使。此后，湖南陷入军阀混战之中。周行逢与王进逵合作，迫使南唐兵退出湖南，占领朗州、潭州。潘叔嗣杀害王进逵，推周行逢主政湖南。周行逢统治湖南后，除悍将潘叔嗣等，以严刑苛法治湘。《新五代史》记载："行逢故武陵农家子，少贫贱无行，多慷慨大言。及居武陵，能俭约自勉励，而性勇敢，果于杀戮，麾下将吏素恃功骄慢者，一以法绳之。大将十余人谋为乱，行逢召宴诸将，酒半，以壮士擒下斩之，一境皆畏服。民过无大小皆死。"《资治通鉴》记载："矫前人之弊，留心民事悉除马氏横赋。贪吏猾民为民害者，皆去之。择廉平吏为刺史、县令。"在周行逢的治理下，湖南政局稳定，经济发展。

周行逢起自民间，早年贫困，深知民间疾苦，又看到马氏政权后期不得人心，终于败亡的教训，故而比较重视民瘼，关心民生，废弃一些暴政，免除一些苛税，反对奢靡，厉行节约。后周显德元年（954），《资治通鉴》记载："是岁，湖南大饥，民食草木实。武清节度使知潭州事周行逢开仓以赈之，全活甚众。行逢起于微贱，知民间疾苦，励精为治，严而无私，辟署僚属，皆取廉介之士，约束简要，其自奉甚薄，或讥其太俭。行逢曰：'马氏父子穷奢极靡，不恤百姓，今子孙乞食于人，又足效乎？'"在用人方面，周行逢选贤用能，惩罚贪官、悍将、恶霸，选用才能之士为官。女婿唐德想谋求官职，周行逢认为其不具为官之才，给农具、耕牛，令其回家耕种自给。

4."酋豪"彭瑊祖孙三代

彭瑊，溪州（今永顺、龙山、古丈地一带）人，原籍江西吉水（今隶属吉安市）。彭瑊、彭瑊、彭玕兄弟三人，为"世居赤石洞酋豪"，又称"豪酋"，即少数民族部落酋长。唐末农民战争期间，彭氏兄弟"聚徒众得数千人，自为首领"。后彭瑊、彭玕兄弟先后率众来湖南投马殷。马殷以彭瑊为辰州刺史、彭玕为郴州刺史，利用二彭统治少数民族地区。彭瑊在辰州收买民心，扩充军队，积聚财物，势力日渐强大。进而驱逐溪州少数民族首领吴著冲，占领溪州。马殷承认既成事实，以彭瑊为溪州刺史。后梁开平四年（910），彭瑊战死，其子彭士愁继任溪州刺史。

后唐天成五年（930），马殷死，诸子内乱，继任者骄屠淫靡，赋税大增，人民苦不堪言。后晋天福四年（939），彭士愁率少数民族万余人，进攻辰州、澧州，马希范派军镇压。双方在溪州激战，马军失败，马氏内部又发生王位之争，彭氏山寨则被火攻，财、屋被毁，双方均无力再战，握手议和，铸五千斤铜柱于溪州，上镌双方盟约。彭士愁立誓永远忠于马楚，不到附近劫掠滋盗；马希范则"授彭士愁溪州刺史，加检校太保"，州县官员由溪州少数民族首领担任，职位世袭，实质上为溪州自治。溪州铜柱盟文说："尔能恭顺，我无科徭；本州赋租，自为供赡；本都兵士，亦不抽差。永无金革之虞，克保耕桑之业。"这一盟约对双方有利，是解决少数民族问题的一个好方案。自此，彭、马分土而治，彭氏在其辖区建20个州，州设刺史，成为湘西最大的土司。

后周显德三年（956），彭士愁病故，长子彭师裕继任溪州刺史。宋乾德元年（963），彭师裕归宋，允其子孙世袭溪州刺史，为永顺土司之宗祖。彭士愁次子彭师暠，原在长沙为质，后晋天福五年（940），领辰州刺史，一直居于长沙。至后周广顺元年（951）入南唐，为殿直指挥使，其子孙则未离开溪州，为保靖土司。

第三章　宋元时期的湖南人才

960年，赵匡胤（927—976）发动陈桥兵变，建立宋朝，定都东京（又称汴京、今河南开封），接着进兵南方，统一全国，是为北宋。1126年，金兵攻陷东京，北宋灭亡。1127年，赵构在南京（今河南商丘）称帝，1129年定都临安（今浙江杭州），是为南宋。其时，北方少数民族政权金、西夏、蒙古政权等先后争雄称霸。1260年，忽必烈称帝，建立元朝，统一北方，次年定都大都（今北京）。1276年，元兵大举南下，攻陷临安，1279年，南宋灭亡。在中国历史上，两宋王朝是一个经济特别是文化迅速发展的时期，而元朝则实现了国家统一，疆域扩大，进一步巩固了我国统一的多民族国家的基础。宋元时期，湖南人才仍然稀少，排位在全国各省后列。但是，随着湖南历史上第一个土生土长的大思想家周敦颐的出现，湖南人才不仅在数量上开始增加，而且在全国的地位和影响也渐次提高。到南宋时期，更形成了一个以文化思想学术型人才为主体的、具有鲜明爱国主义思想的古代湖南的第三个人才小波峰。

一、宋元时期的湖南人才和外省在湘人才

和秦汉魏晋隋唐时期相比，宋元时期湖南人才有一些不同之处。在数量上，湖南人才仍然稀少，排位在全国各省之后列，但在全国人才类辞典中，湖南人才不再是空白，其绝对数字已有了长足的发展；湖南人才与外省人才的交往联系增加，外省学术名人纷纷来湖南讲学，促进了湖南人才的兴盛和湖湘文化的发展；出现了湖南历史上第一个土生土长的大思想家周敦颐，其学术上的成就、地位和影响在湖南人才史上是空前的，是湖南人才史上的一座丰碑；思想学术型人才成为宋元时期湖南人才的主体，湖南人才在全国的学术地位大大提高，湖南亦成为全国重要的学术中心之一；南宋时期，古代湖南出现了第三个人才小波峰，爱国主义思想则成为这一时期人才的主导思想。

（一）宋元时期湖南人才在全国的地位

笔者通过查对前文所引述的五种公开出版的中国历史人物辞典相关数据，统计和对比宋元时期湖南人才和全国各省人才的数量，可以帮助人们对这一时期湖南人才在全国人才中的地位做出明晰的判断。宋元时期中国人才分省统计情况如表3-1所示。

表3-1　宋元时期中国人才分省统计表

省名	《中国历代名人辞典》	《中国历史人物大辞典》	《中国历史人物辞典》	《中外历史人物大词典》	《辞海·中国古代史》	合计	比例/%	名次
浙江	57	170	198	48	20	493	12.29	1
河北	99	165	110	51	49	474	10.64	2
河南	52	125	102	33	26	338	7.60	3
江西	52	106	123	35	17	333	7.49	4
内蒙古	58	140	30	21	2	276	6.21	5
福建	37	98	91	22	10	258	5.80	6
江苏	31	59	99	28	11	228	5.13	7
山东	34	81	63	19	14	211	4.74	8
辽宁	36	91	19	12	31	189	4.25	9
四川	27	79	60	17	5	188	4.23	10
黑龙江	33	93	19	2	3	150	3.37	11
安徽	27	44	58	11	10	150	3.37	11
山西	26	63	34	9	13	145	3.26	13

续表

省名	《中国历代名人辞典》	《中国历史人物大辞典》	《中国历史人物辞典》	《中外历史人物大词典》	《辞海·中国古代史》	合计	比例/%	名次
陕西	24	53	31	14	12	134	3.01	14
湖北	19	16	24	6	8	73	1.64	15
甘肃	11	20	9	6	8	54	1.21	16
宁夏	1	43	—	—	1	46	1.14	17
湖南	7	12	19	3	1	42	1.04	18
新疆	—	6	9	3	3	21	0.47	19
广东	5	5	8	—	1	19	0.42	20
广西	—	2	5	—	—	7	0.15	21
西藏	—	1	2	1	—	4	0.09	22
云南	1	1	1	—	1	4	0.09	22
青海	2	1	—	—	—	3	0.07	24
吉林	1	1	1	—	—	3	0.07	24
不明省籍	25	30	89	14	10	177		
总计	665	1 505	1 205	355	290	4 020	—	

从表3-1来看，宋元时期中国人才的分布已经发生了巨大变化。秦至五代的1 000多年中，北方人才多于南方。而从宋元开始，南北人才并驾齐驱，平分秋色。在秦汉魏晋隋唐时期，中国人才统计数据的前10名分别为河南、山东、陕西、河北、江苏、山西、甘肃、浙江、安徽、内蒙古。北方占了8省，南方只有江苏、浙江分列第5名和第8名。从人才总数来看，北方达

4 745 人，占全国人才总数的 74.16%（不明省籍者除外，下同）；南方仅 1 653 人，只占人才总数的 25.84%。事实说明，南方各省人才只有全国的 1/4 左右。而到宋元时期，这一情况发生了根本变化。南方的浙江跃居全国人才统计数据的第 1 名，而且在人才分省统计的前 10 名中，南北各占 5 席。即南方的浙江、江西、福建、江苏、四川分别为第 1、4、6、7、10 名，北方的河北、河南、内蒙古、山东、辽宁分别为 2、3、5、8、9 名。而且从这 10 省的人才数来看，南方 1 497 人，北方 1 488 人，南方还略占优势。从全国人才总量来看，北方各省有 2 044 人，占全国人才总数的 53.19%，南方 1 799 人，占总数的 46.81%，北方略有优势，但北方各省的土地面积大大超过了南方各省，因此，宋元时期南方人才的密度已经大大超过北方。

在南方各省人才统计数据上升之时，湖南人才上升的速度是比较慢的。宋元时期湖南人才数量在全国所占比例虽有上升，但仍只占全国的 1.04%，因此仍属人才稀少之省。

（二）外省人才在湖南的活动和影响

宋元时期，外省一些著名人才纷纷来到湖南为官、居住、讲学、游历，为湖南文化做出了很大贡献，留下了深刻影响，促进了湖南人才的成长和发展。如福建人胡安国、胡寅、胡宏父子，四川人张浚、张栻父子，江西人朱熹，山东人辛弃疾，福建人真德秀。他们对湖南，特别是湖湘文化的发展和湖南人才的培育做出了巨大的贡献。此外，福建人杨时（1053—1135），为程门四大弟子之一，曾任浏阳县令 4 年，在浏阳建筑飞鹦亭、归鸿阁，关心民瘼，不忍催征，罢官后，仍居浏阳，钻研学术。河南人岳飞（1103—1142），曾任荆湖东路安抚使，在湖南茶陵（今属湖南株洲市）大破曹成 10 万叛军，转荆湖南北襄阳路制置使，镇压杨幺起义。福建人刘珙，曾住潭州知州、湖南安抚使，在湖南兴学重教，重建岳麓书院，聘张栻主讲，赈济灾民，平息叛乱。四川人魏了翁（1178—1237），曾任常德知府，在靖州建鹤山书院。维吾尔族人阿里海牙，曾任湖广行省右丞，率元兵平定湖南。女真族人刘国杰，曾任湖广行省平章政事，平定湖南少数民族起事，加强防务，安定社会。蒙古人沙班，曾任湖广行省右丞，率军镇压靖州苗民起义，兵败，为起义军所杀。他们对湖南的发展和湖南人才的成长做出了一定贡献。

1. 湖湘学派的开创者胡安国

胡安国（1074—1138），字康侯，建宁崇安（今福建省武夷山市）人。自幼聪慧，专心读书，17岁入太学，师从理学家朱长文等人，为二程（程颢、程颐）再传弟子。绍圣四年（1097）进士，先后授太学博士、提举湖南路学事、中书舍人、给事中、侍讲，累官至宝文阁直学士。靖康元年（1126），金兵开始大举攻宋，京师危急。胡安国以《时政论》献高宗，提出了改革政治、抗金复国的方略和措施。但是，胡安国却为权臣所排挤，钦宗、高宗均无意进取中原，收复失地。胡安国乃退出官场，潜心学术。

绍兴元年（1131），胡安国来到湖南衡山，隐居于紫云山下。一方面，建立碧泉书堂，讲课授徒。其授业弟子除胡氏子侄胡寅、胡宏、胡宁、胡宪、胡实等人外，还有一批湖南学子，比较知名的有谭知礼，字子立，长沙人；黎明，字才翁，长沙人；杨训，字子中，湘潭人；彪虎臣，字汉明，湘潭人；乐洪，字德秀，衡山人。外省学子也纷纷来到衡山，听课受业，拜胡安国为师。衡山也因碧泉书堂而渐次成为宋代湖南教育和湖湘文化的一个中心，并由此奠定了"湖湘学派"的基础。另一方面，钻研学问，著书立说。其代表作《春秋传》就是在衡山完成的。明清之际，黄宗羲在《宋元学案》中提到："（胡安国自称）某初学《春秋》，用功十年，遍览诸家，欲求博取以会要妙，然但得其糟粕耳。又十年，时有省发，遂集众传，附以己说，犹未敢以为得也。又五年，去者或取，取者或去，已说之不可以于心者，尚多有之。又五年，书成，旧说之得存在寡矣。及此二年，所习似益察，所造似益深，乃知圣人之旨无穷，信非言论所能尽也。"胡安国对《春秋》的研究花费了毕生精力，其《春秋传》的产生，既可见其治学态度之严肃认真，又可知其学术功底之深。

《春秋传》是胡安国一生中最重要的著作，得到了理学家的一致推崇，而且为当时统治者所肯定。宋高宗认为，该书"深得圣人之旨"。元仁宗（1311—1320年在位）更钦定科举新制，规定以胡氏《春秋传》定经文，与《春秋》三传（解释《春秋》的《左氏》《公羊》《谷梁》三书）并行于世。到明代，更弃用《左氏》等三书，以胡安国的《春秋传》为依据。《春秋传》影响了科举考试的内容，对宋、元、明、清人才的影响也是非常巨大的。

2. 湖湘学派理学体系的奠基人胡宏

胡宏（1102—1161），字仁仲，福建人，胡安国之子。因长期寓居于衡山五峰（祝融、天柱、芙蓉、紫盖、石廪）之下，故称五峰先生。在胡安国的教育下，胡宏对王安石、苏轼、欧阳修等名家学说取批判态度，而十分倾向"二程"的洛学。宣和七年（1125），胡宏进入京城开封，入太学读书。时程门四大弟子之一杨时正在开封，胡宏师从之，成为程门再传弟子。绍兴元年（1131），胡安国一家从湖北荆门迁到湖南衡山。胡安国逝世后，胡宏开始独立治学理家。他说："惟是，布衣藜杖，寻壑经丘，劝课农桑，以供衣食；不如是，则啼饥号寒，且无以供粢盛，奉祭祀，将飘零惨淡，无以成其志矣。积忧思，与勤苦，而齿落发白，夙兴冠栉，引镜自窥，颜色枯槁，形容憔悴，身之穷困，如此足矣。"[①] 繁重的体力劳动，贫穷困苦的生活，丧妻失子的痛苦，彻底摧垮了胡宏的身体。胡宏在政治上主张抗金复仇，收复失地，改革弊政，任用贤才，恤民养民，鼓励耕植。但是，洁身自好的胡宏始终不愿进入现实政治，拒绝了朝廷的召用。他认为："穷则独善其身，达则兼善天下者，大贤之分也；达则兼善天下，穷则兼善万世者，圣人之分也。"[②] 看来，胡宏以"圣人"自许，选择了"治学"的人生道路，力图从思想上武装人民，从而使理想的社会成为现实。

胡宏在湖南衡山专心治学。南宋张栻在《南轩文集·胡子〈知言〉序》中引胡宏的话说："优悠南山之下余二十年，玩心神明，不舍昼夜，力行所知，亲切至到，析太极精微之蕴，穷皇王制作之端，综事理于一原，贯古今于一息，指人欲之偏，以见天理之全，即形而下者而发无声无臭之妙。使学者验端倪之不远，而造高深之无极。体用该备，可举而行。"胡宏的主要著作为《知言》6卷，这是其读书、讲学的随笔、札记、语录、论学的汇编，概述了其哲学思想、政治思想、伦理思想、教育思想等丰富内容。张栻在《南轩文集·胡子〈知言〉序》中评价该书："其言约，其义精，诚道学之枢要，制治之蓍龟也。"此外，胡宏还有《皇王大纪》80卷，是一部编年体史书，上起盘古，下迄周赧王。还有《五峰集》5卷，即胡宏诗文集，《叙古蒙求》等著作。通过这些著作，胡宏建立了湖湘学派的思想理论体系。湖湘学派是宋明理学的重要组成部分，宋明理学存在不同的派别，在宇宙本原的问题上，"程朱"以"理"为宇宙本体，"陆王"以"心"为宇宙本体，湖湘学派则以"性"为宇宙本体。

---

① 胡宏.胡宏集[M].北京：中华书局，1987：104.
② 胡宏.胡宏集[M].北京：中华书局，1987：129.

所谓"性",本指人的自然属性,通常指人性。湖湘学派学者认为"性"为世界宇宙本原,并从人性、物性中寻求万物所共同之性。胡宏在《知言》中指出:"大哉性乎!万理具焉,天地由此而立矣。""非性无物,非气无形,性,其气之本乎!"胡宏反对离开实用空谈性命,批评"学者多寻空言,不究实用,平居高谈性命之际,叠叠可听,临事茫然,不知性命之所在者多矣"。[①] 这种重实用的学风和以"性"为本体的宇宙观,构成"湖湘学派"最基本、最重要的学术特征。

胡宏将碧泉书堂扩大为碧泉书院,吸引了大批学子。"远邦朋至,近地风从,袭稷下以纷芳,继杏坛而跄济;云台断栋,来求概曰之梗楠;天路渐逵,看引风声之骐骥;驱除异习,纲纪圣传;斯不悉于儒流,因永垂于士式。"[②] 在胡宏的主持下,一大批学子慕名从全国各地到衡山拜师求学。全祖望在《宋元学案·五峰学案》的案语中说:"绍兴诸儒所造,莫出五峰之上,其所作《知言》,东莱以为过于《正蒙》,卒开湖湘之学统。"事实确是如此,被称为"东南三贤"的三人,和胡宏都有师门关系:张栻是胡宏的正式弟子;朱熹虽未曾师从胡宏,但深受其影响,黄宗羲在《宋元学案》中称朱熹为胡宏的"私淑弟子";吕祖谦也受益于胡宏。可见,衡山成了全国百家学派荟萃的一个中心,并开启了湖湘学派。胡宏则成为湖湘学派的开创者和奠基人,为湖湘学派,为湖南,也为全国,培养了大批人才。

胡宏之兄胡寅(1098—1156),字明仲,学者称致堂先生。因力主抗金,反对议和,不容于秦桧,乃辞官,回归湖南衡山治学。胡寅坚持以儒家正统思想为根本,批判佛学。但与胡宏不同,胡寅主张以理为本的宇宙观。胡寅有《崇正辩》《读史管见》《斐然集》等著作,是湖湘学派的重要学者。

3. 湖湘学派的弘扬者张栻

张栻(1133—1180),字敬夫,又字乐斋,号南轩,南宋汉洲绵竹(今四川绵竹)人。张栻之父张浚(1097—1164),累官至知枢密院事、宰相,曾来湖南督岳飞镇压杨幺起义。因力主抗金,被秦桧排挤,三次落职,被贬至湖南长沙、永州等地。张栻自幼跟随父亲读书,秉承父志,力主抗金,主张修明政治,安抚民心,收复中原。张栻为官多年,先后知抚州(今属江西)、严

[①] 胡宏. 胡宏集 [M]. 北京:中华书局,1987:116.
[②] 胡宏. 胡宏集 [M]. 北京:中华书局,1987:202.

州（今属浙江）、袁州（今属江西），任吏部侍郎、右文殿修撰、提举武夷山冲佑观等职。不畏权贵，又能犯颜力谏，因而不受信任，反受排挤。淳熙七年（1180），张栻因病早逝，年仅48岁。宋宁宗赐谥"宣"，故称张宣公。

绍兴八年（1138），张栻6岁，第一次来到永州。绍兴二十年（1150），张栻再次到湖南，在永州随侍父亲，又禀从父命至衡阳，师从胡宏。其后，寓居长沙，在妙高峰下建城南书院，开始讲课授徒。乾道元年（1165），湖南安抚使刘珙重建岳麓书院。次年，刘珙推荐张栻主持岳麓书院。张栻主持岳麓书院前后7年。他反对以应付科举考试为目的的教育，提出教育的宗旨在于培养"传道济民"的人才。他在《南轩文集·邵州复旧学记》中说："君臣、父子、兄弟、夫妇、朋友之伦，皆以不乱；而修身、齐家、治国、平天下，无不宜者，此先王之所以教，而三代之所以治，后世不可以跋及者也。后世之学校，朝夕所讲，不过缀缉文辞，以为规取利禄之计，亦与古人之道大戾矣。"在教学活动中，他确立了辨理欲，明义利，传道济民，经世治国的办学方针，力求培养济世利民之才。在教学方法上，张栻以新兴的学术思想——理学为传授内容，强调以自己研究理学的成果教授学生，解答学生在自学中产生的疑难问题。同时，张栻还增加了岳麓书院的功能，使其由单纯的教育功能，扩展到学术研究功能，从而使岳麓书院成为集教学和研究为一体，并独立于官学之外的大书院，成为湖湘学派的学术基地。乾道三年（1167），朱熹赶来长沙，与张栻会见，讲论学术，探讨义理，并在城南、岳麓开讲，听讲者蜂拥而来。朱张会讲是湖南教育史上的盛举，促进了湖湘学与闽学的交流，使湖湘学发展到一个鼎盛时期。

张栻在长沙主持城南书院和岳麓书院，再加上朱张会讲的轰动影响，促使湖南学术思想和教育活动的中心，由衡阳转移到了长沙。张栻的学术、人品都受到时人推崇，其被尊为"东南三贤"（吕祖谦、朱熹、张栻并称"东南三贤"）之一。清代湖南巡抚杨锡绂在《城南书院志·改建书院叙》中说："一时从游之士，请业问难者至千余人，弦诵之声洋溢于衡峰湘水。"据李肖聃《湘学略·岳麓学略》，张栻门下的著名弟子有以下人：胡大时，字季随，福建崇安人；彭龟年，字子寿，号止堂，清江（今属江西）人；吴猎，字德夫，号畏斋，湖南醴陵人；游九言，字诚之，号默斋，福建建阳人；游九功，字勉之，号受斋，福建建阳人；周奭，字允升，号敛斋，湖南湘乡人；赵善佐，字佐卿，福建邵武人；吴伦，字子常，湖南零陵人；蒋复，字汝行，湖南零陵人；陈琦，字择之，号克斋，清江人；钟如愚，字师颜，湖南湘潭人；王居仁，字习隐，湖南常宁人；赵方，字彦直，湖南衡山人；钟炤之，字彦昭，江西乐平人；梁子强，字仁伯；蒋元夫，清湘人；谢用宾，湖南祁阳人；萧佐，字定夫，湖南湘乡人。可见，张氏门人弟子十分兴旺。李肖聃《湘学略》中转引清代著名史学家全祖望针对"张栻弟子不如朱熹弟子"的论调，提出："宣公身后，湖湘弟子有从止斋、岷隐游者，如彭忠肃公之节概，二游、文清、庄简公之德器，以至胡盘谷辈，岳麓之巨子也。再传而得漫塘（刘宰）、实斋（王遂），谁谓张氏之学弱于朱子乎！"张栻的教育活动为湖南培养了一批人才，上述18名张门弟子中，湖南有9人，占50%。

张栻不仅是教育家，而且是卓有成就的大理学家，是南宋理学大盛时期的"一代学者宗师"。张栻一生著作极丰，有《癸巳孟子说》《经世纪年》《通鉴笃论》《诸葛忠武侯传》《希颜录》《伊川粹言》《洙泗言仁》《南轩文集》《南轩诗集》《南轩问答》《太极图说》等。但是，许多著作未能保存下来，特别是一些体现其学术思想的著作散佚，是无法弥补的损失。

4. 开创自由讲学风气的朱熹

朱熹（1130—1200），字元晦，号晦庵，祖籍江西，生于福建。自幼聪慧好学，19岁中进士，曾在福建、江西、湖南等地方为官，其他时间多在福建生活和讲学，故其学说称为"闽学"。他博学多识，对哲学、历史、经学、佛学、文学、乐律，以及自然科学都有很深的研究。他是"二程"的再传弟子，主张以"理"为宇宙的本体，著有《四书集注》《四书或问》《周易本义》《太极图说解》《朱子语类》等，为宋代理学之集大成者。

朱熹曾两次到湖南。第一次为乾道三年（1167），朱熹抵长沙与张栻会面，讲学岳麓书院，听讲者甚众，车马空前，开创了岳麓书院自由讲学的风气。朱张会讲讨论的中心是"中和"。第二次是绍熙五年（1194），朱熹被任命为潭州知府，驻长沙。除平息湖南少数民族起事和整饬吏治外，朱熹大力振兴岳麓书院，聘请名儒主讲，增加学生名额，颁布教规，扩建斋舍，添置学田。朱熹还亲自到岳麓讲课，考查学业，由是书院名声大振，学者云集，多时达千人。特别是他颁发的《朱子书院教条》，根据《孟子》提出书院教育的总方针："父子有亲，君臣有义，夫妇有别，长幼有序，朋友有信。"根据《礼记》强调学习的方法和原则:"博学之,审问之,慎思之,明辨之,笃行之。"此外,朱熹还规定了书院的道德修养和行为准则,为书院树立了一种新的学风。

朱熹两次来湖南,并在岳麓书院讲学,培养了一批门人弟子,促进了湖南人才的成长,也促进了学术交流和湖湘文化的发展。同时,朱熹还是最早为"湖湘学派"命名的学者,他在《朱子语类》中多次说到"湖湘学者""湖南学""湖南一派"。总之,朱熹对于湖湘文化的发展和湖南人才的成长做出了杰出的贡献。

5. 创建湖南飞虎军的辛弃疾

辛弃疾(1140—1207),字幼安,号稼轩,山东济南人。21岁时组织义军,加入耿京的农民起义军,并说服耿京,准备投奔南宋。当耿京为叛徒所害,义军溃散时,辛弃疾以五十骑偷袭金营,生擒叛徒,献与南宋。其英勇爱国的行为震动朝野。后任江阴签判,从此,辛弃疾在南方从事抗金活动。辛弃疾是中国文学史上最伟大的词人之一,他将爱国主义思想情感融于词中,殷切地希望能成为经纶国手,"平戎万里""整顿乾坤"充分表现了他以天下为己任的雄心壮志。"要挽银河仙浪,西北洗胡沙。""袖里珍奇光五色,他年要补天西北。"辛弃疾的词内容丰富多彩,从各个方面反映社会生活。

淳熙六年(1179),辛弃疾任潭州知州、湖南安抚使。其在长沙整顿乡社,弹劾贪官;大募民工,浚筑陂塘,修建街道;接济饥民,振兴教育。他还创建飞虎军,选择五代时马殷营垒故地建造营房,招兵买马,选拔将帅、士兵,仅几十天时间,就树起了"飞虎军"的旗帜。辛弃疾对飞虎军士兵进行了严格训练。他亲自坐镇,严明军纪,严禁扰民,并以报国雪耻、收复国土的爱国主义精神教育士兵。同时,辛弃疾排除干扰,事事精细,使妥协投降派无机可乘。飞虎军终于成长起来,士气旺盛,英勇善战,金人十分惧怕,称之为"虎儿军"。飞虎军是南宋沿江各地方军队的王牌,成为维护湖南政局的军事支柱,为湖南的稳定做出了巨大贡献。

6. 湖南安抚使真德秀

真德秀(1178—1235),字景元,又字希元,号西山,福建建宁府浦城人(今属福建省南平市)。庆元五年(1199)进士,官至礼部侍郎、户部尚书、翰林学士、参知政事等职。真德秀又是著名学者,提倡理学,承继程朱之说,主张"收放心,养德性",著有《大学衍义》《西山文集》等。

嘉定十五年（1222），真德秀受命以宝谟阁待制，出任湖南安抚使，兼知潭州。在湘主政，后又在湘居住，在湖南广施德政，勤政爱民。真德秀处处"以民为本"，提出"律己以廉，抚民以仁，存心以公，莅事以勤"，即"廉、仁、公、勤"四字，与僚属共勉。真德秀在湖南期间，重教兴学，以周敦颐、胡安国父子、张栻、朱熹之学，勉励学子。抚民以仁，"罢榷酤，除斛面米，免除和籴，以苏民困。立惠民仓，储谷5万石；又设社仓，散处12县，共储谷至9.5万石"。重视治安，安定社会，"勤于士兵训练，按月试诸军射。先后平江华、武冈等地事变"。[①]又推行慈善救济事业，贫苦百姓的生养、婚嫁、死葬，均由官府"赡给有差"。真德秀在湖南影响最大的一件事是为了整饬吏治，抚恤民生，写《喻属诗文》与僚属共勉，即著名的"湘江亭谕僚属"。从断狱、审案、囚禁、用刑、追捕、告讦6个方面，强调了公平执法、正确处理诉讼的重要性，其出发点是"以仁治狱"，可说是湖南官场的一段佳话。

二、湖南第一个大思想家周敦颐

北宋时期，湖南道州营道县营乐里楼田堡（今属湖南永州市道县），有一户姓周的人家，祖孙三代四人，产生了三位进士，一位思想家。父亲周辅成，又名怀成，祥符八年（1015）进士，官至贺州桂岭令，多有善政。长子周敦颐，虽不是进士出身，却是一个大思想家，被尊为宋明理学的"开山鼻祖"。周敦颐有子二人：周寿，字季老，又字元翁，元丰五年（1082）进士，官至郎中，著有《周元翁诗集》；周焘，字通老，又字次元，元祐三年（1088）进士，官至两浙转运使、徽猷阁待制，著有《爱莲堂集》。

周敦颐（1017—1073），原名敦实，字茂叔，号濂溪。自幼聪慧异常，志趣高远。5岁时，将村前5个土墩分为金、木、火、水、土，用于玩游戏，即初显端倪。15岁，父亲病逝，舅父郑向接周敦颐母子到开封。郑向（976—1038），字公明，开封陈留人，祥符三年（1010）进士，官至龙图阁直学士，知杭州，著有《开皇纪》30卷。郑向对周敦颐影响极大，爱护有加，一如己出。周敦颐20岁时，郑向得到一次封荫子侄的机会，竟将这唯一的名额给了外甥周敦颐。故周敦颐未经科考而步入官场，于康定元年（1040）任洪州分宁

[①] 湖南省地方志编纂委员会.湖南省志·人物志：上册[M].长沙：湖南出版社，1992：99.

县（今江西修水）主簿，同时，周敦颐择地讲学，创建濂山书院。随后，周敦颐先后在袁州（今江西萍乡新余以西的袁水流域）、南安军（今江西大庾）、湖南郴州、江西洪州（今属南昌）、四川合川（今属重庆）、虔州（今江西赣州）、广东端州（今属广东肇庆市）等地为官，多有善政。熙宁五年（1072），周敦颐56岁，以病为由，请求解职，离开官场，回到庐山，居于莲花峰下，购地筑濂溪书堂。次年六月，周敦颐病逝，终年57岁，葬于庐山莲花峰下。

（一）周敦颐的《太极图说》等著作

周敦颐是湖南本土第一个大思想家，宋明理学的开山鼻祖，他创立的濂溪学在中国学术史上产生了深远的影响，他所开创的理学成为宋、元、明、清四朝不可动摇的官学。但周敦颐一生从政，只能在政余时著述，晚年讲学，也仅一年时间，因此，他的著作不多，流传下来的仅6 248字。其中《太极图说》273字，《通书》2 832字，《爱莲说》119字，其他诗文、书简、题记等3024字，后人编为《周濂溪集》，又称《周子全书》。

《太极图说》是周敦颐的代表作，分图、说两个部分。《太极图》是仿效道士陈抟的《无极图》而来的，《无极图》讲道教的修炼方法，《太极图说》则论述宇宙本体世界生成和万物的变化过程。

无极而太极。太极动而生阳，动极而静，静而生阴，静极复动。一动一静，互为其根；分阴分阳，两仪立焉。阳变阴合，而生水、火、木、金、土，五气顺布，四时兴焉。五行一阴阳也，阴阳一太极也。太极本无极也。

五行之生也，各一其性。无极之真，二五之精，妙合而凝，乾道成男，坤道成女。二气交感，化生万物，万物生生，而变化无穷焉。

惟人也得其秀而最灵，形既生矣，神发知矣，五性感动而善恶分，万事出矣。圣人定之以中正仁义，而主静，立人极焉。

故圣人"与天地合其德，日月合其明，四时合其序，鬼神合其吉凶。"君子修之吉，小人悖之凶。故曰："立天之道，曰阴与阳。立地之道，曰柔与刚。立人之道，曰仁与义。"又曰："原始反终，故知死生之说。"大哉《易》也，斯其至矣。

《太极图说》关于宇宙的生成发展理论模式是：无极—太极—阴阳—五行—万物。周敦颐指出宇宙的原初实体就是"太极"，而"太极"出于"无极"。"无极"没有外在形态，"太极"则有别于"无极"，有动静。因此，"太极"能分化为"阴阳"二气，"阴阳"二气变化交合，形成金、木、水、火、土"五行"。"五行"是构成万物的五种元素、五种物质。"五行"的进一步变化、分化、凝集，产生万事万物。"无极"为万物的本原，但它无形无象，不具备物质性，这是哲学的最高范畴。"太极"是由"无极"而来的，是一个实体，是一个有动静的宇宙实体。由于其有动静，即运动变化，而"阴阳"，而"五行"，而万物。周敦颐"由无极而生太极"的思想，是一种客观唯心主义的哲学，但包含着辩证思维，主要是其"动静阴阳而万物发生"，即"动静互为其根"的观点。他说："太极动而生阳，动极而静，静而生阴，静极复动，一动一静，互为其根，分阴分阳，两仪立焉。"其阴阳变化，始终与动静联系在一起。动静有绝对与相对之分，相对动静即动静相互融合，绝对动静即动静相互转化。阴阳也是相互为因，可以相互转化的。正因为动静阴阳的融合、转化，才产生四时，形成五行，继而万物化生，生生世世无穷。动静、阴阳是一个川流不息、永无止境的过程，故世界万物也是一个不断产生、发展、变化、永不止息的过程。

《通书》是周敦颐晚期的著作，如果说《太极图说》是讲物质的，《通书》则是讲思想品德、讲精神的，主要是讲思想修养，其核心是"诚"。"诚"被视为精神的本原。他说："诚无为，几善恶。德爱曰仁、宜曰义、理曰礼、通曰智、守曰信。""诚"相当于《太极图说》中的"太极"，是精神的本原。人人都达到了"诚"的境界，人类社会就会理想和谐，人类也就不会有欺骗、斗殴、战争，人类社会就会在和谐中生存，互相帮助，共同发展。

《爱莲说》是周敦颐的文学代表作。他表示："予独爱莲之出淤泥而不染，濯清涟而不妖，中通外直，不蔓不枝，香远益清，亭亭净植，可远观而不可亵玩焉。"周敦颐将莲、菊、牡丹对比，突出了人生的哲理，实质上表达了为人、为政所应遵循的原则，所应具备的品德。《养心亭说》也是讲人的品德修养的，认为"养心"可以"至圣"。《拙赋》则是提倡"拙"，强调认真、实在，反对投机取巧。

周敦颐又是一个诗人,他的诗通俗、清淡,在平淡中包含着人生真谛、人生哲学、人生境界。在周敦颐的诗中,有许多诗句虽清淡平凡,却意境深刻。如"爱名爱利心少闲""官清赢得梦魂安""争名逐利千绳缚,度水登山万事休""浩然心意复吾真"等。这类句子,词精意深,从平常中显示真理,是为人、治政的格言。

(二)周敦颐的人才思想

周敦颐为政一生,为人民做了不少实事好事,也为教一生,每到一地,兴教办学,致力于人才的培养。在为政、为教的实践中,周敦颐提出了培养人才的目标、培养人才的内容和方法、人才所应具备的品德和能力等多方面的问题。

首先,周敦颐把人才的培养目标定位于"学为圣贤"。他把人才分为三个等级:"名士""贤人""圣人"。最理想的人才是"圣人",所谓"圣人",就是"诚"的化身。周敦颐心目中的"圣人",是尧、舜、孔子等。其在《通书》中感叹:"道德高厚,教化无穷,实与天地参而四时同,其惟孔子乎!""贤人",则是如伊尹、颜渊之类的人。周敦颐明确指出"学为圣贤"是可以实现的,只要纯无杂念,专心致志,确立了目标,以圣贤为榜样,就可以成为有用的人才。他在《通书》中说:"志伊尹之所志,学颜子之所学,过则圣,及则贤,不及则亦不失于令名。"通过专心致志学习,即使不能成为圣贤,也不失于"令名",即德行完美,成为有一定的名气和才干的人才。周敦颐还特别强调圣贤人才的重要意义,社会的进步和发展离不开圣贤人才。他认为,人才的作用主要体现在两个方面。一是"以仁育万物,以义正万民"。即宣传美好的道德,解释诚、仁、义、礼、智、信等道德观念,制作礼乐,推行正道,哺育万物,化民成俗,树立良好风气,促使社会安定和平。二是教育人们迁善改过,易恶至中,人才的作用就在于使人"自易其恶"。

其次,周敦颐认为培养人才要以六经为主。六经是儒家经典,即《诗》《书》《礼》《易》《春秋》《乐》。其中,他最重视《易》。他说:"大哉《易》也,性命之源乎!"他认为《易》揭示了人生性命之渊源,是《六经》之本,还揭示了天地万物、鬼神幽冥的奥秘与规律,是人生最基本、最重要的教科书。《礼》是伦理纲常、礼法制度,是维护社会安定的基本原则。《乐》则可以陶冶人们的情操，转变社会风气，培养人们形成优秀品德。《礼》《乐》结合，就能建立一个和睦幸福、安定团结的社会。他在《通书》中说，《春秋》是"正王道，明大法也，孔子为后世王者而修也；乱臣贼子，诛死者于前，所以惧生者于后也。"为后世树立仿效的楷模，对乱臣贼子则起着惩儆的作用。他认为六经的教育是最基本的，主要是培养人才的道德品质。同时，他主张学习文辞，认为"文辞，艺也；道德，实也"。只有通过文辞，才能传扬好的道德品质，推行儒家的道德理想。

再次，培养人才要"学思结合"。培养人才的关键在于学，学习的关键在于"思"。只有通过"思"，才能把握学到的东西，转化为行动。学是基础，"思"才可产生效果。周敦颐在《通书》中说："思曰睿，睿作圣。无思，本也；思通，用也。几动于彼，诚动于此，无思而无不通为圣人。不思则不能通微，不睿则不能无不通。是则无不通生于通微，通微生于思。故思者，圣功之本而吉凶之机也。""思"就是思维能力、判断能力、综合能力、分析能力。通过"思"，才能决定取舍，才能变成自觉行动，才能达到圣人的境界。

最后，强调发挥教师在人才培养中的作用。周敦颐认为，教师是直接培养人才的人，强调教师的责任在于化民成俗，培养人才的道德品质，提高人才的学识水平，从而使人人向善，天下大治。"师道立，则善人多；善人多，则朝廷正；而天下治矣。"他认为人才不是天生的，哪怕是圣贤也不是天生的。圣贤也必须经过教师的培养教育，才能成才。他在《通书》中说："人生而蒙，长无师友则愚。"人生下来是无知的，如果没有师友的教育，就会成为愚人、蠢人。他主张教师要以自己纯正的品德和正确的方法教育培养学生，只有这样，才能培养出真正的人才。

（三）周敦颐在中国学术史上的地位

在中国学术史上，周敦颐是理学的"开先河者"，是湖南人才对中国产生重大影响的第一人。著名的思想家、河南人程颢、程颐兄弟曾追随周敦颐到湖南郴州汝城学习，并从此开启了宋明理学的发展。清代学者黄宗羲在《宋元学案》中说："孔孟而后，汉儒止有传经之学，性道微言之绝久矣。元公崛起，二程嗣之，又复横渠诸大儒辈出，圣学大昌。"朱熹则肯定了孔子、孟子、周敦颐、程颢和程颐等在中国学术史上的传承关系："盖自周衰，孟轲民没，而此道之传不属。更秦及汉，历晋隋唐，以至于我宋，艺祖受命，五墨集奎，实开文明之运。然后，气之漓者醇，判者合，清明之禀得以全付乎人，而先生（指周敦颐）出焉。不由师传，默契道体，建图属书，根极领要。当时见而知之有二程者，遂扩大而推明之。使天理之微，人伦之著，事物之众，鬼神之幽，莫不洞然毕贯于一。而周公、孔子、孟子之传，焕然复明于当世。"[①] 胡宏更强调周敦颐对二程的影响，他说："程明道先生尝谓门弟子曰：'昔受学于周子，令寻仲尼、颜子所乐者何事？'而明道先生自再见周子，吟风弄月以归。"故说"周子启程氏兄弟，以不传之妙，一回万古之光明，如日丽天，将为百世之利泽，如水行地，其功盖在孔孟之间矣！"这些说法肯定了周敦颐的"理学宗主"地位，强调了周敦颐是孔孟千百年以来的直接继承人。

周敦颐是湖南历史上第一个大思想家，在中国历史上也有崇高的学术地位。宋代学者魏了翁在《奏乞为周濂溪赐谥》说："盖自周衰，孔孟殁，更秦汉魏晋隋唐，学者无所宗主，支离泮涣，莫适与归……而敦颐独奋乎百世之下，乃始探造化之至赜，建图著书，阐发幽秘，而示人以日用常行之际，示学者穷理尽性之归，使诵其遗言者，始得以晓然于洙泗之正传，而知世之所谓学，……盖有不足于学者。于是河南程颢、程颐亲得其传，而圣学益以大振。虽三人于时皆不及大用，而嗣往圣，开来哲，发天理，正人心，使孔孟绝学独盛于本朝而超出百代，功用所系，治理所关，诚为不小。"

嘉定十三年（1220），宋宁宗赐周敦颐谥号"元"；淳祐元年（1241），宋理宗追封周敦颐为"汝南伯"，从祀孔子庙庭；元代元仁宗又加封周敦颐为"道国公"。

三、北宋时期的湖南人才

宋元时期的湖南人才发展路径呈马蹄形，即北宋年间人才稀少，南宋年间人才迅速发展，出现了古代湖南人才的第三个小波峰，元代湖南人才发展又呈下降趋势。北宋和元代的湖南人才有一个共同点，即"一峰独峙，万马并不奔腾"。这"峰"，北宋是指古代湖南第一个大思想家周敦颐，元代则是指一代宗师欧阳玄。北宋时期湖南人才都有较高的文化素质，而且多数进士出身，

---

① 周文英.周敦颐全书[M].南昌：江西教育出版社，1993：337.

既是政坛人物,又是学界精英,大体可以分为文化学术型和政治型两种:文化学术成就高于官场政绩的姑且归为文化学术型人才;官场政绩优于文化学术成就的则归为政治型人才。

(一)路振、周尧卿、周式等文化学术型人才

北宋时期湖南人才多文人学者,如路振、周尧卿、周式,以及黄照邻、黄植父子,柳拱辰、柳平父子等,他们都学有专长,对湖南文化的发展做出了一定贡献,同时,他们又是官场人物,多有善政。

1.史学家路振

路振(957—1015),字子发,湖南永州祁阳人,唐朝宰相路岩的四世孙。路岩贬死岭外,其子路琛避居湖湘间,其孙路洵美事马希杲,任连州从事,路振为路洵美之子。路振自幼颖悟,喜爱读书,5岁诵《孝经》《论语》。12岁,其父辞世,其母勤加督促,日加诲激,虽隆冬盛暑,未始有懈。淳化年间(990—994)举进士,宋太宗以词场多弊,因试《卮言日出赋》,以观学术。时就试者凡数百人,均不知试题出自何处,仅路振所作,典雅华丽,太宗甚喜,擢置一甲。路振历任大理评事,通判邠州,徙徐州,太子中允等职。咸平三年(1000),契丹入侵,军民惶恐。路振从容不迫,亲加抚谕,强调坚壁自守,以避敌锋。数日后,契丹无法破城,只得撤退。朝廷嘉其胆识,擢福建巡抚。大中祥符初年(1008),路振奉命出使契丹,不辱使命,大义凛然,严词拒绝了契丹人的领土要求,改授太常博士、左司谏,擢知制诰。大中祥符七年(1014)路振逝世,终年58岁。

路振工诗能文,词句温丽,善作词赋。咸平三年(1000),契丹犯高阳关,朝廷遣王荣以五千骑追敌。王荣胆怯,数日不敢行,错失良机。路振作《祭战马文》讥讽:"穷冬边尘,入我河湣。羽书宵飞,龙驭北巡。选仗下之名马,属阃外之武臣。雕戈电烛,禁旅星陈。授以长策,帅以全军。壮士怒兮山可擘,猛马哮兮虎可咋。何嚄唶之无勇,反迁延而避敌。冰霜凄凄,介甲而驰。不饮不秣,载渴载饥。骏马馁死,行人嗟咨。"此文一出,人人争诵,一时有洛阳纸贵之誉。路振的诗也很著名,尤长诗咏。其《伐棘篇》等诗作,忧国忧民,表现了驱除契丹、安定边疆的激情,后人评说有杜甫风骨。

路振是北宋时期湖南最有成就的史学家。宋真宗时诏修太祖、太宗两朝国

史，路振进入史馆，后修成《两朝国史》110卷，又参与修撰《起居注》。其史学代表作为《九国志》49卷，该书收集吴、南唐、吴越、前蜀、后蜀、南汉、北汉、闽、楚9国史事，仿崔鸿《十六国春秋》例，分国记事，只分世家、列传两目。路振认为南平偏安一隅，到处称臣纳贡，不值得一书。后其孙路纶增入，实际是十国。北宋时张唐英又增入北楚两卷，合计51卷。路振原书久佚，现在流传的《九国志》是清乾隆年间邵晋涵从《永乐大典》中辑录出来的，虽为辑本，但其史料价值依然很高。五代时期史料很少，新旧《五代史》对十国历史记载很简略，而十国的立国时间、地域面积，对经济文化发展的贡献，都大大超过五代。《九国志》专门记载十国的史事，保存了大量珍贵史料，足以补新旧《五代史》的漏略，订正新旧《五代史》的讹误，是研究五代十国历史者的重要参考资料。清代文学家吴任臣作《十国春秋》，多依据《九国志》。此外，路振的其他史学著作还有《楚青》，另有文集20卷，现皆不传。

2. 经学家周尧卿

周尧卿（994—1045），字子俞，道州永明（今湖南省永州市江永县）人。友爱兄弟，事亲至孝，12岁丧父，抑情忍哀事母，以解其忧。母丧，倚庐三年，席薪枕块，虽疾病，不饮酒食肉。周尧卿自幼警悟强记，以学行知名。天圣二年（1024）进士，历任连、衡二州司理参军，桂州司录，高安、宁化知县，饶州通判，太常博士等职。庆历五年（1045），名臣范仲淹举荐周氏，认为其"经行可为师表"，未及用而病卒，终年51岁。

周尧卿是宋代极有见地的经学家，《宋史》中记载："为学不专于传注，问辨思索，以通为期。长于毛、郑《诗》及《左氏春秋》。"其学《诗》，以孔子所谓《诗》三百，一言以蔽之曰：'思无邪'"，孟子所谓"说《诗》者……以意逆志，是为得之"，考经指归，而见毛、郑之得失。曰："毛之传欲简，或寡于义理，非一言以蔽之也。郑之笺欲详，或远于性情，非以意逆志也。是可以无去取乎？"其学《春秋》，由左氏记之详，得经之所以书者，至"三传"之异同，均有所不取。曰："圣人之意岂二致耶？"读庄子、孟子之书，曰："周善言理，未至于穷理。穷理，则好恶不缪于圣人，孟轲是已。孟善言性，未至于尽己之性。能尽己之性，则能尽物之性，而可与天地参，其唯圣人乎。天何言哉？性与天道，子贡所以不可得而闻也。昔宰我、子贡善为说辞，冉牛、闵子、颜渊善言德行，孔子曰：'我于辞命，则不能也。'惟不言，故曰不能而已,盖言生于不足者也。"北宋文学家曾巩十分赞赏周尧卿的经学思想,曾在《隆平集》中说:"尧卿之学不惑传注,问辨思索以通为期。"周尧卿年龄长于周敦颐,二者志同道合,甚为友善,时称"潇川二先生"。

周尧卿为官,简朴持重,廉明清正;为人简重不校,有慢己者,必厚为礼以愧之。居官禄虽薄,必以周宗族朋友,罄而后已。一生著述,有《诗说》《春秋说》《文集》等。

3.岳麓书院山长周式

周式,湖南湘阴(今属湖南岳阳市)人,生卒年月不详。岳麓书院首位山长,因成绩卓著,于大中祥符八年(1015)为宋真宗召见。周式奏闻书院情事,为真宗皇帝所赞赏,又为岳麓书院"赐额""赐书",并授周式国子监主簿,留为皇宫主讲。张栻在《重修岳麓书院记》中说:"潭州岳麓书院,开宝九年知州朱洞之所作也。后四十有五年,李允则来,为请于朝,因得赐书藏焉。是时,山长周式,以行义著。祥符八年召见便殿,拜国子主簿,使归教授。始诏,固旧名赐额,仍增给中秘书,于是书院之称闻天下。"周式并未接受国子监主簿,"式固谢不应诏",仍回岳麓书院。

周式在湖湘学派中有着重要的地位。郭嵩焘在《湘阴县图志》中指出:"全氏祖望论次《宋元学案》,以宋世学术之盛,安定泰山为之先河,然皆肇自天圣、景德以后,无先于(周)式者。独惜其无传书,弟子著籍者不越荆湖以南,无能讲习昌明其学,至求纂述其行迹不可得。而当时朝廷重之,士望归之,则其学之所沾被亦多矣。"郭嵩焘认为周式启宋代学术之盛的先河,且为朝廷所重,士望所归,只因弟子不广,"无能讲习昌明其学",以至其名不显。明代周圣楷作《楚宝》,认为周式是"真儒",是"不愧正学"的经学家,其地位仅次于周敦颐。岳麓书院则建有"六君子堂",纪念朱洞、李允则、周式、刘珙、陈钢、杨茂元6人,以表彰他们创建或修复岳麓书院的功劳。

周式还专心学术,勤于笔耕,有《毛诗笺传辨误》《论语集解辨惑》《拾遗》等作品。

4.黄照邻、黄植父子

黄照邻,桂阳(今属湖南省郴州市)人,少聪颖,好读书。祥符八年(1015)进士,历任平阳县令、循州知州、郴州知州等职。为官勤慎廉洁,能深入民间访贫问苦,兴利除弊。为人谦恭平和,正直无私。长期在本地为官,不偏私亲友乡邻，为地方办了不少好事，颇具政声。

黄照邻之子黄植，字立之，神宗元丰二年（1079）进士。父子二人先后考取进士，在当地传为美谈。

黄照邻、黄植均为著名学者。黄照邻长期潜心钻研"五经"，著有《五经铎》。黄植则专攻史学，著有《史通》。黄照邻中进士前，在桂阳城西筑石林亭，在此读书学习，乡人称其地为"职方岩"。黄照邻告老还乡后，又在石林亭读书，钻研学问，著书立说。其后，黄植又是在石林亭读书著说。故石林亭成为当地读书人的圣地。后人为了纪念，于明代隆庆年间（1567—1572），在此建立石林书院。明代，书院扩大，来此读书游览的文人络绎不绝，题诗吟咏唱和不断。现今的石林书院已成为桂阳旅游胜地之一。

5.武陵五柳

武陵柳中及其子柳拱辰、柳应辰兄弟，柳拱辰之子柳平、柳猷一家5人皆为名士，且文名政声俱佳，被人誉称"武陵五柳"。现只看到有关柳拱辰、柳应辰、柳平三人的资料，且其生卒年月不详。

柳拱辰，祖籍山东青州，五代时为躲避战乱，流落湖南，定居武陵。柳拱辰自幼勤于学习，有文名，特别精习儒家经典，有志学术。天圣八年（1030）进士，先后任鄂州、岳州通判，永州知府。柳拱辰为官公正廉明，勤于职守，重教兴学，多有惠政，在永州建州学，立柳宗元祠。据南宋著名文学家洪迈在《容斋随笔》中记载，柳拱辰离开永州时，祁阳县令齐术送至白水，夜梦唐代诗人元结说："今柳公游浯溪，无诗而去，子盍求之。"第二天，齐术与柳拱辰相互和诗，留于浯溪，此事镌刻于浯溪奇石旁之崖壁上。可见，柳拱辰不仅为官有惠政，而且有文名。《全宋诗》收有他的《暮春游火星岩同尹瞻联句》一首。柳拱辰于60岁致仕归乡，在武陵柳叶湖西白马湖建归老桥，曾巩特为之作《归老桥记》："吾少而安焉，及壮而从事于四方，累乎万物之自外至者，未尝不思休于此也……世之老于官者，或不乐于归；幸而有乐者，或无以为归；今吾有，是以成吾乐也。"赞扬柳拱辰明进退、不恋位，又能享受安乐晚年的明智之举。

柳拱辰之弟柳应辰，宝元元年（1038）进士，生平事迹不显，只流传一些在浯溪写诗、题字的传闻。

柳拱辰之子柳平，字子仪，嘉祐年间（1056—1063）进士。元祐七年

（1093），擢筠州（今江西宜春高安一带）知府。柳平为政，勤慎公正，刚毅果决，崇教兴学，关注民生。曾在筠州建县学，重视文化教育，奖励农耕，改善人民生活，曾得到曾巩称赞，又能除弊安民，移风易俗，建设良好民风。黄庭坚在《江西道院赋》中说："江西之俗，士大夫秀而文，其细民险而健，以终讼为能，由是玉石俱焚，名曰'珥笔'之民。""珥笔"，此处指"诉讼"，江西民风刁蛮，喜欢打官司，以打赢官司为能，倾家荡产在所不惜。筠州尤烈，筠州太守衙门被称为"江西道院"，即只能应付官司纠纷。柳平到任后，深入基层，了解实情，依法办事，公正为政。由于治理有方，处理得当，讼事由多到少，由少转无。同时，柳平认为，百姓之所以打官司，是由于为政者不廉、不勤、不公，造成冤假错案。为了鼓励百姓申诉，并保证公平办案、随时办案，柳平在府衙挂出"江西道院"横匾，为当地风俗正名。黄庭坚了解这一事实后，特作《江西道院赋》，颂扬柳平的美政。

柳平和苏辙也有交往，苏辙曾为柳家"天真堂""康乐楼"题诗，称赞柳家："永怀前辈无因见，犹喜诸郎有此人。""安心已得安身法，乐土偏令乐事多。"曾巩、苏辙、黄庭坚都是北宋著名的文学家，与柳平也是同时代人，他们与柳平来往，都非常推崇柳平的家世、官声、文采、人品，这也从侧面展现了柳平在北宋时期的地位和影响。

6.状元王世则和莫俦

北宋时期，湖南的科举有了显著的进步，产生了316名进士，其中有2名状元。

王世则，长沙人，太平兴国八年（983）状元。该科试题为"六合为家"，王世则答卷中有："勾画乾坤，作我之龙楼凤阁；开穷日月，为君之玉户金关。"太宗阅后大喜，擢为进士第一名。历任右正言、蒙州知州、永州知州。

莫俦（1089—1164），湖南澧州慈利（今属湖南省张家界市）人。政和二年（1112）状元，历任承事郎、校书郎、太常寺少卿、光禄寺少卿、中书舍人、吏部尚书、翰林学士、知制诰。靖康之难后，莫俦投靠金人，成为张邦昌的尚书右丞相。南宋建立，张邦昌伏诛，莫俦获罪，给自己的历史留下了最丑恶的一页。作为状元，莫俦有较好的学术功底，著有《真一居士集》《内外制》《四六集》等。

此外，这一时期的文化型人才还有不少，如曹衍，衡阳人，诗人，著有

《野史》，曾任东宫洗马、泌阳酒税监；郑向，字公明，衡阳人，进士，官至龙图阁直学士，知杭州，著有《五代开皇记》等；孙顾，字景修，号拙翁，长沙人，进士，官至太常少卿，撰有《贤母录》《古今家诫》等；谭知礼，字子立，长沙人，胡安国弟子；杨训，字子中，湘潭人，胡安国弟子；乐洪，字德秀，衡山人，著有《周易卦气图》；希白，字宝月，号慧照大师，长沙人，书画家；狄遵度，字元规，长沙人，官至侍御史，著有《春秋杂说》等；廖偁，衡山人，进士，著有《朱陵编》等；邓忠臣，字慎思，湘阴人，官至考功郎，对杜诗深有研究，著有《玉池集》；武洞清，长沙人，画家；易元吉，字庆之，长沙人，著名画家，善绘花鸟动植物；李侨，字希郑，邵阳人，皇祐五年（1053）进士；苏坚，字伯固，澧县人，诗人；周寿，字季老，又字元翁，道县人，周敦颐之长子，元丰五年（1082）进士，著有《周元翁诗集》等；周焘，字通老，又字次元，周敦颐之次子，元祐三年（1088）进士，著有《爱莲堂诗文集》等；王观国，字彦宾，长沙人，政和二年（1112）进士，著有《学林》10卷。上述人物在文化学术方面都取得了一定成绩，对湖湘文化的发展也做出了自己的贡献。

（二）陶弼、谭世绩、陈遘等政治型人才

北宋时期的湖南人才中，周敦颐一峰独峙，对全国人才都产生了重要影响，但其他人才并不突出，特别是政治型人才式微，相对来说，陶弼、谭世绩、陈遘较为突出。

1.陶岳、陶弼父子

陶岳（？—1022），字舜咨，祁阳人。自幼专心读书，以儒学知名，太平兴国五年（980）进士，历任太常博士、尚书职方员外郎等职，后出为郡守。陶岳长期任地方官，每到一地，都亲自了解民情民俗。其为官公正廉明，严于律己，公正执法，能体恤民情，因而深得民心。广东端州盛产端砚，为中国四大名砚之一，非常珍贵，历任知州等官吏，莫不以权势索取。历任端州地方官中没有索要端砚的仅陶岳、包拯二人。

陶岳工诗能文，特别在史学方面颇有成就，清代王梓材等人所编《宋元学案补遗》认为，陶岳、朱洞、周式在湖湘学派中占有重要地位，是"湖湘之

先"。现代学者则认为陶岳等人是"湖湘学的先驱者"之一。[①] 陶岳著有《五代史补》5卷,史料详尽,叙事精细,评论公允,实事求是,是研究五代史的重要参考资料。其又著有《荆湖近事》和《零陵总记》二书,是研究宋代湖南地方史的重要文献。

陶岳之子陶弼(1015—1078),字商翁。陶岳老年得子,但家教极严,咿呀学语即开始教育。陶弼自幼爱文学,喜兵书,勤学习,善思考,文思敏捷,兵法精熟,有"左诗书,右孙吴"之誉,称文武全才。

庆历六年(1046),荆湖路瑶民起事。陶弼随提点刑狱杨畋往讨,陶弼多献计谋,大破瑶兵,因功授阳朔主簿。皇祐四年(1052),杨畋任广南西路经制,率兵镇压僮[②]民起事,召陶弼入军管理机要。部将蒋偕凭匹夫之勇,深入僮区,兵败身亡,士卒逃散。陶弼临危受命,召集蒋偕散兵,重新集结,重加操练,侦悉僮情,伺机进攻,大获全胜。陶弼擢阳朔县令,转知邕州。熙宁九年(1076),陶弼同郭逵率兵,进攻交趾(今广东、广西、越南各一部分),陶弼行军作战,指挥若定,累出奇谋,每战必胜,交趾国王被迫称臣求和。次年,陶弼改知顺州,因地处僻壤,部卒多不愿留。陶弼勉以正义忠信,与士卒同甘共苦,大得军心,士气复振。

据《宋史》记载,陶弼为官,公正廉明,关心民瘼。在阳朔,兴利除弊,课农植木,民皆大悦。在邕州,因"邕经侬寇,井隧荡然,人不乐其生。弼绥辑惠养,至忘其勤。诸峒献土物求内附,弼降意抚答,谢其贽,皆感悦无犯边者。邕地卑下,水易集,夏大雨弥月,弼登城以望,三边皆漫为陂泽,亟窒垠江三门,谕兵民即高避害。俄而水大至,弼身先版锸,召僚吏赋役,为土囊千余置道上,水果从窦入,随塞之。城虽不坏,而人皆乏食,则为发廪以振于内,方舟以馌于外,水不及女墙者三板,旬有五日乃退,公私一无所失亡。自横、浔以东数州皆没"。陶弼又召集流亡,给予土地,就地耕食,全州大治。陶弼能知人善任,对才学之士、勇武之兵,十分爱惜,多方奖励。又乐善好施,部属有困难,常给以救济补贴,解人之难。陶弼更严于律己,不置私产,不带眷属,所得俸禄,多周济他人,自己则过着清贫生活。妻子居乡下,老家泥砖茅瓦,如同普通农家。陶弼一生治民领军,所管钱粮无数,从不私占挪用,一概用之于公。

---

① 王驰,刘鸣泰,刘克利.湖湘文化大观[M].长沙:岳麓书社,2003:495.
② 我国少数民族壮族的壮字原作僮。

陶弼有儒将之称，尤工于诗。如《碧湘门》："城中烟树绿波漫，几万楼台树影间。天阔鸟行疑没草，地卑江势欲沉山。人过鹿死寻僧去，船自新康载酒还。闻说耕桑渐苏息，领头今岁不征蛮。"又如《途次叶县观千叶桃花》："三月宫桃满上林，百花千萼费春心。叶公城外襄河北，一树无人色更深。"明人杨慎称其诗"绝似晚唐"，如"暖雪梅花树，晴雷赣石溪""天文离卷舌，人影背含沙""花露生瓶水，松风落架书""照枕残鸡月，吹灯落叶风"等诗句，与"李洞喻凫，可相伯仲"。李洞，晚唐诗人，尤工五言。陶弼有《邕州小集》等著作。

2.力主抗金的谭世绩

谭世绩（1073—1127），字彦成，长沙人。崇宁五年（1106），中词学兼茂才科进士，授秘书省正字。时相蔡京之子蔡攸主持秘书省，同事多谄媚逢迎，世绩独坐一旁，"翻书竟日"。因不阿附蔡京等，在官6年不迁，大观四年（1110），蔡京罢相，得为司门员外郎。又三年，迁吏部，后擢为中书舍人，至此，有机会面见皇帝。据《宋史》记载，他向徽宗献策："谨命令、惜名器、广言路、吝赐予、正上供、省浮费六事言于上。"六事均切中时弊，但为当路所嫉。

据《宋史》记载，靖康元年（1126），金骑骎骎南下，朝廷无策。谭世绩献上、中、下三策："守边为上策；今边不得守，守河则京畿自固，中策也；巡幸江、淮，会东南兵以捍敌，下策也。"但朝议纷纭，莫衷一是，金兵则渡河，兵临城下。谭世绩"又请遣大将秦元以所部京畿保甲，分护国门，使兵势连属，首尾相援，即金人不敢逼"。但朝廷仍无主张，不敢与金兵作战。次年，金兵逼钦宗幸金营，谭世绩以扈驾大臣随至金帐，"以十害说其用事者，言讲解之利，词意忠激，金人耸听"。但这时张邦昌僭国，建立傀儡政权，称"楚帝"，并任谭世绩为直学士院。谭世绩疾卧不起，忧愤而终，时年54岁。建炎初年，追赠端明殿学士。

其父谭章闻知，慨然曰："吾子得死所矣！父子之情，一己之私；为国尽节，天下之公也。吾何恨哉！"父子忠烈，堪为万世楷模。

3.抗金大臣陈遘

陈遘，字亨伯，永州人。元丰二年（1079）进士，先后为莘县、雍丘县令，均有治绩，擢广西转运判官。崇宁三年（1104），蔡京大举开边，请将广南西路瑶族居住地置平、从、允三州，陈遘反对，由此得罪了蔡京，陈遘被贬调知商州、兴元府，后为驾部、金部员外郎。大观四年（1110），张商英为相，陈遘任为左司员外郎，擢给事中。政和年间（1111—1118），漕运紧张，陈遘任发运使。政和七年（1117），朱勔运花石纲塞道，官舟不得行。陈遘捕系其人，扣押花石纲船只，并上章自劾。陈遘因之名声大振，擢任徽猷阁待制。

宣和二年（1120）冬，方腊在浙东起义，诏命陈遘镇压。据《宋史》记载，陈遘说："腊始起青溪，众不及千，今胁从已过万，又有苏州石生、归安陆行儿，皆聚党应之。东南兵弱势单，士不习战，必未能灭贼。愿发京畿兵、鼎澧枪盾手，兼程以来，庶几蜂起愚民。不至滋蔓。"因此，陈遘在武力镇压的同时，统一税收，创"经制钱"，以充军用，并大力打击贪官污吏，以平民愤，以结民心，成效立显，因加龙图阁直学士，经制七路，治杭州。

靖康元年（1126），陈遘加资政殿学士、光禄大夫，知真定府，又徙中山。这时，金兵大举南侵，中山（今河北定州、唐县、新乐一带）首当其冲。金兵蜂拥而至，"遘冒围入城，坚壁拒守"。朝廷以康王赵构为天下大元帅，陈遘为兵马元帅，抵抗金兵。中山受围半年，外无援兵。北宋都城被金兵攻陷，朝廷割两河求和，中山在割让之内。朝廷派陈遘之弟、光禄卿陈适至中山，临城谕旨割地。《宋史》记载，遘遥语之曰："主辱臣死。吾兄弟平居以名义自处，宁当卖国家为囚孥乎？"适泣曰："兄但尽力，勿以弟为念。"遘呼总管使尽括城中兵击贼，总管辞，遂斩以徇。又呼步将沙振往。沙振素有勇名，亦固辞，陈遘固遣之。沙振怒，潜杀陈遘及其一家。帐下士卒闻变，噪而前曰："大敌临城，汝安得杀吾父？""执而摔裂之，身首无余。"城中无主，乃开门出降。金人见陈遘尸曰："南朝忠臣也。"礼葬于铁柱寺。

陈遘之弟陈适，官至光禄寺卿。大敌当前，兄弟在前线会面，以"主辱臣死"、不"卖国为囚孥"互勉。陈遘牺牲后，陈适被俘，就义于云中（今山西大同）。兄弟壮烈为国捐躯，青史永留英名。

4. 狄棐兄弟父子等

狄棐，字辅之，长沙人。咸平二年（999）进士，历任通判、太常少卿、知州、龙图阁直学士、谏议大夫，知天雄军。为官清廉，不附权贵。

狄栗，字孟章，狄棐之弟。曾任山东谷城知县，打击豪强，赈济灾民，兴办学校，官至大理寺丞。

狄棐生有二子，长子狄遵度，为大中祥符年间（1008—1016）进士。好学善文，著有《春秋杂说》及文集12卷。次子狄遵礼，历任知县、知州、郎中，赐上柱国，封西城县开国男，食邑七百户。他为官能勤政爱民，救济灾荒，兴修水利，重视教育，广兴教化，为民所称道。

此外，北宋时的湖南还有一些较有名气的政治型人才，如朱昂（925—1007），字举之，衡山人，官至工部侍郎，为官以安民为本，多有惠政；邵晔，字日华，桂阳人，太平兴国八年（983）进士，官至广州知州，明法勤政，有官声；胥偃，字安道，长沙人，进士，官至翰林学士、知开封府；周湛，字文渊，邵阳人，天禧三年（1019）进士，官至户部尚书、江淮制置使，其能破除迷信，搜捕拐骗，均平徭役，决断滞讼，减轻民负，多有惠政；张颉，字仲举，桃源人，进士，官至户部侍郎；黄照（1013—1066），字晦甫，益阳人，进士，福建转运判官、侍御史；彭慨，字公谨，湘阴人，皇祐元年（1049）进士，官至太常博士；李杰，邵阳人，皇祐五年（1053）进士，官至荆湖南路安抚使、大理寺卿，能整饬吏治，兴利除弊，有政声；邓雅，字彦正，平江人，精孙吴兵法，曾平定黔南起义，官至御史中丞，封安定郡侯。

5.少数民族首领

北宋时期，湖南一些少数民族首领为朝廷所用，建功立业，在政治上有一定地位。

秦再雄，苗族，一说瑶族，沅陵人。有武功，知谋略，宋太祖授辰州刺史。秦再雄训练苗瑶精锐士兵三千人，并知会武陵各地少数民族归附朝廷。擢辰州团练使，治理武陵五溪一带，有治绩，使这一区域保持了较长时期的稳定。

向通汉（？—1019），五溪少数民族首领。宋初任富州（今湖南麻阳、芷江一带）刺史，加检校司徒、河内郡侯。后纳土归宋，授检校太傅、富州防御使。

彭儒猛（？—1027），土家族首领，下溪州（今湖南永顺、古丈一带）刺史，迁左仆射。其子彭仕羲（？—1070），继任下溪州刺史。

四、南宋：古代湖南人才的第三个小波峰

南宋（1127—1279），在中国历代王朝中，是一个非常特别的时期。首

先，南宋政权始终未能统一中国，而是偏安东南半壁河山，是中国历史上领土最不完整的一个中央政权。其次，南宋始终受到金元的侵扰，不得安宁，是中国历史上最软弱的一朝。再次，南宋是中国南北势力的转换期，由于南宋的偏安和北方、中原人口的大量南迁，全国政治、经济、文化的中心也转移到了南方。最后，南宋统治者重文治而不重武功，其统治下的江南地区经济繁荣，文化更出现了一个新的高峰。在上述背景下，南宋时的湖南，经济发展速度加快，在文化上成为理学的策源地，产生了一个在全国有影响的湖湘学派。因此，湖南人才兴起超过了以前各朝，形成了古代湖南人才的第三个小波峰。与汉末三国、唐末五代两个人才小波峰比较，古代湖南第三个人才小波峰的人才数量、质量、地位和影响，都大大超过了前两个人才小波峰。从此，湖南人才开始走向全国。

（一）古代湖南人才第三个小波峰的形成

1. 第三个人才小波峰的形成原因

古代湖南人才第三个小波峰出现在南宋时期，其原因有以下几个方面。

首先，北方的衰退和南方经济的崛起。自古以来，北方尤其黄河流域是中国文明的重心。但从唐末五代开始，北方战乱不断，社会秩序受到很大打击，经济遭到极大破坏。北宋时，北方尚有政治优势，并有一些大的城市，尚能支撑其表面的繁荣。到南宋时，北方为落后民族所征服。南方则建立了统一的南宋王朝，成为全国的政治中心。在经济方面，南方有朝廷的扶持，得到空前发展，农业、手工业、商业、纺织业齐头并进，火药运用于军事，活字印刷技术发明，指南针运用于航海，天文、历法也有了长足的进步。随着经济的发展，商人力量崛起，出现了一个以商人为代表的市民阶层。在广大市民中蕴藏着大量人才，从而促使更多的人才活跃于社会大舞台。湖南经济虽不能和江浙比肩，但与隋唐时期的湖南相比，确实已有了巨大的进步，为南宋湖南人才小波峰的出现奠定了坚实的经济基础。

其次，南宋文化发展和湖南成为理学的策源地。从春秋战国时期百家争鸣，到汉武帝时演变为"独尊儒术"，孔孟之道成为中国文化的核心。但到汉朝末年，佛教传入并迅速发展，对中国传统的儒学带来了极大的冲击。到唐朝时，韩愈、柳宗元倡导"古文运动"，主张复归传统的儒学。到宋代，许多儒家学者致力于重建儒学的统治地位。他们一方面注重儒家经典中对义理的解释和发挥，另一方面注重身体力行，经世致用，从而形成了"理学"（也称"道学"）。理学出现于北宋初期，有"宋初三先生"和"理学五子"之说。"宋初三先生"是江苏人胡瑗、山东人石介、山西人孙复。他们努力使汉唐的注疏之学，转向宋朝的义理之学，为理学的形成创造了条件。"理学五子"是周敦颐、邵雍、张载、程颢、程颐。南宋时期，理学进一步发展，福建人朱熹被称为"理学之集大成者"，被尊为"朱子"。理学的产生和发展使中国儒学开始了中国历史上的复兴。

在儒学复兴、理学形成的过程中，湖南有着重要的地位和作用。唐代主张复归传统儒学、倡导古文运动的柳宗元，长期生活在永州，他的优秀散文都是在永州写作的。"理学五子"中的周敦颐是道县人，被称为理学的"开山鼻祖"。"理学五子"中的"二程"则是周敦颐的学生，曾长期在湖南求学。"理学之集大成者"朱熹，亦曾在湖南讲学、为官。而胡安国、胡宏、张栻等人在湖南讲学、著书，不仅促进了理学在湖南的广泛传播，更促进了以理学为特征的湖湘学派的产生和湖湘文化的发展。周敦颐之后，一批著名学者在湖南活动，使理学、湘学更加发扬光大。湖南产生了一大批有影响的理学家，他们发展了湖湘文化。南宋后期理学家真德秀曾在《西山文集·劝学文》这样说："窃惟方今学术源流之盛，未有出湖湘之右者。盖前则有濂溪先生周元公，生于舂陵，以其心悟独得之学，著为《通书》《太极图》，昭示来世，上承孔孟之统，下启河洛之传。中则有胡文定公，以所闻于程氏者，设教衡岳之下，其所为《春秋传》，专以息邪说、距诐行、扶皇极、正人心为本。自熙宁后，此学废绝，公书一出，大义复明。其子致堂、五峰二先生，又以得于家庭者，进则施诸用，退则淑其徒，所著《论语详说》《读史》《知言》等书，皆有益于后学。近则有南轩先生张宣公寓于兹土，晦庵先生朱文公又尝临镇焉。二先生之学源流实出于一，而其所以发明究极者，又皆集诸老之大成，理义之秘，至是无复余蕴。此邦之士，登门墙承謦欬者甚众。故人才辈出，有非他郡国所可及。"这就是说，南宋时期的湖南既是理学的中心，也是全国学术思想、学术研究的中心。湖南在全国文化发展中的这种地位自然会促进人才的兴盛。

最后，统治者重文轻武及科举的发展。宋朝统治者认为，唐朝的灭亡在于另封藩镇，厚待疆吏，导致君弱臣强，武人干政，祸起萧墙。故宋太祖"杯酒释兵权"，重文轻武，提倡文人领军，严禁武人干政。转而采取"强干弱枝"的政策，对地方"削夺其权、制其钱谷、收其精兵"，从而建立了空前的中央集权制度，皇帝之权大于各朝各代。

为了防止武人干政，笼络人才，宋朝大力推行科举制，大大增加进士名额，而且曾有一年连放五榜，录取进士多达800人。到南宋，科考地点的变化又有利于湖南学子。唐代在长安举行科举考试，与湖南相隔千山万水。北宋京城在开封，湖南举人到长沙后，沿湘江而下，过长江，又沿汉水而上，可直达河南。南宋时京城在杭州，湖南举人顺长江而下，更加方便。加上南宋偏安东南，北方和中原大都被金人占领，在南宋科举考试中，北方应考者相对减少，湖南应考者则相应增加，这一减一增，湖南举人考取进士的机会自然增加。据《湖南教育史》统计，两宋湖南进士中，北宋仅316人，南宋达592人。[①]这样就造就了一个庞大的知识阶层和官僚阶层。他们在儒家思想陶冶下，有理想，有抱负，是非观念分明，有强烈的政治责任感，主张修明政治，选任贤才，建立一个繁荣富强的国家。大敌当前，他们有强烈的爱国激情，要求抵抗侵略，收复失地，维护朝廷的尊严与国家领土和主权的完整。湖南的广大知识阶层热血满腔，饱含着强烈的爱国主义情感。

2.第三个人才小波峰的主要人才

古代湖南第三个人才小波峰主要人才情况如表3-2所示。

表3-2 古代湖南第三个人才小波峰主要人才一览表

姓名	籍贯	生卒年月	主要职务	主要活动
钟相	常德	？—1130	楚王	领导农民起义
杨幺	汉寿	？—1135	大圣天王	领导农民起义
夏诚	汉寿	？—1135	—	领导农民起义
雷德进	—	？—1136	正法帝	领导农民起义

---

① 冯象钦，刘欣森.湖南教育史[M].长沙：岳麓书社，2008：221.

续表

姓名	籍贯	生卒年月	主要职务	主要活动
谭知几	长沙	—	学者	胡安国学生
李椿	衡阳	—	吏部郎官	平反冤狱，赈济灾民
廖刚	衡山	1070—1143	御史中丞、工部尚书	曾当面斥责秦桧
黎明	湘潭	—		胡安国学生对湖湘学"最有功"
杨训	湘潭	—		胡安国学生称胡氏之"高弟"
乐洪	衡山	—		胡安国学生著《周易卦气图》
彪虎臣	湘潭	1078—1152	—	胡安国学生经术教授
骆科	宜章	—		领导瑶族起义
莫俦	慈利	1089—1164	尚书，翰林学士	政和二年（1112）状元，著《真一居士集》
王容	湘阴	1163—1206	中书舍人郎	淳熙十四年（1187年状元，诗人，著《王光禄集》等
韩璜	衡山	—	广西提刑	诗人
杨再兴	绥宁	1104—1140	中军统制	岳家军重要将领
王以凝	湘潭	—	显谟阁学士	著《王周士词》《收公集》
李金	宜章	？—1165	—	领导农民起义
邓三凤	东安	—	礼部尚书、侍读学士	反对王安石变法
吴景偲	平江	1117年进士	兵部员外郎、朝请大夫	镇压少数民族起义
刘翰	长沙	—		著名诗人
陈峒	宜章	？—1179	—	领导农民起义

续表

姓名	籍贯	生卒年月	主要职务	主要活动
邓深	湘阴	—	衡州知州、朝散大夫	著有《绅伯集》
彪居正	湘潭	—	岳麓书院山长	彪虎臣之子，学者
谢用宾	祁阳	—	横州法曹	师从张栻，理学家
赵方	衡山	？—1221	徽猷阁学士	著名抗金将领
吴猎	醴陵	1142—1213	刑部侍郎，敷文阁学士	经学家，抗金将领
周奭	湘乡	—	涟溪书室山长	著《鬼神说》，张栻学生
廖行之	衡阳	1137—1189	巴陵尉，宁乡主簿	学者，著《省斋集》
吴雄	平江	—	阳坪书院山长	学者
汤璹	浏阳	—	礼部郎官，常州知州	著《德安守御录》
义太初	道县	—	琼州知州	著《周易集注》，有诗文集
黎贵臣	醴陵	—	岳麓书院教授	学者
钟将之	湘潭	—	编修官	词人
钟如愚	湘潭	—	南岳书院山长	学者
王元春	邵州	—	湖州知州，吏部侍郎	著《嘉定邵州迁学记》
蒋复	零陵	—	—	张栻学生，著《淡岩文集》
钟震	长沙	—	吏部侍郎	从朱熹作《甲寅所闻语录》
赵希汉	岳阳	—	进士县令	极有才华，执法严格
易祓	宁乡	1156—1240	朝议大夫、宁乡开国男	著《周易总义》《周官总义》

续表

姓名	籍贯	生卒年月	主要职务	主要活动
李儒用	平江	—	制干	学者
吴必达	道县	—	礼部给事中	淳祐元年（1241）状元，办事严明
何友兰	道县	—	大学士	书香门第，官宦世家
雷应春	郴州	—	监察御史	词人
赵范	衡山	1183—1240	刑部侍郎，端明殿学士	抗金将领
贺德英	湘乡	1239—1252	—	7岁会诗文，14岁早殇
杨大异	醴陵	—	大理寺丞，太中大夫	学者，抗金将领
韩希孟	岳阳	1241—1259	—	反元烈女
徐经孙	邵阳	1226年进士	御史光禄大夫	著《矩山存稿》
赵葵	衡山	1186—1266	丞相鲁国公	著名抗金将领
皮龙荣	醴陵	—	端明殿学士，醴陵伯	有文集30卷
胡显	湘潭	—	检校太尉	抗金将领，赵方外甥
胡颖	湘潭	—	平江府知府	赵方外甥
乐雷发	宁远	1210—1271	翰林馆职	著《雪矶丛稿》，学者
陈兰孙	茶陵	—	户部左曹郎	收恤贫民，为民拥戴
丁应奉	醴陵	—	礼部尚书	—
赵淮	衡山	?—1275	淮东转运使	抗元将领，赵方孙
杨霆	醴陵	—	湖南安抚司参议	参与长沙抗元斗争

续表

姓名	籍贯	生卒年月	主要职务	主要活动
尹谷	长沙	—	衡州知州	学者，反元义士
李芾	衡山	？—1276	潭州知州，湖南安抚使	著名抗元将领
张唐	长沙	？—1277	朝奉郎	张浚之孙，抗元将领
赵溍	衡山	—	沿江制置使	赵方之孙，抗元将领
陈子全	攸县	—	庐陵丞	抗元将领
方兴	临湘	？—1279	诏讨使	抗元将领
王梦应	攸县	—	庐陵尉	抗元将领
陈仁子	茶陵	—	宋亡不仕于元	宋元间刻书家
张虎	邵阳	—	—	抗元将领

（二）易祓、彪虎臣等文人学者与政治精英

南宋时期，湖南一些著名的文人学者，同时又是有名气的政治精英，一些官居高位的政治家，也往往是学有专长的学者文人。文化型人才和政治型人才结合为一体，是南宋时期湖南人才的一个显著特点。易祓、吴猎、赵氏一家堪称代表人物。

1.经学家易祓（fú）

易祓，字彦章，号山斋，宁乡人，是两宋时期湖南最有名气、最有成就的经学家。淳熙十二年（1185）进士，历任知州、翰林院直学士、礼部尚书，封宁乡县开国男。当金兵不断大举南侵时，易祓力主抵抗，指出"敌国有必败之势，中国有必胜之理"。他和主战将领韩侂胄、苏师旦共同谋取恢复中原。开禧二年（1206），韩侂胄出兵北伐，因用人不当，不幸大败，与苏师旦先后被诛，易祓也因此被贬。嘉定元年（1208），易祓返归故乡宁乡巷子口，取苏东坡"不识庐山真面目，只缘身在此山中"诗意，在壶山修建适宜于读书和养息

的建筑"识山楼",在这里著书自娱,长达30年。

易祓自幼精研《易经》,为政时亦常常讲解《易经》。在识山楼更是精心读书著述,成果累累。其中《周易总义》20卷,阐发义理。朱彝尊在《经义考证》中评价:"每卦先括为总论,复于六爻之下,名为注解,于经义实多所发明。"易祓的另一部重要著作为《周官总义》30卷。此书已佚,散存于《永乐大典》中,计有天官、春官、秋官、考工记四官,而缺地官、夏官、冬官。易祓的《周易总义》《周官总义》两书,在当时就有很大影响。乐雷发在《谒山斋先生易尚书》中说:"淳熙人物到嘉熙,听说山斋亦白髭……细嚼梅花看《总义》,只应姬老是相知。"后人在解释《易经》时,一般都要借鉴他的成果。易祓又撰《易学举隅》4卷,为使《易经》的读者能更加容易明白,除文字注解外,还附加图说,与《周易总义》对照阅读,更能使人理解《易经》的深义。此外,其著作还有《禹贡疆礼记》《山斋集》等。

易祓在文学上的造诣也很高。他的《识山楼记》就是散文名篇之一。该文以简洁流畅的笔调,描绘出识山楼的地点结构、周围山河的美丽景致:"汭山在望,紫翠交错,若拱若揖,相为酬酢。山间以四时代谢,烟云变化,朝暮万状,不越指顾之顷,洞察秋毫之微。"易祓的诗词更有名气,如《蓦山溪·春情》:"海棠枝上,留得娇莺语。双燕几时来,并飞入、东风院宇。梦回芳草,绿遍旧池塘,梨花雪,桃花雨。毕竟春谁主。东郊拾翠,襟袖沾飞絮。宝马趁雕轮,乱红中、香尘满路。十千斗酒,相与买春闲,吴姬唱,秦娥舞。拚醉青楼暮。"易祓的妻子亦有很高的文学修养,工于诗词。易祓在家乡著书立说,声名远播,前来访问的好友和受业的弟子不断,家中夫唱妇随,吟诗填词,过着神仙般的时光。

2.湖湘学者彪虎臣父子

胡安国父子、张栻先后在衡山、长沙讲学,开创了湖湘学派,培养了一批湖湘学者,彪虎臣、彪居正父子就是其中的佼佼者,成为湖湘学派早期最得力的传人。

彪虎臣(1078—1152),字汉明,湘潭人。出身于书香世家,三代业儒。彪虎臣幼年家道中落,十分贫困。他6岁入私塾,11岁入县学,聪明颖悟,刻苦用功,专注儒家经典,遍览诸子百家,学问精进,出类拔萃,声名鹊起。彪虎臣志向远大,但无意功名,没有参加过科考。40岁时,曾被举荐,他以父母年迈体弱为辞,不愿出仕,一直在家奉养父母,开馆教授童蒙,20年不入府城。彪虎臣执教崇尚"方、严"二字,"方",即正直,强调培养学生的优秀品德。在教育内容上,其主张以"不欺"为根本,以"孝悌"为先导,同时教以文艺,实际上是把德育放在首要地位,培养符合封建伦理道德的人才。因此,他的教育受到欢迎,学生从四方赶来拜师从学,人称"乡先生"。

彪虎臣一生钻研学问,当胡安国来衡山讲学时,彪虎臣一见,十分佩服,遂游学于胡安国门下,亦师亦友,与胡寅、胡宏亦成为至交,常在一起论学议政。彪虎臣认为,宋代国势积贫积弱,要害在于民心涣散,而争取民心的关键在于理财,要使国家富强。要理财,就必须选贤用能,慎选官吏,裁汰冗杂官员;撤并州县,使令守有职有权;提倡节俭,严禁奢靡之风;增发泉币,促进商业流通;严格考察,奖能惩假,赏罚分明等。可见,彪虎臣见识超群,有治国理政之才,却无一显身手的机会。

彪居正,字德美,号敬斋,彪虎臣之子,为胡宏弟子。乾道五年(1169),刘珙礼聘彪居正为岳麓书院山长,与张栻同讲。二人同为胡宏弟子,十分友善,相互讨论学问,开展公私义利之辩。张栻称其天姿聪慧,学业上对"穷理""持敬"孜孜以求。朱熹来湖南讲学时,多与彪居正讨论学问,十分敬重,尊其为前辈。时人论胡宏弟子,以张栻为首,是最能光大师门者。其次为彪居正,人称"彪夫子"。但是,张栻师从胡宏的时间不长,且后来综合诸家学问,形成了南轩学派。彪居正则始终师事胡宏,得胡氏学说之真谛。彪居正著述不传,在胡宏的《五峰集》中,留下了一些与彪居正讨论学问的不完整的句子。"万物与我为一。""学问之道,但患自足自止耳,若勉进不已,则古人事业决可继也。""凡有疑,则精思之;思精而后讲论,乃能有益。""执书册,则言之,临事物,则弃之,如是者,终归于流俗而已矣,不可不戒也。"从这些讨论中,彪居正从胡宏处学得了为人之道、为学之道,成为湖湘之学早期最得力的传人之一。

3. 南宋时期的状元

南宋时期的状元多达500多人,几乎为北宋的2倍,其中湖南产生了4名状元。

王容,字南强,又字南涧,号希颜,湘阴人。淳熙十四年(1187)状元,历任校书郎、中书舍人、江西提举、礼部侍郎。因反对议和,力主抗金,遭主和派陷害，被贬。王容自幼聪慧好学，博闻强识，工于诗词，有《王光禄集》传世。

吴必达，道县人，嘉定三年（1210）进士，淳祐元年（1241）特科状元。历任奉议郎尚书、礼部给事中等职。

阮登炳，字显之，号菊存居士，平江（今湖南平江）人，一说为吴县（今江苏苏州）人，咸淳元年（1265）状元。历任福王府教授、秘书省正字、秘书郎。德祐二年（1276），宋恭帝率朝臣降元，阮亦在其中，他深以为耻，乃称病辞官回家。

朱经贵，桂阳人，曾中状元，生平事迹不详。

4. 诗人词家刘翰、乐雷发、王以宁

唐诗、宋词、元曲是中国古代文学史上的三座高峰，在湖南却一直没有出现一流的诗人、词家、戏曲作家。南宋时期，湖南较有名气、较有成就的诗人、词家当数刘翰、乐雷发、王以宁三人。

刘翰，字武子，又字修武，长沙人，主要活动于宋绍兴至乾道年间（约1131—1173）。与著名诗人范成大、张孝祥等为友，渐有诗名。当时著名诗人都推崇刘翰，认为南渡以来，诗家有尤、萧、范、陆，稍后，有姜夔、刘翰。刘翰著有《小山集》诗一卷，提倡晚唐时期的诗歌风格，讲究选词造句，结构工整，意境清苦，耐人寻味。故他的诗字句精炼，寓意于景，平仄合韵，朗朗上口，堪称南宋诗歌中的上乘之作。刘翰的词也很有水平，虽然讲究技巧、明艳动人，内容上也多是个人恩怨、家庭琐事，却没有委曲柔弱之态，能给人以明快清新之感。

乐雷发，字声远，自号雪矶，舂陵（今宁远）人。自幼聪明好学，博学多识，研经究史，多有所成，尤工于诗，当时被誉为"楚南第一人"。但其科场不顺，屡试不第。后因门人相让荐举，宋理宗赐"特科第一"，进入官场。旋因数议时政，未得采纳，而灰心仕途，归隐雪矶山。恬淡无求，吟诗自娱，有《雪矶丛稿》5卷，人称"雪矶先生"。乐雷发的诗极富生活色彩，如对平凡农村生活的赞美、歌颂，对落后风俗的批评、规劝，对统治者和侵略者的揭露、控诉，都是其诗歌的重要内容。特别是面对不可一世的侵略者和毫无生气的南宋王朝，乐雷发在《乌乌歌》一诗中以愤激的心情进行了无情的揭露和嘲讽鞭挞。

莫读书！莫读书！惠施五车今何如？请君为我焚却《离骚赋》，
我亦为君劈碎《太极图》。揭来相就饮斗酒，听我仰天呼乌乌。深衣
大带讲唐虞，不如长缨系单于。吮毫搦管赋子虚，不如快鞭跃的卢。
君不见前年贼兵破巴渝，今年贼兵屠成都。风尘澒洞兮豺虎塞途，
杀人如麻兮流血成湖。眉山书院嘶哨马，浣花草堂巢妖狐。何人答
中行？何人缚可汗？何人丸泥封函谷？何人三箭定天山？大冠若箕
兮高剑拄颐，朝谭回轲兮夕讲濂伊。绶若若兮印累累，九州博大兮
君今何之？有金须碎作仆姑，有铁须铸作蒺藜。我当赠君以湛卢青
萍之剑，君当报我以太乙白鹄之旗。好杀贼奴取金印，何用区区章
句为？死诸葛兮能走仲达，非孔子兮孰却莱夷？噫！歌乌乌兮使我
不怡，莫读书！成书痴！

"乌乌"，本为古代秦国歌曲名，泛指歌呼声。《汉书·杨恽传》："酒后耳
热，仰天拊缶，而呼乌乌。"诗人借此感慨在国家生死存亡之秋，空谈泛论的
书生，百无一用，强烈呼吁练武建功，抵抗侵略，"好杀贼奴"。其爱国主义
的思想感情洋溢于诗中。

王以宁，亦作以凝，字周士，湘潭人。北宋末年进入太学，靖康初金兵
南侵，他赴鼎州请兵，并率军解太原之围，授任宣抚使。建炎元年（1127），
以枢密院编修官出守鼎州。建炎四年（1130），任显谟阁学士。绍兴二年
（1132），谪贬永州别驾。绍兴十年（1140），复右朝奉郎，知全州。王以宁
是南宋时期湖南有成就的文学家，尤工于词，著有《王周士词》《收公集》等。
他的词能反映现实社会生活，清新平淡，深诚蕴秀，绝无浮艳虚薄之气，寓意
现实，豪放情怀，饱含爱国情感。

5. 湖湘刻书第一家陈仁子

宋元之间茶陵产生了湖南第一个著名的刻书家陈仁子。陈仁子的祖父陈
天福，出身于殷实之家，自幼饱读诗书，志趣远大。陈天福有三个儿子。长子
陈兰孙，字季方，淳祐十年（1250）进士，官至户部左曹郎。次子陈桂孙，字
季云，漕举，登侍郎。三子陈辰孙，漕举。陈仁子为陈桂孙之子，字同甫，号
古迂。自幼有才名，聪慧好学，咸淳十年（1274）进士，登侍郎。但5年后

南宋灭亡。陈仁子不愿仕新朝，退隐回乡，在茶陵建东山书院，在书院讲课授徒，培养人才，钻研学问，著书立说。

陈仁子深感书籍的缺乏，乃致力于刻书事业，规模不断扩大，成为当时著名的私人刻书家之一。其所刻书籍，据不完全统计，有《增补六臣注文选》60卷、《梦溪笔谈》26卷、《文选补遗》40卷、《牧莱脞语》20卷、《新刻续补文选纂注》12卷、《尹文子》2卷、《说苑》20卷、《迂褚燕说》30卷、《韵史》300卷、《唐史卮言》30卷、《叶石林诗话》3卷、《考古图》10卷。陈仁子所刻书，不仅数量巨大，而且印制精美，为人所称道。陈仁子还是有成就的学者，《四库全书》曾将陈仁子与司马相如、班固类比，可见陈仁子水平之高、影响之大。

（三）吴猎、赵方、赵葵、李芾等爱国英豪

南宋是中国历史上一个典型的积贫积弱的封建政权，不仅失去了对北方和中原等大片国土的统治权，而且甘愿沉沦，始终处于被动挨打、屈辱求和的地位。与统治者相反，广大的汉族儿女坚决地抗金、抗元，湖南人民特别是以湖湘学派为代表的知识阶层，满怀激情投入了保卫家乡的战争中。清代学者黄宗羲在《宋元学案》中记载，他们要求"修德立政，选将帅，练甲兵，通内、修外、进战、退守为一事"，提出"合官民兵为一体"的口号，主张动员和团结广大民众抗争，收复中原，率领广大湖南人民和全国同胞，谱写了一曲又一曲爱国主义的史诗。

1. 岳麓巨子、抗金统帅吴猎

全祖望在《宋元学按·岳麓诸儒学案按语》按语中说："宣公之后，湖湘弟子有从止斋、岷隐游者，然如彭忠肃公之节概，吴文定公文勋名，二游文清、庄简公之德器，以至胡盘谷辈，岳麓之巨子也。"这段话有如"湖湘学派"图谱，"宣公"即张栻，为胡宏的学生。"止斋、岷隐"即陈傅良、戴溪，为张栻的学生。"彭忠肃、吴文定、游文清"即彭龟年、吴猎、游九言、游九功，均张栻弟子，被称为"岳麓巨子"。只有吴猎是湖南人，而且影响最大、成就最高、声名最显，被誉为"理学名臣"。

吴猎（1142—1213），字德夫，号畏斋，醴陵人。自幼好学，23岁师从张栻，又师事朱熹。南宋淳熙十六年（1189）进士，历任静江府教授、秘书

省正字、监察御史、江西转运判官、户部员外郎、宝谟阁待制、京湖宣抚使、刑部侍郎、敷文阁学士、四川安抚制置使兼成都知府等职。吴猎虽一生从政，其本性却是一个学者，是湖湘学派的代表人物之一。他师事张栻，得到了张栻"仁"说的精髓。《宋元学案》记载，吴猎"有得于宣公求仁之学，而施之于经纶之大者，非区区迂儒章句之陋，而其好用善人，则宰相材也，惜乎！宋不能大受之，以极其施焉"。《宋史》则说："猎初从张栻学，乾道初，朱熹会栻于潭，猎又亲炙。湖湘之学一出于正，猎实表率之。"淳熙十五年（1188），吴猎任岳麓书院堂长，对书院多有贡献。吴猎从政之余，精研学问，著有《吴氏经解》《吴文定公奏议》《畏斋文集》等。嘉定六年（1213）十一月，吴猎病逝，归葬醴陵北乡擂鼓桥，终年72岁。谥"文定"，故称"吴文定公"。

吴猎为政，立志治国治民，正直敢言，主张"民为邦本，本固邦宁"，关心民间疾苦，主张减轻农民负担。《宋史》记载，他主政荆湖北路时，所属江陵遭遇饥荒，立即上报朝廷，开仓放粮，"以赈饥者"。主政武昌，大力招商运米来郡，以"减价发粜，米价为平"，从而稳定了灾区物价，解决了民众的口粮问题。在湖南，吴猎曾采取得力措施帮扶农民；在四川，举贤用能，惩恶除奸，体察民情，减轻民赋。又重教兴学，修建学宫，培养人才，为地方的安定与发展起到了重要作用。故吴猎离开四川后，"蜀人思其政，画像祀之"。吴猎从政几十年，官至一方封疆，曾总领湖广、江西、京西财赋与湖北、京西军马钱粮，其为官清正，以廉为本，死后"家无余资"。清贫如此，堪为一代清官楷模。

吴猎是一个爱国主义者，力主抗金，反对妥协投降。对开禧元年（1205）开始的"开禧北伐"，吴猎全力支持。《宋史》记载，一是大造舆论，号召抗金。"贻书当路，请号召义士以保边场，刺子弟以补军实。"二是调集钱粮以支持抗金战争。他认为金兵会吸取绍兴末年侵宋的教训，舍江淮而集重兵从荆襄攻两湖。"乃输湖南米于襄阳，凡五十万石，以湖北漕司和籴米三十万石分输荆、郢、安、信四郡，蓄银帛百万计，以备进讨。"三是在军事上周密部署。"增枣阳、信阳之戍，以备冲突；分屯阳罗五关，以捍武昌；杜越境诱窃，以谨边隙；选试良家子，以卫府库。"四是选拔将才。任董逵、孟宗政、柴发等人领兵，据守各战略要地，这些人后来成为抗金名将。五是加强防务。在江陵修成"高氏三海及八匮"，"水势回合，可限人马"。所谓"高氏三海及八匮"，乃五代时期高保融修建的防御工事。可见，吴猎的准备是充分的，措施是得力的，料敌也是准确的。

开禧二年（1206），金兵围攻襄阳、德安，进逼竟陵。吴猎临危受命，出任宋军中路统帅。吴猎亲临前线指挥，派张荣率兵援竟陵，招神马坡溃卒万人，重新编队训练，分援襄阳、德安，使局势转危为安。第二年，金兵补充十万兵力，再次进犯荆襄地区，猛攻竟陵，张荣战死，襄阳、德安告急。同时，宋军西路统帅吴曦在四川降金，形势十分危急。这时，吴猎出任湖北、京西宣抚使，临危不乱，指挥若定。派魏了翁任参议官，监视四川形势；组织敢死队进入竟陵，并严令部将王宗廉死守竟陵；派董逵援德安；董世雄、孟宗政援襄阳；自己亲率大军直奔竟陵，并令忠义军、保捷军分道夹击。金兵被迫撤退，战局再次转危为安。此次战役，金兵六围襄阳，均因吴猎指挥得力，调度有方，襄阳始终屹立不倒，金兵受到沉重打击，终于从中路退兵。

2. 衡山赵氏家族

衡山赵氏宗祠有一副对联："事业文章千古，名臣理学一家。"这是对衡山赵氏家族的赞扬，也是实际情况的写照。在抗金斗争中，衡山赵氏家族既是理学名家，为湖湘学派的发展传播做出了巨大贡献，又是南宋王朝的干国良臣，为抵抗金人侵略和保卫国家与人民做出了巨大贡献。

赵氏家族第一代赵抃。赵抃（1008—1084），字阅道。原籍浙江，北宋元丰二年（1079）迁来湖南，定居衡山。景祐元年（1034）进士，官至御史。公正廉明，弹劾不避权贵，被誉为"铁面御史"。

第二代赵棠。据《宋史·赵方传》记载："（赵棠）少从胡宏学，慷慨有大志，尝见张浚于督府，浚雅敬其才，欲以右选官之，棠不为屈。累以策言兵事，浚奇之，命子栻与棠交。"赵棠在衡山与胡宏为友，共同研讨学问，为一代理学名家。

第三代赵方。赵方（？—1221），字彦直，淳熙八年（1181）进士，累官至荆湖制置使、刑部尚书、徽猷阁学士。赵方学问优长，是张栻的弟子，深谙理学精髓，又十分重视军事之学，以"晓畅军务"著称，为湖湘学派巨子之一。他一生从政，主要成就也在政治军事方面，特别是在抗金斗争中做出了杰出贡献。

嘉定（1208—1224）初年，赵方任随州（今湖北随县）知州，该地处宋于、金交界地带。当时，宋、金和议签订，边境各州均松懈戒备，唯独赵方招兵择将，训练士卒，选拔义军首领孟宗政等为将官，加强战备。随后，赵方任湖北转运判官、鄂州（武昌）知州、江陵知府。为防止金人骑兵突袭，其在荆门东西两山险要处构筑堡垒，增加防守兵力。一次，金兵追击金降将樊快明至襄阳附近，赵方果断派孟宗政、扈再兴率百余骑兵迎头痛击，截杀金兵一千多人。嘉定十年（1217），金人南侵襄阳。时赵方任荆湖制置使兼襄阳知府，一方面上报朝廷，力陈"不可和者七"，力主抗金，另一方面坐镇襄阳，指挥全局。其派孟宗政、扈再兴率兵援枣阳，并令枣阳守将赵观与城外孟、扈二将夹击金兵，同时，增兵光化、信阳、均州，大造声势，遂解枣阳之围。稍后，金将完颜赛不率十万金兵，再次侵犯襄阳地区。赵方以孟宗政、刘世兴分别击败来犯枣阳、随州之敌。双方相持一年多，赵方指挥若定，多有奇谋，终于再一次取得枣阳之捷。完颜赛不兵败被诛，赵方以功迁龙图阁待制，封长沙县男。嘉定十二年（1219），金人又发动大规模的侵宋战争，完颜讹可率中路金兵主力再围枣阳。赵方命孟宗政死守枣阳，与金兵日夜争战，疲弊其师。同时，赵方料定金兵倾巢而出，后方必定空虚，命令许国、扈再兴、赵范、赵葵等分东西两路，奔袭唐州（今河南唐河等县）、邓州（今河南邓州），直捣金兵后方，烧毁金兵城栅、粮草无数，大败金兵。围攻枣阳的金兵，经过三个月的战斗，已经精疲力竭，赵方再令许、扈等将回师，包围金兵，一举歼三万余人，金兵全线崩溃。大胜之后，赵方命令乘胜进攻，深入敌人统治区，采取"毋深入，毋攻城，第溃其保甲，毁其城砦，空其赀粮而已"的策略。金人一片混乱，经此一战，金人从此不敢南侵。

在嘉定年间的抗金战争中，金人始终未能进入赵方防守的荆襄地区，反而多次大败。赵方是最出色的边防统帅，据《宋史》记载："（赵）方起自儒生，帅边十年，以战为守，合官民兵为一体，通制总司为一家。持军严，每令诸将饮酒勿醉，当使日日可战。淮、蜀沿边屡遭金人之祸，而京西一境独全。尝问相业于刘清之，清之以留意人才对。故知名士如陈晔、游九功辈皆拔为大吏，诸名将多在其麾下。若扈再兴、孟宗政皆起自土豪，推诚擢任，致其死力，藩屏一方，使朝廷无北顾之忧。故其没也，人皆惜之。"

"合官民兵为一体"，可说是赵方抗金的战略总方针，即广泛地发动民众参加战争，保家卫国，组织义军，平时耕种，战时作战。赵方治军从严，不许饮酒误事，不准骚扰百姓；平时加强战备，坚持训练，修筑碉堡，构建工事，稳

127

固防区；战时指挥若定，临危不惧，屡出奇兵，以弱胜强，以少胜多。赵方关心士兵，重视人才，属下士兵能奋勇争先，麾下将领英勇善战。嘉定十四年（1221），赵方"贻书宰相，论疆场大计"，主张整军肃政，北伐金兵，收复中原。

第四代赵范、赵葵。

赵范，赵方之子，字武仲。嘉定十一年（1218）随父从军，参加随州、枣阳等战役，累立战功。嘉定十七年（1224），升刑部侍郎兼知镇江。整顿军伍，"老幼留扬州"。《宋史》记载："创马军三千，招游手之强壮者及籍牢城重役人充之，别籍民为半年兵，春夏在田，秋冬教阅，官免建砦而私不废农。"稍后，与弟赵葵一道平定李全（曾任招信军节度使）叛乱，进入洛阳，擢端明殿学士、开封府知府、东京留守。不久，"入洛之师大溃"，全部南撤，改知襄阳府。这时，赵范灰心失意，朝夕酗酒，特别是用人不当，军政失治。端平三年（1236），元军南侵，赵范心腹将领王旻、李伯渊先后投降，襄阳失守。赵范降三级，罢官。嘉熙四年（1240）复官，"知镇江府，后卒于家"。

赵葵（1186—1266），字南仲，号信庵，赵方次子。13岁随父从军，曾与兄赵范率军深入金人统治区唐州、邓州，歼俘敌2万多人。嘉定十四年（1221），金兵犯蕲州（今湖北蕲州），赵葵再次率军攻入金人统治区，在唐州大败金将阿海，歼敌万余，缴获大批辎重器械。嘉定十七年（1224），叛将李全在青州企图偷袭临安。赵葵识破其阴谋，上书朝廷，力主发兵讨伐。绍定四年（1231），赵葵兄弟合作，连战皆捷，攻杀李全。赵葵擢淮东制置使、兼知扬州。端平元年（1234），宋与蒙古联合灭金，赵葵上书，请求北上收复"三京"。朝廷乃授兵部尚书、京河制置使、知应天府、南京留守，兼淮东制置使。赵葵连克开封、洛阳，但是"水潦泛溢，粮运不继，所复州郡，皆空城，无兵食可因"，加以中原残破，无粮可征，赵葵不得不撤退。淳祐四年（1244），赵葵授同知枢密院事，向朝廷提出："今天下之事，其大者有几？天下之才，其可用者有几？吾从其大者而讲明之，疏其可用者而任使之。有勇略者治兵，有心计者治财，宽厚者任牧养，刚正者持风宪。为官择人，不为人而择官。用之既当，任之既久，然后可以责其成效。"又说："亟与宰臣讲求规画，凡有关于宗社安危治乱之大计者条具以闻，审其所先后缓急以图筹策，则治功可成，外患不足畏。"其还主张"创游击军三万人以防江"。他治军治政几十年，能知人善任，培养了一批人才，当时抵抗蒙古侵犯的谋士、将帅，多为赵葵所培养，或是其部属。稍后，特授枢密院事兼参知政事，督视江南、淮南、京西、湖北军马，封长沙郡公。兼知建康府、行宫留守、江东安抚使。淳祐九年（1249），特授光禄大夫、右丞相兼枢密使，封信国公。开庆元年（1259），授沿江、江东宣抚使，兼判建康府、行宫留守，不久授江东、江西宣抚使，节制调遣饶州、信州、袁州、抚州、吉州、隆兴府及临江军军民官兵。景定元年（1260），授两淮宣抚使，判扬州，进封鲁国公。咸淳元年（1265），加少傅。次年，因病致仕，特授少师、武安军节度使，进封冀国公。是年病卒，享年81岁，追赠太傅，谥"忠靖"。

赵葵是一员儒将，工诗能文善画，著有《行营杂录》《信庵诗稿》。赵葵有一首《南乡子》词，很有气魄："束发颂西藩，百万雄掌握间，召到庙堂无一事，遭弹。昨日公卿今日间，拂晓出长安。莫待西风割面寒，羞见钱塘江上柳，何颜。瘦仆牵驴过远山。"赵葵的画很有名气，以墨著称，山水注重写实，笔迹整饬，工致不苟，造景幽深恬静，墨色分明，虚实相生，远近得宜。有《杜甫诗意图》，取杜诗"竹深留客处，荷净纳凉时"句，描绘扬州郊外风光。明清画家和乾隆皇帝均在此画题诗、作跋，对赵葵的绘画艺术给予极高评价。此画现存上海博物馆，堪称国宝。

第五代赵淮、赵溍、赵淇、赵潘。

赵淮，字元辅，号静斋，赵葵之子，官至淮东转运使。德祐元年（1275）在抗元战争中失败被俘，英勇就义。

赵溍，字元晋，号冰壶，赵葵之子，官至沿江制置使、知建康府。领兵抗元，历时6年，累败累战，仍坚持抵抗，从建康到邵武、南雄、广州，节节败退。宋亡后，不知所终，一说作战牺牲。赵溍亦工于诗词，或记游，或咏物，皆托物言志，有屈原"人独清"之人格境界，著有《养疴漫笔》。

赵淇，字元德，赵范之子，官至右文殿修撰、刑部侍郎。景炎二年（1277）在衡山起兵，响应文天祥勤王，兵败后隐居民间。元朝建立后，授湖南道宣慰使，不就，吟诗绘画为乐。其画"善墨竹，长竿劲风，风致甚佳"。著有《太初纪梦集》20卷，不传。

赵潘，又作赵璠，赵范之子，衡山人，进士。景炎二年（1277）起兵抗元，先后收复湘潭、衡阳、攸县等地

总之，赵氏第五代四兄弟，均是抗元义士。

3. 李芾等抗元义士

端平元年（1234），南宋和蒙古联合，南北夹击，灭亡金国。但是，南宋所面对的是一个更为强大的蒙古汗国。第二年，蒙古大军分三路南侵，从此，南宋军民又进行了悲壮的抗元斗争。德祐元年（1275），蒙古军队侵入湖南，先后攻占岳州、澧州，在潭州（今长沙），却遭到了以李芾为代表的长沙军民的顽强反抗，相持达半年之久。

李芾（？—1276），字叔章，衡山人。祖籍河北，后迁河南开封，高祖李升起为北宋廉吏，在靖康之难中被杀害。曾祖李椿率全家迁来湖南，定居衡山。李芾"生而聪警"，以祖荫进入仕途，先后任南安司户，祁阳县尉、知县，他勤政爱民，救灾赈饥，抑制豪强，均平赋役，整顿吏治，安定社会，平息海盗。咸淳元年（1265），任临安知府，执法行政，不畏权贵，因得罪福王和权臣贾似道，被罢官。

咸淳十年（1274），元军大举南侵，占鄂州，过长江，直逼临安。贾似道罢相，李芾得以复起，授湖南提刑。他立即着手整顿湖南社会秩序，安定民心，并建立了一支3 000人的军队，准备去临安勤王。次年，擢潭州知州兼湖南安抚使。时元军已进入湖南，长沙危在旦夕。德祐元年（1275）七月，李芾至潭，蒙古游骑已入湘阴、益阳诸县。李芾乃结溪峒蛮为声援，缮器械，峙刍粮，栅江修壁，命刘孝忠统诸军。这时，元右丞阿里海牙率大军已围城。

《宋史》记载："芾慷慨登陴，与诸将分地而守，民老弱亦皆出，结保伍助之，不令而集。十月，兵攻西壁，孝忠辈奋战，芾亲冒矢石以督之。城中矢尽，有故矢皆羽败，芾命括民间羽扇，羽立具。又苦食无盐，芾取库中积盐席，焚取盐给之。有中伤者，躬自抚劳，日以忠义勉其将士。死伤相藉，人犹饮血乘城殊死战。有来招降者，芾杀之以徇。十二月，城围益急，孝忠中炮，风不能起，诸将泣请曰：'事急矣，吾属为国死可也，如民何？'芾骂曰：'国家平时所以厚养汝者，为今日也。汝第死守，有后言者吾先戮汝。'除夕，大兵登城，战少却，旋蚁附而登，衡守尹谷及其家人自焚，芾命酒酹之。因留宾佐会饮，传令，犹手书'尽忠'字为号。饮达旦，诸宾佐出，参议杨震赴园池死。芾坐熊湘阁召帐下沈忠遗之金曰：'吾力竭，分当死，吾家人亦不可辱于俘，汝尽杀之，而后杀我。'忠伏地叩头，辞以不能，芾固命之，忠泣而诺，取酒饮其家人尽醉，乃遍刃之。芾亦引颈受刃。纵火焚其居，还家杀其妻子，复至火所，大恸，举身投地，乃自刎。幕属茶陵顾应焱、安仁陈亿孙皆死。潭民闻之，多举家自尽，城无虚井，缢林木者累累相比。"

李芾为官清廉，极得人心。"芾为人刚介，不畏强御，临事精敏，奸猾不能欺。且强力过人，自旦治事至暮无倦色，夜率至三鼓始休，五鼓复起视事。望之凛然犹神明，而好贤礼士，即之温然，虽一艺小善亦惓惓奖荐之。平生居官廉，及摈斥，家无余赀。"李芾去世后追缢"忠节公"。后人为纪念李芾，在长沙建李忠节公祠。明人李东阳有《长沙竹枝词》："马殷宫前红水流，定王台下暮云收。有井犹名贾太傅，无人不祭李潭州。""李潭州"，即指李芾。

在长沙保卫战中与李芾同时遇难的，还有杨霆、尹谷。

杨霆（？—1275），字震仲，醴陵人，一说衡山人。历任知县、湖南制置使、江陵通判。办事能干，应对机敏，诉讼公允，多有政声。元军围长沙时，杨霆为湖南安抚使参议，协助李芾守城，掌管帅府机务。有心计，累出奇谋应变。破城后，仍率领士卒巷战，后投水牺牲，妻妾皆自尽。

尹谷（？—1275），字耕叟，号务实，长沙人，进士。历任常德推官、崇阳知县、衡州知州。湖南著名辞赋家。《宋史》记载："每一篇出，士争学之，由是湘赋与闽、浙颉颃。"曾讲学岳麓书院，学识渊博，深受学生欢迎。元军围长沙时，尹谷正滞留长沙办事，李芾留其协助守城。破城前夕，尹谷率全家老小自焚，民于"烈焰中遥见谷正冠端笏，危坐阃门"。"三学生聚居州学，犹不废业。谷死，诸生数百人往哭之。"南宋时称潭州州学、湘西书院、岳麓书院为"三学生"。

（四）农民起义领袖

南宋统治阶级腐败无能，金兵不断南侵。湖南人民一方面受到金人的侵扰劫掠，另一方面又受到宋兵溃败后的散兵游勇的欺凌，生活十分艰辛。在这种背景下，湖南农民和少数民族群众纷纷起义，在起义斗争中涌现出了一批杰出的农民起义首领。骆科，瑶族，宜章人，绍兴九年（1139）率众起义，连克郴、道、连、桂阳等州县，后不幸失败被杀。李金，宜章人，乾道元年（1165）与黄谷在宜章率众起义，攻入广东，达数万之众。后转入湖南，分路进攻道州、郴州等地。八月，李金与官军激战于龙岗，失败后被俘，英勇牺牲。陈峒，宜章人。淳熙六年（1179）和邝深等率众在宜章起义，先后攻占桂阳、连州、江华等地。四月，官军大举进攻，放火烧山，义军损失严重，最后失败，陈峒等人被俘，英勇牺牲。在这些起义斗争中，最突出、规模最大、影响最深的是钟相、杨幺在洞庭湖区的起义，钟相、杨幺是农民中的杰出人才。

1. 提出"等贵贱，均贫富"的钟相

钟相（？—1130），鼎州武陵（今湖南常德鼎城区）人，自幼，崇侠义"慕朱家、郭解为人"。稍长，以巫医为业，在农村治病救人，急人之难。他喜欢主持公道，爱打抱不平，在农民群众中渐渐建立了威信。后在农村建立秘密团体，积极发动农民"入法"。宋代徐梦莘《三朝北盟会编》中有："自号老爷，亦称天大圣。言有神通，与天通，能救人疾患。阴语其徒，则曰：'法分贵贱贫富，非善法也。我行法，当等贵贱，均贫富。'持此说以动小民，故环数百里间，小民无知者，翕然从之。""等贵贱，均贫富"是钟相的政治纲领。在经济上"均贫富"，这是中国古代农民起义所提出过的口号；在政治上"等贵贱"，则是中国历史上第一次出现的口号，有着十分重大的意义。这个口号有着广泛而深厚的群众基础，不仅得到了广大农民群众的拥护，而且得到了许多士大夫的支持。

钟相作为农民的代表，既有勇于反抗剥削压迫的一面，也有热爱民族、反抗外族侵略的一面。当靖康之难发生，高宗在商丘号召各地军民勤王时，钟相以民族利益为重的思想占了上风，毅然组织义兵300人，由长子钟子昂率领北上勤王。当赶到商丘附近时，高宗已决定南逃，下令解散各地勤王之师，各回原地。归途中，钟子昂等目睹了各地义军流散、官军欺压百姓的情景，这充分暴露了高宗妥协求和的真面目。钟相决定保留这支队伍，并加以扩大，发放武器，勤加训练。经过勤王事件后，钟相已对宋王朝彻底失望，思想已有了"揭竿而起"的准备。这时又有人向官府告密，称钟相图谋不轨，迫使钟相将军械交官府保存，钟子昂的队伍也由官府率领。这一事件后，钟相更加紧了起义的准备工作。

建炎四年（1130），金军侵入湖南，攻陷潭州，大肆掳掠，并向湖南澧县、湖北方向进犯。同时，名为官军实为盗匪的孔彦舟部，亦向鼎州进犯，鼎州官员逃散。钟子昂趁机脱离官府掌控，将队伍带回家乡。钟相乃发动起义，在常德天子岗筑垒挖壕，建立"楚国"，自称"楚王"，又称"天大圣"，改元"天载"（一说"天战"）。立钟之昂为太子，任命官属，宣布宋朝国法为邪法，另立新法，将地主财产分给农民，称为"均平"。起义发动后，一呼百应，很快扩大到"六州一府一军"的20个县（军），起义队伍发展到40万众，当日攻克桃源、澧州县城，得到了广大人民群众的热烈拥护。朝廷任命孔彦舟为荆湖南北路捉杀使，率10万官军镇压起义。孔彦舟看到起义队伍势力强大，难以用武力取胜，一开始即采取欺骗手段，散布流言，声称"爷若休时我便休，依旧乘舟向东流"。"爷"指钟相，表示本不愿意与"爷"作战，而愿双方"休"战，自己则离开鼎州，仍旧率队顺流东下。同时派人"入法"，打入起义军内部。钟相被其蒙蔽，未做决战准备。孔彦舟乘筏夜渡，以"入法"奸细作内应，大举进攻。起义军大败，钟相夫妇及子昂、子全、子绪三个儿子，均被俘，旋被杀，仅幼子逃走。

2."天圣大王"杨幺

杨幺（1108—1135），原名杨太，因年最少，故称杨幺，龙阳（今湖南汉寿）人，原为钟相起义军的骨干。钟相失败后，杨幺于绍兴三年（1133）自号"天圣大王"（一说"大圣天王"），拥立钟相幼子钟子仪为太子，再建农民政权。设总寨于宝台山（今汉寿县围堤湖乡宝台村），下设关口要隘水寨70多个。

杨幺农民政权建立后，进行了卓绝的军事斗争，多次打败了前来镇压的官军。早在建炎四年（1130）六月，朝廷任鼎州知府程昌寓镇压起义军，先后被杨幺部将水寨首领谢保义在鼎江口、夏诚在芷江所打败，程昌寓全军覆没。绍兴二年（1132）六月，朝廷又派荆南制置使王燮（又称王四厢），率军6万镇压起义。在鼎江牌口一带大战，官军被歼1万多人。朝廷因武力失败，改以招安引诱政策，亦被杨幺严词拒绝。金人傀儡政权刘豫也派来使臣，妄图"联军灭宋，分地而王"，亦为杨幺坚决回绝，并将全部使者沉入江中，以示决绝。到绍兴三年（1133）十二月，起义军扩大到20万人。杨幺在政治上坚持钟相的"等贵贱，均贫富"的纲领，以号召群众。在经济上提出"田蚕兴旺，生理丰富"的口号，以建设巩固根据地。在军事上则实行"水战为主，车船担纲"的原则，以己之长攻敌之短。他利用洞庭湖的地形，采取"陆耕水战"的战略战术。在原有村落的基础上，建立水寨，实行平等互助，兵农合一，劳武结合，"兵夫"协力作战。宋代史学家李心传的《建炎以来系年要录》中有："春夏则耕耘，秋冬水落，则收粮于湖寨，载老小于泊中，而尽驱其众，四出为暴。""官军陆攻则入湖，水攻则登岸。"在这种耕战体制下，起义地区农业生产有所发展，寨内各家各户努力生产，饲养牲畜家禽，种桑养蚕，自给有余，"储积甚富"。寨与寨之间有乡社、酒坊、店铺、市集，进行农副产品交易，呈现一片繁荣景象。同时，为了加强水战，起义军打造了一批车船。车船以人踩轮，以轮激水，其行迅疾，进退自如。这类车船，大小不一，大者高达三层，可载千人。车船前后左右设有撞竿，用以撞击来犯官舟，船上又置拍竿，长十余丈，上置巨石，下安辘轳，可击碎敌人官船。在当时，车船高大灵活，颇具威力，是起义军进行水战的主要武器。

绍兴五年（1135）初，南宋任岳飞为荆湖南北襄阳府路制置使，率军数十万前往洞庭湖地区镇压起义军。岳飞采取"以水寇攻水寇"的战略。首先，对起义军实行陆地封锁，在环湖四周构筑堡垒，切断起义军各寨的联系。其次，破坏起义军的车船优势。砍伐树木，打造巨筏，堵拦洞庭湖各处要寨，并将腐木、杂物、烂草沉积湖底，阻碍车船行驶。再次，从内部分化瓦解起义军，遣使引诱、招降起义军将领，促使起义军内部分化瓦解。最后，申请朝廷对起义地区减免租税，以收买人心。是年六月，岳飞发动对起义军的总攻。夏诚战死，杨幺被俘遇害，起义军最后失败。

（五）第三个小波峰期人才的思想特色

南宋时期的湖南人才已经比较全面地体现了湖南人才的特点，其中最突出的是经世致用思想和爱国主义精神。

1.南宋湖南人才的经世致用思想

南宋时期，一方面，外族侵扰，政治腐败，社会动荡不安，人民生活困难，为经世思想的发展提供了广泛的社会基础。另一方面，周敦颐以孔孟儒家思想为核心，吸收佛、老思想，建立了新的思想体系，成为理学的创始人。胡安国、胡宏、张栻等长期在湖南讲学，培养人才，形成湖湘学派。湖湘学派最重要的特色就是经世致用。他们主张面对现实，关心民生，全力抗金，收回失地，把儒家的民本思想与抗金救国的现实政治联系起来。故"经世致用"是南宋湖南人才的指导思想和共识。全祖望在补修《宋元学案·岳麓诸儒学案》中说："南轩弟子多留心经济之学，其最显者为吴畏斋、游默斋，而克斋亦其流亚云。"吴畏斋即吴猎，一生出仕官场，正直敢言，善理政务，治世济民，筹备战守，主持抗金，充分表现了经世大臣的本色。衡山赵方，一生多处于抗金前线，选将练兵，攻守战备，敌我态势，事事留心。赵方之子赵葵，治军治政，都从实际出发，选贤用能，培养了一批有用的人才。醴陵人杨大异为官，能关心民间疾苦，抑制米价，以保障民食，平反冤狱，限制官吏勒索。醴陵人皮龙荣主张把治理天下和修身养性结合起来，"以改过之实，易运化之名"。衡山人杨霆，以文人领武事，对兵仗、军马、粮草、矢石等知悉甚详，成竹在胸。农民起义领袖钟相、杨幺也不例外，他们利用河湖港汊，水陆两栖，春夏耕耘，秋冬攻战，建战船、创水寨，都是经世致用思想的具体表现。

2. 南宋湖南人才的爱国主义思想

南宋时期，国家处于生死存亡之时。抗金抗元，收复国土，保家卫国，始终是南宋时期的政治主题。文人、学者纷纷拿起儒家传统"华夷之辨"的理论武器，坚决主张抗金抗元，反对妥协投降。他们加入爱国主义的行列。因此，南宋时期湖南人才的一个显著特点就是具有强烈的爱国主义思想。

南宋时期湖南人才的爱国主义思想具体表现在以下几个方面。一是热爱宋朝和湖南的大好河山。一些文人墨客吟诗填词，用文学作品抒发对大宋、对湖南的热爱之情与赞美之意。二是对广大人民的关爱。他们关心群众生活，致力于减赋、赈灾、除奸，为官清廉，很多人死后家无余资。三是揭露和斥责朝廷的妥协投降。四是直接投身于抗金、抗元的民族斗争。这是南宋时期湖南人才爱国主义思想最突出的表现。赵方祖孙三代、吴猎、李芾等，是其中最杰出的代表。他们演奏出了南宋湖南人才爱国主义的最强音，是湖南人民千秋万代的楷模。南宋末年，长沙被元军团团围困，岳麓书院等校的学生数百人投笔从戎，在李芾的领导下，与长沙军民一道浴血奋战，几乎全部殉难。其爱国壮举，豪气干云！著作等身的经学大师易祓，官至礼部尚书，在金兵大举南侵时，力主抵抗，策划恢复中原大计。年仅18岁的弱女子、岳阳人韩希孟，被元兵所掳，手无缚鸡之力，毅然投水自尽，并在裙带上留诗："宁当血刃死，不作衽席完。汉上有王猛，江南无谢安。长号赴洪流，激烈摧心肝。"虽无力杀敌，却"宁当血刃死"。

五、欧阳玄等元代湖南人才

元代湖南人才整体状况比南宋时期有所倒退。一方面,元代建都北京,湖南再一次远离全国的政治中心,加上元朝统治者实行民族歧视政策,湖南人才在政治上受压迫,难以取得权力和地位,这阻碍了人才的成长。另一方面,南宋末年长期的战争,蒙古的入侵,农民起义和少数民族的反抗,使湖南的经济和文化教育都受到不同程度的破坏,影响了人才的产生和发展。终元一朝,除欧阳玄外,湖南没有出现著名的、有较大影响的人才,特别是政治型人才稀少。

(一)一代宗师欧阳玄

欧阳玄(1273—1357),字原功,号圭斋,浏阳人。祖籍江西庐陵,系欧阳修的族裔。祖父欧阳逢泰,以儒学名,师表一方,从学者数百人,曾任潭州学录,著有《律历统元图》,死后因孙欧阳玄之功赠中顺大夫、追封渤海伯。父亲欧阳龙生,字成叔,专攻《春秋》,在浏阳白云庄隐居17年,后为文靖书院山长,道州路教授,著有《云庄讲义》。母亲李氏,金陵人,知书能文,后追封为渤海夫人。欧阳玄自幼学习刻苦,聪敏异常,能日记数千言。8岁开始学诗文,母亲传授《孝经》《论语》《小学》等。10岁,学使曾命其试梅花诗,立成10首,晚上回家时增至百首。14岁,随南宋遗老学词章,凡经史百家,伊洛诸学渊源,无不钻研。

延祐二年(1315),欧阳玄考取进士,为探花,从此进入政坛。授岳州路平江州同知,迁太平路芜湖县尹,擢国子博士、国子监丞。致和元年(1328),迁翰林待制兼国史院编修官。元统元年(1333),任翰林院直学士,旋兼国子祭酒,升侍讲学士,拜翰林学士。至正五年(1345),拜翰林学士承旨。至正十七年(1357)春,欧阳玄以病请求致仕,不允,且加授福建廉访使、湖广行省右丞,进光禄大夫。是年十二月,欧阳玄病逝,终年84岁。元顺帝追赠其为崇仁昭德推忠守正功臣、大司徒、柱国,追封楚国公,谥"文"。

欧阳玄被称为"一代宗师",是极有成就的历史学家。《元史》记载,致和至元统年间(1328—1335),"玄领印摄院事,日直内廷,参决机务,凡远近调发,制诏书檄。既而改元天历,郊庙、建后、立储、肆赦之文,皆经撰述。复条时政数十事,实封以闻,多推行之"。文宗立,任欧阳玄为艺文少监，诏命纂修《经世大典》，升艺文太监，检校书籍事。旋改太常礼仪院佥事，诏命编修《四朝实录》，即《泰定帝实录》《明宗实录》《文宗实录》《宁宗实录》。至正元年（1341），元顺帝命修辽、金、宋三史，召欧阳玄为总裁官。欧阳玄认为，编写史书的关键在于搜集好大量资料和选择好撰写者。首先写出凡例，使撰写者有所依据。完成初稿后，欧阳玄详加推敲，斟酌修改，一一写出论、赞、表、奏，统一体例，做到评论公允，文笔一致，实事求是。至正十一年（1351），欧阳玄又作《至正河防记》，详细记载了至正年间治理黄河全过程的经验及方略方法：整治旧河床以便恢复故道；疏浚减水河以便分流；先堵小决口，后堵主要决口；沉船筑坝以便施工。即疏、浚、塞三法并用，这反映了当时中国水利技术的最高水平，对后世治河及安定民生均有一定意义。此外，欧阳玄还编撰了《太平经国》《至正条格》《经考大典》《纂修通议》《康书纂要》《元律》等史学著作，共达1 000多卷，可惜大多散佚。

欧阳玄不仅是成就卓著的史学家，而且是优秀的文学家。他诗词、歌赋、散文、戏曲、小说、书法等，样样精通，有《圭斋文集》15卷传世。他的诗文辞典雅，情感深沉。如《漫题二绝》："铃索无声玉漏稀，青绫夜直月侵扉。五更一觉梅花梦，催得江南学士归。"又如《题李白〈上阳台帖〉》："唐家公子锦袍仙，文采风流六百年。可见屋梁明月色，空余翰墨化云烟。"欧阳玄笔力雄健，有描绘大场面的魄力，他的《观捕鱼》一诗就描绘了太湖捕鱼的大图景，广阔宏伟，动人心弦，壮观豪迈，意义深远："太湖三万六千顷，灵槎倒压青天影。大鱼吹浪高如山，小鱼卷鬣为龙盘。群鱼联胂伐枹鼓，势同三军战强卤。长网大罟三百尺，拦截中流若环堵。吴王宫中宴未阑，银丝斫脍飞龙鸾。太官八珍奉公子，猩猩赪唇鲤鱼尾。洞庭木落天南秋，黄芦满天飞白鸥。江头吹笛唤渔舟，与君大醉岳阳楼。"

他的散文效法欧阳修，以廉静深醇、舒徐、和易为法。如《春晖堂记》一文，取孟郊诗"谁言寸草心，报得三春晖"之意，为王伯善孝母一事而作。其文辞和书法双绝，笔法浑厚稳健，刚劲流畅，笔画精到，起承转折分明，结体方扁，分章析句极其匀称，是合文章和书法为双美的代表作。欧阳玄有小说《睽东记》，以鬼神入书，警世劝善。他的戏曲有《渔家傲南词》12首。

欧阳玄一生公正廉明，学识渊博，在文史方面成就卓著，不愧为一代宗师。

《元史》记载："性度雍容，舍弘缜密，处已俭约，为政廉平。历官四十余年，在朝之日，殆四之三。三任成均，而两为祭酒，六入翰林，而三拜承旨。修实录、《大典》、三史，皆大制作。屡主文衡，两知贡举及读卷官，凡宗庙朝廷雄文大册、播告万方制诰，多出玄手。金缯上尊之赐，几无虚岁。海内名山大川，释、老之宫，王公贵人墓隧之碑，得玄文辞以为荣。片言只字，流传人间，咸知宝重。文章道德，卓然名世。羽仪斯文，赞卫治具，与有功焉。"

（二）元代其他湖南人才

元朝统治不到百年，湖南产生了堪称"一代宗师"的欧阳玄，此外，还有一批较有名气且小有成就的文化人才，以及出自社会底层的杰出人才。

1. 元代湖南的文化型人才

丁易东，字汉臣，龙阳（今湖南汉寿）人。宋咸淳四年（1268）进士，官至朝奉大夫、太府寺簿、枢密院编修官。入元后，屡征不仕，隐居家乡，教授生徒，研究学术，是宋末元初重要的经学家。他提出了本体、互体、卦变、正应等概念，并解释。著有《周易象义》《周易上下经释》《周易传疏》等书。

曾世荣（1252—1332），字德显，号育溪，衡州（今衡阳经解）人，终生行医，医德高尚。自题诗云："涉历风波老此身，业医惟务体诸仁。幼吾幼及人之幼，一念融为四海春。"其医技高明，有辩证思想。他说："用药如用兵，当用岂容自己。如五月渡泸，雪夜平蔡，何待秋高马肥而后用之。若拘以四时取用，则兵药无成功矣。"其医学著作《活幼心书》《活幼口议》，广为流传，并传至日本。

郝希贤（一作霍希贤），澧州（今湖南澧县）人。元延祐五年（1318）左榜状元，元制，分进士为两榜，蒙古色目人为右榜，汉人为左榜。曾任广平路威山知州。为官正直，关注民生，不畏权贵，故遭陷害被贬。离京时，翰林侍讲学士、大诗人袁桷曾有诗相赠："神骏飘飘得自闲，天池飞跃下尘寰。青丝络首谁收得，留与春风十二闲。"现澧县城内有"状元街"（今珍珠街）、"状元井"（在原三关祠前）、"状元桥"（在今文庙内），都是纪念状元郝希贤的遗迹。

冯子振（1257—1314），字海粟，自号怪怪道人、瀛洲洲客，湖南攸县人。元代有名的曲作家、诗人，特工小令，又博通经史，文思敏捷，诗、词、文、赋，均有成就。其诗真切自然，豪迈清爽，有《鹦鹉曲》42首、《梅花百咏》1卷，以及《华清古乐府》《海粟诗集》等。

陈泰，字志同，湖南茶陵人，著名诗人。与欧阳玄同举于乡，但会试不第，后淡于仕途。其生活在民间，作品亦能反映民间生活，清新平淡。《四库全书总目提要》曾说陈泰的诗才气纵横，颇多奇句。

杨道圆，女，湖南邵阳人，道士。精于医术，多治疑难杂症。工于诗画，70岁时，自绘遗像，留诗："昨夜蟾光忽又多，手攀月窟问姮娥。一从谪入人间世，不觉逡巡七十过。最喜是非今日了，仰天抚掌笑呵呵。琴声三叠胎仙舞，徽翩徜徉入太罗。"

李祁，字一初，别号希蘧翁，又号危行翁，湖南茶陵人。元统元年（1333）进士第二名，曾任翰林文字、婺源州同知、江浙儒学副提举。元亡后避征不仕，隐居于家乡云阳山等地30年。其关心国事，崇尚名节，口不离君臣之义，自号"不二心老人"，以示对元忠心不二。长于诗歌，《四库全书总目提要》称其诗"冲融和平，自合节奏"。有《云阳集》留世。

胡天游，字乘龙，自号松竹主人，平江人。元末乱世，社会动荡，其隐居不仕，以诗文自娱。胡天游的诗苍凉悲壮，音律锵锵，爱憎分明，现实感强。如《闻李帅逐寇复州治》："陇西将军天下奇，夜半杀贼收城池。我城周围闯贼垒，将军飞入储胥里。"有《傲轩吟稿》留世。

2. 红巾军起义首领徐寿辉、彭莹玉

元朝建立后，统治阶级腐败，皇室内争，大臣擅权，军队腐化，官吏贪污。元代吴澄《吴文正集》中有："数十年来风俗大坏，居官者习于贪，无异盗贼，已不以为耻，人亦不以为怪。其间颇能自守者，千百不一二焉。"土地高度集中，赋税劳役苛重，民族压迫、阶级矛盾、自然灾害交织，人民纷纷反抗。在这些反抗斗争中涌现了一些杰出人才。

徐寿辉，原名贞一，又作真一、真逸，原籍湖南，后迁湖北罗田县，故一说湖北人。以贩布为业，奔走四方，结识各类人物，了解各地情况。为人忠厚，待人以信，颇有人旺。至正十一年（1351），徐寿辉等在湖北发动反元起义，因其体态雄壮、姿容俊伟，类似弥勒佛，被推为领袖。是年十月，徐寿辉称帝，以蕲水（今湖北浠水）为都，国号"天完"（压倒"大元"之意），改元"治平"，正式建立农民政权。从此，徐寿辉成为南方红巾军名义上的领袖。当时，各地群众蜂拥起兵反元。至正十三年（1353）二月，红巾军攻入湖南，连克岳阳、长沙、常宁、宝庆等地。红巾军声势极大，各地农民纷纷响应。《元史》记载："不旬日，众辄数万，皆短衣草履，齿木为杷，削竹为枪，截绯帛为巾襦，弥野皆赤。"但红巾军采取流动作战形式，所得地方未能巩固，往往是随得随失。加以队伍发展过快，缺乏训练，组织松散。十二月，红巾军都城蕲水被元军攻克，农民政权的大部分官员被杀，徐寿辉等逃入黄梅山及沔阳湖，红巾军陷入困难时期。此后，徐寿辉始终坚持反元斗争，积极组织力量。至正十四年（1354），张士诚在江苏高邮称王，大胜元军。徐寿辉乘机复起，以"摧富益贫"相号召，攻克沔阳。次年，在汉阳重建天完政权，改元"太平"，先后在湖北、湖南、四川、安徽、江西等省与元军作战，声威复振，拥众至百万。

徐寿辉作为起义军领袖，待人宽厚，能团结各部。但是，他以外貌成帝，威望不足，特别是能力与谋略欠缺。既无魄力指挥千军万马浴血奋战，又少机智在纵横捭阖中生存发展。在天完政权中，徐寿辉始终未掌握实际权力，多处于名义领袖地位。陈友谅在红巾军中势力扩大，野心膨胀，至正十九年（1359），徐寿辉在江州（今江西九江）被陈友谅诱捕，次年五月，被杀。

彭莹玉，又名国玉、彭翼，俗称"彭和尚"，号称彭祖，湖南浏阳人，10岁时在江西袁州慈化寺为僧，故有人说其是江西宜春人。为僧时曾学医治病，在农民中享有很高威望，农民"事之如神"。元末，农民通过白莲教组织起义，以红巾包头、红旗为号，故通称红巾军。至元、至正年间，彭莹玉在农村宣传白莲教，以"弥勒佛下生，当为世主"为口号，鼓动农民反元。至元四年（1338），彭莹玉在江西袁州发动武装起义。后失败，逃匿淮西，秘密进行传教活动，后加入徐寿辉的"天完"政权，为江南行省参知政事。彭莹玉长期在江淮一带活动，以巢湖为中心建立了三支起义队伍，大大增长了红巾军的声势。至正十一年（1351）十一月，徐寿辉派红巾军分别向湖广、江浙进攻，夺取武昌。第二年，彭莹玉等率红巾军主力在安徽、江苏、浙江、江西流动作战，纪律严明，声威益壮。年底，在进攻江西的战斗，十分激烈，彭莹玉在瑞州英勇牺牲。

3.苗族首领吴天保和杨完者

吴天保，湖南靖州人，苗族。至正六年（1346），其在靖州领导苗、瑶、侗各族人民起义。连克黔阳、武冈、溆浦、辰溪，起义军达6万之众。随后，又攻克靖州、辰州、潭州、岳州等地，并转战湖北、攻入河南，一度占领荥阳。至正九年（1349），吴天保战死，起义失败。

杨完者，字彦英，湖南绥宁人，苗族首领，世为土官。至正年间（1341—1368），杨完者乘各地反元之机，拥兵五万，升为元帅。至正十三年（1353），杨率部顺流东下，在江浙一带与张士诚作战，升任海北宣慰使都元帅、江浙行省右丞，名声大振。至正十八年（1358），杨完者在杭州为张士诚所败，苗兵溃散，杨自杀。

第四章 明代的湖南人才

1368年，元末农民起义军领袖朱元璋在应天（今江苏南京）即皇帝位，国号大明，年号洪武，以应天为京师，开始了明朝长达276年的统治。明初统治者采取一系列措施，加强中央集权，发展经济和文化。《明史》记载，到明成祖朱棣时，"四方宾服，受朝命而入贡者殆三十国。幅陨之广，远迈汉、唐。成功骏烈，卓乎盛矣"。明代的湖南，经济、文化、教育得到了全面发展，湖南人才在全国的数量及影响，也都超过了历史上各个朝代，并形成了一个以政治型人才为主体的古代湖南人才第四个小波峰。

一、明代湖南人才和外省在湘人才

清代著名的经学家皮锡瑞在《师伏堂未刊日记》中说："湖南人物，罕见史传，三国时如蒋琬者，只一二人。唐开科三百年，长沙刘蜕始举进士，时谓之破天荒。至元欧阳原功（玄）、明刘三吾、刘大夏、李东阳、杨嗣昌诸人，骎骎始盛。"皮锡瑞认为，从元明开始，湖南人才渐渐走向兴盛之势。其实应是从明代开始，元代不足一百年，除欧阳玄外，并无知名人才，更谈不上在全国有什么影响。明代无论是湖南人才的数量，其在全国人才中所占比例，还是在全国所产生的影响，都是名副其实的"骎骎始盛"。

（一）明代湖南人才在全国地位提高

根据前引5种公开出版的中国历史人物辞典，对比湖南人才和全国各省人才的数量，可以看出明代湖南人才在全国人才中的地位。明代中国人才分省统计情况如表4-1所示。

表4-1 明代中国人才分省统计表

省名	《中国历代名人辞典》	《中国历史人物大辞典》	《中国历史人物辞典》	《中外历史人物大辞典》	《辞海·中国古代史分册》	合计	比例/%	名次
江苏	81	152	247	54	31	565	22.13	1
浙江	55	80	139	34	22	330	12.93	2
安徽	76	106	69	36	34	321	12.57	3
江西	37	74	68	18	12	209	8.18	4
福建	13	32	61	12	16	134	5.25	5
陕西	32	27	36	21	7	123	4.81	6
河南	27	45	32	12	6	122	4.78	7
河北	23	29	33	9	11	105	4.11	8
山东	24	28	39	9	5	105	4.11	8
湖北	20	23	37	12	6	98	3.84	10
广东	10	16	27	2	3	58	2.27	11
山西	13	19	13	7	5	57	2.23	12
四川	13	20	13	2	2	50	1.95	13
辽宁	4	2	28	6	5	45	1.76	14
湖南	6	11	10	3	2	32	1.25	15
内蒙古	11	4	3	6	—	24	0.94	16
甘肃	5	6	7	2	—	20	0.78	17
云南	4	5	6	1	2	18	0.70	18
贵州	5	4	4	3	2	18	0.70	18
西藏	2	5	1	1	—	9	0.35	20
广西	2	3	—	—	—	5	0.19	21
黑龙江	1	2	—	1	—	4	0.16	22
台湾	—	2	1	—	—	3	0.11	23
新疆	1	—	1	—	—	2	0.07	24
宁夏	1	—	—	—	—	1	0.04	25
青海	1	—	—	—	—	1	0.04	25
吉林	1	—	—	—	—	1	0.04	25
不明省籍	17	10	46	16	3	92	—	—
总计	485	705	921	267	174	2 552	—	—

明代湖南人才在全国人才中所居地位有所提高。首先，在全国人才中所占的比例，第一次突破了1%的关口，达到了1.25%。其次，在全国各省人才排名中所居的位次，亦有提高，在27个省中，位列第15名，居于全国中游水平。最后，在中国历史人物辞典中，湖南不再是空白。以下从明代湖南人才的数量、质量及其在全国的作用、地位、影响等方面，全面而具体地说明"骎骎始盛"。

（二）明代湖南人才的主体是政治型人才

湖南人才以政治军事型人才为主。湖南政治型人才的真正兴起开始于明代，而军事型人才的兴起则要更晚一些，大约开始于清代咸丰年间（1851—1861）。一般来说，政治型人才必须入仕做官，才能发挥作用，官做得大，所起的作用也大，影响也大。据笔者不完全统计，以湖南人才担任中央一、二品大员（如六部尚书、侍郎以上）和地方最高行政长官（如汉代为州刺史、明代为行省布政使）为标准，则秦汉三国时期有8人，两晋南北朝时期有4人，隋唐五代有5人，宋代有16人，元代只有1人，明代则多达109人。自秦至明共1860多年，有143人。其中自秦至元的1590年，仅34人，占总数的24%，平均每46.7年才产生1人。明代276年，却产生了109人，占总数的76%，平均每2.5年产生1人。可见，明代湖南政治型人才与秦以来其他各朝相比，有着非常明显的优势。明代湖南人才纷纷走向全国各地，走向国家政治中心，掌握权力，发挥作用，表明湖南人才在全国地位的提高。

明代湖南主要政治型人才具体如下。岳阳人陈文仲，官至枢密院使；方廷玉，官至浙江布政使；邓廷瓒，官至左都御史；柳应辰，官至顺天巡抚；颜颐寿，官至刑部尚书；方钝，官至户部尚书；姜廷颐，官至兵部侍郎。茶陵人李东阳，官至礼部尚书、文渊阁大学士，卒赠太师；陈宁，官至兵部尚书；罗鉴，官至副都御史；龙大有，官至兵部侍郎；张治，官至吏部尚书、文渊阁大学士。城步人沐英，官至征西将军、黔宁王；蓝玉，官至永昌侯、大将军、凉国公；杨洪，官至大将军、颍国公。宁乡人谢贵，官至都指挥使；周采，官至四川布政使、福建巡抚；周堪赓，官至户部尚书。衡山人茹瑺，官至兵部尚书。湘潭人何福，官至总兵、宁远侯；顾成，官至镇远侯、夏国公；周之屏，官至江西布政使；李腾芳，官至礼部尚书。安乡人易英，官至礼部侍郎。攸县人彭友信，官至北平布政使；何楚英，官至云南布政使；王伟，官至兵部侍郎；刘弘化，官至大理寺卿；文士昂，官至太常寺卿。浏阳人张武，官至都督同知，赠潞国公；周干，官至江西布政使；胡应台，官至刑部尚书。澧县人张庭兰，官至大理寺少卿、左都御史；蒋贵，官至总兵、定西侯；李充嗣，官至工部尚书；李如圭，官至户部尚书；江珏，官至四川布政使。湘阴人夏元吉，官至工部、户部尚书、太师。长沙人张启，官至浙江布政使；黄宝，官至山东巡抚；彭泽，官至兵部尚书；杨志学，官至刑部尚书；杨守谦，官至兵部侍郎；李棠，官至吏部侍郎；杨守鲁，官至陕西布政使。新宁人邓肃，官至江西布政使。石门人匡文贞，官至礼部侍郎。华容人孟善，官至滕国公；刘大夏，官至兵部尚书；程万里，官至户部侍郎；王俨，官至户部尚书；黎淳，官至礼部尚书；黎民表，官至广西布政使；萧一中，官至浙江布政使。常德人邓仑，官至兵部侍郎；陈洪谟，官至兵部侍郎；陈思育，官至礼部侍郎；姚学闵，官至河南布政使、太常寺卿；杨鹤，官至三边总督；杨嗣昌，官至兵部尚书礼部尚书、东阁大学士；唐绍尧，官至户部侍郎；杨鸿，官至礼部尚书、东阁大学士；杨鹗，官至兵部侍郎；傅作霖，官至兵部尚书；唐碱，官至文渊阁大学士。益阳人曹宏，官至刑部侍郎；刘宪，官至刑部侍郎；罗喻义，官至礼部侍郎；郭都贤，官至江西巡抚、兵部尚书（未就任）。宜章人邝埜，官至兵部尚书；邓庠，官至户部尚书。溆浦人周用，官至工部尚书。宁远人雷复，官至礼部侍郎；熊绣，官至兵部侍郎。汝城人朱英，官至两广总督、太子少保；曾鉴，官至工部尚书；范永銮，官至四川布政使；范辂，官至福建布政使。衡阳人王诏，官至工部侍郎；谢宇，官至工部侍郎；朱炳如，官至陕西布政使；陈宗契，官至兵部侍郎。祁阳人宁良，官至浙江布政使；陈荐，官至户部尚书。资兴人曹隆，官至江西布政使。醴陵人唐震，官至户部侍郎。湘乡人文贵，官至兵部侍郎。郴州人崔岩，官至工部侍郎；何孟春，官至吏部尚书。道县人何天衢，官至工部侍郎。邵阳人唐凤仪，官至左都御史。芷江人侯位，官至兵部侍郎；彭克济，官至陕西布政使。汉寿人李清，官至四川布政使；袁鲸，官至翰林院掌院学士；印司奇，官至兵部侍郎。安化人麻冕，官至福建布政使。临武人刘尧诲，官至户部、兵部尚书；曾朝节，官至礼部尚书。永顺人彭永年，官至骠骑将军。沅陵人张文耀，官至四川布政使。零陵人周希圣，官至户部尚书。耒阳人曾凤仪，官至礼部郎中。临湘人杨一鹏，官至户部尚书。麻阳人莫宗文，官至总兵、柱国太师。辰溪人朱化龙，官至宁西侯。

（三）王守仁等外省人才在湖南的活动

湖南政治的进步和经济、文化的发展与外省人才在湘的功劳分不开。青年毛泽东曾有诗："云开衡岳积阴止，天马凤凰春树里。年少峥嵘屈贾才，山川奇气曾钟此。"[①]诗中的"衡""岳""天马""凤凰"都是长沙、衡山间湘江旁的山峰，山川景秀之气所聚集，自然产生人才。这既是屈原、贾谊发展成才的一个因素，又是屈、贾对古代湖南文化产生重大影响的渊源之一。明代有浙江人王守仁等在湖南活动，时间不长，却对湖南的学术思想产生了深刻影响。

1.王守仁及其弟子在湖南的讲学活动

王守仁（1472—1529），浙江余姚人，初名云，5岁时改为守仁，字伯安，曾隐居阳明洞讲学，自号阳明，故世称阳明先生，其学亦称"阳明学"。王守仁是明代有名的哲学家、理学家，是明代主观唯心主义思想的集大成者。他继承和发展了南宋陆九渊"心即理"的思想，故中国哲学史上有"陆王心学"之称。首先，他认为人心是宇宙之本，是天地万物的主宰。他在《答季明德》中说："人者，天地万物之心也；心者，天地万物之主也。心即天，言心则天地万物皆举之矣。"他强调"心外无物，心外无事，心外无理，心外无义，心外无善。"把自然界和人类社会的一切事物及其准则和各种道德规范，都说成是由心派生的。其次，他提出了"存天理，灭人欲"的"致良知"之学，主张将封建的伦理道德观念作为人们行为的准则和规范，以禁锢人民的思想。他认为人民起义、宁王造反、官吏贪墨，都是人心不正、私欲作祟的结果，必须用"良知"去代替"私欲"。最后，在批判程朱（程颢、程颐、朱熹）"知先行后"观点的基础上，提出了"知行合一""以知代行"的主张。他在《答顾东桥书》中说："未有知而不行者，知而不行只是未知。"知行是合一的。"真知即所以为行，不行不足谓之知。"他强调"知是行之始，行是知之成"。可见，"知行合一"的真正目的，就在于防止人们心中有"不善"的念头发生，从动机上克制人的私欲行为。

正德元年（1506），王守仁因忤逆权宦刘瑾，被贬谪为贵州龙场驿丞。次

[①] 中共中央文献研究室.毛泽东诗词集[M].北京：中央文献出版社，1996：161.

年，王守仁赴贵州途经湖南，曾在醴陵靖兴寺和泗州寺讲学，后又应邀到长沙岳麓书院讲学。正德五年（1510），王守仁被召还京，路经辰州，郡守在虎溪筑"松云轩"，邀其讲学。从此，阳明学开始在湖南传播。其后，王守仁弟子先后来湖南讲学。如浙江绍兴人季本（1485—1563），字明德，号彭山；江西安福人邹守益（1491—1562），字谦之，号东廓；江西吉水人罗洪先（1504—1564），字达夫，号念庵；浙江余姚人徐珊、徐爱等。此外，王守仁再传弟子、浙江绍兴人张元忭（1538—1588），江西吉水人邹元标等亦曾来湖南讲学。

王守仁及其弟子在湖南的活动，一方面，大大推动了湖南文化学术的发展，如推动了阳明学在湖南的传播，丰富了湖南文化学术的内容，促进了湖南文化学术的繁荣和发展，促进了湖南书院的兴盛，也促进了阳明学和湖湘学的融合。王守仁在湖南讲学时，对湖湘学派和周敦颐等人表示尊重，并将"太极之旨"和"心学"融合起来。同时，阳明学在湖南的传播过程中，也受到湖湘学的影响，得到了改造。可见，在湖南，阳明学和湖湘学是融合的、互补的。另一方面，王守仁在湖南的讲学活动，还为培养湖南人才做出了积极贡献。王守仁有诗云："湘中富英彦，往往多及门。"这表明他对湖南籍弟子是满意的。清代学者黄宗羲在《明儒学案》中说："楚学之盛，惟耿天台一派，自泰州流入。当阳明在时，其信从者尚少。道林、暗斋、刘观时出自武陵，故武陵之及门，独冠全楚。""道林"即蒋信，"暗斋"即冀元亨。王守仁在湖南的弟子还有沅陵人王嘉秀、沅陵人唐愈贤、吉首人吴鹤、桂阳人王朝仰。《明儒学案》提到王守仁在常德的弟子还有王文鸣、胡珊、刘谦、杨衿、何凤韶、唐演、龙翔霄等人。

2. 其他外省在湘人才

杨璟（？—1390），安徽合肥人。任朱元璋亲军副都指挥使，迁枢密院判官。元至正二十四年（1364），杨璟率军进入湖南，据岳州，擢湖广行省参政，平湖南，迁湖广行省平章政事。洪武三年（1370），慈利"苗蛮"起事，杨璟率军镇压，义军退入山林；杨璟退兵，义军复起，杨璟无功。杨璟在湖南征战多年，为消灭陈友谅和元军残余势力，安定湖南社会秩序，建立明代湖南各级政权，都有积极的贡献，封为营阳侯。

青文胜，字质夫，四川夔州（今重庆巫溪县）人。洪武年间（1368—1398），任龙阳（今汉寿）县典史。龙阳面临洞庭湖，时遭水患，粮食歉收，人民生活十分困苦，因而拖欠赋税达数 10 万两，官方严刑追缴，百姓有被鞭笞至死者。青文胜于心不忍，毅然赴京为民请命，但三次上疏均无结果。乃毅然上朝堂击"登闻鼓"鸣冤，并自尽于鼓下，以明为民请命之志。朱元璋了解实情后，大为叹服，感其为民杀身之勇，下令免龙阳赋税 2.4 万石，定为永额。龙阳人民深感青文胜之恩德，特建专祠以纪念。

湛若水（1466—1560），字元明，号甘泉，广东增城人。弘治十八年（1505）进士，历任编修、国子监祭酒和吏部、礼部、兵部尚书。明代著名思想家，与王守仁同学而异趣，时称"王湛之学"。著有《二礼经传测》《春秋正传》《古乐经传》《甘泉集》等。嘉靖二十二年（1543），湛若水以 78 岁高龄，第一次来到湖南，在南岳紫云峰下创立甘泉书院和白沙书院（为纪念其老师陈白沙），并在南岳居住几个月，亲自给学生讲课，很受欢迎。嘉靖三十五年（1556），湛若水已达 90 高龄，再次来南岳讲学。湛若水在湖南讲学时间不长，但影响深远，为湖南培养了不少人才，桂阳曾朝节、何天禄，衡阳刘尧诲、王万善、伍定相、祝泳、易泉等人都受到他的影响。因此湖南人民曾为他在衡山刻石雕像，以资纪念。

张岳，字维乔，福建惠安人。正德十一年（1516）进士，官至右副都御史，总督两广军务，兵部左侍郎。嘉靖十八年（1539），湘西腊尔山地区苗民起义，10 年中，张岳两次率官军征讨，未能平息。嘉靖二十七年（1548），张岳受命总督湖广、贵州、四川军务，合三省兵力进讨，起义被镇压。朝廷命张岳为"三藩"总督，开府沅州。张岳在腊尔山地区增设哨所，万余人戍守，为明王朝控制腊尔山苗民提供了有利条件。

何腾蛟（1592—1649），字云从，贵州黎平人。知兵能战，善抚兵将。曾任湖广巡抚，福王立，任为武英殿大学士、兵部右侍郎，总督湖广、四川、云南、贵州、广西军务。清顺治二年（1645），何腾蛟在湖南招抚李自成部属刘体仁、李锦、郝摇旗、高一功等数十万人，建立反清联合战线，分别统帅湖南、湖北，号称"十三镇"，军威大振，曾获"全州大捷"，成为南明王朝的主要支柱。顺治初年，何腾蛟与清军在湖南展开拉锯战，延缓了南明王朝的寿命。

二、明代初期的湖南人才

明代 276 年可划分为初期、中期、后期三个阶段。明代初期从 1368 年朱元璋建国开始，中经惠帝、成祖、仁宗、宣宗共五朝，至 1435 年，共约 70 年时间。这一时期的 5 个皇帝是有为之君，虽有朱棣政变、建文败亡，但整体而言，是一个积极向上、生气勃勃的时期。明代中期从英宗开始，中经代宗、宪宗、孝宗，到武宗，即从 1436 年到 1521 年共 85 年时间。英宗继位，年仅 9 岁，信用宦官，开明代宦官乱政的先例。随后"土木之变"，英宗被俘。宪宗"怠于政"，宦官汪直乘机弄权。孝宗虽"勤求治理"，"虚心纳谏"，却因循守旧，不敢改革。武宗"好淫乐"，不理政事，又致宦官刘瑾专权。明中期的五位皇帝均为昏庸无能之君。明代后期从世宗开始，中经穆宗、神宗、光宗、熹宗，到思宗，即从 1522 年到 1644 年，时间长达 122 年。世宗锐意新政，革除积弊，但后期迷信道术，听任严嵩专权。神宗前期任用张居正，进行了大刀阔斧的革新，后期却"好货成癖"，横征暴敛，导致民变四起。世宗、神宗两朝，共达 90 多年，都有一个好的开局和坏的结局。到熹宗时，又是宦官魏忠贤弄权，导致全国农民大起义爆发，明朝也终于走向灭亡。从明朝的三个历史阶段来看，前期兴盛，中期混乱，由盛而衰，后期经过两个反复，走向灭亡。明代湖南人才的发展却基本上相反：前期湖南人才并不显眼，在全国占不到重要位置；中期突出，一度在全国引领风骚；后期兴盛，形成了古代湖南第四个人才小波峰。

（一）刘三吾、夏原吉等政治型人才

朱元璋建立明朝后，大力加强中央集权，恢复纲纪国法，发展经济文化，需要大批人才为他服务。在朱元璋建国过程中，就有一些湖南人才为他打江山，之后，又有一些湖南人才为他出谋划策，制定文诰，守卫地方，安定社会。其中，最突出的是刘三吾、夏原吉二人，它们被称为"湖湘双杰"。

1. 博学多才刘三吾

刘三吾（1313—1400），初名如孙，以字行，自号坦坦翁，湖南茶陵人。出自官宦之家，父亲刘平野，是元朝的翰林学士；长兄刘耕孙，元朝宁国路推官；次兄刘焘孙，元朝时常宁州学正。父兄均在元末明初的战争中遇难。刘三吾曾任元朝静江路副提举，元末避兵广西，明朝建立后，回茶陵家居。

刘三吾博学多才，为人慷慨，不设城府，待人以诚，每临大事，见解分明。洪武十八年（1385），73岁高龄的刘三吾经茹瑺推荐，得到朱元璋的召见，"奏对称旨"，授左赞善、擢翰林学士。刘三吾办事认真，文辞流畅，熟谙礼制，很得朱元璋的礼遇和信任。《明史》记载："时天下初平，典章阙略。帝锐意制作，宿儒凋谢，得三吾晚，悦之。一切礼制及三场取士法多所刊定。"李东阳亦说："高皇帝一统之初，定经义式，实学士刘先生三吾所制，天下传之。"[①] 洪武三十年（1397），刘三吾等主持会试，因多取南方人，被贬戍边疆。直到建文初年，刘三吾才被召回京师，此时已是90高龄。

刘三吾是明初湖南著名的文学家，诗文均有较高的造诣。文思敏捷，博览强记，尤工诗，往往奋笔疾书，不暇锤炼，几近口语，粗豪中甚有真气。传说刘三吾同朱元璋微服私访，在一山村小店饮酒，朱元璋说："小村店三杯五盏，无有东西。"刘三吾随口应对说："大明国一统万方，不分南北。"朱元璋大喜。其诗粗豪中甚有真气，雄浑深沉，字词简练，吊古抒怀，情感真挚。如《过洞庭次蔡元礼韵》："翠湖渺渺共天宽，过客登临足解颜。兵后已非前殿阁，望中仍是旧江山。凉云隐映波光里，坏栋欹斜树杪间。欲向黄陵怀帝子，鹧鸪啼处雨斑斑。"在对洞庭山水描绘之中，隐隐有一种家国之痛，河山之悲，反映了诗人复杂的思想感情。有《坦斋集》传世。

2. 五朝重臣夏原吉

夏原吉（1366—1430），字维喆，祖籍浙江会稽，后迁江西德兴，其祖父夏希政元末为湖广行省都事，明初迁湖南湘阴。父亲夏时敏，曾任湘阴教谕，洪武十年（1377）逝世，夏原吉年仅13岁。孤儿寡母，家道衰落，生活十分艰难。夏原吉发奋读书，成绩优秀，被举荐到京中太学学习。他先后得到朱元璋和户部尚书郁新的赏识，提为户部主事，擢户部右侍郎，又充采访使，永乐元年（1403），升任户部尚书，掌管国家财政大权。

夏原吉对明初经济的恢复和发展做出了突出贡献。一是提出了明初国家财政经济的基本方针。据《明史》记载，他主张"裁冗食，平赋役，严盐法、钱钞之禁，清仓场，广屯种，以给边苏民，且便商贾"。这些措施得到了朱棣的认可，在全国推行，在明初经济的恢复与发展方面发挥了重要作用。二是发展农业生产，强调兴修水利。夏原吉曾深入江浙一带，全面考察，提出了系统

---

① 李东阳. 李东阳集：第2卷 [M]. 长沙：岳麓书社，1985：187.

的治理方案:"原吉请循禹三江入海故迹,浚吴淞下流,上接太湖,而度地为闸,以时蓄泄。""浚白茆塘,刘家河,大黄浦。"三是重视社会安定,积极救济灾民。永乐三年(1405)夏,浙西大饥,夏原吉立即发粟30万石(一石约75公斤),解决饥民的口粮,并发给灾民耕牛、种子,组织生产自救,又对淤田积水进行处理,防止互争田产,以安定灾区秩序。四是掌控全盘,企划精细,合理调配全国财政。夏原吉在户部任职近30年,尽职尽责,将全国户口、府库、田赋、钱谷、税款等数字,都写成小条,带在身上,随时查阅,因而心中有底。在处处都要支付巨款的复杂局面下,夏原吉能做到"国用不绌"。

夏原吉办事坚持原则,实事求是,不畏权势。为官则廉洁自奉,不治家产,生活非常朴素。为人则品德端庄,严于律己,宽以待人。历仕太祖、惠帝、成祖、仁宗、宣宗五朝,由户部主事迁户部尚书。永乐七年(1409),又兼理行都礼部、兵部事务。次年,成祖北征,夏原吉辅佐太子,留守北京,总理行都九卿事物。仁宗立,加夏原吉太子少保,兼太子少傅。仁宗逝世,昭皇后命襄王监国。"悉以军国委公(夏原吉),……凡丧礼及(宣宗)即位之仪,皆公一二人所预定。"《明史》记载:"原吉与义皆起家太祖时。义秉铨政,原吉笔度支,皆二十七年,名位先于三杨。仁、宣之世,外兼台省,内参馆阁,与三杨同心辅政。义善谋,荣善断,而原吉与士奇尤持大体,有古大臣风烈。"夏原吉虽无宰辅之名,实际上却有宰辅的责任与权力。宣德五年(1430),夏原吉病逝,终年65岁。赠太师,谥"忠靖"。有《夏忠靖集》6卷传世。

夏原吉亦有文学成就,有《谕饥乌》一诗:"饥乌来屋头,轩然振双翼。哑哑向我啼,其意欲得食。我行顾我厨,余糇颇云积。粲粲白如银,莹莹燥如炙。足可疗乌饥,尽与非所惜。缘以目前人,困乏动千亿。赈恤未有方,夙夜慨中赤。况此所余糇,粒粒出民力。我食尚怀愧,饲乌宁不惕?饥乌勿此啼,山林有榛栗。"诗歌构思独特,寓意深远,是明代诗篇中不可多得的佳品,是当时饥民遍地、灾荒不断的社会现实的真实反映,也是对统治者的揭露与鞭策。

3. 茹瑺、邝埜(yě)等其他政治型人才

茹瑺(?—1409),湖南衡山人。明建立之初,为国子监生,授承敕郎、通政使。勤于职守,办事认真,居官谨慎,谦和有容,颇有政声。洪武二十三

年（1390），擢右副都御史、兵部尚书，加太子少保，权倾一时。燕王朱棣举兵争位进入南京，茹瑺首先劝朱棣继帝位，被封忠诚伯，食禄千石，终其身，并授兵部尚书。后因忽视藩王礼节，下狱锦衣卫，在狱中吞毒药自尽。

邝埜（1385—1449），字孟质，号朴斋，湖南宜章人。永乐九年（1411）进士，授监察御史。邝埜执法严明，实事求是。南京钞法大乱，邝埜奉命视察，仅执一二首恶，免兴大狱，而钞法大畅。审查辽东防倭戍军百余人，均得实情，皆以赦免。视察营建北京宫殿，发现工匠数万人多有病者，予以妥当安置。永乐十六年（1418）有人揭发陕西百姓图谋不轨，擢邝埜为陕西按察副使，委以全权处置。邝埜深入调查，并无其事。邝埜在陕多年，政简刑清，蠲免苛政，公平赋税，升应天府尹。正统元年（1436），晋兵部右侍郎。次年，尚书王骥督军，邝埜主持兵部。正统十年（1445），擢兵部尚书。正统十四年（1449），也先率瓦剌大军四路南犯，太监王振主张英宗亲征，邝埜上疏极谏，不听。邝埜又请立即回师，并安排强兵殿后。王振不理，以致全军覆没，英宗被俘，邝埜死难。

陈宁（？—1380），原名陈亮，湖南茶陵人。元末为江苏镇江小吏，朱元璋起兵后召至军中，草拟檄文。其文情并茂，说理清新，很得朱元璋之意，乃留于军中。因功擢为广德知府，时天旱，农田歉收，农民生活十分困苦。陈宁请免民租，民心大悦，擢枢密院都事、浙东按察使、司农卿，稍后，晋兵部尚书。洪武元年（1368）升御史大夫。陈宁为人端庄正直，为官勤政爱民，廉洁自奉，有机谋，善理财，人以比之汲黯。洪武十三年（1380），因"胡惟庸"案被杀。

曹宏，字文渊，湖南益阳人，永乐十三年（1415）进士，官至刑部右侍郎。为官清廉，勤政爱民。曾巡抚淮安，总督粮储。时淮安一带灾情严重，曹宏既能完成任务，得朝廷嘉奖，又不扰民，淮南人为之立祠祭祀。

此外，还有一大批比较突出的、有成就的政治型人才，其中官至行省布政使和中央六部尚书、侍郎以上的就有20多人。

（二）蓝玉、沐英等军事型人才

元朝末年的农民起义中，湖南有不少人参加起义队伍，反对元朝暴政。有的和朱元璋一起共同战斗，协助朱元璋夺取了天下。他们大多出身贫苦，作战勇敢，在军事上显露了才干，取得军功，成为明朝的开国功臣。

第四章 明代的湖南人才

1. 大将军蓝玉

蓝玉(？—1393)，苗族，湖南城步人。元末举家随沐氏迁至安徽，居于凤阳定远，故《明史》作定远人。蓝玉为常遇春妻弟，是其帐下将军，骁勇机略，所向皆捷，有大将之才，受到常遇春、朱元璋器重。初授管军镇抚，因功升任武德卫指挥使。洪武三年(1370)，擢大都督府佥事，进入明朝最高军事机构。随后，蓝玉参与或主持西伐川蜀、甘肃、青海，北攻蒙古，南讨云南，远征东北，多立战功，封永昌侯，食禄2 500石，成为明初的新贵公侯，拜大将军，是战时统兵的最高将领。洪武二十一年(1388)，蓝玉统兵15万人继续北征，彻底消灭了北元残余势力，朱元璋大喜，谓"比之卫青、李靖"，封凉国公。

蓝玉自恃有功，骄傲不自检束，甚至在朱元璋面前，也举止不恭，语言傲慢，失君臣之礼，故为朱元璋所不悦。洪武二十六年(1393)，锦衣卫指挥使蒋瓛告蓝玉等人谋反。蓝玉被杀，夷三族，坐党论死者有"一公、十三侯、二伯"以下15 000多人，史称"蓝玉案"。这是继"胡惟庸案"后的又一大案，又一次大屠杀，连称"胡蓝之狱"。《明史》说，胡蓝二案后，"元功宿将相继尽矣"。

2. 云南王沐英

沐英(1345—1392)，字文英，苗族，湖南城步人。元末举家迁安徽，定居于凤阳定远，故《明史》作定远人。沐英父母早逝，年仅8岁即成孤儿，被朱元璋收为义子，改姓朱。沐英自幼在兵营中长大，18岁任帐前都尉，旋擢指挥使，镇守江西广信(今上饶)。至正二十七年(1367)，沐英参与夺取福建的战争。洪武四年(1371)，擢大都督府同知，掌天下兵马。沐英勤政精明，办事果断，深得朱元璋信任。洪武九年(1376)，随征西将军邓愈出征吐蕃，封西平侯。洪武十三年(1380)，沐英领兵北上，渡黄河，越贺兰山，进入蒙古，俘元国公脱火赤，彻底歼灭了脱火赤率领的一支残元武装势力。

沐英一生的最大功绩是平定云南、治理云南、巩固南疆。洪武十四年(1381)，朱元璋以傅友德为征南将军，蓝玉、沐英为副将军，率30万大军征讨云南。明军冒雾进军，出奇制胜，占领曲靖，与元梁王大军隔江相持。沐英提出，表面上令"诸军严阵，若将渡者"，实际上以"奇兵从下流济，出其阵后"，大造声势。傅友德从其计，云南兵大败，梁王自杀，明军直取昆明。次年，沐英与蓝玉又率军夺取大理，俘获统治大理达数百年的段氏。接着，又平定各地土官，稳定昆明，控制云南全局。洪武十六年（1383），傅友德、蓝玉班师回朝，留沐英镇守云南。沐英先后平定曲靖亦佐土官作乱、思伦叛乱，巩固了对云南的统治。沐英对云南的治理井井有条，极见成效。《明史》记载："英沉毅寡言笑，好贤礼士，抚卒伍有恩，未尝妄杀。在滇，百务俱举，简守令，课农桑，岁较屯田增损以为赏罚，垦田至百万余亩。滇池隘，浚而广之，无复水患。通盐井之利以来商旅，辨方物以定贡税，视民数以均力役。疏节阔目，民以便安。居常读书不释卷，暇则延诸儒生讲说经史。"因而在沐英的统治之下，云南社会秩序安定，人民生活条件也有所改善，农业、商业、交通、文化教育事业都得到了发展。洪武二十五年（1392），沐英病逝于云南昆明，终年48岁。朱元璋追封其为黔宁王，谥"昭靖"。沐英死后，其子孙镇守云南，长达200多年，直到明朝终了。

3. 明初湖南其他军事人才

顾成（1330—1414），字景韶，祖籍湖南湘潭，后定居江苏江都。元至正十六年（1356），随朱元璋起义，作战英勇，擢升金吾卫副千户。先后参加征讨陈友谅、平蜀、征贵州、定云南等战争，累立战功，擢右军都督佥事。洪武八年（1375）开始镇守贵州，建文四年（1402），进右都督。朱棣即位，调北平，佐世子朱高炽镇守北平，封镇远侯。永乐十二年（1414）去世，追封夏国公，谥"武毅"。

易绍宗（？—1401），湖南攸县人。明初从军，作战勇敢，授千户，负责守卫浙江象山县钱仓。时日本浪人常从海上登陆入境，骚扰抢劫，无恶不作。建文三年（1401），易绍宗决心灭倭寇，于壁上大书："设将御敌，设军卫民。纵敌不忠，弃民不仁。不忠不仁，何以为臣。为臣不职，何以为人。"乃周密部署，先令人从小道偷袭，烧毁倭寇舟船，当倭寇大惊还救舟船时，易绍宗率众追杀，大获全胜。易绍宗却英勇牺牲。

贺兴隆，湖南安化人。元末农民大起义时，贺兴隆率乡民自建军队，保境卫民。后加入陈友谅起义队伍，任参军。稍后，归附朱元璋，仍任参军。参与取辰州、宝庆等平定湖南的战斗，有勇有谋，多立战功，曾俘虏元军元帅唐隆道，授宝庆卫指挥同知。后在与周文贵作战中，陷入包围，又无援军，力战而终。

杨洪（？—1451），字宗道，湖南城步人，后入籍六合（今属江苏）。明初从成祖北征，擢都指挥佥事。正统十二年（1447）任总兵，镇宣化府，瓦剌各部皆敬服，称"杨王"。"土木之变"时，杨洪闭关坚拒，后率兵二万，入卫京师，败敌于霸州，封昌平侯，授镇朔大将军。景泰二年（1451）病卒，赠颍国公，谥"武襄"。

张武（？—1403），湖南浏阳人。跟随朱棣起兵"靖难"，作战英勇，多立战功，擢都督同知，封成阳侯，是成祖时期的所谓"十三侯"中的第一人，镇守北平。永乐元年（1403）病卒，赠潞国公，谥"忠毅"。

萧授（？—1445），湖南华容人。从朱元璋起兵，因战功升至都指挥同知。永乐十六年（1418），擢右军都督佥事，充总兵官，镇守湖广、贵州。在任20多年，为明初西南边疆的巩固和社会的安定做出了很大贡献。正统元年（1436），擢左都督。正统十年（1445）病故，赠临武伯，谥"靖襄"。

蒋贵（1379—1449），湖南澧县人。出身于武官之家，自幼习武，善骑射。从朱棣起兵，授卫指挥同知。稍后参与征讨交趾和蒙古的战争，擢参将，旋升总兵，镇守松潘，多次镇压西北地区边民和少数民族起义。正统元年（1436），擢右都督，佩平羌将军印，转战千里，平定甘肃阿台、朵尔只伯的叛乱，封定西伯。正统六年（1441），任平蛮将军，征讨云南麓川思任发，封定西侯，食禄300石。正统十四年（1449）病逝，享年70岁，谥"武勇"。

（三）冷谦等文化型人才

明初，湖南人才中政治型人才最多，军事型人才居次，而文化型人才则很少，其中，最著名的当是刘三吾，但他的主要活动仍在政治方面，前面已做介绍。其他文化型人才不多，知名度亦不甚高。

冷谦，字启敬，一作起敬，道号龙阳子，湖南常德人，寄寓浙江嘉兴。初信佛，与友云游各地，无书不读，尤精于《易》。元至元（1264—1294）初，弃释从儒，仍喜游历各地，在浙江霅川见到唐代书画家李思训的画，十分欣赏。从此，冷谦一心作画，其山水、人物等，无异于李思训，而笔法博采，更加纤细，成为当时有名的画家。明初，任协律郎，编定郊庙乐章。后隐居，不知所终。

陈南宾，名光裕，以字行，湖南茶陵人。元至正七年（1347）进士，曾任全州学正。明洪武三年（1370），任山东无棣县丞，升胶州同知，所至以经术为治。洪武二十九年（1396），与方孝孺同为四川考官，重视选拔人才。陈南宾得到蜀献王尊重，常在王府讲学，王府官吏刘淳、董子庄等，皆成为有名人物。陈南宾诗文俱佳，清劲有法。病卒于四川，终年80岁。

李思聪，字仲谋，湖南桂阳人，洪武二十七年（1394）进士，授行人。奉命出使缅甸时，深得缅王信任，视为倚仗，曾将其长留缅甸辅政。明代中缅关系相对友好，李思聪有一定功劳。回国后，擢江西布政使司右参政。李思聪使缅途中，对沿途山川形势、河流湖泊、民族风俗、礼仪教化、宴饮服饰、驿舍道路等，均有记载，特别是有关地理、历史的资料，更详加搜集，细心记录，成《百夷传》一书，极有研究价值。

彭友信，湖南攸县人。洪武二十四年（1391），彭友信赴京参加殿试，偶遇微服出行的朱元璋，因吟诗为朱元璋所重，任为北京布政使。彭友信来自民间，其诗亦能反映社会现实。其关心民瘼，悯怀世乱，同情人民，为劳动人民鸣不平。

于子仁，字伯安，湖南武冈人。明洪武十八年（1385）进士，授山东昌东知县，因关心百姓，政绩较好，政声不错，深得民心，擢登州知府。于子仁博学多识，工诗能文，才思敏捷，挥笔成篇。晚年居于云山之麓，著有《七十一云峰诗草》。其诗有奇气，语言诡异，风骨翩举，飘飘然有仙气。因不知其所终，故有人传言他仙去。

三、明代中期的湖南人才

明代中期湖南人才和明代初期相比，有了很大的进步和不同：一是明代中期湖南人才在人数量上更多；二是明代中期湖南人才在地位上更高，影响更大，特别是李东阳成就突出，既是全国政坛首辅，又是全国文坛领袖；三是明代中期湖南人才发展更全面，在政治型人才继续发展的同时，文化学术型人才得到了更快发展，产生了一批著名的文化型人才，"茶陵诗派"是当时最有影响的文学流派。

（一）政坛首辅、文坛领袖李东阳

李东阳（1447—1516），字宾之，号西涯，故世称"西涯先生"，湖南茶

第四章 明代的湖南人才

陵人，人称"李茶陵"或"李长沙"。如果说宋代出现了湖南历史上第一个大思想家、大学者周敦颐，明代则出现了湖南历史上第一个大文学家、大诗人李东阳。周敦颐和李东阳的专业不同，却都在各自的领域达到了当时的顶峰。他们的共同点都是终身从政，学术研究、文学创作只是政余的成果。从他们各自的成就和长远影响来看，李东阳不如周敦颐；而从当时的声望和影响来看，则周敦颐不如李东阳。

李东阳祖籍甘肃，后迁江西，宋朝时迁湖南茶陵定居，明初定居北京。故李东阳在北京出生，自称"东阳楚人而燕产"。自幼聪明机敏，勤奋好学，有"神童"之称。天顺六年（1462）中举。天顺八年（1464）进士，从此进入官场。弘治七年（1494），升礼部右侍郎，兼侍读学士。弘治十一年（1498），擢礼部尚书，进太子少保，兼文渊阁大学士。弘治十八年（1505），加少傅，兼太子太傅，勋柱国。稍后又加少师，兼太子太师、吏部尚书、华盖殿大学士。正德七年（1512），李东阳请求致仕，从而结束了近50年的官宦生涯。正德十一年（1516），李东阳逝世，终年70岁，赠太师，谥"文正"。

1. 李东阳在政治上的成就

李东阳驰骋官场近50年，其中入内阁19年，任大学士15年，任首辅7年。李东阳在政坛上的成功，既有社会历史背景的因素，又有个人学识、品德、性格的多种因素。

首先，政治上的远见卓识是李东阳成为政坛首辅的基础。李东阳在官场历经宪宗、孝宗、武宗三朝，三个皇帝都不是有为之君。宪宗怠于政，大臣难得一见；孝宗因循守旧，思想保守；武宗荒嬉，沉湎于酒色玩乐。李东阳凭着自己出色的才干进入政坛核心。神童的名声、代宗的三次召见、少年登科，为李东阳在政坛上的成就制造了先声夺人的声威，更主要的是体现了李东阳自幼精研学问、功底扎实、思维敏捷、胆大心细的实在本领。弘治年间（1492—1493），全国各地发生旱灾，大臣应诏进言。李东阳的《应诏陈言奏》以孟子语录结合当时社会的实际情况，进行了认真分析，并提出了相应的改革、整顿措施。该奏文说理严密，文情并茂，既反映了李东阳的学识功底和学以致用的学风，又表现了他直言进谏的胆识卓见，深得孝宗赞赏。

其次，处理各种人际关系圆滑机敏是李东阳长居高位的诀窍。李东阳为人平和，锋芒不外露，与朝中大臣关系密切，很有人缘。孝宗虽然思想保守，但"勤求治理",能纳臣言,故李东阳在《应诏陈言奏》中直言不讳。武宗荒淫嬉乐,亲信宦官,故李东阳对武宗时刻提防。当时,内廷和外廷发生激烈的权利冲突,内廷是以刘瑾为首的八个宦官,人称"八虎",大有挟天子以令诸侯之势。外廷则是以刘健、李东阳、谢迁三个顾命大臣为首的朝廷大臣,位高权重,荣衔尊崇,主持朝政。正是由于李东阳圆滑精明,既在斗争中留有余地,与刘瑾虚与委蛇,委曲求全,又在一定程度上坚持原则,并进行一定的斗争。在内阁,他小心翼翼,与阁员合作共事,时刻注意保护自己,还保护了一批官员和百姓,营救了一批被治罪的官员。

《明史》记载:"凡瑾所为乱政,东阳弥缝其间,亦多所补救。……有遗匿名书于御道数瑾罪者,诏百官悉跪奉天门外。顷之,执庶僚三百余人下诏狱。次日,东阳等力救,会瑾亦廉知其同类所为,众获宥。后数日,东阳疏言宽恤数事,章下所司。既而户部覆奏,言粮草亏折,自有专司,巡抚官综总领大纲,宜从轻减。瑾大怒,矫旨诘责数百言,中外骇叹。瑾患盗贼日滋,欲戍其家属并邻里及为之囊橐者。或自陈获盗七十人,所司欲以新例从事。东阳言,如是则百年之案皆可追论也,乃免。刘健、谢迁、刘大夏、杨一清及平江伯陈熊辈几得危祸,皆赖东阳而解。其潜移默夺,保全善类,天下阴受其庇。"

在专制社会,贤臣遇昏君,若不会保护自己,只有死路一条,若只会保护自己,则不可能有所作为。在如此昏君的统治下,久居高位的李东阳能全身而退,不得不说李东阳是一个圆滑而机敏的政治家。

2. 李东阳在文学上的成就

李东阳是明代著名的文学家,《明史》记载:"弘治时,宰相李东阳主文柄,天下翕然宗之。"又说:"自明兴以来,宰臣以文章领袖缙绅者,杨士奇后,东阳而已。"他的诗文追求典雅,词语清新,言之有物,反对模拟,推陈立新,善于操纵发挥,却有法度准则。不为瘦辞硬语,行文流畅;不作倔奇可骇之文,讲究藻饰。李东阳在文学上的最大成就是诗,自称:"平生抱诗癖,虽病不能止。"《怀麓堂集》收录的诗作达1 000多首,从内容上来看,这些诗主要是描写自然景物,描写社会风俗,论述人生价值和人生哲理,以及朋友之间的应酬之作。此外,李东阳诗歌还有一个重要内容,即浓厚的"湖湘情结"。他声称"吾家近住茶溪头",并将其诗文集命名为《怀麓堂集》,即怀念岳麓山之意。

李东阳显赫的政治地位，非凡的文学才华，使其成为文坛领袖，从而形成了风行一时的"茶陵诗派"。李东阳在中国文学史上的功绩不仅在于他独领明代文坛风骚数十年，开创了以他为首的诗歌流派，而且在于他冲破了以"三杨"为代表的"词气安闲，首尾停稳"的"台阁体"对诗坛的统治，开辟了诗歌复生的新局面，直接影响到前后"七子"的复古运动。"前七子"提出的"诗必盛唐"的口号，就是在李东阳的启发下提出来的。明代杨一清在《怀麓堂稿序》中说："李东阳高才绝识，独步一时也，而充之以学问，故其诗文深厚浑雄，不少屈奇可骇之辞，而法度森严，思味隽永，尽脱凡近而古意独存。每呗毫伸纸，天趣溢发，操纵开阖，随意所如而不逾典则。"这一评价是相当中肯的，无论文学和诗歌，李东阳都是"高才绝识，独步一时"。李东阳一生勤于著述。《明史》说："朝廷大著作，多出其（李东阳）手。"如校正《明宪宗实录》293卷、主编《明孝宗实录》224卷、主编《大明会典》180卷、主编《历代通鉴纂要》92卷。他的诗文集有《怀麓堂集》，共100卷，约120万字，还有《怀麓堂续稿》等。岳麓书社出版有《李东阳集》。

（二）"楚地三杰"中的刘大夏和杨一清

《明史》说："楚有三杰，刘大夏、李东阳及一清也。"李东阳、杨一清都官至大学士，刘大夏官至兵部尚书。他们活跃于明代中期，是弘治、正德年间（1488—1521）的朝廷重臣，是明代湖南人才中的杰出代表和核心人物。其中，刘大夏和杨一清有更多的共同点：两人都是岳州人，都是当时唯一的湘籍状元黎淳的学生，都在20岁左右中进士，都曾掌管兵部，都曾受到宦官刘瑾的陷害而被迫中途致仕，都得到李东阳的支持和帮助，都为最后搬掉刘瑾发挥了重要作用，两人都高寿，分别享年81岁和77岁，但刘大夏比杨一清年长18岁。

1. 兵部尚书刘大夏

刘大夏（1436—1516），字时雍，号东山，湖南华容人。父亲刘仁宅（1395—1475），字广居，为人正直，为政廉明，曾任知县、御史、广西按察副使。天顺八年（1464），刘大夏中进士，先后任兵部主事、员外郎、郎中。其工作勤奋，明习兵事，干练敢言，革除弊政，兵部尚书倚之为左右手。后升福建右参政、广东右布政使，旋改浙江左布政使。弘治六年（1493），以副都御史治理黄河，改任户部左侍郎。弘治十四年（1501），升兵部尚书。刘大夏认为当时民穷、兵穷，不应轻易用兵，曾阻止太监苗逵对绥远、蒙古的战争，主张边将多了解敌情，严加防御，以作战守之计。这些意见都得到孝宗的重视，刘大夏也成为孝宗最信任的心腹大臣。

刘大夏为政，刚正不阿，清廉自奉，有大臣之风度。他认为"居官以正己为先。不独当戒利，亦当远名"。正德元年（1506），刘大夏参与弹劾太监刘瑾。刘瑾乃借故捕刘大夏入狱，抄家，充军肃州。《明史》记载："大夏年已七十三，布衣徒步过大明门下，叩首而去。观者叹息泣下，父老携筐送食，所至为罢市、焚香祝刘尚书生还。比至戍所，诸司惮瑾，绝馈问，儒学生徒传食之。遇团操，辄荷戈就伍。所司固辞，大夏曰：'军，固当役也。'所携止一仆。或问何不挈子姓，曰：'吾宦时，不为子孙乞恩泽。今垂老得罪，忍令同死戍所耶？'"由此可见，刘大夏对自己要求严格，待人则极宽厚，不论为官为民，甚至受冤遭罪，始终如一，故而在流放中始终得到广大人民的支持。正德五年（1510）夏，刘大夏遇赦回家，八月，刘瑾伏诛，刘大夏官复原职，但因年事已高，不再起用。正统十一年（1516）病卒，终年81岁，追赠太保，谥"忠宣"，有《刘忠宣公集》。

2. 朝廷首辅杨一清

杨一清（1454—1530），字应宁，号邃庵，又号石淙，湖南岳阳人。先世为云南安宁人，其父杨景曾任化州（今广东茂名西）同知，后举家迁至巴陵（今湖南岳阳）。杨一清幼年好学，勤奋读书，非常聪明，被称为"奇童"。成化八年（1472）进士，授中书舍人，迁山西按察使司佥事，督学陕西，擢太常寺少卿，晋南京太常寺卿。弘治十五年（1502），由于刘大夏的推荐，杨一清以都察院左副都御史管陕西马政。杨一清严整茶马市场，严禁奸商贩茶，并选卒练兵，巩固边防，屡败入侵蕃寇，擢右都副使，总制三镇军务。杨一清经过周密调查，采取了在有关地区修筑边墙、墩台的措施，拟定了守军数目。但为刘瑾诬陷，致仕罚米归家。正德五年（1510），刘瑾勾结藩王宁夏安化王朱寘鐇起兵反叛。武宗令杨一清率兵征讨，一举擒获朱寘鐇，并设计揭发刘瑾罪行，促使刘瑾伏诛。杨一清因功擢户部尚书，加太子少保，旋改吏部尚书、太子太保，晋少傅、太子太傅，兼武英殿大学士，入参机务。嘉靖三年（1524）诏杨一清为少傅、兵部尚书、左都御史，总制陕西三边军务，旋加少师。又晋太子太师、左柱国、华盖殿大学士，成为首辅。稍后，因与阁臣张璁产生分歧，被迫致仕。杨一清居官四朝，位极人臣，虽然干练、有机谋，人称能臣，仍然免不了成为封建官场权力斗争的牺牲品。嘉靖九年（1530），杨一清因病逝世，终年77岁，追赠太保，谥"文襄"。

杨一清也是文学家，博学多才，文思敏捷。清代邓显鹤辑《沅湘耆旧集》，录其诗作30首。他认为杨一清的诗，其"才力不减涯翁（李东阳）"。又引有关评论说，杨一清的诗"矜持严整，俊拔典则，七言律为最工。虽唐宋调杂，瑜瑕靡掩，然所谓千虑一失也"。又说："邃庵古诗原本韩、苏，近休一以陈简斋、陆放翁为师。"杨一清著有《石淙诗稿》。

（三）黎淳、颜颐寿等政治型人才

明代中期，湖南政治型人才更加突出。李东阳、刘大夏、杨一清等"楚地三杰"的出场，大大提高了湖南人才在全国的影响和地位。同时，和明初相比，湖南政治型人才也相应增加。他们或居中央要职，掌管一个部门，或主管一个行省的行政、军事。他们大多勤政爱民，颇具政声。现择要介绍如下。

1. 礼部尚书、状元黎淳

黎淳（1423—1492），字太朴，号朴庵，湖南华容人。其先本姓杨，曾祖杨元勋出继姑氏，改姓黎。父亲黎斌，书法家，尤工楷书。黎淳"资禀特异"，自幼喜学，精研经史，学问精博。天顺元年（1457）进士，为状元，是明代唯一的湘籍状元，官至南京工部尚书、礼部尚书。

黎淳一生，重视人才，善于奖掖后学。曾两任考官，荐拔人才无数。李东阳称其"教法详备，日亹亹不倦，凡所汲引陶铸，登甲科，仕中外，后先踵接，至不能相识"。[①] 在他周围形成了一个强大的湘籍人才群，明代"楚地三杰"的李东阳、刘大夏、杨一清，都是他的学生。黎淳为政严明，不趋炎附势，刚毅果断，尤好直言，廉洁自奉，不受馈赠，为人正直，敦伦纪，崇节俭，善待亲友。黎淳学问精深，对史学有特殊贡献，曾参与修撰《大明一统志》等。黎淳做学问，认真细致，李东阳称其"清德重望，登甲科，跻台鼎，保身完名，享其寿祉，延于后嗣，诚可谓一代伟人矣。"[②]

---

① 李东阳.李东阳集：第二卷[M].长沙：岳麓书社，1985：352.
② 李东阳.李东阳集：第二卷[M].长沙：岳麓书社，1985：252.

2. 兵部侍郎王伟

王伟，字士英，号桐山，湖南攸县人，但世居长沙，故又作长沙人。父亲王灵，官至江西右参政。王伟自幼聪明好学，14岁时，随父谪戍宣化府。值宣宗巡边，王伟献《安边颂》，得到赞赏，令补保安州学士。正统元年（1436）考取进士，授户部主事。正统十四年（1449），瓦剌也先入犯大同，英宗被俘。时王伟在河北广平抗拒瓦剌侵略军，因功升兵部郎中，深得兵部尚书于谦信任，晋兵部右侍郎。天顺元年（1457），英宗复位，制造于谦冤案，王伟以于谦党羽除籍，后虽官复原职，旋以多病致仕，卒于长沙。王伟也是有影响的文学家，能文工诗，著有《桐山诗集》10卷。

3. 左都御史邓廷瓒

邓廷瓒（1430—1500），字宗器，号雪斋，湖南巴陵（今岳阳）人。景泰五年（1454）进士，授浙江淳安知县，在任9年，颇有惠政。成化五年（1467），补太仆寺丞，两年后授承德郎。成化十三年（1477），任贵州程番府知府，政令平和，关心人民生产和生活，在任10年，四境安然。成化二十三年（1487），升山东左参政，次年擢右布政使，旋升右副都御史。弘治五年（1492），邓廷瓒受命提督贵州军务。因镇压都匀苗民首领乜富架和长脚的起事，擢右都御史。弘治八年（1495），转左都御史，受命提督两广军务并兼巡抚。邓廷瓒为政严明，崇尚简易实用，于吏事但总大纲，对少数民族施以恩信，不轻易用兵，出兵则要求成功。为人有雅量，待人宽厚，用人不疑，时人多称其为"长者"。弘治十三年（1500）病卒于梧州总督署，终年71岁，追赠太子少保，谥"襄敏"。

4. 户部尚书王俨

王俨，字民望，湖南华容人。成化五年（1469）进士，历任兵部主事、知府、布政使、右副都御史、户部侍郎、署户部尚书等职。王俨为政勤政精细，清廉利民，执法严明，不畏权贵。受命治理吕梁一带水患，凿石开渠，既利灌溉，又利行船，并将沿河数百家迁聚一处，成一市镇，便利行人和商业贸易。泾阳王狱案久拖难决，王俨奉命查处，切实调查定案，泾阳王被处死。在陕西，为防止鞑靼入寇，筹运粮饷，10日之内得军粮90万石。在山东，镇守太监仗势欺人，骄横肆虐，王俨予以严惩。在户部，王俨掌管太仓，裁革太监的常例钱。崇王强占民田，并要求土地免租，王俨认真核实，查清田产，严令崇王还田于民，并不准免租。外戚侵夺官田、民田数万亩，王俨予以制止，又严禁宦官干涉财政，制止宦官破坏盐法、粮法，不许宦官干预工商业税，规定内库钱粮出纳一律由户部稽查核实。武宗即位后，刘瑾当权，因恨王俨曾抑制宦官，无理逮捕王俨，谪戍辽东。正德五年（1510），刘瑾伏诛，王俨才得赦回乡，安度晚年，终年88岁，入祀乡贤祠。

5. 工部尚书曾鉴

曾鉴，字克明，湖南桂阳（今属汝城）人。天顺八年（1464）进士，授刑部主事。执法严明，重视调查，实事求是。时通州送案犯10多人，均判劫贼。曾鉴反复阅读案卷，审查犯人，发现疑点，认定有冤，无辜良民得以无罪释放。成化年间（1465—1487），曾鉴任右通政、太仆寺卿、工部左侍郎。孝宗即位（1488）后，擢工部尚书。当时，孝宗初立，内府各项器用崇尚奢华。如改造龙毯、素毯100多件，仅针工局就准备招收幼匠1 000多人，开支浩繁。曾鉴认为国家财力有限，龙毯和素毯没有必要全部更换。曾鉴又取消元宵节烟火，停止龙虎山上清宫的营建和南京报恩寺塔的修复，减少苏、杭诸府织造的供应。这些都为国家节省了大批财政开支。曾鉴为人正直，性情温和，喜怒不形于色，雍容自如；对己要求严格，遵守制度，不曾一日旷职；坚持原则，处处以国事为重，只认道理，不畏权贵。正德初年病卒，追赠太子太保。

6. 工部尚书李充嗣

李充嗣，字士修，湖南澧县人。原籍四川内江，其父李吉安曾任华阳王府教授，遂落籍澧县。李充嗣自幼受家学熏陶，学问优长，成化二十三年（1487）进士，历任户部、刑部主事，知州、佥事、按察使，均有政绩。正德九年（1514）擢右副都御史，巡抚河南。《明史》记载，时值大灾，李充嗣请求朝廷"发帑金移粟振之，不足则劝贷富室"，并"煮糜哺之（灾民）"，又疏散流民，安定社会。正德十二年（1517），李充嗣巡抚应天（南京）诸府，正值宁王朱宸濠造反，李充嗣从容部署，坚守南京，又命都指挥使杨锐死守安庆，有力地支援了王守仁剿灭宁王。叛乱平息后，李充嗣升户部右侍郎，擢工部尚书。其主持水利工程，至苏、松一带查勘，开白茅港，疏吴淞江。世宗即位，李充嗣应诏疏陈八事，均被采纳，改南京兵部尚书。李充嗣为政严明，在赈灾、治民、战守、水利、财政各方面，都有建树。嘉靖七年（1528）病卒，追赠太子太保，谥"康和"。

7. 三部尚书颜颐寿

颜颐寿，字天和，号梅田，湖南岳阳人。弘治三年（1490）进士，历任知县、御史、光禄寺少卿、副都御史。为政刚正严明，不事权贵，清廉自奉，平生不治田产，以"不使子孙累吾清白家声"。正德十四年（1519），奉命勘查朱宸濠谋反案，擢刑部侍郎，旋升礼部尚书、左都御史，改户部尚书，转刑部尚书。几年内连掌礼、户、刑三部尚书。世宗即位（1522）后，朝廷新旧两派党争，发生了"李福达案"。嘉靖六年（1527），颜颐寿以刑部尚书奉命再审"李福达案"，证明李福达、张寅确系一人，为白莲教首领。这一正确结论有忤帝意，颜颐寿反被革职。不久逝世，终年77岁。隆庆三年（1569），诏复颜颐寿官衔封号，并加赠太子少保。

8. 兵部尚书彭泽

彭泽，字济物，号幸庵，湖南长沙人。弘治三年（1490）进士，历任工部主事、刑部郎中、徽州知府。执法严明，惩办犯法宦官，甚至处以死刑，"阉臣大惧"。后因镇压叛乱有功，升任右副都御史，迁右都御史，加太子少保，代川陕总督，迁左都御史，加太子太保。稍后，彭泽受命督甘肃军务，经略哈密。当时，吐鲁番酋长莽苏尔以阴谋手段诱夺哈密忠顺王印绶，并乘机侵犯哈密边境。彭泽到任后，立即绝其内应，并与吐鲁番盟和，以稳定边防。太监钱宁、兵部尚书王琼与彭泽有隙，嫉其建功，攻击彭泽措置失当。武宗不加详察，将彭泽削职为民。1522年，世宗即位，起用彭泽为兵部尚书，加太子太保。不久，又因朝廷权力之争，彭泽被夺职。卒后，谥"襄毅"。

（四）何孟春等文化型人才

从明代中期开始，湖南文化型人才有了明显发展，人数增加，影响范围扩大，成为明代湖南人才的重要组成部分。湖南文化型人才迅速发展的原因有以下几个方面。一是湖南人李东阳成为全国文坛领袖，并创立了开一代诗风的"茶陵诗派"，从而促进了湖南文化的发展和湖南文化型人才的成长，也大大扩大了湖南文化型人才的影响范围，提高了湖南人才在全国的地位。二是王守仁及其弟子在湖南的讲学和学术活动为湖南培养了一批人才，并促进了湖湘文化的发展，促进了湖湘文化与阳明学的交流与互补。三是明代湖南文化教育的发展，特别是湖南书院的恢复和发展，直接促进了湖南文化型人才的产生和成长。四是一些政坛精英人才对文化事业的关注与重视，为文化型人才的产生提供了有利的条件，如刘三吾、夏原吉、李东阳、刘大夏、杨一清、何孟春、朱英等人不仅身居高位，还是有成就的文人、学者，他们讲学、授徒、办学，培养了一批门生。明代中期湖南的文化型人才一般同时是政治型人才，多官居高位，如刘三吾、李东阳、杨一清、朱英、何孟春等，说他们是政治文化型人才更为准确。

1. "茶陵诗派"的柱石何孟春

何孟春（1474—1536），字子元，号燕泉，湖南郴州人。其祖父、父亲及其本人均为进士，曾祖和儿子是举人，故称"五代科甲"之家。曾祖父何义望，永乐十五年（1417）举人，曾任知县、州同知。祖父何俊，字运彦，成化五年（1469）举进士，曾任云南按察司佥事，著有《白钠斋稿》10卷。父亲何说，字商臣，成化十七年（1481）进士，曾任刑部郎中。何孟春自幼聪慧，好学勤思，被称为"神童"，弘治六年（1493）进士，历任兵部主事、员外郎、郎中、太仆寺少卿、都察院副都御史，南京兵部右侍郎，吏部右侍郎、左侍郎、代理吏部尚书等职。嘉靖六年（1527），何孟春因疾辞官，嘉靖十五年（1536）卒于家，终年62岁。隆庆（1567—1572）初年，何孟春被追赠礼部尚书，谥"文简"。

何孟春为官勤勉，纲纪严明，兴利除弊。一是选贤任能，裁汰劣员，在吏部，以拔擢人才为己任，凡是有真才实学、品德高尚的人，都尽力提拔推荐。二是廉政恤民，崇俭革弊。诏修万岁山毓秀亭、乾清宫，工程浩大，"役军九千人，计费百余万"，何孟春上疏力谏。其管理陕西马政，深入调查，明察马政弊端五条，予以整顿治理，使其井井有条。三是赈灾治河，兴修水利。《明史》记载，其任南京兵部右侍郎时，"苏、松诸府旱潦相继，而江、淮北河水大溢，漂没田庐人畜无算"。何着力勘查，根据汉、魏治河经验，提出八条治理方案，被朝廷采纳。四是整顿治安，加强统治。何孟春以右副都御史巡抚云南时，重视地方治安，着力处理少数民族问题。曾平息十八寨动乱，安定少数民族，维护社会稳定。何孟春在官场的最大活动，是参与"议礼"的争论。嘉靖二年（1523），何孟春任吏部右侍郎，代理吏部尚书，连上三疏，认为世宗不应称生父为"皇考"，并批驳有关"礼议"的言论。接着，在何孟春等人的带动下，200多名朝廷官员在左顺门跪伏哭谏。世宗大怒，将200多人全部逮捕下狱,分别严惩,指责"孟春等毁君害政,变乱是非"。旋出为南京工部左侍郎,实为"冗员"。嘉靖六年(1527),削籍归家。

何孟春好学不倦,博研经史,学识宏深,是"茶陵诗派"的重要人物,被称为"柱石",在文化界影响极大。他工诗能文,是当时有名气的诗人。他在官场的经历是从顺利上升到坎坷罢职,自以为坚持了真理和正义,却连遭打击,竟被赶出官场,过了10年的无职无权,而且受欺压的平民生活,但他并没有因政治上的失势而灰心丧气。在诗文中,他常以"铁石""松柏"自喻:"心如铁石,老而弥笃""松柏之姿,经霜犹茂"。经过了政治上的大风波,何孟春更加成熟,更加关心人民的生活和国家的前途。如《逃岷道中》:"景色来西徼,萧条信远方。水分羌部落,山绝汉封疆。几处青稞熟,深忧白雨伤。荒城谁为守,十室九逋亡。""荒城谁为守,十室九逋亡"充分反映了其忧国忧民的爱国主义思想。总体来说,何孟春的诗多描绘家乡的名胜古迹、山水风光,表达了他对故乡的热爱和赞美,并借以抒发个人的心情志趣,表现了其崇高的气节和不屈的精神。他的诗,语言通俗平易,意境刚毅健康,平仄格律工整,有明显的复古倾向,但诗意浅薄,多泛滥平淡,称不上诗的上品。何孟春学识渊博,勤于笔耕,手不释卷,著作等身。有《何文简疏议》10卷、《孔子家语注》8卷、《余冬叙录》65卷、《燕泉诗集》4卷、《燕泉文集》18卷、《易疑初筮告蒙约》12卷、《军务集录》6卷等共达400多卷,600余万言。

2. 朱英、邓庠、崔岩

朱英(?—1485),字时杰,湖南桂阳(今属汝城)人。正统十年(1445)进士,历任御史、参议、布政使、巡抚、两广总督,成化二十年(1484),朱英擢右都御史,掌都察院事,并加太子少保。朱英重视文化教育,强调培育人才,曾在广东大力扶植提携陈献章,使其成为著名的理学家。朱英是有成就的学者和诗人,他的诗,讲究格律工整,感情真实。如《春耕东陇》:"和风送暖艳阳天,载事东畴晓不眠。好雨初晴云满笠,耕犁新课竹为鞭。闲随短笛春堤外,偶答村歌夕照边。赋薄徭轻官不扰,鼓声时听祝丰年。"朱英的诗,虽多为吟唱山水风光、寄怀古迹名胜、官场朋友酬答,但是并没有忘记人民,"赋薄徭轻官不扰"一句,表达了农民的愿望,也反映了诗人的为官之道。著有《诚庵奏稿》《认真子集》等。

邓庠,字宗周,自号东溪,湖南宜章人。成化八年(1472)进士,曾任御史、布政使，擢南京户部尚书。邓庠是湖南有成就的诗人，监察御史徐节赞其诗"浑然天成，中乎矩度，长篇短咏，援笔立成，若不经意，而各极其越"。

崔岩，字民瞻，湖南郴州人。成化十七年（1481）进士，历任户部主事、员外郎、郎中、布政使、巡抚、工部左侍郎。崔岩来自农村，对农民有深厚的感情。崔岩历经宪宗、孝宗、武宗三朝，这是明代由盛转衰时期，特别是武宗荒淫无度，水利失修，潦旱灾害不断。当时久旱不雨，天灾人祸，农田歉收，崔岩的诗，能面对社会，敢于揭露，正是其进步性、人民性的表现。

四、明代后期是古代湖南人才第四个小波峰

明代后期的122年时间，湖南人才数量占整个明代湖南人才的一半左右。杨慎之主编的《湖南历代人名词典》，共收明代湖南人才718人，其中属于明代后期的约360人。前述明代湖南109名政治型人才，根据其主要活动时间划分，属于明代后期的有50多人。明代后期虽未能产生"政坛首辅""文坛领袖"李东阳那样的顶尖人才，但整体上并不弱于前期和中期。据不完全统计，明代湖南共有34人官至六部尚书，其中前期、中期17人（3人是代尚书或署尚书），明代后期也是17人。明代湖南有7人入阁，成为大学士。其中李东阳、杨一清在明代中期入阁，张治、杨嗣昌、杨鸿、周堪赓、唐诚则都在明代后期入阁。至于明代后期湖南的文化学术型人才，则明显超过明代前期和中期。

（一）世家人才的发展

魏晋南北朝时期，湖南出现了世家人才，到明代，特别是明代后期，湖南出现了一些比较著名的世家，如郴州的何氏世家、长沙的杨氏世家、临武的曾氏世家、湘潭的周氏世家、武陵的杨氏世家、邵阳的车氏世家等。这些世家，不仅历代有人进入官场，而且对社会有过积极的贡献，在文化学术方面有突出的成就。这些世家中产生的一些杰出的人才，如何孟春、曾朝节、杨嗣昌、杨鹤等，都是明代湖南的顶尖人才代表。世家人才的发展是明代后期湖南人才的一大特色。

1. 长沙杨氏世家

长沙杨氏世家主要指杨志学及其儿子杨守谦和杨守鲁。

杨志学，字逊夫，曾寄籍彭城，故《明史》作徐州人。弘治六年（1493）

进士，历任户部主事、御史、巡抚、刑部侍郎、刑部尚书。杨志学为政严明，刚毅有威。大同驻军历来骄恣，不服管束，随意滋事，加上主帅管理无方，兵变时时发生。杨志学任大同巡抚后，申明纪律，恩威并施：一方面，严惩为首作乱者数人，严格军纪，整顿军伍；另一方面，深入兵营，了解实情，解决困难，并开诚布公，建立正常秩序。杨志学曾陪同世宗南巡，了解民情，关心人民生活疾苦。在兴都，他发现当地贫民困苦异常，立即奏免租税。卒后，追赠太子太保，谥"康惠"。

杨守谦（？—1550），字元亨，嘉靖八年（1529）进士，历任屯田主事、职方郎、郎中、学政、参政，擢右佥都御史，巡抚山西、延绥，嘉靖二十九年（1550），杨守谦晋副都御史，巡抚保定，兼督紫荆诸关，处于北方边防前沿。是年六月，蒙古俺答率大军南侵，攻略大同，长驱直入，兵临北京城下。兵部尚书丁汝夔急调附近兵马入卫京师，杨守谦等以勤王率兵至崇阳门外，擢兵部右侍郎。但所有统兵将领均胆小如鼠，不敢出战，朝廷一片避战妥协求和之声。事后，世宗将杨守谦等带兵大员处决。杨守谦为人坦率，胸无城府，居官清廉，为政勤明，多有政绩，隆庆（1567—1572）初，终获昭雪，并追赠兵部尚书，谥"恪愍"。

杨守鲁，字允得，嘉靖二十六年（1547）进士，官至陕西布政使。因其兄杨守谦冤死，深感官场险恶，从此灰心仕途，壮年致仕，四处游山玩水，寄情山野。后在长沙定居，亦常往来于城乡之间，布衣蔬食，读书自娱，品评人事，见识高雅。

2. 临武曾氏世家

临武曾氏世家主要是曾锐和他的四个儿子曾朝节、曾朝符、曾朝简、曾朝笏，以及孙子曾廷栋。

曾锐，字子鸣，初名铣，后改铣为锐，改字进夫，别号松轩。他非常关心儿子们的真实学问，延聘名师，专门教授。平时崇尚节约，布衣蔬食，生活朴素，亲友有困，则极力相助。并以"孝友"传家，每月初一、十五，集全家子媳于堂下，宣谕家训若干条，告诫子弟多做仁义孝悌之事。故曾氏一家，和睦向上，为乡里之榜样。

曾朝节（1526—1604），字直卿，号植斋，曾锐长子。万历五年（1577）进士，中探花。历任翰林院编修、侍讲、国子监祭酒、礼部侍郎兼经筵讲官，万历十年（1582），擢礼部尚书，成为朝运大臣。仅仅5年时间，曾朝节由进士而尚书，其升迁之快，有明一代，仅此一人。曾朝节为官，雍容大度，清正廉洁，明辨是非，不结朋党，公而无私，敢于直谏。每次经筵宣讲，持论公正，语言平和，措辞委婉，意义深刻，从无过激之言。关心国事，面对边患日急，吏治败坏，曾朝节多次上书，直谏得失，指陈时弊，陈述治国方略，均受到神宗嘉许。在朝20多年，严于律己，宽以待人，廉明勤政，处事缜密，声誉满朝。神宗拟选其入阁，曾朝节以年老病辞。曾朝节为人，谦虚谨慎，待人以诚。坚持"非善念决不可萌之于心，非善言决不可形之于口，非善事决不可蹈之于身"的原则，要求家人、家族讲孝悌、行忠信、重耕作、戒惰利、读诗书、讲礼让。曾朝节又是当时著名的经学家和有成就的文学家，著有《易测》《臆言》《紫园草》等。万历三十二年（1604），曾朝节卒于北京，追赠太子太保，谥"文恪"。

曾朝符，曾锐次子，万历十年（1582）举人。

曾朝简，曾锐第三子，隆庆元年（1567）举人。性至孝，入京会试时，闻父凶讯，日夜号哭，星夜奔走回家，抚父棺大哭而绝。皇上特赐"孝子进士"。

曾朝笏，曾锐第四子，庠生。

曾廷栋，曾朝节之子，荫授上林苑监丞。

3. 湘潭周氏世家

湘潭周氏世家，世居湘潭，既是官宦之家，又是书香门第，人称"儒门周氏"。

第一代：周训，字东沙，贡生，主要活动于武宗、世宗、穆宗时期（1506—1566）。治家严谨、勤俭、礼让，强调以耕读为本。教子勤读诗书，精研学问。为人通情达理，循规蹈矩，为乡里所称范。生子六人，均显达于时。

第二代：周之屏、周之翰、周之基、周之龙。

周之屏，字鹤皋，号伯卿，嘉靖三十八年（1559）进士。历任知县、吏部郎中、知府、提学，擢广东布政司参政、浙江布政使，转江西布政使。周之屏为政，刚正严明，有胆有识，坚持原则，机动灵活，重教兴学，培养人才。周之屏也是有成就的学者，曾主持万历《长沙府志》的编写。

周之翰，字凤里，嘉靖三十四（1555）举人。曾任广昌、芜湖知县，擢御史。廉洁刚直，注重吏治，崇尚气节，清高自许，不愿同流合污。深感不为官场所容，愤而致仕归隐。回到家乡，仍然关心地方事务，对官府的不良政务，官吏的不良行为，以及横行乡里的恶人，均据理斥责。对己要求严格，要求家人、族人遵守法度，讲道理，做好人好事。他为人放达，性格爽直，不讲究繁文缛节，平等待人，很受乡民爱戴。平时纵情山水，身体壮实，终年80多岁。

周之基，字季子，万历十一年（1583）进士。历任知县、主事、郎中、知府。周之基为政，勤政廉明，刚正不阿。胸无城府，待人以诚，而无防人之心，因不愿卷入人事倾轧，辞官告归。著有《紫山遗集》等。

周之龙，字左卿，万历二十九年（1601）进士。历任主事、郎中。勤于政务，忠于职守，清正廉洁，精明吏治。倡导经世之学，关心国计民生。重视治河，主张疏浚河道；实行海运，漕粮以海运直抵天津。其《漕河说》被收入《皇明经世文编》。

第三代：周泰，周之屏之子，万历年间举人。

第四代：周星（1611—1680），字景虞，号九烟，周泰之子。自幼聪慧，好学不倦，6岁能文，7岁能书写行、草、隶各种字体，江南人称"周郎帖"。崇祯十三年（1640）进士，因痛感明亡于清，性情大变，孤傲、暴躁、冷漠，生活落魄，对清政府深恶痛绝，又无力回天。周星诗文、书画、篆刻，无不精妙，且文辞沉博绝丽，为江南名士所重。其诗有着非常激愤的情感和浓厚郁结的遗民情愫。康熙十九年（1680），周星自撰墓志铭，与家人诀别，取酒纵饮，大醉，仰天长叹，投南浔江而没，终年70岁。

4. 邵阳车氏世家

邵阳车氏世家，即居于邵阳白马田（今邵阳市双清区石桥乡）的车大任、车大敬兄弟，一门七代，自明至清长达200多年，是著名的学问家族。邵阳车氏人才鼎盛，其中35人有著作传世，共达1000多卷。

车大任（1544—1627），自幼聪明，有"奇童"之称，万历八年（1580）进士。历任知县、礼部郎中、知府、按察副使，官至浙江参政，多有政绩。

车大任是有成就的学者、诗人，关心文化教育。他在礼部任职时，常与罗洪光、耿定向等人探究性命之学，孜孜不倦。他的诗也很有风采，善于描绘大自然风光。如《石门山》："遥空千嶂立，夹岸两峰攒。春雨洗初碧，朝霞染更丹。中流回急溜，乱石走飞湍。险阻知天设，蹟空万古看。"石门山在新邵县，亦称石门滩。两山夹峙如门，河岸狭窄，礁石耸立。资水穿行其间，奔腾咆哮，掀起四五尺高的浪柱，撞击石壁，响声如雷。春夏之交，资水陡涨，更是惊涛翻卷，恶浪排空。车大任有《萤囊阁正续集》《古今喻言》等著作。

车大任之弟车大敬，居于邵阳皇安寺乡，其孙车万育很有名气，著有《声律启蒙》。

车大任有三个儿子：以达、以遴、以遵，都致力于学，显名于时，有著作传世。以达有《京兆内外篇》，以遴有《萤昭照棠集》，以遵则更加有名，有《高露堂集》。

车以遵、车万育以及以后的车鼎晋兄弟、车无咎等，都活动于清朝前期。

（二）张治、李如圭、刘尧诲等政治型人才

明代后期，政治型人才仍是湖南人才的主体，在人数上占多数，具有非常重要的地位。这些人才不仅身居高位，拥有很大的权力，而且大多博学多识，在文学等方面也有很高的造诣和成就。

1. 文渊阁大学士张治

张治（？—1550），字文邦，号龙湖，湖南茶陵人。自幼好学，聪慧异常，5岁就写得好大字，知州将其破格提拔进入州学，充廪生，有人将其比为茶陵的名士李东阳、刘三吾。正德十六年（1521），会试第一名进士，授编修，擢左春坊左赞善。当时，张璁、桂萼当政，枉法用事，引起张治不满，乃以母年老多病为辞，弃官家居。过了13年，张治复出，历任南京吏部侍郎、南京吏部尚书。任职期间，以"辨邪正、明黜陟"为己任，对己从严，持身方正，吏治清明，慎选官吏。重视选拔人才，两次主持乡试、会试，归有光、薛应旗、杨继盛等杰出人才，都出自他的门下。嘉靖二十八年（1549），以礼部尚书擢文渊阁大学士。次年病卒，赠少保，谥"文隐"，穆宗即位，改谥"文毅"。张治善文，其文章为当时所崇尚，有《龙湖文集》传世。

2. 工部、户部尚书李如圭

李如圭，字国宝，湖南澧县人，弘治十二年（1499）进士。历任知县、按察使、佥都御史、陕西巡抚、户部侍郎、工部尚书、户部尚书。李如圭为政，刚正严明，正直无私，关心民瘼，勤政利民。为御史，巡福建，贪官酷

吏为避其锋,望风引去;抚延绥,坚固边防,保障安定;赈饥救灾,"全活数十万人";在户部,总督仓场,井井有条,颇有政声。

3. 户部尚书方钝

方钝(1488—1577),字仲敏,号砺庵,湖南岳阳人。自幼好学,正德十一年(1516)中举人,正德十六年(1521)举进士。先后任河南内黄、江苏华亭知县,政绩斐然。嘉靖九年(1530),擢广西监察御史,调河南监察御史、巡抚山东。嘉靖二十五年(1546),擢大理寺右少卿,次年,转左卿,升太仆寺卿,管理牧马监,革除各种弊端,节省马价银数十万两。嘉靖二十七年(1548),擢都察院御史,总管黄河河道,疏浚水流,巩固堤防。授南京户部侍郎,总理粮储。方纯深入各地,了解实情,亲历36个仓场,清除霉潮侵蚀之弊,保障粮食储备的质量。嘉靖三十一年(1552),擢户部尚书。正是外患严重时期,国用烦冗,军费浩大,方钝多方筹划,克服重重困难,保障了供应,建功甚伟。但是,奸臣严嵩为相,专权乱政,威胁利诱,迫其归附。方钝不为所动,始终坚持原则,与严嵩进行斗争。严嵩乃奏请改方钝为南京户部尚书。方纯深知严嵩阴谋,加以年老体弱,乃于嘉靖三十八年(1559)乞假致仕回乡。万历五年(1577)病卒,终年90岁,赠太子少保,谥"简肃"。

4. 户部、兵部尚书刘尧诲

刘尧诲(1522—1585),字君纳,号凝斋,湖南临武人。嘉靖三十二年(1553)进士,授江西新喻县令,以"治行高等"擢南京刑科给事中。后因得罪了严嵩一党,又触及权贵利益,被迫辞官回乡。1567年,穆宗即位,刘尧诲因协助防守临武县城有功,起复为上海丞,补顺天府丞,晋金都御史,巡抚福建,转江西巡抚,擢兵部侍郎、御史中丞、两广总督,晋南京都御史、户部尚书、兵部尚书,参赞机务。刘尧诲勤政廉明,政绩显著。一是打击倭寇海盗,巩固东南海防。其曾派兵袭击澎湖海盗林凤,歼灭倭寇朵麻里部,并生擒朵氏。二是镇压两广僮民起事,维护少数民族地区社会秩序。三是改革盐政,便于广西食盐运销湖南,节省费用38万余两,悉以归公。四是兴学育才。在两广时,其抵制张居正毁书院的命令,使两广学院得以保全。同时,刘尧诲博学多识,是湖南有成就的学者。著有《虚籁集》《经史发明》《左传评林》《岭南议》等。万历十三年(1585),刘尧诲病逝于衡州家中,终年63岁,赠太子少保。

5. 户部尚书陈荐

陈荐，字君庸，号楚石，湖南祁阳人，隆庆五年（1571）进士，授松江司理。"司理"，是掌狱讼的官，是一个最易得罪人的职务。时阁臣徐阶、高拱长期不和，陈荐在徐、高互斗中，处理各种案件，均公平合理，就事论事，不偏不倚，得到好评。后擢御史，万历九年（1581）任陕西按察使，正值天旱，灾情严重。陈荐上奏以陕西国库四万金赈济灾民。擢云南巡抚、左金都御史、户部尚书，总督漕运。陈荐为官，克己奉公，恂恂温雅，平易近人，团结同僚。同时，秉直不阿，"处大事确然不移"，能坚持原则。神宗末年，朝臣党争日炽，陈荐再次辞官。熹宗即位（1621）后，再次起用陈荐为南京吏部尚书，陈以年老体病为由，力辞不就。后卒于家，终年80多岁。

6. 户部尚书周希圣

周希圣，字维学，号元汀，零陵人。万历十七年（1589）进士，授华阳知县，因疏谏宫扇之弊，贬灌阳典史，修成《王文成公集》。万历（1573—1620）中期，起复为太仆寺丞，晋光禄寺少卿，升南京户部尚书。周希圣为官清廉，刚正不阿，敢与奸邪作斗争，为人正直，光明磊落，不肯巴结权贵。天启四年（1624），副都御史杨涟揭发魏忠贤24条罪状，请求熹宗敕刑部严讯（魏忠贤），以正国法，反被魏忠贤迫害，革职为民，折磨至死。周希圣与杨涟，平日政见相同，并有深交，亦受到牵连，被革职削籍。崇祯元年（1628），思宗即位，特召起用周希圣，力辞不就。后卒于家，终年85岁。

7. 礼部尚书李腾芳

李腾芳，字子实，湖南湘潭人，自幼好学，才名远播，万历二十年（1592）进士。改庶吉士，官左谕德。京察时以"浮躁"之名，被贬江西都司理问，遂称疾辞官家居。万历四十七年（1619）起复，为行人司正，升少詹事，擢礼部右侍郎，转左侍郎兼讲官，晋礼部尚书。李腾芳学问优长，喜爱谈兵，曾陈御倭八策，皆中兵机。又推荐戚继光教练法，力破边将痼习。当时，东林党与阉党的矛盾斗争日趋激烈，李腾芳成为阉党打击的对象，被借故免职。1628年，思宗即位后，魏忠贤自杀，李腾芳以礼部尚书起复。时值京师戒严，李腾芳分守乘城，指挥自如，"条画守御，多称旨"。同时，李腾芳平日精研经史，博学多才，勤于著述。著作有《李湘州集》等十多种。崇祯六年（1633），李腾芳病卒，赠太子太保，谥"文庄"。

8. 刑部尚书胡应台

胡应台，字征吉，湖南浏阳人。其祖父胡廷黼，字元孝，嘉靖三十八年（1559）进士，官至郎中、知府。胡应台幼承家教，好学多思，万历二十六年（1598）进士。历任中书舍人，兵、吏二部给事中，江西按察司副使，应天巡抚，两广总督，南京刑部尚书。其为政严明，刚正不阿，不事权贵，不归附阉党，故被夺职。崇祯（1628—1644）初年，起复为刑部尚书。外戚周圭之子纵家奴杀人，拟定死罪，思宗怒责，胡应台仍坚持按律当斩，故又得罪了皇后，被降俸，辞官归乡。

9. 户部尚书杨一鹏

杨一鹏（？—1635），字大友，湖南临湘人。万历三十八年（1610）进士，授四川成都府推官。时播州（今贵州遵义）土司叛变，杨一鹏单骑进入播州安抚，陈说利害，遂得平息。朝廷采办皇木出三峡，杨一鹏严禁摊派，公平价格，很受川人称道。擢吏部郎中，典试陕西，转大理寺丞。因得罪魏忠贤，被免职削籍。思宗即位后，杨一鹏复职，掌尚宝司，上《直陈朝政疏》，指陈时弊，主张选贤用能，推荐录用方孝孺、于谦等人子孙，均受采纳。擢兵部左侍郎，崇祯六年（1633），升户部尚书兼右佥都御史，总督漕运，巡抚江北凤阳四府军民。次年，移镇凤阳，以保卫皇陵。崇祯八年（1635），李自成起义军进入安徽，攻破凤阳，烧毁皇陵、龙兴寺。杨一鹏远在淮安，救援不及，思宗大怒，斩杀杨一鹏。杨一鹏好学多识，著有《运事摘要》《烬草》《阳春阁藏稿》等书。

10. 兵部尚书傅作霖

傅作霖（？—1647），字润生，一字竹君，号九峻，湖南常德人。万历四十年（1612）举人，授武冈教谕。明亡，傅作霖投奔何腾蛟，任兵部职方主事，筹督粮饷。清顺治三年（1646），擢兵部左侍郎，迁兵部尚书。次年，至武冈。清孔有德兵围武冈，守将安国公刘承允议降。傅作霖斥之，拒不降清，遭杀害。其后桂王得悉，赠东阁大学士，谥"忠肃"。

11. 户部尚书周堪赓

周堪赓（1590—1653），字仲声，湖南宁乡人。出生于官宦之家，父亲周耀冕，任延安府同知，兄周堪赉，任户部司务。周堪赓自幼勤学慎行，天启五年（1625）进士，历任知县、监察御史、光禄寺卿、顺天府尹。崇祯十五年（1642），李自成围攻开封，福王决黄河堤，淹没军民数十万人。思宗恐河水冲入亳、泗，淹没皇陵，急令周堪赓以工部右侍郎兼副都御史治河，因功擢南京户部尚书。这时，李自成军向关中进攻，明危在旦夕。周堪赓上疏言救亡之策，主张设关守险，分兵屯田，且耕且战，"进忠良、远奸佞、慎喜怒、宽赋役"。思宗不能采纳，周堪赓乃辞官回家。周堪赓回到宁乡，在沩山寺出家。南明建立，史可法邀其出山，在途中闻马士英掌权，知无所作为，折回家。南明又授以内阁大学士，以病力辞。顺治十年（1653），清军平定湖南，洪承畴镇长沙，邀会周堪赓。周告以连年兵战，十室九空。洪承畴乃奏请朝廷，免荒粮百万。此乃周堪赓最后为湖南人民做的一件好事。之后，周堪赓病卒于家，终年64岁。

12. 南明大学士唐谏

唐谏，字存之，湖南常德人。其父唐绍尧，字延祖，天启二年（1622）进士，官至户部侍郎，为人正直，为政严明。唐谏幼年早熟，勤学好思，事亲至孝，崇祯十六年（1643）进士，授中书舍人，迁编修等职。旋明亡，回归湖南。南明建立后，在湖南起兵，收复郴州、沅州等地，驻桂林，授文渊阁大学士，命督五省义师。与何腾蛟军呈掎角之势，相互声援。顺治六年（1649），何腾蛟失败，唐谏亦败走端州。唐谏之兄死难，母亲被俘。唐谏自知复明无望，乃自囚携印，投赴清营，请求赎母。清军礼遇相劝，唐谏至死不降，同母返乡。唐谏之弟唐访，字周之，号汲庵，崇祯十二年（1639）举人。得瞿式耜赏识推荐，授翰林院庶吉士，知制诰，备顾问。明亡后皈依佛教，筑"食苦庵"，自号"食苦和尚"，著有《寂堂集》。

13. 南明遗臣郭都贤

郭都贤（1599—1672），字天门，学者称"天门先生"，号些庵，湖南益阳人（今属桃江县）。天启二年（1622）进士，历任吏部主事、员外郎，江西学政，江西巡抚。为政勤慎廉明，重视人才，史可法就出身其门下。南明建立后，曾诏其为兵部尚书，但郭都贤已落发为僧。为避兵祸战乱，郭都贤曾迁入山中，十分艰苦。郭都贤博学多识，才华横溢，诗、联、书、画，皆有造诣。他的多数作品反映了明末清初大动乱时的社会状况，有不少是"草衣载道哭流离"的人民苦难情景。郭都贤还擅长绘画，尤善画兰写竹。郭都贤一生，勤于著述，留有《衡岳集》《西山片石集》《补山堂集》《些庵杂著》等。

14.抗倭将军彭翼南

彭翼南（1536—1667），土家族，湖南永顺人，袭任永顺宣慰使。嘉靖三十三年（1554），彭翼南奉命率3 000永顺精兵长途跋涉，到江苏的苏州、松江一带，抗击倭寇。次年，彭翼南四次抗倭作战，歼灭倭寇3 000多人，俘虏倭寇首领，基本肃清了苏州境内倭寇，史称"东南战功第一"，授昭毅将军，擢右参政。嘉靖三十五年（1556），彭翼南率军再次参与对倭寇首领徐海的战斗，全歼倭寇，徐海投海自杀，东南沿海倭寇之乱平息。

（三）江盈科、陶汝鼐等文化型人才

明代后期形成古代湖南第四个人才小波峰，除了人才数量相对集中之外，人才结构也发生了变化，产生了一批文化型人才。他们有的虽有官位，并曾从事政治活动，但他们主要的事迹、主要的成就是在文化学术方面。这些文化型人才中虽然未能产生领袖人物，但其人数较多，活动较广，影响范围较大，是明代后期湖南人才群体的重要组成部分。

1.文学家江盈科

江盈科（1553—1605），字进之，号渌萝，湖南桃源人。自幼聪慧，好学不倦，为人淳朴，待人厚道。万历二十年（1592）进士，历任江苏长州知县、吏部主事、大理寺正、四川提学副使。万历三十三年（1605），江盈科逝世，终年53岁。有《易经解》《明臣小传十六种》《雪涛阁集》《雪涛诗评》《雪涛谈丛》等著作留世，岳麓书社出版了《江盈科集》。

江盈科是著名的诗人，与湖北袁宏道为同年好友，并称"江袁"，共同创立了中国文学史上一个重要的流派——公安派。公安派的文学主张是"性灵论"，江盈科最先阐明了"性灵论"的宗旨。江盈科是明代湖南最有成就的诗人之一。其诗语言平易，结构清新，意义深远，毫无造作，体现出一种真性、真情，又富于变化，具有新鲜感。他的许多诗歌具有强烈的现实批评精神和强烈的关怀国计民生的思想情怀。江盈科善于写景，在诗中情景交融。如《春日即事》："溪水澄澄溪柳斜，烧痕摇绿遍天涯。暖风迫燕争营垒，晴日蒸蜂乱散衙。艳女踏芳云作队，荡儿行乐酒为家。南衢北陌声如沸，都向青楼唤卖

花。"① 诗的前四句描写苏州古城的美丽风光，有静态的营垒、府衙、树木，动态的燕子、蜜蜂、溪水，组成了一幅美妙无穷的图画，重在描写苏州的自然景观。诗的后四句叙述苏州的繁华景象，艳女、荡儿、酒家、青楼，街市交错，卖花女叫卖声声入耳，构成了一个热闹非凡的场面。同时，江盈科的诗又有通俗、平淡、爽快、口语入诗的特色，为普通群众所喜爱。

江盈科之文亦极具特色，大体分为三类：一是散文，如论、序、记、传等；二是小品，如谈言、谐史等；三是小说，也可说是小品的一种。三类约占江盈科著作文字的3/4。其文用词精当，说理分明，逻辑严密，意义深刻。小品则多具有深刻的政治意义，语言诙谐，内容奇特，讽刺尖锐，发人深省。江盈科的小说不多，都是短篇，语言质朴，结构严谨，情节生动，寓意深刻。

总之，江盈科的散文、小品、小说都有较高的艺术价值，是湖南文学宝库中的珍品，在中国文学史上也有一定的地位。他的这些作品，多为社会现实的反映，对腐朽社会的揭露和鞭策，对丑恶行为的批判和抨击，他的心里装着国家和人民，不愧是一位杰出文学家。

2. "楚陶三绝"陶汝鼐

陶汝鼐（1602—1683），字仲调，一字燮友，号密庵，湖南宁乡人。自幼聪慧，好学勤思，工诗、文、书法，被誉为"楚陶三绝"。12岁补博士弟子，23岁应童子试，诗文俱佳，文辞铮铮，意气风发，督学徐亮生大为惊喜，称"技冠湖南"，是"异才"。崇祯二年（1629），进国子监，每次考试，都名列第一，声名大噪。崇祯六年（1633），考取举人。崇祯十七年（1644），李自成攻陷北京。陶汝鼐先后在福王、唐王、桂王的小朝廷中任职。但这些小朝廷腐朽不堪，钩心斗角，不足以成事。陶汝鼐十分灰心，一度削发为僧，号忍头陀，此后不问国事，专注诗文，以修地方志为事。

陶汝鼐博学多能，工于诗词歌赋。因身逢乱世，朝代更替，陶汝鼐在其中奋斗、沉浮，而以失败告终，又目睹战火给人民带来的无穷灾难，故他的诗流露出一种伤感悲愤的情感。如他感叹于杜甫"湖南清绝地，万古一长嗟"的诗句，作《哀湖南赋》，表示古代湖南清绝祥和，现今却是兵燹相接，民不聊生。在赋中他写下了"询宗党而老妪吞声，指原野则游魂呜咽""人鬼相遭于路，则人弱而鬼强""湖湘士女，半成赤谓之魂"等句，形象地描绘了战乱时

① 江盈科. 江盈科集[M]. 长沙：岳麓书社，1997：159.

代湖南社会的凄苦惨状，表达他忧国忧民的深沉情感。陶汝鼐的文基本上分两种类型。一类是铭记散文，或记山川之奇特，或记古迹之渊源，均词语精练，形象突出，给人以深刻印象。如《重建醴陵渌江桥记》说渌江："萍江束于群峰，汩漯而入醴陵，澄且碧绿，净不可唾，紫白存粲粲可数。"寥寥数语，就将渌江的特色描绘清楚了：水色碧绿，水石可数，水面如镜，可见渌江之洁、之清、之深、之美。另一类是史志的撰写，能摸清人物事件的来龙去脉，抓住其中的特色，实事求是，秉笔直书，平铺直叙又风波迭起，于平淡中突现高峰。既是史家笔法，又有文学家的文采。陶汝鼐的书法极负盛名，自成一家。其早年曾师法宋代著名书法家米芾，用笔俊迈，潇洒自如，晚年书法则接近颜真卿，正楷端庄雄伟，笔力健壮，气势开张。行书遒劲郁勃，笔法轻快，如行云流水。陶汝鼐一生勤于著述，曾主持编纂《长沙府志》《宁乡县志》《大沩山志》，并任《湖南通志》总裁。著作有《嚏古集》《荣木堂集》《寄云楼集》《褐玉堂集》《广西涯乐府》等。

康熙二十二年（1683），陶汝鼐病卒于家，终年82岁。

3. 孙宜、龙膺等诗人

明代湖南诗人不少，但名家不多。明后期湖南诗人中以孙宜父子、龙膺兄弟及黄学谦等人较为有名。

孙继芳，字世其，正德六年（1511）进士，历任刑部主事、兵部郎中、云南督学按察司副使。刚正不阿，能平冤狱，关心民瘼，兴修水利。工诗能文，有《石矶集》留世。

孙宜，字仲可，孙继芳之子。自幼好学，才华横溢，嘉靖七年（1528）举人。曾自建一亭，读书、著述、吟诗其中，自号洞庭渔人，士子纷纷慕名求教。他的诗面对现实，心系底层人民。如《皇夫叹》一诗，描述天子南幸给广大人民带来的灾难，地方官吏借机勒索，以至"城中枉械絷盈道，中男幼丁尽供籍"。人民受苦受刑，甚至被迫卖儿鬻女。孙宜的山水诗也很精彩，如《秋日歌》对洞庭湖秋日观察入微，清新俊逸，奇逸飞动，令人回味。孙宜著作颇丰，共达三四百卷。孙宜曾孙孙穀，字子啬，万历三十五年（1607）进士，历任杭州府推官、副都御史、辽东巡抚。工于诗，著有《檠谱集》《黎床集》。

龙襄（1557—1611），字君超，号赤沙，常德人。万历十年（1582）举人，因父病不仕，居家孝亲。博学多识，工诗好文，常游山水名胜，广交名士文人。其诗作有《檀园草》传世。

龙膺，字君御，万历八年（1580）进士。历任推官、主事、南京太常寺卿。为政清廉自奉，公正勤明，办事公允，敢于直言。博学多才，工诗能文，主张诗学盛唐，宗法杜甫，与"后七子"同调，但又强调，写诗要"吟写性灵，不傍蹊径"，和公安派主张相同。他的诗能面对现实，品位很高。如《北行喜雨》一诗，描述了黄河以北的广大农村，连遭天旱，农民饥寒交迫，在死亡线上挣扎，甚至骨肉相残，一幅惨绝人寰的画面，表达了作者忧国忧民的赤子之心。龙膺还有传奇数种，不乏佳作，有《龙太常全集》传世。

黄学谦，字又谦，又字天益，湖南长沙人。天启年间（1621—1627）拔贡，历任教授、知县。清廉简政，颇具政声。好学多能，工书法，书小楷行草，遒逸有致。黄学谦是晚明湖南著名诗人，清代邓显鹤在《沅湘耆旧集》中称其诗"大抵多乱离中作，冲和平淡，绝少噍杀之音"。著有《紫岩集》《照杯亭遗草》等。

（四）蒋信、罗喻义、周圣楷等学术型人才

在中国学术史上，宋明理学是一个重要的发展阶段。一般来说，宋明理学可以分为四大流派：一是以张载为代表的"气学"；二是以邵雍为代表的"数学"；三是以程颐、朱熹为代表的"理学"；四是以陆九渊、王守仁为代表的"心学"。四派各有发展，既相互融合，又相互斗争。其中，"理学"和"心学"占主导地位，宋代是"理学"发展的一个高峰，至明代"心学"有后来居上之势，王守仁、湛若水先后来湘讲学授徒，推动了"心学"在湖南的发展，以及"心学"和湖湘学的交流、互补、融合，也促进了湖南学术型人才的发展。但是，从整体而论，明代湖南学术型人才不及宋代，更没有产生如周敦颐的学术思想大师。

1. 哲学家蒋信

蒋信（1483—1559），字卿实，号道林，湖南常德人。嘉靖十一年（1532）进士，授四川水利佥事，迁贵州提学副使。为官清廉，重视教育，在贵州建书院二座。后因擅离职守，被解职，于家乡建筑桃花冈精舍，讲学授徒。蒋信接受了湛若水的心学理论，认为"宇宙只是一气"。

"六经具在，何尝言有个气，又有个理？凡言命、言道、言诚、言太极、言仁，皆是指气而言。宇宙浑是一块气，气自于穆，自无妄，自中正纯粹精，自生生不息，只就自心体认。心是气，生生之心，便是所言天命之性，岂有个心，又有个性？此气充塞，无丝毫空缺，一寒一暑，风雨露雷，凡人物耳目口鼻四肢百骸，与一片精灵知觉，总是此生生变化，如何分得人我。"①

"气"是物质，"理"是规律，"心"是人的思维活动。蒋信将"理"归结于"心"，认为"只一个心"。"心亦是气，虚灵知觉，乃气之至精者耳。心才喜，容色便喜；才怒，容色便怒。此便见心与气贯通在，未尝二也。"②在心学方法方面，蒋信认为"随处体认天理"，强调"敬"，即保持一种"赤子之心"，同时要按照事物的本性，顺其自然地让其发展。可见，蒋信哲学思想的核心内容基本上属于主观唯心主义的哲学体系，但比较重视实践，有其积极意义。其著作有《蒋道林文粹》《桃冈日录》等。

2. 罗敦仁、罗喻义父子

明代湖南最有成就的经学家，首推罗喻义及罗敦仁。

罗敦仁，字涵春，号伯荣，湖南益阳人，以孝友称，曾补博士弟子。专门研究学问，尤精《尚书》，著有《尚书是正》20卷。力辨古文《尚书》之伪，详核周正。

罗喻义，字湘中，一作禹钟，号黄江，罗敦仁之子。博学多识，万历四十一年（1613）进士，官至礼部侍郎。崇祯二年（1629），罗喻义进讲《尚书》，撰《布昭圣武讲义》，指朝廷用人不当，颇伤执政，故被革职。罗喻义雅负时望，离京回湘时，群众以"传车相送"。此后，罗喻义潜心学问，专事著作。有《读易内篇》《读易问篇》《读易外篇》《读易十事》《洪范直解》《读范内篇》《春秋野篇》《论语分篇》等书。罗喻义对易的研究相当深刻。崇祯十二年（1639），罗喻义病逝。

3. 周圣楷和《楚宝》

周圣楷，字伯孔，湖南湘潭人。父亲周之礼，曾任安徽寿州训导、陕西兴平知县。周圣楷自幼聪慧，少负才名，积学博识，别具胸臆。因科场不顺，专心著述。在哲学上宗法王守仁，在史学上推崇左丘明、司马迁，于地方历

---

① 黄宗羲.明儒学案[M].北京：中华书局，1985：628.
② 黄宗羲.明儒学案[M].北京：中华书局，1985：629.

史，用力最勤，搜罗最广。著有《楚宝》《湘水元夷》《中庸赞》《生气录》《楚才奇绝》《湖岳堂集》等，多达100多卷。

《楚宝》是周圣楷的代表作，也是明代湖南最重要的史学著作。该书极具特色。一是取材宏博，资料丰富。周圣楷在《楚宝·总论》中自称："上搜旧闻，傍摭遗逸，铨叙审正，汇别门分，求之左氏得十之一，求之司马氏得十之三，求之汉唐宋以下得十之五，求之我明得十之一。"《楚宝》所引书目达100多种，期是迄明较为完备的一部楚志全书。二是考证求实，评论求准，以史为鉴，古为今用。引用史料都采自正史，而且详加考证，纠正错误。坚持不溢美、不讳恶，还历史本来面目，给以公正的评价。三是充分肯定了楚文化的历史地位。认为《鬻子》《老子》《庄子》等著作，都是楚文化的瑰宝。他认为，在文学上，楚辞是后代辞赋之祖；在军事上，楚人是舟师和射法的创造者；在政治制度上，楚国的令尹是后代宰相制的开始。总之，《楚宝》一书为楚地历史文化的研究做出了重大贡献。

4.冀元亨等"王门弟子"

王守仁在《门人王嘉秀实夫萧琦子玉告归书此见别意兼寄声辰阳诸贤》中说："湘中富英彦，往往多及门。"黄宗羲《明儒学案》中指出："楚学之盛，惟耿天台一派，自泰州流入。当阳明在时，其信从者尚少。道林、暗斋、刘观时出自武陵，故武陵之及门，独冠全楚。观徐曰仁同游德山诗，王文鸣应奎、胡珊鸣玉、刘瓛德重、杨衿介诚、何凤韶汝谐、唐演汝渊、龙起霄正之，尚可考也。然道林实得阳明之传。"[1]

上述"道林"，即蒋信。王文鸣、胡珊、刘瓛、杨衿、何凤韶、唐演、龙起霄等均为常德人，生平不详。

冀元亨（？—1521），字惟乾，号暗斋，湖南常德人。正德十一年（1516）举人，始终跟随王守仁学习。王守仁巡抚南赣时，曾令其前往宁王朱宸濠王府讲学，暗中探查谋反虚实。宸濠败亡后，权臣张忠等反污王守仁与宸濠同谋。逮捕冀元亨及其家属，严刑逼供。冀始终实事求是，维护王守仁。被救出狱时，遍体伤痕，五天后逝世。《明史》称："守仁弟子盈天下……惟冀元亨尝与守仁共患难。"

刘观时，字易仲，湖南沅陵人。"为人刚方正直，一切声华势利淡如也。"

---

[1] 黄宗羲.明儒学案[M].北京：中华书局，1985：627.

王守仁在辰州虎溪讲学时,其开始师从王守仁学习,三年后,又赶到滁州向王守仁问学。王阳明在《别易仲》中说:"辰州刘易仲从予滁阳。一日问:'道可言乎?'予曰:'哑子吃苦瓜,与你说不得,尔要知我苦,还须你自吃。'易仲省然有悟,久之,辞归。别以诗。"刘观时强调求道不能单凭老师讲解、口说言传,关键要通过自己的努力,经过实践来领会。

王嘉秀,字实夫,湖南沅陵人,博学多识,工诗能画,是王守仁在辰州虎溪讲学时的弟子。随后,又随王守仁到滁州,王守仁在诗中曾多次提到他,还曾为王嘉秀的画题诗,即《题王实夫画》:"随处山泉着草庐,底须松竹偃柴扉。天涯游子何曾出,画里孤帆未是归。小酉诸峰开夕照,虎溪春寺入烟霏。他年还向辰阳望,却忆题诗在翠微。"诗中表达了对虎溪生活的留恋,和对王嘉秀的期望。

唐愈贤,字子充,号万阳,湖南沅陵人。曾在虎溪听王守仁讲学,后又跟随到滁州、南京等地。嘉靖二十五年(1546)进士,曾任海宁知县等职。因不合于当道,辞官归里。学问精博,为人旷达,工于诗。

王守仁的一些弟子在湖南讲学等活动,也为湖南培养了一批人才。洪云蒸,字化卿,号紫云,湖南攸县人。万历三十八年(1610)进士,历任知县、参政、按察使。郭濂,字本明,湖南益阳人,曾任常德训导。贺凤梧,字松涧,湖南益阳人,曾任陕州判官。陶金,字仲良,湖南湘乡人,曾任知县。吴道行,字见可,湖南长沙人,曾任岳麓书院山长。艾而康,字太中,湖南平江人。向淇,字子瞻,号望山,湖南沅陵人,嘉靖三十二年(1553)进士,官至云南兵备副使。毕士和,字介乡,湖南安乡人,曾任知县。陈谟卿,字皋明,湖南临武人。周良相,字季翰,号合川,湖南道州人。王之臣,湖南零陵人。徐时述,字居明,江永人。彭良臣,字时卿,湖南衡阳人,曾任知县。王万善,字楚阳,湖南衡阳人。王朝聘(1568—1647),字修侯,是王夫之的父亲,湖南衡阳人。

此外,湛若水在湖南讲学,亦培养了一些学术人才。其中最有成就的有曾朝节、刘尧诲、蒋信。何天禄,桂阳人,曾任知县。伍定相(?—1626),字学甫,一字玉铉,衡阳人。李乐,字和仲,泸溪人,进士,官至太仆寺卿。祝咏,字鸣盛,衡阳人,进士,官至陕西布政使司左参政。

（五）杨鹤、杨嗣昌家族

明末，湖南常德出现一个著名的杨氏家族，杨鹤及他的三个从弟杨鸿、杨鹗、杨鹭，及儿子杨嗣昌等，都考取进士，位至公卿，且都以文臣领兵事，最后以悲剧告终。清代湖南常德诗人陈长镇曾有《题明杨傅西庄》诗："山河未改绮楼空，草色潜侵小院东。云起只今依大树，月明何意近雕枕。华亭鹤去余油黍，鼎水龙归少挂弓。回首荣华衰谢尽，年年金谷野花红。"可以说是对明末第一显赫家族的悼念。

1.三边总督杨鹤

杨鹤（？—1635），字修龄，号无山。出身于书香之家，其父杨时方是万历年间贡生。杨鹤自幼好学，万历三十二年（1604）进士，先后任知县、御史、巡按、太仆少卿、佥都御史、巡抚、左副都御史、陕西三边总督。杨鹤以文官而领武事，对农民起义主张剿抚并用，以抚为主。崇祯四年（1631），杨鹤树立的招抚典型神一魁再次反叛，崇祯以"主抚误国"的罪名，逮捕杨鹤下狱，流戍袁州。崇祯八年（1635），杨鹤病死于袁州戍所。作为文人学者，杨鹤学问精深，经史诗词，均有造诣。有《武康四先生集》《先人文字拈》《薛文清公年谱》等书传世。

2.杨鸿、杨鹗、杨鹭

杨鸿（？—1645），字子渐，号冰心，杨鹤从弟。天启二年（1622）进士，历任知县、礼部尚书。杨鸿力佐南明福王，迁东阁大学士，加太子太保。

杨鹗（？—1645），字子玉，杨鸿从弟。崇祯四年（1631）进士，历任巡抚、御史。明亡，南明福王任其为兵部右侍郎，总督川、湘军务，同时屯田、练兵，以为久计。1645年，杨鸿、杨鹗兄弟到湖南湘西麻阳募兵，为乌罗土司逮捕，宁死不屈，均被杀害。

杨鹭（？—1643），字弱水，杨鹤从弟。官至鸿胪寺卿。崇祯十六年（1643），杨鹭奉命守常德。张献忠率农民军大举进攻，杨鹭尽力据守，孤军无援，城破后，被杀，谥"节愍"。

3.文武全才杨嗣昌

杨嗣昌（1588—1641），字文弱，杨鹤之子。万历三十八年（1610）进士，官至兵部尚书、礼部尚书、东阁大学士。崇祯九年（1636），杨嗣昌根据朝廷内外交困的形势，提出了"安内方可攘外"的方针，明确将关外清军比为"肩臂之疾"，而农民起义则是"心腹之患"，主张把主要军事力量放在镇压农民起义方面。据此，他提出了"十面张网"（又称"四正六隅十面网"）和"增兵增饷"的军事计划。

《明史》记载："清以陕西、河南、湖广、江北为四正，四巡抚分剿而专防；以延绥、山西、山东、江南、江西、四川为六隅，六巡抚分防而协剿；是谓十面之网。而总督、总理二臣，随贼所向，专往讨。福建巡抚熊文灿者，讨海贼有功，大言自诡足办贼。嗣昌闻而善之。会总督洪承畴、王家桢分驻陕西、河南。家桢故庸才，不足任，嗣昌乃荐文灿代之。因议增兵十二万，增饷二百八十万。其措饷之策有四，曰因粮，曰溢地，曰事例，曰驿递。因粮者，因旧额之粮，量为加派，亩输粮六合，石折银八钱，伤地不与，岁得银百九十二万九千有奇；溢地者，民间土田溢原额者，核实输赋，岁得银四十万六千有奇；事例者，富民输资为监生，一岁而止；驿递者，前此邮驿裁省之银，以二十万充饷。议上，帝乃传谕：'流寇延蔓，生民涂炭，不集兵无以平寇，不增赋无以饷兵。勉从廷议，暂累吾民一年，除此腹心大患。'"

部署完成后，杨嗣昌于崇祯十年（1637）十月，发动了对农民起义军的总攻击，在镇压农民起义方面取得了暂时的表面的胜利，但在对付清军方面，却遭到了极大的失败，明军受到了极为严重的损失。故杨嗣昌又提出了增兵练兵计划，皇帝虽然批准了这一计划，但"民流饷绌"，既少兵源，又无兵饷，只能是一个难以实现的纸上计划。崇祯十三年（1640），张献忠、李自成等联合大反攻，分别攻克洛阳、襄阳，斩杀福王、襄王。1641年，杨嗣昌逝于湖北沙市，终年54岁。

杨嗣昌自幼聪慧，文思敏捷，学识精深，是有名气的诗人。杨嗣昌的诗受到公安派和竟陵派的影响，既有公安派的"清新轻俊""抒发性灵"，又有竟陵派的"朴质清真""幽深孤峭"。如《柱人山》："溪山良自昔，复此足幽篁。网户留迁客，僧寮割让王。掠沙晴雪过，触石古云香。愿结清娱地，生生堕勿忘。"既描述了柱人山的自然风光，竹林美景，山石小溪，寺庙僧舍，无不可爱，又记载了柱人山的古迹传说，贤舜让王，善卷辞谢，迁客刘禹锡，增添了许多神秘的色彩和遐想空间。杨嗣昌诗作中有一些描写军旅生活的诗，如《榆关》："青油四壁络刀环，令卒传呼出汉关。草复云冰禽复草，山围万火骑围山。牙旗立处岩千仞,鬓发丛时雪一弯。家世教忠真忝穷,向来心胆近粗顽。"总的来说,全诗气势雄壮,意气风发,清新刚俊,朴素真实,确是军旅生活的反映。杨嗣昌的著作有《杨文弱先生集》《督师纪事》《宣云奏议》《抚官奏议》《中枢奏议》《地官集》《武陵竞渡略》等。

4.杨山松、杨山梓、杨山荪

杨嗣昌有三个儿子:杨山松、杨山梓、杨山荪。

杨山松,字长苍,袭锦衣卫指挥。自幼好学,聪慧机敏,文思敏捷,工诗善文。杨嗣昌自杀,对其打击极大,杨山松悲痛欲绝,多日水浆未进。曾作《孤儿吁天录》《洗冤歌》,为其父鸣冤。

杨山梓,字仲舟,以恩荫授中书,改转饷通判,迁兵部职方郎中。工诗,语言通俗,近似口语化,但诗意平平。

杨山荪,字季之,袭锦衣卫百户。生平不详。

此后,杨氏后人有杨嗣昌的曾孙杨绪,字郎溪,自幼聪慧,"为文操管立就"。康熙四十二年(1703)进士,改庶吉士,授编修,后罢官家居。亦善诗,语言锵锵,气势豪壮,格律工整,清新朴素,大有乃祖之风。

第五章 清代前、中期的湖南人才

从1644年入主中原，到1911年辛亥革命，溥仪退位，清代长达268年，可以分为三个时期：前期从顺治元年（1644）至雍正十三年（1735），共92年；中期从乾隆元年（1736）到嘉庆二十五年（1820），共85年；后期从道光元年（1821）至宣统三年（1911），共91年。清代前、中期，特别是平定吴三桂叛乱之后，湖南社会比较安定，劳动人民生活有所改善，经济文化逐渐发展。这些都为人才的成长提供了一个较好的环境。因此，湖南人才发展也达到了古代一个新的高峰，不仅产生了古代湖南最杰出的思想家王夫之，而且湖南人才的数量大增，并在清代中期形成了古代湖南的第五个人才小波峰。但是，由于清政府推行民族歧视和文化专制政策，湖南人才在政治上很难发展，其他类型的人才也缺少知名度高的领军人物。整体而论，整个清代前、中期的湖南人才形成了一个庞大的却"群龙无首"的人才群。

一、清代前、中期的湖南人才和外省在湘人才概况

清代前、中期的湖南人才在数量上比以往历朝都有增加，在全国人才中所占比例也大有提高，但从人才的整体质量来看，其政治地位和在全国的影响却不及明代。从时间上看，清代湖南人才有一个渐次发展的过程，前期人才稀少，除王夫之外，知名的不多，影响也小；中期人才增加，形成了古代湖南的第五个人才小波峰。从人才结构上看，清代前、中期湖南人才与明代湖南人才结构不同，文化型人才最多，政治型人才次之，军事型人才很少，这一时期的文化型人才又和宋代有别，教育型人才相对突出。从人才具体组成上看，王夫之可说是一峰独峙，超逸绝伦，其余则是大批起自基层、活动于民间的人才。人才的普及化、大众化，这是清代前、中期湖南人才的一个特点。

（一）清代前、中期湖南人才的发展

从几种公开出版的人物辞典统计所得数据，分析清代前、中期湖南人才的数量及其在全国人才中所占的比例，大致可以勾勒出这一时期全国人才的地理分布图，并找到这一时期湖南人才的发展规律。清代前、中期人才分省统计情况如表5-1所示。

表5-1 清代前、中期中国人才分省统计表

省名	《中国历代名人辞典》	《中国历史人物大辞典》	《中国历史人物辞典》	《中外历史人物词典》	《辞海·中国古代史分册》	合计	比例	名次
江苏	48	160	367	31	20	626	26.87%	1
辽宁	87	173	88	62	61	470	20.18%	2
浙江	32	77	116	24	8	257	11.03%	3
安徽	10	38	88	12	6	154	6.61%	4
河北	12	30	34	15	7	98	4.21%	5
山东	13	31	35	11	5	95	4.07%	6
江西	7	17	37	10	4	75	3.22%	7
福建	2	16	41	8	5	72	3.09%	8
湖北	4	13	23	7	2	49	2.10%	9
湖南	4	10	22	7	5	48	2.06%	10
河南	3	9	24	6	3	45	1.93%	11
四川	3	10	18	8	4	43	1.84%	12
山西	6	10	18	4	3	41	1.76%	13
陕西	2	7	23	6	3	41	1.76%	13
内蒙古	14	14	3	4	5	40	1.72%	15
广东	1	10	21	2	—	34	1.45%	16
甘肃	1	6	7	6	1	21	0.90%	17
贵州	1	4	5	4	2	16	0.68%	18
云南	1	4	6	—	—	11	0.47%	19
西藏	6	5	—	—	—	11	0.47%	19
广西	2	4	1	2	1	10	0.42%	21
台湾	—	2	5	3	—	10	0.42%	21
新疆	3	4	—	—	—	7	0.30%	23
黑龙江	3	2	1	—	—	6	0.25%	24
宁夏	—	2	1	1	1	5	0.21%	25
吉林	—	—	—	—	1	1	0.04%	26
不明省籍	—	2	36	5	—	43	—	—
总计	265	660	1 010	238	146	2 329	—	—

湖南人才在全国人才中的地位在提高，排名在上升。秦汉魏晋隋唐五代时期，湖南在 25 个省中列第 16 位，占全国人才总数的 0.58%；宋元时期，湖南人才在 25 个省中列第 18 位，占全国人才总数的 1.04%；明代，湖南人才在 27 个省中列第 15 位，占全国人才总数的 1.25%。清代前、中期，湖南在 26 个省中列第 10 位，这是湖南人才第一次进入前 10 位，处于全国人才统计中的中游，且排在古代人才大省河南、山西、陕西、甘肃等省的前面。这一时期湖南人才人数在全国所占的比例，也上升到 2.06%，和湖南省土地面积在全国总面积中所占的比例大致相当。

（二）清代前、中期的外省在湘人才

自秦以来，历朝历代都有外省人才在湖南活动，对湖南的政治、经济、文化产生过巨大的影响。如秦汉时的贾谊，两晋时的陶侃，唐代的柳宗元、刘禹锡，宋代的胡安国、胡宏、张栻，明代的王守仁等。这些外省在湘人才多为文化型人才，而且在湖南从事过教育事业，讲学授徒，直接培养了一批湖南人才。清代前、中期，外省在湘人才数量不少，却没有突出的代表，对湖南人才的影响也相对较小。下面择要介绍如下。

丁思孔，字景行，号泰岩，辽宁人。顺治九年（1652）进士，康熙二十三年（1684）任偏沅巡抚，驻长沙。丁思孔在湘期间，对岳麓书院的复兴起了关键作用。一是岳麓书院毁于吴三桂叛乱战火，丁思孔率领部属及绅士重建，并捐田数百亩，作为资助诸生费用。二是聘请举人郭金门为山长，组织招生，开展教学活动。三是恳请康熙帝为书院题词："伏念必蒙御书赐额，并颁给解义诸经书，使士子恭睹宸章，仰窥圣学，并深忠爱之思，更明理学之统，不惟增光旧制，而于治化实有俾焉。"[①] 康熙二十六年（1687），康熙亲书"学达性天"四字匾额，并赐书，使岳麓书院复振，名震全国。

赵申乔，字慎旃，江苏武进人，康熙九年（1670）进士。康熙四十一年（1702），任偏沅巡抚，驻长沙。在湖南 8 年主要干了 3 件大事。一是镇压湘西"红苗"起事，并设立凤凰、乾州二厅，以加强对湘西的控制。二是奏请湖南、湖北乡试分闱。当时，湖南士子乡试要长途跋涉，远赴武昌，十分不便。赵申乔的奏请虽然没有成功，但从此开始了湖南要求乡试的活动。三是除弊兴

---

① 杨慎初，朱汉民，邓洪波. 岳麓书院史略 [M]. 长沙：岳麓书社，1986：112.

利。如裁革一切私派，颁定漕米斗斛，禁止需索；改革盐场规约，按道路远近平定盐价；禁止勒派苛敛，惩治贪官等。赵申乔为官清廉，为政勤奋，湖南士民感其德，在长沙建专祠祠之。

潘宗洛，江苏宜兴人。康熙四十二年（1703）督学湖广，主持乡试，重视选拔贤才。拔攸县陈之驺为第一，并集诸生宣讲陈卷，赞为"此真秦汉文也"。不料陈之驺当场责难，认为潘评论不当，读音有错。潘宗洛欣然接受意见，离席揖曰："某弋科第早，汲古浅，幸教我。"其虚怀若谷、虚心就教的品德，为人敬重。康熙四十八年（1709），擢偏沅巡抚，重视教育，再次请求湖南乡试分闱，以免湖南诸生应试涉洞庭之险。其还曾出入苗疆，了解实情，以安定社会秩序。

陈宏谋（1696—1771），字汝咨，广西桂林人，雍正元年（1723）进士。乾隆二十年（1755）任湖南巡抚，旋调陕西巡抚。二十六年（1761）再任湖南巡抚，2年后迁吏部尚书。《清史稿》记载，陈宏谋为官，"必究人心风俗之得失，及民间利病当兴革者，分条钩考，次第举行。诸州县村庄河道，绘图悬于壁，环复审视，兴作皆就理。察吏甚严，然所劾必择其尤不肖者一二人，使足怵众而止。学以不欺为本，与人言政，辄引之于学，谓：'仕即学也，尽吾心焉而已。'故所施各当，人咸安之"。时湖南秋潦成灾，陈奏以湖南溢额仓谷碾米20万石，运济平粜。又疏劾布政使杨灏侵扣谷价，论罪如律。析衡州府所属之衡阳县地，置清泉县。又禁洞庭滨湖民雍水为田，以宽湖流，使水不为患。又许湖区再围垦，与水争地，以保障洞庭湖地区不再发生水害。

迈柱（？—1738），满族，喜塔拉氏，满洲镶蓝旗人。雍正五年（1727）任湖广总督，《清史稿》记载，时"湖广濒江州县，频年被水，迈柱令民间按粮派夫，修筑江堤，议定确估土方夫数及加修尺寸，并岁修抢险诸例"。又在湖南积极推行"改土归流"，于永顺设府，下设永顺、龙山、保靖、桑植四县，后又设永定（今大庸）县。在苗疆"卖刀买犊"，收缴环刀、标枪、鸟枪等武器，改为农具，以利苗人耕作。积极发展经济，开展贸易，"疏定苗与民为市，于分界地设市，一月以三日为期，不得越界出入。民以物往市，预报地方官，知会塘汛查验。苗疆州县立苗长，选良苗充民壮，备差遣访缉"。

毕沅（1730—1797），字纕蘅，又字秋帆，自号灵岩山人，江苏镇洋（今太仓市）人。乾隆二十五年（1760）进士，乾隆五十一年（1786）任湖广总督。正值长江水患,荆州决堤。毕沅"发帑百万治之",筑堤泄水,曾在常德修筑石堤。乾隆六十年(1795),湘西苗民起义。毕沅奉命赴荆州、常德督饷,后移驻辰州,督运军粮,供支每日不下数万。"以运输周妥,赐孔雀翎。"嘉庆二年(1797),毕沅深入湘西凤凰、乾州、永绥等苗民起义地区,处理起义平息善后事宜。安抚苗寨,安置降苗,清理民、苗田地,奏请湖广总督移驻辰州,添设绥靖镇总兵,以辰州协驻乾州,洞庭协驻常德。这些措施有利于安定苗疆社会秩序,组织恢复生产。

傅鼐,字重庵,顺天宛平(今北京丰台)人。乾隆六十年(1795),跟随云贵总督福康安来湘西,参与镇压苗民起义,嘉庆十四年(1809),升湖南按察使。傅鼐在苗疆长达15年,对湘西的安定和发展都做出了贡献。一是修筑碉堡以御苗兵,二是以苗技练兵,三是建立屯田制,四是设"苗兵""苗官","以苗制苗",五是在苗疆设义学、书院,发展教育。傅鼐在苗疆的所作所为,得到了嘉庆帝的赞许,称其为"岩疆保障"。魏源也认为其"捍大灾,御大患,有功德于民者矣"。①

二、卓越的思想家王夫之

王夫之(1619—1692),字而农,号姜斋,中年更名壶,晚年仍用旧名。曾用过卖姜翁、一瓠先生、一瓠道人、双髻外史、祷杌外史等别号。晚年隐居于石船山(今衡阳县曲兰镇湘西村),故人称"船山先生"。

王夫之是湖南最杰出的思想家,与顾炎武、黄宗羲并称为"明末清初三大儒"。王夫之学问博大精深,广泛涉及社会科学甚至自然科学的各个方面。他以"六经责我开生面"的宏伟气魄,和"入其垒,袭其辎,暴其恃,而见其瑕"的科学态度,进行了艰苦卓绝的科学研究,写出了大量富有创造性见解的著作,达100多种,400余卷,800多万字。

清道光年间(1821—1850),新化人邓显鹤首次编辑《船山遗书》,指出:"先生生当鼎革,自以先世为明世臣,存亡与共。甲申后崎岖岭表。既知事之不可为,乃退而著书。窜伏祁、永、涟、邵山中,流离困苦,一岁数徙。"《清史稿》载:"当是时,海内儒硕,推容城、鳌峰、余姚、昆山。夫之刻苦似二

---

① 魏源.魏源集[M].2版.北京:中华书局,1983:355.

曲，贞晦过夏峰，多闻博学，志节皎然，不愧黄顾两君子。然诸人肥遁自甘，声望益炳，虽荐辟皆以死拒。而公卿交口，天子动容，其著述易于世。惟天之窜身徭峒，声影不出林莽，遂得完发以殁身。……因缘得入四库，上史馆，立传儒林……"

湖南的维新志士谭嗣同称王夫之的学术和思想"空绝千古"，他在《仁学》中说："五百年来学者，真通天下之故者，船山一人而已。"王夫之不仅是湖南古代史上最伟大的思想家之一，也是中国历史上最伟大的思想家之一。

（一）王夫之的哲学成就

王夫之将朴素的唯物论和朴素的辩证法思想结合起来，将中国古代唯物主义哲学发展到高峰。首先，他提出了"理依于气"的唯物论观点。他继承和发展了王充、张载关于"气"的唯物主义观点，认为"阴阳二气充满太虚，此外更无他物，亦无间隙，天之象，地之形，皆其所范围也。散入无形而适得气之体，聚而有形而不失气之常，通乎生死犹昼夜也"。[①]他指出宇宙间万事万物的变化，都是"气"的"聚""散"的结果，有规律可循。坚持把"理"统一于"气"，既反对把"理""气"分为两物，又反对把"理""气"混为一物。强调"气"是第一性的，"理"是第二性的，是由"气"派生的。这就是王夫之的"理气相依，体用不二"的"气理体用"唯物论。其次，他提出了"阴阳""动静"的辩证法思想。这突出表现在两个方面：一是"矛盾论"，二是"运动论"。"矛盾论"即王夫之关于"阴""阳"的观点，他认为"阴阳充满虚空"，即"矛盾无处不在"，"阴阳常在"，即"矛盾无时不有"。"运动论"即王夫之的动静观，他强调"动""静"是互相依赖、互相包含的，"动静互涵，以为万变之宗"。"静"也是"动"的一种特殊状态，而没有绝对的"静"。最后，他提出了"行先知后"的认识论方法。他主张"格物致知"，即认识来源于主观和客观的结合。他将认识分为"见闻之知"和"德性之知"，相当于感性认识和理性认识。他充分肯定了"行"在认识过程中的作用，强调"行先知后""知源于行"，而实践则是"知""行"统一的基础。他强调认识就在实践中发展，"知""行"也在实践中得到统一。

王夫之的思想和学术成果对湖南人才的影响十分深远。他隐居深山，一

[①] 王夫之.船山全书：第十二册[M].长沙：岳麓书社，1995：26.

边著书立说，一边讲课授徒，从事发展学术、培育人才的事业。他的育人思想在当时就发挥了巨大作用，培养了一代人才，并持久地闪烁着智慧的光芒，为一代又一代人才的兴起做出了重大贡献。

1."造士成才"是立国之本

王夫之把培养人才放在非常重要的地位上。他认为治理国家的关键在于"政""教"两件事，二者有先后本末之分。论先后，则"政立而后教可施"；论本末，则"教本也"。其所说"政""教"两件大事，关键都是人才问题。所谓"政"，在于"用人才"，要选贤用能，任用一批有真才实学的人才为官吏，治理国家。所谓"教"，在于"育人才"，要发展教育，培养造就一大批治国平天下的人才。在《读通鉴论》一书中，王夫之从历史的经验教训出发，论述了"造士成才"为立国之本，强调培育人才是国家最重要的大事。

王夫之在《读通鉴论》中总结了历代王朝兴亡的教训，指出亡国的根本原因在于"失其育才"。如秦用商鞅，变为强国，秦始皇死后，"秦无人"，即没有人才。但并不是秦"乏才"，而是秦始皇后，没有重视对人才的培养，"无以养之也"。同样，蜀国之所以灭亡，也不是蜀国"乏才"，而是蜀国长期不重视教育，使"长养人才，涵育熏陶之道，未之讲也"。特别是明代灭亡，王夫之耳闻目见，深有体会。其根本原因就在于明末，已"无可用之士"。一方面，明代的育人制度存在弊端，科举取士制度已"日暮途穷"。士子们读书的目的不在于治国理民，而是追求富贵功名。这种"教以利、学以利"的后果是，养成了一批"坏人心、乱风俗"，"无心无目"的腐儒，他们只能背诵一些经典辞章的虚文，而毫无"适时合用"的真本领。另一方面，明末不重视育人，不重视教育，学校教育日渐衰落，官学几乎"名存实亡"，人才得不到教育培养，到了国家危急，需要人才时，才发现"无可用之士"。

2."成人之道"在于教育

人的知识才能和道德观念是先天就有的还是后天形成的？这是中国古代哲学家争论不休的一个焦点话题。王夫之强调后天的培养教育对人才成长发展的重要作用。他认为人性"日生日成"，主要靠学、虑、接、习才能实现，即"习与性成"。在《读四书大全说》中，他把人的"性"分为两种："先天之性"和"后天之性"。"先天之性，天成也；后天之性，习成之也。"据此，他认为教育对"成人之道"，即对人才的培养，有三个方面的作用。一是教育可以发展和增强"先天之性"。所谓"先天之性"就是人的自然素质,主要指人的眼、耳、口、鼻、心等感官。人生下来就具有这些器官及其潜在的机能。这些先天感官的发展,认识机能的体现和增强,都取决于后天的学习和培养。二是教育可以形成和培养"后天之性"。他在《周易外传》中说:"学为成人之道""滋之无穷之谓恒,充之不歉之谓诚,持之不忘之谓信,敦之不薄之谓仁,承之不昧之谓明,凡此者所以善也,则君子之所以为功于性者,亦此而已矣。继之则善矣,不继则不善矣。"即人的才能是可以通过教育培养得到的。三是教育可以变革"恶习"。

3. 育人之法当是"学思相资"

王夫之在《四书训义》中说:"致知之途有二:曰学,曰思。学则不恃己之聪明,而一唯先觉之是效;思则不徇古人之陈迹,而任吾警悟之灵。乃二者不可偏废,而必相资以为功。""学"和"思"是互相依存与相互促进的,而不是矛盾对立的,必须二者结合,"学思相资"。只有虚心学习,不断扩大知识面,才有利于独立思考的发展;只有经过独立思考,才能深入理解和牢固掌握所学的知识。这就是"学"和"思"的辩证法。"学非有碍于思,而学愈博则思愈远。思正有功于学,而思之困则学必勤。""学"和"思"相辅相成,学识越广博,思考越深远,思考中有了疑难,又促进人们更加勤奋地学习。

此外,王夫之还提出了一些育人的原则和方法,如"因人而进""尽人之材",即根据学生的特点、水平进行教学,从而充分发挥学生的聪明才智;"施之有序",即循序渐进,由近及远,由浅入深,使学生的基础牢固,渐登高峰;"愤悱启发",即启发式教学,重在培养学生分析、解决问题的能力;"学有当务",即学习要结合实际,要为当前社会服务;"教必著行",即学用结合等。

4. "理欲统一"和道德修养

宋明理学主张"存天理、灭人欲"的道德修养。王夫之认为,"天理"和"人欲"是统一的,"天理"存在于"人欲"之中。他在《读四书大全说》中说:"盖凡声色、货利、权势、事功之可欲而我欲之者,皆谓之欲。""天理"与"人欲"并不对立。"天理充周,原不与人欲相对垒。"又说:"私欲之中,天理所寓。"主张理欲统一。他的"理欲统一"中,也包含有"节欲"的内容。如王夫之在《读通鉴论》中提出:"以天下论者,必循天下之公,天下非一姓之私也。"即使是"天下之君",也不能"以一人之私",而"废天下之公"。

5.教师要"教人以明""正言正行"

教师就如"经纶草昧太虚,不贷于云雷丽泽,讲习君子,必恒其教事"。[①] 要求教师要像园丁培育花卉、农民耕种土地一样,不能只靠阳光雨露,而必须孜孜不倦,勤于"教事"。所谓"教事",即"教人明""诲不倦""学不厌"。在学问上,要博学广识,不能以其昏昏,使人昭昭,"欲明人者先自明",知识是没有止境的,因此要不断学习,以丰富自己、充实自己。在工作态度上,要"解析万物",诲人不倦。

(二)王夫之的文学成就

王夫之在文学上也极有成就,特别是他的诗词,"以其杰出的创作成果和理论建树,为古代湖湘诗坛树起了又一座丰碑"。[②] 爱国主义思想是王夫之诗词的基调,清代诗人朱祖谋评价其诗词是"字字楚骚心"。如《满江红·忆旧》:"灯影萧疏,身还在,为谁消受。拼尽了,月下吹笙,花前纵酒。寂寂仲华今已老,太阿知我还知否。向中宵、寒铁喷青光,雌龙吼。骨已白,黄泉友。魂已杳,黄头妇。便长吟梁父,溪山非旧。飞尽楝花天不管,韶华难得春风又。听啼鸦、啼彻五更心,栖衰柳。"上半阕写自己一身孑立,满腔悲愤,匣中的钢剑仍在怒吼,就是一个人也决心战斗到底。下半阕倾吐了思念亡妻、亡友以及故国之情,深深地寄托着故国之思、民族之痛。王夫之的诗,多用比兴,咏物抒情,诗意深远,又善于写景,寄情如景,情景交融。通过描写湖南山水风景的美丽壮观,今昔对比,沧桑变化,含愁凝恨,"不是旧时面",寄托对故国山河的哀痛之情,发泄对入主中原的异族统治者的仇怨。

王夫之还是散文名家,其文既注重思想内涵,又有丰富的文采,可读性强,令人百诵不厌。如《船山记》:"船山,山之岑有石如船,顽石也,而以之名。其冈童,其溪渴,其靳有之木不给于荣,其草瘭靡纷披而恒若凋,其田纵横相错而陇首不立,其沼凝浊以停而屡竭其濒,其前交蔽以絃送远之目,其右迤于平芜而不足以幽,其良禽过而不栖,其内趾之狩者与人肩摩而不忌,其农习视其墢塎之坍谬而不修,其俗旷百世而不知琴书之号。然而予之历溪山者十百,其足以栖神怡虑者往往不乏,顾于此阅寒暑者十有七,而将毕命焉,因

---

① 王阳明.王船山诗文集[M].北京:中华书局,1962:16.
② 王驰,刘鸣泰,刘克利.湖湘文化大观[M].长沙:岳麓书社,2003:318.

曰此吾山也。……赏心有侣，咏志有知，望道而有与谋，怀贞而有与辅，相遥感者，必其可以步影沿流，长歌互答者也。而茕茕者如斯矣，营营者如彼矣，春之晨，秋之夕，以户牖为丸泥而自封也，则虽欲选之而奚以为。夫如是，船山者即吾山也，奚为而不可也？……"

这篇600来字的散文，首先以细腻、轻快的笔法，描述了他晚年隐居之地石船山的地形、山水、民风、民俗，接着以酣畅、深沉的笔调，抒发了自己坚守节操、亡国抱恨的悲怆心情。此外，王夫之的许多序、记、传、铭、赞、跋、尺牍等，都是出色的散文。他的哲学、史学等学术著作，不但见解深刻，而且具有文学价值。他的《姜斋诗话》《古诗评选》《楚辞通释》等，更是继承和发扬了诗话文体的优良传统。论诗、评诗，无拘无束，信手拈来，涉笔成篇。或长篇大论，分析剖解入微，或三五言辞，说出大道理，无不体现了王夫之独具匠心的大家风范。

三、清代前期的湖南人才

如前所述，清代前期是指顺治、康熙、雍正三朝，约90年时间。清前期在渡过难关之后，政权已经巩固，社会政治、经济、文化平稳发展。这一时期湖南人才却仍然稀少，而且相对沉寂，缺少知名度高的人才。湖南古代伟大的思想家王夫之也是到清代后期才显名于世。

（一）清代前期湖南人才的特点

在中国历史上，由明至清是一个特殊的历史时期。和由宋至元时期相似的是，都是由少数民族入主中原，统治全国，都是由经济、文化相对落后的民族，统治政治、经济、文化相对先进的汉族人民，都是由少数民族以武力建立全国政权，都对汉族人民实行了镇压政策，并且都实行对汉族的歧视政策。因此，在元初和清初，汉族人民都遭遇了极大的灾难，并表现了对新政权的不合作态度，进行了较长时间的反抗和斗争。在这种历史背景下，清代前期湖南人才的特点如下。

1."夷夏之辨"的民族主义情绪和忧国忧民的爱国主义思想突出

清政府从入主中原到平定各地反清势力，整整花了40年时间。这期间湖南处于一个特殊的地位,既是南明政权的重要基地,是抗清战斗激烈的战场,又是吴三桂与清军争战主要激烈的战场。因此,湖南成为"夷夏之辨"民族主义思想滋生的土壤。王夫之在《读通鉴论》中指出:"天下之大防二:中国、夷狄也,君子、小人也。""夷夏者,义之尤严者也……绝夷于夏,即以绝禽于人,万世守之而不可易,义之确乎不拔而无可徙者也。"这种强烈的民族主义思想,可说是当时汉族人民,特别是汉族知识分子的共同思想。这种思想在湖南更是深入人心,既广泛,又长久,是湖南人才思想显著的特色。

虽然说强调"夷夏之辨"是一种大汉族主义的表现,今天看来是一种落后的社会思潮,但在"明末清初"这个特定的历史时期,湖南的知识分子忧国忧民,担心国家的前途,关心人民的生活,进而形成强烈的爱祖国、爱人民的爱国主义思想情感。在此基础上,他们主张改革,提出了"严以治吏""宽以养民"的政治主张,反对清初统治者对汉族人民的民族歧视政策。在清初的具体历史时期,湖南人才"夷夏之辨"的民族主义思想和忧国忧民的爱国主义思想是结合在一起的,是一致的,是同步产生和形成的,因而是正义的、进步的。

2. 经世之学复兴

经世致用之学是中国儒家传统思想的重要内容之一,明末清初,王夫之等湖南人才继承和发展了这一传统。首先,他们批评了阳明学的空谈不实,王夫之在《礼记章句》中说:"王氏之徒……废实学,崇空疏,蔑规矩,恣狂荡,以无善无恶尽心意知之用,而趋人于无忌惮之域。"他认为王学风行是明朝覆亡的根本原因之一。其次,他们强调治学研经的目的在于治世,在于实用。最后,在学术思想上,他们主张根据实际,力求创新,提出了"六经责我开生面"的著名课题,只有遗弃陈规,坚持创新,才能学以致用,开创一个新的时代。

湖南人才不仅在思想上倡导经世致用之学,而且在行动上重实学、讲实用。王夫之之子王敔在《姜斋公行述》中说,王夫之"自少喜从人间问四方之事,至于江山险要,士马食货,典制沿革,皆极意研究。读史读注疏,于书志年表,考驳同异,人之所忽,必详慎搜阅之,而更以见闻证之"。常宁王守俨,究心经世之学,曾上《中兴战守策》,很有见地。长沙吴道行,留心经世之学,曾就兵储马政,兴利革弊等事向有司建议。邵阳车氏兄弟崇尚实学,从事出版实事,促进了刻书出版事业发展。武陵胡统虞,精究理学外,旁及孙、吴、穰苴等兵法,并通道、医之学,终成一代贤臣。衡阳左修品,为政以实,赈饥、平盗,改风俗、设义学。郴州喻国人,潜心著述30多年,遍及河图、洛书、象纬、舆地、乐律、月令、河渠、井田、兵制等实用之学。他们倡导经世之学,对当时湖南社会经济文化的发展起了积极的作用,为后来"湘系经世派"的形成和发展奠定了坚实的基础。

3. 思想文化型人才为主流

文化型人才为主体,是清代前期湖南人才的主要特色之一。在唐、宋时期,湖南人才中也是文化型人才占多数,但不能和清代前期相比。一是文化型人才约占清代前期湖南人才总数的80%以上;二是文化型人才成就显著,产生了一大批学术成果和诗词歌赋;三是出现了一位杰出的思想家王夫之。清代前期湖南人才结构的另一个重要特色是人才的群众化、下层化。没有产生著名的政治家、军事家,他们中大多数人官位不显、权威不大、知名度不高,且大多和底层百姓联系紧密,生活在百姓之中。他们或是下层官吏、衙门清客、地方士绅,或是无官位、无功名、无权无势的布衣。他们以教书、书画、行医、耕作为业,自食其力,在劳动中发挥聪明才智,创造成绩,留名青史。

(二)清初湖南人才的类型和走向

清初是指顺治至康熙初期大约三四十年时间。这时的湖南人才面临改朝换代后投向何方、人生的道路怎么走的大问题。清初湖南人才大概可以分为两个类型、四种走向。

一个类型是,积极与新政府合作,承认清政权,出任清政府官职,这是第一种走向。这类人才大多在明末取得了功名,或是明末朝廷的中下级官吏。清代政权建立后,他们或者为了自己的前途,或者认识到明末的腐败,而寄希望于新朝。因此他们对清代政权的建立采取了积极支持和合作的态度。他们或者归附清政府,担任新职,或者重新取得功名,进入仕途。这些人一般勤政爱民,颇有政声,且多有著作留世,但基本上没有获得高官显位,多为中级官员。其中,胡统虞是这类人才的杰出代表,也是这类人才中官位最显、权力最大的人物。此外,还有攸县人刘自煜、永顺人彭泓澍、临湘人沈以曦、长沙人赵开心、湘乡人贺久邵、常宁人刘用楚、湘乡人简徐芳、桂阳人周光节、桃源人罗人琮等。

另一个类型是，不承认清政权，不与清政府合作，一些人还参加了反清抗清的斗争。这类人才大致有三种走向。第一种走向是转换战场，斗争不息，著书立说，讲学授徒。抗清失败后，许多湖南人才转而归隐民间，钻研学问，从事教育事业，从思想上坚持反清，对清政府采取不合作的态度。王夫之兄弟子侄和郭金台等人是其中的突出代表。此外，还有零陵人桑日升、湘潭人龙人俨、酃县（今炎陵县）人周士仪、新化人张圣域、祁阳人刘惟赞、湘潭人胡跃龙、湘乡人刘象贤、邵阳人宁朝柱、衡阳人伍一生、衡阳人李国相等。第二种走向是不事清政府，归隐林泉，怡情山水，吟咏交友。明亡后，湖南许多知识精英以民族大义为重，纷纷归隐，对清政府采取不合作态度。他们大多博学多识，工诗能文，家境较好，生活无忧，以吟诗访友、游山观景终了一生。但他们的才干却被浪费了、埋没了。如湘乡人邓天锡，黔阳人何文焕，泸溪人杨卓然，华容人黎庆永、文燠，桃源人罗其鼎，新化人邹鹤龄，辰溪人米元倜兄弟，武陵人瞿龙跃，武冈人潘应斗等。第三种走向是不问世事，转向佛道，潜心经典，修身养性。明亡，对许多人是一个很大的打击，他们目睹明末官场腐败，南明政权更是明争暗斗，他们深感力不从心，无力回天。因而灰心丧气，不问政事，不理世情，或出家为僧、为道，念经诵佛，或潜心佛、道经典，以求解脱。如衡阳人管嗣裘、夏汝弼，湘潭人刘培泰，湘乡人龙宏戴，武陵人唐访，澧县人刘瑄，邵阳人释演什等。

（三）胡统虞、胡期恒等政治型人才

清顺治、康熙、雍正三朝，湖南政治型人才相对减少。一方面，清初统治者实行民族歧视政治，汉人很难在政治上有所发展；另一方面，湖南许多人才对清政府采取不合作态度，无意在政治上发展。清前期约90年时间，湖南人官至巡抚、尚书的仅4人，即胡统虞在顺治年间任礼部尚书，赵开心在康熙初年任工部尚书，陈鹏年（在世家人才中介绍）在康熙末年任河运总督、漕运总督，胡期恒在雍正初年任甘肃巡抚。

1. 礼部尚书胡统虞

胡统虞（1604—1652），字孝绪，湖南常德人。自幼聪悟，好学有志，知识渊博。精研理学，旁及兵法、道家、医学，均有所成。明崇祯十六年（1643）进士，选庶吉士。次年，李自成占领北京，胡统虞被捕入狱，自杀未

遂。旋清兵攻占北京，胡统虞趁机逃跑，改名易装，流浪江湖，以卖卜行医为生。顺治二年（1645）清政府以原官起用，任国史院检讨。次年，任会试同考官、顺天乡试正考官。又次年，升国子监祭酒，顺治六年（1649），任《太宗文皇帝实录》副总裁。稍后，擢礼部尚书、内阁书院大学士。顺治九年（1652），任会试正考官，他率领同僚秉公办事，选拔有真才实学的人才。榜发，贵族子弟而无真才实学者多落榜，因此触犯了权贵，被联名上疏弹劾。胡统虞坦然相对，主动承担责任，只将考试过程和考题试卷等详加说明，未作申辩。结果被降六级调用，补秘书院侍读学士。旋病卒，终年仅48岁。胡统虞又是有成就的学者和诗人。其诗风格独特，情调自然，颇有田园诗风采，有《明善堂集》《三家撮要》等著作。

2. 甘肃巡抚胡期恒

胡期恒，字元方，胡统虞之孙。康熙四十四年（1705）举人。康熙帝南巡时，胡期恒献诗，得到赏识，授翰林院典籍，校书南书房，参与修撰《佩文韵府》。雍正元年（1723），擢甘肃巡抚，成为朝廷重臣，是清代湖南人才中的第一个巡抚。

胡期恒官场顺畅，和年羹尧过往较为密切。《清史稿》记载，胡期恒任通判时，"羹尧为巡抚，荐期恒，迁夔州知府，再迁川东道。羹尧兼督陕西，复荐迁陕西布政使。期恒通晓朝章国故，才敏，善理繁剧，羹尧深倚之。羹尧挟贵而骄，惟期恒能以微言救其失。羹尧奴辱咸阳知县，期恒执而杖之，自是诸奴稍敛戢。尝讽羹尧善持盈，羹尧勿能用。及羹尧败，诸为羹尧引进者，争劾羹尧以自解；期恒惟引咎，终不言羹尧，乃下狱"。年羹尧被赐死，胡期恒受到株连，入狱10年。至雍正逝世，乾隆元年（1736）才释放。此后，胡期恒一直在扬州梅花书院讲学授徒，钻研学问，数年后病卒。胡期恒之弟胡期颐，字永叔，官至临江知府，被弹劾落职，从此不能进入官场。

3. 赵开心等其他政治型人才

赵开心，字灵伯，号洞门，湖南长沙人。明崇祯七年（1634）进士，官兵部员外郎。清初累官至左都御史，以不阿权贵著称，被免官。康熙元年（1662）复被起用，官至户部侍郎、工部尚书。

尹惟日（1630—1657），字冬如，湖南茶陵人。顺治九年（1652）进士，授广东和平知县。境内九连峒少数民族起义，清政府四省会剿，战事经年不息。尹惟日到任后，单骑进入几连峒抚谕，陈以利害，起义平息。升知府，擢岭北兵备道。时广东战事频繁，上司以其年青干练，将各道军政要事尽委之。尹昼夜操劳，无片刻休息，终于积劳成疾而逝，年仅28岁。著有《和平政迹》《行吟诗集》。

刘昌臣，字又昌，湖南常德人。顺治十二年（1655）进士，历任主事、提学、代浙江布政使。勤政严明，秉公执法。办理军需各事，井然有序。刘昌臣学识渊博，著有《思补堂集》。

吴李芳，字茂孙，湖南邵阳人。明崇祯十二年（1639）举人，累官至南明左都御史、两广总督。明亡，转而参加科举考试，顺治十八年（1661）进士，历任知县、知州、内阁中书。

陈养元（？—1723）字正求，号鹿山，又号芷滨，湖南常德人。康熙三十二年（1693）举人，授安徽宁国知县，政绩卓著。他赈济灾民，兴修水利，平反冤狱，重学兴教，创办义学，移风易俗。县人感其恩德，建立"陈公书院"。陈养元工于诗，著有《鹿山诗文集》。其诗气势雄浑，形象鲜明，语言清新。

（四）李文炤、王文清等文化型人才

清代前期的湖南文化型人才，首推王夫之，其如一峰挺立，高耸入云，无人可以企及。此外，清代前期湖南文化型人才星罗棋布，其人数之多，分布之广，超过了以往历朝历代，特别是出现了许多诗人，有不少诗作传世。清以少数民族入主中原，深受儒家"夷夏之辨"思想影响的知识分子，悲愤交加，无可奈何，借诗消愁，借诗抒愤，正应了"忧患出诗人"的说法。诗多、诗人多，是清代前期湖南文化型人才的一个特点。

1. 学者、教育家李文炤

李文炤（1672—1735），字元朗，号恒斋，湖南长沙人。自幼聪慧，刻苦好学，被誉为"神童"，康熙五十二年（1713）举人。无心仕途，一直潜心学术，"杜门著述"，讲课授徒，析难辨疑，多有创见，被尊为一代宗师。雍正十三年（1735）病卒，终年64岁。

李文炤是一个大学问家，"于书无所不读，读辄务究其蕴奥"，长期精研程朱理学，学识渊博。后人对他评价极高："尝释易卦象，订礼，正诗乐，解春秋，论纂宋五子书"；"著《学庸讲义》，其他子史百家、舆地象纬，莫不淹贯。湖南自王夫之以学术闻天下，文虽子史梵书，亦必批其根底。傥言不察二氏之所以非，安知吾儒之所以是；不观诸子之有纯有驳，安知吾儒之醇乎其醇；不审秦汉以下之成败得失，安知三代以上帝德王猷之尽善尽美也"。① 他著作丰富，有《周易本义拾遗》《春秋集传》《周礼集传》《近思录集解》《正蒙集解》《家礼拾遗》《楚辞集注拾遗》《恒斋文集》《太极解拾遗》《西铭解拾遗》《训子诗解》《朱子语类约编》《圣学渊源》《语录约编》《古文醇》《大学讲义》《中庸讲义》等。

李文炤又是一个教育家，有丰富的教育经验，自康熙五十六年（1717）开始主持岳麓书院6年。他强调教师要为人师表，要求学生持之以恒，不能见异思迁，并提出"一以朱子为归"的教育宗旨。他还制定了《岳麓书院学规》八条：强调爱惜光阴，专心读书；对人对事要主敬，要端庄、有礼貌、谦虚有仪；主张"有不明处，反复推详"，即自由讨论；强调写作，读写结合；要求逐字逐句地学习《朱子集注》；提出"圣门立教，务在身通六籍"；认为"欲通世务，必须看史"；强调实践，行比知更为重要。这一学规承上启下，内容丰富，在湖南教育史上有着积极意义。

2. 学者、教育家王文清

王文清（1688—1779），字廷鉴，号九溪，湖南宁乡人。雍正二年（1724）进士，历任九溪卫学正、岳州府教授。后以父老乞归侍养，绝意仕进，闭门著书。乾隆年间两次出任岳麓书院山长。乾隆四十四年（1779）病逝，终年92岁。

王文清是著名的学者、极有成就的汉学家，与王夫之、王闿运、王先谦并称"湖南四王"。李肖聃说："先生拔起穷乡，独治朴学，由教授而举鸿博，自中书入位纂修。经礼与于校刊，律吕又其专习。于是有《周礼》《仪礼》会要之作，有《仪礼》分节之编，生康熙全盛之朝，治俗士不为之学。故吴廷华服其精博，多采其言；吕南村敬其闳通，遣男受业。""有清一代宁乡无斯鸿硕，即湖外百年儒林寡此耆英矣。"② 当时，宋明理学仍占学术统治地位，汉学刚刚兴起，尚未引起重视。王文清不甘寂寞，敢为人先，独治朴学，可见其学

---

① 邓克铭. 宋代理概念之开展 [M]. 台北：文津出版社，1993：128.
② 钱基博，李肖聃. 近百年湖南学风·湘学略 [M]. 长沙：岳麓书社，1985：157-158.

术上的勇气，堪称学术史上宋学转向汉学的开端人物。王文清不仅学问渊博，而且博闻强记，对于汉学的兴起，确有开创之功。王文清著作较多，有《考古源流》《典制大文考》《历代诗汇》《周礼会要》《周易中旨》《乐制考》《锄经余草》《锄经续草》《仪礼分节句读》等，达55种之多。

王文清对岳麓书院贡献巨大。一方面，他解决了书院经费问题，增建房舍，调整结构，为书院的振兴和发展奠定了基础。另一方面，他为书院树立了重证据、重事实的良好风气。制定《岳麓书院学规》18条，前9条讲德育，具体提出了孝、敬、忠、恭、俭、和、悌、义等道德规范；后9条讲智育，明确了教学内容、学习态度、学习方法。王文清总结《读经六法》：正义、通义、余义、疑义、异义、辨义。要求首先明确经学的本义，了解前人和时人对经书的解释；然后经过自己的思考，提出看法，发表独立见解。王文清提出《读史六法》：记事实、玩书法、原治乱、考时势、论心术、取议论。了解事实是前提，是治史的第一基本功；然后才能从史实出发，探讨治乱兴衰的原委、背景、因由；从而得出正确的结论，提出自己的见解。这些不仅继承了岳麓书院良好的传统，而且进一步开创了书院实事求是、经世致用、自由讨论、寻求真理的教风和学风。

3."楚南四家"

"楚南四家"指陈之驷、王敔、王元复、车无咎四人。

陈之驷（1635—1711），字桃文，后人称"文范先生"，湖南攸县人。学识渊博，贯通经史子集；文笔岸异，独辟蹊径，被誉为"楚南第一""天下奇才"。以讲学授徒为业，澧州、贵州等地士子，不远千里来拜师学习。陈之驷又工于诗，其诗流畅自然，骨气端翔，平仄韵律，音情顿挫。著有《岛孙文集》。

王敔，字虎止，王夫之仲子，湖南衡阳人，康熙五十八年（1719）岁贡。学识渊博，与王元复及湖北汉阳王戬，合称"楚中三王"。以设馆授徒为业，曾主讲石鼓书院。有《蕉畦存稿》等著作。

王元复，字能愚，号惺斋，湖南邵阳人。康熙五十三年（1714）贡生。一生研究理学，经学深邃，文行纯粹，于六经传注，程朱绪言，旁及舆图、象纬、内经，参同契诸书，无不析疑辨难，一归于正。晚年，他和车无咎、李文炤、张鸣珂在湖南同讲理学，引起轰动，学者宗之。王元复亦工于诗，其诗境界高尚，潇洒清新。

车无咎在后面介绍。

4.书画家髡残、法智、胡传佐

髡（kūn）残（1612—1692），字介丘，号白秃、石溪，自称残道者，晚号石道人，湖南常德人。俗姓刘，幼年失怙，厌弃举业，矢志奉佛，20岁时削发为僧。髡残好学不倦，识见高雅，工诗书，善绘画，尤精于山水画。师法元代画家黄公望，长于干笔皴擦，运笔流畅，色彩清淡，而境界幽深，独树一帜。时人将他和著名画家程正揆（号青溪道人）相提并论，誉为画坛"二溪"。又与石涛齐名，并称"二石"。髡残曾在南京、杭州、黄山、雁荡山观赏各地名山胜境。中年回到家乡，避居桃源，观赏了湖南湘西千奇百怪的大自然风光，这些自然风光为其创作提供了丰富的素材。髡残品格清高，不轻易为人作画。平日交友，或明代遗老，或山林隐逸。髡残作品很多，《云洞流泉图》是其代表作，现存故宫博物院。此外，尚有约百幅作品存世，皆是极具独创魅力的艺术精品。

法智，僧人，号破门，原扬州人，入籍湖南衡阳。活动于清初，居住于南岳飞来船下的小庵，名"石浪居"。工诗、善画，尤精书法，草书尤臻妙境，时称湖南第一。尝自书《山居即事》22首，笔力遒劲，融会精华，乃书中精品。内有"一步一花无别意，香来熏透破袈裟"之句，极受王夫之赞赏。其诗作收入《石浪破门集》。

胡作传，字昆左，号止斋，湖南攸县人。著名的画家、诗人，擅长山水画，当时名士都以珍藏他的画为荣，被称誉为"风高南国"。其诗多被选入《国朝诗的》，有《独秀轩诗文集》22卷行世。胡作传学问精深，钻研理学，且为人正直，好行义举，清初兵乱，有族人十多户流亡逃难，他悉数招抚，妥为安置。

5.学者、诗人陶之典、廖元庭、蒋大年

陶之典，字五徽，陶汝鼐之子，湖南宁乡人。顺治年间拔贡，被选为安亲王府教习，迁内阁中书。他淡泊名利，专心学问，至老犹手不释卷。钻研理学，好古文，通医学，尤工于诗。常游览山水，观赏风景，吟诗交友。其诗多描述湖湘风光美景，有洞庭雪景、浯溪道路、著名寺庵，都能生动刻画，写出引人入胜的优美境界,给人以清新之感,流露出诗人对家乡、对生活的热爱。其诗多收入《冠松崖诗稿》。

廖元度,字大隐,湖南长沙人,生性淡泊,无心名利。平日读书写字,游览山水,吟诗访友,怡然自乐。吴三桂叛乱,家宅被毁,其居于佛寺8年,专心学问,广泛搜集史志典籍、诗人诗作。晚年筑"息机园",潜心写作。成《楚风补》50卷,该书以湖南通志局所藏上古至明的楚人诗稿编排而成。又搜集清初楚人诗词,编为《楚风纪》,对保存和传扬湖湘文化有积极贡献。

蒋大年,字弥少,号南霞,湖南邵阳人。自幼聪慧好学,被誉为"神驹",为人正直,急公好义,不善制艺之学,顺治八年(1651)入太学。喜读有用之书,于地方掌故、史志,尤为留心,曾三次参加府志、县志的修撰。为文极有章法,有秦汉古风,为人称道。其诗语言凝练,音节优美,意境雄浑,豪迈奔放,感情真挚。

6. 学者喻国人、何文熊、黄秀、曾静

喻国人,字大受,小字鹿受,号春山,湖南郴州人。明崇祯十五年(1642)举人。明亡,隐居不仕,主办同仁书院,讲学课徒,潜心著述,声名颇佳。吴三桂叛乱,喻国人避走京师,一时满汉公卿、文人学士、四方名士纷纷来求学问道。武英殿大学士熊赐履等人极称赞之,结为知己之交。喻国人重农桑,轻工商。郴州矿产丰富,民间开采甚众,矿业有较大发展。喻作《郴州矿产十害论》,后来成为清代禁民间采矿的依据。喻博学多识,尤精经学,治学严谨,多有创见。学政潘宗洛将其著作辑成《喻春山文集》。其中有《周易辨证》《河洛定议赞》《全易十有八变成卦定议》《周易对卦数变合参》《河洛真传》《周易生生真传》等,均收入《四库全书》。

何文熊(1625—?)字景照,湖南桂阳人。一生专心学问,无意仕途,后因其母和州县官员的劝迫,遂为州生员,但拒不参加乡试。吴三桂曾多次征召其出山,他坚辞不就,安居陋巷,布衣蔬食。精医术,明天文,好史志,整理地方典籍。著有《蓉文拾粹》《医林文献》,撰有《南平志》等。

黄秀(1657—1747),字实庵,湖南岳阳人。自幼聪慧好学,康熙六十年(1721)进士,授翰林院检讨,擢山东道监察御史。其建议赈恤救灾、修建堤防、重视农桑,严禁考试之弊、堤工浮费等,均为朝廷所采纳。黄秀博学多识,尤精史志,晚年寓居阳明书院,致力于王阳明之学。著有《读史论略》

《道山堂文集》等。曾参与《治河方略》《政治典训》的纂修，又续修《巴陵县志》，应邀纂修《贵州通志》。

曾静，号蒲潭，湖南永兴人。性格迂阔，软弱少志，喜谈道学，华而不实。在靖州乡试时，读吕留良文，为其"夷夏之辨"的思想所吸引，于雍正六年（1728），派弟子张熙投书川陕总督岳钟琪，劝其拥兵反清。事发，曾静被捕，供认一切，从而引发"吕留良文字狱"，死者甚众。雍正帝将审问曾静问答之词，编为《大义觉迷录》，并令曾静在江宁、杭州、苏州等地宣讲，批判吕留良言论，而后释放曾静，以示"宽大"。雍正十三年（1735），乾隆即位，将曾静处斩。

四、清代前、中期湖南的世家人才

明清以来，湖南世家人才增加，成为这一时期湖南人才群的一个重要组成部分。清代湖南世家人才比明代更多，而且以文化型世家为主。前面介绍的王夫之，其曾祖即"文名著南楚"，他的父辈、兄弟、子侄三代，多是有成就的学者。此外，邵阳的车家、湘潭的陈家、湘乡的易家、衡阳的聂家等，都是以文化名世的世家。到晚清时期，世家人才更多、更兴盛，在历史上的作用和影响也更大。如安化陶家、安仁欧阳家、长沙贺家、新化邹家、道县何家、邵阳魏家、汨罗李家、湘潭罗家、湘乡曾家、湘阴左家、益阳胡家、湘阴郭家、长沙皮家、攸县龙家、浏阳谭家、汉寿易家、衡山陈家、长沙黄家等。

（一）邵阳车氏世家

明代居于邵阳的车氏世家，一门七代，跨明、清两朝，人才鼎盛。其中35人有著作传世，达1 000多卷，为邵阳望族。第一代车大任、车大敬兄弟，是知名的学者、诗人；第二代车以达、车以遴、车以遵等，都致力于学，知名于时。到清代，其子孙更加兴达，有湖南著名的学者、诗人、出版家、著作家。

1. 车万育和车万合

车万育（1632—1705），字双亭，又字与三，号鹤田，又号敏州，车大敬之孙。幼时家贫，车万育兄弟昼耕夜读，自食其力，勤奋好学，互为师友。康熙二年（1663），车万育与车万备同时考中举人。次年，车万育中进士，授户部给事中，升兵部掌印。他为官公正清廉，刚毅无私，直言无忌。在户部多年，掌管粮钱财物，不治私产，不受私礼。他关心桑梓，曾捐赠田租收入在宝庆城东建"保赤堂"，收养幼婴，为世人赞誉。车万育学问博识，善书法，工诗词，经史学术，均有所长。著有《萤照堂明代法书石刻》《历代君臣交儆警录》《奏疏》《集唐诗》《声律启蒙》《全史一脔》《春秋易简读余集》《祈岳游草》《怀园杂著》等。其中《声律启蒙》一书，为清代家喻户晓之读物。该书是训练儿童应对，使儿童掌握声韵格律的启蒙读物。按韵分编，包罗天文、地理、花木、鸟兽、人物、器物等的虚实应对。从单字对到双字对，再到三字对、五字对、七字对、十一字对，声韵协调，朗朗上口，儿童可从中得到语音、词汇、修辞的训练。从单字到多字的层层属对，读起来如唱歌般，且通俗易懂，知识面宽，易于记忆，因而大受欢迎，流传广远。

车万合，车大任之孙，车以达之子，车万育之堂兄。聪明好学，工诗善文，明天启元年（1621）举人。考官缪昌期（1562—1526）以其比之宋代著名文学家曾巩。

2. 车鼎晋、车鼎丰、车鼎贲、车鼎黄

车鼎晋、车鼎丰、车鼎贲三兄弟系车万育之子，车鼎黄为车万合之子。

车鼎晋，字丽上，号平岳。自幼敏悟，十岁能诗。康熙三十六年（1697）进士，官至福建学政。为政公勤，杜绝请托，重教兴学，识拔真才，颇具政声。车鼎晋是有成就的学者，学问扎实，不尚空谈，诗宗杜甫，书法超峻。曾与江浙词臣一道校辑《全唐诗》，著有《天竹山房诗文集》《四书辨体》《审音考异》等。

车鼎丰（？—1732），字遇上，别号道南。康熙四十七年（1708）中乡试副榜，此后，绝意仕进，寄寓金陵，钻研学问，于"四书"用力尤深。著作有《四书条辨精解》《教学绳墨》《晚闻轩诗文集》等。并编纂和刊刻有《朱子文语纂编》《中庸辑略》《重订宋诗抄》等书。

车鼎贲（？—1732），又名世南，自幼好学，尤精经学。受王夫之和黄宗羲的影响，持反清复明的民族主义思想，一生未入官场，专心学问和书籍校订出版事业。著有《双铜书塾韵正》《老庄定论》《小四书集注》《重订千家诗》《小歇处残稿》《惜宝录》《近思录注析微》《识字瓵》等10多种。

车鼎丰、车鼎贲兄弟是著名的出版家，邵阳因此成为江南刻书名城。丰、贲兄弟曾在邵阳刊刻吕留良《晚村吕子评语》一书，后曾静案发，二人于雍正六年（1728）被捕入狱。在狱达5年之久，坚贞不屈，坚持写作。雍正十年（1732）被害。临刑前，车鼎贲之子问其遗言，车鼎贲厉声曰："吾上不愧天，中不辱祖，更何言？若归，告汝兄弟，书不可不读，善不可不为，祸福听之。"

车鼎黄，活动于明末清初时期，著有《还雅堂诗集》《邵陵风雅集》等。

3. 车敏来

车敏来，字逊公，一字望亭，车鼎晋之子。康熙五十二年（1713）进士，曾任知县、知州，治行卓异，能尽革陋规，积弊尽除，教民种谷，垦荒植树，开渠引水，改良耕地，鼓励生产，百姓称善。又重学兴教，倡修试院，诸生称快，人才增多。为官清廉勤政，每到一处，自书厅堂联："勿作子孙计，是为父母官。"居官30多年，办了许多好事，清白自许，不名一钱，一身正气，两袖清风。后因得罪权贵，丢官家居。以"养我精神老读书"自娱，寄情山水，钻研学问，著有《偶然草》。

4. 车无咎

车无咎，初名檀，字浯生，又字补旃，车大任曾孙，车鼎黄之子。康熙四十六年（1707）拔贡，居家讲课授徒。平生钻研经籍，学识精湛，尤精"四书""五经"。与同邑理学家王元复齐名，时称"车王"。二人又与衡阳王敔、攸县陈之驺合称"楚南四家"，被尊为一代"儒宗"。湖南学政潘宗洛曾评价王、车之学："王子较大，车子较精。"车无咎的诗也写得很好，著有《尚书口义》《辨类编》《承雅堂文集》《切己录》《老圃杂说》等。

（二）湘潭陈氏世家

清末名士邓显鹤在《沅湘耆旧集》中说："吾楚前哲风徽未泯，求其志节风义，勋业文章，照耀宇宙不朽如公者，西涯以后，一人而已。""公"，指陈鹏年；"西涯"，为李东阳。邓显鹤认为陈鹏年是继明代李东阳之后，湖南政坛、文坛双秀中又一杰出人物。清初，陈鹏年曾位至总督，名震天下，深得百姓爱戴，其又是湖南最有名气、最有成就的诗人词家之一。陈鹏年是历经明、清两代的湘潭陈氏世家的代表人物。

1. 陈嘉谟、郭金台、陈式谷

陈嘉谟，生平不详，为陈鹏年曾祖。明末动乱，率全家隐居于湘潭西南的东雾山。该处四周群峰耸立，溪洞殊多，桃树成林，风景优美，有"桃花源"之称。

郭金台（1610—1676）字幼隗，本名陈湜，字子原，陈嘉谟之子。15岁时家遭变难，寄于舅舅郭家，郭氏无子，过继为子，改姓郭。自幼好学，聪敏异于常人，读书一目十行，为文下笔万言。明崇祯年间，郭金台两中乡试副榜，援例授举人，因战乱未赴。南明年间举人，名声很响，何腾蛟等人相继举荐，均以奉养老母为由辞谢。清初隐居衡山，著书授徒，并自题墓碑"遗民郭金台之墓"，以表其至死反清之志。

郭金台学识渊博，精通经史，工于诗词。其诗工整清新，平和开阔，好用典故，内含深意，多哀怨之声。如《同陶五徽过旧藩坐马公新刹有感》："旧识灵光殿，鱼塘幛幕开。重门仍锁钥，环道此楼台。庑草薰风转，官蔬照日培。百年游豫地，会见象王哀。"所谓"灵光""象王"，均为佛教用语，矗立在鱼塘畔的"马公新刹"当是一座辉煌的殿宇。郭金台的著作有《博物汇编》《五经骈语》《石村诗文集》《碧泉记》等。

陈式谷，字无忝，郭金台之子，陈鹏年之父。生平不详，有《似庵诗草》两卷传世。

2. 河、漕总督陈鹏年

陈鹏年（1662—1723），字沧州，陈式谷之子。自幼聪慧，小有才名，康熙三十年（1691）进士，康熙四十八年（1709），署布政使，旋任武英殿修书总裁官，康熙六十年（1721），署河道总督，旋实授，兼漕运总督。治河期间，陈鹏年日夜守于堤上，往来风雨之中，亲自指挥，慎宣防，严启闸，核功罪，信赏罚，寝食俱废，终至积劳染病，工未卒，人先亡，留下了公而忘私的榜样。雍正元年（1723），陈鹏年病逝，终年62岁，谥"恪勤"。

陈鹏年有胆有识，才干敏练，艰苦卓绝，百折不回，性情刚直，秉正疾恶，清廉勤政，爱民恤民。他力察民情、断积狱、平冤案、浚城河、兴水利、劝捐输、救灾荒、修学室、创义塾、禁侈俗、惩贪污、除奸恶、革火耗、减耗羡，因而有"青天"之名。陈鹏年身体健壮，巨肩虎项，电目戟髯，声如洪钟，精神抖擞，为人刚正，为官刚毅，不事权贵，而亲小民。多次遭权贵迫害，却得到了百姓的关心和爱戴。一生关心百姓疾苦，"以泽不被于民，道不伸于己为耻"，终成清一代廉吏、清官的典范。《清史稿》亦称其"廉明爱人，不畏强御"，并说陈鹏年是"真鞠躬尽瘁，死而后已之臣"。

陈鹏年学问精深，诗书俱佳，是清初杰出的学者、诗人、书法家。其诗师法杜甫，气度平和，不以奇峭为功，情思从容，而以抒情见长。历代文人对他的诗词评价颇高。近代徐世昌《晚晴诗汇诗话》说，陈鹏年诗"以沉郁顿挫，抑扬排荡见长，盖得于工部为多"。其中《浪淘沙·寒夜·同石千一对酒作》一词："残月转新晴，夜静寒生。霜花如雨扑帘旌，最是高堂今夕梦，暗数归程。无计破愁城，蓦地心惊，十年尘海竟何成。纵使围炉还对酒，到底凄清。"上半阕通过对残月、寒霜、深夜的氛围渲染，描述了游子在外对老母的深切思念。下半阕则回顾自己一生，宦海沉浮，事业未成（当指黄河工程尚未完工），人已年老体衰，纵使"围炉对酒"，回到故乡，凄凉之情仍不觉油然而生。此词可称为其对一生的总结。陈鹏年还精于经史，勤于著述，留有《陈恪勤奏议》《历仕政略》《河工条约》《道荣堂文集》《沧州诗集》等著作，并编撰有《分类字锦》《物类辑古略》《月令辑要》等。

3. 陈树芝兄弟

陈鹏年有七个儿子：陈树芝、陈树萱、陈树葵、陈树蓍、陈树莱、陈树蘩、陈树苹。

陈树芝，字琼田，康熙末年举人。随父入武英殿修书，后授知县，擢知府。对安定地方社会秩序，调和民族矛盾，均有政绩。撰有《平越赋》《揭阳县志》等。

陈树萱，字慈田。康熙五十七年（1718）以生员出仕，与兄陈树芝一道入武英殿修书。后授工部主事，迁都水司员外郎。雍正八年（1730）升御史，次年迁右通政、大理寺卿、顺天府丞，一人身兼数职。旋升副都御史，迁工部侍郎。陈树萱为官，有乃父之风，明达敏练，处事得体，刚正不阿，不事权贵，清廉勤政，公正严明，实事求是，所言无虚；为人诚实谦恭，正直无私，敦尚风雅，名望甚佳。

陈树蓍，字学田，以父荫授刑部员外郎，历任刑部郎中、道员、盐运使、鸿胪寺卿。陈树蓍为官，勤政爱民，急公好义，勇于承担责任。尤其聪悟强记，过目不忘，刑部失火，案牍焚毁，陈树蓍追忆默写甚多，与其他核对，丝毫不爽。为人仁义正直，敬友忠信，无声色器玩之好。陈树蓍学问翔实，工诗能文，著有《陈鸿胪近诗》二卷。

陈树莱，字瑶田，号散樗，曾任海运仓监督。好学聪悟，才华横溢。陈氏兄弟在京号称"风雅宗主"，陈树莱为其中之最。其轻财好义，扶危救难，常与文人才子游乐山水，论文吟诗，风流倜傥，宅心仁厚。可惜早离人世，年仅27岁。

4. 宋本敬

宋本敬，字宾门，湖南湘潭人，陈鹏年外孙。乾隆二十四年（1759）举人。历任山西太谷、陵川、宁武、阳城、河曲、长治等地知县，后擢广西镇安知府。宋本敬为官勤政爱民，清廉自奉，敢于用事，处变不惊。常以四事自励："不通苞苴，不听求请，不生事，不避事。"宋本敬为官数十年，所经钱粮无数，一无所染，吏民敬服，以宋为"青天"，为立生祠。宋本敬重视地方史志，撰有《广西通志》。

（三）湘乡易氏世家

乾隆皇帝曾有《题易祖栻墨竹诗》："翠扫琳琅绕曲池，东坡妙笔写幽姿。一声清籁露华湿，万个寒梢月影披。想像笙簧吹飒沓，依微烟霭辨参差。香篝银烛消长夜，恍似潇湘晤对时。"易祖栻乃一介布衣，却与皇帝交往密切，吟诗作画，实罕有之殊荣。易祖栻是湘乡易氏世家的成员，易氏一家三代10多人，均不顺于科场，官位不显，但其孝行品格、道德文章、绘画艺术，却知名于天下。

1. 易贞言

易贞言，字内美，生员，终身未仕，一生潜心学问。自幼纯孝，好学苦读，待人至诚，多行善事，多有义举。赈灾荒、置义田、救人难、捐义冢、助贫困、焚债券等，善名远播，为一方之楷模。易贞言是有成就的学者、文学家。他的代表作《南岳七十二峰赋》，长达千言，称"维南有岳，九面潇湘。星分长沙之轸宿，度应玉衡于瑶光。为炎方之巨镇，实南纪之重防。七十二峰之罗列，八百余里之延长。泰华无其耸秀，嵩恒逊其修张"。接着描述了南岳湘乡一带优美的山川风景，动人的文化传说，是湖湘史志的光辉篇章。此外，还有《周易讲义》《五经精义》《爱日堂集》《松堂诗集》等。

2. 易宗瀛、易宗涒兄弟

易贞言有两个儿子较有名气，即易宗瀛、易宗涒兄弟。

易宗瀛，字公仙，号岛民。自幼聪悟，诗文俱佳，雍正七年（1729），以优行拔贡入国子监，被荐入慎郡王府教习。易宗瀛精于诗文书画，其诗语言清浅流畅，音韵圆转回旋。乾隆元年（1736），易宗瀛参加博学鸿词科考试，选为浙江曹娥盐场大使。因勤政严明，经理有方，转东江盐场，卒于任。有《翠涛书屋集》留世。

易宗涒，字公申，号实庵，易宗瀛之弟。自幼好学，博览群书，学识博达，尤精经史。但科场不顺，仅为监生。雍正二年（1724），主掌长沙岳麓书院。乾隆元年（1736），易宗涒参加博学鸿词科考试，与兄长易宗瀛同时录取。是科仅取 15 人，多为知名学者，而易氏兄弟同时中榜，一时传为科场佳话。易宗涒被录取后，接替易宗瀛成为慎郡王府教习，此后，不再入仕，隐居家乡。一方面，纵情山水，交友吟诗。其诗境界开阔，感触幽深，情浓意远，表现了在家乡自由自在的快乐心情。另一方面，读书养性，钻研学问，潜心著述，留下了《五经辨疑》《四书绎注》《岸亭偶谈》《历代名贤名媛齿谱》《半霞楼诗文集》等著作。

3. 易宗洛、易宗潮、易宗洪、易宗海

易宗洛、易宗潮、易宗洪、易宗海均为易贞言的侄儿。

易宗洛，字公锡。幼年聪悟异常，心性旷达，好学求知，无书不读。康熙三十六年（1697）充恩贡，一生未入仕途。为人慷慨洒脱，学识精深，工诗能文，曾撰修县志，下笔千言，文思泉涌，为同辈所心折。兄弟之间，互为师友，讨论学问，交流心得。喜爱游览山水，观赏风景，相交满天下，士林对其赞赏有加，称之"嘉誉冠群英"。有著作《株园杂著》《岳游草》《彤管吟》等。

易宗潮，字公蕊。工诗能文、孝亲喜友、一生未仕。性格潇洒，风流倜傥，怡情山水，饮酒吟诗，风度翩翩，乡人多羡其风采。

易宗洪，字公钥，诸生。自幼秉承孝道家风，事亲至孝，耕读治家，热心公益，邑内大小兴革，多有贡献。学博多识，工诗能文，有《易水亭诗文集》传世。

易宗海，字公苏，乾隆十二年（1747）贡生。自幼好学苦读，博览群书，

学问优长。曾被选为训导，但不愿就任。长期主讲湘乡城东的东皋书院，以讲学授徒为乐，著有《听鹂轩诗文集》。

4. 易祖栻、易祖李、易祖槐、易祖榆

易祖栻，字张有，一字淑南，号啸溪，易宗瀛之子，监生。自幼好学，诗文书画，无所不精。尤以绘画精妙，所绘兰竹，常以浓墨挥洒大幅，运笔如飞，气势宏博，婆娑多姿，堪为精品。乾隆皇帝有《题易祖栻墨竹诗》，赞其为"东坡妙笔"。兼工虫、鱼、山水，为清代著名画家。易祖栻学问扎实，曾任慎郡王府教习，后任江苏青浦县主簿。著作有《啸溪诗稿》等。

易祖李，易祖栻之弟，雍正七年（1729）武举人。易氏兄弟，一文一武，相得益彰。易祖李也是易氏家族中唯一学武之人。

易祖槐，字廷有，号植三，易贞言之侄孙。学习刻苦，发奋读书，日夜不休。因而学问扎实，见识深远，品德高尚，三举优行。工诗能文，诗文平实，纯朴宁静。曾主讲东皋书院，著有《夹镜亭诗文集》。

易祖榆，字添有，易言贞的侄孙。科场受阻，被荐举入内廷修书，后授巡检、主簿等小吏，勤政清廉，官声甚佳，又喜交游，声名颇响，工诗能文，书画均佳。其中《登青风阁赋》长赋，描述了湘乡、湘潭一带的风光美景，历史传闻，文化古迹。可与其乃祖《南岳七十二峰赋》相媲美，都表现了作者对家乡和湖湘文化的深厚感情。

（四）湘潭张氏世家

湘潭张氏一家四代，有进士7人，举人4人，20多人有著作传世。王闿运在《湘潭县志·张九钺传》中说："南麓儒吏，直道一黜。子孙振振，文章黼黼。虽至外卿，其宦仍拙。陶园之诗，名满京国。""陶园"，即张九钺，又称"湘中诗老"。湘潭张家在清代出现了一批"经世治家国、诗文传春秋"的优秀人才。

1. 张文炳

张文炳，字质夫，号南麓，祖籍湖北襄阳，其祖父张熹臣入籍湖南湘潭。张文炳自幼聪慧好学，以诗文老辣知名于湘中，康熙二十六年（1687）举人，任浙江仙居、山东文登知县。以礼义治民，重教兴学，倡导新风，重视生产，植树造林，颇有政声。致仕后，以读书、著述为乐。教育子女，以儒家礼法、诚信为本，家门兴盛，子孙发达。张文炳诗文俱佳，其诗对仗工整，用词巧妙，意义深远，好用典故。有人评其诗为"排宋入唐，追踪老杜"，近似于杜甫诗歌风格。有《邻岳堂集》等著作。张文炳有八个儿子：张埴、张坦、张垺、张城、张坤、张垣、张坊、张增。

2. "湘中诗老"张九钺

张九钺（1721—1803），字度西，号紫岘，张垣之子，张文炳之孙。张九钺幼年有传奇色彩，传说其六七岁时，随同父亲赴南岳拜佛，进香还愿，南岳毗卢寺住持一见大惊，认为张九钺相貌与其先师酷似，继而出句曰："心通百藕。"张九钺对曰："舌涌青莲。"竟与其先师圆寂时留句雷同，心中大奇，认定为先师转世灵童。乃集全寺僧众，对张九钺顶礼膜拜。此后，张九钺一生中亦多与僧人、道士交往，平时也带研习佛道经典。他的诗亦带有佛道飘逸之气，张九钺被称"谪仙人"，其作品被认为有"仙气"，是"神曲"。

张九钺自幼聪悟，才思敏捷，堪称一代才子，却怀才不遇，一生坎坷，郁郁不得志，直到乾隆二十七年（1762），42岁的张九钺才考取举人。曾任知县，勤政爱民，恪尽职守，但因得罪权贵而被免官。

张九钺以诗闻名于世，他自幼工诗，13岁与兄长张九钧游长江采石矶，作《登采石矶谪仙楼放歌》。首先以宏伟磅礴的气势和行云流水的笔调，绘声绘色地描述了谪仙楼的景况和登楼时的心境："借我峨眉万古之明月，照我长江万里之孤舟。醉我樽中千斛之美酒，坐我青天百尺之高楼。危矶冥冥猿啾啾，怒涛走渚声奔牛。枯松倒江风飕飕，双蛾横扫天门秋。……乾坤浩荡日月白，中有斯人客不得。空携骏马五花裘，调笑风尘二千石。"接着，听到楼前大鼓声声，动人心弦，自己泪雨纷纷，进而缅怀诗人李白才华横溢，傲骨铮铮，放诞诗酒，幻境丧身："宫袍落拓何处来，矶头泪洒孤臣怀。……死后能令泣鬼神，生前已悔工词赋。……自从大雅久沉沦，独立寥寥今古春。待公不来我亦去，楼影萧萧愁杀人。"此诗一出，江南人士竞相传抄，张九钺诗名大响，被称为"仙才""太白后身"。乾隆二十三年（1758），张九钺在苏州，其《四时景·新水令》词，盛传于江浙。随后，又应商贾之请，一日一夜写就凯旋榜，张贴数千张，才名轰动京师。旋遍游四方，专事吟咏，纵情山水，结交名士，诗名震天下。他的诗才气四溢，飘逸奔腾，为当代和后世诗家所重，诗家对其评价颇高。吴云在《陶园诗集序》中说，张九钺之诗"腾天潜渊，阳开阴阖，性灵清洒，才气磅礴。其力无所不到，各体俱精能，当为乾隆时一大宗"。与吴云同时的李潢在《陶园诗集序》中认为，张"学邃而才肆。当夫兴酣落笔，凡少陵之沉郁，昌黎之古奥，王、孟之幽深，温、李之艳丽，以及长吉之险，玉川之奇，靡不络绎奔腾，齐赴腕下，然而先生不自知也。力之所至而笔至焉，力之所不至而笔亦至焉。嘻，其神矣"。将张九钺诗与杜甫、韩愈、王维、孟浩然、温庭筠、李商隐、李贺、卢仝（tóng）等人的诗相提并论，并说张诗集各家之长，显然是拔高之论。

张九钺不仅是著名诗人，而且是杰出的戏剧作家。他的杂剧、传奇都具有很高的水平，文字流畅，富有诗意，情节奇巧，故事曲折，感情真挚，意境高尚，风格典雅，人物突出，被誉为"奇文""奇曲""神曲"。张九钺晚年买舟北归，主讲于湘潭的昭潭书院10多年。嘉庆八年（1803），张九钺病逝于湘潭家中，终年83岁。张九钺一生勤奋，写作不停，著作等身。其中诗歌有《陶园诗集》《历代诗话》等，文集有《陶园文集》《晋南随笔》《得瓠轩随笔》《南窑笔记》等，史学、方志学有《峡江县志》《偃师县志》《巩县志》《永宁县志》等，戏曲有《六如亭》《双虹碧》《红蕖记》《四弦词》《竹枝缘》等。

3. 张九钧、张九键、张九镒、张九镡、张九锞

张九钧，字陶万，号甄斋，张文炳之孙。雍正十一年（1733）进士，历任刑部主事、刑部郎中、江南驿盐道、天津清河道、浙江兵备道等职。勤政严明，清廉公正，清理积案，平反冤狱，颇有政声。张九钧亦工于诗，其诗平淡清新，轻快愉情，格律工整，讲究音韵，多描述湘潭的自然风光、文化古迹，为湘潭文史留下了丰富的资料。所著诗歌收入《甄斋诗集》。

张九键，字天门，张九钺之弟，张文炳之孙。乾隆六年（1741）举人。曾任教谕、知县，重教兴学，勤政恤民，以民生经济为重。张九键好学博识，工诗能文，他的诗清纯工整，感情真挚。著有《漱石园诗集》和《漱石园文集》。

张九镒，字权万，号橘洲，张九键之弟，张文炳之孙。乾隆二年（1737）进士。历任编修、少詹事、道员。刚介正直，坚持原则，廉政爱民，除暴安良，为沉冤百姓洗刷冤情。后因病辞官归家，筑"退谷园"隐居，修身养性，读书写字，吟咏山林，观赏风景。张九镒偏爱写诗，其诗平实清新，轻快真挚。著有《退谷诗抄》等诗集。

张九镡（1719—？），字竹南，号蓉湖，张文炳之孙。自幼好学，钻研经

史，敦笃恬淡，坚毅有志，潜心学术，不求闻达。乾隆四十三年（1778）进士，年达60岁，乃辞官不求仕途。归家后建"笙雅堂"，闭门读书，专事著述。张九镡淡泊名利，崇尚自然，工于诗词，其诗格律工整，用词准确，讲究音韵，意境深远，被称为诸张诗中最醇者。更长于经学，是诸张中学术成就最高者。著有《古文尚书考》《竹书纪年考证》《笙雅堂集》等。

张九镕，字平圃，张文炳之孙，乾隆年间诗人，有《寄园诗抄》传世。

4. 张世法、张世渌、张世浣、张世濂、张世潏

张世法，字平度，号鹤泉，张九键之子。乾隆二十八年（1763）进士，曾任知县。勤政爱民，刚毅正直，长于刑律之学，以善辩冤狱著称。张世法不仅政绩斐然，而且学识渊博，工诗能文，著有《瞻麓堂文集》《双樟园诗集》等，并主撰有《房山县志》。

张世浣，字新之，张九镡之子。乾隆四十二年（1777）举人，历任知县、知府。勤政恤民，精于水利、刑名之学，被誉为"能吏"。又学问扎实，诗词文赋，均有所成，著有《紫文堂文集》《楚南诸水源流考》等。

张世濂，字景之，张世浣之弟，张九镡之子。乾隆四十九年（1784）进士，历任知县、知府、道员，任内曾修复函谷关，修建潼关堤堰，人称"张公堰"。张世濂有儒学家风，著有《赐霖堂诗抄》等。

五、清代中期是古代湖南人才的第五个小波峰

清代湖南人才的兴衰和清代政权的兴衰负相关。清政权初建时期，即顺治、康熙年间，正是湖南人才兴旺之时；清政权全盛时期，即雍正、乾隆、嘉庆年间，湖南人才的发展却很不景气；清政权开始走向衰落时期，即道光、咸丰年间，湖南人才又开始振兴。清代湖南人才的发展，是一个马鞍形，两头兴盛，中间衰落。通过对清代人才的整体考察，人们发现整个清代湖南人才的发展并不是一条马鞍形的曲线，而基本上是一条不断上升的直线，即前期相对稀少，中期渐次上升，形成古代湖南人才的第五个小波峰，后期兴盛，登上了中国人才第一大省的顶峰。

（一）古代湖南人才第五个小波峰的形成

清代中期湖南人才开始发展，渐次上升，在湖南人才史上形成了第五个小波峰。从人才数量来看，清代中期的湖南人才数量要多于古代湖南其他任何时期，也多于清代前期。从人才结构来看，清代中期的湖南人才结构改变了清代前期文化型人才占绝对多数的局面，政治型人才相应增加，在全国的地位也有提高，整个人才结构也趋于合理。从湖南人才的发展状况来看，湖南由中国人才稀少的省份转变为中国人才第一大省是在清代完成的。清代湖南人才的兴盛并不是某次事件、某几个人物突然发动起来的，应该说，从清政权建立之日起，湖南人才状况就开始发生变化。经过长达200年的积累和锤炼，湖南人才终于在道咸年间如火山一样喷发。清代中期的乾嘉年间则承前启后，是湖南人才由稀少过渡到兴盛的关键时期。

古代湖南人才第五个小波峰的出现是多方面的因素造成的。

首先，清政权建立后所形成的大动荡局面在客观上促进了湖南人才的发展。清政权的建立造成了思想意识上的大动荡。清政府入主中原后，社会政治、经济、文化与中原地区有很大差别。一方面，贵族为了巩固自己的政权，不断汉化，逐渐接受利用儒家思想统治人民、治理国家。另一方面，满族狩猎文化又不断地和中原的农耕文化发生冲突。儒家的"重道德、轻工商、斥技艺"的思想不断受到满族重视武力、强调骑射的风俗习惯的挑战。在清代农耕文化和狩猎文化长期交织的思想大激荡中，湖南思想界相当活跃，这种活跃带来人才的成长和兴盛。

其次，清政府"满汉一家"政策的推行给湖南人才的发展创造了一定条件。清政权建立后，即开始实行"满汉一家"的政策。但是，这一政策在湖南却长期没能实现。一方面，清初的"满汉一家"政策本就没有很好执行。另一方面，清初一段时间内，湖南反清斗争非常激烈，一些知识分子采取不与政府合作的态度，康熙年间吴三桂叛变也主要在湖南作战。因此，清代前期湖南人才较难发展，更难在政治上发展。清初90多年中，湖南人官至巡抚、尚书的仅4人。乾隆、嘉庆年间，"满汉一家"的政策已经在湖南发挥作用，清政府吸收了一些湖南的官员、将领、知识分子加入国家政权。在清代中期不到90年的时间内，湖南人官至巡抚、尚书以上的有方显、罗源汉、杨超曾、陈大受、彭维新、刘权之、赵慎畛7人，几乎比前期增加一倍。其中3人还位至军机大臣、大学士，进入了国家政权核心。

再次，政权的巩固、经济的发展为湖南人才的成长创造了有利条件。清代经过康熙、雍正两代的经营，到乾隆时期已国力强盛、经济繁荣。清政权的统治秩序也已经巩固，国内没有战乱，统治区域也已经稳定。社会经济发展，经济空前繁荣，财政收入增加，国库充盈。与此同时，湖南社会安定，政权稳固，经济发展，商业繁荣，都有利于湖南人才的成长和发展。

最后，湖南文化教育的发展、科举的进步直接促进了人才波峰的出现。清代湖南文化有了长足的进步，以王夫之为代表的一大批知识分子，在清初纷纷采取了与清政权不合作的态度，把精力转移到文化教育事业上，钻研学术，著书立说，讲学授徒，培育人才，从而有力地促进了湖南文化教育事业的发展。同时，清政府也比较重视教育，清初即确立了"文教是先，经术为本"，"兴文教，崇经术，以开太平"的方针。从而促进了湖南各级学校的发展，据《湖南教育史》统计：湖南有府学9所、州学11所、厅学4所、县学62所。此外，还有大批社学、义学、私学。特别是书院得到空前发展，岳麓书院闻名全国，全省书院多达180多所，仅次于浙江、四川、广东、江西，位居第五，已经进入全国先进行列。学校的增加促进人才的发展。

清代科举发展更加规范，《钦定大清会典事例》规定："嗣后以子、卯、午、酉年乡试，丑、辰、未、戌年会试。奉特旨开科，则随时定期。"湖南科举发展稳步前进。据朱保炯、谢沛霖编辑的《明清进士题名碑录索引》，清代全国共有进士26 747人，其中湖南714人，仅占全国进士总数的2.67%。又据岳麓书社2002年出版的《湖南教育史》，清代全国进士总数为24 913人，其中湖南进士764人，占全国进士总数的3.07%。从历史发展看，唐代湖南进士仅占0.83%，宋代上升到2.18%，明代湖南进士占全国的2.20%，清代则占了2.67%以上。特别从雍正年间湖南单独设省，湖南士子无须远赴湖北参考以后，湖南科举发展可说是突飞猛进。据《湖南教育史》统计，清代前期顺治、康熙、雍正三代90年，湖南共产生进士110人，而清代中期乾隆、嘉庆的85年，湖南进士却有261人，清代中期的进士为前期的237.27%。如果按照时间计算，清代前期每年产生进士1.2人，清代中期则每年产生进士3人以上。进士人数成倍增加，是人才增加的一个重要标志。

（二）彭维新、刘权之等政治型人才

清代中期，清政府通过科举考试，大量选拔汉族知识分子。湖南的知识分子积极参加科举，谋求在政治上的发展，政治型湖南人才比清代前期大有增加。有的在中央任尚书、侍郎，甚至大学士、军机大臣，参与国家大事的决策；有的在地方任巡抚、总督，掌管一方。至于任提督、总兵、六部主事、郎中、御史、大理寺卿、按察使、布政使、学政、道员、知府等官员的人才则更多。

1.三部尚书、两任大学士彭维新

彭维新（1680—1769），字肇周，号石原，又号馀山，湖南茶陵人。康熙四十五年（1706）进士，乾隆元年（1736），署左都御史，先后转礼、吏、刑、户四部侍郎，任江苏巡抚。乾隆六年（1741），擢兵部尚书，转户部、刑部尚书，协办大学士，会试副主考官，乾隆十五年（1750），复授协办大学士。彭维新在官场长达45年，地方上两任主考，两省学政，历两司而位至封疆。在中央，历任四部侍郎，三部尚书，两任大学士，两馆总裁。可谓多职全能，位极人臣。为政为官，勤政爱民，清廉自奉，条陈民间疾苦，疏请蠲免民欠。兴学重教，培育人才；审理积案，赈济灾民；兴利除弊，杜绝浮收；多有善政，堪称能员。乾隆十六年（1751），彭维新已达71岁高龄，乃回居故里，安度晚年。

彭维新晚年家居19年，优游林泉，怡情山水，吟诗读书，成为一个诗人。其诗工整自然、韵律顺畅、骨气翩翩、意象老境，既有对自然风光的赞美和羡叹，也有因联想到自己的遭遇而发的吟咏。乾隆三十四年（1769），彭维新病逝于家中，终年90岁，有《墨香阁集》留世。

2.军机大臣、体仁阁大学士刘权之

刘权之（1739—1818），字德舆，号云房，湖南长沙人。乾隆二十五年（1760）进士，因博学多识，文辞清丽，被钦定长期参加编撰《四库全书》和《四库全书总目提要》。他用力勤奋，选书恰当，校书准确，所写提要精细、公允，深得大学士纪昀赏识、举荐。书成，授侍讲，累迁大理寺卿、左副都御史、礼部侍郎。嘉庆四年（1799），擢左都御史。随后，擢吏部尚书。嘉庆六年（1801），任军机大臣。嘉庆九年（1804），调兵部尚书。次年转礼部尚书，擢协办大学士，加太子少保。嘉庆十六年（1811），拜体仁阁大学士，加太子少保。嘉庆十八年（1813），刘权之以目疾乞假，稍后，休致回籍，怡养。刘

权之在政治上登上了人臣权力的顶峰,在文学上也有一定成就。他的诗平淡清新,秀丽俊逸,亦有浪漫主义色彩。嘉庆二十三年(1818),刘权之病卒于家,终年80岁,谥"文恪"。

3. 四川布政使、广西巡抚方显

方显(1676—1741),字周谟,号敬斋,湖南岳阳人。由贡生进入仕途,先后在广西、贵州任官,以干练知名。《清史稿》记载,雍正初年贵州苗民未服,方显提出剿抚"二者宜并施,第先抚后剿,既剿则仍归于抚耳。因条上十六事,曰:别良顽、审先后、禁骚扰、耐繁难、防邀截、戒姑息、宥胁从、除汉奸、缴军器、编户口、轻钱粮、简条约、设重兵、建城垣、分塘汛、疏河道"。方显擢按察使,总理苗务,苗民皆悦服。乾隆三年(1738),迁四川布政使,次年署巡抚,兼提督事。乾隆五年(1740),广西苗民起义,调任广西巡抚,方显仍抚剿结合,平息起义。次年,方显以眼疾辞官归里,病逝于家中,终年65岁。

4. 两江总督,兵部、吏部尚书杨超曾

杨超曾(?—1742),字孟班,湖南常德人。康熙五十四年(1715)进士,历任编修、学政、奉天府尹。乾隆元年(1736),署广西巡抚,次年实授。乾隆三年(1738),擢兵部尚书。乾隆五年(1740),署两江总督,授吏部尚书。杨超曾为政"勤敏",能兴利除弊,勤政爱民,刚正无私,多有政绩。一是禁官吏巧立名目勒索私派。二是保护农民有地耕种。三是救灾赈饥。四是整饬吏治。乾隆六年(1741),杨超曾回京师任职,次年病卒,谥"文敏",著有《杨文敏集》16卷。

5. 工部尚书罗源汉

罗源汉,字南川,号方城,湖南长沙人。雍正十一年(1733)进士,选庶吉士,授编修,典试广西、浙江。乾隆二十年(1755),擢大理寺卿。乾隆四十一年(1776),迁直隶学政,请在热河增建学校。乾隆四十五年(1780),升左都御史。次年,晋工部尚书。罗源汉学问博识,工诗文,善书法。其书法师效米芾,苍古遒劲,卓然成家。诗文雍容端雅,独有异彩,多描写山川风光,在他的笔下,山水、岩泉、书院、寺观都是那么绮丽风采,清澈明净,又气魄宏大,意境开阔。既赞美了祖国的大好河山,又抒发了诗人的胸怀情感。但其诗流传不甚广,有《南川诗集》存世。

6. 两广总督、协办大学士陈大受

陈大受（？—1751），字占咸，号可斋，湖南祁阳人。幼年"沉敏"，家境贫寒，躬耕山麓，勤学不辍。雍正十一年（1733）进士，历任编修、侍读、兵部侍郎、吏部侍郎。乾隆四年（1739），升安徽巡抚，调江苏巡抚，加太子少保，调福建巡抚。乾隆十二年（1747），擢兵部尚书，转吏部尚书，协办大学士。乾隆十四年（1749），晋太子太保，署直隶总督。次年，授两广总督。陈大受为官，勤政爱民，审疑决狱，捕盗惩奸；整饬吏治，惩劾劣吏；发谷赈饥，散仓治赈；选用谷种，发展生产；便利商民，允其贩米；改良风俗，移佛入庙；等等。特别是兴修水利，遍及江南各地，并"奏定六年大修，每年小修"的方案，形成制度。陈大受自幼好学，见识广博，经史诗词，无不兼通。他的诗博雅开阔，瑰奇壮丽，著有《陈文肃公遗集》。乾隆十六年（1751），陈大受病卒于任所，谥"文肃"。

7. 广西巡抚、闽浙总督赵慎畛

赵慎畛（？—1825），字笛楼，湖南常德人。嘉庆元年（1796）进士，为政刚正严明，关心民众，大公无私，不搞派别，政绩斐然，两广总督蒋攸铦荐其才可大用。嘉庆二十三年（1818），擢广西巡抚。《清史稿》记载，赵慎畛"习知粤西地势如建瓴，旬日不雨即旱竭，劝民修堤塘，造龙骨车，开荫井，设井筒架，皆颁式俾仿行"。又"于桂林设预备仓，增设书院，柳州、庆远、思恩三府皆创设之；缮城浚河，广置栖流所，并取给焉"。并整顿保甲，训练民壮，设置望楼，严禁偷盗，广西因而大治，先后得嘉庆帝和道光帝嘉奖赏识。道光二年（1822），擢闽浙总督。乃严申军律，勤加训练，并规划营制，增设水师，故军容为之一变，成为劲旅。又整顿吏治，缉捕海盗，安定社会秩序。制造船只，组织海运，使台湾之米与福建之物得以畅行无阻。道光五年（1825），调云贵总督。因病卒于任所，赠太子少保，谥"文恪"。著有《赵文恪奏议》《从征录》《载年录》《读书日记》《惜日笔记》等书，及诗文集数卷。

8. 其他政治型人才

陶士僙，字中少，号毅斋，陶汝鼐曾孙，湖南宁乡人。雍正元年（1723）举人，历任知县、御史、知府、道员、按察使、布政使，为官刚正廉明，勤政爱民，政绩突出。陶士僙学问优长，工诗能文，是诗人、学者型的官吏。其诗

清新平淡，风采自然，托物寄情，常含深意。著作有《凤冈诗抄》《豫章集》《东行集》《西江集》等。

张奎祥，字星五，湖南华容人。雍正七年（1729）拔贡，授河北迁安知县，擢沧州知府。后擢兵备道，署河南按察使。其为官清廉，勤政干练，善理军需，澄清吏治，兴修水利，建设河防，筑堤治水，兴利除弊，办了不少好事、实事。为人正大光明，磊落无私，刚正不阿，秉公行政。

张邦柱，字芷乡，一字蔚斋，湖南醴陵人。自幼好学聪慧，10岁入县学，雍正十二年（1734）拔贡，授湖南永明教谕，年仅19岁。擢江西信丰知县，课农桑，兴学校，平狱讼，缓催科，政绩最佳。擢户部主事，迁员外郎，转刑部郎中，外放贵州知府。为官40多年，勤政爱民，刚正不阿，多有善政，被称为循吏。著有《啸松楼诗集》，其诗竞尚新奇，音韵和畅，旷达爽朗，立意清新。

周克开（1724—1784），字乾三，又字退谷，号梅圃，湖南长沙人。乾隆十二年（1747）举人，以治水知名。历任甘肃陇西、宁夏宁朔知县。西北地区缺水，农民耕种全靠渠道引水灌田，但地多沙土，水易渗失。周克开教民将渠道改成深狭形状，以减少水流渗失，并设石洞，以利秋夏水发排涝，又修复旧渠，建设新闸，民称"周公闸"。擢甘肃固原知州，迁贵州都匀、贵州知府，山西太原知府，在太原清理积狱，修整堤堰，防治水患，民建"周公祠"。擢江西吉南赣宁道，署江西布政使，政声颇佳，终至积劳成疾，于乾隆四十九年（1784）病卒于任所。

罗国俊（1734—1799），字宾初，号九峰，湖南湘乡人。乾隆三十四年（1769）进士，授国史馆纂修官，迁春坊赞善中允，升侍讲侍读学士。曾任乡试主考，拔取名士，引荐后进，培育人才。为政廉明，性格温和，官至礼部侍郎。罗国俊博学多识，工诗能文，著有《馆阁存余集》。其诗清新绮丽，轻松流畅，能激发人们对生活的热情和对大自然的热爱。

罗修源，字碧泉，湖南湘潭人。乾隆三十七年（1772）进士，选庶吉士，授编修。才华横溢，能力突出，一岁之中，四迁至少詹事。擢侍读学士，山东学政。曾四典乡试，爱才若渴，着意培养贫士。为官刚正严明，崇尚气节，正直敢言，不畏权贵，曾揭发山东巡抚贪赃枉法、草菅人命的罪行，因而深受百姓爱戴。

张经田，字丹粟，一字壶山，湖南湘潭人。乾隆四十六年（1781）进士，任内阁中书，协办侍读。后长年在贵州任同知、知府、兵备道、储粮道、按察使、布政使，善政颇多。修整古州三难滩，便利行船交通；修筑镇远山道300多公里，行旅往来称便；治理贵州大旱，发赈救饥，设孤贫院，全省无一流亡；平反冤狱，处理积案；购买橡实、蚕种，分发各地，发展生产。70岁后，张经田辞官归乡，仍然在书院主讲，并热心公益，倡捐救灾，根治水患。张经田工于写诗，著有《壶山吟草》等。

周系英（1765—1824），字孟才，号石芳，湖南湘潭人。乾隆五十八年（1793）进士，选庶吉士，授编修，晋侍读学士。嘉庆十四年（1809），入值南书房，晋太常寺卿。嘉庆帝命群臣赋喜雨诗，周系英寓谏于颂，获第一名。以后，周常和嘉庆帝唱和，每受赞赏。周系英曾两校会试试卷，三任乡试主考，三任提督学政，均能重视人才，关心教育，修葺书院。嘉庆十九年（1814），擢兵部侍郎，转吏部侍郎。周系英博学多才，工诗文，著有《北游小草》《周侍郎赋》等。其诗语言精练，格律工整，贴近生活，意境深远。

（三）罗典等文化型人才

乾嘉时期，湖南文化型人才较多，前述世家人才中的张九钺就是其中比较突出的代表。此外，还有罗典等著名人物。

1.学者、教育家罗典

罗典（1718—1808），字徽五，号慎斋，湘潭人。乾隆十六年（1751）进士，历任编修、御史、给事中、学政、鸿胪寺少卿，曾两任会试考官，两次主持河南乡试。为官勤政，重视教育，培育人才，保护士子，主持公道。后因母老辞官还乡，从此脱离官场。乾隆四十七年（1782），任岳麓书院山长，五次连任，主持岳麓学院长达27年。在他的主持下，书院发展，规模扩大，由每年招生60人，增加到180人，人数达到了清代岳麓书院的高峰。

罗典在学术上有很高的造诣，是著名的汉学家。他采用汉代经学家"字批而句疏"的训诂诠释之法，并有所创新。据《湘潭县志》，他的学生严如熤说："先生虽以制艺名一世，而精神专注则在经。其治经也，以古人简质文字，无间剩，即经诂经，字批而句疏之，既皆有确切注脚，则通之一章，又通之全篇。全经有所窒，则废寝食，夜以继日，必得其融贯而后安。"认为其"立说时出新义……实阐古人不传之秘"。罗典著有《罗鸿胪集》《九江考》《广养生说》等著作。

罗典一直以培养人才为己任，曾提出"非专衡文，当以育才为本"的主张。长岳麓书院后，又提出"坚定其德性，而明习于时务"的育才思想。他循循善诱，讲明经义，结合时务，不以制艺科举为重，而以培养"接济苍生"的人才为本。其教育方法重在恬然适应，自由活泼，充分激发学生的兴趣，发扬学生学习的自觉性、积极性，注重培养学生的长处和特点。非常重视美育，积极进行书院环境的美化。他在岳麓书院后面修建园林，种植花木，开辟池塘，蓄养游鱼。他认为让学生接受大自然的熏陶，是培育人才的一个重要方面。可见，罗典把校园环境美化和教学活动，把德育、智育和美育有机地融合，对古代书院教育是一大创举。严如熤在《鸿胪寺少乡罗慎斋先生传》中说："先生立教，务令学者，陶泳其天趣，坚定其德性，而明习于时务。晨起讲经义，暇则率生徒看山花，听田歌，徜徉亭台池坞之间。"显然，罗典"坚定其德性，而明习于时务"的教育观，受到经世致用思想的影响。罗典培养的学生大多实至名归，经世成才，史称"门下发名成业者数百人"。他的学生彭浚、严如熤、胡学山、欧阳兄弟都是足当大任的"经世之才"。

2.乾嘉时期的其他湖南学者

由于王夫之等人的影响，乾嘉时期的湖南学者不少，成就也较大。其中长沙人刘权之、湘潭张九镡兄弟、湘乡易宗涒兄弟，以及李文炤、王文清、罗典，均在前文中介绍，这里介绍其他几位学者。

曹耀珩（1674—1740），本姓张，字鸣佩，号畅庵，湖南益阳人。雍正十三年（1735）拔贡，是著名的理学家。曾主讲岳麓书院，从学者众，有"天下文章聚于是，一时豪杰从其游"之誉。其又是诗人，有《听涛园集》。其诗《百泉轩》表明了他的理学思想："元公产营道，光霁无渣滓。二程从之游，与点展然喜。考亭接渊源，静观得精理。伊惟南轩子，而索去糠粃。身侍紫岩公，流寓屈贾里。城南辟院宇，五峰正学迹。"诗中的"元公、二程、考亭、南轩、紫岩、五峰"，分别是理学家周敦颐、程颢程颐兄弟、朱熹、张栻、张浚、胡宏。此诗虽学术宗旨明确，却没有诗味，有点口号化。但曹耀珩多数诗语言凝练，画面生动，贴近生活，有景有情。

罗登选，号谦斋，湖南衡山人。学识渊博，经史子集、天文地理、音乐、医学、佛学，乃至卜筮之术，皆有研究。其还是广有成就的汉学家，著作有《律吕新书笺义》《焦氏易解》《夏小正直解》《大戴礼记训诂》《春秋三传辨异》等。

旷敏本（1699—1782），字鲁之，号岣嵝，湖南衡山人。乾隆元年（1736）进士，一生潜心经学研究，著有《岣嵝易述》《周易旁训》《春秋旁训》《岣嵝韵笺》等。又非常重视史学，有史学巨著《岣嵝鉴撮》，研究起自三皇五帝，至于明代的历史。他主张经世致用，研究历史是为了给现实的治国经邦提供借鉴，故其史学著作命名"鉴撮"，即"古者今之鉴也，前者后之鉴也"。旷敏本还是一位教育家，先后在岳麓、城南、石鼓、昭潭、雯峰、集贤等书院讲学授徒。同时他又主张"道学之实"，强调要面对现实、了解现实，进而揭露现实、改造现实。他的《岣嵝文草》一书，有许多政论、杂文、寓言，严肃批判了现实中的黑暗，主张改革，做到真正有益于人民。

许伯政（1700—1784），字惠棠，一字石云，湖南岳阳人。乾隆七年（1742）进士，授四川彭县知县。时值征大小金川，军需浩繁，其办理得宜，又不扰民。擢礼部员外郎，升山东道监察御史。年60即辞官归乡，闭门著书20余年。他博通经史，是卓有成就的经学家，著有《易深》《诗深》《春秋深》，另有《事三堂文集》存世。许伯政最突出的贡献在天文学方面。有《全史日至源流》32卷，分代纪年，上自轩辕氏，下讫明末崇祯十六年（1643），前后达4000多年，一一按谱而稽，实现了很高的准确性，至今尚有一定参考价值。

欧阳正焕，字尧章，一字瑶冈，号慕耕，湖南衡山人。乾隆十年（1745）进士，选庶吉士，历任编修、御史，典试浙江。母丧后，不再出仕。乾隆二十二年（1757），主讲岳麓书院，其教育思想是以主敬为教，以理学为归。建自卑亭，题"整齐严肃"四个大字于讲堂。著有《竹淦诗文稿》，参修《湖南通志》。

刘光南，字景衡，湖南新化人。其一生未仕，以讲课授徒为业，潜心研究经学，著有《大学中庸训解》《中庸图说》均由著名汉学家、湖南学政卢文弨作序，卢文弨赞其"平易切实"。

王万澍，字霍霖，生活于乾隆时期，湖南常宁人，著名的汉学家。绝意仕进，专心于乡土史学的研究。为了搜集湖南地方史志、史料、传闻、古迹，走遍全省。著有《衡湘稽古》，叙述远古至秦湖南的传说、史实、故事。又作《湖南阳秋》，叙述自秦至元的湖南历史。其子王国牧，秉承父业，作《湖南阳秋续编》，叙述自唐至元的湖南历史。后又有同乡人王绅，字子束，号彦卿，作《湖南阳秋释地》，作为《湖南阳秋》的补充。王绅还著有《经疑》《诗序注分疏》，并纂修《常宁县志》。

吴思树，字尚松，一字建轩，湖南新化人。学问渊博，善于强记精思，过目不忘，又长于考据。乾隆三十六年（1771）进士，曾任岳州教谕、新泰知县。但生性迂缓，拙于行政，任三个月县官后，被罢官，且赔累至万。从此潜心学问，钻研经史百家，佛道经典，天文历法。穷数十年之功，著《通史》千卷，又著有《治河论》8卷，详论黄河、运河、汶河的治理方案。

3. "湘中七子"

"湘中七子"指鄢正笏、吴樨、孙起楠、周锡溥、周锡渭、邓枝麟、胡启文，他们是学者、诗人、文学家，活跃于乾嘉时期。

鄢正笏，字方亭，号画村，湖南醴陵人，"湘中七子"之首。乾隆年间附贡生，崇尚汉学，反对理学家的空疏积习，精于考古，著有《澹云亭集》等。

吴樨，字季文，号兰柴，湖南新化人，吴思树之弟。乾隆四十二年（1777）拔贡，不务时文，科场不顺，工于作诗，其近体诗被称为"七字长城"。

孙起楠，字幼梅，号蘅皋，又号石溪，湖南新化人。乾隆三十九年（1774）优贡生，曾任训导、教谕。诗人，其诗与吴樨齐名，号称"孙吴"，有《经训堂诗集》。其诗清新流畅，感情真挚，融情于景，别有风趣，善于描写大自然风光，如在画中。其弟孙起栋，字天擎，号白沙老人，亦工诗，有《辽西草》《湘南草》《辽西杂识》《塞上卮言》诸集。

周锡溥，字文渊，号麓樵，又号半帆，湖南湘阴人。乾隆四十年（1775）进士，曾任知县，深入穷乡僻壤，问民疾苦，了解民情。后在湖南仰高、石鼓、莲湖、濂溪等书院任山长。其诗多七言，描述山川大地的自然风光。

周锡渭，字湜甫，一字默耕，周锡溥之弟。乾隆三十九年（1774）举人，曾任益阳书院山长。后入仕途，署武功、岐山、洵阳、长武等地知县，补陕西紫阳知县，能平反冤狱，排解纠纷，有政绩。工诗，著有《志古斋诗集》。

邓枝麟，字翰伯，号南坡，湖南宁乡人。乾隆四十二年（1777）拔贡，嘉庆十年（1805），曾任乾州训导。诗文书法名闻一时，著有《海粟园诗稿》。

胡启文，字朴园，湖南永绥（今花垣）人，乾隆三十六年（1771）举人，曾任知县。勤敏干练，关心百姓，救贫疾苦，鼓励生产，兴办学校，清廉节俭，三任县官，仍然两袖清风。博学多识，尤工于诗。其诗对自然景物的刻画细致，色彩明丽，似可入画。诗中所描述的声息、动态，仿佛可见可闻，曾为乾隆赏识。

4. 其他诗人和文学家

乾嘉时期，湖南文坛不甚景气，但诗人不少，可谓诗坛兴盛，吟咏唱和者众，前面介绍的就有不少诗人，但整体水平一般。其他诗人和文学家有以下几人。

陶士契，字伦宰，号稽山，湖南宁乡人。雍正元年（1723）进士，官至河南南阳知府。有《运甓轩诗集》。其诗轻快淡泊、朴素自然、语言流丽、格律工整。如《扬子江放棹》："万顷玻璃一叶舟，金焦倒影共天浮。乘虚拟向河源客，狎浪真随海上鸥。龙出寺云趋海岛，鹤盘关月近扬州。眼光无界情无际，奇绝年来是此游。"

刘暐潭，字湘客，号碧江，一号达斋，湖南长沙人。雍正八年（1730）进士，官至广西梧州知府。有《达斋偶存稿》，其诗清新可吟，现实感强，如《新田学斋杂诗》："独坐心常远，高吟兴不阑。虫声同叹息，花影共荒寒。岁歉一方窘，官微八口安。西风吹正急，随意理豪端。"以素描的手法描绘，展现了当时农村的实况。

刘暐泽，字芳玖，一字茗柯，号芋田，刘暐潭之弟。雍正八年（1730）进士，官至江苏松江同知。有《斯馨堂集》，其诗多描绘自然风光，以景寄情。如《宿玉峰庵》："秋雨涨前溪，山行径转迷。谁言僧寺远，只在竹林西。殿豁诸天迥，云含众岫低。玉峰间倚立，高处一留题。"能够通过细节，如对秋雨、水涨、路迷、僧寺、竹林、玉峰等的描绘来抒发情感。

朱景英，字幼芝，一字梅冶，湖南常德人。乾隆十五年（1750）举人，官至台湾海防同知。博学多识，爱好广泛，工书法，长于汉隶，善诗文，曾主撰《沅州府志》，著有《畲经堂集》，是当时较有名气的诗人。多以抑扬顿挫的声调，豪迈雄壮的气势，充沛丰富的情感，描绘历史人物、古迹战场、寺庵城关，从而给人以悲壮的回忆、激奋的感召。

邓献璋，字方侯，一字砚堂，湖南祁阳人。乾隆十八年（1753）举人，曾任教谕、知县。诗多五言，多迎送酬唱、游览山水风光之作，有《藕花书屋稿》。

孙理，字此堂，湖南长沙人。乾隆二十五年（1760）举人，曾任知县。其诗语言精练，音调铿锵，笔触凄婉，悲恨哀愁。有《柳简堂存稿》。

潘相，字润章，号经峰，湖南安乡人。乾隆二十八年（1763）进士，历官云南昆阳知州。为官廉明，善断疑狱，关心百姓，颇有政声。长于经学，有《经学八书》存世。工于诗文，其诗相对生硬，韵味较少，但记事述物，通俗明白。

龚大万，字体六，号荻浦，湖南常德人。乾隆三十六年（1771）进士，改庶吉士，授检讨，官内阁典籍。其诗语言通俗，音韵整齐，清醇明丽，情感深沉。有《赐扇楼草》和《再游粤西草》等诗集。

陈绳祖，字孝祜，号緬桥，湖南祁阳人，官至广东督粮道。其诗端庄雄浑而欠生动，深沉意蕴而少色彩。有《緬桥遗稿》。

陈及祖，字寄吾，号春圃，陈绳祖之弟，官至直隶昌平知州。其诗音节短促，但显得较优美，情绪高昂中透出几分豪迈。有《二萧吟稿》。其诗《忆祁山》的前四句："祁山高峨峨，群蛮如聚族。万叠杳霭间，高低骋游目。"

蒋湘培，字笃因，湖南湘乡人，乾隆五十九年（1794）举人，著有《莫如楼诗合刻》。他的一些咏史怀古之作，别有洞天，值得深思。如《读淮阴侯列传》："长乐仓皇壮士死，天下心悲汉皇喜。汉皇何喜民何悲，欢歌乃在深宫里。吕公息女老蛊毒，灭火祸胎真祸水。内蛇气焰凶灼天，龙鼎彭亨思染指。庭中健者韩将军，与哙等伍心尚耻。生存肯作吕氏臣，俯窥产禄狐豚耳。钟室幸为儿女诈，梁王菹醢东都市。良弓走狗去几尽，炎祚倾危竟何恃。发蒙振落真易与，天下大势可知矣。长陵魂魄如有知，当时何为斩壮士。"

5. 郭步蕴等女诗人群

乾嘉时期，湖南文坛有一个可喜的现象，就是产生了众多的女诗人。在长达几千年的封建社会中，女诗人群体的出现，不能不说是一个亮点。其中最突出的代表是湘潭人郭步蕴。

郭步蕴，又作步韫，字独吟，湖南湘潭人。生于乾隆、嘉庆年间，自幼饱读诗书，号称"女博士"。丈夫早逝，在娘家居住，因年轻守寡，遭际艰难，故其诗多凄婉之音。如《除夕》："骨肉团圆不可期，每逢佳节倍生悲。年华苒成今古，人事迁流多盛衰。尘甑常无余宿粒，空囊惟有苦心诗。声声曙角催残腊，贺岁来朝强自支。"《斗室》："斗室宜安拙，幽怀颇自闲。溪肥前夜雨，帘卷夕阳山。吹角江城暮，巢梁乳燕还。无穷清意味，写入竹屏间。"同县人马敬之在《独吟楼集序》中说，郭氏的诗如"城笳戍角，寒泉幽咽，哀蝉秋鸣，孤鹤夜警者也"。

郭步蕴不仅自己作诗，而且孜孜不倦地教授侄女、侄孙女们，读经吟诗，相互唱和，形成郭门女诗人群。其中侄女郭友兰有《咽雪山房诗》，侄孙女郭漱玉有《绣珠轩诗》，郭润玉存有《簪花阁诗》，郭步蕴则有《独吟楼集》。郭氏又选其优者编成《湘潭郭氏闺秀集》。这些诗集印刷成册，在社会流传，一方面是对广大知识妇女的鼓励，另一方面也是对封建伦理道德的挑战。嘉道年间及以后，湖南女诗人层出不穷，纷纷吟诗，印刻诗集，并在社会上流传。郭步蕴的首创之功是应获得充分肯定的。

乾嘉以后的晚清，湖南女诗人层出不穷，涌现出一批优秀的作品，其中有江青枫，号梅谷。初嫁富家，丈夫浪荡终日，家财败尽，遂流浪江湖，在衡阳与一船夫成婚。江青枫能干善诗，有《吊李苾》一诗，慷慨悲歌，堪称女诗人中的上乘之作："岳云迢递接潭州，水绕熊湘咽不流。三月孤城经百战，一家毅魄永千秋。祠同张许明禋肃，气短蒲黄末路羞。无恙江山寻故宅，霜天白雁使人愁。"

此外，较为知名的湖南女诗人有：张恩泳，字仙蘧，长沙人，有《定香阁诗稿》；劳淑静，字岫娱，长沙人，有《苕篋贻芬集》；王素音，长沙人，有《良乡琉璃河馆壁题诗》；何桂珍，字梅因，长沙人，有《枸橼轩诗钞》；王珍，字麦秋，衡阳人，有《麦秋诗钞》；葛远，字香根，自号惜芳痴人，湘潭人，有《评梅阁诗词集》；郑业嫘，字淑荃，长沙人，有《云璈阁诗稿》；易蘩，字南苹，湘乡人，有《景惠室诗存》；杨延年，字玉晖，湘乡人，有《椿荫庐诗词存》；凌兴凤，字清湘，衡阳人，有《清湘楼诗集》；张梦龙，字静斋，湘阴人，有《柏心堂遗稿》；钱淑生，宁乡人，有《桂室吟》；何慧生，字莲因，长沙人，有《梅神吟馆诗集》；许月芝，字玉清，长沙人，有《寄和汪湘卿》等诗；覃光瑶，字玉芳，常德人，著有《玉芳诗草》；罗金淑，字丽生，长沙人，诗人、画家；李源，字星钟，茶陵人，有《星钟诗草》；夏继芳，字若仙，湘潭人，有《若仙集》；陈发祥，字瑞岩，画家，工诗，祁阳人；秦邦淑，宁乡人，有《云骥山庄遗草》；张九滋，湘潭人，有《守拙斋遗稿》；王玥，字瑶窗，书画家，能诗，长沙人；宋盛慎，字德崧，宁乡人，有《菉斐园诗草》；陈昌凤，字无恙，长沙人，有《松荫阁诗存》；周寿龄，字云芳，长沙人，有《云芳诗草》；覃树英，字素琼，常德人，有《素琼斋集》；欧秀松，字雅川，浏阳人，有《梅花阁绣余诗草》；赵孝英，字玉畦，书法家，汉寿人，有《梅花小阁诗草》《玉畦诗草》《春园小草》；雷玉映，字半吟，澧县人，有《半吟楼诗存》；张昭姑，长沙人，有《张昭姑诗集》；王文羽，字绮窗，长沙人，有《竹居稿》；朱梅秀，字寒英，鄙县人，有《寒英诗稿》；王继藻，字浣香，湘潭人，有《敏求斋诗集》；郭佩兰，字芳谷，湘潭人，有《贮月轩诗》；文先谧，字无非，宁乡人，有《熙朝雅化录》《兰闺画录初编》；陈梅仙，字香雪，汉寿人，工书法，有《梅影集》；王璃，字湘梅，湘潭人，有《印月楼诗词膳》；黄琬璈，字葆仪，宁乡人，有《茶香阁遗草》；李桂仙，工画，宁乡人；毛国姬，字孟瑶，长沙人，有《素兰诗集》；吴家楣，号莲斋，长沙人，有《绣余诗钞》；葛远，字香根，工书画，有《评梅阁诗词集》；邹缃，字云芬，新化人，书法家，工诗，有《惜余斋小草》；罗贻淑，字韶峰，湘潭人，有《绣兰阁学字吟草》；周治挈，字季华，又字栀雪，湘潭人，有《吉劭阁诗》；左寿贞，字月卿，湘阴人，有《幽香室吟草》。这些只是不完全统计。

（四）吴八月等少数民族人才

湖南少数民族主要居住于西南边境山区，以苗、瑶、侗、土家等族人最多。学术界对少数民族的研究大多停留在朝廷对少数民族的政策和少数民族起义等方面。因此，少数民族的人物，除了起义领袖外，对本民族社会经济、文化发展做出贡献的杰出人物，以及其他人才，均少为人知。

1. 湘西苗民起义领袖吴八月

吴八月（1729—1796），又名世宁，苗族，湖南吉首人，任百户。聪明能干，膂力过人，曾学习武术，武艺超群，豪爽侠义，在群众中威望高。乾隆五十九年（1794），其与苗民石三保、吴添半、石柳邓（贵州人）等人歃血为盟。次年春，在湘黔边界发动起义，分四路攻打永绥、乾州、凤凰，及贵州松桃四城。吴八月率领乾州（今吉首）、凤凰苗民组成东路军，从平陇出发，占领乾州城，两次围攻凤凰。而后挥师东下，连克岩门、高村等地，于凤凰、泸溪间歼灭清军 6000 人，开创了起义军的大好形势。乾隆六十年（1795）八月，各路起义军共推吴八月为"吴王"，统一指挥，在鸭堡寨一线多次击退清军。这时，清军转而采取分化拉拢政策，收买叛徒吴陇登，于是年十一月诱捕吴八月，次年三月吴八月惨遭杀害。

吴八月的四个儿子廷礼、廷玉、廷英、廷义，都参加了起义。他们自幼学习汉文、武术，均英武出众。吴八月牺牲后，吴廷礼继任"吴王"，但在嘉庆元年（1796）病故。其弟吴廷义继任"吴王"，坚守平陇，与清军激战。十二月，吴廷义在战斗中重伤被俘，次年在北京就义。

2. 湘西苗民起义将领

石三保（1746—1796），苗族，湖南花垣人，为吴八月的远房姑侄，任花垣黄瓜寨寨长。家境富裕，为人豪爽，威信极高。乾隆五十九年（1794），石三保邀吴八月、石柳邓、吴添半、吴陇登等两次集会，共同讨论并发动湘黔边苗民大起义。次年，石三保号称"苗王"，率万余苗民首战雅酉，大败总兵明安图部。随后，率西路义军分两路进攻：一路围攻永绥城，一路攻入贵州。次年，清政府以七省兵力围剿起义军，石三保撤出永绥。八月，起义军推吴八月为"吴王"，石三保为"将军"，继续与清军激战。嘉庆元年（1796）五月，因叛徒告密，石三保被俘，十月被杀害于热河行宫。

吴添半（1772—1796），又作天半，苗族，湖南凤凰人。曾入私塾读书，有文化，又曾习武，精通拳术。性格豪爽，喜欢交游，与湘黔边界知名苗人均有往来。乾隆六十年（1795），参与发动和领导苗民起义，自称"吴王转世"。作战英勇果断，有机谋，是起义军中杰出的青年将领。和石三保一道率西路义军取得雅酉大捷，参与领导围攻凤凰城及铜仁、松桃之战。四月，发动乌巢河战役，阻敌三个月，清军称吴添半"同为首逆，而添半最凶"。九月，吴添半在高多寨陷入清军重围，身受重伤，被俘，十月被杀害于热河行宫，年仅23岁。

石宗四（？—1805），苗族，湖南花垣人。乾隆六十年（1795），自称"将军"，参加吴八月领导的苗民大起义。失败后，仍坚持反清。嘉庆十年（1805）正月，同石贵银在地下掘出六尊铜铁炮，即以"神赐军器"相号召，发动起义。清军傅鼐率五千官兵前往镇压起义，双方激战，清军纵火焚烧苗寨。二月二十日，其率苗民万余人乘夜突袭围攻清军营盘，"枪声雷动，势甚汹迫"，傅鼐仓皇应战，几为瓮中之鳖。但突下大雨，苗民火枪、火药尽湿，无法再战。傅鼐趁机反攻，石宗四在作战中被俘牺牲。

石贵银（？—1805）苗族，湖南永绥人。乾隆六十年（1795），参加苗民大起义，被吴八月封为"总统"。起义失败后，仍坚持反清。嘉庆十年（1805）正月，同石宗四在地下掘出六尊铜铁炮，即以"神赐军器"相号召，发动起义。二月，同傅鼐率领的清军展开激战，石贵银亦在战斗中被擒遇害。

吴陇登，苗族，湖南凤凰人，任副百户。为石三保妻子的堂叔，曾是吴八月苗民大起义的主要发动者之一。乾隆六十年（1795）十月，起义军日趋艰难，吴陇登动摇叛变。十一月，其派子婿暗中勾结清军，诱捕吴八月，被赏六品顶戴。次年四月，率家乡鸭堡寨300人参加清军，共同与起义军作战，加赏五品顶戴花翎。接着，竟不顾亲情，擒杀自己的侄外孙、石三保幼子，赏四品顶戴、都司衔。随后，充任苗守备，成为清政府镇压起义、统治苗民的得力助手。

3. 少数民族的土司、土官

彭朝柱，保靖土官。明天启七年（1627），袭宣慰使，明崇祯十六年（1643），奉命率保靖兵保卫常德、澧州，以阻止张献忠农民军，晋左军都督府都督。顺治四年（1647）降清，诏领原职，率兵保靖，与李自成农民军余部作战，杀害高必正等数千人。

彭弘澍，字海若，号潜玄，永顺土官，世袭宣慰使。明崇祯五年（1632），授总兵。顺治四年（1647）降清，顺治八年（1651），领兵镇压永顺、保靖境内李自成起义军余部，加太子太保，赐正一品服。

覃纯一，大庸茅冈土司。雍正四年（1726），加安抚使，奖赏其参与镇压"红苗"和辰州农民军之功。雍正十二年（1734），献土缴印，改土归流，赐世袭千总职衔。

彭肇槐，字公赡，永顺土司。祖籍江西，唐末迁入湖南，归附马殷，授辰州刺史，安居溪州（今永顺、龙山、古丈）。康熙五十一年（1712），袭宣慰使职。雍正六年（1728），清政府在西南实行改土归流，彭纳土归诚。次年，朝议令其以参将衔回江西吉安定居，赐世袭"拖沙喇哈番（云骑尉）"之职衔，赏银万两。

第六章　道光时期的湖南人才

道光时期（1821—1850）是中国由封建社会走向半殖民地半封建社会的起点。道光皇帝名旻宁，庙号宣宗，登基后，有胆有识，文武兼备，极想有所作为，因而非常重视人才，强调"国家以贤才为宝""为政首在得人"。他认为"天下之大，兆民之众""岂无遗才"？要求督抚大员在各级官员中荐举贤才。四川总督蒋攸铦推举川东道员陶澍"治行为四川第一""才堪大用"，道光又通过孙尔准等考察陶澍，从而使陶澍得到重用，官至两江总督。陶澍的出现，实为湖南人才兴盛之先兆，从此开启了"惟楚有材，于斯为盛"的时代。

一、近代湖南人才始盛于道光时期

近代湖南人才兴起，不仅超过了古代湖南（湘楚），成为中国人才最多的省，而且形成了人才群体，每个群体都有其鲜明的时代特点。那么，近代湖南人才的兴起、人才群体的形成，究竟以何时、何人、何事为标志呢？长期以来，学术界都习惯以咸丰年间曾国藩操练湘军作为湖南人才兴起和人才群体形成的标志。实际上，清道光年间（1821—1850）以陶澍、魏源、贺长龄为代表的"湘系经世派"，才是近代湖南人才兴起的标志。这一标志从时间上来说，比湘军的兴起大约要早二三十年；从代表人物来看，有陶澍、魏源、贺长龄等人；从思想和实践活动来看，该派的出现是倡导经世思潮，推行兴利除弊的改革。具体来说，以此作为近代湖南人才兴起、人才群体形成的标志，有以下理由。

（一）道光年间湖南人才激增，总量位居全国人才前列

近代湖南人才兴盛的标志，首先表现在人才数量方面，即近代湖南人才数量不仅要大大超过古代湖南人才的数量，而且在全国人才总数中所占的比重要超过各省人才的平均数。清代有23个省，加上内蒙古、新疆、西藏以及东

北三省,则湖南人才数量须占全国人才总数的5%左右才算达到平均水平。到鸦片战争前后,即道光年间,湖南人才稀少的局面已完全改观。《中国历代名人辞典》共收录道光时期的历史名人210人(这个时期的人才数量难以有一个精确的统计,因为一个人往往活动于两个甚至三个朝代,故我们只能以其主要活动为据,如曾国藩、郭嵩焘等人在道光朝已活跃于中国政治舞台上,但他们一生的主要活动是在咸丰年间镇压太平天国运动和进行洋务运动,故未统计在道光年间的人才中),其中湖南18人,占总数的8.57%;《中外名人生卒对照年表》共收录这一时期的人才502人,其中湖南人才31人,占总数的6.18%,而且此表的502人中,162人没有标明省籍,故有省籍者仅342人,则湖南人才占9.12%;《清代七百名人传》共收录道光时期名人56人,其中湖南5人,占总数的8.93%。上述几个数字表明,道光时期的湖南人才数量在全国所占的比例,比古代上升了约10倍,不仅从根本上改变了湖南人才稀少的局面,而且在人数上形成了足以影响当时社会的人才群。

同时,近代湖南人才在全国各省所占的地位,也与古代不相同,已经位居各省前列。《中外名人生卒对照年表》所列道光时期人才的分省统计,江苏居第一位,浙江、湖南分别居第二、三位。《中国历代名人辞典》所收道光年间名人,以满洲为最多,其次是广东、广西、江苏,湖南居第五位。《清代七百名人传》的道光朝名人,以满洲为最多,其次为江苏、浙江、湖南。这些统计数字说明,道光年间湖南人才大增,已在全国各省前五名之内,在全国人才中,在数量方面已占据不可忽视的重要地位。

(二)道光年间湖南形成了第一个人才群体

历史上的人才往往出现成群成块的现象,我们称之为"人才群"。如前文中介绍的一些世家,接连几代,人才辈出,就是家族型人才群。又如张栻在岳麓书院讲学时,培养了吴猎、赵方、游九言、游九功等大批著名人物,这是师生型人才群。再如李东阳的"茶陵诗派",这是学派型人才群。宋代祁阳产生了进士93人,占全省进士总数的1/10,这是地域型人才群。这些人才群并不能构成一个有影响、有战斗力的群体。我们所说的"人才群体"是一个特殊概念,它的产生和形成应具备一定的社会历史条件:一方面,它是社会发展的需要。一般来说,在阶级斗争激烈、复杂的时期,往往会形成人才群体;另一方面，它又是文化发展的产物。只有文化发展到一定程度，才能孕育与之相应的人才群体。因此，人才群体有其一定的内涵，它的特征表现为以下6个方面：一是人才群体是许多个体人才组合而形成的；二是人才群体由同一时期的人才组成；三是人才群体由同一地域的人才组成；四是人才群体之间有共同的思想和基本相同的实践活动；五是人才群体都具有公认的核心、领袖和一定的组织形式；六是人才群体在当时发挥了巨大作用，对以后产生了巨大影响。综上所述，人才群体是生活在同一时期，具有基本相同的思想，为着统一的目的，在其核心人物的带动下，彼此联系，相互支持，共同斗争，对当时社会发挥了巨大的积极作用，并对后世产生了深远影响的人才群。人才群体是人才发展史上的一种特殊现象，是人才发展进入高峰时期的具体表现。

道光时期出现的"湘系经世派"就是一个重要的"人才群体"。"湘系经世派"人数较多，其骨干成员有30多人；陶澍、贺长龄是其公认的政治领袖，魏源是其精神领袖；他们都活跃于道光年间；都是湖南人；经世致用是他们的指导思想；进行改革（如创票盐、海运等），刊行《皇朝经世文编》则是他们的共同行动；他们的成就在当时就震惊朝野，对后世更产生了深远影响。近代湖南人才兴盛的一个鲜明特色，就是接连不断地出现了5个人才群体，这是古代湖南人才发展史上从没有过的现象。道光年间产生了湖南的第一个人才群体，因此，湖南人才之盛始于道光年间。

（三）道光年间湖南人才在全国产生了巨大影响

作为近代湖南人才兴盛的标志，"湘系经世派"不仅要有一定的人才数量，而且要有一批能对全国产生影响的杰出人物。在中国古代史上，湖南极少产生在全国具有重大作用和影响的杰出人物。各种人才辞典所收录的湖南各类人才中，除周敦颐、李东阳、王夫之等个别人物外，其余大多数算不上全国一流人物，只能算是二流人物，甚至更为名不见经传。可见，古代的湖南人才不仅数量少，而且质量不高。道光时期湖南人才质量和地位明显提高，具体表现在两个方面。

首先，鸦片战争前后的湖南人才大力提倡经世致用思想，成为晚清经世改革派的重要核心。嘉道年间经世改革派的主要代表人物有陶澍、林则徐、魏源、龚自珍、贺长龄、包世臣、汤鹏、张穆、吴挺、黄冕、俞德渊、王凤生等，其

第六章　道光时期的湖南人才

中湖南有5人。此外，严如熤、唐鉴、贺熙龄、邓显鹤、欧阳厚均等湖南人，都是经世派的主要人物。历史学家孟森说："嘉道以后，留心时事之士大夫，以湖南为最盛，政治学说，亦倡导于湖南。所谓首倡《经世文编》之贺长龄，亦善化人，而（陶）澍以学问为实行，尤为当时湖南政治之巨擘。"① 陶澍曾任安徽、江苏巡抚，官至两江总督，一贯关注现实，主张改革，是近代经世改革派的主要代表。如果以鸦片战争为界，将晚清经世改革派分为前期和后期，那么，在其前期，陶澍的地位最高，威望最隆，影响最深，改革的成果也最大，团结的改革派人士也最多，堪称"中国近代地主阶级改革派（经世派）的先驱和前期领袖"。魏源受贺长龄委托（亦得到陶澍支持）编辑和刊刻的《皇朝经世文编》，是湖南经世派人物共同努力的结晶，是对社会的重大贡献，是嘉道年间经世思潮形成的标志，对当时和后世都产生了巨大影响。鸦片战争之后，魏源提出了"师夷长技以制夷"的口号和具体主张，更对中国思想界产生了划时代的影响。同时，晚清经世改革派的主要事功，如改漕粮河运为海运，改纲盐为票盐，都是在陶澍的领导下在江苏取得的成果，林则徐、魏源、包世臣、贺长龄、黄冕等都参与其中。在币制上，"自铸银币"的主张，是陶澍、林则徐联合提出的。轰轰烈烈的禁烟运动，林则徐、陶澍是其领导人物，可以说，晚清经世改革派的事功，是以"湘系经世派"人物为主取得的。此外"湘系经世派"骨干严如熤、唐鉴、汤鹏、李星沅、邓显鹤、贺长龄、严正基等人都有经世著作，为当时有作为的经世思想家，他们对全国经世思潮的兴起和发展，起了重要的作用。可以说，道光时期的湖南人才已经成为具有全国影响的人才群体。

其次，鸦片战争时期的湖南人才不仅在思想上发挥了先导作用，而且在政治上掌握了权力，组织和领导了影响全国的活动。在中国古代史上，湖南人基本上未能进入全国政治权力中心，担任朝廷大臣和掌握一省大权的湖南官员都比较少。以清代为例，道光以前长达160多年的五朝中，由湖南人任督抚大员的仅6人，即胡期恒、陈大受、方显、杨超曾、彭维新、赵慎畛。到道光时期，情况大为改观，先后有湖南人陶澍、李星沅、贺长龄、赵慎畛、常大淳、罗绕典、杨健、唐仲冕等8人担任督抚大员。特别是陶澍任两江总督10年，直至病逝。在清代，两江和直隶最为重要，直隶重在军事，捍卫京师；两江重在经济，是国家财赋之地。清代两江总督大多由满人担任，而且经常更换，清

---

① 孟森.青史讲义：下[M].上海：中国文化服务社，1947：618.

代前五朝的 160 余年间，在两江总督职位上任职 10 年以上的只有鄂容安和萨载，而且两人都是满人。陶澍以汉人身份任两江总督 10 年，实为汉人掌握两江实权的首例。

（四）道光时期湖南人才对当时全国人才产生了重大影响

从道光时期开始，湖南人才纷纷北上东下，与外省人才有了比较广泛的交流。以陶澍为例，他早年曾在京师生活多年，与下层官吏及各省在京士子、学者多有交往，如组织消寒诗社、办悦生堂，吟诗作画、讨论学问、品评时事。随后，陶澍先后到四川、山西、福建、安徽、江苏等地为官，与各地士人有了更深一层的交流。著名的改革派人士林则徐、包世臣、姚莹、王凤生、吴挺、俞德渊等是其下属或幕僚；龚自珍、黄爵滋、张际亮、张穆等人则与其关系密切，受过陶澍的帮助和影响；陈銮、梁章钜、程祖洛、卢坤、张师诚、邓廷桢、李鸿宾、陈文述、朱琦、齐彦槐、梅曾亮等人都曾得到陶澍的帮助或提拔。张佩纶与张之洞曾评论说，"论道光以来人才，当以陶文毅（澍）为第一，其源约分三派：讲求吏事、考订掌故，得之者在上则贺耦耕（长龄），在下则魏默深（源）诸子，而曾文正（国藩）总其成；综核名实，坚卓不回，得之者林文忠（则徐）、蒋励堂（攸铦）相国，而琦善窃其绪以自矜；以天下为己任，包罗万象，则胡（林翼）、曾、左（宗棠），直凑单微。而陶实黄河之昆仑、大江之岷也。"[①] 将陶澍推为道光以来约半个世纪中的人才第一人。确实，陶澍是晚清极有影响力的人物。

鸦片战争前后的湖南人才，对全国人才产生了深刻的影响。魏源作为"湘系经世派"的杰出代表，不仅主持编辑了中国第一部大型经世文集《皇朝经世文编》，促进了嘉道年间经世思潮的形成，而且他还编纂了中国第一部系统介绍世界各地的《海国图志》一书，提出了"师夷长技以制夷"的口号。该口号成为影响整个近代、启迪几代人的口号，开启了中国由古代走向近代之门，从思想上实现了中国社会思潮的转型，即由古代的"经世致用"思潮向近代的"向西方学习"思潮的飞跃。因此，他在中国社会、中国思想学术界的影响，在近代是无人可比肩的。从这个角度来说，"湘系经世派"在湖南人才史上实现了质的飞跃，说它是近代湖南人才兴盛的标志，是合情合理的。

---

① 张佩纶. 涧于日记 [M]. 北京：朝华出版社，2018：己卯下，刻本.

（五）道光时期湖南人才对其后的湖南人才也产生了巨大影响

道光时期湖南人才对其后的湖南人才，特别是湘军人才产生了巨大而深刻的影响。陶澍、贺长龄、魏源、唐鉴、贺熙龄、欧阳厚均、李星沅等道光时期湖南人才对湘军曾国藩、左宗棠、胡林翼等人曾大力扶植，积极培育，他们之间或者有师生之谊，或者有翁婿之亲，或者有提拔之恩，可以说，湘军人才的成长、成熟，和道光时期湖南人才有着非常直接的关系。张佩纶和张之洞认为陶澍是各类人才之"源"，曾国藩、左宗棠、胡林翼等则是其"流"。谈到陶澍善于识人、育人时指出："左宗棠、胡林翼皆识之未遇，结为婚姻，后俱为名臣。"其后，著名史学家萧一山又明确指出：同治"中兴人才之盛，多萃于湖南者，则全由陶澍总其因，而印心石屋乃其策源地。""曾国藩、左宗棠、胡林翼皆标榜经世，受陶澍、贺长龄之熏陶也。"① 陶澍等人不仅对咸同时期湖南人才有巨大的影响，而且对其后的湖南人才也产生了重大的作用。这点在以后各章的论述中还会提及。

二、湘系经世派人才群体

"湘系经世派"是近代湖南的第一个人才群体，是以陶澍、魏源、贺长龄为核心的一个官僚知识分子集团，他们以"经世致用"为口号，以国家富强为目标，主张面对现实，推行改革。他们与全国经世派人士，如林则徐、龚自珍等人共同组成了晚清经世改革派，开创了中国近代经世爱国的新风气。

（一）湘系经世派的形成

"湘系经世派"形成于道光初年，这既是时代的需要，又是精英人物作用的结果。道光虽是一个有为之君，但他生不逢时，他即位时，清代已从"康乾盛世"的顶峰跌落下来，开始走向没落，整个封建社会已呈现出内外交困、危机四伏、大厦将倾之势，迫切需要新的精神和力量来挽救社会的危机。应时而生的陶澍、魏源等人则具备湖南人民坚毅图强的性格，自幼有治国平天下的大志，又学识渊博，有敢为天下先的勇气，时代要求他们成为"湘系经世派"的带头人。

---

① 萧一山.清代通史：三[M].北京：中华书局，1986：737，735.

1. 湘系经世派形成的时代背景

道光时期，清王朝已经走向没落：国外，西方资本主义迅速发展，为了寻找原料基地和商品市场，纷纷向海外寻找殖民地；国内，官场腐败，人民困苦，阶级斗争和民族矛盾尖锐，遍地烽烟。中国封建社会面临数千年未有之大变局、大危机。

首先，从国际形势来看，西方列强迫切需要向海外殖民扩张，并且把中国作为其侵略和掠夺的主要对象，而清朝的封建统治者以高于万邦的"天朝"自居，自大地认为西方各国都是蛮夷小国。在对外贸易中，清朝实行严格的限制和正当的防范，西方国家的商品无法在自给自足的中国打开市场，中国对外贸易的出口总额总是大于进口额，因此，英国转而采取卑鄙的手段，以各种方式向中国输出大量鸦片，给中国社会带来空前严重的灾难。特别是道光二十年（1840），英国发动了鸦片战争，中国在战争中失败，被迫签订不平等条约，割地、赔款。从此，清朝统治者不仅处于挨打的地位，且"天朝"颜面无存，巨额的战争经费和战后赔款，使得财政愈加紧张，白银大量外流，税赋不断增加，人民负担加重。同时，中国封闭的大门被西方的坚船利炮打开后，外国商品涌入，充斥市场，促使农村家庭手工业和城市手工业破产，从而导致封建社会的根基——自给自足的自然经济解体，从根本上威胁着封建社会的统治。

其次，从国内情况来看，封建社会到清朝道光时期，已经腐朽不堪，吏治败坏，官场"以模棱为晓事，以软弱为良图，以钻营为进取之阶，以苟且为服官之计。由此道者，无不各得其所欲而去，衣钵相承，牢结而不可破"。一旦国家有事，"而欲望其奋身为国，不顾利害，不计夷险，不瞻徇情面，不顾惜身家，不可得也"①。官吏欺上压下，因循苟且，腐朽蒙昧，贪财营私，过着穷奢极欲、荒淫无耻的生活，整个官场都已腐朽堕落。同时，全国出现了严重的财政危机，白银外流，银贵钱贱，钱粮亏空，税款拖欠，使得清王朝财源枯竭，国库空虚。加上清朝以少数民族身份入主中原，主要靠强大的军事力量维持统治。随着统治的巩固，军士养尊处优，沉湎享受，日益腐化，军纪涣散，操演几废，战斗力极差。早在嘉庆初年，镇压白莲教起义时，清军就已力不从心，须依靠各省招募官勇和地主团练武装。统治阶级的腐败，使得社会阶级矛盾激化，各族人民的反抗斗争不断，仅道光一朝，人民的反抗斗争多达250多

---

① 赵尔巽.清史稿：洪亮吉德[M].北京：中华书局，1977：467.

次。清王朝的各种矛盾和危机已经发展到难以收拾的地步，而湖南又是清王朝各种矛盾中的一个聚焦点。

面对嘉道年间的社会危机，具有忧患意识的有识之士纷纷探寻救国救民的主张，从而兴起了一股经世致用思潮。嘉道经世之学兴起之初，受"湖湘文化"影响的湖南学者，成为其中最积极的一支队伍。自宋以来，"湖湘学派"取各派之长，提倡经国济民的实学是其显著的特点。清初大思想家王夫之集湖湘各学派学术之大成，更是一生提倡实学。经顺治而至嘉道年间，经世之学虽因统治者的政策而在湖南偶有中断，但终于在陶澍、魏源、贺长龄等人的提倡下，经世之学大倡。魏源曾在《圣武记》一书中，说明了社会变化导致经世思潮的历史必然性："荆楚以南，有积感之民焉。距生于乾隆征楚苗之前一岁，中更嘉庆征教匪、征海寇之岁，迄十八载畿辅靖贼之岁也始贡京师，又迄道光征回疆之岁，始筮仕京师。京师，掌故海也，得借观史馆秘阁官书及士大夫私家著述、故老传说，于是我生以后数大事及我生以前上讫国初数十大事，磊落乎耳目，旁薄乎胸臆。因以溯洄于民力物力之盛衰，人材风俗进退消息之本末。晚侨江、淮，海警飙忽，军问沓至，忾然触其中之所积，乃尽发其楮藏，排比经纬，驰骋往复，先取其涉兵事及所论议若干篇，为十有四卷，统四十余万言，告成于海夷就款江宁之月。"① 在国家面临危亡的形势下，以天下为己任的士子们再也不能埋头于故纸堆中，他们纷纷举起了经世致用的旗帜。

2. 陶澍和湘系经世派的形成

在嘉道经世思潮形成过程中，陶澍由湖南安化山区走向京城，坐镇东南。由于陶澍的学问人品，也由于陶澍位高权重，湖南的经世派官僚士子都团结在陶澍的周围，相互提携，共同讨论，一致行动，从而形成了"湘系经世派"。

陶澍和魏源的家乡都在资江，一在中游的安化，一在上游的邵阳。陶澍未仕时家贫，曾得到魏源祖父的帮助，两家可称世交。魏源小陶澍15岁，嘉庆十九年（1814），陶澍任江南道御史；魏源则第一次到北京，从胡承珙学习汉儒之学。是时，陶澍、胡承珙都是消寒诗社成员，定期集会吟诗，品评时事。魏源亦参加诗社活动，开始和陶澍交往。陶澍对魏源十分赏识，多次荐举。陶澍任江苏巡抚，魏源则任江苏布政使贺长龄幕僚。他们三人都是湖南同乡，关系十分密切。他们共同干了两件大事：一是编辑刊刻《皇朝经世文编》，

---

① 魏源. 魏源集 [M]. 北京：中华书局，1983：166.

这标志着嘉道年间经世思想的形成；二是首倡漕粮海运，这是中国近代地主阶级改革派第一个主要成果。道光七年（1827），魏源转入陶澍幕下，成为陶澍的主要助手之一，魏源的才能也得到了最充分的发挥。此后，二人共事14年，陶澍开创海运、改革票盐、整顿吏治、救济灾民、治理江河，均由魏源参赞筹划；陶澍许多文稿奏章，亦由魏源起草代撰或提供意见。魏源在陶澍的帮助和培养下，能力大长，学识大增，经验大丰，名声大起，成为名倾一时的改革理论家。魏源在陶幕也十分自由，著书、吟诗、应考、交友、游山、兼做票盐生意，这一时期是魏源一生中经济最丰裕、心情最愉快、经世才干发挥得最好的时期。魏源对陶澍也十分尊重，陶澍病逝后，魏源全力处理后事，并撰挽联："知遇感殊深，石屋印心，牖北垂询商大计；施恩诚普及，灵车返里，江南遗爱念宏规"，清楚地表明了他们的深厚友谊，以及陶澍对魏源的提携和魏源对陶澍的敬仰。

贺长龄小陶澍5岁。嘉庆十一年（1806），贺长龄进入岳麓书院，师从著名山长罗典；陶澍则早在乾隆四十九年（1784）跟随其父陶必铨在岳麓书院学习。故陶、贺可以说均出自岳麓书院，且都师事罗典。嘉庆十三年（1808），贺长龄中进士，进入翰林院；陶澍则在这一年回国史馆任纂修，二人开始交往，建立了很深的友谊。他们都是消寒诗社成员，常在一起饮酒吟诗，讨论学问，品评国事。道光五年（1825），陶澍调任江苏巡抚，贺长龄为江苏布政使，二人通力合作，编辑《皇朝经世文编》，组织漕粮海运。第二年，贺长龄调山东布政使，从此二人分开，但时有书信往来、诗词唱和。贺长龄之弟贺熙龄，更与陶澍是儿女亲家，交往密切，亦曾得到陶澍的关心和提携。

严如熤（1759—1826），长陶澍20岁，却与陶澍认识最早。据陶澍回忆："记束发时，即闻先子称说，有溆浦严先生者，倜傥磊落，如古陈同甫一流……乾隆甲辰冬，与先生自岳麓归，溯资江而上。"[①] 乾隆甲辰即1784年，陶澍仅7岁。严与陶父陶必铨为岳麓书院学生，结伴返里。严如熤究心舆地兵法星卜之学，有经世著作传世。陶澍受到严氏经世之学影响，并与之有很深的私谊，时有书信往来，如："茱萸江上竹篱居，记得儿时迓客车。夜雨共寻园内韭，春风曾读别来书。五丁峡逼新探险，二酉山深结旧庐。犹有同舟佳韵

---

① 陶澍.陶澍集：下[M].长沙：岳麓书社，1998：132.

在，剪灯重乞付钞胥。"①陶澍曾表示要以严如熤为榜样，关心生产生活，"平生衣被志万家"，并称赞其著作是"后之有志经世者，必将取镜也"。②同样，严如熤亦十分尊重陶澍。严如熤之子严正基，曾为陶澍属下的常州知府，亦曾得到陶澍的提携和影响。

唐仲冕，号陶山，湖南长沙人。陶澍与之有很深的交往，时有书信往来，诗词唱和，如："十年乡国耳才人，秋水江南入梦频。作宦一时推古直，论诗隔世有前身。地当湖海难为客，胸贮周秦不是贫。遥羡鲤庭春最早，梅花添放几枝新。"③称赞唐为政有古人遗风，气概豪放，学识博达，胸藏周秦万卷经书。唐仲冕之子唐鉴，更与陶澍交往密切，任江宁布政使时，值"陶文毅公澍寝疾，公代行使院事。"可见陶澍对其信任之深。二人常有诗歌唱和，书信来往，论学论政，唐曾为陶澍诗集作《序》。道光十二年（1832），唐鉴任职广西，陶澍有诗相送："唐子家传一支笔，风雨纵横书满室。平生雅抱致君心，读破万卷不读律。"以及诗句："四海人推楚宝贤，难得君家名父子。"④晚年专心教书、著述，对培养经世人才做出了杰出贡献。

陶澍在《蜀輶日记》中说：为京官时，常与同乡彭浚、何凌汉、欧阳厚均、聂铣敏、石承藻、贺长龄为诗酒之会。他们与陶澍同为京官，既有同乡之谊，又有经世之志，故常常集会，相互论学品政，饮酒吟诗。以后亦有书信交往，相互提携。

嘉庆二十四年（1819），陶澍路过益阳，会见益阳名士胡律臣、胡达源父子及蔡用锡等人。胡律臣、胡达源为益阳富户，书香之家，对陶澍非常敬重，称陶澍是"非常之人"，能办"天下非常之事"，能"以身任天下之重，临危险而不惊，遭疑谤而不惧，能使功施社稷，泽被生民，显当时而垂后世"。蔡用锡，以学识闻于益阳，性格豪放，注重经世之学，着意培养人才，教育学生则以兵略、吏治等实学为主。陶澍十分器重胡、蔡二人才学，选中胡之子胡林翼为女婿，聘请蔡教授胡林翼及子陶慧寿。

蔡用锡向陶澍推荐湘阴秀才李星沅，陶澍认为李乃"经世才也，但当多

---

① 陶澍. 陶澍集：下 [M]. 长沙：岳麓书社，1998：510.
② 陶澍. 陶澍集：下 [M]. 长沙：岳麓书社，1998：199.
③ 陶澍. 陶澍集：下 [M]. 长沙：岳麓书社，1998：502.
④ 陶澍. 陶澍集：下 [M]. 长沙：岳麓书社，1998：432.

读书耳"。此后,李星沅"客陶澍幕中,为掌奏章",并"习于漕、盐、河诸利弊"①,成为陶澍最得力的助手之一。在陶澍的培养和扶植下,李星沅才识俱进,终成大器,官至巡抚、总督。李星沅发达后,始终对陶澍执弟子礼,并以陶澍为榜样,重视经世实事,整顿河工、清理盐务、建设边防,以及吏治民政诸多方面,都有成就。

黄冕小陶澍16岁,嘉庆二十年(1815)任两淮盐政,旋被罢官,闲居上海。道光五年(1825)向陶澍条陈漕粮海运之利,为陶澍所识。史称:"初行海运,巡抚陶澍赴上海集沙船与(黄冕)议,尽得要领,授江都知县。"随后,在陶澍提携下,任知州、知府、两淮盐运使。在陶澍培养下,黄冕深得盐政、漕务、赈灾、治水之妙,经世才干也大为增强。后黄冕在新疆协助林则徐兴修水利、开办屯田;在湖南扶助曾国藩倡办厘金、筹措军饷,表现出出色的才能。

汤鹏,是著名的经世思想家,有"凌轹一时"之才。陶澍对汤鹏经世思想、诗文才具,评价极高,陶澍为官江南时,曾在桃江建别墅,安置家小,与汤鹏相近。故陶澍返乡,汤鹏常为座上客。汤鹏对陶澍十分敬重,常以诗歌表达其仰慕之情。

邓显鹤与陶澍的相交亦很深,陶澍称"与湘皋交十余年",曾赠诗:"我居石潭上,君居临小洋。右眺梅䥛城,左顾善卷堂。神山高万丈,安能郁不扬?君看老松骨,终作飞虬翔。因君述祖德,益我恭维桑。"②陶澍在江南为官时,邓显鹤多次前往相见。邓搜索整理湖南地方文献,得到陶澍的大力支持。邓显鹤编辑《资江耆旧集》60卷,得到陶澍的具体指导和资助。道光十九年(1939)五月,陶澍已重病不起,当他见到《资江耆旧集》后,他非常高兴,抱病作序。在陶澍的鼓励和帮助下,邓显鹤以整理湖南历史文献为己任,先后编辑刊印了《沅湘耆旧集》《船山遗书》等,为湖南文化的发扬光大做出了巨大贡献。

欧阳厚均辞官回乡养亲,陶澍有诗相送:"羡君鼓棹梅花岸,正及春杯小腊前。"欧阳厚均曾主持岳麓书院20多年,曾国藩、江忠源、郭嵩焘、刘蓉、唐训方等均出其门,对培育湖南人才贡献甚大。

---

① 赵尔巽.清史稿:李星沅传[M].北京:中华书局,1977:134.
② 陶澍.陶澍集:下[M].长沙:岳麓书社,1998:362.

欧阳辂工于诗，时人称为"磵东诗老"。陶澍幼年曾见到欧阳辂的诗作，十分欣赏；后曾为"磵东诗钞"作序，称其"博学多通，其于书，一过目终生不忘。为诗炼骨入声，融神于气。初从义山以窥老杜，鲨而为昌黎，滉而为东坡。晚乃自出一队，天马行空，神龙见首既雄且杰；而跌宕昭彰，如风水相涣，自然而成，不能辨其为杜、为李、为韩、苏矣。"[①]

袁名曜曾任岳麓书院山长，陶澍十分器重他，称其"楚南人物""才气纵横，不可一世"。袁对陶澍则非常敬重。

此外，长沙人罗琦、罗瑛兄弟，湘潭人李在青，宁远人杨季鸾，长沙人汤蠖，澧县人张宜尊，浏阳人瞿家鏊，宁乡人胡万年，宁乡人刘基定，常德人唐开韶等，他们都是经世之士，都受到陶澍的影响，有的得到陶澍的帮助（如资助、推荐）；有的曾为陶澍刻书、作画；有的则和陶澍书信来往、诗词唱和、交流学问。总之，道光时期，"湘系经世派"都和陶澍有或多或少的联系，都在不同程度上得到过陶澍的帮助，都团结在陶澍的周围。陶澍也在事实上成为"湘系经世派"的领袖。

（二）湘系经世派的思想特色

清道光时期，面对内外交困的形势，统治阶级中的有识之士深怀忧虑，亟谋挽救补苴之策，纷纷以"经世致用"为武器，提出各种改革主张，形成晚清经世改革派。这个派系的政治首脑是陶澍和林则徐，提出改革理论和出谋划策的则主要是魏源、包世臣、龚自珍。其中，湖南籍参与者不仅人数多，而且发挥了主导作用；他们以湖湘学派的务实求是、经世致用思想为号召，逐步形成了以陶澍、魏源、贺长龄为核心的"湘系经世派"人才群体。"湘系经世派"是近代经世改革派中最活跃、最有成就的群体，他们既是全国改革派的杰出代表，又具有湖湘地区的特点。

1. 湘系经世派的经世思想

清嘉道年间，思想学术界发生变化，由纯学术走向致用之学，许多有识的官员和知识分子举起了经世致用的旗帜，主张通经以致用，察古而治今，认识到真正的学问，是解决社会现实问题的能力，上利国计，下益民生。他们纷纷把注意力转向现实的社会问题，如吏治民风、土地人口、盐课漕运、河工水

[①] 陶澍. 陶澍集：下[M]. 长沙：岳麓书社，1998：85.

利、治灾赈饥、兵政边防、舆地农政、商品货币、刑名法律等经世致用之学。其中,"湘系经世派"就是当时经世思潮特别活跃的一支队伍,他们一方面继承和发展了中国古代文化的这一优秀传统,另一方面又具有鲜明的湖南特色,继承和发展了"湖湘文化"的优秀传统。

一是鄙弃空谈,主张学以致用。他们都反对厚古薄今、空谈义理、逃避现实、摘章断句、死记呆背,把读经诵典当作猎取功名利禄的手段。强调学经在于致用,在于有益于社会。陶澍"少负经世志,尤邃史志舆地之学,所至山川,必登览形势,访察利弊"①。一贯关心社会问题,强调"研经究史为致用之具"。魏源一贯热心经世致用之学,尤"熟于国朝掌故,论古今成败利病,学术流派,驰骋往复,四座皆惊"②。曾为其从兄魏耆题联:"能致用便为实学,识时务不是愚人。"陶澍批评当时的学风、文风时说:治《易》者"相寻于虚也";治《诗》者"高谈性命,逃之于空虚。"他主张治经要薄古,读经要有所得,批评学者"捃摭训诂,泛滥词章,以为弋钩科名之具,于风俗人心之本,毫无与也"③。魏源反对空谈和治无用之学,他批评"乾隆中叶后,海内士大夫兴汉学……锢天下聪明智慧,使尽出于无用之一途"④。他也反对读书以科名为目的,不求实用。他主张通经致用,首先要有一个明确的学习目的,重点学习那些对国家大政事业有用之书,来解决现实社会的实际问题。贺长龄反对写文章放空炮,词句浮华,"拘牵粉饰陋习",主张"据事直书,不用常行格套",以养成质朴切用的文风。何绍基学问扎实,"经史说文,考订尤研审,旁及金石、图刻、律算,实事求是,识解精超""深得古今得失成败。"严如熤"有干济才""究心舆地兵法星卜之学。"总之,他们都主张经世致用,以经术为治术,把经术和现实结合,努力把经学理论应用于社会实践。

二是针砭时政,主张兴利除弊。魏源对当时社会弊病有深刻了解,并进行了无情揭露。他说:"无一岁不虞河患,无一岁不筹河费,此前代未之闻焉;江海惟防倭防盗,不防西洋,夷烟蔓宇内,货币漏海外,病漕、病盐、病吏、病民之患,前代未之闻焉。"⑤产生这些弊病的原因,是统治者无能,官吏腐

---

① 魏源.魏源集[M].北京:中华书局,1983:901.
② 魏源.魏源集[M].北京:中华书局,1983:961.
③ 陶澍.陶澍集[M].长沙:岳麓书社,1998:76.
④ 魏源.魏源集[M].北京:中华书局,1983:359.
⑤ 魏源.魏源集[M].北京:中华书局,1983:162.

败，整个封建王朝像一个不思上进、甘愿被满身虮虱吸吮膏血的流浪汉。消灭弊端的办法就是"浴"，即除弊兴利，如时常剪拨烛心，灯才明亮；除去蠹虫，书才完好。陶澍对一些具体大政的弊病进行揭露和抨击。他批评："漕务疲弊已久，在闾阎则每苦浮收，在州县则又患刁抗。"官员与土豪、劣绅、衿棍、生监勾结包漕，横索陋规，吸吮乡里穷黎之膏血。河工官员"皆有染指图利之心，白吃干分，甚至克扣工价，侵肥入囊"，致使"国家数百万有数之钱粮，填无底之河。"把持盐政的官吏、总商"徒为盐务之蠹"，使盐政"弊端百出"，到了"山穷水尽不可收拾"的境地。科举则以八股取士，渐次造成学问僵化，人才遭扼杀。此外，贺长龄、贺熙龄、李星沅、汤鹏、严如熤、唐鉴等人，对各种弊政，都有不同程度的揭露。汤鹏更对吏治进行了深刻的揭露和无情的鞭笞，他将大小贪官庸吏比作禽兽，予以痛斥。

三是实事求是，重视调查研究。陶澍非常重视调查，认为"天下有一物即有一象，有一象即有一理，或近取诸身，或远取诸物，吉凶悔吝，丝毫不容假借。伏羲之画、文王之象、周公之爻、孔子之传，无非教人即实象以求实理而已"[1]。因此，陶澍为官施政，经常深入调查了解各方面的实际情况，了解各种事物之间的内在联系，了解老百姓的生活状况和思想要求。在调查的基础上，再来解决和处理各种问题。故陶澍每到一地，总是首先对当地的社会生活、风俗习惯、生产民情以及山川河谷、地理形势、名胜古迹、历史典籍等详加考察。魏源也强调实地考察的重要性，认为"披五岳之图，以为知山，不如樵夫之一足；谈沧溟之广，以为知海，不如估客之一瞥；疏八珍之谱，以为知味，不如庖丁之一啜"[2]。正因为他们重视调查研究，因此在实际工作中都能坚持实事求是的工作作风，如陶澍在江苏教导农民试种早稻时就明确指出：稻谷种类繁多，各有特征，故而要根据不同的天时、地利等客观条件，进行合理种植。同时，他们又能全面地看问题，根据不同的条件采取不同的工作方法，陶澍、魏源、黄冕等主持的江苏水利工程，在治理浏河、白茆河、吴淞江等河流时，都根据其不同的地势，突破陈规，采取不同的治理办法。

四是面对现实，倡导更法改革。魏源认为：自然界始终在运动着、变化着，并不断地发展，"三代以上，天皆不同于今日之天，地皆不同于今日之

---

[1] 陶澍.陶澍集[M].长沙：岳麓书社，1998：62.
[2] 魏源.魏源集[M].北京：中华书局，1983：7.

地，人皆不同于今日之人，物皆不同于今日之物"[1]。一切都在变化，政治制度也在变化："文帝废肉刑，三代酷而后世仁也；柳子非封建，三代私而后代公也；世族变为贡举，与封建之变为郡县何异？"[2] 他明确宣称："易，天道也。易则易知，简则易从，易简天下之理得矣。"[3] 运动和变革是"天道"，是必然的，必要的，生活中不可缺少的正常现象。汤鹏深刻地论述了改革的意义，在《浮邱子》一书中，他一连提出了"四十变"，涉及社会政治、经济、文化的各个领域，强调"此四十变者得"，则乱塞、治兴，社会安定，政治清明，经济发展。陶澍、贺长龄、黄冕、严如熤等是推行改革的实干家，利用已掌握的权力，在所管辖的范围内，对河工、水利、盐政、漕务、灾赈、货币、财政、兵事、农政等到许多方面，推行了兴利除弊的改革。有的取得了震惊朝野的成就；有的有利于社会的安定和生产的发展；有的虽未能进行，但是提出了可行方案。

五是面向世界，学习西方先进。道光时期是中国历史上一个重要的转折点，是中国由封建社会转变为半殖民地半封建社会的始点，也是由古老的、落后的、封闭的中国，走向近代、走向世界的始点。在这个时期，中国产生了一大批带领中国人民前进的政治精英和思想精英，湘系经世派就是这批人物中的骨干力量，其中魏源是最杰出的代表。鸦片战争之前，魏源、陶澍等人看到了西方银圆的优点，即提出了仿照西方货币形式而"自铸银币"的主张。鸦片战争以后，魏源与时俱进，重新认识中国的"国情"与世界的"世情"，开始把中国置于整个世界体系，同时在一定程度上摆脱了"天朝上国"的主观自大思想，承认西方国家的长处和自己的短处，大胆地提出了"以夷攻夷、以夷款夷、师夷长技以制夷"三大主义。这一思想是魏源经世致用思想的发展，是道光时期中国思想界的最高水平，是适应当时国内外形势的医国救民良方。这种思想标志着中国社会思潮开始转型，是中华民族觉醒的开端。

六是著书立说，积极研讨大政。道光时期，许多有见识的官员关心国家大事，对国计民生提出意见、发表看法，纷纷著书立说，"规天下计"。这中间，湖南人才更为突出，形成了一个著书立说的高潮，涌现了一批诸如论政论

---

[1] 魏源.魏源集[M].北京：中华书局，1983：47.
[2] 魏源.魏源集[M].北京：中华书局，1983：60.
[3] 魏源.魏源集[M].北京：中华书局，1983：59.

治的政治著作，有关农政、河工、兵防、盐法、水利等国家大政的著作，有关湖南历史文献的著作，有关风俗民情的著作，有关世界历史地理社会状况的著作，以及有关自然科学和哲学社会科学的著作。如魏源的《海国图志》《圣武记》，汤鹏的《浮邱子》，陶澍的《陶渊明集辑注》《靖节年谱考异》《蜀輏日记》，严如煜的《三省边防备览》《洋防辑要》《苗防备览》，邹汉勋的《六国春秋》，方坤的《禹贡水道考异》，邓显鹤的《资江耆旧集》《沅湘耆旧集》，黄本骥的《湖南风物志》，何绍基的《说文段注驳议》，罗汝怀的《周易训证大宜》，张学尹的《春秋经义》，李锡藩的《借根方勾股细草》，谭学元的《推历指掌》《星翟增考》《三角形纲目》《九章算法适中》，方坤的《天文岁差考略》等。其中最著名、影响最大的是贺长龄组织、魏源主持，并得到陶澍支持的《皇朝经世文编》，它标志着道光时期经世思想的形成，是湖南人才的巨大贡献。这些著作都是在经世致用思想的指导下完成的，这些著作的刊行又促进了经世思想的发展和普及。此外，"湘系经世派"人才还有许多诗集、文集及其他著作刊行，其中也有许多闪耀经世思想光芒的篇章。

2.湘系经世派的民本思想

"民为邦本"的"民本"思想，是"湘系经世派"人才群体所信奉的思想原则和积极倡导的治国除弊的根本之道。同"经世致用"的"经世"思想一样，"民本"思想既是中国古代优秀的文化传统之一，也是湖湘文化的一个重要内容。"湘系经世派"的民本思想具体表现在以下几个方面。

一是强调人人平等，重视民众利益。魏源有着非常突出的民本思想，主张平等，并有了民主思想的萌芽。他认为天下的人都是平等的。他说：天下之中，人是最可宝贵的，天下就是由人组成的，天子为众人所推举，只是众人中的一个，故天下的人都应平等。其中老百姓是最重要的，他有一个形象的比喻："天下其一身与！后元首、相股肱、诤臣喉舌。然则孰为其鼻息？夫非庶人与！九窍百骸四肢之存亡，视乎鼻息，口可以终日闭，而鼻不可以一息柅。古圣帝明王，惟恐庶民之不息息相通也。"[①] 身体的各个部分都要相互合作、协调，才有活力，但鼻息是产生活力的关键和源泉。如果"鼻不一息"，生命也会完结了。魏源还第一个向中国介绍了西方的民主政治，认为西方资产阶级民主政治"重视"人民，"尊重"群众意见，是值得借鉴和学习的。汤鹏的民本

---

① 魏源.魏源集[M].北京：中华书局，1983：67.

思想也十分突出,他认为"君,心也;民,肢体也。国,担也;民,筋力也。肢体衰,则心僭怛;筋力软,则担废弛"。①君主和国家都离不开人民,人民是国家的基础,是君王赖以存在的根本。他还指出,天下和庶人都是平等的,人同此身,天子可为庶人,庶人亦可成为天子百官。

二是发展生产,实行富民政策。所谓"民为邦本",在中国封建社会主要是指以农民为本,因为农民占了整个人口的90%左右。故"以民为本"就是要以农民的利益为出发点,处处为农民着想。农民最关心土地,汤鹏明确提出了"限民田,则均贫富;均贫富,则抑兼并;抑兼并,则鲜流亡。如是者国无贫。"②当然,限田并不能从根本上解决农民的土地问题,而且也难以真正实现,但是,它仍然是对家民有利的。而且,限田政策是汤鹏提出的"富民政策"的重要措施。"富民政策"从民本思想出发,除了限田外,还发展生产,重视农业,增加农业生产第一线劳动力;救济灾民;提倡屯垦,使"野无旷土""国无流民"等。陶澍认为水利是"覆育苍生"的大事,任职江南时,兴修了两省一系列水利工程。齐彦槐称其"控制江流包左右,兴修水利普江南"。

三是关心民间疾苦,尽力赈济灾民。在封建社会,自然灾害连年不断,救灾赈济的荒政是地方官经常的主要工作。汤鹏曾总结救荒十二策:散利、薄征、缓刑、弛役、舍禁、去畿、眚礼、杀哀、蕃乐、多昏、索鬼神、除盗贼。③李星沅任两江总督时,淮扬一带常发大水,他能对灾民"妥为安插,分别截留收养,毋任流离。又以粮价日增",设法"招徕商贩米船"解决灾民急需的口粮。陶澍在安徽江苏为官时,非常重视救灾赈济工作。皖、苏地处长江下游,河湖港汊密布,雨水又多,气候变化大,是水旱灾害多发地区。每次灾害发生后,陶澍均能深入灾区,实地考察,安定秩序,组织灾民生产自救,派人到外省买米运送灾区,带头动员官绅富户捐赈。灾后,陶澍又善于吸取经验教训,在民间倡设丰备义仓,发动群众积谷备荒,以丰补歉;在各地大力整顿河湖,兴修水利,提高抗灾能力。道光十一年(1831),陶澍和林则徐共同提出了著名的《赈灾章程》:倡率劝捐以周贫困,资送流亡以免羁留,收养老幼

---

① 汤鹏.浮邱子[M].长沙:岳麓书社,1987:79.
② 汤鹏.浮邱子[M].长沙:岳麓书社,1987:313.
③ 汤鹏.浮邱子[M].长沙:岳麓书社,1987:322.

以免流徙，劝收幼孩以免暴露，变通煮赈以资熟食，捐给絮袄以御冬寒，劝施种子以备种植，禁止烧锅以裕谷食，收牧牛只以备春耕。对灾民的生活和生产，作了妥当的安排。

四是整顿吏治，以养民为要。道光年间，官场腐败，陶澍主张整顿吏治，并提出了整顿的原则："矢公勤以率群僚，别贤否以端吏治，除粮蠹以安良善，别猾蠹以慎勾稽。"[①]魏源主张培育人才，革除虚假浮夸风气，"去伪、去饰、去畏难、去养痈、去营窟""以实事程实功，以实功程实事。"[②]用人以长，避人以短，打破封建的"贵以袭贵、贱以袭贱"的用人制度。贺长龄治黔9载，教导农民种植木棉、桑树，发展纺织，建设书院，振兴文教，为人民做了许多好事。黄德濂任山西朔平知府时，振兴教育，革除陋习；为太原知府时，规定税则，禁止私盐，使百姓得食纯质价平之盐。陶澍的座右铭是"要半文不值半文，莫道人无知者；办一事须了一事，如此心乃安然。"洁身自爱，以廉政名于当时。强调为官之本，在于维护百姓的利益，被群众称为"陶青天"。齐彦槐曾有联称赞陶澍说："以宽厚孚民望，以忠诚结主知，敬宾朋，体僚属，教育英才，二十年节钺尊严，未改书生面目；为畿辅急粮储，为东南兴水利，拯灾黎，化枭徒，恤慈孤幼，数千里骈幪荫庇，何殊菩萨心肠。"

3. 湘系经世派的爱国主义思想

"湘系经世派"继承和发扬了中华民族的爱国主义优良传统，并根据时代特点，给爱国主义注入了新的思想内容，促进了中国近代爱国主义的产生和形成。其爱国思想主要体现在以下几点。

第一，对内倡导改革，促进商品经济的发展。

"湘系经世派"爱国主义思想的一个显著特色，就是力图通过兴利除弊的改革，使祖国强大、人民富裕，从而在客观上促进商品经济的发展，使近代爱国主义产生。这种要求改革的爱国主义思想大约经过了三个发展阶段：第一阶段，道光六年（1826）以前。此阶段主要是进行改革的思想理论准备，其代表人物是魏源、陶澍和贺长龄。这期间，有许多鼓吹经世致用之学和倡导改革的著作问世，特别是《皇朝经世文编》的编印，标志着道光时期经世致用之学思潮的形成，也是湖南人才倡导改革的思想理论基础，对当时和以后的中国社会

---

① 陶澍.陶澍集[M].长沙：岳麓书社，1998：10-11.
② 魏源.魏源集[M].北京：中华书局，1983：208.

都产生了深刻影响。第二阶段是道光六年（1826）到鸦片战争时的约15年时间，由倡导改革发展到具体推行改革，其代表人物是陶澍、魏源、贺长龄。当时，湖南人才云集江苏，使江苏省成为湖南人才进行改革的基地。所有改革都由陶澍决策、主持，魏源等人设计，贺长龄、黄冕等湖南人积极参与。此外，陶澍、贺长龄、严正基、魏源、李星沅等人还分别在江苏、安徽、贵州等地的河工、水利、财政、荒政、货币等方面进行过改革，或提出过改革方案。第三阶段是鸦片战争以后的10年，此阶段主要是改革思想的进一步深化，其代表人物是魏源、汤鹏。特别是魏源的《海国图志》等著作，将经世致用的改革思想发展到了一个新的阶段。梁启超认为该书是维新变法的源头，不仅影响了整个中国，而且使中国走向了世界，成为一些国家走向近代化的指导思想之一。

湖南人才的改革思想和改革活动，有一个共同的特点，就是对商人的重视。通过重视商人，实行用商、便商、利商的政策，利用商人的力量来推行改革。在中国古代历史上，曾发生过多次改革，出现了不少有成就、有影响的改革家。但是，他们的改革，都是对旧的生产关系的修补，主要是由封建国家和地主阶级减轻对农民的压迫、剥削程度，改革其统治和剥削的方法。这些改革也是中国古代爱国主义的重要内容之一。道光时期湖南人才的改革，从主观上说，也是为了巩固封建统治、维护封建秩序，和古代的改革没有多大区别。但是，由于他们采取了重商、用商的政策，"因商用商"，以"商代官"鼓励自由贸易、自由竞争，从而在客观上开始突破封建制度的藩篱，促进了资本主义萌芽性质的商品经济在各个领域的产生和发展。这样，实质上也就对封建经济产生了瓦解的作用，必然促使封建社会走向崩溃和解体。这些，都有利于中国的繁荣和富强，正是近代中国人民所面临的根本任务之一。因此，它作为爱国主义的理性内涵，和古代爱国主义相比，增加了全新的内容，表明中国近代爱国主义已经开始萌生。

第二，对外反抗侵略，提出"师夷之长技以制夷"的口号。

"湘系经世派"爱国主义思想的另一个显著特色，就是坚决反对西方国家的侵略，捍卫祖国的统一和独立，保卫人民的安全，并提出了向西方学习的著名命题，表明中国古代爱国主义已开始向近代爱国主义转变。

"湘系经世派"一方面坚决主张严禁鸦片。陶澍、贺长龄是清代两位坚决主张严禁鸦片的督抚，并具体力行开展禁烟活动——收缴鸦片和烟具，禁种罂粟，对鸦片吸食者和贩运者均从重治罪，制订禁烟章程八条，将禁烟运动推向经常化，制度化；另一方面，则着力整顿水师，重视边防、海防，并在鸦片战争中积极参加反抗侵略的战争。贺长龄提出"治国有经，安内必先攘外"的原则，要求以武力抵抗侵略。他在贵州派兵2 800人，星夜兼程，驰援广州，参加抗英战争。黄冕和魏源进入两江总督裕谦幕府，筹办浙江防守事务。魏源曾深入前线，协助裕谦防守定海。郑国鸿更率军收复定海，他和黄腾鸿、洪达科等湘籍将领都在抗英前线作战中英勇牺牲。

鸦片战争以后，魏源提出"师夷长技以制夷"的口号。这个口号包括两方面的内容，即"师夷"和"制夷"。师夷是手段，制夷是目的，师夷是为了制夷，是取得反侵略战争胜利的手段；制夷是结果，是学习外国长处后要达到的目的。向西方先进国家学习的口号，对中国近代向西方寻找真理和近代绵亘不断的爱国主义思潮，有启蒙和先驱的作用。

总之，"湘系经世派"站在中国近代历史的起点，为中国近代爱国主义的产生和形成奠定了良好的基础。他们的爱国主义思想属于中国近代爱国主义思想的萌芽，他们以经世致用思想为出发点，其发展的必然路径为：对内改革内政，进行革命，推翻封建王朝，实现国家的民主和富强；对外反对侵略，学习先进，实现国家的独立和强盛。这些正是中国近代爱国主义的基本内容，也是中国近代爱国主义和古代爱国主义的根本区别，是近代中国的时代最强音，是鼓励中国各族人民朝着近代化方向前进的巨大力量。因此，"湘系经世派"的爱国主义思想，已经不是中国古代爱国主义思想的重复，而是具有鲜明的近代爱国主义特色。从这个意义上说，鸦片战争前后的湖南人才群是中国近代爱国主义的开创者。

三、杰出的改革家、政治家陶澍

陶澍（1779—1839），安化县小淹人，字子霖，号云汀，晚年自号髯樵，又号桃花渔者。嘉庆七年（1802）进士，历任编修、主考、给事中、巡漕、道员、按察使、布政使。道光三年（1823），擢任安徽巡抚，两年后调江苏巡抚。道光十年（1830），升两江总督兼兵部尚书、都察院右都御史，次年兼两淮盐政。道光十九年（1839）病逝于两江任所，终年61岁，赠太子太保，谥"文毅"。魏源对陶澍有这样的评价："为翰林能诗，为御史能言，及备兵川东，摘伏发奸，又为能吏。""其抚安徽，厘库项亏空，以豁三十年之吏敝；举义仓、水利，以拯三十州县之灾黎。其抚江苏，创行海运，以治苏、松、常、镇、太仓之漕困；大疏吴淞、浏河、白茆、孟渎，以洒三吴之积潦。其督两江，兼司盐政，汰浮费二百余万，以济淮南；去壩费、岸费各数十万，改行票盐，以苏淮北。凡所施设，不任独、不任同，朋是勿壅，朋挠勿从，群疑朋丧，窾郤砉开，驱庸走智，康衢王路，天定民诚。吁！可谓智不惑、勇不惧者也。悬河之辩，不可复闻；骋古今之学，剸繁剧之才，不可复见。漕盐边防，日棘一日，朝廷拊髀之思，无可复慰。呜呼！匪公之功，维斯民之恫！"①对陶澍的政绩与人品给予了全面的肯定。《清史稿》亦评价说："陶澍治水利、漕运、盐政，垂百年之利。为屏为翰，庶无愧焉。"确实，作为近代杰出的政治家、改革家，陶澍的成就是多方面的。

（一）中国近代经世思潮的倡导者

陶澍不仅是道光年间经世思想的信奉者、倡导者、宣传者，而且是其重要的实力推行者和身体力行者。他"少负经世志，尤邃史志舆地之学。所至山川，必登览形势，察访利病。"②他鄙视厚古薄今，空谈义理、逃避现实、迂腐陈旧、扼杀人们聪明才智的宋学、汉学："敝俗相寻，正学日晦，一唱百和，靡然成风。"③也反对摘取章句，死记呆背，把读经通典作为猎取功名利禄的手段，而关心社会现实，提倡"研经究史为致用之具"，主张"有实学，斯有实行，斯有实用。"④强调"经者，致治之理也"，学习经学，是为了寻求"治国、安民、平天下"的依据和原则。认为"经术明，则人才蔚起""由是建之设施，则通经致用，亦经正而庶民兴。"⑤即通过经世致用之学，培养有用的人才，造福国家与人民。由于陶澍位高权重，当时倡导经世思潮的主要人物，如林则徐、魏源、贺长龄、包世臣、姚莹、龚自珍、黄爵滋、汤鹏等都围聚在他的周围，并大多在他所管辖的两江地区活动。史家孟森曾说："嘉道以还，留心时事之士

---

① 魏源. 魏源集 [M]. 北京：中华书局，1983：347.
② 魏源. 魏源集 [M]. 北京：中华书局，1983：901.
③ 陶澍. 陶澍集 [M]. 长沙：岳麓书社，1998：275.
④ 陶澍. 陶澍集 [M]. 长沙：岳麓书社，1998：99.
⑤ 陶澍. 陶澍集 [M]. 长沙：岳麓书社，1998：47.

大夫，以湖南为最盛，政治学说亦倡导于湖南，所谓首倡《经世文编》之贺长龄，亦善化人。而（陶）澍以学问为实行，尤为当时湖南政治家之巨擘。"[1]当时，经世官员、经世士子都视陶澍为首领，对陶澍十分信服。就是对经世派的后起者，如曾国藩、左宗棠等人，也有深刻的影响。陶澍被称为"经世派中的实干家""湘系经世派的柱石"[2]，对当时及以后经世派人物的影响，都是巨大的。

（二）近代经济改革的先驱

陶澍长期处于商品经济有一定发展、资本主义萌芽出现较早、较多的两江地区。因此，陶澍所进行的改革，比较重视和依靠商人力量，注意照顾和保护商人利益，采用先进的科学技术与管理体制、经验，尊重商品经济的规律，促进商品经济的发展。这些实质上是近代经济改革的重要内容。如陶澍首倡漕粮海运，即依靠上海船商——沙船帮，短期内调集商船1 562只，将糟米163万余石顺利由上海经海运抵达天津。海运的成功，切断了通过漕运互相勾连的封建贪官的重要财路，减少了官吏利用漕运勒索贪污的机会。同时，海运有利于南北贸易交流，有利于商品经济的发展。特别是海运的成功，为以海运取代漕运，即商运取代官运打下了坚实的基础。上海一带的沙船帮，是一个带有资本主义萌芽性质的商人集团，商人、商业资本和封建地主阶级之间是有矛盾的，商人力量的增强和商业资本的发展，必然促使资本主义的萌芽和发生。又如陶澍改纲盐为票盐，从根本上废除了封建纲商对盐业的垄断，实质是以商代官，由盐业官营变为盐业商营，由官商对盐业的垄断变为盐业领域内开始自由贸易和自由竞争。陶澍通过裁革总商，废除根窝，为商人进入盐业领域创造了条件。他规定无论何人，只要照章纳税，均可领票行盐。为了方便商人，陶澍还采取了一些措施：一是尽力使票盐规范化、制度化，将商人纳课、领票、行盐、运输、销盐等具体事项，都作了明确说明。二是规定商人"不论资本多寡，均可量力运行，去来自便"[3]，甚至可以"一引请票"。三是允许商人自由竞争，"只论盐课之有无，不问商贾之南北。"所以说，纲盐改票盐，是陶澍突破封建经济体制，将商品经济运行机制引入盐业改革中，促使资本主义经济

---

[1] 孟森.清史讲义：下[M].上海：中国文化服务社，1947：618.
[2] 刘泱泱.湖南通史：近代卷[M].长沙：湖南出版社，1994：46.
[3] 陶澍.陶澍集：上[M].长沙：岳麓书社，1998：214.

萌芽在盐业领域的产生。再如，陶澍和林则徐共同提出"自铸银币"的主张，实质上是要在中国实行近代银本位货币的自由铸造制度。它不仅是当时解决货币危机的有效措施，有利于维护我国货币的独立和民族经济的发展，而且反映了商品经济发展的要求，将进一步促进商品经济的发展。当然，以上这些改革，都是局部的、不彻底的，而且就陶澍的主观思想而论，也是为了巩固封建统治，维护封建秩序。但是，就其改革所起的客观作用和实际影响来说，对于近代经济改革，无疑起了前路先驱的作用。

（三）发展经济、开发两江的理财家

陶澍的政绩较多地表现在财政、经济方面，蔡冠洛所著《清代七百名人传》将其归入"财务"类。陈文述则将陶澍和历史上著名的理财家桓宽、刘晏并提。确实，陶澍一贯重视经济问题，不管在哪里为官，他都把发展生产、繁荣经济放在重要地位，"平生衣被志万家"，决心要让人民过上丰衣足食的生活。特别是在两江（今江苏、安徽、江西三省）为官19年，他的作为对两江地区经济文化的进一步开发，起了重大作用。当时安徽财政亏空之数，为全国各省之最，虽五次清查，均无结果。陶澍到任后，设清查局，深入基层，调集档案，仔细核查，不到一年，查清所有亏欠。在江苏主持海运，"每百石费仅数十金，视河运省费固倍"，故魏源称"海漕利国、利民、利官为东南拯敝第一策"[①]。陶澍兼理盐政，即"缴返盐政养廉五千两，裁减衙门陋规十六万两有奇，凡淮南之窝价，淮北之坝杠，两淮之岸费，分别减除，岁计数百万两"。据《淮北票盐志略》统计，仅淮北盐场改行票盐的8年中，税银收入就达492万余两，平均每年约62万两，占道光年间每岁财政收入（约3740万两）的1.6%以上。故《清史稿》称陶澍治盐、治漕为"垂百年之利"。同时，陶澍在两江发展生产，劝施种子，以备种植，收牧牛只，以备春耕；教农民改种早稻以增产粮食；大兴水利，灌注农田，促成"嘉禾满大田"的丰收景象。以上这些措施都促进了两江的开发和经济的发展。魏源说："后有来者，欲大苏东南之困，为国家筹百世之利，非赓其绪而恢之不可也。"[②] 正是由于陶澍卓有成效的经营，道光帝才倚其为"干国良臣"。

---

① 魏源. 魏源集[M]. 北京：中华书局，1983：329.
② 魏源. 魏源集[M]. 北京：中华书局，1983：330.

（四）整饬吏治、勤政爱民的政治家

陶澍认为："吏治不清，而欲民生之康乐，不可得也。"[①] 陶澍每到一地，都把整顿吏治放在重要位置，惩贪奖勤，裁劣择能。在实际工作中，陶澍则身为表率。其一是勇于任事，敢负责任。遇事能"备不顾身"，有始有终。其二是勤于政事，任劳任怨。他的座右铭是"办一事须了一事，如此心乃安然"。大小政务，他均亲自处理，且处理得井井有条。其三是善于任事，有胆有识。能在复杂的情况下，抓住关键，即他自己所说的"正本清源""提纲挈领"。其四是廉于政事，克己奉公。史称陶澍"服官数十载，起居如寒素。"陶澍为官，能关心民众生活，特别是赈饥救荒，成绩显著。道光三年（1823），安徽大水，陶澍"乘舟偏勘，而以芜湖为总汇，羽檄交驰，寝食俱废。委员分赴上游买米十万石，劝捐数十万金，区处条画，纤悉周至，流移、老疾、孩稚皆有所养，殍殪者有所瘗，民不知灾"[②]。在江苏，陶澍和林则徐合作，制订办灾章程十二条，全面考虑了灾民的衣、食、住、用各个方面。为了根治水患，陶澍又"以农田水利为国计民生要务，专意讲求"。正因为陶澍为人民做了许多好事，才得到"清官陶澍"的美称。林则徐曾称赞陶澍说："重镇南天半壁雄，良臣干国奏肤公。许身社稷经纶大，度世佺乔位业崇。孤宿联辉依北斗，海筹添笇耀江东。廿年开府垂名久，才是平头六十翁。"道光帝倚其为"干国良臣"，对陶澍的吏治作了充分肯定。

（五）注重教育、培育人才的教育家

陶澍为官，把发展教育、培育人才放在重要地位。一方面，陶澍非常重视书院建设，几乎对安徽、江苏及湖南安化的所有书院，都曾捐银、倡修、扩建和改建。另一方面，对书院师资的选聘、课程的设置、学员的招生以及教育方针、教学方法，都有明确的论述。他强调实学，提倡通经，主张学以致用，并提出"立志、植品、宗经、亲友"的教育方针。陶澍还大力挖掘、培养、扶植、荐举了大批各类人才。《清史稿》称陶澍："用人能尽其长，所拔取多方面节钺有名。在江南治河、治漕、治盐，并赖王凤生、俞德渊、姚莹、黄冕诸人之力，左宗棠、胡林翼，皆识之未遇，结为婚姻，后俱为名臣。"林则徐、贺

[①] 陶澍. 陶澍集：下 [M]. 长沙：岳麓书社，1998：154.
[②] 魏源. 魏源集 [M]. 北京：中华书局，1983：920.

长龄、陈銮、李星沅、胡林翼、左宗棠等人，都有提携、支持、培养和帮助，他们均位至巡抚、总督，成为近代有功于国的名臣。当时的才能之士，都围聚在陶澍周围，得到陶澍的扶植和帮助，如魏源、包世臣、黄冕等，曾为陶澍幕僚；王凤生、俞德渊、姚莹、徐宝森、梁章钜、申启贤等曾是陶澍下属；龚自珍、汤鹏、邓显鹤、黄爵滋等，与陶澍友好往来。道光时期，中国出现的两个影响全国的人才群体，都与陶澍有密切关系：其一是晚清经世改革派，陶澍是这个改革派集团前期（鸦片战争之前）的重要领袖和核心；其二是湖南的"湘系经世派"，陶澍是其当之无愧的领袖。

（六）重视边防、严禁鸦片的爱国者

陶澍坚决维护国家的主权和领土的完整，支持清政府平定张格尔在新疆的叛乱。在两江，高度警惕西方国家可能发动的侵略，积极关心海防，为了建立一支强大的水师，制定《巡洋会哨章程》。英船阿美士德号在沿海进行间谍活动，陶澍派水师登船检查，强行将其驱逐出境。在鸦片问题上，陶澍是坚定的禁烟派，明确指出："鸦片烟之害，起自粤洋，流毒内地，中其瘾者，殃身废物，如醉如迷，久且竭中国之资财，贻害及于国计……若办理无次，而骚乱及于闾，窒碍先于行旅，必至处处可生陷阱，而良懦皆惊，不但耗天下之财，具伤天下之元气。"[1]陶澍派水师巡逻沿海，查禁烟土走私。1838年，陶澍在江苏、扬州、苏州、南京及上海东关等地收缴烟土16000余两，又令海船交出烟土41000余两，一并销毁，此举影响极大，震动了朝野，实为1839年林则徐虎门销烟的先声。

（七）博学多识、业有专长的学问家

陶澍出身于诗礼之家，自幼颖悟，博学多识，于经史考据、文章诗赋、地志天文，乃至算术、音韵、美学之学，无不通晓，是一个大学问家。陶澍在学术上的成就是多方面的。在哲学方面，陶澍在其著作中提出了关于"道、气、理"三者的辩证关系，指出："道即理也，气依理而立，理载气以行即曰理气，岂有天理之气哉？"[2]他的许多哲学观点，促进了古代哲学的发展。特

---

[1] 陶澍.陶澍集：上 [M].长沙：岳麓书社，1998：275.
[2] 陶澍.陶澍集：下 [M].长沙：岳麓书社，1998：77.

别是他将辩证思想贯彻在实际工作中,如在江南种稻,倡行海运,兴修水利等,都能从实际出发,重视时间、地点、条件的变化。在史学方面,陶澍卓有成就。他对中国历史非常熟悉,平时"留心文献",熟悉上下古今历史,并能在具体工作中运用其丰富的历史知识,古为今用。陶澍对史学有许多独到的见解,特别是对方志学、族谱学、考据学有杰出的贡献。在地理学方面,陶澍曾在各地为官,自称"足迹几遍天下",所到之处,勤加考察,对地理沿革、地形地貌、攻守战备,有不少真知灼见。他关于"黑水""九江""三峡""三湘""山分二干"等许多观点,极有见地,已是争鸣中的定论。在文学方面,陶澍对陶渊明的研究,就大大超越了前人。他的《陶渊明集辑注》《陶靖节年谱考异》,堪称陶渊明研究中的一个里程碑,至今仍然散发出奇光异彩。

(八)有影响的诗人

陶澍的许多奏折、书信、考证都很有文采,其散文、游记更相当精彩,尤其是当时极有影响的诗人。由于陶澍地位高,威望隆,又是宣南诗社的发起人和组织者,被时人视为"诗坛领袖"。当时,陶澍的诗歌出现,往往"和者数百人",并曾流传国外,朝鲜诗人曾组织"拟陶诗屋",专门学习陶诗。陶澍诗作的内容相当广泛,有对祖国山河的热情赞美,对农村田园生活的美好歌颂,对社会灾难的揭露鞭策,对兴利除弊改革的提倡歌颂,对历史名人的缅怀评述。特别是他对劳动人民生活的描述,尤为细致、深刻。他的《茱萸江竹枝词》十首,清新、亲切、活泼,呈现出典型的田园诗歌风格。陶澍从小生活在茶乡,和茶农共同劳动过,从茶苗的种植培育、生长,到茶叶的采摘、烘烤、制作的全过程,曾亲自体验过。他对茶树的生长环境,茶叶的品种、质量,也有丰富的知识。正是在这些生活的基础上,陶澍写出了"谁知盘中芽,多有肩上血"的著名诗句。在中国诗史上,曾有过不少描写茶叶和茶农的诗歌,但无有出其右者。如果称之为写茶的史诗,应是当之无愧的。

总之,陶澍的成就是多方面的,对中国近代社会的影响是极其深远的。作为手握大权的政治精英陶澍,就其造福于民的政治经济业绩而言,其功盖贺长龄、黄爵滋、胡林翼,堪与林则徐、左宗棠媲美。作为倡言经世致用的思想精英陶澍,其启迪于民的学术文化思想虽不及龚、魏,但在当时发挥的作用,却远远超过龚自珍、魏源、包世臣。因此,我们完全可以把陶澍放进林则徐、龚自珍、魏源、包世臣等中国近代的精英群体，他们是标志着古老的中国力图摆脱落后的、腐朽的、封闭的状态，而独立地、勇敢地走向近代、走向世界的里程碑式的人物。

四、杰出的思想家魏源

魏源（1794—1857），原名远达，字默深，又字墨生、汉士，号良图，晚年自号菩萨戒弟子魏承贯，邵阳县金潭乡（今隆回县）人。嘉庆十九年（1814），魏源进入北京，随后来往于湖南、江苏、北京之间，问师访友，考察山川。道光五年（1825）后，魏源先后为贺长龄、陶澍幕宾。道光二十五年（1845）进士，授东台知县，迁高邮知州。咸丰四年（1854），魏源侨居兴化，一心向佛。咸丰七年（1857），魏源在室凝坐时亡故，终年64岁。

魏源是中国近代著名的思想家、理论家、改革家、政治家、文学家，是道光时期湖南人才中最杰出的代表之一。道光一朝30年的历史，是封闭的、古代的中国走向世界、走向近代的历史。在这30年中，中国的思想界、学术界出现了三个大的、相互联结的社会思潮。首先是经世致用思想，有见识的中国人力图用这个古老的、传统的药方来挽救摇摇欲坠的封建制度，从而使中国走向繁荣富强之路。陶澍、林则徐、魏源、龚自珍是其中最杰出的代表。鸦片战争时期，封建大国颜面扫地，发人深省，在中国开始出现了第二个思潮，即"睁眼看世界"。这时，陶澍在鸦片战争的前一年逝世，龚自珍在鸦片战争的后一年逝世，领导这一思想的则是林则徐、魏源，而有些人则冲不出闭关锁国的牢笼，跟不上时代的潮流，成为盲目闭塞的排外主义者。鸦片战争之后，林则徐被流放新疆，魏源则继续前进，以大无畏的勇气和聪睿的智慧出版了《海国图志》，引发了第三个思潮，即向西方学习的思潮，从而实现了中国社会思潮的转型，成为划时代的开端。

魏源博学多才，勤于著述，据不完全统计，他一生的著作多达50多种，其中，《海国图志》一书长达100卷，计225万多字。该书是中国历史上第一次"睁开眼睛看世界"，全面、系统地介绍世界地理、历史、政治、经济、军事、科学、技术、文化、宗教等各方面情况的著作，书中明确地提出了"师夷长技以制夷"的口号。

第六章 道光时期的湖南人才

(一) 第一次全面介绍世界和西方各国的实际情况

第一，介绍了西方的民主思想。长期以来，彼时百姓在封建专制、纲常伦理、忠君盲从思想的禁锢下，麻木不仁，不知民主为何物。《海国图志》一书如一声春雷，发起了对这种传统观念的冲击，不仅客观地介绍和传播了民主政治制度和人人平等的民主思想，强调西方"议事听讼，选官举贤，皆自下始。众可可之，众否否之，众好好之，众恶恶之。三占从二，舍独徇同。即在下预议之人，亦先由公举，可不谓周乎！"[①]而且具体地介绍了西方民主自由的情况，如男女平等、婚姻自主，男女有平等的继承权，实行一夫一妻制。

第二，介绍了西方的政治制度。魏源说，英国的君主立宪政治，为"王后主国"，大臣（即政府）"理政事"，议会由两院组成，"一曰爵房（即上议院），一曰乡绅房（即下议院）""国有大事，王谕相，相告爵房，聚众公议，参以条例，决其可否；辗转告乡绅房，必乡绅大众允诺而后行，否则寝其事勿论"[②]。这种制度限制了君主的权力，君主不直接支配国家政权，而是由内阁掌握行政权，对议会负责，议会拥有立法、组织和监督政府的权力。美国实行民主共和制度，总统"四年为一任，期满更代，如综理允协，通国悦服，亦有再留一任者，总无世袭终身之事"。总统"综理全国兵刑赋税，官吏黜陟。然军国重事，关系外邦和战者，必与西亚（参议院）会议而后行，设所见不同，则三占从二"[③]。各省长官，皆"由本省人民选择公举"。美国国会"一曰尊会，即长领并大官办重务；一曰民会，论民人所献之议，所禀求之事，每四万人择一人，各国皆同"[④]。魏源对此十分赞同，认为"其章程可垂奕世而无弊"，又说"瑞士不设君位，惟立官长贵族等办理国务""共推乡官理事，按户口拔壮丁御侮"，是"西土之桃花源也"[⑤]。魏源对上述欧美国家政治制度的介绍，明显流露了对民主政治的肯定和仰慕，对封建专制政治的不满。

第三，介绍西方国家经济。魏源向国人介绍了一种新的社会经济结构：英国人"皆务工勤商，早夜经营之效。由人烟稠密，户口繁滋，田园不足于

---

① 魏源.海国图志[M].长沙：岳麓书社，1998：1611.
② 魏源.海国图志[M].长沙：岳麓书社，1998：1446.
③ 魏源.海国图志[M].长沙：岳麓书社，1998：1652.
④ 魏源.海国图志[M].长沙：岳麓书社，1998：1681.
⑤ 魏源.海国图志[M].长沙：岳麓书社，1998：1337.

耕，故工匠百有三十五万户，多于农夫三分之一。不止贸易一国一地，乃与天下万国通商也""每百人中务农者十之二三""开矿者十之一；制造者十之一；为商贾者十分之二；余教师、法师、医生、武士、水手"①。西方各国非常重视工业和商贸，随着工商业的发达，其国家日渐强大。"商贾为本"，即以工商立国，这和传统的以农为本，工商为末的中国经济完全不同。

第四，介绍西方科学技术。魏源在《海国图志》一书中，以相当多的篇幅介绍了西方国家的科学技术情况。从第84卷开始，分别介绍了战舰、火轮船、铁炮、测量、炮台、地雷以及各种西方器械。强调西方各国科学发达、技术先进，有许多优于中国之处。

第五，介绍西方的教育。魏源说，欧洲各国均"广设学校，一国一郡有大学、中学，一邑一乡有小学。"②美国则遍设大小书院，又各设义学馆、公学及专业学校。西方的教育内容也非常广泛，除宗教、政治、法律等社会科学内容外，还有"农事、金厂、水利、江防、桥船、军器、百工及诸国财用"，以及"天文、地理、算术、草木、禽兽、鱼虫之学，金石之论，万物性情之学"等。可见，西方非常重视经济和自然科学，其内容全面，切合实用，这是西方教育的一个显著特点。同时，西方教育和那时八股取士为官的教育不同，不以培养官吏为主要目的，而是面向社会，培养各类专门人才，使知识为人类社会所用。

（二）提出了反对西方侵略的战略策略

《海国图志》的写作，就是"为以夷攻夷而作，为以夷款夷而作，为师夷长技以制夷而作"③。"以夷攻夷""以夷款夷"是反对侵略的策略方针，而"师夷之长技以制夷"则是反对侵略的战略方针。

魏源反对西方侵略的积极防御的战略思想，以"守"为其中心点。他说："自夷变以来，帷幄所擘画，疆场所经营，非战即款，非款即战。未有专主守者，未有善言守者。不能守，何以战？不能守，何以款？以守为战，而后外夷服我调度，是谓以夷攻夷；以守为款，而后外夷范我驰驱，是谓以夷款夷。"④

---

① 魏源.海国图志[M].长沙：岳麓书社，1998：1407，1419.
② 魏源.海国图志[M].长沙：岳麓书社，1998：1098.
③ 魏源.海国图志[M].长沙：岳麓书社，1998：1273.
④ 魏源.海国图志[M].长沙：岳麓书社，1998：1611.

只有能"守"，才能攻夷、款夷、制夷，立于不败之地。怎么守呢？魏源提出"自守之策二"：其一，"守外洋不如守海口，守海口不如守内河"，这是对防守地点、地势的选择。当时，有两种完全错误的主张，一说"御诸内河不若御诸海口，御诸海口不若御诸外洋"。二说"雇商艘以战大海，沉舟筏以截大江"。这些主张，实际上是以己之短攻敌之长，在外洋作战，西方船坚炮利，可充分发挥其威力。守御内河则是扬己之长克敌之短，在内河，我们地形熟悉，群众支持，土枪土炮亦可发挥威力，水师陆勇更便于相互配合支援，既可诱敌深入，坚壁清野以困敌；又可四面埋伏、水陆夹击以歼敌，故"诱贼入内河者，谓兵、炮、地雷水陆埋伏，如设阱以待虎，设罾以待鱼，必能制其死命"。至于沉舟截江以阻敌，更是儿戏之论，无知之极。其二，"调客兵不如练土兵，调水师不如练水勇"。这是对防守主体兵的选择。清代各省之兵，主要防守地方，兵员不多，战斗力不强，一旦调动，扰乱民众，为害地方；且不服水土，不熟道路，思家厌战。不如练本省本地之兵，服水土，熟地形，为保土保家，自然士气高昂，作战英勇。而且东南海防前线，"闽粤民风之劲悍，各省所无，外夷所慑，而水战火攻尤其绝技"，加之"东南沿海，殷富甲天下""以本地之富民，养本地之劲民，卫本地之身家，但使用得其宜，尚可撙节赢余，为造船械，修垣垒，悬购赏之费，何尝尽烦外兵外饷"①。只要充分调动人民群众反侵略的积极性，兵员兵饷问题均可迎刃而解。

所谓"款"，就是和平谈判。魏源主张"以守为款"，即只有在"自守"得当，坚不可摧的基础上，才可以和敌人和平谈判，建立平等、互利、互惠的关系。实力，是款的基础。和外夷谈判的具体原则，魏源提出"款夷之策二：曰听互市各国以款夷，持鸦片初约以通市"②。即在禁止鸦片的原则下，和各国平等互利发展经济贸易关系。他主张保护和将茶叶、药材、湖丝等中国商品外销世界，欢迎棉花、洋米、铅铁、布匹等"有益中国之物"进口，并在费用、税收等方面给予优惠，使中外互通有无，促进经济共同发展。

魏源以"守"为核心的积极防御战略方针，其目的是"制夷"，取得反侵略战争胜利，取得和西方强国的平等地位，捍卫国家的独立和主权。"制夷"的内容：一是"欲制外夷，必悉夷情"。知己知彼，了解敌情，是克敌制胜的

---

① 魏源. 魏源集[M]. 北京：中华书局，1983：863.
② 魏源. 魏源集[M]. 北京：中华书局，1983：839.

关键，必须了解西方国家的政治、经济、军事、文化、风俗、历史、地理等各方面的情况。二是"调夷之仇国以攻夷"，即"以夷制夷"，利用西方各国的矛盾使其互相牵制。三是"师夷之长技以制夷"。他认为夷之长技为"一战舰、二火器、三养兵、练兵之法"。这些都应学习，为我所有，为我所用。四是"严修武备"。为此，他建议聘请外国技师，建造船厂，设立火器局，发展军事工业，增强国防力量。五是"以治内为治外"。魏源认为，"欲平海上之倭患，先平人心之积患"，即要首先整顿内政，如重用人才，惩罚贪劣；慎用官吏，整顿吏治；严明政治，革除弊政；改革兵制，增强军力；严禁鸦片，以塞漏卮；取消禁令，奖励开矿；禁止奢靡，崇尚节俭。

（三）"师夷"思想的主要内容

魏源面对鸦片战争失败后朝廷内外百孔千疮的内政外交，以经世致用思想为理论武器，以匡扶天下，拯救危亡为目的，以超越前人和同代人的眼光和勇气，把视线由内政转向外交，转向中国之外的整个世界，力图通过"谈瀛海故实"以唤醒国人，共御强敌，提出响亮的"师夷长技以制夷"的口号。"师夷"，就是学习西方国家的长处。怎样师夷？首先要"洞悉夷情"。他主张成立"译馆"，大力翻译、出版外国书籍，了解世界各国政治制度、经济体制、国防力量及各国的历史、地理、文化、宗教、风俗习惯。在全面了解西方的基础上，魏源并不主张照搬和盲从西方，而要"塞其害，师其长，彼且为我富强"，即向西方学习要有正确的方法，要洞悉西方各方面的情况，分清其优劣，以决定取舍，必须去掉其弊，只学其中的优点，只学对我们有利、有用的东西。其次要扫除思想障碍。魏源强调科学技术、工具器物都是不断发展、不断进步的，只要是对人类、对社会有用的技术和器物，都应该学习，都应该发扬。只有坚决抛弃"沿历朝以来苟安目前之积习"的传统观念，才能真正看到和承认西方各国确有"长技"，才能真正放下架子，师事西方，仿效西方，使"夷之长技"为我所有、为我所用。

魏源的"师夷之长技"，具有广泛的内容。他说要"尽收外国之羽翼为中国之羽翼，尽转外国之长技为中国之长技。"[①] 其一，引进人才，学习外国科学技术。当时的中国，基本上没有科技人才，故只能从外国引进，有了人才，便

---

① 魏源. 魏源集[M]. 北京：中华书局，1983：206.

可以从学习西方的先进科学技术。西方之所以有先进器物，就在于他们懂得科学技术，懂得以自然界的力量以代替人力。"西洋器械，借风力、水力、火力，夺造化，通神明，无非竭耳目心思之力，以前民用，因其所长而用之，即因其所长而制之"①。故魏源力主引进人才，以便自己掌握先进的科学技术，由此以"长技"克敌制胜。其二，学习西方军事技术，创办军事工业，并具体提出在广东虎门的沙角、大角建造船厂、火器局等军事工厂。其三，提倡私人办企业，发展民用工业。他认为用于军事的战舰、火器枪炮，所需有限，而用于交通运输的船只及各种生产工具、日常生活用品的需求量却是很大的，有广阔的市场，因此，在军用工业的基础上，应大力发展民用工业。同时，兵船与货船的作用有相似之处，主要是有无军器设备，一旦发生战争，货船可以征雇改装，设置炮眼，增设军器，即可作"战舰之用"。其四，学习西方选兵、练兵、养兵之法。西方的长处不仅只是船坚炮利，也在于掌握船、炮技术的兵。魏源强调也要如西方那样，对士兵要精选勤练，一方面要从舵工、水手、炮手中选拔有文化知识有实践经验的人才，作为水师骨干力量；另一方面要增设水师科举，培养技术人才和指挥人才。同时，他主张对现有军队实行整顿、合并，慎选将官，革除浮费，严禁贪污，裁撤冗员老弱。这样，兵饷的困难将不难解决。

在中国近代史上，魏源和龚自珍、林则徐都是新思想的先驱。人们常并称龚自珍和魏源为"龚魏"，龚在魏之前。这是因为龚自珍以辛辣的语言，对封建社会的批判和揭露，是魏源所不及的。但是，魏源不仅对现实社会进行了深刻的揭露和鞭挞，而且在批判的基础上，与时俱进，提出了建设性的改革主张，这是龚自珍所远没有达到的高度和深度。特别是魏源放眼世界，及其对随之而来的洋务运动、维新思想的影响，更是龚自珍所无法比拟的。故应"魏龚"并称，魏在龚之前。魏源和林则徐是鸦片战争中"睁眼看世界"的杰出代表，人们往往认为：林则徐是中国第一个从闭关主义走向开放主义，是"睁眼看世界"的第一人；魏源则是把林则徐开创的开眼看世界的新风及其未竟的事业继承下来，并且发扬光大。同样，林在魏之前。其实不然，林则徐和魏源都是在鸦片战争时期把目光移注外洋，寻求医国新方的先行者。林则徐因受到封建朝廷打击，被发配新疆，不得不中止对世界的考察。魏源的《海国图志》巨

---

① 魏源. 魏源集[M]. 北京：中华书局，1983：874.

著,以一种新的眼光,全面、系统地介绍和评价了西方国家的政治、经济、军事、文化等各方面情况,不仅是对世界的考察,而且提出了向西方学习的口号和策略。可见,魏源的思想及其对中国思想界的贡献和影响力,不比林则徐小。

五、贺长龄等其他"湘系经世派"人才

"湘系经世派"是一个人才群体,基本上由两部分人组成:一部分是有官位、有权势的政治精英,代表人物有陶澍、贺长龄、严如熤、唐鉴、严正基、何浚汉、李星沅等人;另一部分是一批知识分子和中下级官员等知识精英,代表人物有魏源、汤鹏、贺熙龄、欧阳厚均、黄冕、邓显鹤、蔡同锡、袁名耀、邹汉勋等人。政治精英与思想精英结合,互相支持,互相补充,交相辉映,不断前进,开启了影响全国的改革伟业,也开启了湖南人才走出湖南、走向全国的"惟楚有材,于斯为盛"的光辉灿烂时期。

(一)贺长龄、贺熙龄兄弟

贺氏兄弟是唐代著名诗人贺知章的后人,世居浙江,传25世,至清乾隆初年的贺宏声,任湖南按察使司司狱,从此定居长沙。

贺长龄(1785—1848),字耦耕,又作耦庚,号西涯,晚年自号耐庵,又号啬缺叟。长沙人。嘉庆十三年(1808)进士,历任编修、乡试主考、学政、御史、詹事府赞善、知府、道员、按察使、布政使,道光十六年(1836),升贵州巡抚,道光二十五年(1845),升任云贵总督兼云南巡抚。道光二十七年(1847),因病请假回籍调养,旋因云南回民起义再起被革职。第二年他病逝于长沙,终年63岁。

贺长龄既是湘系经世派的带头人之一,又是晚清经世改革派中有成就有影响的人物。其一生的经世事功主要有以下五个方面。

第一,倡导改革,参与漕粮海运。贺长龄是湘系经世派的核心人物之一,努力将经世致用的思想,付诸行动,强调"有实政以裨国是",做到从实际出发,实行有利于国、有利于民的政策。秉着这种精神,贺长龄特别注重吏治,强调为民兴利除弊。如贵州农民习惯于四月播种,五月插秧,因错过季节,年年歉收。贺长龄发布文告,讲清天时、地利与作物的关系,改为"春分后一

律赶浸谷种，谷雨前一定要赶插秧苗"。贵州矿产较多，因少数民族怕破坏风水，反对开矿。贺长龄指出开矿与风水无关，而且能使"各寨苗民朝夕可得温饱，取用无穷"。特别是在江苏布政使任上，他协助陶澍主持江苏漕粮海运，将苏、松、常、镇、太仓四府一州的160多万石漕粮顺利地经海运运至天津。事后，为了总结经验，贺长龄编辑了《江苏海运全案》12卷，强调海运优于河运。接着，贺长龄又提出《海运应行各章程》，对海运的推行，提出了切实可行的具体意见。道光七年（1827），贺长龄调任山东，仍然关心海运，并在运粮沙船、航海安全、官员职责、人事配置等方面，都提出了很好的建议。力图将海运漕粮办得更为妥当，将这一有利于国计民生的改革坚持进行下去。

第二，重视生产，关心人民生活。贺长龄认为人是要有"精神"的，这种精神，就是不论客观条件的优劣，都要关心民众，使客观环境为人类服务。他说："人之精神本与万物同流，官其地者，即山川草木无不与其精神相感召，有能兴其利者，即山川草木亦为之贡其菁华而与之俱生。"正是秉持着这种精神，他非常关心民众，重视生产生活。抚黔九载，竭力改变贵州自然环境，发展生产，为人民做了不少好事。首先，深入调查了解社会实情和人民生活情况。贵州老百姓不仅缺粮挨饿，而且没有衣穿，"黔省山多田少，土瘠民贫，女红不勤，谋衣更艰于谋食"。其次，贺长龄根据上述社会实情，大力倡导种棉植桑，以解决穿衣的困难。为此，由官府拨专款，派官员赴河南、山东等地采购良种棉籽26 000多斤，全部贷给民间，劝其种植棉花，又在贵阳郊区植插桑条数万枝，当长至2尺左右，即移植各地，发展桑林。又组织刊印了《蚕桑编》《木棉谱》《棉花图》等科技读物，推广科学栽培技术。通过上述努力，贵州各地开始种桑植棉。再次，教民养蚕纺织。在贺长龄的努力下，贵州各地开始养蚕、纺纱、织布，贵州人民的衣物紧张情况也开始有所改善。最后，重视吏治。贺长龄认为地方的许多弊病，都和吏治有关，"水旱之灾，每由政事不修"；盗贼不靖，"总由差役庇贼"或"差贼一气"。强调整顿吏治，为老百姓办实事。

第三，努力调和社会矛盾。贵州、云南都是地处边陲的少数民族聚居地区，阶级矛盾和民族矛盾错综复杂，各族人民的反抗和起义始终没有平息过，民族之间的纠纷、械斗此起彼伏。贺长龄一贯主张采取疏导、安抚的政策，以调和阶级矛盾，减少民族争斗。他认为"富者日富，贫者日贫"，盗贼多作乱，社会不安定的原因，是对农民剥削过重。同时，贺长龄对百姓非常重视，关心人民生活、民间疾苦，是其吏治的中心。在贵州，贺长龄设立"及幼堂"，收养孤苦残疾儿童，给予衣食温饱，施以职业教育，17岁以后，让其走向社会，有谋生手段，能自给自足。贺长龄任云贵总督时，正值云南各族人民起义的高潮。在清廷的命令下，贺长龄围剿起义，疲于应付。旋因举措失宜，指挥不力，落得丢官革职的下场，这个勤政爱民、锐意改革的好官，得到了一个悲剧的结局。

第四，竭力振兴文教事业。贺长龄非常重视地方文教，把"读书""教士"当作"天下至乐之事"。他任山西学政时，一方面，对教育进行整顿，提倡经世致用的学风、文风；另一方面，则调拨专款，发展书院。因此，贺得到山西士子的欢迎。任贵州巡抚时，贺长龄非常重视发展文教事业，采取了许多措施。一是将教育放在头等重要的地位。他说："以政教者在一时，而以言教者在万世。天不能常生尧舜文武，而特生一孔子以明尧舜文武之道于万世，是尧舜文武常接踵于天下也。读书讲学之功，岂不远大哉！"所谓"言教"，就是教育，主要是书院教育。二是强调教育的目的，在于培养"真人才、真人品、真学问、真经济"的"四真"人才，即才德兼备、经世致用的人才。他说："诸士肄来其中，朝受业，昼讲贯，夜服习，亲师论学取友，不苟同于流俗，教者有不倦之心，学者有不怠之功，蓄道德而能文者，处则为正士，出则为名宦。"三是尽心尽力建设书院。贺长龄拨出专款，修复和扩建省城书院，扩大规模。同时，贺长龄要求并督促各府县官员、地方士绅捐资建校、筹谷建仓，设立义学。经过多年努力，贵阳、铜仁、安顺、石阡四府，普安、八寨、郎岱、松桃四厅，黄平、普定、天柱、永从、瓮安、清平、兴义、普安诸州县都兴建或修复扩建了书院，或创办了义学，使贵州文教落后的面貌有所改善。四是提倡经世致用的学风、文风。贺长龄常常深入书院了解情况，考察师生，甚至亲自讲课，指导学生学业。并严格要求建立簿册，登记学生每日功课，考核成绩。指导学生从实用出发，反对"构牵粉饰陋习"的浮夸文风，主张"据事直书，不用常行格套"的质朴、实用风格。五是刊刻书籍。在贵州期间，贺长龄翻刻了《诗书礼记精义》《左传读本》《日知录》《公谷摘抄本》等经书；辑录和整理了《左传义法举要》《劝学纂言》等著作；主持编辑了《遵义府志》《思南府志》《清平县志》等志书，并为之作序。

第五，主张严禁鸦片，坚决反对西方侵略。贺长龄和陶澍、林则徐等都

第六章　道光时期的湖南人才

是坚定的禁烟派。贺长龄认为"惟有鸦片既能贫人又能夭人。一人嗜之，须费贫民数口之奉；一日迷之，遂为终身莫解之忧。百事尽废，生计全荒""是物之毒害吾民，未有过于此者"。为了禁止鸦片，贺长龄在贵州采取了许多措施，严厉禁止郎岱、普安、清镇等县种植的罂粟，劝民改种木棉；对鸦片吸食者、贩卖者、私开烟馆者以及栽种罂粟花、煎熬鸦片烟者，一律治罪；对租给烟贩田土房屋之业主、受雇留客之船户、贩卖鸦片烟具者，同样治罪。其属下官员大定府经历陈培玉、贵平营都司马鸣阿有吸食鸦片恶习，均被处分。他还命令府、厅、州、县官员，于每年二、三月间，亲自下乡巡查，发现栽种罂粟花者，一律拔除秧苗，并按律治罪。针对黄爵滋的禁烟奏疏，贺长龄提出三条具体意见："治国有经，安内必先攘外"主张加强海防，坚决抵御侵略者，杜绝鸦片输入；禁烟与禁贩同时进行，对鸦片贩运者和吸食者一律严惩，直至处以死罪；改革币制，禁止白银外流，主张以铜钱升值的办法取代白银。同时，使用钱票，代替现金交易，统一钱法，禁止私铸小钱。这些改革，方便了群众，促进了商业贸易的发展；也把握了货币的发展规律，有利于促进中国货币近代化，并能在一定程度上缓解白银的危机，有利于整顿货币市场。鸦片战争爆发后，贺长龄又从贵州派遣军队，星夜驰援广州，参加抗英守城的战争。

贺长龄一生的显著功绩，是积极倡导经世致用的思想。贺长龄从求学时开始，就关心现实，关心社会，主张除弊兴利，经世致用。进入官场后，大力提倡经世致用之学，其中最突出的贡献，即编辑刊印《皇朝经世文编》。该书收集了清初以来约200年间官员奏稿、学者著述中有关政事、文教、刑律、赋役、盐漕、河工、兵防等方面的文章1 300多篇，作者540余人，共计约300万字。全书"鸠聚本朝以来硕公、庞儒、俊士、畸民之言，都若干篇，为卷百有二十，为纲八，为目六十有三。言学之属六，言治之属五，言吏之属八，言户之属十有二，言礼之属九，言兵之属十有二，言刑之属三，言工之属九"。[①] 学术界一致认为《皇朝经世文编》是中国近代经世学的划时代文献，标志着嘉道年间经世思潮的形成。俞樾说："自贺耦耕先生用前明陈卧子之例辑《皇朝经世文编》，数十年来风行海内。凡讲求经济者，无不奉此书为榘矱，几于家有其书。"充分肯定了《皇朝经世文编》巨大而深远的意义，也充分肯定了贺长龄的功劳。

---

① 魏源.魏源集[M].北京：中华书局，1983：157.

贺长龄之弟贺熙龄（1788—1846），字光甫，号蔗农，嘉庆十九年（1814）进士，曾任编修、御史，后因目疾辞官，任长沙城南书院山长，倡立湘水校经堂，其为人"外浑内明，不污俗染，不远世情，不悌荣禄，不癖泉林。处则蓄其所必为；出则达其所素识。经常权变之理，治乱兴亡之机，探之于怀，而皆足以放夫天下"。从事教育十多年，"造士甚众，湘阴左文襄公宗棠少脱弛不羁，赖其教而成才"。[①]晚年筑室长沙东城，布衣疏食，著有《寒香馆诗文钞》。

另有贺桂龄——贺长龄之弟，为道光二十七年（1847）进士，曾任知县、同知，为人耿直，为官清廉，为学精深，钻研经史，追求魏晋风骨，有古今体古文若干卷传世。

（二）严如熤、唐仲冕、何凌汉

"湘系经世派"人才群中，不仅有著名的贺长龄兄弟，而且有著名的严如熤、严正基父子；唐仲冕、唐鉴父子；何凌汉、何绍基、何绍业、何绍祺、何绍京父子。

1. 严如熤父子

严如熤（1759—1826），字乐园，湖南溆浦人。乾隆五十四年（1789）优贡，为湖南巡抚姜晟幕僚。嘉庆五年（1800）应试孝廉方正科，被拔为第一，授陕西洵阳知县，迁同知、汉中知府、陕安兵备道、贵州按察使，调陕西巡察使。道光六年（1826）病卒，终年68岁，赠布政使。严如熤为官，勤政爱民，任按察使时，曾勘察水利，足迹遍及澧、泾、浐、渭诸水，"规划俱备"。任汉中知府时，深入民间，体察关心百姓的生产生活，从以下叙述中可以窥见。

如熤视事，联营伍，立保甲，朔望固历城廓，宣讲科律。问民疾苦，农事兴撤，盖行赤日中，奖勤惩惰，行区田法，制纺车式，俾民务耕织，饶生计。汉郡田畴，向资渠堰灌溉，小堰不下百余，其大者如南褒之山河堰，城洋之五门、杨镇二堰，各灌田数万亩。如熤履勘形势，与绅耆讲求疏蓄启闭，水利均沾。郡城旧有汉南书院，军兴改为行馆。如熤首出廉俸，并劝捐数千金充脩脯月米之资，拓基址，建讲堂，斋舍仿鹿洞苏湖学规，五日一临，躬亲讲授，文风丕振，所成就士，以科名起家者数十人。

严如熤是卓有成就的经世学者。陶澍提出："严如熤性豪迈，去边幅，泊

---

① 李肖聃.湘学略[M].长沙：岳麓书社，1983：171.

荣利，晚更冲粹，视之田夫野老人也。及其驰骋古今理乱，贯穿天文、河渠、兵法、星卜，以逮舆地险要，形格势禁，若聚米画沙，烛照而龟灼，所规划常在数十百年外。遇盘根错节，无不迎刃而解。其措施略见于所著书。"① 严如熤第一部有影响的经世著作是《苗防备览》，它详细记载了1 687个苗寨和11 334个村庄的情况，对各地的山、坡、井、桥、哨、营、溪、坪、塘、沟、湾、关、屯、巷、潭、唡以及村庄、店铺、险要、河流、流程、滩险、航船、山峰等都有详细而准确的记载，对苗民的风俗习惯也留下了许多十分珍贵的资料。严如熤的另一部经世之作是《三省边防备览》，内有十几幅地图，详细标明了陕西、四川、湖北三省的地名、村落、市镇、河流、山势，对险要之处，驻防之地都一一标明。三省的民食、物产、种植、移民等都有详细记载。对于了解三省民情、风俗、生活、习惯、经济以及我国农业生产的发展都是十分珍贵的参考。此外，还有《三省山内风土杂识》《汉江南北三省山内各图》《洋防辑要》《屯防书》《汉南续修郡志》《汉中府志》等，都是极有价值的经济、民情、风俗资料。严如熤诗文俱佳，著有《乐园诗钞》《乐园文钞》。

严如熤之子严正基（1785—1863），原名芝，字仲甫，号仙舫，曾在岳麓书院读书，与魏源同学，又兼习武艺，文武齐备。嘉庆十八年（1813）中副榜，历任汉军旗教习、知县、知州、按察使。其治水赈灾，都表现出优秀的经世才干，声名鹊起。太平军兴，严正基奉命随赛尚阿赴广西，在李星沅属下总理粮台，旋充广西右江道，督办各府团练。咸丰元年（1851）擢河南布政使，仍留广西参与主持桂平、梧州、浔州、柳州、庆远、思恩等地团练。次年，严正基随太平军进入湖南、湖北，又次年，调广东布政使，仍回广西核办粮台事物。咸丰五年（1855）擢升通政使。咸丰七年（1857），严以足疾辞官回乡，同治二年（1863）病卒，终年79岁，著有《仙舫诗文集》《悯忠草》等。

3. 唐仲冕父子

唐仲冕（1753—1827），又作仲勉，号陶山，湖南长沙人。乾隆五十八年（1793）进士，历任县令、同知、知府、按察使、陕西护理巡抚。为官清廉，其母随任居住，病逝后竟无钱迁回原籍安葬。为政则以兴利除害为纲，"所至穷求民瘼，振兴士气，兴利除弊，措理裕如，又以其暇，修古迹，礼寒畯，意趣超然。"唐仲冕学问精深，对经学有独到见解，为学界所推崇。"钱大昕推

---

① 陶澍.陶澍集：下[M].长沙：岳麓书社，1998：199.

其所言《易》义'穷极杳渺'；段玉裁称其关涉《周易》《周礼》诸说'悬诸日月不刊'，而孙星衍称之为'通品'，乐与讨论经义。"① 为人礼贤待士，讨论学问，坦诚交友，为学界所称道。道光六年（1826），以年老辞官，定居金陵，次年病逝，终年 75 岁。著有《周礼六官表》《仪礼蒙求》《陶山文录》《陶山诗录》等著作。

唐鉴（1778—1861），字栗生，又字泽翁，号镜海，又作敬楷，唐仲冕之子。嘉庆十四年（1809）进士，历任检讨、御史、知府、兵备道、粮储道、按察使、布政使、太常寺卿，曾代理两江总督。咸丰三年（1853），唐鉴从金陵回湖南故里，从此杜门谢客，专门校注《朱子年谱》。咸丰十一年（1861）病逝，谥"确慎"。

唐鉴是清代后期著名的理学家，著有《清学案小识》《朱子年谱考异》《四砭斋省身日课》《唐确慎公诗集》《畿辅水利备览》及《平猺纪略》等十种。其"为学主省身持敬，精思力践，以施于有政。于宋宗程朱，于明宗薛胡，于清宗陆张，排斥心宗最力，以为害道"。② 在理学派别中，唐鉴以程朱理学为正宗，认为二程、朱熹传孔孟之道统，是学术的正宗，他将朱熹理学概括为"主教涵养以立其本，读书穷理以致其知，身体力行以践其实"。唐鉴特别欣赏朱熹"存天理，灭人欲"的主张。他曾在京师和金陵讲学，培养了曾国藩等一批理学骨干，对道咸同年间理学的复兴和程朱理学的发展起了重要作用。当鸦片战争和太平天国运动发生时，唐鉴与时俱进，倡导"宗道救时"，表现出强烈的经世倾向。他对曾国藩说"为学只有三门，曰义理，曰考核，曰文章""经济之学即在义理之内"；"经济不外看史，古已然之迹，法戒昭然；历代典章，不外乎此"。③ 特别在行动上，唐鉴努力实践经世之学，重视水利事业，认为"畿辅水利久废不举，国家生财之道莫此为善"。因而"采择古书，咨询利弊，并察访直隶经河纬河东淀西淀南泊北泊，古今兴废，一切形势无不了然于胸次"。撰成《畿辅水利备览》一书。唐鉴为政，十分重视国计民生，对农田水利、农业生产、赈灾济民、盐政河工均非常关注。唐鉴和贺长龄、贺熙龄兄弟友善，常"以经济相勉励"，对曾国藩等人更着力培养。萧一山说："鉴之学虽

---

① 王继平.明清湖南史[M].长沙：湖南人民出版社，2004：204.
② 徐世昌.清儒学案：镜海学案[M].北京：中国书店，1959（140）：3012.
③ 曾国藩.曾国藩全集[M].长沙：岳麓书社，1995：92.

无足称，然亦开风气者，能于理学衰微不振之时独树一帜也。清代之考证学，盛起于吴皖，而流行于全国，惟湖南之间被其风最稀，鉴与善化贺长龄相友善……谈经世。以故湖南学风，蔚成一派，鉴与有力焉。"①可见，其对湖南经世之风的形成和发展是有积极作用的。

4. 何凌汉父子

何凌汉（1772—1840），字云门，又字仙槎，湖南道县人。嘉庆十年（1805）进士，探花，历任编修、乡试主考、国史馆、文渊阁校理、国子监司业、祭酒、学政、侍读学士、顺天府尹、大理寺卿，道光十一年（1831），擢兵部右侍郎、左副都御史。道光十四年（1834），升左都御史、工部尚书，转户部、吏部尚书，充任会试副总裁。何凌汉为官勤奋廉明，凡察吏、断狱、治民、弭盗、赈灾、兴学，均认真细致，妥善处理，能秉公直言，不附权贵，实事求是，不治私产。尤其爱惜人才，多次任乡试、会试主考、学政，促进人才成长，学风大进。家教严格，其子4人，皆有名于时，孙辈亦不乏杰出人才。何凌汉又是著名的学者，博学多才，长于诗文书法，朝廷重大训诰册文，多出其手。他的诗语言清浅流畅，音韵婉转回旋，境界开阔，情绪激昂，情浓意远。道光二十年（1840）病逝，终年69岁，赠太子太保，谥"文安"，留有著作《云腴山房集》传世。

何凌汉的四个儿子绍基、绍业、绍祺、绍京，时称"何氏四杰"。

何绍基（1799—1873），字子贞，号东洲，晚号蝯叟。道光十六年（1836）进士，历任编修、武英殿协修、纂修、总纂、乡试主考、学政。性格刚直，因无理降调愤而离开官场，从此绝意仕进，周游各地，放游山水，足迹遍及全国，并曾在济南泺漂书院、长沙城南书院、杭州孝廉堂等地担任主讲，主持苏州、扬州书局。何绍基一生的最大成就是书法艺术，被称为"有清二百余年第一手"，使"数百年书法艺术于斯一振"。何绍基工于各体书法，"其分隶行楷，皆以篆法行之，如屈铁枯藤，惊雷坠石，真足以凌轹百代矣！""隶书出自汉隶，结体盘根错节，如老树枯藤，笔法圆劲古拙，婉和韵雅。"楷书则"力厚骨劲，骏发雄强"。行书"婉转流利，矫若游龙，如天花乱坠不可捉摸"。草书更"冠绝一时，自成一家"。②何绍基是一个文化全才，他精通经史、

---

① 萧一山.清代通史：三[M].北京：中华书局，1986：788.
② 曹月棠.中国文化世家[M].武汉：湖北教育出版社，2004：448-449.

小学，旁及金石、文字、历算。他的诗更为时人赞许，存诗两千多首，体裁多样，内容广泛，既有许多山水风景、咏古思贤、诗友酬唱之作，又有大量关系国计民生、面对现实的忧国忧民之作。他的诗真实自然，强调诗是自己的，要说自家的话，要"以达吾意"。因此，他的诗是自己性情的自然流露，充满真情实意。何绍基的著作有《东州草堂诗钞》《东州草堂文钞》《惜道时斋经说》《说文段注驳正》《水经注刊误》《史汉地理合证》《玄女室杂记》等。

何绍业（1799—1839），字子毅，何绍基的孪生兄弟，曾官兵部员外郎。清代著名书画家，亦工于诗。因少年多病，乃究心医学，脉理入微，亦为名医。

何绍祺，字子敬，何绍基之弟，道光十四年（1834）举人。善书法，曾任景山教习、云南广通知县、浙江台州知府、浙江督粮运。咸丰十年（1860）太平军占领杭州，其妻、子、媳皆死难，乃辞官归里，同治七年（1868）病逝。

何绍京，字子愚，何绍祺之弟，道光十九年（1839）举人，湖北候选道员，工诗词，善书法，知名于时。

何绍基之子何庆涵，字伯源，咸丰八年（1858）举人，授刑部郎中，有《庆涵诗文集》传世。何绍基之孙何维朴（1842—1925），官内阁中书，能诗，亦工书画。何绍业之孙何维栋，字研孙，光绪九年（1883）进士，亦工书法诗文，著有《十六观斋遗集》。

（三）李星沅等经世派官员

"湘系经世派"人才群中，除陶澍、贺长龄两人为封疆大吏外，另一封疆大吏李星沅也"以经济而掌文章"著名于世。此外，黄冕、彭浚、胡达源、李象鹍、黄德濂等官员也是重要的经世官吏。

1.两江总督李星沅

李星沅（1791—1851），字子湘，号石梧，湖南湘阴人。嘉庆二十五年（1820），李星沅被陶澍看中，入陶澍幕府，委以书记，专写奏章，处理文牍。道光十二年（1832）进士，历任编修、乡试主考、学政、知府、盐法道、布政使，道光二十二年（1842），升陕西巡抚，调江苏巡抚。道光二十五年（1845）署陕甘总督，次年授云贵总督兼云南巡抚，两年后调两江总督，兼河道总督。

道光三十年（1850）为钦差大臣，至广西镇压太平天国运动。次年病死于军中，终年61岁，谥"文恭"。

李星沅是当时"以经济而兼文章"著名的封疆大吏，其经世事功显著。一是货币问题上，制定银钱并用章程，严禁私铸，反对改筹大钱，对调整银钱比价、解决货币危机问题产生了一定的积极作用。二是制定海运章程，饬禁粮船回空，严止夹带芦私，主张江苏漕务海运、河运兼行。三是整顿盐务，提出"先以内清场私、外截邻私为重"，禁止"行船夹带"，严格制度，删减浮费。四是整顿水师，筹建外海水师。五是赈济灾荒。淮扬一带大水，灾情严重，灾民流亡，李星沅令各地分别收养，妥为安插，并召集商船贩运米粮，实行免税，以解决灾民口粮问题。六是清查钱粮，追缴积欠。总之，李星沅为官勤政恤民，尽量不增加人民负担，有较好的声誉。李星沅还以文才名世，有《李文恭全集》46卷，所著诗文意境宏远，文辞雄博。

李星源生有五个儿子：李杭、李概、李桓、李榛、李棕，均知名于时。长子李杭，字孟龙，号梅生，道光二十四年（1844）进士，年仅24岁，有《小芋香馆诗赋》12卷。第三子李桓，字叔虎，号黻堂，同治元年（1862）任江西布政使兼署巡抚，晚年专心著述，编辑《国朝耆献类征》，多达943卷。

2. 经世能吏黄冕

黄冕（1795—1870），字服周，号南坡，湖南长沙人。黄冕是道咸时期著名的经世能吏。嘉庆十年（1815）初任两淮盐运使，旋被罢官，闲居上海。道光五年（1825），陶澍首办海运，黄冕上书言海运之利，并条陈方策，尽得要领，为陶澍赏识，邀其参与海运事宜，任为余场大使，海运事竣，得授江苏江都知县，转上元、元和、上海等地知县，升太仓知州，擢常州、镇江知府。黄冕为政，勤政利民，在元和主持兴建疏通浏河海口工程，达数百里，使水流畅通，不致壅塞为害，更有利于全县农田灌溉。在上海主持修筑浦江塘工程。在常州又修竣孟河，其中仅筑芙蓉圩一项，即垦田10万多亩。道光二十一年（1841）黄冕在两江总督裕谦幕下，曾赴浙江防堵英军，在余姚海口击沉敌人兵船，活捉英军官安突德等。裕谦保守自负，不能采纳魏源、黄冕等人的正确意见，在镇江失陷后投水自尽。黄冕则被浙江巡抚刘韵珂参劾诬告，谪戍新疆伊犁。

黄冕在新疆协助林则徐兴办屯田达40余万亩，又兴修水利，发展生产，以功得返江南，协助江苏巡抚办理海运，革除漕运弊政，每年节省漕运银两数十万两，增运漕粮30余万石。咸丰二年（1852），太平军围攻长沙，黄冕闲居在家，协助巡抚张际亮守城，献计献策，征集砖石，抢修长沙城墙。次年，黄冕又为湘军铸造土炮，筹措军饷，先后设置厘金局、茶盐局，专门为湘军提供饷银。在曾国藩的支持下，黄冕曾任江西吉安知府，并从太平军中收复吉安所属10个城池，因功赐布政使衔，擢云南迤南道，但以病辞，同治九年（1870）卒于湖南，终年75岁。

3. 彭浚等其他经世派官僚

彭浚（1769—1833），字映旌，号宝臣，湖南衡山人，嘉庆十年（1805）进士，为状元，历任编修、乡试主考、侍讲、侍读学士、太常寺少卿、奉天府丞、学政等职。彭浚一生受经世思想影响，以培育人才为己任，分校会试考卷，五鼎甲皆出自其门下，河南祝氏三兄弟中进士，均出其门，时人有"毕封三祝，彭祖带出"之语。他视学奉天，裁革陋规，捐薪添建考栅。召集诸生，亲自讲解经义，全省学风为之一振。辞官回乡后，仍尽力添置义田，以田所得利益资助学子。彭浚诗文均佳，其诗情景分明，意境开阔，著有《赐砚堂诗文集》《赐砚堂进呈录》《赐砚堂今古文等》等，道光十三年（1833），彭浚因病于家乡逝世，终年65岁。

胡达源，字清甫，号云阁，湖南益阳人。嘉庆二十四年（1819）进士，为探花，授编修，历任国子监司业、少詹事、日讲起居注官、充实录馆纂修、四川乡试主考、贵州学政，后因母丧辞官归家，主讲城南书院。胡达源为官清正廉明，刚正不阿，整饬士风、学风，以培养人才为己任。主讲城南书院时，他循循善诱，扶持正学，颇受后学欢迎。胡达源博学多识，亦工于诗，其诗格律工整，用辞典雅，深入生活，刻画现实，反映农民艰辛，关注农民生计，格调优美，情绪轻快，表达了知识阶层愉快而又富于幻想的心态。

李象鹍，字云皋，号双圃，湖南长沙人。嘉庆十六年（1811）进士，历任检讨、知府、粮盐道、按察使、布政使。在江南任职时，他深得两江总督陶澍器重，卓有政绩。后在贵州任职，关心百姓，建尚节堂，收养贫苦寡妇；置坡义园，祭祀乡贤；重视生产，禁止奸民盘剥百姓。年老致仕后，仍关心公益事业，捐助学校教育经费。李象鹍学问亦好，其诗受时人称许，有的诗似诉说人生哲理，别有一番情趣。

黄德濂（1786—1849），字邵怀，号惺溪，湖南安化人。嘉庆二十二年（1817）进士，道光二年（1822）任御史，刚正不阿，劾罢贪吏数人，时朝廷在新疆喀什噶尔用兵，拟开捐买官，黄独力反对。道光八年（1838）授山西朔平知府，旋转汾州、太原知府、蒲州知府，代理河东道盐务，勤政恤民，颇有政绩。道光十九年（1839）调云南，先后任开化、昭通、临安、武定、永此等地任职。左宗棠说黄德濂"官云南十数年，所历皆蛮村荒徼，溪洞险怪，人物糅杂，寒暑错候，迥异中土，瘴疠之气缠刻肌骨。又屡值种夷不靖，剧贼纵横，擐甲野宿不皇寝处。虽功阅卓烁，于职事无所员，而亦已惫矣"。[①]道光二十九年（1849）擢陕西西乾鹿储粮道，病重回乡，逝于旅次，终年64岁。

（四）汤鹏等经世派知识精英

在"湘系经世派"人才群体中，中下层官吏和知识分子占人数优势，而且发挥了巨大作用。他们为经世之学、为改革事业寻求理论根据，设计具体方略，广泛宣传，形成了巨大的声势。而且他们大多从事教育事业，通过讲学授徒，著书立说，培养了大批经世致用的人才。

1. 改革派理论家汤鹏

汤鹏（1801—1844），字海秋，湖南益阳人。道光三年（1823）进士，历任礼部主事、户部员外郎、郎中、军机章京、会试考官、监察御史，为人刚毅正直，不畏权贵，曾一月内上三奏章，弹劾清宗室、工部尚书载铨，遭到降职。鸦片战争后，汤鹏上《夷务善后三十策》，详论募兵、练勇、修船，造炮、缉奸、设险等事宜，坚决主张抵抗外国侵略。当时，汤鹏名声很响，与龚自珍、魏源、张际亮一同被誉为"京中四子"。汤鹏是晚清经世改革派的重要成员，是"湘系经世派"的杰出代表，是卓有成就的思想家、改革家、诗人。著有《浮邱子》《明林》《七经补疏》《四书艺》《止信笔初搞》《海秋制艺》《海秋诗集》等。

作为"湘系经世派"的思想家、改革家，汤鹏在历史上发挥了积极作用，他的许多观点、主张是积极的、进步的，值得后人深入研究。

第一，针砭时弊，整顿吏治，清除腐败。

汤鹏比较清楚地看到清王朝吏治腐败的状况。各级官吏贪赃枉法，贿赂盛

[①] 左宗棠. 左宗棠全集 [M]. 长沙：岳麓书社，1996：345.

行，假公济私、损国肥己、敲诈勒索、横征暴敛、搜括民财、欺压百姓、吹牛拍马等乱象丛生。汤鹏将这些贪官污吏比作青蝇、蚊子、蝎虎等害虫恶兽，提出了整顿吏治的主张，强调官吏不能只替君主尽忠，还要为老百姓做事。"仕之道，为主尔，为民尔，为物尔。主弗圣哲，仕之耻。民弗仁寿，仕之耻。物弗丰殖，仕之耻。"①官吏首先要关心民众，使老百姓"温饱安逸"，免受"饥寒劳苦"，所以要选择有才有德的知识分子为官。他强调做官的人一定要有知识，要通经，这对提高官员素质、整饬官场纪律、改变社会风尚，都大有好处。

第二，呼吁变革，强调改革是社会发展的必由之路。

晚清经世改革派从挽救封建社会危殆的末世命运出发，明确提出了改革更法的主张。汤鹏指出："《传》曰：'原田每每，舍其旧而新是谋。'言习不可以不更也。是故春秋之士习于杂霸，仲尼更之；七国之士习于游说，子舆更之；汉士习于谄谀，汲黯更之；晋士习于放诞，卞壶更之。"②在《浮丘子·尚变》中，汤鹏更是大声疾呼："事有积之已久则弊，而守之以固则枯；坏之已甚则匮，而处之以暗则愚。振之以大声疾呼则訾其激，而荒之已流心佚志则厚其羞；料之以深识蚤计则嫌其噪，而亟之以颓光倒景则郁其忧。无以，则尚变乎！"他主张根据现实变化、发展的情况，改革一切不合理的东西，以兴利除弊、不断进步。他一连提出了"四十变"，要求对社会政治、经济、文化、习俗各个方面都进行改革。强调"此四十变者得"，则"乱塞""治兴"，政治清明，社会安定，经济发展，人民富裕。汤鹏呼吁改革的同时，大力提倡改革精神。他说："可以毋变而变者，新进而噪者也。不可以毋变而不变者，老成而怯者也。闻变则骇者，无识而陋者也。稍变而留其半者，有志而懈者也。可变则变者，智也。不变不止者，勇也。变然后宜，宜然后利，利然后普者，仁也，义也。"③他将改革者称为"智、勇、仁、义"的君子。对历史上的改革者，汤鹏大加称赞，如说管仲治理齐国，推行政区改制，分设乡属，选拔人才，任命官吏，赏勤罚懒，按土地质量征收赋税，由政府控制山海之利，因之国力大振，成就霸业；子产治理郑国，整治田地疆界和沟洫，改革赋税制度，按"丘"征"赋"，制"刑书"并公之于众，因之国内安定，成为强国。汤鹏认

---

① 汤鹏.浮邱子[M].长沙：岳麓书社，1987：154.
② 汤鹏.浮邱子[M].长沙：岳麓书社，1987：372.
③ 汤鹏.浮邱子[M].长沙：岳麓书社，1987：134.

第六章　道光时期的湖南人才

为，治国者要有改革精神，勇于废旧，敢于创新。因循守旧，墨守成规，不仅于国无利，于民有害，而且会导致国家落后，人民困苦。

第三，重视生产，提出以发展农业为中心的富民政策。

汤鹏从古代"民为邦本"的思想出发，提出了以发展农业生产为中心的富民政策，认为只有广大老百姓丰衣足食，富裕起来，社会才能安定，国家才能强盛。以下是其具体措施。

首先，要重视农业生产，增强生产第一线劳动力，这是社会安定、国家强盛、人民富裕的根本措施。他说："医贫有道乎？曰：古者多常民，而农居其十之八九；今者多浮民，而农不过十之三四。是故农者不必食，食者不必农。使食者必农，则不农者必力农。不农者必力农，则业有所开；使农者必食，则不农者不贼农。不农者不贼农，则弊有所止。弊有所止，则民毋敢作为奇言异服，奸声乱色，群居野处，不奉训典者。业有所开，则民毋敢坐仰天家豢养，子又生子，孙又生孙，不亲稼穑艰难者。无不奉训典之民，则朴气存；朴气存，则群知勉；群知勉，则物力丰。无不亲稼穑之民，则生理足；生理足，则自为养；自为养，则邦本厚。如是者国无贫。"[①]

这段话的意思是：一是大力发展农业生产，使"物力丰""邦本厚""国无贫"；二是发展农业生产的根本措施是增加生产第一线劳动力，即增加"常民"，减少"浮民"；三是重视农业，"力农"，支持、扶植、奖掖从事农业生产的农民；而"不贼农"，不做残害农业、损伤农民生产积极性的事；四是强调人人都要参加生产，不管是汉人、旗民，还是"贫贱之妇"，抑或是"富贵之妇"，均"毋敢坐仰天家豢养""不劳而衣文绣者有惩"，不允许有特殊阶层不事生产劳动。

其次，实行"兵屯"与"民垦"。汤鹏主张"凡兵久驻而匮于饷，莫如屯田。民太繁而啬于养，莫于垦田"，即在军队驻地实行"计兵授田"政策，按士兵人数规定垦田数，要求士兵"无事为农、有事为兵"，做到"勤耕耨"，参加农业生产，从而实现"国无疲兵""边无短粮"。针对"浮民"和农业剩余劳动力，则实行"劝垦"政策，"迁熟补荒"，分配土地。对生荒地"不起科"，免征钱粮，从而实现"野无旷土""国无流民"。[②] 可见，"兵屯""民垦"

[①] 汤鹏. 浮邱子[M]. 长沙：岳麓书社，1987：313.

[②] 汤鹏. 浮邱子[M]. 长沙：岳麓书社，1987：317.

对加强农业生产、扩大耕种面积、减轻人民负担、减少流民、安定社会，有积极意义。

第四，兴修水利，救济灾荒。

发展生产的其中一个关键点，在于兴修水利，保障农田灌溉。在封建社会，兴修水利是对老百姓最大的"仁政"。同时，还要救济灾荒。汤鹏总结了救荒十二策："一曰散利、二曰薄征、三曰缓刑、四曰弛役、五曰舍禁、六曰去畿、七曰眚礼、八曰杀哀、九曰蕃乐、十曰多昏、十有一曰索鬼神、十有二曰除盗贼。"① 即要减轻对人民的剥削程度，"荒则毋索民租""则民得以其余力自食"，并发动捐赠钱粮，调拨米谷，救援灾民。平时则禁止奢侈浪费，安定社会秩序，恢复并发展生产。

第五，主张限田，抑制豪强地主兼并土地。

土地制度是封建社会的痼疾，是历代王朝衰亡的主要原因之一。道光年间，土地兼并之风更烈。针对土地兼并的严重情况，汤鹏提出了"限民田"的主张："限民田，则均贫富；均贫富，则抑兼并；抑兼并，则鲜流亡。如是者国无贫。"② 强调只有限田才能抑制土地兼并，减少流民，将农民束缚在土地上。限制豪强兼并土地是晚清经世改革派经济思想的基本内容之一，而汤鹏的限田主张则是其中突出的代表。汤鹏的限田主张，既是其发展农业生产，推行富民政策的主要内容之一，是减少"浮民"，增加"常民"的根本措施，又力图用限田的办法来解决土地问题及流民问题，对发展农业生产、改善农民生活均有好处。

第六，整理财政，努力减轻百姓负担。

汤鹏提出整理财政，尽量减轻人民负担，增加国家财政收入。首先要薄赋减税。提倡减与薄，反对厚与繁。"竭泽而渔"的政策是得不偿失、后患无穷的。他主张对农具、青苗、谷、酒、曲、醋、蔬果、竹木、柴薪、食羊、乳牛、鱼笭、鸭埠等实行免税，调动农民生产的积极性，增加粮食和经济作物的产量。对金、银、珠玉、钢、铁、沙矾等也实行免税，从而刺激人们去开采、冶炼、加工，发展矿业、手工业，增加社会财富，繁荣市场经济。同时要反对垄断商业。他认为纲盐制"最冗设者唯盐吏"，主张"盐吏当汰其十之八九"。

---

① 汤鹏.浮邱子 [M].长沙：岳麓书社，1987：322.
② 汤鹏.浮邱子 [M].长沙：岳麓书社，1987：314.

他赞成陶澍在淮北倡设的票盐制，发动广大商人行盐，实质上是支持以盐业商营代替盐业官营，以自由竞争代替垄断经营，具有资本主义的倾向。此外，汤鹏还提出了许多值得称道的观点，如要求去奢崇俭，控制社会消费，反对浪费；主张聚财于民，认为"民聚，则天下之财皆其财，民散，则天下之财非其财"；主张"钱铸于官，毋铸于私"，统一钱法，才不致形成币制和财政的混乱；提出"漕运而兼河海"，赞成海运，也不废河运；提倡在西北屯垦，以减轻东南漕粮的负担；主张"毋收责、毋率贷"，反对高利贷剥削。这些观点均有一定的积极意义，或有利于兴利除弊的改革；或有利于减轻人民负担；或有利于社会经济的发展。

第七，提倡平等，重视百姓的地位。

中国古代"民本"思想的另一个重要内容，是处理"君"和"民"的关系。君是国家的最高统治者，不仅掌握着至高无上的绝对权力，而且是全国土地、财产、人口的所有者。古代民本主义强调人民的重要地位，如"民为贵，社稷次之，君为轻"，"水可载舟，亦可覆舟"等，但这些说法都是为君权服务的，是为了使君王更好地统治人民。到了近代，中国经世改革派的魏源、汤鹏等人开始突破古代的民本思想，主张人人平等，由此产生了近代民主思想的萌芽。他说："民为本，天为则，四海为一家，万众为一体。"①君主和国家都离不开百姓，君王和百姓并没有高低贵贱的区别，都是平等的。

综上所述，汤鹏和魏源、龚自珍等人，都是晚清经世改革派的杰出人物。和龚自珍相比，汤鹏不仅以辛辣的语言对封建社会进行了深刻的揭露和无情的批判，而且以深刻的思想提出了兴利除弊的改革方案，从而成为嘉道年间"开慷慨改天下事"之风、提倡"经世致用"之学的重要人物，甚至可与龚自珍相提并论。但是，汤鹏的影响和名声却远不及龚自珍。和魏源相比，汤鹏同样敢于面对现实，批判现实，改革现实。鸦片战争之后，魏源与时俱进，放眼全球，成为中国走向世界走向近代的一面旗帜。汤鹏却始终为闭关锁国的思想所束缚，强调"中外之防，不可以毋严"，拒绝与各国的经济贸易来往以及文化科学的交流。这就是汤鹏与魏源的差距，也正因为如此，汤鹏不能像魏源那样，成为开一代新风的伟大思想家。

---

① 汤鹏.浮邱子[M].长沙：岳麓书社，1987：79.

2. 欧阳厚均、袁名曜、蔡用锡等经世派教育家

欧阳厚均（1766—1846），字福田，号坦斋，湖南安仁人。嘉庆四年（1799）进士，历任内阁中书、户部主事、郎中、浙江道监察御史。后以母老多病辞官养亲。嘉庆二十三年（1818）欧阳厚均被聘为岳麓书院山长，此后掌岳麓书院长达27年，其在书院的成就主要体现在以下方面。

第一，培养了大批"有体有用"的人才。欧阳厚均强调书院教学"不徒区区文艺之末"，而主张"为有体有用之学。"为此，他提出了三方面主张，一是提倡一个"诚"字，以端正学生的学习态度和培养学生的学习品行。在校内刊立"忠孝廉节"和"整齐严肃"的石碑，强调"立言之要，在于存物""惟立诚，固有物"。二是提倡相互讨论提高，自由自觉学习的风气。他说"二三子争自砥砺，敦品励学，互相规劝""讲艺论文，有奇共赏，有疑共析"。从而从"弗懈益勤，孜孜训迪，与诸生文行交勉，道艺兼资"。三是主张学生根据自己的特长、性格、兴趣，自由发展，要求"各抒所长，或以理胜，或以气胜，或以才胜，平奇浓淡，不拘一格，总之惟其是尔"。欧阳厚均在岳麓书院"以气节、经济、文章立教"，弟子多达3 000余人，他培养了左宗棠、曾国藩、郭嵩焘、胡林翼、刘蓉、李元度等大批人才。

第二，全面整修、建设岳麓书院。根据《岳麓续志》记载，欧阳厚均前后"捐千余金，创修庙宇，表彰诸贤，缮复古迹共十八处，且募捐名祭祀暨朱张渡渡船经费，以垂久远"，主持完成了23项建筑工程，其中有白崇至寺、四箴祠、六君子堂、濂溪祠、岳神庙、讲堂、半学斋、道乡台、风雩亭、吹香亭、中道亭、赫曦台、斋碑亭、北海碑、奎星阁、中庸亭等。在欧阳厚均掌教期间，书院建设可谓登峰造极。同时，欧阳厚均还购置了大批图书，使御书楼藏书增加到1万多卷。

第三，主持编辑《岳麓诗文钞》。欧阳厚均发动书院学生101人，共同参加编辑《岳麓诗文钞》57卷，起自唐代，止于清朝，共录作者558人，诗词文赋1 900多首（篇），保存了岳麓书院成立以来珍贵的文字资料，是岳麓书院学术成果、教学经验、教育思想的总结，对岳麓书院的发展有积极的作用。

袁名曜，字焘岚，又字道南，号岘冈，湖南宁乡人（祖籍株洲）。嘉庆六年（1801）进士，历官编修、功臣馆总纂、侍讲、侍读、日讲官，后因丧亲辞官归乡。袁名曜注重经世致用之学，据同治《宁乡县志》载："遭事议论锋

发，乡先达藩司严如熤、总督陶澍推为楚南人物，足迹遍天下，尤留心舆图、厄塞、河渠、险隘、古今沿革"，著有《吾庐存草》，对促进湖南经世之学的发展作出了贡献。袁名曜的最大贡献在于教育。嘉庆十七年（1801），袁被聘为岳麓书院山长。主讲岳麓书院期间，一方面，他主张"士先器识而后文艺"的教育方针，致力于经世致用之学，身体力行，诲人不倦，培养了魏源、罗绕典、陈本钦等一批优秀的学生。另一方面，袁名曜非常重视书院的建设，兴建和改建了书院的部分建筑，始建濂溪祠，专祠周敦颐，并作《濂溪祠记》；重修六君子堂，改建自卑亭；修葺文庙、文昌阁、御书楼等。

蔡用锡（1784—1861），字康侯，号方帷，又作云藩，湖南益阳人。曾入岳麓书院读书，与魏源、胡达源为友。嘉庆十八年（1813）拔贡，曾任石门教谕，一生以讲课授徒为业，曾主讲广西道乡书院、辰溪虎州书院。蔡用锡"教人务为有用之学，不专重文艺，而于兵略、吏治尤所究心"。胡林翼、劳崇光、唐际盛都是蔡用锡的弟子，特别是胡林翼，曾"师事两年，涵濡渐渍，服膺终身"，受其影响极大，胡自称："林翼一知半解，无当于时，惟素蒙教训，未尝一息敢忘君国艰难。"蔡用锡授课之余，勤于著述，有《种梅道人遗稿》《说文启蒙》《小尔雅疏义》《元空说约》等著作。

3.邓显鹘、邓显鹤兄弟

邓显鹘（1774—1841），字子振，号云衢，又作耘渠、云渠，湖南新化人。自幼好学，讲究礼仪，被戏称为"道学先生"。他学识精熟，以讲课舌耕为业。为人正直，诚以待人，乐于助人。著有《春秋目论》《说诗呓语》《听雨山房文钞》等。

邓显鹤（1777—1852），字子振，号湘皋，晚号南村老人，邓显鹘之弟。嘉庆九年（1804）举人，远游燕、齐、淮、扬、百粤等地，所到之处，吟咏交友，"文动一时"。道光六年（1826）任宁乡训导，长达13年，对宁乡文化、教育的发展多有贡献。道光二十三年（1843）应聘主讲邵阳濂溪书院。咸丰元年（1851）病卒，终年75岁。

邓显鹤自幼喜欢吟咏，是有成就的诗人，其诗体裁多样，格调高尚，陶澍曾评价其诗，"余与湘皋交十余年矣，每晤，则其诗必益进。语云：'泰山之溜，可以穿石。'湘皋于诗，为之若嗜欲，如是虽欲逊而不肩于古人，其可得耶？湘皋之诗，导源于魏晋，而驰骋于唐、宋诸志之场，情深而文明，气疏而节古。足迹半天下,所交际多一时贤人大君子。而与同里磵东欧阳子尤契,深相应和。如二龙在匣,发电色而干牛斗;如双鸟偕鸣,收雷声而百虫,百鸟为之不啾也。"① 其诗先后编辑为《种草堂初稿》《相思草》《北上集》《观海集》《过江集》《湘皋集存》《南村草堂诗钞》等。

邓显鹤的最大贡献在于搜集、整理湖南地方历史文献。首撰《资江耆旧集》60卷,随后有《沅湘耆旧集》200卷,《沅湘耆旧集续编》100卷,《沅湘耆旧集小传》20卷,《资江耆旧集小传》4卷,对有史以来湖南人物的传略诗文广为搜集介绍。重刊《楚宝》,并增资考订,成《楚宝增辑考异》40卷,《外编》5卷。重订周敦颐的《周子全书》9卷,《首录》2卷,编校欧阳玄《圭斋集》18卷。编辑嘉庆《武冈州总》30卷、道光《宝庆府志》143卷。特别是邓显鹤广为搜集、访求王夫之著作近50种,编成《船山遗书》180卷,是王船山著作第一次公开刊行,使王夫之学说流传于世,发扬光大。同时,其还著有《南村草堂集》《易述》《毛诗表》《朱子五忠传略考正》《五忠祠续传》《明季湖南殉节诸人传略》等。

4. "湖南四杰"中的左宗植、陈起诗

道光时期,魏源、汤鹏、左宗植、陈起诗被并称为"湖南四杰"。

左宗植(1804—1872)字仲基,一字景乔,号珠岭樵夫,湖南湘阴人,左宗棠之兄。自幼随父读书。道光十二年(1832)举人,授桂东县教谕,旋离职返乡,主讲澧阳书院。咸丰元年(1851)入京,授内阁中书,次年辞官回乡,从此绝意仕进,隐居读书著述,曾一度到衡阳石鼓书院讲学。左宗植能文工诗,晚年更专志于治经世致用之学,尤精天文。著有《慎庵诗文钞》《三垣二十八宿中外官总图序》,并曾校勘、出版唐代天文学著作《开元占经》。

陈起诗(1795—1842),字笏心,又字云心,湖南郴州人。自幼聪慧,才华出众,道光九年(1829)进士,授主事,迁员外郎,记名御史。秉性刚直,不畏权贵,因弹劾吏部尚书汤金钊,反被革职。受此打击后,郁闷而不得志,中年病逝,终年仅48岁,赠中议大夫。著有《孔子年谱》《四书求是录》《罗经图考》《云心遗稿》《补全唐诗选辑》等。陈起诗与魏源、黄舜滋、汤鹏友善,常在一起讨论经世之学,并提出了一些独到的见解,如为解决黄河水患,他提出从德州到东昌一段,河道弯曲,若在袁家庄修直通运河,则水流畅通,

---

① 陶澍.陶澍集:下[M].长沙:岳麓书社,1998:85.

每年可节约金钱数万；向陶澍建议，在淮南亦改纲盐为票盐。他曾订正《新疆志略》《天文分野图》等书错处，使其更切合实际。陈起诗博学多识，又是著名诗人。其诗意境深刻，情景交织。他和魏源交往甚深，怀念魏源的诗更是非常感人，如"去年冬及尽，远道有双鱼。孤馆仍风雨，天涯少尺书，一尊残腊酒，半亩故乡庐。只此和妻子，寒宵对绮疏。"

六、道光时期湖南其他人才

道光时期，"湘系经世派"是当时湖南人才群的主体。但是，人才无论何时何地都是多样化的，这一时期还有一些著名人才，主要是官员和知识精英，他们和"湘系经世派"基本上没有联系，但同样在各自的岗位上作出了突出贡献，因而在历史上留下了特别的痕迹。湖南人才从道光年间走向兴盛，除了"湘系经世派"的兴起外，还表现为百花齐放、绚丽多姿的局面。

（一）杨健、罗绕典、常大淳、郑国鸿等政治军事人才

道光时期，担任巡抚、总督等封疆大吏的湖南人才中，还有杨健、罗绕典、常大淳三人，担任按察使、布政使、总兵、提督及其以上职务的则更多，他们都在自己的岗位上取得了非同寻常的成就。

1. 湖北巡抚杨健

杨健（1765—1843），字刚亭，湖南衡阳人，嘉庆元年（1796）进士。历任户部主事、郎中、乡试副主考、监察御史、知府、布政使，道光七年（1827）升湖北巡抚。时湖北连年荒歉，杨健组织治水修堤。汉川县历来易遭水淹，杨健亲自勘察，先开草桥口，以泄横湖水，又开消涡泾以通襄水，使2万多亩良田无损。钟祥县柴坝大堤，工程浩大，杨健带头捐赠千金，乃使堤成，人称"杨公堤"，并建生祠纪念。次年，他因荆门人选不当，坐事落职，闲居家乡。后湖广总督林则徐查办盐务至衡阳，严惩盐贩。杨健建议，衡阳向无私盐大贩，只因淮盐不能按时到抵，贫困之人不惜跋山涉水，挑盐贩卖，以苦力而得微利养家糊口，若追查太急，惩办太严，势必扰民，林则徐接受了杨健的这一建议。道光二十三年（1843），杨健病逝，终年79岁。

2. 云贵总督罗绕典

罗绕典（1793—1854），又称罗老典，字兰阶，号苏溪，湖南安化人。道光九年（1829）进士，历任编修、乡试主考、知府、督粮道、按察使。道光二十四年（1844）擢贵州布政使，陈奏贵州鼓铸制钱"五难"，力主停铸；改革铝厂章程，制定新规；清查库款，节约开支，增加库储银30万两，购备荒粮5万石，为时任云贵总督林则徐赞赏。道光二十九年（1849）擢升湖北巡抚，拒收盐商贿赂银数万两。咸丰二年（1852）太平军围攻长沙，罗绕典奉旨帮办湖南军务，建议筑土城于南门，又于城内修筑月城，开挖内壕。长沙围解，罗绕典奉命驻防襄阳，镇压当地影响太平军的起义队伍。咸丰三年（1853），擢云贵总督，时贵州人民和少数民族起义斗争正炽，罗绕典主张剿抚结合，抚重于剿，瓦解了由马二花领导的回民起义。次年，贵州斋教起义，围攻遵义，罗绕典率兵镇压，在雷台山战斗中跌落山涧而卒，终年62岁，赠太子太保，谥"文僖"。

罗绕典博学多识，诗文俱佳。其诗气势磅礴，格调雄伟，如《留坝道中见稻》：

我本耕田夫，戴笠湘山曲。饭稻羹河鱼，江乡习淳俗。
自从官长安，冠冕苦拘束。疏懒弃蘋蘩，奔忙逐华毂。
回望旧家山，林烟隔空谷。秋雨稼云黄，春风秧水绿。
间阔儿时事，神驰渺幽独。此行出都门，沿途纷菽粟。
惟少红莲稻，难夸农足谷。有如听筝琶，尚未聆豪竹。
何意过松林，佳境豁心目。香叶舞翩翩，疏花散芬馥。
粒重欲垂头，泥深犹没足。行将筑高廪，秋成欣鼓腹。
吾侪牛马走，糊口营饘粥。常临乞米书，强窃代耕禄。
铅椠果何功，风尘徒逐逐。何时十亩间，稳古三间屋。
稼圃日潇洒，农书夜披读。言师苦县师，知足可无辱。

全诗充满了生活气息，也表现了对农民生活的关心。罗绕典行政之余，勤于著述，有《黔南纪略》《贵州筹捕储备记》《知养恬斋赋钞》《知养恬斋前集》《知养恬斋后集》《蜀槎小草》《玉台赞咏》《湖南团练条例》等，其奏议则编入《罗文僖公遗集》。

3. 浙江、湖北巡抚常大淳

常大淳（1794—1853），字正夫，号南陔，也作蓝陔，湖南衡阳人。其父常英瑚，嘉庆年间进士，藏书达三万多卷，常大淳因得自幼博览群书。道光三年（1823）进士，历任编修、监御史、给事中、督粮道、署理按察使。鸦片战争期间，护理布政使，并随闽浙总督邓廷桢驻漳州、泉州一带，设防抵御英国侵略者。道光二十二年（1842）擢浙江盐运使，时私贩从定海岱山运盐到松江等地出售，有利可图，从而力主收归国库，激起盐商强烈反对，发生事变，常大淳举措失当，被降四级。道光二十七年（1847）任湖北按察使，次年为陕西布政使。道光三十年（1850）升浙江巡抚，提出"浙江棚民开山过多，以至沙淤土壅，有妨水道田庐"，应予查禁。并请修南湖、绍兴等地农田水利，又整顿盐政，组织赈灾，讨平海寇。咸丰二年（1852）调湖北巡抚，旋太平军进入湖北，攻陷武昌，常大淳投井自杀。清廷赐总督衔，入祀昭忠祠，谥"文节"。

4. 郑国鸿等抗英爱国将领

郑国鸿（1777—1841），字雪棠，湖南凤凰人，曾师从严如熤。其父郑廷松为镇筸镇标千总。郑廷松在征苗中阵亡，赏郑国鸿云骑尉世职，补永绥屯守备。历任竹山、湖州、宝庆副将。道光二十年（1840）擢浙江处州镇总兵。次年，英国侵略者进犯浙江定海，郑国鸿与定海总兵葛云飞、寿春镇总兵王锡朋率4 000人防守，郑国鸿驻竹山门。八月，英军分三路进攻，国鸿等悉力鏖战，对敌众2万终至英勇牺牲，终年64岁。

黄腾鸿，湖南平江人，随郑国鸿守卫定海，因功升副将，英勇杀敌，手刃英兵10余人，伤重力竭而死，年仅24岁，赠总兵。

洪达科（1793—1841），字特斋，湖南凤凰人。早年投身军伍，因功升至湖南提标左营守备。道光二十年（1840）随同镇筸总兵祥福率营兵支援广东前线，抗击英国侵略者，次年二月抵粤，负责守卫广州乌涌。英兵溯河而上，猛攻，洪达科率军英勇反抗，歼灭两百多人。因军队火药弹尽，援军不至，洪达科等人英勇牺牲。

（二）衡山聂氏世家

衡山聂氏，祖籍江西，清初迁到湖南，定居衡阳，有清一代，历经8代，先后产生了4名进士、3名举人、1名拔贡、1名巡抚、4名知府、1名知州、1名知县，道光年间，聂氏人才最为鼎盛，光绪年间，聂氏成为民族资本主义的先行者。

第一代：聂继模，字乐山，自幼好学，17岁时父亲去世，乃承继祖业，维持全家。以实用为主，改学医，开药店，期于济人利物。时值大疫，救人无数，对贫苦之人特别关心，看医施药，分毫不取，威望极高，与知县、儒师均为朋友，晚上则与儿子读书，研究医学等实用之学。77岁时亲送儿子到陕西赴任，写3 000字《诫子书》鼓励儿子当好亲民之官，关心百姓，处理好各方关系。又游历陕西山川，探采风俗利病，为儿子治政当参谋。著有《乐山集》《朱子家训证释》《培远堂四规纂要》等。

第二代：聂焘（1694—1773），字函有，号环溪，聂继模之子，乾隆四年（1739）进士，曾任陕西镇安知县8年，多有政绩。时军需甚急，聂调理有方，甚至捐俸雇工，从不扰民。任内添置社仓，驱除虎患，建设义学，修筑道路，发展生产，劝民垦荒、种棉、养蚕、织布。上司称其"学有实用，造福地方"，调凤翔知县，因母丧归家，再不出仕。后以讲课授徒为业，先后在沅江、茶陵、衡山主讲，至乾隆四十三年（1728）病逝，终年80岁。著有《环溪文集》《存知录》《塾说》《隅农斋初稿》，编辑有《镇安县志》。

第三代：聂肇奎，字季观，号藻定，聂焘第三子，乾隆五十七年（1792）举人，曾任益阳教谕。一生讲学授徒，著有《星岩文集》《粤游诗草》《晓岳山房编年诗集》。生育七个儿子，均有才名。

第四代：聂镐敏、聂镜敏、聂铣敏、聂鏸敏。

聂镐敏，字丰阳，号京圃，聂肇奎长子，嘉庆元年（1801）进士，授编修，历任太子洗马、安徽学政、兵部郎中、浙江严州知府。后以母老辞官归家，再不复出，潜心学问，专事著述。对经学和音韵深有研究，并对程朱的《大学章句》和周彦伦、沈约的声韵学提出了质疑，认为汉唐以来的五经传注疏解有三弊："以掊摭为博，以攻讹为长，若是者伪而不诚；赋性之多疏，程功之多率，若是者粗而不细；陈言之牵滞，臆见之谬误，若是者盈而不虚。"[①]著有《松心居士诗文集》《读经析疑》《古本大学通解》《读经琐录》《述古》《韵学古声》《馆阁诗赋》《赐书堂经进初稿》等。

聂镜敏，字心如，号春湖，聂肇奎次子，嘉庆六年（1801）拔贡，授礼部主事，军机处行走，曾扈从嘉庆幸盘山、五台山、热河，参与纂修《大清金典》《本部则例》《内廷方略》等书。任京官12年，后丁父丧，不再出仕。先后在端溪、昭潭、雯峰书院任教，著有《五台游草》《端溪课士录》《昭潭课士录》等。

聂铣敏（1775—1828），字晋光，号蓉峰，聂肇奎第三子。嘉庆七年（1806）进士，历任编修、兵部主事、四川学政、浙江绍兴知府，为政勤勉，重视人才，为学政时，亲自阅文并给学士讲经，任知府时，关心百姓疾苦，多有惠政。聂铣敏博学多识，尤精诗词，曾向嘉庆帝进献回文赋并诗，得到赏赐。他的诗气势雄浑，意境开阔。有《寄岳云斋初稿》《蓉峰诗话》《玉堂存稿》等著作。

聂锶敏，又作惠敏，榜名铎敏，字巽敷，号羹梅，聂肇奎第五子。嘉庆二十一年（1816）举人，历任教习、教谕、知县、知州。为政勤慎严明，听讼明决，不留滞狱，无存冤民，百姓称快，性好吟咏，工于书法，多有题咏，著有《宝砚堂诗文集》。

第五代：聂一峰，聂肇奎之孙，咸丰二年（1852）进士，官至广东高州知府。

第六代：聂缉规（1855—1911），字仲芳，为聂一峰之子。热心洋务，为曾国藩女婿，任上海制造局总办，并进入官场，先后任上海道台和江西、安徽、浙江巡抚，但从不放松实业，又创办华新纺织新局，后改名恒丰纱厂，是中国最早的民族资本主义工业。

第七代：聂其杰（1880—1953），号云台，聂缉规之子。承继父业，其所执掌的产业成为中国纺织工业龙头，曾任上海总商会会长、全国纺织厂联合会副会长。聂氏一家对民族工业的发展有积极的贡献，本书后面还将进一步介绍。

---

① 曹月棠.中国文化世家：荆楚卷[M].武汉：湖北教育出版社，2004：398.

（三）其他人才

道光时期，还有一批中下层官吏和知识分子，他们或勤政爱民，留下了可称道的政绩，或在学术研究和文学创作方面作出了一定的贡献。他们中的许多人亦研究经世致用之学，还建立了一定的经世事功，但没有发现他们和"湘系经世派"的关系，故一并在这里简单介绍。

1. 岳阳方钰父子

岳阳方家是一个有名望的家族，产生了不少人才，清乾隆年间的方显，曾任四川巡抚。方显之子方桂，字兰友，号云轩，雍正十年（1732）举人，曾任广东英德知县、浙江临安知府、宁绍台道员，多有惠政。其长子方应纶，字雪浦，又字绰书，嘉庆四年（1799）进士，官至浙江盐运使，廉慎自守，不贪一文，著有《雪浦存稿》。其弟方应清，例贡出仕，历任陕西榆林知县、朔平知府、雁平兵备道，勤政爱民，善于处理民族问题，所管地方靠近蒙古，均能相安无事。方应清之子方联甲，附贡生，嘉庆年间任知县、同知，多善政，工诗词，有《唐诗韵汇》64卷，又辑《塞上吟集唐三百首》。

方钰，字美堂，方联甲之子，方显的第五代孙。嘉庆二十一年（1816）举人，曾任攸县、嘉禾教谕、零陵训导，后不复出仕，主讲岳阳书院。方钰品德高尚，事亲至孝，于友仁义，妻有奇疾而不弃，敬爱有加，妻病早亡而不再娶，忠情不变，为乡里所称道。

方大漳，字澹生，号稼轩，方钰长子。自幼聪慧，好学能文，名噪一时。道光十三年（1833）进士，授兵部主事，擢军机章京。方大漳博学多识，通贯五经，对四书五经皆有解说。在兵部时，绘取全国各省地图，详注地名，更有实用价值。可惜英年早逝，只活了30岁。有《稼轩文集》传世。

方大湜（1821—？），字菊人，方钰次子。咸丰五年（1855）加入胡林翼幕，荐广济知县，调襄阳知县，擢宜昌知府、道员，升直隶按察使、山西布政使。编制保甲，整顿团练，抵抗太平军。同时，他兴修水利，疏通河道，赈济灾民，调剂粮农，兴办学校，重视教育，奖励农商，发展生产，关注民间疾苦，秉公判狱，严禁里胥差役使奸，多有惠政。方大湜勤学博识，好读书，勤著述，有《平平言》《蚕桑提要》《堤工摘要》《授时通考》等共20多种著作传世，且多为实用经济之作。

2. 黄本骐、黄本骥兄弟

宁乡黄家也是世代人才辈出。第一代黄立隆，字定之，乾隆十八年（1753）拔贡。授河北钜鹿（今河北巨鹿县）知县，迁河间府同知，迁大名知府，转天津知府。其妻秦邦淑是有名的女诗人，有《云骥山庄遗草》传世。其子黄湘南（1757—1785），自幼有才名，博闻强记，人称"经史库"，工于诗词，有《大沩山遗草》《红雪词钞》等著作。

黄本骐，号花耘，黄湘南长子。父早死，其母教导甚严，刻苦学习，尤工于诗，嘉庆十三年（1808）举人，授城步训导，有《三十六湾草庐稿》传世。

黄本骥（1781—1856），字仲良，号虎痴，黄湘南次子。时黄氏父子3人均有文名，县人比之为"眉山三苏"（苏氏父子）。道光二年（1822）举人，授黔阳教谕，热心教育，细心培育人才，多有成就，好考古，搜集文物甚多，存秦汉以后金石文字数百种，名其所居为"三长物斋"。他学问精深，著作很多，有《古志石华》《隋唐石刻拾遗》《集古录辑迭》《金石萃编补目》《元碑补目》《续金石萃编》《湖南风物志》《韵学卮言》等。其妻陈梅仙（1795—1827），字香雪，汉寿人，知书识礼，学问扎实，善诗能文，是有名的书法家，工于小篆，喜治秦汉印学，有《香雪阁遗篆》《梅影集》留世。

3. 周鸣銮等有作为的地方官员

道光时期，湖南人才走向全国各地，不少人担任了知县、知州、知府等地方官职，而且留下了较好的政声政绩，职务虽然不算高，影响也不算大，但却成为闻名一方的"亲民之官"。

周鸣銮，字公夫，长沙人。乾隆六十年（1795）举人，授湖北襄阳知县，从湖广总督卢坤镇压湖南苗民起义，负责审判"逆党"，因工作实事求是，开释无辜百姓甚多，后升任襄阳知府，关注水利事业，修筑荆州万城堤、襄阳志堤，继而转武昌知府，迁安徽巡道，擢四川按察使，多存善政，官至大理寺少卿，终年80岁。

余正焕，字星堂，长沙人。家贫力学，嘉庆六年（1801）进士，授翰林院编修，官至陕安兵备道，时严如熤任汉中知府，二人曾合力镇压陕西农民起义。继而改云南迤西兵备道，瓦解云南腾越州夷族起义，并改州为厅，驻兵防守。道光八年（1828）授江西盐巡道，深入盐政，兴利除弊，裁减陋规，节约银钱近万两，以其中8000两生息，供江西豫章书院生员膳食之费。致仕后，曾主讲长沙城南书院，捐资重建学宫、贡院，添置学院义田，推动了长沙教育事业的发展。

丁周，字星舫，醴陵人，嘉庆十八年（1813）举人，授山西蒲圻知县。丁周深入民间察访，严惩土豪，合县称快。后因堤务失误丢官，蒲圻人再三上请，得补山西应城知县，转来凤县。丁周为政，勤慎有加，所属治地，多汉瑶杂处，民族纠纷，素称难治。丁周迎难而上，制定规章制度，每月定时集父老乡民讲解法令条规，各有遵照，民皆甘愿受其约束。丁周关心民事，究心经世之学，著有《农桑杂组》《救荒要录》《筹济新编》等著作。

王泉之，字星海，衡阳人，嘉庆十年（1805）进士，历任知县、知州、知府等职官。为官勤政恤民，减轻群众盐税负担，抑制豪强侵占公宅，处理龙南县民水利纠纷，平息寇盗，多有惠政。著有《政余书屋文钞》《瑟谱》《易堂十三子文选》等书。

杨世福，字禄田，号寿霞，新化人，自幼究心经世致用之学。嘉庆元年（1796）为河理布政司理问，擢河西府通判，曾主持新建、开浚洛、嵩二县新旧各渠达21条，增加灌溉面积20多万亩，调陈州府通判，擢同知，曾妥善处理境内抢争水械斗。道光元年（1821）署河南府通判，又新开河渠8条，制定法规10条，并调处水利纠纷，制止水霸械斗，简政省徭，多有政绩。

4. 胡焯、黄兆麟等文化型人才

胡焯，字光伯，常德人。自幼聪慧好学。9岁时能吟诗作歌，且词意新奇。道光二十一年（1841）进士，官至广西学政。胡焯博览群书，工于诗词，其诗上承汉魏，重其风韵，不求其似，好为长诗，题目亦长，如有的诗的诗题就长达107字。胡焯的主要成就是在学术方面，他对《说文》研究很深入，颇有新意。著有《校补说文解字》以及《楚颂齐诗集》《东都南海纪行诗》等。

毛国翰，字大宗，号青垣，长沙人。自幼聪慧，其诗多幽忧凄苦之音，但格律整齐，辞意真切，感情深沉，有一定的艺术感染力。著有《糜音诗钞》《清香楼传奇》。毛国翰的姐姐毛国姬，字孟瑶，号素兰女史，亦是有名的女诗人，著有《素兰诗集》，并编辑有《湖南女士诗钞所见初集》。

郭汪灿，字云麓，湘潭人，嘉庆十九年（1804）进士，曾任酃县（今湖南炎陵县）知县，以儒术为治。常召集诸生到县署讲学。工于诗，其姑郭步蕴、女郭润玉都是女诗人。郭汪灿闻湘阴李星沅才名，不嫌李家贫，竞登门选婿许婚，传为美谈。

黄兆麟，字叔文，号黻卿，长沙人，道光二十年（1840）进士，官至光禄寺少卿。性格耿直刚正，上书言事，敢于抗章论劾，典试福建，所拔多为名士，好学多识，尤工于诗。其诗用笔简洁精练，善于剪裁，如《舟中杂诗》："颓云压崇岭，飞雨洒空江。滩声作雷吼，涛奔如急泷。沈阴裹孤艇，四顾但苍苍。倚枕坐深黑，祇闻人语咙。冲风摧危壁，碎石堕玪玖。舟子前后呼，篙楫相击撞。天威递收摄，急点停淙淙。开门望山岸，凉月挂鱼矼。"既有长时间的对沿途景物的观察，描绘了大自然的明媚；又有在疾风骤雨中行舟的特写镜头，表现了大自然的阔大雄伟。黄兆麟留有《古樗山房遗稿》。其弟黄焯，字恕皆，同科进士，官至吏部侍郎，著有《诗韵辨字略》。

第七章 咸同年间的湖南人才

咸丰初年,湘军诞生,形成近代湖南第二个人才群体,即"湘军人才群体"。其人数之多、权势之大、威望之隆、影响之巨,都是空前的,形成近代湖南人才的第一个高峰。湘军人才群体在政治舞台上活动了约30年时间,它在咸丰初年形成,至同治初年达到顶峰,光绪年间仍有巨大的权威和影响。咸丰,名奕詝,庙号文宗,在位11年(1851—1861);同治,名载淳,庙号穆宗,在位13年(1862—1874);光绪,名载湉,为德宗。同治即位,仅6岁;光绪亦6岁即位,均由慈禧太后垂帘听政。慈禧,即叶赫那拉氏,咸丰帝妃,虽无"皇帝"名号,却实际统治中国达47年之久。在这一时期,湖南一跃而为全国举足轻重的省份,"名闻天下,天下皆以湖南为强国"[①],出现了"湘运之兴",即"湘军人才群体"的兴起,湖南的士风民气为之一振,政治、军事、经济、社会、思想文化各方面,也发生了相应的新变化。

一、湘军人才群体的形成

咸丰开始的30年,中国社会发生了巨大的变化。内有长达14年之久的太平天国运动,波及长江流域;外有英法联军入侵北京的战争,使中国殖民地化的程度加深。在统治阶级内部,一方面是慈禧太后和恭亲王奕䜣的斗法以及慈禧的独裁,进一步暴露了贵族集团尖锐复杂的矛盾和腐朽;另一方面则是以曾国藩、李鸿章、左宗棠为代表的汉族官僚集团力量的加强,显示了其政治、军事和经济的巨大势力。统治中国长达200多年的清政权已经危机四伏,显露了不可逆转的衰落景象。就在这种背景下,湖南出现了一个"湘军人才群体"。

(一)湘军人才群体形成的社会背景

从鸦片战争到咸丰年间,湖南也出现了两个新的情况:一是西方资本主

---

① 朱克敬.儒林锁记·雨窗消意录[M].长沙:岳麓书社,1983:116.

义的商品和势力侵入湖南,对湖南的社会经济、政治、文化产生了深刻的影响;二是轰轰烈烈的太平天国运动进入湖南,湖南成为两军激烈争夺的战场。这两方面情况促使湖南各种社会矛盾复杂化、激烈化,虽然极大地破坏了湖南的经济和社会的安定,却在客观上为各类人才的崛起创造了条件。

1. 西方资本主义侵入湖南

鸦片战争之后,西方国家对湖南的侵略主要表现在两方面:其一是以商品输出为主的经济掠夺,促使湖南经济结构发生变化;其二是西方宗教进入湖南各地,引发了湖南群众的反洋教斗争。

鸦片战争后中国被迫对外开放广州、上海、宁波、厦门、福州5城市,第二次鸦片战争后对外开放的城市达30多个。湖南周边的湖北、广东、江西、四川都有通商口岸,外国商品通过通商口岸源源不断地进入湖南市场,从而对湖南经济产生了巨大影响。历来湖南煤、铁之利"甲于天下",但西方矿产品进入中国后,侵占了湖南矿产品市场,煤、铁之利"皆为洋人所占",湖南矿业纷纷破产。同样,湖南的棉纺业也因洋布洋纱的倾销而纷纷倒闭,著名的岳阳"都布""小布"曾风行全国,也几乎全部停产、转产。对外通商口岸的增加,又使湖南商业地位下降。之前,广州是全国唯一的对外通商口岸,外国商品由广州进入内地,内地货物由广州出口,湖南都是重要的通道。之后,通商口岸大增,九江、汉口成为通商口岸,湖南作为中外贸易通道的作用更加下降。商路的衰落,一大批从事商业运输的劳动力失业,更导致了湖南社会矛盾的进一步激化。另一方面,西方资本主义经济进入湖南,促进了湖南资本主义萌芽的迅速发展。一些带资本主义性质的手工业作坊在全省各地兴起,并使一批个体手工业衰落,工人失业,农户破产。故在湖南人民中产生了一股浓厚的反对掠夺、仇视洋货的爱国主义情绪。

西方资本主义国家在思想文化上对湖南的渗透,主要表现为西方宗教的输入。咸丰年间,天主教在湖南迅速发展,罗马教皇在湖南设立独立教区,以衡阳为主教所在地。同治初年,基督教也开始传入湖南,在岳阳、湘潭、沅江、常德等地进行传教活动。传教士在湖南的活动,虽然带来了资本主义的某些文明,但是他们中的许多人并不是虔诚的教徒,而是一些充满野心来中国捞取财富和政治资本的流氓。他们依仗不平等条约的种种特权,在湖南胡作非为,欺压百姓,霸占田土,强买民产,干涉官府,操纵诉讼,成为害一方的恶势力。甚至进行特务活动，搜集政治、军事、经济情报，引起了湖南人民的反抗斗争。因此，大规模的反洋教斗争，成为咸同年间湖南社会的一大特色。

2. 太平天国在湖南的战争

咸丰元年（1851），太平军在广西金田起义，迅速进军湖南。从此，湖南成为太平军与清军作战的重要战场。太平军曾四次进入湖南作战：第一次是咸丰二年（1852）四月，太平军1万多人水陆并行，沿湘江而上，进入湖南，攻占道州、桂阳、郴州等地。八月，萧朝贵率千人长途奔袭长沙，十一月占领宁乡、益阳、岳阳等地。旋挥师北上，直赴武汉。太平军在湖南作战半年，转战两千里，由1万人发展到15万，大小船只近万，为太平天国政权的建立奠定了坚实的基础。第二次是咸丰四年（1854）二月，太平军西征军由湖北攻入湖南，先后占领岳阳、湘阴、靖港、宁乡等地，开始遭遇湘军，七月，太平军被迫退离湖南。第三次是咸丰九年（1859）一月，石达开率领太平军攻入湘南，连克桂阳、宜章、新宁、郴州、永兴、宁远等地，欲取道湖南入川。湘军与太平军激战，七月，石达开分两路退入广西。第四次是咸丰十一年（1861）九月，石达开率大军再次进入湖南，在龙山、绥宁、会同、泸溪、乾州、黔阳等地与湘军激战，打通了入川道路，于同治元年（1862）进入四川。从此，太平军在湖南的战争基本结束。

上述太平军在湖南的4次作战，得到湖南人民的广泛响应和热情支持。湖南巡抚骆秉章说："湖南迤南一带，跨连两粤，不但宜章、零陵为入粤冲途，即永州府、郴州、桂阳州所属各州县，处处毗连，处处有贼，每股多者数千，或万余，少者亦以千数百计。而皆以应援江南大股逆贼为名，红衣黄巾，效贼装束，同时并起，势甚披猖。严郴、桂之防，则零、道恐其阑入；益零、道之守，则郴、桂复虑乘虚。当兹水陆两军乘胜东下之时，兵勇征调已频，饷需转输已竭，事端迭起，羽檄交驰，实亦应接不暇。"湖南已是遍地烽烟，湖南各族人民配合太平军作战，其人数之多，时间之长，战斗之烈，地域之广，影响之大，都是全国较为突出的省份之一。

3. 湘军的兴起

湘军兴起的直接原因，是统治者镇压太平军的需要。湘军的历史大体可以分为三个时期。

第一个时期：湘军创建时期。即从咸丰二年到咸丰四年（1852—1854）

正月。太平军兴，江忠源在新宁招募楚勇，成为太平军进入湖南的第一个劲敌。咸丰二年（1852）十一月，清廷任命曾国藩帮同办理湖南团练。曾国藩上任后，对湖南各县团练进行改造，以湘乡团练为基础，招募新宁等地团练，下设左、中、右三个营，分别由罗泽南、王鑫、邹寿昌任营官，开始训练。次年八月移师衡阳，打造船只，建立水师。同时，开始参与镇压湖南各地农民起义军，并曾派兵赴江西作战。到咸丰四年（1854）初，湘军已有17 000人，其中有陆军15营，水军10营。

第二个时期：湘军发展时期。即从咸丰四年到同治三年（1854—1864），共10年时间，是湘军与太平军战斗的10年，也是湘军不断发展的10年。这一时期大致又可分为四个阶段：一是两湖作战阶段。咸丰四年正月，湘军从衡阳出师，与太平军作战，先后在宁乡、岳州、靖港三战三败，但因在湘潭的胜利，太平军被迫退出湖南。九月，湘军分三路围攻武汉，随后，湘军又在田家镇打败太平军，取得了两湖战争的胜利。二是江西作战阶段。咸丰四年（1854）十二月，曾国藩率湘军进入江西，水陆夹击九江。这时石达开坐镇指挥江西太平军，九江由林启容把守。曾国藩久攻无功，乃分兵率水师进攻湖口。石达开大举反攻，将湘军水师分割为二，鄱阳湖内水师几乎全军覆没，湘军水师损失惨重，曾国藩坐困南昌。咸丰六年（1856），湘军攻占九江。曾国藩无实职、无地盘，清廷亦不信任，江西地方官多刁难湘军。太平军则因"天京内讧"，故江西战事处于相持局面。次年二月，曾国藩父死，清廷命曾国藩回乡居丧。三是安徽作战阶段。咸丰八年（1858）六月，曾国藩再度出山，集中兵力进攻安徽。十月，李续宾在山河镇毙命，湘军精锐6 000人被歼，湘军退出安徽。随后，左宗棠进军浙江，李鸿章建立淮军，进攻苏、常。咸丰十年（1860），曾国藩任两江总督，节制江南、江北各军的实权，分兵三路，以主力曾国荃包围安庆。次年八月，攻占安庆，太平军西线战场全面崩溃。这一时期，湘军曾分别到广西、贵州、四川等省与太平军作战。四是夺取天京之战。同治元年（1862），曾国藩升协办大学士，统帅苏、皖、赣、浙四省军务，分兵十路向太平军发动全面进攻。左宗棠占领杭州，李鸿章与常胜军一道包围苏州，曾国荃包围天京。同治三年（1864）六月，天京失守，太平天国失败。这时湘军的发展已达顶峰，总兵力在30万人以上。

第三个时期：湘军衰落时期。天京陷落后，湘军面临两方面的压力：一是清廷不信任，开始冷落和打击湘军；二是湘军内部骄、暮二气增长，会党渗入，军纪败坏，矛盾发展。曾国藩决定立即裁撤湘军。到同治五年（1866），曾国藩所部12万湘军仅剩9 000人。其他各部湘军亦陆续裁撤、遣散，仅有少数编入正规军。至此，作为独立编制的湘军宣告结束。值得一提的是，老湘军几千人跟随左宗棠到西北，参加了收复新疆的战争，并发挥了重要作用，从而为湘军的没落增添加了最光彩的一笔。

湘军以曾国藩为统帅，全军服从其指挥调度。但其内部派系复杂，大致可分五个派系：一是曾国藩系统，实力最大，分为陆师、水师两个部分。二是胡林翼系统，以其黔勇几百人起家，后罗泽南援鄂，归胡林翼指挥，以湖北为基地，李续宾兄弟是其主要将领，势力仅次于曾国藩所部。三是左宗棠系统，成军较晚，主要将领有蒋益澧、刘典、杨昌浚、刘锦棠等，活动于浙江、福建，远及西北。留守湖南的王鑫所部老湘军，亦受左宗棠节制。四是江忠源建立的楚勇，以新宁为基地，其后由刘长佑、刘坤一统率，主要活动于湖南及贵州、四川等省。五是长期留守湖南的田兴恕、席宝田所部，接受湖南巡抚节制。上述五支湘军相互支持，相互依存，彼此又有矛盾和斗争，但在镇压农民起义和维护湘军总体利益方面，是一致的。

湘军是有清一代第一支有独立编制的军队。湘军人才主要由两部分人组成：一是武职人员，即统兵的将领；二是非武职人员，即幕府、参赞、参谋。根据《清史稿》、罗尔纲的《湘军兵志》、杨慎之的《湖南历代人名辞典》等资料，湘军营官以上将领、主要幕僚参赞以及湘军成员中官至知府、道员、副将、总兵的共344人，其中外省人才25人，湖南311人。湖南湘军人才中有3人县籍不明，而县籍可考的308人中，湘乡一县竟有118人，占总数的38.31%；长沙居第二位，有32人，占总数的10.39%；宁乡以18人居第三位，占总数的5.84%；居第四位的是平江和新宁，各有13人，分别占总数的4.22%；湘潭以12人居第六，占总数的3.90%。再以下：邵阳、衡阳各9人，分别占总数的2.92%；湘阴8人，占总数亩2.60%；凤凰6人，占总数的1.95%；吉首5人，占总数的1.62%；东安、桂阳、衡山各有4人，分别占总数的1.30%。此外，益阳、浏阳、新化、溆浦、麻阳各3人；岳阳、靖县、常德、祁阳、大庸、嘉禾、沅陵、武冈、道县、耒阳、零陵各有2人；常宁、芷江、华容、慈利、泸溪、新田、桂东、沅江、安化、醴陵、辰溪、古丈、江华、宁远各有1人。以上湘军人才，共分布在44个县市。

湘军人才的地理分布有以下特点：一是湘军人才特别集中于湘乡一个县，几乎占了全部湘军人才的2/5。二是形成了以湘乡、长沙为中心的湘江中下游湘军人才集中区，包含平江、湘阴、宁乡、浏阳、湘潭、衡山、衡阳共9县市，有湘军人才217人，占总数的70.45%。三是湘军人才在湘西有所发展，其中吉首、凤凰、麻阳三角地区，就有14人，占总数的4.55%。湘西自然条件差，历来为湖南人才最少的地区，但民风强悍、勇武，凤凰的镇筸兵就很有名气。四是湘北地区湘军人才稀少，总共只有6人。历来仅次于长沙的湖南第二人才中心常德，在湘军人才地图中仅占2人。此外，历来人才比较集中的新化、茶陵、攸县、耒阳、零陵等县，湘军人才也少，甚至出现空缺。五是湘军主要将领的家乡，往往是湘军人才的集中地，湘乡是最典型的。除湘乡外，新宁湘军人才也很多，是因有江忠源兄弟、刘长佑叔侄；平江则是有李元度，凤凰有田兴恕，等等。

（二）湘系经世派对湘军人才群体的影响

曾国藩等人的成才，"湘军人才群体"的形成，离不开"湘系经世派"的培养、关怀和扶植。萧一山在谈到曾国藩等人的思想渊源时，明确指出："曾国藩、左宗棠、胡林翼皆标榜经世，受陶澍，贺长龄之熏陶者也。"①事实正是如此。

曾国藩以《皇朝经世文编》一书为经典之作，必读之书。他说："经济之学，吾之从事者二书也，曰《会典》、曰《皇朝经世文编》。"在他的日记中，就有不少关于阅读《皇朝经世文编》《陶文毅公全集》《圣武记》《浮邱子》等书的记载。他学习湘系经世派著作的目的，全在于"详览前史，求经世之学"。②曾国藩和贺长龄关系密切，不仅是儿女亲家，而且受其思想的影响，曾国藩感谢贺长龄"扶掖之盛心"。他完全接受贺长龄关于"道在存诚"的观点，并表示要"谨守绳墨"。曾国藩在日记和书信中，多次谈到接受唐鉴教诲的情况：

---

① 萧一山.清代通史：三[M].北京：中华书局，1986：735.
② 黎世昌.曾国藩年谱[M].长沙：岳麓书社，1986：7.

至唐镜海先生处，问检身之要，读书之要。先生言当以《朱子全书》为宗。时余新买此书，问及，因道此书最宜熟读，即以为课程，身体力行，不宜视为浏览之书。又言治经宜专一经，一经果能通，则诸经可旁及。若遽求兼精，则万不能通一经。先生自言平生最喜读《易》。又言为学只有三门，曰义理，曰考核，曰文章。考核之学，多求粗而遗精管窥而蠡测。文章之学，非精于义理者不能至。经济之学，即在义理内。又问：经济宜何如审端致力？答曰：经济不外看史，古人已然之迹，法戒昭然；历代典章，不外乎此。又言近时河南倭艮峰前辈用功最笃实，每日自朝至寝，一言一动，坐作饮食，皆有札记。或心有私欲不克，外有不及检者皆记出。先生尝教之曰：不是将此心别借他心来把捉才提醒，便是闭邪存诚。又言检摄于外，只有'整齐严肃'四字；持守于内，只有'主一无适'四字。又言诗、文、词、曲，皆可不必用功，诚能用力于义理之学，彼小技亦非所难。又言第一要戒欺，万不可掩著云云。听之，昭然若发蒙也。①

曾氏坦承："国藩本以无本之学，寻声逐响，自从镜海先生游，稍乃粗识指归，坐智见明，亦耿耿耳。"②他还谈到在唐鉴等人的启发下，才"知有所谓经学者、经济者，有所谓躬行实践者。"顿开"茅塞"、庆幸"更生"，从此形成了自己的经世思想。

左宗棠也喜读《皇朝经世文编》，曾专门请人购买此书。他对陶桄说："山居无事，正好多读有用之书，讲求实务。《皇朝经世文编》《五种遗规》两书，体用俱备，案头不可一日离也。"③左宗棠非常推崇魏源，他说："道光朝讲经世之学者，推默深与定庵。实则龚博而不精，不如魏之切实而有条理。近料理新疆诸物，益叹魏子所见之伟为不可及。"④魏源作《海国图志》，左宗棠为之作《序》。左氏强调自己办洋务，是对魏源思想和事业的继承。他说："同、光间福建设局造轮船，陇中用华匠制枪炮，其长亦差与西人等。"即"魏子所谓师其长技以制之也。鸦片之蛊，痈养必溃，酒过易醒，先事图维，罂粟之禁不可

---

① 曾国藩.曾国藩全集：卷十六 [M] 长沙：岳麓书社，1995：92.
② 曾国藩.曾国藩全集：书信一 [M] 长沙：岳麓书社，1994：3.
③ 左宗棠.左宗棠全集：卷十 [M] 长沙：岳麓书社，1996：88.
④ 左宗棠.左宗棠全集：卷十二 [M] 长沙：岳麓书社，1996：596.

第七章 咸同年间的湖南人才

弛也。异学争鸣，世教以衰，失道民散，邪匿愈炽，以儒为戏不可长也。此魏子所谓人心之寐、患人才之虚患也"。①显然，左宗棠所总结的魏源的两大主张"师夷长技以制夷"和"去人心之寐患、人才之虚患"，也正是左宗棠一生言行的准则。左宗棠曾与贺长龄兄弟讨论学问，多有受教，并师事贺熙龄。左宗棠受陶澍的影响更深，曾在小淹为陶澍理家课子长达8年，并处处以陶澍为榜样，自认为陶澍事业的继承者。

胡林翼经世致用思想的形成，主要得力于陶澍和蔡用锡。陶澍曾为胡林翼手订功课，一日一课，讲解当时大政得失，并集唐诗为联"是何意态雄且杰，不露文章世已惊"相赠。胡林翼"一生谨守文毅规戒"，以陶澍为榜样。蔡用锡"素谙兵略"，"教人务为有用之学，不专重文艺，而于兵略、吏治尤所究心。"②在陶、蔡的尽心教导之下，胡林翼"聪强豪迈，于书无所不读，然不为章句之学。笃嗜《史记》《汉书》《左氏传》司马《通鉴》，暨中外舆图地志，山川要塞，兵政纪要，探讨尤力。"③终成"综核之才，冠绝一时"的一代名臣。

郭嵩焘深受魏源思想影响。认为"默深先生喜经世之略，其为学淹博贯通，无所不窥，而务出己意，耻蹈袭前人"。④对《海国图志》更赞不绝口，他说："魏氏此书，征引浩繁……要其大旨，在考察形势，通知洋情，以为应敌制胜之资。其论以互市议款及师夷人长技以制夷，言之始通商之意，无不笑且骇者，历十余年而言皆验。读书多而见事明，反复相寻，而理势之所趋，终必循其径而至焉。"⑤正是在《海国图志》的启发下，郭嵩焘出国后，认真考察西方各国，终至思想解放，不仅出色地完成了出使任务，而且成为中国走向世界、走向近代的先行者。

湘军著名人物曾国藩、左宗棠、胡林翼、郭嵩焘、罗泽南、刘蓉、李元度等人，都是岳麓书院学生，并师从欧阳厚均。欧阳任岳麓山长达27年之久，继承和发扬了岳麓书院长期以来经世致用的传统，"以培养人才为务"。《经世

---

① 左宗棠.左宗棠全集：卷十三 [M].长沙：岳麓书社，1996：257.
② 梅英杰.湘军人物年谱：一 [M].长沙：岳麓书社，1987：198.
③ 梅英杰.湘军人物年谱：一 [M].长沙：岳麓书社，1987：201.
④ 郭嵩焘.郭嵩焘文集 [M].长沙：岳麓书社，1983：43.
⑤ 郭嵩焘.郭嵩焘文集 [M].长沙：岳麓书社，1983：94-95.

文编·书院》指出："咸丰、同治之际，中兴将相，什九湖湘，闻岳麓书院山长某公，以气节、经济、文章立教，奇杰之士咸出其门墙。"其中"岳麓书院山长某公"，即欧阳厚均。当然，湘军人才群不仅从"湘系经世派"中汲取了经世致用的思想养料，而且从多方面发展了"湘系经世派"的思想和事业。

（三）湘军人才群体的特点

"湘军人才群体"特色鲜明。一是有一个公认的领袖和领袖集团。湘军以曾国藩为领袖，曾国藩、左宗棠、胡林翼、江忠源、彭玉麟、杨岳斌、刘长佑、田兴恕等人则组成为一个相对稳定的领袖集团。二是它是一个相当严密的组织形式，都集合于湘军之中，有严格的军事纪律，过着严密的军事生活。三是大都出身知识分子，而且许多人学有专长，但有功名（指举人、进士者）的却不多，绝大多数为下层知识分子。四是发展迅速，人数众多，势力强大，并产生了一批掌握实权、位至封疆的政府大员。当然，上述特色都是显而易见的、比较表面的，从本质看，"湘军人才群体"具有以下几个特点。

1. 湘军人才群体是一个军事集团

湘军于咸丰二年（1852）开始组建，到同治三年（1864）改编遣散，作为独立编制的军队，其在历史舞台上只活动了13个年头。在这13年中，湘军产生了大批足以左右中国政治、经济、文化的人才。随后，这个人才群体凭借其在湘军中的赫赫战功，依仗他们始终掌握着的以老湘军为基础的军队，仍然活跃在中国政治舞台上，并继续左右和影响中国的局势。可见，军队是"湘军人才群体"的基础。因此，可以说"湘军人才群体"是一个军事集团。具体原因如下。

首先，湘军人才全部是靠镇压太平天国运动起家的。曾国藩在《讨粤匪檄》中大肆攻击太平天国，非常明确地说明了湘军的宗旨。《讨粤匪檄》是封建卫道者的宣言书，是镇压太平天国的宣战书，是封建统治阶级的总动员令，是"湘军人才群体"的共同行动纲领。

其次，"湘军人才群体"中虽有不少政治家、文学家、诗人、学者，以及科技人才，但又全部是军事人才。他们或者是统兵的将帅，或者是指挥作战的将军，或者是制订战略策略、规划战役的高参，或者是策划后勤、调拨军需的能手。他们都在军队中生活过，都参加了战争，都在战争中经受了考验，都有军功，都是在战争中成长起来的。湘军在镇压太平天国的过程中，产生了一大批杰出的将领，并形成了比较系统的军事理论。他们又以军功换取权力，在湘军人才群体中，湖南产生了曾国藩、左宗棠、杨岳斌、彭玉麟、曾国荃、刘长佑、李兴锐、刘坤一、杨昌浚、刘岳昭、魏光焘等11位总督；胡林翼、江忠源、李续宜、李续宾、郭嵩焘、刘蓉、蒋益澧、田兴恕、刘锦棠、陈士杰、唐训方、江忠义、刘典、周开锡等14位巡抚。湘军中湖南人位至提督、总兵、参将、副将等直接指挥军队的，更多不胜数。"提督"为一省的高级武官，湖南竟有107人是提督或拥有提督衔。以湘乡县为例，同治十三年（1874），以武勋而授官职及官阶见于史志者，文职自总督以下者356人；武职提督以下者7 533人，其中提督180人，总兵404人，副将569人，参将564人，游击939人，都司1 138人，守备1 538人，千总1 200人，把总1 001人。可以说，由于湘军的出现，清王朝赖以起家的八旗、绿营威风不再，汉人武装已占据了优势，清代封建军事制度也发生了巨大变化。所以说"湘军人才群体"首先是一个军事集团。

2. 湘军人才群体是一个政治集团

湘军人才群体有着非常明确的政治目的。道咸年间，随着清王朝内外危机的加剧，统治集团中一部分有识之士：他们或者是中下层官僚，虽未掌握政府实权，却对朝廷内部的腐败深恶痛绝；或者是正在追求功名的士子，虽不在仕途，却对当时社会危机深有认识；或者已在设馆授徒，自谋生计，虽无意功名，却关心国事，满腹经纶，深怀治国安民之策。总之，他们都能面对现实，寻求解救危机之道。当太平天国直接威胁清王朝的封建统治时，他们纷纷拿起武器，组建团练，投入军队，和太平军作拼死之斗。他们的目的是挽救摇摇欲坠的专制统治，恢复封建秩序，捍卫封建伦理道德，湘军人才群体就是其中最突出的代表。

湘军人才群体是封建统治的卫道士。曾国藩等人大都出身于专制社会的上流家庭，且都是所谓"书香门第"或"耕读之家"，熟知封建礼教纲常等一套儒家伦理道德，并视之为立身处世的基本准则。胡林翼自称"以安民利物为志"，王鑫自幼立志："唯使天大皆被吾泽，则所愿也。"李续宾兄弟出身于书香门第，其家"榜征辟共五人，贡成均二人，诸生五十余人。"他们自幼随名师读书，学问日进，同时关心现实，目睹"他邑莫不患盗"的危机形势，"惟深忧天下将乱，益研经兵事，恒以巨幅纸绘图，累数百。"[①] 刘长佑从6岁开始学习"四书"、《诗经》等儒家经典。左宗棠平时以"今亮"自许，心怀经邦济世之志。他们从小受到封建教育的培养熏陶，尽心报国是他们的最高理想志趣，三纲五常等封建伦理是他们遵循和捍卫的道德规范。胡林翼在给蔡用锡的信中说："未尝一息敢忘君国艰难。"他认为"吾辈作官，如仆之看家，若视主人之家如秦、越之处，则不忠莫大焉""吾辈司牧，如大户之派人庀家政。今使家宰不顾主人之田庐、市廛，徇人情而任其捕匿，主人必曰：'此不忠之人也'。"[②] 这些发自肺腑的话，充分体现了其对帝制君国的忠诚，也表达了湘军人才共同的政治观念。可见，忠君国、卫礼教、维护专制制度、巩固封建秩序，是湘军人才共同的政治理想。

统治阶级要实现自己的政治理想，其关键手段在于如何统治民众。湘军人才一般懂得"水可载舟，亦可覆舟"的道理，主张给人民最基本的生存条件。在这方面，他们接受了中国古代、特别是湘系经世派"民为邦本"的"民本"思想。一方面，比较关心人民生活，主张实行养民、保民政策。主张整顿财政，禁止贪污，轻徭薄赋，赈灾救贫，兴修水利，减轻人民负担，促进生产发展。另一方面，主张清明吏治，反对官吏对老百姓的无穷欺压。要求整饬吏治，官吏清明廉洁，强调官吏的表率作用。曾国藩提出，为官要做到"廉、谦、劳"三字。左宗棠非常重视自身的表率作用。胡林翼强调吏治的重要，认为"治天下之真病，莫于察吏。"左宗棠把吏治放在首位，处处以陶澍、林则徐为榜样，严格要求，被称为封建官场的能员。

3. 湘军人才群体是一个文化集团

湘军人才群体不仅是军事集团和政治集团，而且是一个文化集团。

首先，湘军人才大多出身于知识分子，在湘军中宣扬封建文化，强化封建意识。据统计，湘军营官以上的统兵将领共133人，其中有36人不明出身，在已明出身的97人中，书生出身者达58人，占59.79%，其中有进士3人，举人7人，其他为孝廉、拔贡、附贡、诸生、附生、廪生、增生、县学生、监生、文生、文童等；武途出身的39人，占40.21%，含兵勇、武童、行伍等。湘军幕府人员29人，全部出身于知识分子，内有进士1人，举人2人。另据

---

① 梅英杰. 湘军人物年谱[M]. 长沙：岳麓书社，1987：99，106.
② 胡林翼. 胡林翼集[M]. 长沙：岳麓书社，1999：209，237.

罗尔纲《湘军兵志》统计，湘军营官以上统兵将领和重要幕僚共182人，"在出身方面，只有3人待考，其可考的179人中，书生出身的为104人，即占可考人数的58%；其武途出身的75人，即占可考人数的42%。"[①]可见，湘军将领中出身书生的占了较大的优势。而在湘军高级领中，出身书生的更多。曾国藩和三个统帅全部出身书生，分别为进士和举人。12个统领，即独当一面的大将，只有杨岳斌、刘松山二人出身武途，其他10人都来自知识分子，占总数的83.33%。30个分统，即担当一路的将领，有10人未注明出身，明确出身的20人中，出身书生的13人，占65%；出身武途的只有7人，占35%。可见，在湘军人才中，出身书生的担任重大职务、独当一面；而武途出身的，则多担任偏裨的任务。湘军人才的出身不仅大多是知识分子，而且在他们所领导的湘军中，大力宣传封建文化，灌输封建意识。曾国藩在《讨粤匪檄》等文书中，强调要维护封建的"君君、臣臣、父父、子子"等封建人伦关系，维护2 000多年的封建道统。湘军和太平军不仅是军事之战、政治之战，而且是文化之战。曾国藩选择湘军将领，强调"以忠义之气为主"。在湘军中，他则不断向将领士兵灌输"忠义"思想。曾国藩等还以宿命论、迷信、升官、发财等观念作为训勇的重要内容，可见，湘军军营是一个宣讲封建文化的场所。

其次，从文化的角度说，湘军人才的产生是近代湖湘文化，特别是明习世务、经世致用思想作用于当时社会现实的产物；而湘军人才则大多为理学经世派人物。曾国藩是理学经世派的代表人物。他早年即研习理学，到京师后，师从唐鉴，学习《朱子全书》，以"早起、主敬、静坐、读书不二、读史、谨言、养气、保身、日知所亡、月无忘所能、作字、夜不出门"12条为课程[②]，严格地进行身心修养，成为颇有名气的理学家。对理的信仰，决定了曾国藩对封建礼教的坚守。胡林翼也是由理学转而兼治经世致用之学，成为著名的理学经世派的代表人物。他主张"以居敬穷理之功，为除暴安良之用"。他一方面重视吏治，认为"政贵安民"，而对"民"的治理，要"宽猛兼施"；另一方面，他强调重用人才，认为"得人者昌，失人者亡"。左宗棠将理学和经世之学有机地结合起来，主张"多读经书，博其艺理之趣；多看经世有用之书，求诸事

---

① 罗尔纲.湘军兵志[M].北京：中华书局，1984：66-67.
② 曾国藩.曾国藩全集：第14卷[M].长沙：岳麓书社，1995：396.

物之理"。① "经书"是精神理论，是"本"；"经世有用之书"是方法手段，是"用"。理学、经世之学相互结合，互为补充。

此外，罗泽南、刘蓉、江忠源、郭嵩焘、王鑫、李续宾、李续宜、刘长佑、彭玉麟、李元度、唐训方等人，都是学者，并信奉理学经世，又都是湘军的创始人和重要将领。正如王定安所说："湘军创立之始，由二三儒生被服论道，以忠诚为天下倡。生徒子弟，日观月摩，渐而化之。于是，耕氓市井，皆知重廉耻，急王事，以畏难苟活为羞，克敌战死为荣。是岂有所劫而为之耶？贤人君子倡率于上，风气之所趋，不责而自赴也。"② 他们把封建文化的忠义之道，把湖湘文化的经世之学，带到湘军之中，并以此带动和培养了大批人才。所以说，"湘军人才群体"又是一个文化集团。

三、湘军统帅曾国藩

曾国藩（1811—1872），原名子诚，乳名宽一，字伯涵，号涤生，中进士后改名国藩，意"子诚乃国之屏藩"，出生于湘乡县白杨坪（今属双峰县荷叶乡）。道光十八年（1838）进士，历任编修、侍讲、乡试主考、侍读、侍讲学士、侍郎，咸丰二年（1852），曾国藩被任命为帮办湖南团练大臣。咸丰十年（1860），擢兵部尚书、两江总督，并加钦差大臣名号。次年晋协办大学士，同治三年（1864），封一等侯爵，加太子太保，位极人臣，成就其事业的高峰。次年授体仁阁大学士，改英武殿大学士。同治七年（1868），调直隶总督，同治十一年（1872）于两江官署逝世，终年62岁，谥"文正"，享受着当时汉大臣的最高待遇。

曾国藩是一个功过鲜明、成就极广的人物，章太炎说："曾国藩者，誉之则圣相，谳（yàn）则元凶。"曾国藩于道光后期登上仕途，咸丰初年开始成为政治舞台的风云人物，镇压太平天国，围剿捻军起义，发动洋务运动，既为维护封建统治、重建封建秩序兢兢业业，又为中国走向近代、走向世界作出了一定贡献。其罪之深，其功之大，都是难以有人与之匹敌的。此外，他在哲学、文学方面，造诣都很深，在育人、用人方面，也成就显著，在治家、治学

---

① 左宗棠. 左宗棠全集：第十三卷 [M]. 长沙：岳麓书社，1996：88.
② 王定安. 湘军记 [M]. 长沙：岳麓书社，1983：2.

方面，是可垂后世的典范。而他走向成功和辉煌的起点，则是建立湘军，在军事方面，曾也不愧是中国近代军事第一人。作为湘军的统帅，曾国藩对湘军的建立、对湘军人才群体的形成，有着极大的作用。

首先，曾国藩非常重视人才。曾国藩认为，"国家之强，以得人为强"，故"治世之道，专以致贤养民为本"。①所谓"致贤"，就是发现、培养、使用人才，是治理好国家的根本之法。要建立一支军队，最重要的则在于选择将帅，他说："无兵不足深忧，无饷不足痛哭，独举目斯世，求一攘利不先、赴义恐后、忠愤耿耿者不可亟得；或仅得之，而又屈居卑下，往往抑郁不伸，以挫以去以死。而贪饕退缩者，果骧首而上腾，而富贵，而名誉，而老健不死，此其可为浩叹者也。"②当时，正值与太平军的激烈战斗，曾国藩不患兵、饷之不足，而患有勇有谋忠心不二的将才，把人才看得重于一切。

曾国藩对人才的重视主要体现在三个方面：一是广泛地搜罗人才。曾国藩处处"留心人物"，"办团练之始，若塔齐布、罗泽南、李续宾、王鑫、杨岳斌、彭玉麟，或聘自诸生，或拔自陇亩，或招自营伍，均以至诚相与，俾获各尽所长"。广收人才的一个特点，是始终重视各种类型的人才。曾国藩幕府"有百人左右，幕府外更有候补之官员，怀才之士子，凡法律、算学、天文、机器等专门家无不毕集，几乎举全国人才之精华汇集如此"③。二是强调培养人才。曾国藩认为，人才不是天生的，而是后天培养的。因此，他主张对人才要勤教、严绳、磨炼，即加强学习，严格要求，在实践中反复锻炼荐察。其中，他特别强调对人才的"磨炼"，只有通过实践的反复磨炼、检验，才能培养出真正有用的人才。三是善于使用人才。他主张"收之欲其广，用之欲其慎"。"广"是基础，只有广收人才，才有慎用、选择的可能性；"慎"是原则，广而不慎，必然鱼龙混杂，办事难成。"慎用"的核心，则是量才器使，即使人才能各尽所长，各展所能，充分发挥其积极作用。薛福成称："曾国藩知人之鉴，超轶古今，或邂逅于风尘之中，一见以为伟器；或物色于形迹之表，确然许为异材。"因此，大批人才乐于为其所用，都聚集在他的周围，曾国藩也就有了"知人之明"的美名。

---

① 曾国藩.曾国藩全集：第十六卷[M].长沙：岳麓书社，1995：681.
② 曾国藩.曾国藩全集：第二十一卷[M].长沙：岳麓书社，1995：105.
③ 容闳.西学东渐记[M].长沙：岳麓书社，1981：74.

其次，曾国藩将大批湖南人才网罗在湘军中。曾国藩认为湘军的组建，首在选将。曾国藩的选将标准是：才堪治民，不怕死，不急名利，耐受辛苦。此四条的核心，则是"忠义血性"。曾国藩认为知识分子受儒家伦理纲常熏陶，忠于清王朝；又士为知己者死，能忠于自己。故曾国藩重用知识分子为将，湘军高级将领多为知识分子。具体来说，曾国藩网罗人才的办法，一方面是大力为湘军人才的升迁创造条件。主要是通过军功，尽力保举湘军人才的不断升迁，以保障湘军人才的稳定。当然，得到荐举的将领又必然对曾国藩等主要将领心怀感激，从而在湘军中形成了忠于曾国藩等主要将领的团队精神。另一方面，则是通过各种关系团结湘军官兵。如同乡关系，据罗尔纲《湘军兵志》统计，湘军主要将领、幕僚157人（另有25人不明省籍），湖南131人，占83.9%。湖南人中，湘乡54人，占总数的41.2%。故湘军士兵大多以同一地方组成营、队，到外省作战也要招募本省新勇补充兵员。又如亲戚关系。曾国藩一家是湘军的核心，曾国葆、曾国荃、曾国华兄弟，都是湘军将领，曾国荃一直统帅湘军主力。此外，兄弟、父子、叔侄、姻亲关系很多，这种盘根错节的封建宗法关系，使湘军具有高度的凝聚力，这是湘军战斗力很强的一个重要因素。再如师生同学关系。曾国藩、左宗棠、胡林翼、郭嵩焘、刘蓉、曾国荃、罗泽南、李元度、刘长佑等，都出自岳麓书院。罗泽南所部，则"纯用其弟子为营哨"，还通过收门生、拜老师的方法，相互拉拢。总之，曾国藩通过邻里、地域、家庭、亲戚、师生、同学等多种关系建立的湘军，官兵上下有着共同的利益。各部湘军几乎成了将领的私军，各家族首领分别募勇带兵，别人不能染指；一个将领带出了家族的一群人，带出了该地的一支军队；每个士兵把自己的前途和身家性命都交给了领兵将领，对其绝对服从；全军则统一于曾国藩。

最后，曾国藩的人品和学问吸引了湖南人才。曾国藩出身于诗书世家，自幼聪明好学，勤奋读书，广有文名，打下了较深厚的学问基础。入京后，他师从理学家唐鉴等人，钻研《朱子全书》，按照理学的要求修身养性，并勤于向专家请教，吸取各家之长，"务为通儒之学"，故而"名重京师"，成为颇有名气的理学家。同时，受其祖父、父母的性格影响，从小养成了"一味忍耐，徐图自强""打脱牙和血吞"的坚忍不拔、凶顽残酷，而又虚心忍让、以退为进的两面性格。长大后，曾国藩志向坚定，决心按照孔孟儒家的封建伦理道德，修身、齐家、治国、平天下。在事业上，曾国藩镇压太平天国，发起洋务运动，官至总督、大学士，进封一等侯爵，建立了名垂青史的不朽功业。史称："国藩事功本于学问，善以礼运。公诚之心，尤足格众。其治军行政，务求踏实。凡规画天下事，久无不验，世皆称之。至谓汉之诸葛亮、唐之裴度、明之王守仁，殆无以过，何其盛欤！"梁启超说："曾文正者，岂惟近代，盖有史以来不一二睹之大人也已；岂惟中围，抑世界不一二睹之大人也已。然而文正而非有超群轶伦之天才，在并时诸贤杰中，最称钝拙，其所遭值事会，亦终身在拂逆之中，然乃立德、立功、立言三并不朽，所成就震古烁今而莫与京者，其一生得力在立志自拔于流俗，而困而知，而勉而行，历百千艰阻而不挫屈，不求近效，铢积寸累，受之以虚，将之以勤，植之以刚，贞之以恒，帅之以诚，勇猛精进，卓绝坚苦，如斯而已，如斯而已。"①

正是这种"立德、立功、立言"的品格、功业、学问，使曾国藩在精神方面取得湘军人才领袖的地位。

曾国藩的发家，全靠湘军，他的功和过，也与湘军有关，他的军事思想对后人也产生了巨大影响。蔡冠洛写《清代七百名人传》，将曾国藩归为军事类人才。在中国近代史上，曾国藩堪称第一个军事家，故以下将详细分析其军事思想。

1.改弦更张——对清代兵制的改革

道咸年间，八旗、绿营已腐败不堪，不能承担镇压农民起义的任务。曾国藩提出以"别树一帜，改弦更张"的原则，进行比较全面的军事改革，组建湘军，并推行以下政策。一是改"世兵制"为"募兵制"。八旗、绿营实行世兵制，父子相承，兄弟相继，世世代代，当兵为业。曾国藩则"不用营兵""尽募新勇"，改为在社会上招募。"择技艺娴熟，年轻力壮，朴实而有农夫土气者为上。其油头滑面，有市井气者，有衙门气者，概不收用。"②募兵制的推行，旨在提高和改善兵源的素质，保障军队的战斗力。二是改"兵为国有"为"兵为将有"。清军将领由皇帝任命，兵无定属，不随将走，兵将分离；故兵不知将，号令难服，将不知兵，权威难树。湘军则是先设将，由将招兵、训兵、领兵，兵有定属，兵随将走。兵士为将领私有，军队形同私军，令

---

① 萧一山.曾国藩传[M].海口：海南国际新闻出版中心，1995：3.
② 曾国藩.曾国藩全集：卷十四[M].长沙：岳麓书社，1995：463.

出必行，士兵绝对服从将领，全军绝对服从曾国藩。三是改"朝廷任命"为"官职私授"。湘军将领不由朝廷任命，各级将帅可以自行选择任命下属。故湘军将领名义上是朝廷命官，实际上是统兵将帅私党。由此在湘军中形成了以将领为中心的武装集团，一荣俱荣，一损俱损。四是改"国库发饷"为"军饷自筹"。军队由谁发饷，谁实际上就掌握了军队。同时，曾国藩又实行厚薪、高赏以收买军心，激励斗志。五是改革营制。湘军以营为基本单位，营辖四哨、六亲兵队。湘军营制，实际上接近西方军队营制（营、连、排、班的建制），这项政策推进了中国军队近代化的进程。

2.别树一帜——以封建礼教治军的原则

曾国藩痛恨清军军营习气，"决不用营兵，不用镇将"，而是"别树一帜"，使"诸将一心，万众一气"，建立一支新军。其具体的建军治军原则：首先，以"勤王忠君"为建军宗旨。选择将领，以"忠义血性"为准；训练湘军，"全凭忠义二字"。其次，以"勤、恕、廉、明、谦、慎"6字为政治思想教育的基本内容。所谓"勤"，就是认真负责，事事精心，处处督促，做到身勤、口勤、手勤、脚勤、心勤，以勤为本；所谓"恕"，就是仁，宽以待人，严以律己，相互团结，相互救援，与人为善，和衷共济；所谓"廉"，就是正直无私，不谋私利；所谓"明"，就是办事能力；所谓"谦"，就是谦虚、谦让，不骄不躁，团结同僚，体恤下属；所谓"慎"，就是谨慎，行军作战，大则关系国家安危，战争胜负，小则关系将士身家性命，只有小心谨慎，才能立于不败之地。上述6个字，实质上是以儒家思想为指导，对将士进行政治思想教育，以保持湘军的凝聚力，提高湘军的战斗力。再次，以封建意识和封建关系作为团结湘军的手段。湘军是以地域、血缘等封建宗法关系为纽带建立起来的。一地一军，一军中无异地之人，各军将领都以自己的兄弟、亲友、同乡、同学为将官，内部一致，有战斗力。但各军互不相属，难免派系林立，相互倾轧。军队为将领私有，不仅清廷无法指挥，湘军将帅也难以越级调遣。湘军是由多支军队、为着一个共同目标而联合的具有浓厚封建性的军事集团，各军只认统帅曾国藩。最后，以严格的军规军纪约束士兵。曾国藩对湘军的训练、扎营、开仗、行军、守夜、军器、稽查等，都有明确而具体的规定，强调"军队是保护民众的"，提出"不扰民"为治军之根本。

3. 循实、求稳、多变——指挥战争的战略战术

曾国藩指挥战争，多吃败仗，自称"屡败屡战"，但曾国藩一直是湘军统帅，与太平军的战争主要由他指挥、决策，特别是战争全局由他策划。究其原因，除了曾国藩善于用人，能驾驭将才之外，还在于他善于在战争中学习指挥，善于总结经验，善于借鉴古代兵书中的战争经验，形成自己的一套具有辩证因素和实战意义的战略战术原则。一是"随地形贼势而变"，即从实际出发的原则。曾国藩善于学习古代兵法、战例，但从不照搬；勤于总结每次战争的经验教训，但从不模仿。每战总是先勘察地形，了解对手，相时、相地、相人而制宜，处处从实际出发。二是"无好小利，不轻言战"，即稳慎制敌的原则。曾国藩作战稳重，反对浪战，"临时而惧，好谋而成"，即不打无准备无把握之仗。办事稳重，从不轻视对手，行事谨慎，思虑周详。不轻易言战，每战必深思熟虑，分析各方面情况，"无好小利，无求速效"，稳扎稳打，择机而战。行军、扎营、筑垒，都有周密的部署、严格的规定。三是"大处着眼，舍小图大"，即战争的全局观点。曾国藩认为"能战"的前提，是能"知天下事"，即了解战争的全局。与太平军的战争开始后，曾国藩就从全局出发，拟定了"夺武汉、攻九江、争安庆、克天京"的四步战略。整个战争中，曾国藩都坚持了这一战略。四是"虚实结合，变化莫测"，即灵活作战的原则。曾国藩作战强调稳慎，在有把握的基础上，主张灵活多变的战略战术，反对一成不变的呆板战法。力求"变化不测"，即机动灵活，变化多样。在具体战法上，曾国藩提出了许多战略战术原则，如以主待客，以静制动，以缓抑快，以围为功，以逸待劳，以上制下，以退制进，后发制人，奇正互用，呆活互换，避实击虚，出奇制胜，等等。这些战法，都是曾国藩在战争实践中的经验总结。

曾国藩的军事思想有着重大的意义。首先，曾国藩的军事思想是对中国古代军事思想的继承和发展。他善于向古人学习，古代兵书和战例，孙子、岳飞等将帅，都是他的老师。对古人的军事理论，能够灵活运用，与实践相结合。其次，曾国藩是中国近代杰出的军事家和军事改革家，其军事上的成就及其军事思想，在当时产生了巨大作用。一方面为中国近代军队的建立提供了初步模式。湘军有一套比较科学的编制体系和较为完整的指挥系统，并具有独立性，适应近代战争发展的需要；同时又装备了西洋火器枪炮，布置了预备队，战斗力大大提高，促进了军队编制的改革和军队的近代化。另一方面是实行

"军政合一",集政治、军事、经济、行政权力于一身,促使满汉权力的消长变化,实际上动摇了清朝的军事基础,使军权、政权、经济权由皇帝、贵族手中逐渐转移到汉族督抚大员手中。再次,曾国藩的军事思想和军事改革对中国近代社会产生了深远的影响。湘军的改革,使朝廷对军队的控制力越来越小,将领的权力越来越大,从而导致中国近现代军阀制度的出现。由曾国藩的湘军到李鸿章的淮军,再到袁世凯的北洋军、蒋介石的国民军,就是中国近代军阀产生、形成和发展的全过程。同时,曾国藩的军事思想一直影响着后人,李鸿章是其衣钵传人。蔡锷编辑的《曾胡治兵语录》,是一部很有价值的军事教材。黄埔军校也曾以《曾胡治兵语录》为教材。毛泽东早年表示"独服曾文正"。总之,曾国藩的军事思想和军事改革,在中国近代的重要地位和巨大影响,都是客观存在、不容忽视的。

曾国藩兄弟五人,大弟曾国潢,太学生,一生未仕,在乡总揽家务,办团练,赐盐运使衔。二弟曾国华(1821—1858),字温甫,咸丰六年(1856)从胡林翼处领兵五千,进入江西作战。咸丰六年(1856),在三河镇战死,赠太常寺卿,谥"愍烈"。三弟曾国荃(后文有详细介绍)。四弟曾国葆(1827—1862),字季洪,后改名贞干,字事恒,咸丰三年(1853),随曾国藩办团练,建立"湘恒营",次年,接连失败,归家闲居。曾国华死后,国葆复出为胡林翼参赞军事,旋参加攻占安庆的战斗,升同知。同治元年(1862),参与围攻天京之战,守卫湘军粮道。因感染时疫而死,年仅35岁,赠内阁学士,谥"靖毅"。

四、"湘军双杰"——左宗棠和郭嵩焘

左宗棠和郭嵩焘都是湘阴人,故有"湘阴双杰"之称;又都是湘军中的重要人物,故亦称为"湘军双杰"。他们年岁相近,关系很好,共同经历了嘉庆、道光、咸丰、同治、光绪五朝,是中国近代史上杰出的政治家、军事家、外交家、爱国主义者。郭嵩焘在《玉池老人自叙》中说,与左宗棠"至交三十年,一生为之尽力",成为知交好友。

(一)左宗棠

左宗棠曾祖父左逢圣,字孔时,秀才,乐善好施,举止端庄,做事谨慎,

著有《存塾文稿》等。祖父左人锦，字文中，又字松野，国子监生。为人多善行，热心公益，在家乡创设义仓。父亲左观澜，字晏臣，一字春航，廪生。家境贫寒，生活清苦。

左宗棠（1812—1885），字季高，又字朴存，自号"湘上农人"，出生于湘阴东乡左家塅。3岁时随祖父读书识字，自幼重视经世致用之学。道光十年（1830），其父病逝，19岁的左宗棠自立门户。道光十二年（1832）中举，道光十六年（1836），主讲醴陵渌江书院，会见两江总督陶澍，结布衣卿相之交。咸丰二年（1852），应湖南巡抚张亮基聘，入幕策划兵事。又二年，转入湖南巡抚骆秉章幕，改革湖南赋税，实行厘金制，筹措军饷，并会同曾国藩策划镇压太平军事务。咸丰九年（1859），因樊燮事件得罪满人，险丢性命，乃结束幕府生涯。次年，奉命襄办曾国藩军务，以王鑫的老湘营为基础，建立楚军，进入江西；咸丰十一年（1861）攻入安徽、浙江，占领杭州，授浙江巡抚。同治二年（1863），升闽浙总督，兼浙江巡抚。次年，攻入福建，加太子太保衔，封一等伯爵。九月，调陕甘总督。同治四年（1865）封太子太保。同治十三年（1874），升东阁大学士。次年，任钦差大臣，督办新疆军务，光绪三年（1877），以武力进军新疆，光绪六年（1880），收复新疆，晋二等侯爵。次年回京，任总理衙门大臣，入值军机，管理兵部事务。九月，任两江总督兼南洋通商大臣。中法战争爆发后，以钦差大臣身份督办福建军务。光绪十一年（1885）病逝于福州，终年74岁，赠太傅，谥"文襄"。左宗棠是中国近代杰出的爱国主义者。

1. 兴利除弊、反抗侵略

左宗棠时期的清朝，已是风雨飘摇，百孔千疮，内有人民起义，外有列强入侵。左宗棠和郭嵩焘为了国家的富强，也为了封建王朝的统治，都以国家利益为重，关心人民生活。对漕务、税赋、盐政、赈灾、水利、兵防等关系国计民生的大政，认真研究，兴利除弊。左宗棠在福建创办洋务，开采煤铁，裁减税银；在陕甘制造呢绒，兴修水利，改革茶政；在新疆"修浚河渠，建筑城堡，广兴屯垦，清丈地亩，厘正赋税，分设义塾，更定货币"。在鸦片问题上，左宗棠是坚决的禁烟派，任陕甘总督时，他见各地广种罂粟，特"通饬各府、州、厅、县，切实查禁。先之以文告，继之以履验，责之以乡约，督之以防营"。①雷厉风行，禁烟禁种，效果显著。

爱国主义的最强音，往往出现在祖国处于外敌侵略的危难之际。第一次鸦片战争时期，左宗棠远在安化小淹的陶澍家中，非常关心战事。提出"练渔屯、设碉堡、简水车、练新兵、设水寨、省调发"等，讲求火器应用，实行坚壁清野，"为固守持久之谋"。②中法战争爆发时，左宗棠已是74岁高龄，仍坚决主张严惩侵略者。他坚决反对李鸿章的投降政策，与之产生了激烈的争论。他亲临福建海防前线，调兵筹饷，布置防务，准备严惩入侵者，又派遣王德榜回湘招募兵勇，率军进入云南抗法前线，与冯子材并肩作战，取得镇南关捷。

2.发起和推行洋务运动

左宗棠是中国洋务运动的发起人之一，他认为："泰西弃虚崇实，艺重于道，官师均由艺进。性慧敏，好深思，制作精妙，日新而月有异。象纬舆地之学，尤征专诣。"③主张"学其长，以为我用"，从而达到自强克敌的目的。左宗棠的洋务活动，有其鲜明的特色，具体来说体现在以下几个方面。

第一，从仿造轮船入手，具有超过西方的积极进取精神。同治五年（1866），左宗棠在福建马尾建立造船厂，共有员工2 600多人，8年中共造船15艘，总排水量15 932吨。左宗棠志在超过西方，认为"中国人才本胜外国，惟专心道德文章，不复以艺事为重，故有时独行其绌。数年之后，彼之所长，皆我之长也。"④强调只要充分发挥中国人的聪明才智，"留心仿造，自然愈推愈精"，就一定可以超过西方国家。

第二，反对西方控制，坚持独立自主。左宗棠认为："自强之道，宜求诸己，不可求诸人。求人者制于人，求己者操之己。"⑤左宗棠办洋务，无论是建铁路、架电线、开矿山，都坚持自己做主，不许外国势力染指。他强调"谓我之长不如外国，籍外国导其先，可也；谓我之长不如外国，让外国擅其能，不

---

① 左宗棠.左宗棠全集：第一卷 [M].长沙：岳麓书社，1996：329.
② 左宗棠.左宗棠全集：第十卷 [M].长沙：岳麓书社，1996：16.
③ 左宗棠.左宗棠全集：第十三卷 [M].长沙：岳麓书社，1996：256.
④ 左宗棠.左宗棠全集：第十一卷 [M].长沙：岳麓书社，1996：65.
⑤ 左宗棠.左宗棠全集：第八卷 [M].长沙：岳麓书社，1996：136.

可也"。① 马尾船政局成立之初，主事者全为中国人，只有少量西洋技工。船政局制造的第一艘轮船，从船长到水手，全是中国人。同治十三年（1874），他将船厂洋人全部辞退。特别可贵的是，左宗棠认识到独立自主的关键在于有自己的人才，故在船厂附设船政学校，培养科技人员和海军骨干。海军名将邓世昌、刘步蟾、萨镇冰、程璧光、林永升等，以及严复、詹天佑等人，都是船政学校的学生。

第三，重视民用工业和民办工业。左宗棠任陕甘总督时，在兰州建立了甘肃制呢局，这是中国官办近代民用工业的开始，也是西北地区民族工业的起源。左宗棠还根据西方经验，支持民办工业的发展。他说："西法听商经营，官收其税，故多为所成，国计亦裕。若由官先给成本，并商之利而笼之，则利未见而官以先受其损。盖商与工之为官谋，不如其自为谋。"② 强调"商办"企业优于"官办"，鼓励商人办工业，官府只收税而不加干涉。他还利用权力帮助一些商人、富户投资办厂，发展民族工业。

第四，在对外交涉中，坚持原则，反对妥协。在办理洋务活动中，必然多和西方各国打交道。当时清政府害怕和西方决裂，多采取迁就政策。左宗棠则持不同意见，他说："欲存国体，必难尽协夷情，计惟勉图自强之方。"③ 同时，他主张分清情况，区别对待，"有可迁就者，有不可迁就者"。凡有关国家主权的大事，绝不可妥协，其他问题则可采取灵活的策略。

3. 舁榇西征，收复新疆

左宗棠的最大功绩，是捍卫祖国领土主权，以武力收复新疆。同治四年（1865）初，中亚的浩罕汗国军官阿古柏与新疆民族败类金相印、思的克等勾结，入侵新疆南部。两年后，建立反动政权。同治九年（1870），阿古柏又占领乌鲁木齐，在俄、英两国的庇护下，公然分裂我国领土，形成独立王国。俄国更打着代中国"收复"的幌子，武装占领伊犁，并扬言还要"代收"乌鲁木齐。新疆面临被外国侵略者瓜分的严重危险。

新疆危机之际，日本又趁机侵略台湾。朝廷内部发生"塞防"与"海防"之争，李鸿章等人认为："新疆不复，与肢体之元气无伤；海疆不复，则腹心

---

① 左宗棠.左宗棠全集：第三卷 [M].长沙：岳麓书社，1996：63.
② 左宗棠.左宗棠全集：第十二卷 [M].长沙：岳麓书社，1996：243.
③ 左宗棠.左宗棠全集：第十卷 [M].长沙：岳麓书社，1996：486.

之大患愈棘。"① 主张停兵节饷，专事海防。在争论中，朝廷举棋不定，于是密询左宗棠。左宗棠坚决反对放弃新疆，明确指出"东则海防，西则塞防，二者并重"。但"并重"不是平均使用力量，而应有轻重稳缓急之分。根据当时实际，绝不能"画地自守""停兵节饷"。他说："今若画地自守，不规复乌垣，则无总要可扼，即乌垣速复，驻守有地，而乌垣南之巴里坤、哈密，北之塔尔巴哈台各路，均应增置重兵，以张犄角；精选良将，兴办兵屯、民屯，招来客、土，以实边塞，然后兵渐停撤，而饷可议节矣""若此时而拟停兵节饷，自撤藩篱，则我退寸而寇进尺，不独陇右堪虞，即北路科布多、乌里雅苏台等处恐亦未能晏然。是停兵节饷，于海防未必有益，于边塞则大有可妨，利害攸分，亟宜熟思审处者也。"他强调"重新疆者，所以保蒙古；保蒙古者，所以卫京师。西北臂指相连，形势完整，自无隙可乘；若新疆不固，则蒙部不安，匪特陕、甘、山西各边时虞侵轶，防不胜防，即直北关山，亦将无安眠之日"。②

清廷接受了左宗棠的意见，坚定了不放弃新疆的决心，光绪元年（1875）三月，诏命左宗棠为督办新疆军务大臣，全权指挥收复新疆大业。左宗棠受命后，积极准备收复新疆的具体工作。光绪二年（1876）三月，左宗棠从兰州进军肃州（酒泉），调集整编五六万大军，共100个营，建立征西大本营，并制订收复新疆的作战方针，即"先北后南"。在北路，首先打下乌鲁木齐，再收复除伊犁以外的新疆北部；然后，挥师南下，直捣阿古柏老巢喀什噶尔等城，收复整个南疆。同时，在物质上作好充分准备，解决"兵、饷、粮、运"四大难题，并据此制定"缓进速战"的战略部署，在进军新疆的3年时间中，真正作战时间仅4个月，其他时间则在准备、运送物质，部署兵力，选择战机。左宗棠在大军出发时，令军中抬着一口大棺材，"舁榇出关"，以鼓舞士气，表示不收回新疆决不生还的决心。

左宗棠收复新疆可分为三个阶段。

第一阶段：进攻乌鲁木齐、收复北疆。光绪二年（1876）六月，左宗棠指挥刘锦棠与金顺等部集结于阜康、古城、巴里坤等地，命张曜、金顺、徐占彪、徐万福分别驻哈密、玉门、安西等地，以防止敌人逃窜，守卫粮道和大

---

① 李鸿章.李鸿章全集：第二卷[M].长春：时代文艺出版社，1998：1063.
② 左宗棠.左宗棠全集：第六卷[M].长沙：岳麓书社，1996：191，188.

营；命刘锦棠率 25 个营的主力部队，进攻乌鲁木齐。八月，战斗结束，收复除伊犁以外的北疆地区。此战鼓舞了全军士气，使阿古柏匪帮处于被动挨打的局面。

第二阶段：进军南疆、歼灭阿古柏主力。北疆收复后，英国为了阻止左宗棠进军南疆，出面"调停"，左宗棠明确表示，阿古柏为我"必讨之贼"，挫败了英国的阴谋。这时，阿古柏企图依靠天山险阻，重点设防达坂城、吐鲁番、托克逊，三地互为犄角，以便顽抗。光绪三年（1877）三月，左宗棠分兵三路，命刘锦棠、张曜、徐占彪分别从乌鲁木齐、哈密、巴里坤进军南疆。仅半个月时间，歼敌主力一万多人，三军会师吐鲁番，打开了通向南八城的门户。阿古柏自杀，内部矛盾重重，发生内讧，阿古柏大儿子伯克胡里杀死其弟海古拉，表明阿古柏匪帮大势已去。

第三阶段：直捣阿古柏老巢，收复南疆。为了保留阿古柏残部，英国再次出面"调停"。左宗棠顶住压力，寸步不让，又一次使英国的阴谋破产。光绪三年八月，左宗棠命刘锦棠率西征军各部从吐鲁番、托克逊出发，分兵两路，长驱直入，征战两千里，在两个月内，先后收复喀喇沙尔、库车、阿克苏、乌什、喀什噶尔、叶尔羌、英吉莎尔、和田等 8 城。这样，新疆又重新回到祖国的怀抱。

新疆收复后，左宗棠着手从俄国收回伊犁。光绪六年（1880）二月，左宗棠拟定三路出兵，武力收复伊犁的方案，有力地配合曾纪泽在俄国的谈判。同时，多次建议新疆设省，显示了他远大的政治眼光和强烈的爱国热情。

（二）郭嵩焘

郭嵩焘（1818—1891），乳名龄儿，辈名先纪，字伯琛，号筠仙，亦作云仙、仁先、筠轩，晚年自号"玉池老人"。其书斋名"养知书屋"，故人称其为"养知先生"。道光二十七年（1847）进士，咸丰二年（1852），郭嵩焘劝曾国藩组建湘军，并为曾国藩出谋划策，对湘军帮助极大，故有"第一幕宾"之称。咸丰八年（1858），郭嵩焘供职翰林院编修，旋任南书房行走。次年，随僧格林沁赴大沽，战胜英军。同治元年（1862）任苏松粮道，兼管厘捐总局，协助李鸿章办理洋务，升两淮盐运使。同治二年（1863），署广东巡抚，力图振兴军事，整顿吏治，清理厘务。却与前后两广总督毛鸿宾、瑞麟发生矛盾，在同治五年（1866）解任丢官，回湘阴家居，潜心读书著述。编纂《湘阴县图志》《湖南通志》；游览山水，吟诗交友。曾主讲城南书院，张百熙、瞿鸿禨是其得意门生。光绪元年（1875），郭嵩焘被起任为福建按察使，七月，受命出使英国钦差大臣，署兵部侍郎，授礼部左侍郎。光绪三年（1878）三月，任驻英公使，次年正月兼驻法公使。

光绪五年（1879）回国，因舆论被群起而攻之，清廷也不信任他，乃请假开缺，回湘阴老家。从此，郭嵩焘退出政坛，在湖南度过晚年。但他仍关心教育，恢复湘水校经堂，创办思贤讲舍；建立禁烟公社，倡导禁烟；主张兴修铁路，倡行轮船；论说富强之道，提倡通商；评议新政，宣传洋务。光绪十五年（1889），郭嵩焘卧病在床，完成《玉池老人自叙》，并题诗"傲慢疏慵不失真，惟余老态托传神。流传百代千龄后，定识人间有此人。""世人欲杀定为才，迂拙频遭反噬来。学问半通官半显，一生怀抱几曾开。"[1]光绪十七年（1891）逝世，终年74岁。

郭嵩焘是中国第一个驻外使节，近代杰出的外交家。他处理对外关系的原则是从实际出发，从中外形势、力量对比的实际出发，强调以理服人的原则和以和为主的方针。他在光绪二年的一个奏稿中，用"理、势、情"三字，概括其处理对外关系的三原则。他说：办理洋务机宜不越理、势、情三者。"洋人之情在于通商，沿海居民谙习西洋语言文字，多能知之，洋人之势极于富强，天下臣民皆能知之，而不足与办理洋务，则明理审几之才固不易得也。知情与势，而后有以处人，猜疑之见自不生于其心。知理而后有以自处，即矜张无实之言亦不屑出于其口。是以办理洋务非有他长也，言忠信，行笃敬，以立其礼，探求古今之变，熟察中外之宜，以致其用，轻重缓急，权度在心，随事折中，使就绳尺。能知处理洋务，以之纪纲万事，经营国计，必皆裕如矣。"[2]

所谓"理"，即处理对外关系的基本态度。就是讲道理、讲原则、讲平等，按条例、规则办事。反对盲目自傲、愚蠢蛮干。他强调和洋人讲道理，"凡洋人所要求，皆可以理格之；其所抗阻，又皆可以理之。"[3]他批评说："吾尝谓中国之于夷人，可以明目张胆与之划定章程，而中国一味怕。夷人断不可欺，

---

[1] 郭嵩焘. 郭嵩焘诗文集[M]. 长沙：岳麓书社，1984：785.
[2] 郭嵩焘. 郭嵩焘奏稿[M]. 长沙：岳麓书社，1983：353.
[3] 郭嵩焘. 郭嵩焘诗文集[M]. 长沙：岳麓书社，1984：35.

而中国一味诈。中国尽多事，夷人尽强，一切以理自处，杜其横逆之萌，而不可稍撄其怒，而中国一味蛮。彼有情可以揣度，有理可以制伏，而中国一味蠢。"① 这些并非慷慨激昂而近似软弱无奈的语言，是郭嵩焘处理对外交涉中经验教训的深深自省。自鸦片战争以来，清政府在同西方打交道的过程中，既存在盲目骄傲的狂妄自大心理，又存在崇洋媚外的自卑心理。或闭关自守，拒洋人于千里之外；或不分青红皂白，反对一切洋人；或卑躬屈膝，接受不平等条约；或出尔反尔，有约不遵，签约违约。这些，都有血的教训。郭嵩焘主张以"理"要求自己，制约洋人。避免逞一时之气地蛮干、蠢干，使自己处于有理地位。和洋人交涉时，争取同洋人订立平等、合理、互惠的条约，用条约制约洋人，迫使洋人讲理。

所谓"势"，是处理对外关系的策略方针。就是承认夷强我弱的现实，坚持以和为主的外交方针。郭嵩焘认为，同西方各国交往是不可逆转的历史趋势。不仅要承认中国的长矛大刀不如西方的坚船利炮，而且开始认识到中国政治、文化已经落后。他说："三代以前，独中国有教化"，但"自汉以来，中国教化日益微灭，而政教风俗，欧洲各国乃独揽其胜，其视中国，亦犹三代盛时之夷狄也。"故"自西洋通商三十余年，乃似以其有道攻中国之无道，故可危矣！"② 在这一认识的基础上，郭嵩焘提出以和为主的方针，认为"弱则一以和为主""未有不问国势之强弱，不察事理之是非，惟瞋目疾呼，责武士之一战。"③ 反对不顾敌强我弱的客观形势、不计后果地浪战。

所谓"情"，即处理对外关系的出发点。就是从实际出发，认真考察洋情，了解世界。郭嵩焘认为："能知洋情，而后知所以控制之法；不知洋情，所向皆荆棘也。"④ 所谓洋情，就是西洋各国的历史、地理以及政治、经济、军事、文化的状况，以及西方各国对中国的意图、政策。为此，郭嵩焘提出要"知时知几"，即根据实际情况，决定和处理外交关系；从实际出发，掌握好实施外交策略的时机。而"知时知几"的关键，也在于掌握洋情。他批评中国"通市二百余年，交兵议款又二十年，始终无一人通知洋情，熟悉其语言文字者。"

---

① 郭嵩焘.郭嵩焘日记：一[M].长沙：岳麓书社，1981：469.
② 郭嵩焘.郭嵩焘日记：三[M].长沙：岳麓书社，1981：439，548.
③ 郭嵩焘.郭嵩焘日记：一[M].长沙：岳麓书社，1981：393.
④ 郭嵩焘.郭嵩焘日记：三[M].长沙：岳麓书社，1981：11.

因此，他主张建立专门机构，培养洋务人才；学习西方国家语言文字，翻译西方书籍；派遣人臣出国考察，了解各国实情。

郭嵩焘"理、势、情"三原则，是从实际出发的，当时的情况，有利于国家，有利于民族，是切合实际的爱国主义的体现。

郭嵩焘的一个突出贡献，是继魏源之后，进一步介绍了西方国家的情况，特别是将西方政教和中国文明作了比较，提出西方的民主政治制度有不少优点。一是西方政治公开，国家大事由议会讨论决定，政府官员必须得到人民拥护。"国政一公之于臣民，其君不以为私，其择官治事，亦有阶级资格，而所用必皆贤能，一与其臣民共之，朝廷之爱憎无所施。臣民一有不惬，即不得安其位。"[①] 二是以法治国，优于中国的人治。三是重视民权，一切顺从民意；中国则重视君权，一切以皇帝的意志为转移。四是行政以便民为目的，他说："英国行政务求便民，而因取民之有余以济国用，故其所设各官，皆以为民治事也，而委曲繁密，所以利国者，即寓于便民之中。"[②] 强调治民是为了便民，便民即是利国；民便则致富，民富则国强。以上几点说明，郭嵩焘实际上肯定了西方民主制度，批判了封建政治体制，为中国自强探索了一条新路。

郭嵩焘有两个弟弟，分别是郭崑焘和郭岑焘。郭嵩焘曾说："顾念吾兄弟三人，皆稍能读书求有用之学。吾性卞急，于时多忤。意诚稍稍能通方矣，而怀敛退之心履贞介之节，终不肯一自试其用。君独以才自喜，乐以其心与力推而致之于人，而亦终身见仕宦戛戛然去之。其施也不遽，其欲以公之人，终而阏而不流。情性固然耶？无亦有不达其志而因以自沮耶？当同治之初，天下蒸蒸向治，道固昌矣。君于是时，亦思奋而求效。夫君子之世，固求有以自达。折冲樽俎与其效命疆场，等耳。不能达而强之政，既从政矣，而固多方遏抑之，使不得达，君子诚惧乎此也。"[③]

郭崑焘（1823—1882），字意诚，道光二十四年（1844）举人。咸丰初年，加入湖南巡抚张亮基幕，转骆秉章幕，襄赞军务，镇压浏阳忠义堂起事，抵御太平军。在湖南创设厘金局、盐茶局，为湘军筹集军饷。因功保荐内阁中书，至四品卿。郭崑焘文章器识，名重一时，且工于诗。有《云卧山庄诗集》《云

---

① 郭嵩焘. 郭嵩焘日记[M]. 长沙：岳麓书社，1981：393.
② 郭嵩焘. 郭嵩焘日记[M]. 长沙：岳麓书社，1981：206.
③ 郭嵩焘. 郭嵩焘诗文集[M]. 长沙：岳麓书社，1984：785.

卧山庄文集》《云卧山庄尺牍》等著作。光绪八年（1882）病逝，终年59岁。

郭岑焘（1827—1880），字叔和，号志城。博学多能，有志于经世之学，工诗能文，有《萝华山馆遗集》，曾协助湖南巡抚对抗太平军，主持岳州厘务，榷税助饷，因功由候选训导历保道员。其性耿直，才干显著，曾国藩、胡林翼、李鸿章均欣赏其才干，邀其协助军务，均辞不就。曾国藩曾说："湘阴三郭，论学则一二三，论才则三二一"①，即郭氏三兄弟，均有才学，学问以嵩焘为好，才干以岑焘为优。

五、胡林翼和湘军早期将领

湘军主要将领中，胡林翼、江忠源、罗泽南、王鑫、李续宾兄弟等人，是在与太平军作战期间死去的。其中胡林翼、江忠源是湘军三统帅之二，胡林翼更是湘军灵魂，"曾、胡"并称，为"湘军三巨头"之二。江忠源是湘军人才中最早创办团练，并最早与太平军作战的，在湘军中，江忠源最早得到巡抚高位。曾国藩创建湘军，最初是以江忠源的楚勇和罗泽南的湘乡勇为基础，罗泽南更参与湘军营制的制定。王鑫、李续宾兄弟是罗泽南的学生，都是湘军的重要将领。

（一）湘军灵魂胡林翼

沈卓然说：曾国藩、左宗棠、胡林翼三人，"世徒知曾、左之贤，而不知胡文忠固在曾、左之前。盖胡公之学与才，实无逊于曾、左，而于政治、文章、经济、军事，固无所不学，无所不致其用也。吏考其生平，不独坐镇武昌，坚守不摇，以扼形势之要，且于课厘馈饷，擘画尽善，遂使当时诸军得无饥馁之忧，克奏中兴之业。由此而论，允推首功。即其察吏安民、兴利诸弊诸政，亦皆荦荦大端，足为后世之法式。"胡林翼不仅是湘军三统帅之一，而且在湘军中有着特殊的地位和作用，是"湘军的灵魂"，对湘军的发展作出了巨大贡献。

胡林翼（1812—1861），字贶生，号润芝，一作润之或咏芝，湖南益阳人。自幼聪明活泼，颖悟异常，8岁被陶澍赏识，选为女婿。道光十六年（1836）进士，朝考第9名，历任编修、乡试主考、知府、道员。咸丰三年

---

① 钱基博，李肖聃·近百年湖南学风·湘学略[M].长沙：岳麓书社，1985：196.

(1853），胡林翼率所部黔勇赴湖北，与太平军作战。次年加入湘军，擢按察使。咸丰五年（1855）任布政使，授湖北巡抚。咸丰七年（1857），曾国藩丁忧，胡林翼成为湘军的实际领袖。咸丰十一年（1861）曾、胡联军攻克安庆，授太子太保，加骑都尉世职。是年八月病逝于武昌，终年50岁，诏加总督，谥"文忠"。

1.使湖北成为湘军的后方基地

胡林翼对湘军的贡献之一，是经营湖北，使其成为除湖南之外的湘军最稳固的后方基地。胡林翼身为巡抚，手握兵权，才气凌人；但因他是汉人，不为清廷信任。清廷令湖广总督官文与胡林翼分任长江北、南两岸军事，使其处处受到掣肘。胡林翼乃施展权术，投其所好，以声色货利满足官文。胡林翼因而能居巡抚之位，行督、抚之权，"察吏、筹饷、选将、练兵，遇所当行，应机立断。官文画诺仰成而已，未尝有异议"。胡林翼有了实权，首先在湖北发展军事力量，扩大湘军，建立楚军，总兵力达6万多人。其次，广辟财源，筹措军饷。大力整顿财政，推行改革，节约开支，增加收入。通过革除漕弊、严禁官吏劣绅贪污、鼓励捐输纳官、实行职官、职衔、封典减成捐纳、增加盐课、抽取厘金、自铸钱币、利用银钱比价变化、以银抵罪、动用丰备仓储粮、要求各省协饷等措施，大大增加了湖北财政收入。薛福成说：胡林翼"整榷政，通蜀盐，改漕章，每月得饷金40余万两，养兵五六万人"。即湖北每年约500万两的收入，由胡林翼自筹。再次，整顿吏治，强固统治。胡林翼巩固政权、维护封建秩序，一方面，大力整顿吏治，擢拔得力官员，罢斥庸劣官员，同时调和矛盾，减轻人民负担，给人民以生活下去的起码条件。另一方面，对湖北人民的反抗斗争，采取坚决镇压的政策。

2.竭力维护曾国藩在湘军中的统帅地位

曾国藩虽是湘军统帅，但并不为清廷信任。清廷先后给资历低于曾国藩的江忠源、胡林翼、李续宾（加入湘军前，曾国藩已是侍郎，胡林翼为道员，江忠原仅一知县，李续宾更乃布衣）以巡抚职权，却不给曾国藩地盘和权力，使其处于尴尬的地位。当时，胡林翼任湖北巡抚，集军、政、财大权于一身，比曾国藩处于更有利的地位。同时，湘军中派系复杂，高级将领多为知识分子，有很高的文化水平，有了功名，不会盲从曾国藩，也难以长期臣服曾国藩。因此，曾国藩在湘军中的统帅地位并不牢固。

据此，胡林翼多方采取措施支持曾国藩。一是竭力为曾国藩争取清廷的信任，如通过结交官文，消除清廷对湘军的疑虑，官文在一定程度上成为曾、胡的政治保护伞。又如清廷曾企图乘曾国藩丁忧守制之机，使湘军摆脱曾国藩的控制，胡林翼多次上奏陈说利害，促成曾国藩复出，重领湘军。二是竭力为曾国藩谋取封疆职位。胡林翼曾通过官文先后为曾国藩谋四川总督、安徽巡抚职位，又多次给户部、兵部、刑部及军机大臣写信，疏通关系，为曾国藩求情谋职。三是协调曾国藩和湘军将领的关系。曾国藩和罗泽南、王鑫、多隆阿、鲍超等湘军主要将领，都曾有过矛盾和误解，胡林翼从中竭力化解矛盾，维护曾国藩的威信，巩固其统帅地位，特别是湘军曾、左、胡三巨头之间，关系微妙。左宗棠性格刚烈，自视极高，在一些问题上和曾国藩有不同意见，甚至给曾难堪。曾国藩亦不满意左宗棠的某些作为，时有言语相讥。胡林翼和曾国藩是深交好友，心心相印，和左宗棠更是至亲姻好，相知最深。故胡林翼为曾、左二人调解，取得了二人信任，产生了较好的效果。湘军三巨头能和衷共济，团结一致，胡林翼发挥了关键作用。四是竭力协调湘军内部关系。湘军先设将，由将招兵，故军队带有私人私家性质，具有一定的独立性，之所以能成为一个整体，协同作战，在一定程度上靠曾国藩及左宗棠、胡林翼的人品、学识、能力，以及各种特殊关系来维持。其中，胡林翼善于协调关系，对维护湘军团结具有重要作用。

3. 努力发展湘军的势力

湘军人数年年增加，由出省的万余人发展为几十万人的集团军，其中有胡林翼的一份功劳。以驻湖北湘军为例，罗泽南率湘军5 000人入鄂，后发展到23 000多人；另湘军在湖北的水师仅3 000人，亦发展至8 000多人。第二次鸦片战争时，清廷要调鲍超部入卫京师，胡林翼却说服鲍超继续留在湘军。咸丰十年（1860），清廷调都兴阿马队支援江南大营，胡林翼亦予以抵制。湘军始终没有分裂，清廷也未能调走湘军的人马，在此过程中胡林翼是起了重要作用的。同时，湘军的战略原则，虽是由曾国藩决定的，但胡林翼起了极大的作用。胡林翼非常重视水师，提出"用兵以水道为纲"，即把水师放在至关重要的战略高度来考虑，强调把占领长江作为湘军的重要战略目标。曾国藩复出后，进取不足，胡林翼促使曾国藩"放胆放手"，并实施曾、胡联军，制订了谋取安徽、争夺安庆的战略方案。曾国藩说："谋皖之举，亦自胡师出谋发虑。"① 此举对湘军的胜利,有着关键的作用。另外,湘军发展迅速,胡林翼管辖的湖北给了湘军最大的支持,成为仅次于湖南的湘军第二大饷源基地。据统计,从咸丰五年到九年(1855—1859),湖北共接济湘军饷银744 600多两,钱38 500串。曾国藩说:"水陆数万人,皆仗胡公以生以成,一旦失所倚恃,关系甚重。"② 军饷是湘军生存发展的基础和前提,没有胡林翼的支持,湘军难以生存,亦难以发展。

4.积极为湘军培养人才

胡林翼非常重视人才,他有一个著名的说法:"国之求才,如鱼之求水,鸟之求木,人之求气,口腹之求食。无水、无木、无气、无食,则一日不安,而即于亡,人才亦然。"对于治军作战,他认为关键在于选好将帅。"治兵者,必先求将,而后选兵,若先招兵而不择将,譬之振衣者不提其领,结网者不挈其纲,是梦之也,将自毙矣。"③ 没有优秀的将帅,不可能形成一支有战斗力的军队;军队的素质,取决于将帅是否得人。他主张"不拘一格"地选用人才,"举、贡、生、监、白丁,皆可不拘资格。"在他的努力下,一批将才纷纷加入湘军并得到提拔,如金国栋、余际昌等人,都成长为湘军中独当一面的大将。李续宾兄弟亦得到胡林翼重用,李续宜更被其推荐为湖北巡抚继任人。

(二)江忠源等湘军早期将领

曾国藩就任湖南团练大臣之始即提出:"于省城成立一大团,认真操练,就各县曾经训练之乡民,择其壮健而朴实者,招募来省。"主要有:江忠源于道光二十七年(1847)开始组织的新宁乡勇,称"楚勇",已有一两千人;罗泽南于咸丰二年(1852)七月在湘乡建立的团练。太平军围长沙时,罗泽南、王鑫、李续宾兄弟等率团练1 000人,赴长沙协防。曾国藩奉旨后,以这1 000人为基础,将其编为中、左、右三营,以罗泽南领中营,王鑫领左营,邹寿璋领右营,称为"湘勇",后来记载统称其"湘军"。次年,江忠源在江西南昌被太平军围困,曾国藩招募湘乡勇2 000人,新宁勇1 000人,派罗泽南等领兵赴江西救援。接着,曾国藩计划将湘军扩大为10个营,6 000人,合

---

① 曾国藩.曾国藩全集:第二十三卷[M].长沙:岳麓书社,1995:2239.
② 曾国藩.曾国藩全集:第十九卷[M].长沙:岳麓书社,1995:403.
③ 胡林翼.胡林翼集:一[M].长沙:岳麓书社,1999:201.

江忠源所部兵，共1万人，形成湘军最初规模。可见，江忠源、罗泽南、王鑫、李续宾兄弟、邹寿璋等，为湘军早期最重要的将领，而且都在和太平军作战中战死或病死。

1. 湘军的第一个封疆大吏江忠源

江忠源（1812—1854），字常孺，号岷樵，湖南新宁人，道光十七年（1837）举人。道光二十七年（1847），江忠源在新宁组织乡勇，会同清兵镇压雷再浩起义，升知县。咸丰元年（1851），洪秀全发动起义，清廷以赛尚阿为钦差大臣率兵镇压，调江忠源随行。江乃募乡兵500人，赴广西参与镇压太平军，升知州。次年，江忠源再募勇千人，增援广西，升知府。四月，太平军破全州，沿湘江水路并发，进入湖南。江忠源在全州北10多里的蓑衣渡设伏，在河面密钉排椿阻截，使南王冯云山中炮牺牲。随后，太平军围攻长沙，江忠源率楚勇尾随追击到长沙，为湖南巡抚张亮基留用。先后参与镇压岳阳晏仲武起义、浏阳周国虞征义堂起义，擢道员。

咸丰三年（1853）正月，江忠源经湖广总督张亮基保举，授湖北按察使。先后率军镇压湖北通城、崇阳、嘉鱼、蒲圻等地农民起义。四月，提出整饬军事、行军作战八条原则。一曰"严军法"。他认为"将不行法，是谓无将；兵不用法，是谓无兵。欲易怯以为强，莫欲易宽而用猛"。二曰"撤提镇"。他认为"提镇多积资较俸，游涪至高位，未必均有胆略"，且"裁一提镇之费，可养精兵二百有余"。三曰"汰弁兵"。其认为"选兵之道，胆气第一，朴实耐苦次之，技艺娴熟又次之，巧滑怯懦者最下"。四曰"明赏罚"。五曰"戒浪战"。江忠源总结以往战争得失，提出："贼之止也，宜扼要以断其接济，严兵以堵其逃窜。贼之行也，宜豫择精兵宿将迎头堵截，以遏其锋；沿途设伏，以挠其势。乃我之围贼也，不务扼要严防，专以扑营逐利为事。其追贼也，不务拦头逆击，专以跟踪尾击为能。小有失挫，将卒之气先馁，须养之经旬始堪再战，使贼得已长其凶锋。此浪战之宜戒也"。六曰"察地势"。他认为"地利非仅山溪之险也，视贼出入之踪，而先为之防，察贼分合之势，而遥为之制。虽渐车之浍、数仞之冈，苟形势在所必争，则机会不可偶失"。七曰"严约束"。八曰"宽胁从"。主张严惩"凶恶痞棍"；对"驱胁之徒"，则"给免死执照，资遣回家"。这八条是江忠源镇压太平军的经验总结，和曾国藩的军事思想对比，二者基本一致。

咸丰四年（1854），清廷以江忠源见识非凡，"忠勇可恃"，命帮办江南军务。四月，太平军西征，先后占领安庆、江西彭泽、湖口等地，包围南昌。时江忠源在赴皖途中，闻南昌危急，乃率亲兵1300人，三昼夜行500里，抵达南昌，协同巡抚张芾等守城。太平军环攻南昌各门，施枪炮，挖地道。江忠源坐守谯楼，晓夜巡查，督促兵勇，加筑月城，开挖深壕，以布袋装土，填筑被太平军炸开的缺口，并烧毁城外居民房屋，拼死抵抗。八月，太平军撤围北上，攻克九江，擢安徽巡抚。十月，江忠源进入安徽，以庐州为临时省府。十一月，太平军四面包围庐州，江忠源率部奋力抵抗。十二月，城破，江忠源身受重伤，投水自尽，终年43岁。清廷赠总督，谥"忠烈"。

2. 学者将军罗泽南

罗泽南（1808—1856），字仲岳，号罗山，湖南湘乡人。学识渊博，家境困难设馆授徒近30年，以为生计。王鑫称其"学行才识，为当世所罕见"，是一个有成就的哲学家。他认为"理"是宇宙的主宰，"理"生"气"，而后才有宇宙万物。李肖聃评价说：罗之学，"其大者以为天地万物本吾一体，量不周于六合，泽不被于匹夫，亏辱莫大焉。凛降衷之大原，思主静以研几""严义利之闲，穷阴阳之变，旁及州域形势，百家述作，靡不研讨"。① 著有《周易附说》《读孟子札记》《西铭讲义》《人极衍义》《皇舆要览》《小学韵语》《姚江学辨》等。

咸丰二年（1852），罗泽南率弟子王鑫、李续宾、李续宜、蒋益澧、刘腾鸿等在湘乡倡办团练，应曾国藩召，率湘勇至衡阳，编为湘军。罗泽南参与筹划，湘军各营增加长夫，减少以正勇从事后勤；每营人数由360人增加到500人，就出自罗泽南的意见。次年二月，曾国藩率湘军赴长沙，罗泽南留守衡阳，为湘军处理后勤，并以中营统领身份，赴桂东、衡山镇压会党起义，擢知县。六月，率湘军赴江西，解江忠源被围南昌之危，擢同知。次年十月，回湖南，驻衡阳，镇压永兴、郴州、衡山等地人民起义事件；并协助曾国藩整顿、改革湘军陆师营制。咸丰四年（1854），罗泽南率湘军北上，占领岳州、城陵矶，升知府，进入湖北。八月，参加攻占武昌、汉阳的战斗，擢道台。九月，进入江西，占领兴国、田家镇，加按察使衔。次年春，与塔齐布等会攻九江，失利后退守南昌。旋攻占弋阳、广信、德兴、修水等地，加布政使衔。

---

① 钱基博，李肖聃. 近百年湖南学风·湘学略 [M]. 长沙：岳麓书社，1985：189.

罗泽南认为："武汉系天下大局"，主张"当以复武汉为要著"。并具体提出："长江要害凡四：一曰荆州，西连巴、蜀，南并常、澧，自古以为重镇；一曰岳州，湖南之门户也；一曰武昌，江、汉之水所由合，四冲争战之地，东南数省之关键也；一曰九江，江西之门户。此四者，皆贼之所争也。今九江与贼相持，而贼又以上据武昌，失长江之关键。崇、通一带，群盗如毛，江西之武宁、义宁，湖南之平江、临湘、巴陵，均无安枕之日。欲制九江之命，必由武汉而下；欲解武昌之围，必由崇、通而入。为今之计，惟有率南康水师与浔城陆师，合力以攻湖口，横踞大江，截贼船之上下；更选劲旅扫通城、通山、崇阳、兴国之贼，乘胜合攻武昌。武昌复，外江水陆立师沿江直下，与内湖水陆之师相为联络，九江可不攻自下，兵家之势固然也。"①

这一策略得到曾国藩的赞同。咸丰五年（1855）九月，罗泽南率5 000人援湖北，占领崇阳、蒲圻、咸宁，而后进攻武汉，相持90多天，损兵折将3 000多人。次年三月，九江太平军北上援武汉。罗泽南率军堵截，时值大雾，罗泽南大败，重伤至死，终年50岁，按巡抚赐恤，谥"忠节"。

罗泽南以文人领兵，其弟子多为湘军悍将。李肖聃说："湖南之盛，始于湘军，湘军之将，多事罗山。大儒平乱之效，湘中讲学之风，皆自罗山而大著。""湘乡一县之人，征伐遍于十八行省，罗山之力为多。儒门出将，书生知兵，较其功烈，近古未有也。"②湘军名将王鑫、李续宾、李续宜、蒋益澧、刘腾鸿，以及钟近衡、钟近濂、易良干、易良翰、王开仍、罗信南、罗信东、谢邦翰、朱宗程、潘鸿焘、左枢等人，都是罗泽南的学生，并大多随罗泽南办团练开始即弃文就武。曾国荃、杨昌濬也是罗泽南的学生。胡林翼为笼络驻鄂湘军，亦拜罗泽南为老师。可见，罗泽南是湘军名将，对湘军的创建和发展贡献甚巨。

3. 湘军猛将王鑫

王鑫（1825—1857），亦作王珍，字璞山，号四愿居士，后号养拙子、返璞山人，湖南湘乡人。自幼聪明，心存大志，性格豪爽。道光二十八年（1848），从罗泽南学。咸丰元年（1851），王鑫目睹各地农民起义的风暴，乃"倡行团练保伍之法"。次年，与罗泽东倡办湘乡团练，"初集事，军食器

---

① 梅英杰.湘军人物年谱：一[M].长沙：岳麓书社，1987：25.
② 钱基博，李肖聃.近百年湖南学风·湘学略[M].长沙：岳麓书社，1985：193.

械都不具，又所募就团丁充选，悉邻里农人，无由用文书约束，有所申戒，喧阗并进，漫不知有行缀。始分给号衣，群然耻为异服，不肯服。公则取一号补自着之布袍，乃定。于是以意创为营制、号令，日夜与罗忠节公编束为伍，令友人弟子分领之，亲教之步伐、技击。每教一人讫，则以一算珠令衔之，牵使就列，乃复进一人，教之如前。既遍，摄衣登台，陈说忠孝大义，声情慷慨，闻者亦渐感奋。"① 太平军围攻长沙时，王鑫率勇赴长沙防守，后编为湘军，任左营统领，旋参加围剿衡山、桂东的会党起义，又在兴宁击败农民起义军，授知县，升知州。咸丰三年（1853）六月，王鑫回乡募勇3 400人，曾国藩恐其兵多势大，令裁汰至两个营。王鑫拒绝，骆秉章为扩大势力，将王鑫部保留，留驻长沙。从此，王鑫不受曾国藩节制，自为训练，自定阵法，被称为"老湘营"。咸丰四年（1854），太平军再次攻入湖南。王鑫在岳州与太平军接战，被太平军包围，所部被歼达千人，受削职处分，仍留营效力。此后两年，王鑫留驻湖南，先后在郴州、嘉禾、蓝山等地镇压当地农民起义军；在江华、新田、道州等地镇压广西天地会起义；在富川、永明、连州等地镇压朱洪英、胡有禄起义。擢知府、升道员，赏四品封典。咸丰六年（1856）五月，王鑫率部进入湖北，在崇阳、通城、蒲圻等地与太平军作战，加按察使衔。次年，王鑫奉命增援江西，在广昌、宁都、临江等地与太平军作战，攻克吉安、乐安等地。王鑫作战勇敢，人称"王老虎"，为湘军猛将。

咸丰七年（1857）七月，王鑫在湖北崇阳发病，八月初死于江西乐安，终年33岁，清廷对王鑫之死倍感伤心，称其"由湖南生员带勇，剿除衡、永、郴、桂各属土匪，两粤会匪；并越境进剿湖北、江西匪，纪律严明，身经数百战，前后杀贼十余万，克复城市二十余处，厥功甚伟"。② 赠布政使，谥"壮武"。

4.湘军悍将李续宾

李续宾（1818—1858），字如九，又字克惠，号迪庵，湖南湘乡人，贡生。出身于大户家庭，"代有闻达"。李续宾兄弟五人，长兄续宜，字克宜，候选从九品，封荣禄大夫；次兄续家，字毅庵，国学生，以经商为业，赠通奉大夫、建威将军；三兄续宽，字北冈，授主事，封资政大夫；李续宾为老四，

---

① 梅英杰.湘军人物年谱：一[M].长沙：岳麓书社，1987：48.
② 梅英杰.湘军人物年谱：一[M].长沙：岳麓书社，96.

与老五李续宜均加入湘军。李续宾5岁开始入学读书，学习四书五经，研习兵书；又喜爱武术，好骑马射箭，身体健壮，有奇力。道光十七年（1837），李续宾师从罗泽南。

咸丰元年（1851），太平军兴，李续宾开始筹建团练。次年，佐罗泽南在湘乡倡办团练，以对抗太平军。又次年，随罗泽南赴江西救援江忠源，带领右营。咸丰四年（1854），以功升知县，进入湖北，在崇阳、咸宁、武昌等地与太平军作战，升知州，旋授安庆知府，仍留军中。次年，率军在江西作战，攻打九江、湖口，守南昌，征战赣东，占领修水等地，以道员记名。九月，率军转战湖北。咸丰六年（1856）正月，罗泽南不幸被太平军击毙，李续宾代领其军，成为湘军独当一面的大将。十一月，与胡林翼、杨岳斌等攻占武昌，授记名按察使。其后转战江西、湖北。次年八月，擢浙江布政使。咸丰八年（1858），李续宾攻占九江，加巡抚衔。旋率湘军精锐8 000人，占领麻城、黄安，而后进入安徽。攻陷太湖、潜山、桐城、舒城等县，进驻三河镇。三河镇地势平衍，无冈陵陂泽。时秋水半涸，是一个易攻难守之地。十月，陈玉成、李秀臣率大军进入安徽，对三河镇形成包围之势，李续宾所部主力6 000余人被歼，李续宾兵败自杀，终年41岁，谥"忠武"，有《李忠武公遗书》。

李续宾为湘军名将、悍将，史称其"忠勇果毅"，"在军选士，以知耻近勇、朴诚敢战为尚。其临阵，安闲肃穆，厚重强固。凡遇事之难为，而他人所畏怯者，无不毅然引为己任。其驻营处所，百姓欢忻，耕种不辍，万幕无哗；非其法令足以禁制诸军，实其明足以察情伪，而一本于至诚也。其处事接人，和平正直，不矜不伐，其质直厚重，与汉之周勃相似。"李续宾部的被歼，大大打击了湘军士气，一段时间内，竟不敢与太平军对战，闻风而丧胆。

5.安徽巡抚李续宜

李续宜（1824—1863），字克让，号希庵，湖南湘乡人，李续宾之弟。咸丰二年（1852），随罗泽南在湘乡办团练，旋加入湘军。次年，随罗泽南赴援江西，而后一直随其兄李续宾转战江西、湖北，授知府衔。咸丰七年（1857），李续宜独自领军1 700人攻九江，旋率军赴援湖北，在黄州、崭水、黄冈一带协同胡林翼与太平军作战，多有战功，擢道员。次年，胡林翼率军入皖，命李续宜留守湖北。李续宾死后，李续宜收其残部，势力大增。咸丰九年（1859），石达开率太平军进入湖南，时李续宜任湖北荆宜施道，授命率5 000人入湘，指挥湘军各路与石达开争战，解宝庆之围，赏布政使衔。湘军围攻安庆之战，李续宜率大军驻安庆与桐城之间，与陈玉成作战，将其逼走庐州，保障了安庆之战的胜利，擢按察使。咸丰十一年（1861年），李续宜擢安徽巡抚。其时陈玉成率太平军连克黄州、德安等地，直抵武汉。李续宜率军援湖北，会同彭玉麟水师夹击太平军，连陷孝感、德安、武昌、通城、咸宁等地。这时，胡林翼病逝，临终前荐李续宜署湖北巡抚。同治元年（1862年），李续宜转安徽巡抚，并帮办钦差大臣胜保军务。七月，任钦差大臣，督办安徽全省军务。次年二月病逝，终年40岁，谥"勇毅"。

六、彭玉麟、刘蓉、刘长佑、李元度等湘军将领

湘军的独立存在，仅仅13年，但从湘军中所产生的将领却多如牛毛。仅官至总兵、提督以上的将军，就多得难以有一个精确的统计。官至巡抚、总督、尚书的则有34人。其中湖南25人，安徽3人，江西2人，四川、浙江、福建、直隶各1人。值得注意的是，外省9人，全系幕僚，而无湘军统兵将领。湖南的25人中，前文已经介绍了曾国藩、曾国荃、左宗棠、郭嵩焘、胡林翼、江忠源、李续宾、李续宜等8人，以及罗泽南、王鑫。湘军其他重要将领，将简要介绍如下。

（一）彭玉麟、杨岳斌等水师将领

咸丰三年（1853）十一月，曾国藩为建立湘军水师，开始在衡阳仿端午龙舟制造战船。旋得守备成名标指点，才得知战船式样分为快蟹、长龙、舢板等类。次年春，湘军水师5 000人，有战船120艘，民船100艘，编为10个营，由彭玉麟、杨岳斌、成名标、诸殿元、邹汉章、龙献琛、褚汝航、夏銮、胡嘉垣、胡作霖分任各营统领。稍后，整个水师由彭玉麟、杨岳斌统帅。

1.兵部尚书彭玉麟

彭玉麟（1816—1890），字雪琴，又作雪芹，湖南衡阳人。其父在安徽任巡检一类的小官，彭玉麟幼年，基本上生活于安徽的外祖母家中。道光十一年（1831），彭玉麟回到衡阳家中，原有祖田百亩被亲族非法侵占，彭父因此气病交加而逝，因而生活贫困。道光二十九年（1849），彭玉麟以生员身份参加

衡州营兵，参与镇压李沅发领导的农民起义军，因功荐为临武营外委、训导，均辞不受。乃潜心学问，安贫侍母，家居为乐。

咸丰三年（1853），曾国藩闻彭玉麟的人品才干，多次劝说，进入曾幕，专责起草文稿、编练水师。次年，太平军占领岳州，曾国藩决心先夺靖港，彭玉麟则主张夺取湘潭。四月，彭玉麟率水师取得湘潭大捷。此后，湘军水师出省作战，曾国藩决定由彭玉麟、杨岳斌统帅。年底，湘军与太平军在田家镇大战。彭玉麟领水师砍断太平军在长江的铁锁环链，将太平军万余战船几乎焚毁殆尽，擢道员。湘军水师自此名闻天下。

咸丰五年（1855）初，湘军水师在湖口、九江作战，遭到太平军惨重打击，曾国藩坐船亦被俘。彭玉麟乃去湖南募勇，并建立船厂，重整水师。十月，曾国藩在江西被太平军包围，彭玉麟化装步行700里，赶到南昌，整顿湘军鄱阳湖内湖水师，救曾国藩脱险。后来，曾国藩对彭玉麟有"三不忘"之说："雪芹当岳州败时，正棹孤舟，搜剿西湖，后由龙阳、沅江偷渡，沉船埋炮，潜身来归，一不忘也；五年春初，大风坏舟，率破船数十号，挈涓滴之饷项，涣散之人心，上援武汉，二不忘也；冬间直穿贼中，芒鞋徒步，千里赴援，三不忘也。"① 稍后，彭玉麟在樟树镇、临江等取得胜利，并攻陷湖口，重夺九江，又在争夺安庆等战斗中立功，擢安徽巡抚，力辞不就，改任水师提督，加兵部右侍郎。

同治元年（1862），彭玉麟率水师参加夺取天京的战斗，攻克江浦、九袱州、浦口，切断天京粮道，为曾国荃夺取天京扫清了江路，加太子太保衔，授一等轻骑都尉世职。彭玉麟对曾国荃在天京烧杀抢掠极为不满，在给曾国藩的信中，要求大义灭亲，杀曾国荃以谢天下。对战争的残酷杀伤，他曾明确表示反感："屈指国殇三百万，功成回忆转心伤。"不仅如此，他还产生了功成身退、解甲归田的思想："血战长江十五年，一朝拨乱见青天。三吴城郭收新版，六代江山复旧阡。甲胄已怜生虮虱，兜鍪岂望换貂蝉。书生喜了出山愿，敢乞残骸旧种田。"次年，授漕运总督，仍力辞，留水师。随后，彭玉麟受曾国藩之托，创拟《长江水师章程》，为组建长江新式水师提出了整体设想，可以说是建设近代中国海军的先声。而且提出了加强江防、海防的问题，不仅在于维持封建统治秩序，还在于对外抵抗西方国家的侵略具有深远意义。

---

① 曾国藩.曾国藩全集：卷二十一[M].长沙：岳麓书社，1995：605.

彭玉麟加入湘军之初，即表示"不要官、不要钱""功成身退"。其一生辞官不就 10 多次。同治七年（1868），彭玉麟再次上疏："治军十余年，未尝营一瓦之屋，一亩之田；受伤积劳，未尝请一日之假""今军事已终，而久留于外，近于贪位；长江已设提镇，而臣犹在军，近于恋权""母服未终，而仍不补行，涉于忘亲。"终于获准，次年春，彭玉麟离任回衡阳。此后，彭玉麟青鞋布衣，居于乡间。"一瓣心香答上苍，天公许我整行装。黄粱已熟前番梦，白发新添昨夜霜。布袜青鞋容我懒，金貂紫绶任人忙。仔肩谢去身轻便，诗酒难忘旧日狂。"他亲自灌园种菜，从不过问地方政事。

同治十一年（1872），朝廷命彭玉麟巡视长江，整顿水师。彭玉麟认真考察，一路检举、弹劾营、哨军官 180 多人，推荐李成谋为水师提督。此后，彭玉麟居于杭州西湖，每年巡阅水师一次，晋兵部尚书。光绪七年（1881），授两江总督，仍力辞不就。光绪九年（1883），擢兵部尚书，仍辞，不允。次年，中法战争爆发，彭玉麟受命为钦差大臣，率湘军 4 000 人督办广东军务。到任后，彭玉麟认真了解情况，察看地形，检查炮台、营垒，修整虎门要塞，在沙角等处设防，加强沿海守备；将沙户、渔船编练为组，分守沿海一带港口，又筹办团练，增强防守力量，使法国侵略者不能踏进广东省境一步。中法停战后，他反对不合理的和议，提出"五可战，五不可和"，主张将战争进行到底。光绪十四年（1888），彭玉麟仍扶病巡阅水师，至安庆，以病请求开缺回籍。光绪十六年（1890）三月，病逝于衡阳。终年 75 岁，赠太子太保，谥"刚直"。彭玉麟文武双全，博学能诗，刚直爽快，风格别具一格；又善绘画，尤喜画梅，枝繁叶茂，流传海内，著有《彭刚直公奏稿》《彭刚直公文集》《彭刚直公诗集》等。

2. 陕甘总督杨岳斌

杨岳斌（1822—1890），字厚庵，原名杨载福，因避同治讳而改名。祖籍湖南吉首，后改籍长沙。其祖父、父亲都是清军中的小军官，杨岳斌自幼习武，精于骑射、技击。道光二十六年（1846），由行伍补长沙左营外委。道光二十九年（1849），参加镇压新宁李沅发农民起义。咸丰二年（1852），在湘阴与太平军作战，升千总。次年，加入湘军，为湘军水师最初十营官之一。咸丰四年（1854），杨岳斌在湘潭与太平军激战，"骸臂俱伤，裹创鏖战"，擢守备。六月，率水师进入岳州，设伏于雷公湖，以都司补用。稍后，率水师攻入湖北，参加争夺武汉之战，在下游截击太平军船只，烧毁辎重粮草和船只无数，攻陷汉口，擢参将。接着，参加田家镇战斗，加总兵衔。次年，在武汉、黄州、鄂城等地作战，授总兵，署湖北提督。咸丰六年（1856），杨岳斌指挥水陆两军会攻武汉，克汉阳、武昌。次年，协同彭玉麟陷湖口，湘军鄱阳湖内外水师始得会合。咸丰八年（1858）四月，与李续宾会攻九江，升福建水师提督。同治元年（1862），杨岳斌在芜湖一带作战，促成对天京的包围之势；又转战于赣、皖两省，参加攻陷天京之战。赏一等轻车都尉世职，加太子少保衔。

同治三年（1864），杨岳斌以提督督办江西、皖南军务，五月，擢陕甘总督。时回民起义非常活跃，杨岳斌从湖南募勇七八千人，于次年五月赴任。面对陕甘形势，杨岳斌困难重重。一是"甘省营兵扰民有余，剿贼不足，大都横索供张，不知讲求实际"。二是陕甘"人烟稀少，田土荒芜，屋庐灰烬，几乎赤地千里。缘回匪蹂躏之余，官弁兵勇又从而朘削之。勒捐不足，遂至攻山薰洞，无复生机，间有存者，不过鸠形鹄面，略具人形"。三是财政困难，军饷无着，军队无粮，食物短缺。"有求斗粟勺水、束薪三炊、寸草之牧不可得者，营中或终日不举火，战马饥毙。"在这些困难面前，杨岳斌无能为力，"剿"回一年，劳而无功。乃称病开缺，于同治六年（1867）回籍。

光绪元年（1875），清廷命杨岳斌与彭玉麟每年巡阅水师，认真整顿。光绪九年（1883），中法战争发生，他奉命会办福建军务。次年，又至江南帮办军务。光绪十一年（1885），率师赴台湾，"筹布台南防务，联络绅民，数日间集团勇万余人，排日操演，严为之备。驰抵淡水，与巡抚刘铭传所部进薄基隆，互为犄角。法夷久不得逞，旋乞和。"年底，以年老致仕。光绪十六年（1890）病逝，终年69岁，赠太子太保，谥"勇悫"。

杨岳斌虽行伍出身，亦通文字，能诗。为官清廉，致仕时家不过中产。湘军攻克天京，各将领大肆掠夺财物，杨岳斌耻其所为，并以诗明志："借问归来何所有，半船明月半帆风。"

3. 长江水师提督李成谋

李成谋（1830—1892），字与吾，湖南芷江人。幼年丧父，家境贫困，以打工为生。咸丰四年（1854）参加湘军，为杨岳斌属下伙夫。身高力大，作战勇敢，累立战功，擢为都司。次年，参加夺取武汉战斗，攻占金口，擢参将。

又次年，转战江西、湖北，升副将。咸丰七年（1857），水师在湖口失败，独李成谋夺回所失战船，并使战局转危为安，授江苏太湖协副将。接着，从杨岳斌攻占湖口，乘机顺流而下，与江南水师会合于峡口。胡林翼认为"肃清江面，成谋之功为最"。次年，升福建漳州镇总兵。咸丰十年（1860），李成谋继续与太平军作战，加提督衔。又次年，与陈玉成部激战，同治元年（1862），在安徽、江苏与太平军作战。同治三年（1864），李成谋在湖北攻打捻军。次年，授福建水师提督。同治十一年（1872），擢长江水师提督，驻安徽太平府，辖湖南、湖北、江西、安徽、江苏五省水军。随后统管江南水师，加太子少保。光绪十八年（1892）病逝，终年63岁。

4.江南提督李朝斌

李朝斌，字资堂，湖南长沙人。出身行伍，隶长沙协标。咸丰四年（1854）参加湘军，充任水师哨官。先后参加武昌、田家镇、湖口、九江等战役，屡立战功，历任千总、守备、都司、参将、副将、加总兵衔，赐"固勇巴图鲁"称号。同治元年（1862）授总兵，统领太湖水师，而后率水师顺江东下，攻占占浦、浦口、燕子矶、九洑洲，直抵上海，后与淮军、洋枪队会攻苏州，赏云骑尉世职，继授江南提督，驻苏州。光绪四年（1878），受命节制外洋兵轮。李朝斌作战勇猛，心思缜密，史称其"忠勇出于天性，身经百战，削平大难，事定之后复为江南议设经制水师，统领外洋兵轮，讲求西法，不辞劳苦，有古名将风""威望足以服人，为近时所罕有"。于李朝斌时常巡视洋面，屡受风潮，故疾病缠身，他多次以病辞官，于光绪十二年（1886）获准致仕归里。光绪二十年（1894）病逝。

（二）刘蓉、杨昌濬、刘锦棠等湘乡籍湘军将领

湘军高级将领中，湘乡籍占优势。前文所述曾国藩兄弟、李续宾兄弟、罗泽南、王鑫等人，都是湘乡人。此外，官至巡抚以上的，还有刘蓉、蒋益澧、杨昌濬、刘岳昭、刘锦棠等人。

1.刘蓉

刘蓉（1816—1873），蓉又作容，刘蓉字孟容，号霞仙。他自幼聪明好学，坚毅自信，不随流俗，不愿走科举入仕的道路，淡泊名利，潜心钻研学问。在岳麓书院时，与曾国藩、郭嵩焘为知交好友。曾国藩有诗："日日怀刘

子，时时忆郭生。"刘蓉之父刘振宗，是一位饱学之士，虽蛰居乡间却明天下大势，目光敏锐，见识超人，曾预见天下将大乱，而曾国藩、郭嵩焘、刘蓉"皆中兴之资也"。刘蓉少负奇才，主张学以致用，以治国济民平天下。当曾国藩已中进士，进入官场时，刘蓉尚未参加秀才一级的考试，但在学术上却有长足的进步。曾国藩说："接霞仙书，恳恳千余言，识见博大而平实，其文气深稳，多养到之言。一别四年，其所造遽已臻此，对之惭愧无地。再不努力，他日何面目见故人耶。"① 刘蓉推崇宋学，尤好程朱之学，与罗泽南同为极有造诣的理学家。直到咸丰元年（1851），刘蓉才在父亲和县令的劝说下参加县试，举为榜首，成为秀才。这时，刘蓉已35岁，郭嵩焘则早已成为进士，曾国藩更高居礼部侍郎之位。

咸丰二年（1852），刘蓉协助罗泽南操练湘乡团练。年底，朝廷任命曾国藩帮同建立湖南团练。曾不愿出山，刘蓉以长信劝说："道丧而文敝，全赖贤者起而振兴……既以达而在上者，则当行道于天下，以宏济艰难为心。"称赞曾国藩"具有匡时救主之略，先忧后乐之怀"，才识足以任天下大事。强调今天下祸乱方兴，士气更加懦弱，欲驱天下智勇才辩之士，出没锋镝与敌斗，才是"大臣之道"。随后，刘蓉加入曾幕，咸丰五年（1855），刘蓉之弟战死，刘蓉送丧回籍，无意复出。

咸丰九年（1859）十二月，左宗棠离开骆秉章幕，力荐刘蓉代。次年，刘蓉随骆秉章入川，深得骆信任，参赞军事，选将练兵，安定四川全境，擢知府。次年，署四川布政使，旋实授。同治二年（1863），石达开入川，刘蓉积极策划，堵截、诱降兼施，将石达开杀害。湖广总督官文奏称："刘蓉晓畅戎机，勇于任事，刻下石逆成擒，川省军务得手。即于滇、黔各匪环伺川疆，得骆秉章指挥调度，想能次第荡平。应令刘蓉独当一面，俾资展布。"七月，清廷令刘蓉督办陕南军务，旋擢陕西巡抚。

当时陕西形势非常复杂，连年灾害，百姓生活极苦，回民起义和捻军十分活跃。刘蓉一面全力镇压人民反抗，一面整饬吏治。但其时刘蓉军事受挫，又触犯了一些官吏的利益。先是言官弹劾，后是求战心切，孤军深入，被西捻军马队包围，全军覆没。同治五年（1866）十二月，刘蓉被革职开缺。刘蓉离任时，给他的好友、新任陕甘总督左宗棠留下了《用兵六策》：一是筹饷筹

---

① 曾国藩.曾国藩全集：卷六[M].长沙：岳麓书社，1995：171.

粮难于剿贼,而运粮更难;二是缓新疆西征之师,先肃清陕西,辟地屯田、储粮、练马队;三是办甘肃之贼,当以陕西为根本;四是与捻军战,应避其锐气,严阵坚持,屹立不动,而后奋起突击;五是镇压甘肃回民起义,当先清陇东,次捣河狄,其余可传檄而定;六是关陇无将才、人才,当广招艰贞坚苦、仗义相从之士为助。上述六条是刘蓉在陕甘用兵的经验总结,从左宗棠在陕甘的实践来看,是有极大作用的。

同治十二年(1873)二月,刘蓉于湘乡家中病逝,终年58岁。有《养晦堂诗文集》《思辨录疑义》等著作留世。

2. 曾国荃

曾国荃(1824—1890),字沅甫,号叔纯,贡生。咸丰三年(1853),随曾国藩办团练,建湘军。咸丰六年(1856),在湘乡募勇3 000人,建立吉字营,成为曾国藩的嫡系部队。援江西,加同知衔。咸丰八年(1858),占吉安,升知州,次年占景德镇,升道员。咸丰十年(1860),围安庆,次年占领安庆。同治元年(1862),擢浙江按察使,迁江苏布政使,次年升浙江巡抚。同治三年(1864),攻占天京,纵兵屠城,"日夜火光不息","杀毙十余万,诸王、诸主将、天将及大小渠目约三千余名,忠王李秀成、王兄洪仁达被擒,伏诛。"加太子太保,封一等伯。

同治五年(1866),曾国荃调湖北巡抚,因镇压捻军失败,称病引退。光绪元年(1875)授山西巡抚,第三年升陕甘总督。随后,调署两江总督、礼部尚书,旋实授,兼通商大臣。任地方大员时,曾国荃办了一些实事,如疏陈灾荒,组织劝赈,捐赠衣物,救济灾民;禁种罂粟,禁食鸦片,劝民改业,从事农业;发展生产,分给贫民籽粮,鼓励开垦荒地等。光绪十六年(1890),曾国荃病逝于任所,终年67岁,加太子太保衔,谥"忠襄"。

3. 蒋益澧

蒋益澧(1825—1874),字芗泉,罗泽南学生。咸丰三年(1853)以文童加入湘军,参加岳州之战,帮带亲兵营。次年,随王鑫进入湖北,与太平军作战,克黄梅县。年底随罗泽南入江西,参加攻打九江之战,升知县。次年,参加武昌之战,擢知府。咸丰七年(1857),广西农民起义军占领柳州,广西巡抚向湖南求援。骆秉章派蒋益澧率5 000人赴援,相继攻陷兴安、灵川、平乐等县,擢道员,加按察使衔,留广西。次年,驻桂林,招募水师,进攻右江地区，加布政使衔，旋实授。咸丰九年（1859），农民军围攻桂林，蒋益澧在刘长佑的支持下，解桂林围，并先后镇压各地农民起义。同治元年（1862），调浙江布政使，蒋益澧从湖南募兵8 000人赴任。夺取杭州等地，授云骑尉世职和骑都尉世职。同治三年（1864），命署理浙江巡抚。立即着手核减漕粮，酌减关税，挑浚湖汊，建筑海塘，兴修水利，禁毁淫祠，设置义学，增拨书院经费修复名胜古迹，兴办慈善事业。后任巡抚杨昌濬说："益澧自统军入浙，连克名城，血战数十，无不身冒锋镝，出奇制胜。杀贼数十万，克服省城，廓清全境。其行师之略，纪律最严，秋毫无犯。沿途收埋骸骼，资遣难民。每复一城，所得贼粮，赡军之外，皆散诸闾阎，全活甚众。接护抚篆，筹办善后，井井有条，百废俱举 是以农商相率来归。首重学校，优其廪糈，增书院膏火，建经生讲舍，设义学，兴善堂。"蒋益澧有感于自己幼年失学，乃在杭州再行拜师，学习文化。

同治五年（1866），擢广东巡抚，"极思整顿地方，兴利除弊"。乃裁减太平关关税四万两，撤销收税丁胥，由巡抚直接派人征收；热心洋务，设立"欧洲人公所"，不亢不卑，处理同外国人的交涉事务；与左宗棠商议，拟于沿海一带建设铁厂，制造轮船，培养技工。这些措施触犯了某些官员的利益，又为保守派所不满。同治七年（1868），两广总督瑞麟和闽浙总督吴棠联合参劾，蒋益澧受降二级处分，派往左宗棠军营候补。旋授广西按察使，乃告病回籍。同治十三年（1874），日本侵略台湾，蒋益澧奉诏复起。旋因病逝世，终年50岁，诏复原官，谥"果敏"。

4. 杨昌濬

杨昌濬，字石泉，附生，罗泽南学生。咸丰二年（1852），参加罗泽南的团练，随即参加湘军，在湖南、江西、湖北与太平军作战。咸丰十年（1860），在左宗棠军营帮办军务，转战于安徽、江西，擢知县。随后，同左宗棠进入浙江，累立战功，迁知府、盐运使、按察使、布政使。同治八年（1869），署浙江巡抚，次年实授。曾亲往宁波、镇海等地考察，巡视海口，筹办防务，提出"为自强计，宜用外人之器，师外人之长"。建议更新炮台，选用洋枪洋炮，练成劲旅。后因余杭发生"杨乃武冤案"，杨昌濬身为巡抚，不调查案情，专横跋扈，无视舆论，一意维护州县原判，并厚贿刑部尚书，阻挠平反，于光绪三年（1877）被革职。

光绪四年（1878）夏，左宗棠举荐杨昌濬为甘肃布政使。两年后，曾一度护理陕甘总督，和刘锦棠共同筹划建立新疆行省事宜。左宗棠进军新疆时，沿途植树，杨昌濬为此留下了千古绝唱："大将筹边尚未还，湖湘子弟满天山。新栽杨柳三千里，引得春风渡玉关。"光绪九年（1883），擢漕运总督。次年，中法战争发生，受命协助左宗棠督办福建军务，旋任闽浙总督，兼署福建巡抚、台湾巡抚。与刘铭传一道拟制台湾建省行政改制方案，以及加强台湾防务事宜。光绪十四年（1888），调陕甘总督，后因对回民起义镇压不力，相继兵败，于光绪二十一年（1895）开缺回籍。两年后病卒，著有《五好山房诗稿》《平浙纪略》《平定关陇纪略》等著作。

5. 刘岳昭

刘岳昭（1824—1881），字静臣，湘乡人。咸丰六年（1956），刘岳昭以文童身份参加湘军，与太平军作战，累迁知县、同知、知府，加道员衔。咸丰九年（1959），石达开进入湖南，包围宝庆。刘岳昭率军从茶陵驰援宝庆，擢道员。随后，会同蒋益澧从江华攻入广西，又转战湖北、云南、四川、贵州等省，擢云南按察使，升布政使，均未就任，留在军中与太平军作战。同治五年（1866），擢江西巡抚，但仍留在贵州镇压农民和少数民族起义。同治七年（1868），云南杜文秀起义，攻克大理，自封兵马大元帅，声势浩大，控制云南53个县，围攻昆明。刘岳昭奉命赴云南镇压起义，升云贵总督。驻曲靖，与起义军展开激战，在果果马大败，受革职留任处分。随后，与云南巡抚岑毓英继续围攻起义军，并采取分化诱降策略，起义将领马如龙叛变。同治十一年（1872），攻陷大理，杜文秀被俘遇害。刘岳昭起复原官，并继续以武力平息云南全境农民与少数民族起义。

同治十三年（1874），刘岳昭入京述职。次年正月，英国驻华使馆职员马嘉理带领约200人的武装探路队由缅甸进入云南，事先不知会地方当局，并扬言进攻腾越。腾越人民基于义愤，杀死马嘉理，赶走探路队。清廷命刘岳昭返任处理，但刘畏葸不前，有意拖延，被御史弹劾，革职回籍。光绪七年（1881），病逝于家，终年58岁。

6. 刘松山

刘松山（1833—1870），字寿卿，湘乡人。咸丰三年（1853），加入湘军王鑫部。先后在湖南参加镇压朱洪英、胡有录农民起义，随后在湖北、江西与太平军作战。历任哨长、外委、千总、守备、都司。王鑫战死后,转隶张运南部,在江西、皖南与太平军作战,随后又转赴广西,参加镇压农民起义,擢副将。同治元年(1862),张运南告病返乡,刘松山乃独领一军,成为湘军独当一面的将领。太平天国失败后,刘松山升总兵,留守皖南。

同治四年(1865),随曾国藩镇压捻军,率5 000人驻临淮关,先后在江苏、河南、陕西、直隶等省与捻军作战,击败西捻张宗禹部与回民军,赏三等轻骑都尉世职,擢广东陆路提督。同治七年(1868),左宗棠调刘松山到陕西镇压回民起义,进驻绥德,在延安、榆林、靖边等地作战。次年董福祥部17万人投降,军中哥老会策划"绥德兵变",刘松山失察,受革职留用处分。其后,在陕北整顿军队,储运粮草。八月,进入甘肃镇压回民起义。十月,进攻回民最后据点金积堡,围攻两个多月,终不能攻破。同治九年(1870)正月,攻破马五寨,马化隆准备投降,刘松山在前往受降途中,被飞炮击中而亡,终年38岁,赠太子少保衔,谥"忠壮"。

7. 刘锦棠

刘锦棠(1844—1894),字毅斋,刘松山之侄。同治元年(1862)加入湘军,随刘松山转战江西、安徽、河南、陕西、河北、山东、甘肃等地,先后与太平军、捻军、回民军作战。历授知县、知州、知府、道员、按察使、加布政使衔。同治九年(1870)正月,刘松山战死,刘锦棠继领老湘军,赐三品卿衔。次年,攻破金积堡,授云骑尉世职。同治十一年(1872),左宗棠将马、步4营交刘锦棠指挥,进入青海,与回民激战。先后打败马桂源、白彦虎、马本原、马寿等部。次年,参加肃州战役,占领肃川,打通了进入新疆之通路,授西宁兵备道道员。

光绪元年(1875),左宗棠出关西征,刘锦棠总理营务,统帅前敌各军。首战攻占古牧地、卓康。六月,克乌鲁木齐,赏云骑尉世职。至九月,除伊犁外,新疆北部全部克复。次年三月,刘锦棠进军南疆。阿古柏集重兵于南疆门户达板、托克逊、吐鲁番三地。刘锦棠首取达板,占领通向南疆的咽喉之地。旋率军收复托克逊,四月攻占吐鲁番。阿古柏兵败自杀,敌人全线崩溃。八月,刘锦棠率湘军长驱西进,在开都河上游架浮桥,堵塞流水,修筑车道,粉碎了白彦虎掘开都河的阴谋,一个月内追击3 000里,先后收复喀喇沙尔、库而勒、库车、乌什、阿克苏等地。这时,新疆各族人民纷纷起义,反抗阿古柏的反动统治。刘锦棠等分别攻取叶禾羌、喀什噶尔、和田等，南疆全部收复。新疆回归祖国怀抱，是左宗棠决策、筹划、指挥的结果，而在前线冲锋克敌、指挥战争、实现左宗棠意图的，则以刘锦棠为主。刘锦棠作战英勇，机智灵活，不畏艰险，决策果断，被誉为"飞将军"。左宗棠说："刘锦棠忠勇罕俦，机神敏速，有谋能断，履险如夷，实一时杰出之才。"此后，刘锦棠又三次击退逃入俄境、并受俄国支持的阿古柏残匪的袭击，保障了新疆的安全，并在左宗棠的指示下，恢复和发展新疆的经济、文化，发放赈款、赈粮、农具、种子，招抚流民，开垦屯田，修治驿站、道路、城堡。同时，积极准备收复伊犁。

光绪六年（1880）正月，清廷命刘锦棠帮办新疆军务。七月，左宗棠回京，刘锦棠任钦差大臣，督办新疆军务。十月，刘锦棠赴哈密，与左宗棠商议军政大事，就任钦差大臣。随即刘锦棠提出新疆设省的具体方案：请设新疆行省，仍属陕甘总督兼辖。设巡抚、布政使，加镇迪道，按察使衔，驻迪化，改迪化州为府，是为省治。于南路设迪化、昌吉、绥来、阜康、奇台5县。回疆东路4城，设巡道，阿克苏直隶州，库车、乌什直隶同知及拜城县。西路4城设巡道，疏勒莎车、和田直隶州，英吉沙尔直隶同知。玛喇巴什水利通判，疏附叶城于阗县（今于田县）。移乌鲁木齐提督驻喀什噶尔，裁吐鲁番暨南路旧有参赞办事领队大臣。省哈密北至伊犁都统，暨办事领队大臣。伊犁将军旧辖南北两路，请改从各省驻防将军例，专治满营。并乌鲁木齐、库尔喀拉、乌苏等处所余旗丁，归伊犁满营训练。裁回官阿奇木柏克等名目，酌设头目额数。设回疆各城义塾，教育回童。

光绪九年（1883），刘锦棠加兵部侍郎。次年十月，新疆正式设省，刘锦棠为首任巡抚，加尚书衔。此后，又进一步完善新疆行政措施，加太子少保、太子太保，晋一等男爵。光绪十六年（1890），告病归里，次年以足疾辞职。光绪二十年（1894），应召赴京，在湘乡县城中风，旋离世，终年50岁，谥"襄勤"。有《刘襄勤公奏稿》传世。

（三）刘长佑、刘坤一等新宁籍湘军将领

新宁位于湖南省西南边陲，今属邵阳市。原称昭陵郡、扶县、扶夷县，唐属武冈县，宋代置新宁县。南与广西接址，为湘桂交通孔道。太平军进入湖

南，就从新宁经过，并在蓑衣渡发生第一次大战。新宁的湘军将领，主要是刘氏叔侄和江氏兄弟。

1. 刘长佑

刘长佑（1818—1887），字子默，号印渠，亦作荫渠，晚年自号扶彝黑叟，出身于新宁富户之家。6岁入学，19岁肄业于濂溪书院。20岁进入长沙岳麓书院，师从欧阳厚均长达11年。工书法，与同乡江忠源、陈谷吾同著文声。道光二十九年（1849）拔贡。咸丰二年（1852），刘长佑主讲新宁维新书院。旋应江忠源之约，与江忠济募勇500人进入广西与太平军作战。八月，又与江忠源率楚勇赴援长沙。次年，同江忠源一道镇压浏阳征义堂起义，保荐知县。随后，江忠源出省作战，刘长佑自领一军，在衡山、安仁等地驻防，升知州。平定郴州、桂东人民起义，以道员用。期间，多次赴援江西。咸丰六年（1856），刘长佑率5 000人入江西，在袁州（今宜春）被太平军打败，几乎全军溃散。其后，在黄冈取得胜利，授布政使衔。咸丰九年（1859），石达开进入湖南，包围宝庆。刘长佑回军湖南，先解永州之围，而后与李续宾分南北两路夹击，驰援宝庆，石达开被迫撤围。而后，刘长佑尾追太平军进入广西，占领柳州。次年，授广西巡抚。当时，两广会党，千百成群，分股活动，声势颇大。刘长佑乃派人到湖南、广东添置战舰、扒船，招募水勇，铸建炮位，四面出击，灭杀天地会建立的"大成国"政权，恢复广西封建秩序。他重视文教，修复书院。同治元年（1862）擢两广总督。所领楚军由刘坤一率领。

同治二年（1863），刘长佑调任直隶总督，督办直隶、山东、河南三省交界地方剿匪事宜，镇压鲁西北张锡珠、宋景诗领导的起义，并参与镇压捻军。对于地方民政，刘长佑主张恢复发展生产，并拟定兴修海河水利，试垦稻田的计划。他提出"海河东北岸，纵四十余里，横六十余里，土脉肥饶，惟间有盐卤。若开渠引水，时其潴蓄节宣，可一律化为沃壤。拟先开环渠一道，西起邢家沽而北，而东南出海河，长二十七里。中间泄水渠一道，自北而南，亦通海河，长十一里。渠旁约可垦稻田五百余顷"。同治六年（1867），沧州盐民起义，攻扰固安、霸州，逼近京畿。刘长佑镇压不力，被撤职。

同治十年（1871），复任广东巡抚，转广西巡抚；次年，擢云贵总督。光绪七年（1881），法国侵略越南，刘长佑见识敏锐，奏称："外省者，中国之门户；外藩者，中国之藩篱。藩篱陷，则门户危；门户危，则堂室震矣。"强调"越南为滇粤之唇齿，法国之垂涎越南久矣"。若法人侵吞越南，则"必请立领事于蒙自等处，以攘山矿金锡之利；或取道川蜀，以通江汉，据对邦通商口岸之上游。"① 而且势必造成夷人与中国奸人勾结，盗取情报，侦悉地形，将战火引入内地。同时，刘长佑对日本侵略琉球等地，亦主张"以中国全力诛一日本"。强调"自同治以来，讲求洋务，设立海防，习水师、修炮台、购铁船、造枪炮，费帑藏以百万计，而曾不得一日之用，亦安知兵力之果精与否？彼四夷之环坐而视听者，又乌知朝廷宽大之德，而不以为怀安之计耶"。② 可惜，刘长佑这些有见识的主张，没有为当局接受。光绪九年（1883）正月，刘长佑因病恳请开缺。光绪十三年（1887），病逝于家，终年70岁。谥"武慎"，有《刘武慎公遗书》传世。

2. 刘坤一

刘坤一（1830—1902），字岘庄，刘长佑之侄，廪生。道咸之交曾参与镇压李沅发农民起义，授教谕。咸丰五年（1855），在新宁举办团练，加入湘军。次年，从刘长佑援江西，与太平军作战，先后授知县、知州、知府，加道员衔。咸丰八年（1858），刘长佑因病归里，刘坤一代领其军，在江西与太平军战，攻陷抚州、崇仁、建昌等地。次年，刘坤一回湘，解永州、新宁之围，加盐运使衔。随后，与刘长佑进入广西，克柳州，加按察使衔，统领刘长佑全军，在广西与石达开、"天地会"作战。同治元年（1862）擢广西布政使，转赴贵州镇压天地会起义。同治四年（1865）擢江西巡抚，继续镇压太平军余部，平息斋教活动，并与捻军作战。

同治十三年（1874）十二月，署两江总督，次年擢两广总督。广东本富裕之区，但财政亏空。有司准备增加盐税、洋药税，刘坤一认为，粤盐困于私盐泛滥，应加强缉私，并发动商人从事盐业贸易；对洋药则抽收厘金。于是"无加税之名，而岁增巨万"。刘坤一又整饬吏治，选用能员，端正社会风气，禁止盗赌，颇有成效。光绪五年（1879），调两江总督兼通商大臣。主张加强海防，在广东造蚊子轮船，守卫各海口。伊犁谈判中，刘坤一主张采取强硬态度；并建议西北边陲各地选用"亲历戎行，胆识并茂之员"为督抚，以期御

---

① 梅英杰.湘军人物年谱：一[M].长沙：岳麓书社，1987：438-439.
② 梅英杰.湘军人物年谱：一[M].长沙：岳麓书社，1987：442.

侮，又强调"日本终为我患，令人每饭不忘"。光绪七年（1881），刘坤一被弹劾，落职闲居，旋丁母忧，在家长达9年。

光绪十六年（1890），刘坤一再任两江总督兼通商大臣。次年，又命帮办海军事务，主持修建焦山、象山两炮台。甲午战争时任钦差大臣，驻山海关，但辽河一战，清军全线溃败。他不满对日议和，支持刘永福抗日。维新运动中，他既支持强学会，捐五千金列名会员，又反对康梁变法，主张严惩维新派，并参与镇压自立军运动。支持慈禧，但反对废黜光绪。义和团运动中，主张严禁义和团运动，并与张之洞等倡立东南互保。光绪二十七年（1891），辛丑条约签订，他反对李鸿章签订中俄密约，出卖国家主权，并与湖广总督张之洞连上三疏，请求改革变法，主要内容有以下几点：一是育才兴学，主张"参考古今，会通文武""曰设文武学堂、曰酌改文科、曰停罢武试、曰奖励游学"。二是整顿、变通朝政，"曰崇节俭、曰破常格、曰停捐纳、曰课官重禄、曰去书吏、曰考差役、曰恤刑狱、曰改选法、曰筹八旗生计、曰裁屯卫、曰裁绿营、曰简文法"。三是兼采西法，"曰广派游历、曰练外国操、曰广军实、曰修农政、曰勤工艺、曰定矿律路律商律交涉刑律、曰用银圆、曰行印花税、曰推行邮政、曰官收洋药、曰多译东西各国书"。史称"江楚三折"。

光绪二十八年（1892），刘坤一病逝，终年73岁。追封一等男爵，赠太子太傅，谥"忠诚"，其著作收入《刘坤一集》。

3. 江忠义兄弟

江忠义（1835—1864），号昧根，江忠源之弟。咸丰二年（1852），随江忠源参加楚勇，并赴长沙守城，而后转战于江西、湖北。两年后，江忠源战死，江忠义领其军。咸丰五年（1855），攻陷庐州，授知县。旋转战于湖南、江西，授知府，加道员衔。咸丰九年（1859），石达开兵围永州，江忠义率军解围，升道员。随后，与石达开军战于武冈、宝庆、绥宁、东安、宁远等地；在泉州、宜章招降太平军1万多人。咸丰十一年（1861），署贵州巡抚。次年，赴贵州镇压苗民起义，授贵州提督，旋署广西提督。时江西战事激烈，江忠义乃请赴援江西，在湖口、太平与太平军作战；又进入安徽，在青阳、石棣、宁国等地与太平军作战。同治三年（1864）病逝于江西，终年30岁。赠尚书衔，加太子少保，谥"诚格"。

江忠济（1820—1856），字汝舟，江忠源之弟，江忠义之兄。咸丰二年

（1852），随江忠源参加楚勇，并赴长沙守城。次年，江忠源调湖北，所部楚勇1 000多人由江忠济、刘长佑率领，留守长沙。随后进入湖北，镇压崇阳、通城人民起义；再转入江西，随江忠源守南昌，升知府。咸丰四年（1854），骆秉章调江忠济回湖南，镇压蓝山、嘉禾、宁远等地会党起义，以道员补用。次年，驻防岳州，转湖北通城，被太平军包围，失败被杀。终年36岁，赠按察使衔，谥"壮节"。

江忠濬（1815—1874），字达川，江忠源之弟，江忠义之兄，县学生员。咸丰三年（1853），江忠源在安徽庐州被太平军围困，江忠濬与刘长佑募勇千人驰救，及抵皖境，庐州既破，江忠源死后，乃招集江忠源旧部，誓与太平军为敌。咸丰五年（1855），江忠濬配合和春攻入庐州，赏知府衔。咸丰七年（1857），江忠濬募勇进入广西，镇压农民起义，进驻桂林，升道员。咸丰九年（1859），石达开军进入湖南，江忠濬组建"宝胜军"，与石达开争战武冈、新宁达百余日，加按察使衔。同治元年（1862），擢安徽布政使，重视吏治，选用贤吏能员为官；招抚流亡，给民以牛、种、农具，恢复生产；重视教育，恢复书院。次年，调四川布政使，转广西布政使。时广西初行新钱，私铸盛行，币制混乱。江忠濬条陈利弊，极主改革。但巡抚不纳，乃以病辞官归里。同治十三年（1874）病逝，终年60岁。

江忠珀（1839—1868），字琥臣，江忠源族弟。咸丰年间，加入湘军刘长佑部，在湘、赣两省与太平军作战，升千总。咸丰十年（1860），随刘坤一征战广西，攻克柳州，升游击；又转战江西，升副将。同治三年（1864），擢总兵，加提督衔。攻陷天京后，乞假回乡。后又率军镇压贵州农民起义，同治八年（1869），在鸡鸣关被义军击毙，终年32岁。

（四）李元度、李兴锐、田兴恕等湘军其他将领

1. 李元度

李元度（1821—1887），字次青，又字笏庭，号天岳山樵，晚年号超然老人，湖南平江人。道光二十三年（1843）举人，授黔阳教谕。道光三十年（1850），曾为奉天府丞张振之幕客，有机会在沈阳遍览历代皇朝典籍，学识大进，"慨然怀澄清天下之思"，决心干一番事业。曾国藩组建湘军后，李元度以"罗江布衣"之名上书,大谈兵略战守机宜,深得曾国藩赞赏。咸丰四年(1854),进入曾国藩幕府。

曾国藩兵败靖港时,一度想自杀。李元度不离左右,反复开导、劝慰、鼓励并帮助曾国藩重新取得专折奏事权。次年,曾国藩湖口大败,李元度从水中救曾国藩脱险;并回平江募勇3 000人,用以护卫曾国藩安全。此后,李元度率军转战江西东路,给了曾国藩极大支持,李元度也成为曾国藩亲信。曾国藩对之有"三不忘"之说:"当靖港败后,宛转护持,入则欢愉相对,出则雪涕鸣愤,一不忘也。九江败后,特立一军,初志专在护卫水师,保全根本,二不忘也。樟树镇败后,鄙人部下别无陆军,赖台端支持东路,隐然巨镇力撑绝续之交,以待楚援之至,三不忘也。生也有涯,知也无涯。"①但是,曾国藩的"三不忘"并未坚持多久,仅仅3年之后,即咸丰十年(1860),李元度防守的徽州被太平军攻克,曾国藩立即参劾,李元度被革职。旋因浙江巡抚王有龄疏通,李元度再回平江募勇8 000人,建立"忠越军"。次年,进入浙江作战,授盐运使,擢按察使。但因有投靠王有龄之嫌,李元度再次受到弹劾,奉旨发边地充军。得左宗棠、李鸿章等保奏,李元度才免充军之苦,得回平江。同治五年(1866),李元度被起用。率2 000人赴贵州,镇压苗民起义军、教军、号召军的反清活动。两年内,攻陷反清村寨900余座,授云南按察使,旋开缺回家。中法战争爆发后,李元度赴广东协助彭玉麟办理防务。调贵州按察使,疏陈筹饷筹防之策20条,主要内容:减漕运,以银折粮;兴屯田,增加粮食生产;加强防务,仿洋法修筑炮台;裁撤漕运总督及督抚同城之巡抚;福建巡抚专驻台湾,以防法、日等国侵犯;在国外华侨居住地设立公使或领事。光绪十三年(1887),擢贵州布政使。九月,卒于任,终年67岁。

李元度是极有成就的学者、诗人,在军书傍午、戎马倥偬之际,潜心著述。计有《国朝先正事略》《四书广义》《国朝彤史略》《名贤遗事录》《南岳志》《天岳山馆文钞》《天岳山馆诗集》等,并曾主编《平江县志》。其中《国朝先正事略》一书,长达60卷,110万字,为清代1 108人立传。李元度在自序中说:"清朝开国二百余年,名卿巨儒、鸿达魁垒之士,应运而起者,不可殚数。其评谟政绩,具在国史,类非草野之士所能窥,而其遗闻佚事,嘉言

---

① 曾国藩.曾国藩全集:第二十一卷[M].长沙:岳麓书社,1995:606.

懿行，往往散见于诸家文集中，特未有荟萃成书，以备掌故，而为征文考献之助者尔。"①

2. 李兴锐

李兴锐（1827—1904），字勉林，生员，湖南浏阳人。咸丰二年（1852）在浏阳办团练，配合江忠源镇压征义堂；并与清军配合，阻太平军进入浏阳。咸丰八年（1858），被曾国藩招入幕府，管理粮台事物。时湘军大营驻安徽祁门，李兴锐侦知太平军将偷袭祁门，故事先将全部辎重转移，使太平军无所获。次年，被保举知县，随后总理祁门粮台，赏五品封典，以直隶州知州用。

同治四年（1865），湘军唐义训、金国琛两部士兵因索饷哗变，形势严峻。李兴锐乃只身驰往军中，晓谕哗变士兵："饷不给，咎在台；期以三日，逾期请杀我。"一面补给部分欠饷，一面暗中调查，由曾国藩下令斩带头者三人，平息兵变。随后，办理大通招商局。同治七年（1868），随曾国藩调直隶，补大名知府，委办赈济等事物。同治九年（1870），随曾国藩处理天津教案，负责发审局。十一月，随曾国藩返两江，委办营务处；并协助彭玉麟规划长江水师章程。次年，入主江南制造局。曾国藩死后，李兴锐又受继任两江总督李宗羲信任，曾参与查勘中越边界，授驻日公使，但未赴任。日本侵略台湾时，李兴锐协助办理两江机要，江海戒严，并赴江阴、狼山、吴淞、崇明等处视察，择险设守，修筑炮台。旋因母丧回籍，丁忧守制。

光绪十五年（1889），李兴锐任天津海关道。光绪二十一年（1895），补天津道，次年任长芦盐运使。两年后，升福建按察使；又两年，擢广西布政使。光绪二十六年（1900），擢江西巡抚，正值义和团运动高潮，江西数十所教堂被烧，积案达2 000多起。李兴锐到任后，整饬吏治，罢劾不力地方官10多人，限期3个月，审理积案，赔偿教堂损失。同时，努力恢复发展生产，疏浚鄱阳湖，导水入江；整顿财政，重订厘税章程，创设农工商局、矿务公司、工艺院、课吏馆等，完善政府职能。两年后，调署广东巡抚，竭力推行新政，请开特科，兴学校，设银行，教授官吏，讲求武备。次年，署闽浙总督，整理财政、军制，裁汰虚冗，强调实效。光绪三十年（1904），擢两江总督。八月，病卒，终年78岁，谥"勤恪"，著有《李兴锐日记》。

---

① 李元度.国朝先正事略[M].长沙：岳麓书社，1991：自序.

3. 唐训方

唐训方（1810—1876），字义渠，因排行第九，故人称"方九"，湖南常宁人。道光二十年（1840）举人，曾任教谕。咸丰三年（1853），加入湘军水师，领副右营；次年靖港大败后，转入陆师。随罗泽南转战湖北蒲圻、武昌等地。旋募常宁勇500人，建立"训"字营。曾在濯港之战中，打败太平军名将罗大纲，名声大响。咸丰五年（1855），在江西作战，旋回援湖北，擢知府。在围攻武昌之战中，充任中路，布置疑兵，夺取太平军两个营垒，惊走太平军士兵。次年，率军镇压襄阳高二起义；又次年，镇压四仆刘尚义起义，擢巡道，旋授湖北督粮道。咸丰十年（1860），擢湖北按察使，旋署布政使。次年，胡林翼病重，李兴锐负责武昌防务。同治元年（1862），唐训方署安徽巡抚，因下属苗沛霖投向太平军被降级。同治三年（1864），署湖北巡抚，旋转直隶布政使，参与镇压捻军。同治七年（1868），开缺回籍。光绪三年（1877）病逝，终年68岁。

4. 陈士杰

陈士杰（1825—1893），字隽承，湖南桂阳人，出身于官僚世家。道光二十九年（1849），以拔贡授户部七品官，旋丁忧回籍。咸丰三年（1853），加入曾国藩幕，陈士杰善于用人、识人，有战略眼光，时鲍超为军中小校，坐法当斩，陈士杰力救之；又王鑫败退岳州，孤立无援，陈士杰说服曾国藩为之援手，后鲍、王二人均为湘军名将。次年，太平军再次入湘，占领岳州、湘潭等地。陈士杰认为，湘潭为根本之地，保湘潭，既可保衡、永，有利再举。曾国藩听其计，果大捷。

咸丰五年（1855），桂阳、郴州农民起义。陈士杰从汉口归里，专办团练，联合王鑫所部镇压起义，升员外郎，改乡团为营勇，其军号称"广武军"。咸丰九年（1859），陈士杰在桂阳阻击石达开，迫使太平军西走新田，擢知府，升道员。同治元年（1862），擢江苏按察使，陈士杰以家乡未靖而辞官，继续留在湖南镇压农民起义。同治四年（1865），加布政使衔。随后镇压鲍超部霆军哗变，收编太平军士兵，获赐"刚勇巴图鲁"名号。

同治七年（1868），陈士杰任山东按察使。认真调查案情，辨析疑狱，平反错案。署福建布政使，升山西布政使。光绪七年（1881），擢浙江巡抚，重视海防，修建镇海、笠山港、定海、乍浦炮台。次年调山东巡抚，整饬吏治，治理河患，修建堤坝，但因其急于求成，导致工程质量低劣，时有决口。光绪十二年（1886）夏，因病辞官，旋返桂阳家居。光绪十九年（1893）病逝，终年69岁。

5. 刘典

刘典（1819—1878），字克庵，湖南宁乡人，县学生员。喜治性理之学，与罗泽南为友。咸丰元年（1851），在宁乡举办团练，镇压罗仙寨斋教起义，保荐训导。咸丰十年（1860），随左宗棠在江西、浙江与太平军作战，擢直隶州知州。同治二年（1863），率军攻占浙江兰溪、金华，配合左宗棠进攻杭州。旋带5 000人进入皖南、江西作战，以巩固浙江后路，并竭力收集粮食，供应军需，擢浙江按察使。继而转战浙江、安徽、福建，并曾回湖南募勇扩军，加布政使衔。

同治七年（1868），刘典协助左宗棠帮办陕甘军务，署陕西巡抚。除竭力镇压陕西回民军外，还多有政绩：一是赈济灾民，调查灾情，倡捐银米，分别减缓税赋，以苏民困；二是安抚流民，开垦荒地，兴修水利，以利生产；三是整饬吏治，他认为"小民苦累，首在差徭，次即完纳地丁"，禁止摊派，减少浮费。同治九年（1870），刘典以母年迈，请假回乡。光绪元年（1875），左宗棠出兵新疆，刘典再度复出，帮办军务，留守兰州，全力支援收复新疆。左宗棠说："刘典帮办军务，于今三载，汉回乂安。凡整军节饷，可以裨益地方及生聚教诲可为民生之久远者，无不殚诚竭虑，勉图之。臣一志经营关外新疆，内顾无忧，实赖典之同心赞助。"刘典病逝于兰州，终年60岁，谥"果敏"。

6. 周开锡

周开锡（1826—1871），字受山，又作受三、寿山、寿珊，湖南益阳人。出身官宦之家。其父周扬之，曾官户部主事；其叔周振之，道光年间进士，曾任知县。周开锡自幼随父居京师，工诗能文，但屡试不第。道光二十九年（1849），周开锡从左宗棠就读于长沙。咸丰三年（1853），曾上书曾国藩，言"兵食机宜"，旋回益阳举办团练，协助政府征收钱粮，转运军食。次年，进入胡林翼幕，处理军粮事物。曾上书胡林翼，强调"吏事与兵事相辅，治乱之本莫先察吏"。与胡林翼"兵事如治标，吏事如治本"的观点一致，故备得胡林翼重视，命署沔阳知州。沔阳濒临长江、汉水，水患连年，周开锡上治水三策。咸丰十年（1860），湘军与太平军争夺安庆，周开锡随胡林翼参与作战，策划机宜，擢知府。胡林翼死后，周开锡转入曾国藩幕，旋协助李续宜处理军务。

同治元年（1862），左宗棠调周开锡入幕，在浙江协助左宗棠整饬吏治，筹措军饷，整理财政，减免地方钱粮，深得左宗棠信任。先后署知府、道员、福建布政使，任福州船政局提调。同治五年（1866）任护理福建巡抚。左宗棠离开福建后，周开锡为新任总督吴棠排挤，于同治七年（1868）辞职，乞假返湘。次年正月得沈葆桢荐举，任福州船政局帮办。

同治八年（1869），周开锡从福建护送军饷到陕西。时战事激烈，陕西南路极不安宁，争斗正剧。左宗棠留周开锡统领陕西南路各军兼地方厘税钱粮。周开锡头脑清楚，心有机谋，兴利除弊，开荒屯田，厘定税赋，将事物处理得井井有条。同时指挥战事，处理士兵哗变，都显示其才干。同治十年（1871），周开锡病逝于巩昌，终年46岁。终其一生，其先后为胡林翼、曾国藩、左宗棠三巨头幕僚，并受到信用，可是未能独当一面，仅短期护理巡抚，难以一展其聪明才智。

7. 田兴恕

田兴恕（1836—1877），字忠谱，亦作忠普，湖南凤凰人。行伍出身，16岁时为镇筸镇标兵。咸丰二年（1852），从守长沙，抗击太平军。田兴恕曾夜乘小舟投掷火球，扰乱太平军兵营，升为哨官。咸丰六年（1856），自领一军，仅500人，称"虎威营"。从萧启江援江西，参加攻打万载、袁州的战斗，曾攻克崇仁、乐安、宜黄、南丰等地，升副将。咸丰八年（1858），贵州苗民、号军起义，田兴恕参加镇压起义，攻克犁平，署古州镇总兵。次年，田兴恕率4 500人驰援宝庆，与石达开苦战一个月。后与李续宜援军会合，石达开撤围退走广西。田兴恕驻靖州，旋署贵州提督。咸丰十年（1860），石达开由广西进入贵州。田兴恕率军围堵，他认为："黔省上游，道路分歧。贼若以一军扰黔，一军入蜀，道远兵单，断难兼顾。已檄韩超防镇远，沉宏富守湄潭，刘义方进松桃；臣驻石阡，居中调度。贼如上窜，则亲会川军以攻之；窥楚，即驰还靖州。"部署周密合理，擢授提督、钦差大臣，督办贵州军务。次年，田兴恕兼署贵州巡抚。这时，贵州回民、苗民纷纷起事，田兴恕一面分兵进剿，屡战屡捷；一面招抚群众，平息事件。是年，"兴恕年甫二十有四，骤膺封疆，恃功而骄,又不谙文法,左右用事,屡被论劾"。[1]乃罢兼职,专任贵州提督。

同治元年(1862),法国主教胡服理到贵州传教,其间勾结奸人,欺压百姓,引起公愤,田兴恕将其驱逐出境。接着,法国传教士文乃尔与田兴恕发生矛盾,被开州知府捕杀。田兴恕主动承担责任,被革职。同治四年(1865),被遣戍新疆,行至甘肃,为左宗棠所救,留秦州防营效力。同治十二年(1873),释放回籍。光绪三年(1877)病逝,终年42岁。

8. 魏光焘

魏光焘(1837—1911),字午庄,湖南邵阳人。家贫,曾为厨工。咸丰六年(1856)加入湘军,从曾国荃办理营务。同治年间,随左宗棠赴陕甘,参与镇压回民起义。光绪初年,擢道员,遵循左宗棠理政治军措施,修道植树,劝课农桑。光绪七年(1881)升甘肃按察使。光绪十年(1884)迁甘肃、新疆布政使。

光绪二十年(1894),中日甲午战争爆发,北洋军和淮军一再失败。次年,魏光焘应命率"武威军"8个营出关,在田庄台布防,对日军发动反攻,未克,遂再次发动攻击,失败。接着魏光焘率3 000人回援牛庄,抗击日军20 000精锐之师,双方激战。湘军据守民房,两方展开巷战,肉搏冲锋,短兵相接,刺刀拼杀。湘军伤亡达2 000人,也给日军以重创。魏光焘英勇督战,竟至三易坐骑之境,直到深夜才率军突围。甲午战争之后,魏光焘调江西布政使,旋擢云南巡抚,改陕西巡抚。光绪二十六年(1900),八国联军侵华,魏光焘率军勤王,晋陕甘总督,调云贵总督。光绪二十九年(1903),转两江总督,次年调闽浙总督。因受贵族铁良排挤,两年后被开缺回籍。辛亥革命爆发,起复其为湖广总督,未赴任,病逝于家,终年74岁,著有《勘定新疆记》。

七、咸同年间湖南其他人才

咸同年间的湖南人才,基本上集中在湘军,这是咸同年间湖南人才的主体,也是咸同年间湖南人才的亮点,但除湘军人才外,还有一些其他人才,有的是清朝的封疆大吏,位高权重;有的是在文化教育、科学技术方面极有造

---

[1] 赵尔巽.清史稿:田兴恕传[M].北京:中华书局,1977:421.

诣、极有贡献的专家、学者；有的是农民起义的首领人物。他们正好是湘军的对立面。虽然他们和湘军有不少联系和来往，却不便将其归类到湘军人才中。

（一）易棠、劳崇光等政治型人才

1.易棠

易棠（1793—1863），字念园，善化县（今长沙县）人。道光九年（1829）进士，授刑部主事，升员外郎、郎中。道光二十八年（1848），任广州知府；次年，署督粮道。鸦片战争之后，清政府被迫重开鸦片贸易，广州是鸦片进口的主要港口之一。广东一些偏僻地区，有人借机种植罂粟，形成粮少烟多的局面。易棠就任后，发布告示，令各州、厅、县官吏，实地勘查，严禁种植罂粟；已种之苗，亦要立即铲除，改种苞谷杂粮。禁令森严，对广东鸦片多有抑制。

咸丰元年（1851）二月，易棠升陕西按察使，旋兼署甘肃按察使、布政使，擢山西巡抚，但仍留甘肃镇压西宁少数民族起义。咸丰三年（1853），署陕甘总督，次年正月实授。任职期间，他实施了以下几项措施。一是积极镇压人民反抗。严令各地筹办团练，先后镇压了会宁农民暴动、陇西石沅应起义、甘肃撒拉族起义、回民起义、拉布族与四川果克人起义。二是救济灾民。宁夏水灾后，组织治水筑堤；设米厂加赈，捐给棉花，给予房屋修理费用，蠲免钱粮；帮助灾民恢复发展生产。三是整理财政。组织清查甘肃130年来的各项钱款；抵制户部在甘肃确征厘税；在兰州、宁夏等地设官钱局和分局，加铸大钱，招聘商人承办，并从陕西调来工匠鼓铸。四是恢复发展生产，开放经济。募民开荒，增加粮食生产；试采金砂，广采矿砂，发展经济；弛边之禁，以利发展商业贸易；裁汰冗兵，节约开支。五是重视文教，修撰陕西通志。咸丰六年（1856）九月，易棠因病解职回籍。同治二年（1863）卒于长沙，终年71岁。著有《四书典制考略》《贻芬书屋诗文集》等。

2.劳崇光

劳崇光（1802—1867），字辛陔，湖南长沙人。道光十二年（1832）进士，历任编修、主考、知府、道员、按察使。道光三十年（1850），李沅发起义，进攻广西。劳崇光与提督向荣会剿镇压，擢广西布政使。次年，署广西巡抚，协助钦差大臣赛尚阿会办广西军务，筹措饷需，组织团练，共同镇压太平军起义，以及广西各地农民起义。咸丰二年（1852），实授广西巡抚。时广西人民纷纷起义，劳崇光乃集中精力，调配兵勇，分驻省城及各处要隘，严密防范。同时"剀切出示，以定人心；激励团练，以作民气；招抚流亡，以复民业；训练兵勇，以肃兵纪；搜缉土匪，以靖内奸"。从而勉强维持了广西的统治。咸丰七年（1857），两广天地会起义活动更加活跃，先后攻克柳州、梧州等地。劳崇光几次受处分，降职留用，乃请湘军蒋益澧入桂加强镇压。咸丰九年（1859），调广东巡抚兼署两广总督，旋又兼署粤海关监督，仍以全力镇压此起彼伏的农民起义、会党活动。同治二年（1863）四月，授云贵总督，先后镇压云南回民起义、贵州苗民起义。劳崇光始终以镇压人民起义为事，故《清史稿》称："劳崇光久在兵间。"

其实，劳崇光本一文人，学问优长，工诗能文，著有《常惺惺斋诗文集》。其诗工雅整齐，意境清新。同治六年（1867），劳崇光逝于任所，终年66岁，赠太子太保，谥"文毅"。

3. 郑敦谨

郑敦谨（1803—1885），字筱山，又字小山，湖南长沙人。道光十五年（1835）进士，选庶吉士，散馆授刑部主事，迁郎中，外任山京登州知府，擢河南汝光道道员。咸丰元年（1851），与南阳总兵合力镇压泌阳人民起事，署布政使。次年，授广东布政使，仍留河南。太平军进入湖北后，郑敦谨赴信阳布防。旋受钦差大臣琦善令，总理信阳粮台，又管理江北大营粮台，驻徐州。咸丰四年（1854），回河南布政使任，督率各官倡捐经费，兴办团练，调配兵勇，在黄河各渡口布防，以阻止太平军北上。是年，曾一度署理河南巡抚。

咸丰五年（1855），郑敦谨因欠解甘肃两年协饷，降级调任太常寺少卿。旋转山东学政，擢大理寺卿。同治元年（1862），署户部侍郎，又先后转山西、陕西、直隶布政使，擢河东河道总督。同治四年（1865），授湖北巡抚，旋调户部、刑部侍郎，升左都御史，转山西巡抚。同治七年（1868），授工部尚书，仍在山西，策划镇压捻军和回民起义。时"回匪入河套，近边震动。敦谨移驻宁武督防，别遣兵守榆林、保德下游各隘，增募炮勇，补葺河边墙。回匪窥包头镇，沿河堵御，会绥运城将军定安遣队迎剿，总兵张曜自河曲截击，破走之"。[①] 郑敦谨调度有方，布置周密。次年，任兵部尚书；又次年，转刑部尚

---

① 赵尔巽. 清史稿：郑敦谨传[M]. 北京：中华书局，1977：421.

书。时两江总督马新贻被刺，朝野震动，郑敦谨与曾国藩会审结案。同治十年（1871），因病辞官回湘。光绪十一年（1885）六月，郑敦谨病逝，终年83岁，谥"格慎"。郑敦谨为官清廉，居官30多年，位至封疆，历工、兵、刑三部尚书，家中却"未尝增一田、置一宅"。

4. 陈启迈

陈启迈（1796—1862），号竹伯，又字子皋，湖南常德人。道光十八年（1838）进士，授编修，参加修纂《嘉庆一统志表》，升国史馆纂修。道光二十九年（1849），任广东乡试主考，旋升江西按察使，晋直隶布政使。咸丰三年（1853），陈启迈调江宁布政使。这时太平军攻入长江流域，陈启迈主管江南清军粮饷，条画周密，保障供需，尽心尽力。咸丰四年（1854），擢江西巡抚，勤于政事，公牍随时处理，从无拖延。时江西是湘军与太平军作战的主要战场，曾国藩驻师南昌，与陈启迈发生矛盾。陈启迈等地方官员认为曾国藩越权侵官，插手地方事物，影响地方行政。于是相互倾轧，处处掣肘，时时纠纷。在设立船厂、调动军队、重建水师、粮饷供应、选用人才等诸多方面，矛盾重重。次年，曾国藩参奏陈启迈"虚报战果，欺君罔上；朝令夕改，反复无常；保举不公，包庇下属；是非颠倒，纲纪废弛"[①]等四大罪状。当时，清廷虽不信任曾国藩，但要利用湘军攻打太平军，只得令"陈启迈着即革职"。陈启迈回乡后，曾主持朗江书院，并主编常德所属八县的县志，对湖南地方文化教育事业有所贡献。同治元年（1862），陈启迈病逝，终年67岁。

5. 胡兴仁

胡兴仁（1797—1872），字怒堂，号麓樵，晚号旷寄山人，湖南保靖人。道光五年（1825）拔贡，在陕西任州判。因镇压回民起义有功，擢褒城知县，迁知州、知府、道员。任职期间，他勤政爱民，政绩颇著。一是关心百姓生活。在褒城时，代百姓偿还欠赋1 700金，欠谷900石。二是诉讼公平。在福建漳州知府任上，禁止民间械斗恶习，由官府调解纠纷；任福州知府时，清理积案400多起。三是救灾赈饥。任长安知府时，拨仓麦36 000石，贷结饥民度荒；任川北道时，建立思豫仓，每年捐谷200石，以备荒年。四是兴修水利。任川北道时，凿塘筑堰2 600多处。五是调解川陕人民矛盾。四川农民与

[①] 曾国藩. 曾国藩全集：一[M]. 长沙：岳麓书社，1995：473.

陕西商人发生矛盾，矛盾范围逐渐扩大，波及27州县，四川农民焚掠陕西商人900多家。四川当局拟以百姓造反为由，请朝廷发兵征讨。胡兴仁认为不可，亲自到各州县陈说利害，调查真相，将为首肇事者40多人遣戍边地，从而平息事件，擢按察使。

道光二十九年（1849），家乡保靖遭灾。胡兴仁调运大米1 500担，银2 000两赈济。又请增加保靖学额，以培养人才。随后，升广西布政使，调甘肃布政使，又调浙江，会同曾国藩办理军务。咸丰八年（1858），擢浙江巡抚，兼署学政，为安定人心，拉拢学人，疏请连续二年举行乡试。次年，以病辞官回籍。同治十一年（1872），病逝于家。终年75岁，著有《补拙轩诗文草》。

6. 黎培敬

黎培敬（1826—1882）号简堂，又字开周，湖南湘潭人。咸丰十年（1860）进士，授编修，升国史馆纂修。同治三年（1864），任贵州学政，时贵州苗民起义，声势逐渐扩大。总督劳崇光和巡抚张亮基却相互矛盾，不能集中力量镇压起义，黎培敬将上述情况奏报朝廷。黎培敬认为起义的主要原因是缺少教育，因此深入各州县调查教育情况，严格考试制度。同治六年（1867），命权理贵州布政使，即大力镇压苗民起义，次年实授布政使。光绪元年（1875），擢贵州巡抚，整顿吏治，颇有政声。光绪五年（1879），奏请解除原总督贺长龄的处分，并赐谥立祠，触怒了朝廷，被降级任四川按察使。四川总督丁宝桢，课吏甚严，但称黎培敬为"贵州贤使君""数荐其贤"。次年，擢漕运总督。"漕督虽闲职，然腴仕，培敬誓不以自污。公费所余，以之修驿馆、建兵房、增书院餐钱、兴释奠礼器、官煤利济诸局亦赓续告成，人无敢干以私。"[①]光绪七年（1881），授江苏巡抚，赴任途中发病，中途返湘。次年病逝，终年57岁，谥"文肃"。著有《黎文肃公奏议》《求补拙斋诗文略》等。

7. 李恒

李恒（1827—1892），字叔虎，号戴堂，湖南湘阴人，李星源之子。廪生，咸丰五年（1855），以道员栋发江西，署广饶九南兵备道。随后辗转于督粮道、按察使、布政使。同治元年（1862），曾一度兼署江西巡抚。在江西，李恒主要从事财政经济事务。一是为湘军筹措粮饷。江西的战争十分激烈、频

---

① 赵尔巽. 清史稿：黎培敬传 [M]. 北京：中华书局，1977：448.

繁，其程度甲于全国。故出谋划策，征粮筹饷，处理和湘军的关系，最为紧要，也是李恒面临的难题。二是整理财政，增加收入。李恒大力革除江西官钱局积弊陋规，要求市面上流通户钞；停止预借两个月房租的政策以安定民心；制定抽厘章程，每千文抽厘20文，不准重征；禁止各衙随地设卡，滥收厘金税贼；停止使用大钱，以免商人、贫民受损；对捐谷、捐饷、义仓、漕米、钱粮征集，制定章程，强调实效。三是防止兵变。江西军队较多，粮饷供应难以及时，时有闹饷事件发生。李恒制定三联单，注明兵勇口粮数目，以使心中有底，并代表巡抚与军方谈判、交涉，安抚军队，促使军政一致。

同治元年（1862）秋，江西厘金减少，曾国藩与李恒发生矛盾。李恒有忤曾国藩，曾国藩妒恨打击，十天之中，七查厘务，李恒实无差错。其实，李恒之父曾有恩于曾国藩，十年后，却报复其子，迫使李恒以病为由，请求开缺。次年春，李恒调陕西布政使，在武汉跌倒，左肢中风麻木，乃开缺回籍。曾国藩仍不依不饶，诬指过失，李恒受降三级处分。随后，湖南巡抚李瀚章奏李恒捐饷之功，准偿还二品顶戴。李恒晚年潜心著述，有《国朝耆献类征》《国朝贤媛类征》《宝韦斋类稿》《三山归擢小景》等。其中《国朝耆献类征》长达720卷，为清代人物传记汇编。起自清太祖天命元年（1616），止于道光三十年（1850），分19类，人物逾万，对清史研究有一定价值。光绪十八年（1892），李恒病逝于家，终年66岁。

（二）王闿运、丁取忠等文化型人才

咸同年间湖南人才在政治、军事上取得了巨大的成就，也产生了巨大的影响，客观上掩盖了他们在文化学术上的成就。其实，湘军集团的主要人才，如曾国藩、左宗棠、胡林翼、郭嵩焘、罗泽南、刘蓉等，都是博学多识的学者，有的甚至堪称一代宗师。此外，咸同年间亦有许多人才专门从事哲学、历史、地理、天文、兵法、水利、河工、农学、数学、文学等专门学问的研究，并有可喜的成就。更有不少士子在经世致用思想的指导下，把学术研究和社会实践结合起来，研究有关国计民生的现实问题，如攸县人龙汝霖的《农桑辑要》，岳阳人方大湜的《蚕桑提要》《堤工摘要》，长沙人孙鼎臣的《畚塘论》，湘阴人张自牧的《瀛海论略》，新化邹汉章的《黔滇楚粤水道考》《皇舆地说》，沅陵人吴大廷的《福建盐法志》，丁取忠的《舆地经纬度里表》等，都是研究现实问题的著作。

1. 王闿运

王闿运（1833—1916），字壬秋，室名湘绮，晚号湘绮老人，人称湘绮先生，湖南湘潭人。咸丰七年（1857）举人，咸丰九年（1859），应聘肃顺王府任家庭教师，受到器重。同治元年（1862），入曾国藩幕，所议多不用。其后，受四川总督丁宝桢聘，主讲成都尊经书院。丁宝桢死后，王闿运回湖南，先后在长沙思贤讲舍、衡山船山书院任山长。光绪二十八年（1902），主讲南昌高等学堂。前后从教几十年，弟子数千人，门生满天下。光绪三十二年（1906），任翰林院检讨，加侍读衔。辛亥革命后，任清史馆馆长，因洞察袁世凯帝制自为之心，乃挂印离京，返湘家居。1916年病逝于家，终年85岁。

王闿运为人慷慨激昂，以霸才自负。但科举受阻，不得进士。政治上未遇明主，帝王之学未酬。他所作的自挽联说："春秋表未成，幸有佳儿传诗礼；纵横计不就，空留余韵满江山。"但在学术上，却是晚清极有成就的大学者、一代宗师。他学识渊博，治《春秋公羊传》，宗今文经学，以致用为主。他对学生提出："治经要道，于《易》，必先知易字含数义，不当虚衍卦名；于《书》，必先断句读；于《诗》，必先知男女赠答之词，不足以颁学官，传后世；一洗三陋，乃可言《礼》，礼明，然后治《春秋》。"他要求诸生"日有记，月有课，暇则习礼。"在他的教育下，涌现了杨锐、廖平、刘光第、宋育仁、胡从简、杨度、齐白石等著名人才。

王闿运是一代诗文大家，其诗文推崇汉魏六朝，为当时拟古派所推重。他的诗"尽法古人之美，熔铸而出之"，能自成风格，气魄宏伟，高洁傲气。王闿运的文章，自然浑成，文笔高朗，雄健流畅而简洁，叙事真实而不虚浮，不堆砌辞藻，亦不落俗套，多有传世之作。他的《湘军志》不仅忠于史实，而且行云流水，可读性强，有人评为"我国近千年来杂史中第一声色文学"。他的《湘绮楼文集》，更是佳作连连，可作范本阅读。

王闿运一生，著述丰富，主要有《春秋例表》《论语训》《尔雅集解》《楚辞注》《尚书大传补注》《尚书笺》《诗经补笺》《春秋公羊传笺》《礼记笺》《周官笺》《湘军志》《湘绮楼文集》《湘绮楼诗集》《湘绮楼笔启》《湘绮楼日记》，此外，辑有《八代诗选》《唐代七言诗选》等数十种，并主纂《湘潭县志》。其著作之多，内容之广，影响之大，很少有人能与之比肩。

2. 丁取忠及其弟子

丁取忠（1810—1877），字果臣，号云甫，湖南长沙人。自幼聪慧，博闻强记，喜爱算学。生员，不求仕进。曾师事贺熙龄，与邹汉勋为同窗好友。史称丁取忠"湘中老宿，撰著自娱，不求闻达，而象数一途，尤所深究"。咸丰元年（1851），刊刻《数学拾遗》一书，丁取忠对代数很有研究。咸丰十年（1860），应胡林翼聘，"校书于鄂"；根据魏源的《海国图志》，运用三角学定律，撰成《舆地经纬度里表》，即以北京为中心，推算各地的里程和方位。同治十年（1871），又著《粟布演草》一书，以"发商生息为题，或一例而演数题，或一题而演数式，或用真数，或用代数，其式或横列，或直下，杂然并陈。尚虑览者卒然无从入手，更撰演草补篇，专详于文以附之"。同治十三年（1874），又写成《对数详解》一书，特别是从同治十年（1871）开始，丁取忠在其学生黄宗宪、左潜、曾纪鸿等人的协助下，开始编辑《白芙堂算学丛书》，历时 10 年乃成，共收中国古人著作 6 种、外国日人著作 1 种、时人著作 8 部（其中丁取忠 3 部、其学生 5 部），总计 32 册，是一部集中国古今数学著作之大成的丛书。该丛书不仅标志着算学的重大发展，而且促进了以数学为代表的自然科学的发展。

当时，湖南的数学水平位于全国各省前列。据华世芳《近代畴人著述记》，列国内数学家 33 人，其中湖南有 7 人。即丁取忠、邹汉勋、邹汉池、李锡蕃、黄宗宪、左潜、曾纪鸿。其中黄、左、曾 3 人为丁取忠的学生，黄宗宪精通英文，能和西方学者交流，曾随郭嵩焘出使英、法，考察西方数学，著有《求一术通解》。左潜为左宗棠之子，精于诗词古文，尤精算学，眼界宽广，主张中西互学，取长补短。著有《缀术释明》《缀术释戴》。曾纪鸿为曾国藩之子，留心西方算学，曾计算圆周率精确到 100 位数。著有《对数详解》《圆率考真图解》。

3. 新化"邹门六杰"

新化县邹氏一家，堪称文化世家。第一代邹文苏（1769—1831），字望眉，号景山，贡生，无意仕进，以设馆授徒为业。尝以竹木等材料，作浑天仪等教具，开直观教学之先声。邹学识渊博，研究经学，长于"三礼"，尤精研舆地。著作有《九献考》《礼器小识》《景山遗集》等。妻吴瑚珊，工诗能文，亦精舆地。生有 6 个儿子，均精舆地，有著作传世，被誉为"邹门六杰"。

邹汉纪（1795—1825），号伯申，自幼好学聪明，兴趣多样，学识丰富，尤精于舆地、音韵、天文之学，著作有《五音表》《典韵》《字谱》《天官书》《古今舆地图说》《春秋左氏地图说》《博物随抄》等。

邹汉璜（1803—1851），又名罗谷，号仲辰，好学勤读，博学多识，古文、舆地、历史、诗词，均有造诣，尤工医学。有《灵素解》《伤寒杂病论笺》《伤寒论翼》《外台秘要千金方类解》《产育宝庆集博论》《寒疫论》《济民经》《山经类谱》《宝庆大政记等》等著作近20种。

邹汉勋（1806—1854），字淑绩，又字绩父，咸丰元年（1851）举人。自幼好学，兴趣广泛，天文、舆地、算学、音韵、考据，样样精通，又工诗能文。幼年随母学习，常以地灰画《禹贡》山川形势。协助其兄编著山川图说，后肄业于城南书院。先后师从贺熙龄、丁取忠等名师。曾协助邓显鹤校刊《船山遗书》，并一道编纂《宝庆府志》《新化县志》。又应贺长龄之邀，赴贵州纂修贵阳、大定、兴义、安顺四府府志，有"西南方志专家"之称，梁启超称赞其所编志书，为"清代名志"。咸丰二年（1852），在高邮与魏源相会，为其《书古微》参订《尧典释天》，并绘制《唐虞天象》等图。次年，闻其弟邹汉章在南昌被围，乃与江忠源率军赴援，参赞军务，授知县、升同知。咸丰四年（1854）十二月，在庐州作战时，为太平军所杀，终年48岁。著有《读书偶识》《五均论》《六国春秋》《广韵表》《说文谐声谱》《贵州沿革表》《水经移注记》《南高平物产记》《颛顼历考》《学艺斋诗集》等20多种。

邹汉嘉（1808—1854），号淑开，县学生员，好舆地之学，亦工诗文。著有《四冠文集》《海帆诗存》《干支论》《声貌字类》等。

邹汉章（1813—1861），字叔明，府学生员，喜好舆地、兵书、兵制。咸丰三年（1853），加入湘军，随江忠源赴江西作战。随后，进入水师，为湘军水师最初10营官之一。先后转战于湖南、湖北、江西，历授训导、教授、同知，但均未赴任。后奉骆秉章之命，率水陆营驻扎靖州、洪江，以防贵州苗军。咸丰九年（1859），石达开围宝庆，邹汉章率军赴援。次年，刘长佑调邹入广西，镇压太平军。咸丰十一年（1861）邹汉章病逝于广西，终年49岁。留有《黔滇楚粤水道考》《皇舆地记》《纸上谈兵》等著作。

邹汉池（1817—1871），字季深，县学生员。博学多识，精通经史，尤精舆地、算学。不乐仕进，性格豪爽，轻财尚义，周济贫困，广有侠名。著有《战国年表》《永历劫迁日表》《度里表》《日食录》《流汔章首》等。

邹门后代，亦有名人，如邹汉勋之孙邹代钧，邹汉璜之孙邹代璜等，都是著名的学者。

4. 罗汝怀父子

罗汝怀（1804—1880），字念生，晚年自号楳根居士，湖南湘潭人。自幼好学，尤喜形声训诂之学，潜心钻研顾、江、戴、段诸家学问。道光十七年（1837）拔贡，会试不中，乃绝意科举，专心治学。喜爱交友，与当时著名文人学者贺熙龄、石承藻、唐鉴、邓显鹤、黄本骥、杨季鸾、汤鹏、何绍基等都有较深的情谊。咸丰年间，罗汝怀应曾国藩之召，进入幕府，与曾互论政事。罗汝怀关于团练之法，以及"尚平实、勿争权"等见解，对曾国藩都有影响。同治初年，纳资候选内阁中书。

罗汝怀博学多识，有很深的经学根底，反对汉学、宋学之分，非常重视经世致用之学。道光十八年（1838），罗汝怀赴京应考，沿途考察山川形势、风土人情，并将实际所得与前人著述比较，随时记载，写成《北游记里录》。罗汝怀对地理沿革、水道沿流、历代法制、民间风俗、团练保甲、积备仓储、禁烟、吏治、民族等实学，以及经史之学、六艺训诂、金石篆隶，均有研究。同治初年，罗汝怀留心湖南故实，人物史事，参与编辑《湖南通志》，并独立完成《褒忠录》84卷、《湖南文征》200卷，以及《七言流别集》《潭雅集》，成为继邓显鹤之后最有成就的湖南文史编著者。其经史著作有《周易训诂大谊》《禹贡义案》《毛诗古音疏证》《汉书·沟洫志补注》《古今水道表》《十三经字原》《绿漪草堂经说》《经传金石假借字辑》《六书统考》《搜经省私录》《自镜录》等。此外，还有《绿漪草堂诗文集》《绿漪草堂诗集》《研华馆词》《先世述闻》《物产志》《祈雨说》《兵饷刍说》《团练刍说》等。

罗汝怀性格温和，与人交往，洞见肺腑，久而益亲。一生向学，著述不辍。光绪六年（1880）十月，病逝于家，终年77岁。

罗汝怀之妻周絜，字季华，一字梔雪，为著名女诗人，著有《吉劭阁诗》。

罗汝怀有3个儿子，都工于诗。长子罗萱（1827—1869），字伯宣。自幼聪慧，7岁能诗。咸丰三年（1853），从父命弃文就武，参加当地团练，驰马练枪，善于用兵，在军中20多年，大小经历百战。先后在曾国藩、郭嵩焘、黄润昌幕府任职，多有奇谋建功，但往往献计即走。历授知县、同知、知府、道员。罗萱生性淡泊名利，不图仕进，博学多识，工诗能文。其文儒雅流美，词极达意；诗则平易清畅，比拟形象。同治八年（1869）同黄润昌攻战黄平，死于苗洞，终年43岁，赠太常卿、骑都尉世职。著有《仪郑堂文笺注》《蓼花斋诗词》《粤游日记》等。

（三）洪大全等农民起义人才

咸同年间，湖南社会矛盾复杂，阶级斗争尖锐。农民所受的压迫和剥削非常严重，农民生活困难，大多数农民在死亡线上挣扎，加之受到太平军的巨大影响，湖南农民纷纷举起反抗的义旗。这样的社会形势，必然会催生一批杰出人物。

1. 洪大全

洪大全（1823—1858），又名焦亮，湖南资兴人，秀才，屡试不第，心怀不满，时常批评时政，是当地天地会首领之一。太平军进入湖南，即加入太平天国。

关于洪大全的家世生平，有不同的说法，但有几点是可以肯定的。第一，洪大全是湖南人，父母早逝，性情豪爽，有一定文化，留心兵书战阵，对清政府的苛政极为不满。有正义感，好打抱不平，在群众中有威信，是湖南天地会的重要首领之一。第二，洪大全为太平军做出了重大贡献。洪大全与洪秀全等人早有来往，曾帮助太平军"创营制、整军律、定进攻退守之策"。"定官制，分王以下勋爵为若干等。""教秀全行仁义，所过之处掳七留三，所陷官绅，概予世袭，密付铁卷，使代守疆土。不变衣冠，祗取其归心助力，以成大业。人心既附，但得一省，天下可传檄而定也。"上述建议，有待进一步考证，但太平天国在湖南的作为，却体现了上述建议。而且，蔡冠洛为太平军13人作传，内有洪大全，可见其在太平军的重要地位。第三，洪大全和洪秀全存在不同意见。洪大全不同意以天主教发动群众，不主张反孔，认为太平军封王过早，是洪秀全的失策，因而洪大全曾被洪秀全囚禁。第四，洪大全的结局是慷慨就义。咸丰二年（1852），太平军永安突围，洪大全被清军所捕，解送北京，坚毅不屈，"旋磔于市"。据《清代七百名人传》，洪大全有绝命词《西江月》留世："寄身虎口运筹工，恨贼徒不识英雄。谩将金锁绾冰鸿。几时生羽翼，万里御长风。一事无成人渐老，壮怀待要问天公。六韬三略总成空。哥哥行不得，泪洒杜鹃红。"

2.太平军中的湘籍将领

林启容（1821—1858），亦作林启荣，原籍湖南，后落户广西。咸丰三年（1853），任太平军上官正将军，为杨秀清部将。建都天京后，随赖汉英西征，先后攻克安庆、彭泽、湖口、南康，围南昌，占领九江。随后，镇守九江。咸丰五年（1855），封贞烈侯，与罗大纲合作，大破湘军水师，困死湘军悍将塔齐布。次年，湘军再次进攻，激战6昼夜，湘军败退，封贞天侯。咸丰八年（1858），湘军大举进攻九江，林启容外无援军，久困孤城，终于失败，英勇牺牲，年仅38岁，晋封勤王。

唐正财，湖南祁阳人。咸丰二年（1852），在湘江下游贩运米谷，听杨秀清讲话，深受吸引，说服同伴一道加入太平军，并捐献所贩米谷，封为典水匠，即将军。咸丰三年（1853），太平军攻下南京，力主定都南京，升同指挥、赏丞相、晋殿左五指挥，提督水营事物，总办船只。随后到湖南，动员船户加入太平军，得船只数百和水手数千人，升殿前检点。后在下关筑水营，建造八桨快船，打造九龙索子炮。咸丰十年（1860），封为亮天福，守安庆。同治元年（1862），封为航王。次年，在无锡英勇牺牲。

黄生才（1824—1854），湖南衡阳人。早年为天地会龙头，咸丰二年（1852）加入太平军，转战至南京，封总制。咸丰四年（1854），随北伐援军自安庆出发，攻入河南，渡黄河，进入山东。旋在孔家集战斗中被捕，英勇殉难。

李尚扬（1825—1863），湖南安仁人。咸丰二年（1852）加入太平军，咸丰十年（1860），从李秀成攻取杭州，又随李世贤进逼徽州，占领严州，封裨天义。次年，升忠裨天将。同治元年（1862），在浙江作战，后留守金华、汤溪一带。次年正月，在汤溪被叛徒彭禹兰诱擒，有《李尚扬自述》，旋被杀害。

朱衣点（1817—1863），原姓汤，名汉槎，字期训，乳名玄八，湖南宁乡人。其父被富豪害死，他被迫在外逃亡，改从母姓。投太平军，攻下南京后，选为进士。咸丰五年（1855），封将军。太平军内讧，朱衣点随石达开征战江西、浙江、福建，封精忠大柱国。咸丰九年（1859），进入湖南、广西，曾恳请石达开回南京。次年，朱衣点联合彭大顺，离开石达开，转战于湖南、江西,终于与李秀成部会合,成为李秀成部下。升福爵、安爵、孝天义,所部名扶朝天军,是太平军后期的劲旅。同治元年(1862)随谭绍光围攻常熟叛将骆国忠。李鸿章派"常胜军"和淮军赴援,骆国忠趁机反扑,朱衣点在战争中被擒,英勇牺牲。

蔡元隆,湖南岳阳人。咸丰四年(1854)参加太平军,封为任天安,为李秀成女婿。转战于江苏、安徽、浙江、江西,同治元年(1862)封为会王。同治三年(1864),清军围攻杭州,蔡元隆驻守海宁,和浙江布政使蒋益澧暗中勾结,叛变投敌,并由蒋益澧改名元吉,授通判。同年八月,率军与太平军作战,在江苏思溪被太平军包围,所部死亡殆尽,蔡元隆游水逃走。次年夏,蔡元隆占领武康,以知府用,随蒋益澧与太平军作战,不知所终。

邓光明,县籍不明,早年参加太平军,为李秀成部将。咸丰十年(1860),封为僚天义,次年升为主将,驻守杭州。同治元年(1862),封为归王,私放布政使林福祥和总兵朱兴朝。同治三年(1864),邓光明在赴援余杭时失败,向蒋益澧投降,改名邓光荣,与太平军为敌,不知所终。

3.其他农民起义首领

周国虞,湖南浏阳人。于道光十四年(1836)组织征义堂,入会者达2万多人。太平军进入湖南后,与太平军暗通消息,准备起义。咸丰二年(1852)十二月,江忠源奉命镇压征义堂。周国虞率3 000人,高举"官逼民反"大旗,宣布起义,分三路与清军对战。浏阳、平江团练数千人配合清军助攻,起义军陷入重围,月底,起义失败,周国虞逃至武昌,遇害。

晏仲武,湖南岳阳人。自幼丧父,喜结交江湖人士。道光二十八年(1848),在广西加入拜上帝会,旋回乡组织群众,自称东王。咸丰二年(1852),太平军围攻长沙,晏仲武在岳阳组织2 000人不断袭击清军,十一月曾截获清军饷银3万两,一时声威大震。月底,江忠源、邓绍良大军围攻,晏仲武被捕牺牲。

何贱苟,又名文秀、文华,湖南道县人,道州天地会首领。咸丰二年(1852),率众加入太平军,直至武昌。次年,回湘南,在道州、宁远、常宁、桂阳等地,吸收会员四五千人,正式起义,自称普南王,曾一度占领常宁。次年十二月,在道州失败,何贱苟进入广西,占领灌阳县,加入朱洪英、胡有禄的"昇平天国",任前营都统。随后一直在湘、粤、桂三省边界与清军作战。咸丰五年(1855)八月,在东安为湘军王鑫部湘军所败,乃向祁阳、邵阳交界的四明山转移,战斗中何贱苟壮烈牺牲。

朱九涛,本名邱昌道,湖南郴县人,天地会首领,伪称明朝后裔,托名朱九涛。咸丰元年(1851),以"广东老万山"名义在两湖发展组织,在衡阳建立机关,自称太平王,准备起义。咸丰三年(1853)十一月,联络郴州、永兴等地天地会在资兴起义。十二月,罗泽南率湘军镇压,起义失败,朱九涛则仍在郴州地区活动。咸丰五年(1855)二月,被团练陈启书诱捕,遇害。

朱洪英,原名朱世洪,又名朱胜红、朱世雄,湖南东安人,木工出身,在广西加入三合会。咸丰二年(1852),组织"恭义堂"(又名"公义堂"),在湘粤桂边界发展会员。八月与广西天地会胡有禄一道在南宁起义。次年建立"昇平天国",称镇南王,胡有禄称定南王,奉"太平天德"年号。咸丰五年(1855),应太平天国罗大纲之邀,率军从湖南北上,曾击败江忠源、王鑫。八月,胡有禄被捕杀,朱洪英突围,进入广西,继续在湘桂边界活动。咸丰七年(1857),曾一度攻克柳州。咸丰九年(1859),折回湖南。同治十三年(1874),在耒阳、宜章一带被捕,牺牲于宜章。

黄国旭,湖南安化人。于咸丰四年(1854),联合农民抗粮、杀官、抢印,反对甲书欺压百姓,率千余人进攻县城,打死清军千总。五月,胡林翼经过安化,罢知县,废甲书制度,并杀民愤极大甲书1人,诱骗黄国旭赴省。此后,黄被囚于长沙。审问时,黄国旭义正词严:"杀官官在,夺印印在,攻城城在,官逼民反,不问何官逼反,反问谁人主使。甲书为暴,苛索多端,官府包庇,狼狈为奸;官军奸淫掳掠,杀人放火。试问,鱼肉人民,残害百姓者,又是何人所为?"[①] 咸丰五年(1855)十月,黄国旭于狱中被害。

---

① 安化县地方志编纂委员会.安化县志[M].北京:社会科学文献出版社,1993:630.

第八章 维新运动时期的湖南人才

　　光绪中后期，民族危机日益加深，统治阶级内部矛盾日益加剧，人民生活日益困苦，在洋务派要求学习西方以抵御侵略的思想基础上发展起来的早期维新思想迅速发展起来，形成一股新的社会思潮。资产阶级维新派从救亡图存的爱国要求和资产阶级的利益出发，以西方资产阶级的进化论和民主政治为武器，对中国封建专制制度进行了尖锐的抨击，主张维新变法，走西方资本主义道路，以实现民族的独立和国家的富强。在这一思想的基础上全国兴起了一场群众性的政治运动，即维新变法运动。在湖南，则形成了以谭嗣同、唐才常、熊希龄为代表的资产阶级改良派，他们是全国维新运动的左翼激进派。在他们的带动下，湖南产生了近代第三个人才群体。这个人才群体与前面两个群体的显著区别是：他们都是年轻的知识分子，没有显赫的政治地位和社会名气。梁启超说："湖南自时务学堂、南学会等既开后，湖南民气骤开，各县州府私立学校纷纷并起，小学会尤盛，人人皆能言政治之公理，以爱国相砥砺，以救亡为己任，其英俊沉毅之才，遍地皆是，其人皆在二三十岁之间，无科第、无官阶、声名未显著者。自此以往，虽守旧日争遏抑，而野火烧不尽，春风吹又生，湖南之士之志不可夺矣。"这个人才群体在政治上活动的时间虽然不长，却是全国维新运动中最先进、最有战斗力的一翼。

一、湖南维新人才群体的形成

　　进入近代以后，湖南成为中国的人才大省，其显著的特点就是接连出现人才群体兴起的盛况。随着"湘系经世派"人才群体和"湘军人才群体"的出现，到光绪中后期，即维新变法运动前后，湖南又形成了一个新的人才群体，这个人才群体和鸦片战争前后、湘军兴起前后的两个人才群体一样，不仅对湖南社会的发展发挥了巨大的作用，而且对全国产生了深刻的影响，这是所有近代湖南人才群体的共同点。不同点则在于其阶级属性和阶级立场的区别。如果说近代湖南前两个人才群体的主体是封建统治阶级中的杰出人物，那么，维新运动前后的湖南人才群体的阶级背景则复杂得多，就其主体来说，已不是封建统治阶级的政治代表，而主要是代表了新兴的阶级，代表了一些地主、官僚、手工业主、商人等阶层向新兴的资产阶级转化的这部分人的利益。在政治上，其被称为资产阶级的改良派（或改革派）。

（一）维新运动时期的湖南

清朝的第 11 个皇帝光绪在位的 30 多年，是一个比较特殊的时期，一方面，随着西方资本主义的侵入和民族资本主义的产生，全国掀起了一场轰轰烈烈的维新变法运动。另一方面，则是统治阶级内部矛盾重重：其一是清王朝内部帝党和后党之间的矛盾不可调和。光绪在维新思想的影响下，决心变法图强，掌握实权，但他又懦弱无能，没有势力，难于对后党发动攻击。其二是随着湘军的发展而壮大起来的汉族地主阶级的势力逐渐强大，和满族贵族之间发生了又一种争权夺利的斗争。与此同时，帝国主义国家加紧了对中国的侵略，中国面临被世界列强肢解和瓜分的严重危机。这时的湖南却基本上为保守势力掌控，"以守旧闯天下"，反对任何变革。这种背景下的湖南广大人民为了挽救国家民族而积极行动，开展反对侵略，开展维新变法的斗争，使湖南成为"全国最富朝气的一省"。

1.民族危机的加深对湖南人才产生了深刻影响

光绪初年，世界主要资本主义国家先后向帝国主义过渡，中国成为他们争夺商品市场、原料产地和商品输出场所的重要对象。日本、英国、俄国、美国、法国、德国等国家都把黑手伸向中国。特别是光绪二十年（1894），中日甲午战争的失败和《马关条约》的签订，更对湖南产生了深刻影响，激起了湖南人民拯救国家和民族的责任心、自信心，他们决心"救中国从湖南始""吾湘变，则中国变；吾湘存，则中国存"。知识分子中涌动着一股勃勃向上、发奋图强的风气，对国家和民族产生了强烈的危机感、自强感，爱国主义精神空前高涨，对湖南和自身则产生了强烈的成就感和责任感。面对被西方列强"豆剖瓜分"的危局，湖南人民纷纷奋起抗争，或以血肉之躯与强敌对阵沙场；或视死如归，以生命来唤起国人的觉醒；或寻求自强之道，使家兵强势盛。特别是知识界人士纷纷转向维新变法，认为"唯变法可以救中国"，并提出了维新变法的具体内容：抑君权，伸民权，立国会，兴议会，变君主专制之国为君主立宪之国，由学习西方的科学技术发展为仿效西方的民主政治制度。

2.动荡的湖南社会对湖南人才的影响

同治年间在湖南兴起的群众性的反洋教斗争和会党起事，到光绪年间有进一步发展的趋势，其特点是：规模更加扩大，起事更加频繁，人数更加众多。可说是遍地烽烟，持续动荡。湖南社会的动荡，加深了湖南人才的危机感、责任感，各路有志人士纷纷挺身而出，宣传维新变法，寻求强国富民之路。当时，湖南社会的动荡，主要表现在以下几个方面。

首先，反对洋教斗争继续发展。光绪初年，长沙、湘潭、常德、永州、沅江、石门、澧州等地士绅、生童、群众，多次散发反洋教的揭帖，驱逐传教士，拆毁教堂。宁乡人周汉（1842—1911），早年投身湘军，官至陕西候补道。后返湘，受同乡崔暕影响，一直致力于反洋教的宣传，刊印各种反洋教宣传品，广为散发，流传全国。甲午战争后，周汉再度公开活动，大力开展反洋教宣传，演成震惊中外的周汉反洋教案。光绪十九年（1893），西班牙传教士安熙光来临湘传教，盛气凌人，引起公愤，群众焚毁教堂。安熙光蓄意扩大事端，引起长时间的交涉。临湘群众"民心愤憾""传单、约帖传遍城乡，其势汹汹"。光绪二十六年（1900），又发生衡州教案。传教士企图霸占县城一块淤地，引起群众义愤，开始捣毁教堂，驱逐教士。总之，湖南群众反洋教的斗争，一直没有停止过。

其次，会党起义遍及全省。咸丰年间，随着太平军进入湖南，天地会开始活跃。而随着湘军的兴起，哥老会迅速进入湘军。湘军的裁撤，则使哥老会深入湖南民间活动。光绪年间，湖南会党活动遍及全省，几乎年年有会党起义发生。哥老会是一个有反抗传统的会党，是湖南人民起义和反洋教斗争的一支主要力量。此后，许多会众更沿着反清的道路支持变法，趋向革命，有人还参加了辛亥革命时各地的武装起义。

最后，人民起义和暴动频繁爆发。光绪年间，各地农民群众和少数民族也纷纷开展反抗斗争。其中一个显著的特点是城市居民、商人也开始起事。他们反对苛捐杂税，反抗官府压迫剥削，发动抢米、抢谷风波。此外，光绪年间还时常发生兵变和兵勇抢劫事件。城市是封建统治的中心，军队是统治阶级的支柱，暴动的发生，表明封建统治已是风雨飘摇。社会动荡，更促使广大民众要求改革，为维新变法运动提供了广泛的群众基础和有利的机遇。

3. 湖南工矿企业的发展和资产阶级的产生

湖南人发起了洋务运动，但洋务运动却在湖南受到了重重阻力，直到光绪元年（1875）当地官府才开始筹建湖南机器局。19世纪末20世纪初，在一些开明官绅的积极倡导下，湖南近代工业也在甲午战争前后开始产生和发展起来。一般有三种形式：一是官办，不招商股；二是官商合办，官商分别入股；三是商办，官不入股。显然，在第二种和第三种形式中，必然会产生一些民族资本家，如长沙的朱昌琳、湘潭的梁焕奎、攸县的龙璋、宁乡的廖树衡等。随着近代工矿企业的产生和发展，一个新的阶级正在湖南形成，许多开明的官僚、士绅、买办、地主、商人和手工业者，受到资本主义思想的影响，纷纷投资工矿企业，迅速向资产阶级转化，人数虽然不多，却是湖南社会发展过程中代表进步方向的力量。

湖南资本主义经济的发展和资产阶级的产生，必然会对湖南的政治思想、文化教育产生深刻影响。向西方学习，发展资本主义，变革社会政治制度，实行君主立宪等思想，由一些进步的思想家首先提出，并迅速传播，形成一股汹涌的社会思潮。特别是许多湖南人走出省门、走出国门，目睹了西方国家的三权分立、议会民主，认为这是西方强大兴盛之本，对此表示了极大的兴趣和仰慕之情，力图仿效，将西方的政治制度搬到中国来。这些都反映了新兴的资产阶级企图掌握政权的阶级意识，显然是一种进步的社会思潮。光绪二十一年（1895），康有为联合在京会试的1300多名举人，发起了著名的"公车上书"，主张"变法成天下之治"。湖南在京举人刘锽、戴展诚、曾熙、曾纪先等均热烈响应。此后，要求维新变法的思潮，迅速发展为声势巨大的政治运动。所有这些，都极大地吸引着湖南知识界的学人，引导着湖南的知识界的改革，从而使湖南的维新人才迅速崛起，成长为全国维新派中一支激进又极具战斗力的生力军。

（二）梁启超、陈宝箴等外省人才的影响

湖南"维新人才群体"的形成，和全国维新运动有着密切的联系。许多知名维新派人物在湖南的活动和其与湖南人才的交往，为湖南人才维新思想的

产生和发展起了积极作用。一方面，全国维新动的领袖人物康有为、梁启超等和湖南维新人物有许多联系，其曾在湖南进行活动，讲学授徒，积极宣传维新变法思想；另一方面，一些政府官员掌握了湖南政权，他们在一定程度上支持维新变法，大大促进了湖南维新人才的成长和发展。

1. 梁启超在湖南

梁启超（1973—1929），字卓如，号任公，又号饮冰室主人，广东新会人，自幼聪慧好学，有"神童"之称。光绪十六年（1890），梁启超在广州学海堂读书时，得识康有为，为其学识所吸引，从此师事康有为。光绪二十一年（1895），他与康有为共同发起了"公车上书"。是年，梁启超与谭嗣同在北京相识，从此结下了深厚的友谊。梁启超自称受谭嗣同影响很大："启超屡游京师，渐交当世士大夫，而其讲学最契之友，曰夏曾佑、谭嗣同。""嗣同方治王夫之之学，喜谈名理，谈经济，及交启超，亦盛言大同，运动尤烈。而启超之学，受夏、谭影响亦至巨。"又说："船山学术，二百多年没有传人。到咸同年间，罗罗山（泽南）像稍为得著一点。后来我的畏友谭壮飞（嗣同）研究得很深，我读船山书，都是壮飞教我。"[①] 后来，谭嗣同邀梁启超来湖南，又与唐才常结为知交。梁启超"戊戌去国之际，所藏书籍及著述旧稿悉散失"，唯唐才常所赠的菊花砚还随身保留着。谭嗣同牺牲后，梁启超不仅为谭作传，对其赞赏有加，而且与唐才常等"数数往来，共图革命"，以继承谭嗣同遗志。

梁启超是维新派最重要的思想家、理论家、宣传家。光绪二十三年（1897），梁启超受聘为时务学堂中文总教习，亲自拟立《湖南时务学堂学约十章》，即：立志、养心、治身、读书、穷理、学文、乐群、摄生、经世、传教。要求学生有远大的抱负和志向，有高度的责任感和负责精神。首先明确"当思国何以蹙，种何以弱，教何以微，谁之咎欤？"同时，又要求学员有切实的学问，"于中国经史大义，悉已通彻"的基础上，"肆力于西籍"。梁启超在时务学堂大力宣传维新变法思想，对湖南人才的成长起了巨大的作用。梁启超还积极支持和参与办《湘学报》《湘报》，并多次发起南学会的活动，并发表了《论湖南应办之事》《幼学通议》《论学会》《公车上书请变通科举折》等文章。他提出湖南变法应注重"开民智、开绅智、开官智"，"此三者，乃一

---

① 梁启超，朱维铮. 梁启超论清学史二种 [M]. 上海：复旦大学出版社，1985：68，184.

第八章　维新运动时期的湖南人才

切之根本。三者毕举，则于全省之事，若握裘挈领焉矣"。①梁启超所谓"开民智"，就是设学堂，改课目，办报纸。"开绅智"，则是办学会，"欲兴民权，宜先兴绅权；欲兴绅权，宜以学会为起点"。又说："欲振中国，在广人才，欲广人才，在兴学会。"他认为南学会就是为了培养绅士，使其成为湖南变法的领导人物。"开官智"，则是培养各级官吏，是"万事之起点"，兴民智、开绅智都要"假手于官方"，故他建议设立课吏馆。可见，梁启超所说的"三者"和湖南各项维新运动有密切的联系，是湖南维新运动的总纲。梁启超对湖南维新运动发挥了重大的影响，而梁启超在湖南的活动，对湖南维新人才的成长和发展，也产生了积极作用。谭嗣同就义前，将自己的著作和维新大业都托付给梁启超，可见湖南维新派对其寄予了莫大期望。

2.康有为、宋恕、汪康年

康有为（1858—1927），又名祖诒，字广厦，号长素，又号更生，广东省南海人，故人称南海先生。自幼接受儒家教育，博通经史，崇尚陆王之学，曾受到湖南人物的影响，17岁曾读过魏源的《海国图志》等著作，并"知曾文正、骆文忠、左文襄之业，而慷慨有远志"。②光绪二十一年（1895），康有为发起"公车上书"，正式提出"拒和、迁都、变法"的政治主张，在社会上引起广泛影响，又上书光绪帝，提出富国、养民、教士、练兵四策。次年，康有为在北京创办了《万国公报》，宣传变法图强。又在翁同龢等人的支持下，建立强学会，湖南有邹代钧、张通典等人参加，谭嗣同在阅读康有为的《新学伪经考》等著作后，"心仪久之"。特别是通过同康、梁的交往，感到与他们的维新变法主张，"十同八九"。自此，谭嗣同和康有为、梁启超等人发起和领导了全国的维新变法运动。光绪二十三年（1897），谭嗣同在北京第一次会见了康有为。次年，谭嗣同应诏到北京参与变法，康、谭交往较多，经常在一起共商国是。谭嗣同牺牲后，康有为非常悲痛，有五言长诗，称其为"复生奇男子"，对谭嗣同的志向、才智、学问、人品以及其英勇牺牲的精神，给予了高度的赞扬。

宋恕（1869—1910），初名有礼，晚年更名衡，字平子、燕生，号六斋，浙江平阳人。光绪二十二年（1896）二月，宋恕与谭嗣同相识于武昌格致书

---

① 梁启超，梁启超选集[M].上海：上海人民出版社，1984：79.
② 中国史学会.戊戌变法：四[M].上海：上海人民出版社，1987：110.

院，成为知交。他们都博通经史，尊崇孔教儒学，特别是他们在政治上思想一致，意趣相投，主张开议院，办学会，设报馆，发扬政治民主，实行维新变法，提倡妇女解放，反对缠足，反对各种陈规陋习。谭嗣同思想激进，对维新变法充满信心。宋恕比较老成，在送谭嗣同应召赴京时，"再三讽以时局之艰"，让谭嗣同作好思想准备。谭嗣同遇难后，宋恕悲痛万分："悲哉秋气怨扬尘，命绝荆南第一人。空见文章嗣同甫，长留名字配灵均。英雄岂忍忘天下，壮士终期得海滨。遗恨沅湘流不尽，何年兰芷荐芳春。"[①] "灵均"指屈原，宋恕将谭嗣同与屈原并提，可见其对谭嗣同的器重与崇敬。

汪康年（1860—1911），字穰卿，晚年号恢伯，浙江钱塘人，光绪十八年（1892）进士，思想先进，认为中国"非变法不足以图存"。在上海创办中国公学，与有识之士共同讨论维新变法大计，并参加上海强学会，创办《时务报》，聘梁启超任主编，在报上大力宣传维新变法，介绍西方的民主政治、民主思想及政治制度。以后，又创办《时务日报》《昌言报》《中外日报》《京报》《刍言报》及海外通讯社，是全国著名的维新人士。光绪二十一年（1895），汪康年与谭嗣同在上海第一次见面，次年，谭嗣同推荐唐才常到《时务报》任撰述。长沙时务学堂成立后，谭嗣同又通过汪康年聘请梁启超、李维格来任教，并请其在上海代购教学用品。维新运动高潮时，谭、汪二人联系非常亲密，二人相互交流，介绍湖南、上海两地的情况，促进运动的发展。

3. 湖南巡抚陈宝箴（zhēn）

陈宝箴（1831—1900），字右铭，江西省义宁（今修水）人，光绪二十一年（1895）七月至二十四年（1898）七月任湖南巡抚。陈宝箴上任的第一项重大措施就是奏请开矿，设立湖南矿务总局。他说："荒政通山泽之利，古称禹、汤有水旱灾，于是铸金为币，以救民困，是开矿之举，行之歉岁，尤为急务。而近年内外臣工疏陈开矿事宜，俱蒙俯准，立见施行，如开平煤矿、大冶铁矿，尤有成就可睹。诚以今日公私匮竭，非广大利源，渐塞漏卮，无以为自强之本。"湖南矿务总局的建立，有力地促进了湖南近代工业的发展。随后，陈宝箴积极创办实业，组织公司，发展湖南经济；大力整顿吏治，罢免渎职官员20多人；支持维新变法，甚至亲自参与新政。《湘学报》说："陈右铭中丞亟力图维，联属绅耆，藉匡不达。兴矿务、铸银圆、设机器、建学堂、竖

---

① 宋恕. 宋恕集[M]. 北京：中华书局，1993：815.

电线、造电灯、行轮船、开河道、制火柴；凡此数端，以开利源，以塞漏卮，以益民生，以裨国势。善于变法，而不为法所变。"确实，湖南维新新政的推行，无一不与陈宝箴有关，湖南维新高潮的出现，陈宝箴功不可没。当然，湖南维新人才群体的形成，陈宝箴也是有贡献的。

4.湖南按察史黄遵宪

黄遵宪（1848—1905），字公度，广东嘉应州（今梅县）人，著名诗人，启蒙思想家。光绪二十三年（1897）五月，任湖南长宝盐法道，兼署湖南按察使。不仅目睹了日本明治维新的巨大变化，而且对西方的政治制度和民主学说，有比较深刻的理解，其维新思想也比陈宝箴更为激进。他批判封建专制是"至愚不道"，主张开民智，"官民上下同心同德，以联合之力，收群谋之益"；兴民权，"追共和之致治，臻大同之盛轨"。黄遵宪参加了上海强学会，出资创办维新报刊《时务报》，对宣传维新变法发挥了极大的作用。来到湖南后，他以省政府大员的身份参加和筹划湖南维新运动，作用是巨大的。他聘请梁启超为时务学堂总教习，大大扩大了维新思想的影响；支持南学会，并亲自担任"政教"的主讲；大倡禁止女缠足，提倡男女平等；提议成立课吏馆，培养维新变法的官吏；提议建立保卫局，亲自拟定保卫局章程；倡设学校、兴办实业、筹修水利。黄遵宪在南学会讲演中，提出了"追共和""臻大同""开民智"等主张，和谭嗣同关系密切，相互敬重，他们都有力地促进了湖南维新运动的发展。

5.湖南学政江标、徐仁铸

江标（1860—1899），字建霞，号师鄦，江苏元和（今属苏州市）人，光绪十五年（1889）进士，光绪二十年（1894）秋至二十三年（1897）冬任湖南学政，是率先开湖南风气的政府官员。上任之始，即以"变易民气与开通一省喉舌"为己任，不以八股制艺取士，而"以舆地、掌故、算术试士"，从而"一决数百年拘牵忌讳之藩篱"。[①]教导士子们重视实学，学习西方科学技术知识。江标在湖南做了几件值得称道的大事。一是整顿校经书院，购置时务新书和科学仪器，以史、算、舆地、交涉、掌故、商务六科课士，并在书院内设立舆地、算术、方音（外语）等学会组织。这些措施为学生学习开辟了一个新

---

① 湖南省哲学社会科学研究所.唐才常集[M].北京：中华书局，1980：195.

天地，提供了一个新方向；也使校经书院成为湖南维新运动的一个重要阵地。二是批准浏阳算术社的成立。三是支持创办《湘学报》，出任督办，并为该报作序，支持其宣传变法和介绍西学的方针。当张之洞指责《湘学报》言论过激时，江标又为其解释掩护，有效地保护了《湘学报》。江标与谭嗣同交情很深，二人被称为"莫逆之交"，常有书信、诗文来往。

徐仁铸（1863—1900），字砚甫，江苏宜兴人。光绪二十三年（1897）继江标为湖南学政。在得知徐仁铸督学湖南后，谭嗣同立即表示热烈的欢迎："去年薄上京师，获交执事，学术行谊，言论风采，若出云雾而睹青天，昭然民朦矣。仰悦之下，辄私谓顾安得吾砚甫为吾湘学政乎？别后犹念之不能忘。若有天幸，竟塞此望。可知他日吾湘教化之美，殆于不可思议，请纪使节之出以为息壤。"① 徐仁铸到湖南后，促进了湖南维新事业的发展。

（三）近代湖南人才与湖湘文化的影响

道光时期的"湘系经世派"和咸同年间的"湘军人才群体"，以及湖湘文化及其经世致用思潮，是湖南维新人才群体形成的历史渊源与文化渊源，并为其提供了光辉的榜样和丰富的精神资源。

1. 王夫之、陶澍、魏源等人的影响

王夫之（船山）可谓湖湘文化的集大成者，他的爱国主义精神和思想学问，影响和教育了一代又一代的湖湘子弟。特别是邓显鹤和曾国藩兄弟两次刻印《船山遗书》，使其影响更加广泛、深远。欧阳中鹄自号"瓣姜"，因为王船山号"姜斋"，乃取"瓣香姜斋"之意，表示对王的仰慕。刘人熙曾深入研究过王船山著作，认为其作是"救世良方"。欧、刘二人的学生谭嗣同更表示要"为天地立心，为生民立命，以续衡阳王子，赓五百之运，发斯道之光，出其绪余，犹当空绝千古"②。故称"万物昭苏天地曙，要凭南岳一声雷"。王船山的爱国主义、民族主义思想，成为湖南维新子弟的精神武器。杨毓麟说："王船山生平所著书，自经义、史论以至稗官小说，于种族之戚，家国之痛，呻吟呜咽，举笔不忘，如盲者之思视也，如痿者之思起也，如暗者之思言也，如饮食男女之欲，一日不能离其侧，朝愁暮思，梦寐以之。"总之，贯穿在王

---

① 谭嗣同. 谭嗣同全集 [M]. 北京：中华书局，1981：270-271.
② 谭嗣同. 谭嗣同全集 [M]. 北京：中华书局，1981：77.

船山著作中的那种刻骨铭心的爱国主义精神,那种激情汹涌的民族主义情感,对维新运动前后的湖南士人产生了深刻影响,引起了其强烈共鸣。

以陶澍、魏源、贺长龄为核心的湘系经世派,以其鲜明的经世致用的学术思想,影响了其后湖南的学术思想。它的主要特点就是强调"学以致用",强调"有实学,斯有实行",即学习的目的,是为了齐家济民,治国平天下。到同治、光绪年间,封建王朝面临崩溃和被西方列强瓜分的双重危机,更使这一时期的湖南人才继承和进一步发扬经世致用的学风,举起维新变法的旗帜以寻求中国富强之路。魏源冲破"天理之理不可变""祖宗之法不可变"的传统观念,明确指出社会不是静止的,而是不断前进的,强调改革、变化、发展,是社会和一切事物的客观规律。魏源认为"天下无数百年不弊之法",只有变革,社会才能进步、才能生存、才能发展。这些有关变革的理论,对湖南维新派产生了深刻的影响。在思想上,他们将变革的理论作为维新变法的根据之一,提出"国与种将偕亡矣,唯变法可以救之""不变速亡,变则速强"。在行动上,他们在湖南乃至全国积极活动,建立学校,推行教育改革,创办报纸杂志,宣传维新变法;组织各种学会,品评时政,培育人才;投资实业,发展资本主义经济。从而在湖南形成声势浩大的维新运动。

2.湖湘文化经世学风的影响

魏源的"师夷之长技以制夷",吹响了学习西方的号角。曾国藩、左宗棠将师夷思想付诸行动,发起了洋务运动,在中国建立了第一批工业企业。这不仅迈出了向西方学习的坚实的一步,而且为中国的近代化打下了基础。郭嵩焘通过到西方国家实地考察,进而提出:"练兵、制器、造船、理财,数者皆末也","政教"才是西方各国之本。从而开始突破"中体西用"的观念,主张学习西方的政治制度。谭嗣同等人继承和发展了自魏源、郭嵩焘以来的向西方学习的思想,指出"中国沿元、明之制,号十八行省,而湖南独以疾恶洋务名于地球,及究其洋务之谓,则皆今日切要之大政事,惟无教化之土番野蛮或不识之,何湖南乃尔陋耶? 然闻世之称精解洋务,又必曰湘阴郭筠仙侍郎,湘乡曾劼刚侍郎,虽西国亦云然。两侍郎可为湖南光矣,湖南人又丑诋焉,若是乎名实之不相契也"。[①] 显然,郭嵩焘关于"西洋立国有本有末"之说,对谭嗣同等人产生了深刻影响,使他们认识到仅仅学习西方先进的武器技术还不行,

---

① 谭嗣同.谭嗣同全集[M].北京:中华书局,1981:173-174.

还必须认真学习西方政治制度。因此，谭嗣同等人所倡导的维新变法思想不再是单纯的学习西方自然科学，而是有了更深刻的内涵，即主张学习西方的民主政治制度，要从政治体制上考虑强国救国的问题，从而把向西方学习的思想提高了一个层次，即由以"坚船利炮""自强求富"为目标的经济近代化（器物层面）提高到以"三权分立""民主宪政"为目标的政治近代化（制度层面）。这是一个巨大的进步，是中国整个近代化进程的有序推进。

道光年间，湘系经世派倡导经世致用的思潮，编辑《皇朝经世文编》，开创了一代重实践重实学的新风。陶澍处处"留心经济之学"，魏源强调实学，认为实践出真知，他的《海国图志》就是实用学风指导下的产物。左宗棠是提倡经世之学的榜样，他曾深入研究农学、舆地、兵防，亲自绘制地图，细考各地山川道里。钱基博说："胡林翼、曾国藩、左宗棠、刘蓉、郭嵩焘，一代名臣，声施四海；王闿运、阎镇珩，老儒暗修，独抱遗经。遭际不同，出处攸异。然学不仅占毕，志在于匡俗；通经欲以致用，文章蕲于经国，则固不同而同。"① 上述务实学风，在维新变法中更为谭嗣同等人所继承和进一步发展。他们办学校，改革书院制度，改变教学内容，改进教学方法，强调学习实学，学习自然科学。在读经的同时，注意学习算术、舆地、掌故以及声、电、光等新兴学科。同时强调把书本知识用于实践、用于社会，创办各种实业，促进经济近代化。

敢于任事，"霸蛮"、苦干，勇为天下先，是近代湖南人才的工作精神和办事作风。杨毓麟说湖南有特别独立之根性："其岸异之处，颇能自振于他省之外，自濂溪周氏师心独往，以一人之意识经纬成一学说，遂为两宋道学不祧之祖。胜国以来，船山王氏，以其坚贞刻苦之身，进退宋儒自立宗主，当时阴明学说遍布天下，而湘学独奋然自异焉。""道咸之间，举世以谈洋务为耻，而魏默深首治之。湘阴郭嵩焘远袭船山，近接魏氏，其谈海外政艺时措之宜，能发人之所未见，冒不韪而勿惜。至于直接船山之精神者，尤莫如谭嗣同，无所依傍，浩然独往，不知宇宙之圻堮，何论世法。"②

又如陶澍清理财政、倡行海运、改革盐政，均能"折中群议"，当机立

---

① 钱基博，李肖聃.近百年湖南学风·湘学略[M].长沙：岳麓书社，1985：54.
② 张枬，王忍之.辛亥革命前十年间时论选集：卷一[M].北京：生活·读书·新知三联书店，1977：657.

断,"宠辱不惊"。曾国藩"打脱牙和血吞"的坚忍精神与屡败屡战的不屈毅力,胡林翼自愿到当时艰苦贫困的贵州为官,左宗棠以古稀高龄抬棺西征的勇气,郭嵩焘在骂声中西行,毫不气馁,曾纪泽毅然赴俄修约,勇于"探虎口而索已投之食"。所有这些,都对光绪年间湖南人才产生了深刻影响。谭嗣同年轻时,束发远行游,转战在四方。"尝于隆冬朔雪,挟一骑兵,七昼夜驰一千六百里,岩谷阻深无人烟,载饥载渴。比达,髀肉尽脱,濡裤血殷,见者目不忍视,而嗣同神色洋洋。"① 在维新运动中,谭嗣同思想最激进,立场最坚定,临危不惧,视死如归。唐才常说:"千秋利害仇鸾策,一代权宜魏绛谋。未必儒生逢世难,悲凉偏起杞人忧。"② 变法失败后,唐才常组建自立军,发动武装起义。康有为称唐、谭二烈士:"皆挟高士之才,负万夫之勇,学奥而文奇雄,思深远而仁质厚,以天下为任,以救中国为事,气猛志锐。"这种勇于任事,不怕牺牲的实干精神,正是湖南文化的优良传统,也是近代湖南人才的共同特色。湖南维新人士很好地继承和发扬了这种不惧生死、不折不挠、勇于任事、霸蛮实干的精神,在维新运动中谱出了一曲永不褪色的悲壮之歌。

二、湖南维新人才群体的主要活动

就全国来说,维新派(改良派)是一个混合体,是开明的官僚、地主、富商、士大夫、资产阶级、小资产阶级及其知识分子,以建立有利于资本主义发展的民主宪制为目的的、暂时的、松散的联盟。有名有位但无权无势的光绪皇帝是这个联盟的政治偶像和领袖,同样无权无势却名气很大的康有为是这个联盟的精神首脑。帝党官僚翁同龢、杨锐、文廷式等是这个联盟的右翼,他们代表开明地主阶级和官僚的利益,力图逐渐维新变法,为光绪谋取实权,进而巩固地主阶级的统治,通过自上而下的变法来实现国家的富强。康有为是这个联盟的思想偶像,代表开始形成或正在转化中的资产阶级的形象,反映出一大批政府中下层官员、封建士大夫、富商的利益。康有为、梁启超富有号召力,提出了维新变法的理论根据和具体方案,力图在中国建立君主立宪的政治制度,即由地主阶级和资产阶级联合专政而有利于民族经济发展的政治制度。以谭嗣

---

① 钱基博,李肖聃.近百年湖南学风·湘学略[M].长沙:岳麓书社,1985:79.
② 湖南省哲学社会科学研究所.唐才常集[M].北京:中华书局,1980:260.

同、唐才常为代表的湖南维新人士，是这个联盟的左翼激进派，反映出资产阶级、中下层地主知识分子、小资产阶级、青年知识分子的要求，他们意气风发，激情澎湃，敢于破旧立新，冲锋陷阵，是维新运动的主力军。

（一）湖南维新人才群体的主要成员

湖南维新人才群体基本上由三部分人组成：一是以谭嗣同、唐才常为代表的知识分子，他们是维新人才群体的骨干；二是以林圭、秦力山、易鼐等为代表的青年学生，他们是维新人才群体中最有生气的先锋队伍，这两部分人构成了维新人才群体的左翼，他们思想活跃，斗志坚定，大多数人由维新变法转向革命，这两部分人通过时务学堂、《湘报》、《湘学报》、南学会、自立军等平台组织在一起，共同斗争；三是以熊希龄为首的开明士绅，他们或有功名，或比较富有，是湖南创办资本主义民族工商业的骨干力量，但在政治倾向方面他们的情况比较复杂，在维新运动高潮时，特别是戊戌政变后，这部分人发生了分化，政治热情开始减退，部分人甚至和顽固派勾结，一起镇压维新人士。

湖南维新人才群体形成的过程中，谭嗣同的影响和作用是较为重要的。谭嗣同曾游历全国，见闻较多，见识极广，结交广泛，特别是与康有为、梁启超结交，更提高了他在湖南人才群体中的地位。在湖南，谭嗣同对自己的老师、同事、同乡、学生等都有极大影响。梁启超说："甲午战役之后，湖南学政以新学课士，于是风气渐开。而谭嗣同辈倡大义于天下，全省沾被，议论一变。"谭嗣同的同学唐才常，是仅次于谭嗣同的湖南维新派的中坚，无论兴学、办报、建学会、创实业，均厥功甚伟。变法失败后，又创自立会、自立军，集结了一大批湖南志士。此外，熊希龄与谭、唐一道，发起和创办时务学堂等，培养了一批维新变法的骨干。在谭嗣同等人的影响和培养下，湖南形成了一个维新派人才群体。可见，这个人才群体是以谭嗣同、唐才常、熊希龄等人为核心的，而谭嗣同是这个人才群体的领袖。

具体来说，在湖南维新人才中，欧阳中鹄、涂启先是谭嗣同、唐才常的老师，对谭、唐在浏阳创办算学社和开矿事业，大力支持。刘善涵是谭、唐的好友，"重西学，好舆地"，共同在长沙创办《湘报》，在浏阳开矿、建立不缠足会。樊锥是谭、唐的好友，共同创办南学会、《湘报》，同熊希龄建立不缠足会，并参加自立会起义。皮锡瑞和谭嗣同都是南学会会长、主讲。毕永年与谭、唐"相善"，并参加自立会。易鼐和谭嗣同、熊希龄组织不缠足会，又是《湘报》《湘学报》的主要撰稿人。沈荩与谭、唐友善，参与领导自立军起义。秦力山、林圭、田邦璇、李炳寰、唐才中、唐才质、蔡忠浩、蔡忠沅、曹典球等都是时务学堂的学生，后又是自立会、自立军的骨干。何来保、王和钦、王和曙、陈应珍、师中吉、汪楚珍、方成祥、舒国祥等，都是自立军的主要将领。蒋德钧、廖树蘅、王先谦、梁焕奎、黄自元、邹代钧、张通典、朱昌琳、张祖同等和熊希龄一同建立湖南矿务局等实业，为发展湖南近代经济作出了贡献。总之，在湖南维新人物中，谭、唐、熊处于核心的地位，对湖南维新事业作出了特别重要的贡献。

（二）湖南维新人才群体的宣传活动

谭嗣同等湖南维新人士在民族危机的强烈刺激下，激发出强烈的爱国主义感情，他们深思猛醒，艰难探索，决心与封建生活决裂，投入火热的现实社会中。他们站在救国图强的最前列，提出了一系列维新变法的主张，并坚定地将之付诸具体行动。因此，湖南的维新运动进行得有声有色，是最富朝气的一省，成为全国的楷模。许多维新志士还用自己的鲜血和生命，谱写了一曲激昂悲壮的维新乐章，为中国的维新运动留下了光辉的一页。

1. 强调只有维新变法，才能救国自强

谭嗣同明确指出，甲午战争后，国家已经出现空前危机，"国与教与种将偕亡矣，唯变法可以救之，而卒坚持不变。岂不以方将愚民，变法则民智；方将贫民，变法则民富；方将弱民，变法则民强；方将死民，变法则民生；方将私其智其富其强其生于一己，而以愚贫弱死归诸民，变法则与己争智、争富、争强、争生"。[①] 只有变法，国家才能强大，人民才能生存。他还规划了实行变法的蓝图：废君主专制，实行君主立宪；立国会，开议院，三权分立；废科举、办学堂，学习西方新学；办报刊、学会，启民智、育人才；倡兴实业，振兴商贸；改革漕政，兴修水利等。唐才常认为变法求新是社会发展的规律，中国要想自强，抵御西方国家的侵略；要想富裕，发展民族工商业，就只有变法一途。樊锥提出的变法方案是："起民权、撰议院、开国会"；"君民共主""起四海之豪俊，行平等民权之义""一切用人行政付之国家议院而无所顾忌""广

---

① 谭嗣同. 谭嗣同全集 [M]. 北京：中华书局，1981：343.

选才臣、学生、士民，分派数十国游历学习""洗旧俗、从公道""学校风情土俗一革从前，搜索无剩，唯泰西者效""用孔子纪年，除拜跪繁节"，废除封建礼教陋习；大办工矿企业，繁荣商业。易鼐提出了变法救国的四大方案"西法与中法相争""西教与中教并行""民权与君权两重""黄人与白人互婚"以及实行变法的四大主张："澄清吏治，宜开议院"；"整顿海军，宜汰绿营"；"振兴新学，宜废科举"；"讲求商政，宜裁厘金"。上述湖南人关于变法的主张，涉及政治、经济、军事、文化、教育、外交以及风俗习惯，包罗万象，而且思想激进，措施具体，是全国维新变法运动中最进步、最激进，也是最有影响的言论。

2.政治上要求建立君主立宪的资产阶级政治制度

谭嗣同等人将世界政治制度分为三类：君主制、民主制、君民共主制。他们认为民主制最好，但从中国实际出发，主张采用君民共主制，即君主立宪制。而要实行君民共主，首要的任务就是"开民智"，使人民觉醒，当家作主。人民要有结社、集会、出版、言论的自由，有选举、罢免官吏的权力。同时，兴议院、立国会，实行资产阶级的民主政治制度。他们认为议院、国会是资本主义国家民主制度根本，南学会就是他们兴议院、立国会、三权分立思想在湖南的一个实践。

"省设总学会，督抚学政身入会以为之倡；府厅州县设分学会，其地方官学校官身入会以为之倡"；"凡会悉以其地之绅士领之，分学会各举其绅士入总学会，总学会校其贤智才辩之品第以为之差。官欲举某事、兴某学，先与议会议之，议定而后行。议不合，择其说多者从之。民欲兴某事，兴某学，先上于分学会，分学会上总学会，总学会可则行之。官询察疾苦，虽远弗阂也；民陈诉利病，虽殷弗遏也，一以关捩于学会焉。有大事则上下一心，合群策群力以举之。疏者以亲，滞者以达，塞者以流，离者以合，幽者以明，羸者以强。又多出报章，导之使言，毋令少有壅蔽。大吏罔敢骄横，小吏罔敢欺诈。兴利除弊，罔不率此。官民上下，若师之如徒，兄之于弟，虽求其情之不通而不可得也。如是无议院之名而有议院之实。"[①]

可见，南学会是一个有实权的省议会，有制定、修改政策，监督、约束官吏，选举、培训官员，制定法律、法令，监督财政、经济等各种权力。而

---

① 谭嗣同.谭嗣同全集[M].北京：中华书局，1981：438.

且，谭嗣同等人还力图通过南学会以及商会、儒学会、工会、农会等组织，将所有士、农、工、商都组织起来，共同讨论国家大事，合群力变法。谭嗣同等人之所以致力于南学会，不仅将学会当成地方议会，而且是作为政治改革、维新变法的基地，是实现其资产阶级政治制度的出发点、立足点。

3.经济上主张发展资本主义工商业

对于发展资本主义经济，谭嗣同等人提出了许多很好的设想，特别强调大力发展民族工业。唐才常说："一切轮船、枪炮、开矿、挖河、抽水、磨麦、纺纱、织布，研之既精，而复于省、府、州、县，递验其成，则风气日开，人才日出，富强之效，如操左卷矣。"[①] 在工业发展过程中，他又强调发展自己的机器制造业，重视修筑铁路。在他们的提倡下，湖南在两年间兴创了许多工业企业，电线、轮船、矿物、铸钱、银行、官钱局、图书馆、日报馆、化学堂、藏书楼、刊行西书、机器制造公司、电灯公司、火柴公司、煤油公司、种桑、纺织、马路等，各项实业都得到了迅速的发展。唐才常还主张仿效西方国家，吸收商人资本，设立银行，帮助工商企业解决资金困难。同时，改革币制，统一铸造银币，建立和巩固本国货币体制，防止白银外流，反对西方的金融掠夺。谭嗣同等人还要求实行有利于资本主义经济发展的政策，如取消厘金，废除苛捐杂税，以减轻工商业的负担，鼓励竞争，设立"赛工业会"，促进产品质量提高。鼓励民间开矿办厂，强调"散利于民"，推行保护民族经济的政策，"出口免税"，鼓励向外竞争；"入口重税"，防止外国商品冲击、吞并本国民族经济。

4.思想文化方面积极宣传资产阶级的文化教育

谭嗣同、唐才常等人提出教育的目的在于救国强国，强调只有教育才能启民智能，使国家富强。谭嗣同指出："天下大计，经纬万端，机牙百启，欲讲富国以刷国耻，则莫要于储才。欲崇道义以正人心，则莫先于立学。"[②] 通过教育来变旧法、正人心、启民智、育人才，是湖南维新人士的共同思想，因此，他们在湖南的活动，也把废科举、兴教育放在首要地位。他们所提倡的教育，实际上就是资本主义的教育。谭嗣同说：为新之具不一，而假民自新之权

[①] 湖南省哲学社会科学研究所.唐才常集[M].北京：中华书局，1980：25.

[②] 谭嗣同.谭嗣同全集[M].北京：中华书局，1981：182.

以新吾民者，厥有三要：一曰：创学堂，改书院，以造英年之髦士，以智成才之宿儒也。然而学堂书院之容积，犹有限量，自余之不得入而肄业者，以国量乎泽若蕉。顾安所得长裘广厦而遍覆翼之，而偏讲论之乎？二曰：学会。学会成，则向之不得入学堂、书院而肄业焉者，乃赖以萃而讲焉。然而学会设于会城，会城以外无由致其观听，而况于外县，而况于外府？是必更有推行之妙术，不啻——佛化百千身，——身具百千口，——口出百千音，执涂之人，而强聒不舍而后可也。三曰：报纸。报纸出，则不得观者观，不得听者听。学堂之所教可以传于一省，是使一省之人游于学堂矣；书院之所课可以传于一省，是使一省之人聚于书院矣；学会之所陈说可以传于一省，是使一省之人晤言于学会矣。且又不徒一省然也，又将以风气浸灌于他省，而予之耳，而授以目，而通其心与力，而一切新政、新学，皆可以弥纶贯午于其间而无憾矣。"①

此外，对维新思想的宣传，还涉及其他方面，如军事方面，唐才常提出要革除军队的各种弊病，严选各军将领，用西法练兵，"寓武备于四民教养之中"，立足于建立一支强大的军队。熊希龄揭露了清军的各种弊端，主张学习西方国家的军事制度，整顿各省军队，权归中央，在全国分设军区，实行义务兵役制。在外交方面，谭嗣同提出和各国建立外交关系，进行互利的通商往来。唐才常反对盲目地对外自傲、自卑、自贱，主张不卑不亢，平等地与各国交往。谭嗣同主张改革中国象形文字，提出了汉字拼音化的设想。唐才常、樊锥主张废大清年号，改"用孔子纪元"。这些主张在一定程度上反映了资产阶级的要求，是积极的、进步的。他们要求改良封建的社会制度，发展资本主义，使中国走上资本主义道路，顺应了中国近代历史发展的趋势。

（三）湖南维新人才群体的维新事业

维新运动时期，湖南士风、民气高昂，维新事业不断推进，政治上有南学会、课吏局、保卫局等具有现代政治色彩的团体建立，标志着资产阶级等人士参政议政意识的觉醒和政治机构改革的开始。经济上近代工业开始在湖南出现并发展，资产阶级的产生和形成为维新运动奠定了物质基础。文化教育方面，时务学堂、《湘学报》《湘报》的相继出现，既是对封建文化教育的挑战和改革，又是维新人士"开民智"力图在中国建立民主主义社会的良好开端。在

---

① 谭嗣同. 谭嗣同全集 [M]. 北京：中华书局，1981：418.

第八章 维新运动时期的湖南人才

社会风俗方面，不缠足会、延年会等群众团体的出现，可说既是对封建伦理道德的挑战，又开一代新风，对形成良好的民风民俗有积极的意义。上述情况表明，湖南确是"全国最富朝气的一省"，在全国大有影响，开各省风气之先。

1.筹划成立浏阳算学社：湖南维新运动的发端

光绪二十一年（1895），谭嗣同写信给欧阳中鹄，提出在浏阳创办算学馆的想法。这一提议得到在浏阳的欧阳中鹄、涂启先、刘人熙等人的赞赏和支持，并大力宣传，众人积极筹措经费。但是，此议为浏阳一些守旧的官僚、士绅所竭力反对。为此，谭嗣同、唐才常、刘芙淞等人联名上书湖南学政江标，得到支持，"准将南台书院改为算学馆"。同时，湖南巡抚陈宝箴致书欧阳中鹄，称赞谭嗣同的《兴算学议》，"其识度、才气、性情，得未曾有。侍居节府数年闇然无闻，尤为可敬"，并"命印千本，遍散于各书院"。[①] 同年十二月，浏阳算学社成立，共16人参加，该社聘请新化人晏孝儒讲授算学。到光绪二十三年（1897），欧阳中鹄等"筹得巨款，兼废经课，分南台书院膏火，别创一算学馆，而南台书院，亦增课算学、时务"。[②] 算学馆虽然规模不大，成立时间不长，其活动范围也仅浏阳一县，但是，它的意义影响却是深远的。它拉开了湖南维新运动的序幕，首开湖南维新变法的新风。梁启超说，谭嗣同"首在浏阳设一学会，集同志讲求磨砺，实为湖南全省新学之起点"。[③] 唐才常认为，由浏阳算学社"而校经学会，而德山书院，而方言馆，而岳麓书院，而时务学堂，而南学会，日新月盛"，就维新变法而言，"湘省直中国之萌芽，浏阳直湘省之萌芽，算学又萌芽之萌芽。"[④] 浏阳算学社是中国最早的学会、最早的维新变法组织，它对湖南守旧势力的冲击、对变法新风的倡导、对维新人才的培养，都功不可没。

2.设立时务学堂：掀起湖南维新运动的高潮

光绪二十三年（1897）初，熊希龄、蒋德钧、唐才常、谭嗣同、王先谦等人筹议在长沙设立时务学堂，陈宝箴任命熊希龄为提调，主持行政。聘请梁启超、李维格分任中、西文总教习。学生年龄限在12岁至16岁，按府州县分

---

① 谭嗣同.谭嗣同全集[M].北京：中华书局，1981：184.
② 谭嗣同.谭嗣同全集[M].北京：中华书局，1981：188.
③ 谭嗣同.谭嗣同全集[M].北京：中华书局，1981：553.
④ 湖南省哲学社会科学研究所.唐才常集[M].北京：中华书局，1980：159-160.

配名额。学习课程为经学、诸子学、公理学、中外史志及格算诸学。由学生各自选择学习专门学，即公法学、掌故学、格算学。时务学堂成立后，进行了大胆的教育改革：一是教学目的由以"入仕"为目的改为以培养人才为目的；二是教育内容由四书八股改为"以政学为主义，以艺学为附庸"；三是教育形式由单纯教师讲授改为多种形式；四是学习方法由死记呆背改为生动活泼。

时务学堂存在的时间不长，但其影响却是巨大的。首先，时务学堂推动了湖南维新运动的开展，是湖南维新运动进入高潮的主要标志。许多维新志士在时务学堂宣传维新变法的理论，介绍西方的民主政治思想，在学生中引起了强烈的反响。学生放假回乡，散居全省各地，将学校所学在全省传扬，使维新思想在社会上产生了强烈的反响，维新变法救国富民，使湖南社会风气为之一变，为湖南维新运动的深入发展奠定了一定的群众基础。其次，时务学堂为湖南乃至全国维新运动培养了一批骨干人才，学生们在梁启超、谭嗣同等人的影响下，不仅打下了良好的中西方文化学术基础，而且思想解放，以天下为己任，成为维新运动、自立军起义，乃至辛亥革命中的骨干力量。最后，时务学堂促进了湖南各地新式学校的建立和书院的改革。各地纷纷以时务学堂为榜样，设立新学校，改造旧书院。总之，时务学堂存在的时间虽仅一年，但它在维新运动和教育改革的发展过程中，都做出了不可磨灭的贡献。

3.创办《湘学报》和《湘报》：建立湖南维新派的喉舌

维新变法运动期间，以报刊为中心的新闻事业在湖南迅速崛起，先后有《湘学报》《湘报》《大同报》《湖南公忠报》《经济报》《经济萃报》《博文报》《俚语报》《辑报》等出版发行，其中《湘学报》和《湘报》更产生了全国性的广泛影响。

《湘学报》创刊时名《湘学新报》，由湖南学政江标发起，唐才常、蔡钟浚等编辑。光绪二十三年三月二十一日（1897年4月22日）创刊，旬刊，共出版45期。《湘学报》是一份以"开明智、育人才"为目的的综合性刊物，设有史学、时务、掌故、舆地、算学、商学、交涉7个栏目，同时刊载一些时事新闻和科技消息，积极宣传和倡导维新变法运动。该报的主要撰稿者为唐才常、梁启超、杨毓麟、江标、徐仁铸、蔡钟浩、李固松、易鼐、姚丙奎、李钧鼐、陈棠、徐崇立、周传梓等。张之洞《劝学篇》亦曾在《湘学报》连载。

《湘报》是湖南第一家日报，创刊于光绪二十四年二月十五（1898年3月

7日），同年九月一日（10月15日）被迫停刊，共出版了177期。《湘报》由熊希龄等人集资筹办，属民办性质，但得到陈宝箴的支持和津贴（每月200两）。唐才常为主编，熊希龄、唐才常、谭嗣同、邹代钧、梁启超、蒋德钧、王铭忠、李维格为董事。该报的主要撰稿人有梁启超、谭嗣同、樊锥、唐才常、易鼐、戴德诚、杨子玉、杨昌济等人，可说集中了当时湖南的维新精英。每日出报纸一大张，一大张可容9 000字左右，每日发行量达6 000份，为当时报纸销售量最多的。《湘报》是维新运动中最有影响的报纸，它以"开风气，拓见闻"为宗旨，其言论比《湘学报》更加深刻、激烈，开辟了论说、奏疏、电旨、公牍、新政、时事、杂事、商务等栏目。该报的主旨是：宣传维新变法思想；畅议湖南新政，报道省内各地变法的新闻，发布文告、消息以及有关维新的活动；宣传科学技术和培养科学技术人才；扭转社会风气，批评迷信等愚昧的陋规恶习，提倡建立科学、民主的社会风气。

4. 南学会的建立：湖南省议会的雏形

光绪二十三年（1897），谭嗣同、唐才常等人筹议在长沙建立"南学会"，梁启超说："设会之意，将合南部诸省志士，联为一气，相与讲爱国之理，求救亡之法，而先从湖南一省办起。盖实兼，学会与地方议会之规模焉。地方有事，公议而行，此议会之意是；第七日大集众而讲学，演说万国大势及政学原理，此学会之意也。"[①]南学会得到陈宝箴的批准和积极支持，在全省选择有影响力的绅士10人为总会长，由此10人吸收会员，规定每州县会员数量为3—10人。会员分为三种：一种为议事会友，职责是议定会中章程，处理会中重要事务，由谭嗣同、唐才常、熊希龄等人担任；二为讲论会友，以学识渊博、擅长言辞的人担任，由皮锡瑞主讲学术，黄遵宪主讲政教，谭嗣同主讲天文，邹代钧主讲舆地；三为通信会友，即各府县之会员。南学会的主要活动为演讲，据统计，南学会共举办演讲13场，演讲者25人次，其中皮锡瑞演讲12次，谭嗣同演讲4次，演讲的主要目的是为维新变法作宣传，促进湖南各项新政的推行。

南学会是一个具有爱国性质的新型学会，它首先是一个救亡御侮的政治组织。谭嗣同则将南学会当作地方议会，认为南学会可以参政、议政、修订法律、选官吏、课财用、举人才，合群力变法。"国存而学亦足以强种，国亡而学亦足以保教"，认为南学会是卫国、强种、保教的重要保障。

---

① 谭嗣同.谭嗣同全集[M].北京：中华书局，1981：326-328.

5.发起不缠足会和延年会:建立新风俗

在谭嗣同等维新人士和南学会的推动下,湖南出现了一片新的气象,各种性质、各种形式的学会、群众团体纷纷成立,长沙有不缠足会、延年会、公法学会、学战会、法律学会、积益学会;浏阳有兴算学会、群萌学会;衡州有任学会;郴州有兴学会;常德有明达学会;邵阳和岳阳则建立了南学会分会。据剑桥《中国晚清史》统计,当时全国共有各类学会76个,湖南以16个名列第一(江苏12个学会、北京10个、广东5个),占了总数的21%。这些学会对推动湖南群众的思想觉醒和维新运动的高涨,对革除落后野蛮的社会风俗、建立文明新风,都发挥了不同程度的积极作用。

在这些学会中,最有影响的是不缠足会和延年会。不缠足会成立于1898年4月,由谭嗣同、黄遵宪、徐仁铸、唐才常、熊希龄、樊锥、易鼐等任董事。他们认为缠足不仅是一种陈规陋俗,是对妇女身体的严重摧残,而且是关系男女平等、个人自主自由、国家民族兴盛的政治大事。不缠足运动的迅速发展,对争取妇女解放、男女平等、民权自主、个性自由都具有积极意义。延年会于1898年4月由熊希龄发起成立,谭嗣同、唐才常亦积极参与。该会以破除低俗的、旧的习俗、增强国民体质、珍惜生命、珍惜时间为宗旨。该会反对社会上过多的非必要宴请、宴饮等应酬;反对奔走异权,拉帮结派以求高升;反对沉溺于酒色,玩物丧志。延年会明确规定会员的作息时间,要求会员珍惜时间,免去无聊闲扯,不准奢侈无度。总之,不要虚度光阴,要求"一日可程数日之功,一年可办数年之事"。

6.设立课吏馆和保卫局:政治体制改革的开始

梁启超认为湖南当务之急,在于"开民智、开绅智、开官智",而"开官智,又为万事之起点"。因为当时的社会,"官本位"风气非常严重,任何一件事务,只有得到了官吏的认可,才可推行,才可实现,才可改革。光绪二十四年(1898)初设立课吏馆,开设学校、农工、工程、刑名、缉捕、交涉等6门课程,采取自修和馆长问答两种形式进行学习。学习课程由学员选择,自修要写札记、批语,由教员核查。课吏馆存在的时间不长,但却为全国首创,对提高官员素质,促进官制改革,推动维新运动,都有一定的积极作用。

光绪二十四年(1898)2月,由黄遵宪提议设立保卫局,以代替旧的保甲团防局。保卫局的宗旨是:"去民害、卫民生、检非为、索罪犯",保护"官绅士商种种利益"。保卫局总部设长沙城中央，东、南、西、北设四个分局。保卫局为政府与绅、商合办机构；绅、商的参与，实质上是地方自治的开始，而其形式和职权，又类似资本主义国家的警察制度。保卫局还附设迁善所，负责收容失业、无业人员和改造犯人，组织犯人进行劳动和生产，它的作用类似劳动教养所。总的来看，保卫局不同于过去单纯镇压人民反抗的封建专制，而且具有保卫民族资本主义经济发展，安定社会的积极作用，是地方政治制度改革的一种尝试，当时得到了社会各阶层的普遍欢迎。

7.建立近代工矿企业：促进资本主义经济的出现

《湘学报》指出："兴矿务、铸银圆、设机器、建学堂、竖电线、造电灯、行轮船、开河道、制火柴、凡此数端、以开利源、以塞漏卮、以益民主、以裨国势。善于变法，而不为法所变。"湖南近代工矿企业，有一个明显的特点，它是在维新变法、救国强国的思想推动下发展起来的。

湖南近代工业中，最有成就是矿业。一方面，湖南的矿产资源丰富，素称"有色金属之乡"，钨、锑、铋、锰、钒、铅、锡、钼、汞、锂、磷、锆英石、金红石等，均居全国各省藏量的前列。另一方面，湖南官方和维新派人士都首先把目光投向矿业，陈宝箴在湖南发展工业的第一个措施，就是成立"湖南矿务总局"，以刘镇为总办，朱彝为会办，邹代钧、张通典为提调，又制定《湖南矿务简明章程》，将湖南矿业公司分为官办、官商合办、官督商办，商民自办四种体制。在矿务总局的领导下，下设19个分局，3个公司。当时，常宁、麻阳、安化、临湘、邵阳、湘乡、桃源、衡山、临武、慈利、新化、益阳、沅陵、辰溪、泸溪、芷江、平江、宁乡、桂阳、常德、永顺、桑植、澧州、辰州等地，都有一些小规模的矿业公司。除了工矿业，交通运输业、机器制造业、邮电以及部分轻工业，都有一定程度的发展。

在上述近代工矿企业中，产生了湖南第一代民族资产阶级和无产阶级，它们是湖南维新运动的阶级基础，但是，湖南近代工矿企业从产生之日起，就受到帝国主义、封建主义的双重压迫，导致阻力重重，得不到正常发展。而由此产生的湖南第一代民族资本家，此时也一反常态地积极支持维新变法，但到戊戌变法到来时，其软弱动摇的特性就明显地表现出来。

三、湖南维新派领袖谭嗣同

谭嗣同是湖南近代继魏源之后出现的杰出的思想家,是全国维新变法运动的主要领导人之一,是维新派中最激进的代表,是湖南维新派的领袖。梁启超在谈到谭嗣同对湖南新政的贡献时说:谭嗣同资性绝特,于学无所不窥,而以日新为宗旨,故无所黏滞;善能舍己从人,故其学日进。自"弃官归,安置眷属于其浏阳之乡,而独留长沙,与群志士办新政。于是湖南倡办之事,若内河小轮船也,商办矿物也,湘粤铁路也,时务学堂也,武备学堂也,保卫局也,南学会也,皆君所倡论擘画者;而以南学会为盛业。设会之意,将合南部诸省志士,联为一气,相与讲爱国之理,求救亡之法,而先从湖南一省办起,盖实兼学会与地方议会之规模焉……君实为学长,任演说之事。每会集者千数百人,君慷慨论天下事,闻者无不感动。故湖南全省风气大开,君之功居多。"①

梁启超高度评价了谭嗣同的学问人品,及其英勇奋斗的牺牲精神,认为谭嗣同是"向以天下任"、能使"大地放光明"的英杰。

1.谭嗣同简略生平

谭嗣同(1865—1898),字复生,号壮飞,又号华相众生、东海褰冥氏、寥天一阁主,湖南浏阳人。出身于官僚地主家庭,父亲谭继洵,官至湖北巡抚。谭嗣同5岁开始和二哥嗣襄一起读书。同治十三年(1874),欧阳中鹄来到京师,成为谭嗣同的老师。谭嗣同爱好广泛,洒脱不羁,喜欢游历,富于激情,追求真望,常和社会上各种人物接触,曾向胡七、王五等侠士学习武术。青年时期的谭嗣同进行了各种活动,在全国各地游历、考察、访友。以兰州、武昌、浏阳为中心,他先后到过新疆、北京、天津、上海、南京、长沙、南岳等地,饱赏了各地山川风景,地俗民情,增长了见识,培养了胆识。同时努力求学,系统地学习了王船山著作,涉猎了有关历史、地理、天文、文学、数学、几何等方面的书籍,并勤于著述,有《寥天一阁文》《莽苍苍斋诗》《远遗堂集外文初编》《续编》《石菊隐庐笔识》《仲叔四书义》《谥考前编》等著作。

谭嗣同的最后四年,即光绪二十年到二十四年(1894—1898)的4年,是其为救国、救民而积极奔走的时期,确立了他在中国历史上的地位:其在维

---

① 谭嗣同.谭嗣同全集[M].北京:中华书局,1981:554.

第八章 维新运动时期的湖南人才

新变法运动中的杰出贡献，使其成为中国伟大的爱国主义者之一；而其在《仁学》中所散发的思想光辉，又使其成为中国历史上杰出的哲学家之一。谭嗣同在了解《马关条约》的内容后，即大张旗鼓地开始了他的变法维新、救国强国活动。他首在浏阳建立算学格致馆，而后往来于南京、上海、武昌、湖南之间，为促进维新变法而奔走，并就一些具体问题提出了改革主张，开展了一些改革活动。他在上海接触了先进的工厂、轮船、铁路、火车、电线和一些先进的器械，先后结识了四川的吴樵，会见了梁启超和康有为。光绪二十二年（1896），谭嗣同到南京，以候补知府的身份听候委用，开始着手于《仁学》的写作，该书被称为19世纪末中国的"人权宣言"。光绪二十四年（1898）正月，谭嗣同辞官返湘，应湖南巡抚陈宝箴之邀，参与湖南新政。六月，光绪帝命谭嗣同入京。七月二十日，任谭嗣同为四品卿衔、在军机章京上行走，参与新政事宜。具体工作是分看条陈时务的奏章，并提出处理意见。谭嗣同兴奋异常，认为"朝廷毅然变法，国事大有可为"。但是，谭嗣同的理想遇到了重重困难。旋慈禧政变，软禁光绪帝，宣布"训政"。康、梁逃离北京，谭嗣同等维新志士先后被捕。谭嗣同在狱中留诗："望门投止思张俭，忍死须臾待杜根。我自横刀向天笑，去留肝胆两昆仑。"① 八月十三日，未经任何宣判，谭嗣同、康有为、杨深秀、杨锐、林旭、刘光第被处斩，史称"戊戌六君子"。

谭嗣同是一个学问家、哲学家，其哲学思想有两个发展阶段，前期受王夫之的影响较多，后期受西方自然科学以及佛学的影响，形成了其哲学的思想体系。《仁学》是谭嗣同的主要著作，继承和发展了我国古代优秀的思想遗产，融合了儒、释、道、墨各家，特别是王夫之、黄宗羲等早期启蒙思想家的哲学思想和改革思想。同时又吸收了近代西方的民主、自由、平等、天赋人权等思想学术。谭嗣同自称："凡为仁学者，于佛学当通《华严》及心宗、相宗之书；于西书当通《新约》及算学、格致、社会之书；于中国书当通《易》《春秋公羊传》《论语》《礼记》《孟子》《庄子》《墨子》《史记》及陶渊明、周茂叔、张横渠、陆子静、王阳明、王船山、黄梨洲之书。"② 谭嗣同力图将中学与西学、古代之学和当今之学结合，并在此基础上构建一个新的、永恒的、极其庞杂的思想理论体系。

---

① 谭嗣同.谭嗣同全集[M].北京：中华书局，1981：287.
② 谭嗣同.谭嗣同全集[M].北京：中华书局，1981：293.

2.哲学上，谭嗣同的思想体系中既有唯物主义的观点，又有唯心主义的因素

谭嗣同受中国古典哲学的影响，以"元气"作为宇宙的本原，所谓"元气"即一种生存于天地之间的多种多样的物质，谭嗣同用以解释地球运动，宇宙变化的原因。但是，在《仁学》一书中，他已不提及"元气"为本体，而代之以"仁"和"以太"，而且在提法上时有差别，有时以"仁"为本体，有时以"以太"为本体，有时则把"仁"和"以太"并列，看成一个东西。"仁"是中国古代思想家常用的一个极为广泛的道德观念。孔子以"仁"为最高的道德标准，《仁学》继承了孔子的思想，以"通"来解释"仁"，认为"仁以通为第一义"，而"通之象为平等"，即"仁—通—平等"，这种理论主要是从社会政治方面着眼，所以，《仁学》中的"仁"重在社会政治思想。谭嗣同说："仁为天地万物之源"，实质上是说人的主观精神、意识是"天地万物之源"。显然，这是一种主观唯心主义的宇宙观。

如果说"仁"重在社会政治思想，那么"以太"则重在哲学思想；如果说"仁"带有浓厚的唯心主义色彩，那么"以太"则基本上是唯物主义的思想体系了；如果说"仁"是对中国古代优秀思想理论的继承和发展，那么"以太"就是对西方自然科学理论的借用和发展。"以太"意为燃烧、点火，是古代希腊哲学家所创造出来的一个物理学概念。他们认为，太阳和其他星球上的光，以"以太"为媒介，再传到地球上来。《仁学》借用这一概念，认为世界上的一切物体都是由"以太"构成的，声、光、热、电、风、云、雨、雾、霜、雪，都是"以太"的化身；人的身体、兄弟、夫妇、父子、君臣、朋友、家庭、国家、天下，都是由"以太"粘砌而成的；日、月、星、辰、宇宙、山、河、动植物、微生物，也是由"以太"相互"吸引""胶合"而成的。总之，"以太"之用，包罗万象，"天地万物由之以生，由之以通。"可见，谭嗣同的所谓"以太"，是世界万物之本原，是构成世界万物的一种物质。以"以太"来解释世界，是一种唯物主义的世界观。

在《仁学》中，"以太"是其哲学的最高范畴，它具有明显的特征。一是普遍性：它认为宇宙间充满着"以太"，大到地球、银河系，乃至整个宇宙，小到一片树叶、一滴水、一粒灰尘乃至看不见的微生物，都是由"以太"构成的。"以太"无时不有、无时不在，"偏法界、虚空界、众生界，有至大、至

精微，无所不胶粘，不贯洽、不筦络，而充满之一物焉。目不得而色，耳不得而声，口鼻不得而臭味，无以名之，名之曰以太。"① 二是永恒性：他认为"以太"是"不生不灭"的，各种物质都是由"以太"构成的，因此，它的原质是不变的，只是形式有变化。"譬如水加热则渐涸，非水灭也，化为轻气养气也。使收其轻气氧气，重与原水等，且热去而仍化为水，无少减也。"② 三是运动性："以太也，电也""有正有负，正负则有异有同，异则相攻，同则相取。"③ 即"以太"本身有内部矛盾，矛盾双方促使"以太"运动变化，也必然引起各种事物的运动变化。

"以太"虽然具有唯物主义的特色，但是，当谭嗣同用"以太"来解释精神现象时，又滑向了唯心主义。他说："以太也，电也，心力也。"④ "心力"是指什么？显然是指人的精神力量，人的力量有做不到的事，"心力"则没有做不到的事，甚至"以心挽劫者，不惟发愿救本国，并彼极强盛之西国，与夫含生之类，一切皆度之"。⑤ 这种巨大的"心力"，简直是可以普度众生的灵丹妙药，显然是一种唯心主义观点。但是，谭嗣同在当时强调发挥"心力"，就可以改变社会上一切不合理的现象，改变西方国家对我国的侵略，改变罪恶的封建专制的观点，他的观点有鼓舞人民的积极作用。

3. 在方法论问题上，谭嗣同有许多辩证法的观点

第一，谭嗣同强调事物之间的普遍联系。

谭嗣同关于"仁—通—平等"的观点中，认为"仁以通为第一要义"，所谓"通"，就是指事物之间彼此联系。他说："通有四义：中外通，多取义于《春秋》，以太平世远近大小若，一故也；上下通，男女内外通，多取义于《易》，以阳下阴吉、阴下阳吝，泰否之类故也；人我通，多取义于佛经，以'无人相，无我相'故也。"⑥ 具体来说，通的含义有四：一是"中外通"，即与西方国家合作，实现中外平等，以达到通商贸易自由的目的，反映了新兴资产

---

① 谭嗣同. 谭嗣同全集[M]. 北京：中华书局，1981：293.
② 谭嗣同. 谭嗣同全集[M]. 北京：中华书局，1981：307.
③ 谭嗣同. 谭嗣同全集[M]. 北京：中华书局，1981：291，320.
④ 谭嗣同. 谭嗣同全集[M]. 北京：中华书局，1981：291.
⑤ 谭嗣同. 谭嗣同全集[M]. 北京：中华书局，1981：358.
⑥ 谭嗣同. 谭嗣同全集[M]. 北京：中华书局，1981：291.

阶级在经济上的要求；二是"上下通"，要求废除封建等级制度，依照"君民共主"的原则实行君主立宪政治，上下平等，反映了新兴资产阶级在政治上的要求；三是"男女内外通"，即取消男尊女卑，废除三纲五常，争取男女平等；四是"人我通"，争取消除人民之间些差别，减少利害冲突，实现人人平等。谭嗣同认为，这种"通"，就表明世界上的一切事物，都是有某种联系的，也是平等的，没有高低上下的等级区别。这种思想实质上就是要以联系的观点、平等的思想，去反对封建的等级观念。

第二，谭嗣同强调变化日新的思想。

他说，"反乎逝而观，则名之曰'日新'。孔曰：'革去故，鼎取新。'又曰：'日新谓之盛德。'夫善至于日新而上矣，夫恶亦至于，日新而此矣。天不新，何以生？地不新，何以运行？日月不新，何以光明？四时不新，何以寒燠发敛之迭更？草木不新，丰缛者歇矣；血气不新，经络者绝矣；以太不新，三界万法皆灭矣。孔曰'改过'、佛曰'忏悔'、耶曰'认罪'，新之谓也。孔曰'不已'、佛曰'精进'、耶曰'上帝国近尔矣'、新而又新之谓也。则新也者，夫亦群教之公理已。德之宜新也，世容知之，独何以居今之世，犹有守旧之鄙生，断断然曰不当变法，何哉？"①

这段话有两个非常鲜明的观点，一是说世界上的万事万物是不断变化的，二是说事物的不断变化必然产生新事物，并强调这种"变化日新"的观点是"公理"。谭嗣同的这一观点，是其维新变法的理论基础，可见，谭嗣同的哲学思想是为现实服务的，是为其促进维新变法运动，反对顽固保守派服务的。

第三，谭嗣同关于矛盾运动的观点。

谭嗣同说："夫地在天中，天亦即在地中，阳中有阴，阴中有阳也。就其虚而无形者言之曰天，就其实而有形者言之曰地。天，阳也，未尝无阴；地阴也，未尝无阳。"②王夫之在论述阴阳矛盾时，过分强调矛盾的同一性，而忽视了矛盾的斗争性。谭嗣同则认识到矛盾的同一性中也充满着矛盾。他说："中和之所以济阴阳之穷也。然中和亦分阴阳：中，体也，静之类也；和，用也，动之类也。然中之中，和之中，亦各有阴阳，偏全纯驳，过不及是也。由斯而

---

① 谭嗣同.谭嗣同全集[M].北京：中华书局，1981：318.
② 谭嗣同.谭嗣同全集[M].北京：中华书局，1981：125.

谈，变化错综，盈天地间，皆易也。"① "中和"也就是矛盾的同一性中，仍然存在对立，存在斗争。在《仁学》中，谭嗣同进一步谈到了矛盾的观点："欲破对待，必先明格致；欲明格致，又必先辨对待。有此则有彼，无独有偶矣，不待问而知之，辨对待之说也。无比复无此，此即彼，彼即此焉，不必知亦无可知，破对待之说也。"所谓"辨对待""有此有彼"，就是讲矛盾，讲对立面的斗争和统一，但他又认为"此即彼，彼即此"，则是否认了事物的差别，这点是错误的。

第四，谭嗣同关于斗争的观点。

在《仁学》一书中，谭嗣同从各方面论述了关于斗争的辩证观点，并认为"以太"和雷电一样，有正有负。他说："日新乌乎本？曰：以太之动机而已矣。独不见乎雷乎？虚空洞杳，都无一物，忽有云雨相值，则合两电，两则有正有负，正负则有异有同，异则相攻，同则相取，而奔崩轰（石匋）发焉。宇宙为之掀鼓，山川为之战撼，居者愕眙，行者道仆，懦夫孺子，掩耳而良久不怡，夫亦可谓暴矣。然而继之以甘雨，扇之以和风，雾豁天醒，石敛气苏，霄宇轩昭，大地澄涤，三辰晶英于上，百昌孚甲振奋于下，蜎飞蠕动，雍容任运而自得，因之而时和，因之而年丰，因此而品汇亨通，以生以成，夫孰非以太之一动，而由之以无极也。"②

雷电的轰击，震撼大地，振奋人心，扫除了宇宙的阴霾，涤荡了社会的积弊，因而万物欣欣向荣，世界出现了一片新的气象，从而使人心激昂，继而维新变法。这段话表达了谭嗣同主张通过激烈斗争的手段摧毁封建专制的枷锁，来解决新旧两派的矛盾，从而开创一个新的天地。

4. 谭嗣同"冲决网罗"的思想

在维新变法运动中，谭嗣同提出了响亮的"冲决网罗"的口号："网罗重重，与虚空而无极。初当冲决利禄之网罗，次冲决俗学若考据，若词章之网罗，次冲决全球群学之网罗，次冲决君主之网罗，次冲决伦常之网罗，次冲决天之网罗，次冲决全球群教之网罗，终将冲决佛法之网罗。"③ 这是中国近代史上反对封建思想的最强音，著名学者钱穆在《中国近三百年学术史》一书中评

---

① 谭嗣同. 谭嗣同全集[M]. 北京：中华书局，1981：127.
② 谭嗣同. 谭嗣同全集[M]. 北京：中华书局，1981：319-320.
③ 谭嗣同. 谭嗣同全集[M]. 北京：中华书局，1981：290.

价说:"近世以来,学术思想之路益隘,而纲常名教之缚益严。然未有敢正面对而施呵斥者,有之,自复生(谭嗣同)始生。"显然,这种"冲决网罗"的精神和反封建革命的勇气,对中国思想界的贡献是巨大的,也是永远值得我们学习的。谭嗣同不仅带领同代人,成为维新改良思想的先驱,而且引发了中国资产阶级民主革命——辛亥革命,并影响了五四运动和新文化运动的开展。

四、唐才常等维新派骨干

在湖南维新人才群体中,唐才常是仅次于谭嗣同的领袖人物。谭嗣同曾说:"二十年刎颈交,惟唐佛尘一人而已。"在谭嗣同、唐才常的周围,集结了一批维新精英,如樊锥、易鼐、沈荩、林圭、毕永年、秦力山、何来保、唐才中、李炳寰、蔡忠浩、田邦璇等,他们构成湖南维新人才群体的核心骨干。

(一)唐才常和自立军起义

唐才常(1867—1899),字绂丞、又字佛尘,自号并辟子,出生在湖南浏阳西乡之孝义里。6岁开始读书,跟父亲学习《论语》,聪慧异常,过目不忘,有"神童"之称。光绪十二年(1886),唐才常参加浏阳县试,名列第一。次年参加长沙府试,又列第一。接着参加院试,再列第一。县、府、道三连冠,被称为"小三元及第",唐才常从此名噪三湘学界。光绪二十年(1894),唐才常考取武昌两湖书院。其时,谭嗣同在湖北巡抚署内读书,刘善涵则在武昌曾氏家中授课,"三人意气相投,过从最密,或讨论政治,或研究学术"。中日甲午战后,面对国家危亡局面,唐才常、谭嗣同、刘善涵多次讨论,决定兴新学、育人才,变法自强。从此,唐才常从书生议政,走上了实际的政治活动,由此揭开了湖南维新运动高潮的序幕。

1. 积极开展维新变法运动

首先,服务桑梓。唐才常主要为浏阳做了四件事:第一件事是参与创办浏阳算术社,第二件事是救济浏阳灾荒。在浏阳发生特大旱灾时(光绪二十年),唐才常一是请湖北巡抚、浏阳人谭继洵倡议浏阳籍官员、乡绅募款救灾。从武汉等地运回大米,并由饥民砍柴、挖煤以换米,然后将柴、煤等浏阳土货运往武汉贩卖,不仅解决了饥民口粮,而且促进了灾区经济的恢复。同时到外地收购茹种、茹苗，运回浏阳四乡种植。第三件事是创办群萌学会。购置书报供大家阅读，并组织集会，"讲学论政"。第四件事是创办实业。唐才常和谭嗣同合伙经营了一个煤矿、一个钱庄，促进了浏阳近代工矿企业的产生。

其次，倡行新政。唐才常积极参与湖南时务学堂、《湘学报》《湘报》南学会的筹议、发起、组织和领导工作。唐才常是时务学堂发起人之一，并是其后期的主讲，又是《湘学报》的两主笔之一，他发表的文章最多，仅署名的就有58篇之多。《湘报》由唐才常参与集资创办，是其八董事之一，又是其六撰稿人之一。唐才常还参与了南学会的筹建，并以"品学兼著，名望孚洽"而被推选为"议事会友"，参与决议"会中事务章程"等大事。此外，唐才常还积极支持和鼓励湖南创办近代工矿企业，发展资本主义经济。

最后，倡导变法。唐才常在积极推行新政的同时，在《湘学报》《湘报》等报刊上发表了几十篇文章。这些文章的内容大致可以分为三个方面：一是对比中西政治制度，强调封建君主专制为"私之至"；资产阶级民主共和制是"公之至"。二是强调变法是中国富强的必要途径，而进行变法，则须"热力"。所谓"热力"，即开启民智，关心国事，群起支持变法，参加变法。三是介绍西方国家的政治、经济、军事、文化、思想学术等各方面的实情，并针对我国实际情况，指出我国所应采取的政策和态度：在军事上分析中西养兵、征兵制，主张用兵役制取代八旗府兵制；在外交上根据西方国家的实力和与我国的利害关系，主张利用帝国主义国家之间的矛盾，与英、日结成联盟；在文化上介绍了西方文化和科学技术，指出八股对中国知识界的危害，主张废时文，设立天文、算学、武备、舆地、格致等实用科学；在经济上根据西方国家工矿企业和发展情况，主张鼓励私人投资建厂开矿，发展民营企业。这些具体政策，其总的原则都是力图用君主立宪来代替君主专制，把中国引向富裕、强大、民主的资本主义社会。

2.组织自立会，建立自立军

戊戌政变后，湖南维新派受到极大打击，谭嗣同英勇献身，熊希龄心灰意冷，多数人流亡日本以及全国各地。唐才常到日本后，召集同志，相互探讨救国之策，决定组织自立会，成立自立军。同时与康有为、梁启超多次会见，促使其支持武装反清的计划；会见孙中山，接受革命思想，愿意在湘、粤及长江沿岸各省联合起兵，共同反清；结交日本友人，扩大反清影响；与哥老会等会党联络，使其成为反清武装起义的重要力量；在海外华侨中宣传维新变法思想，介绍内地成立商会、开办学堂、废除科举、兴建工矿企业、发展民族经济的具体情况，揭露清政府专制政治的罪行，力图得到华侨的支持；主持《亚东时报》，大力宣传维新变法，批判封建专制，大倡民主政治。

光绪二十五年（1899）夏，唐才常与梁启超、林圭、秦力山等人相会于日本东京，决定在长江沿岸各省联合会党，举行武装起义，以夺取武汉为基地，实行武力反清，并派林圭回国，以便与会党联络。随后，唐才常在上海组织正气会（后改名自立会），以唤起群众觉悟。为了扩大自立会的影响，为武装反清作准备，唐才常于光绪二十六年（1900）七月，以"保国保种"为由，两次邀请国内名流、维新志士在上海召开"国会"（又称中国议会），到会者第一次百余人，第二次八十余人。选举容闳为会长，严复为副会长，唐才常为总干事，林圭、沈荩等人为干事。唐才常宣布会议的宗旨是：保全中国自主之权，不承认清政府有统治中国之权，请光绪皇帝复位。唐才常组织自立会、召开国会的根本目的，就是变封建专制为资本主义的民主政治体制。

自立会成立的同时，唐才常又着手建立自立军。他以时务学堂学生为骨干，联合武备学堂学生、各地维新志士、各地会党、部分军队士兵，组成自立军。他还准备组织农民军，据唐才质回忆："据余当日亲闻公（唐才常）言，中国以农立国，农民为国家根本，当年投身会党，亦以农民最为踊跃。军事应以农民为骨干，故自立军建立之日，公即有建立农民军之意图。"自立军以唐才常为总司令，下设七军：以汉口为中军，由林圭、傅慈祥、李炳寰统领，扼武汉以控制各路；安徽大通为前军，由秦力山、吴禄真为统领；安庆为后军，由田邦璇统领；常德为左军，由陈犹龙、唐才中统领，与武汉相呼应；湖北新堤为右军，以沈荩、龚超、朱茂之为统领，图入长安定鼎中原；另置总会亲军和先锋军。自立军的成立，标志着唐才常由改良道路开始转为武装反清的革命道路。

3. 自立军起义，英勇献身

自立军以武汉为枢纽，分别在汉口、襄阳、长沙、荆州、岳州、沙市等地设立机关，联络四方志士。其势力遍布沿江沿海各省，上游抵四川，下游达安徽，南至湖南，北及河南。湖北的襄阳、樊城、枣阳、随州、应州、监利、沙市、麻城、嘉鱼、崇阳、巴东、长乐，湖南的长沙、岳州、常德、澧州、河南的信阳，安徽的大通、安庆，四川的巫山，都有自立军的组织，人员有十几万之众。七月，唐才常赶至武汉，认为起义时机已经成熟，遂向各国旅汉侨民公告。同时发布安民告示，宣布军令八条，定于七月十五日，武昌、汉口、汉阳以及各地自立军的同时起义，近者接应武汉三镇，远者遥为声援，一举而定天下。随着起义日期的临近，康有为所募集的款项却迟迟不来，引起了自立军内部混乱，起义不得不延期。但长江沿岸为清军封锁，信使难通，安徽大通的秦力山未能接到延期起义的通知，于十五日率先起义，清军大队援兵赶至，自立军却孤立无援，兵少势弱，激战七昼夜，起义失败，秦力山逃亡日本。

自立军在大通的起义，使武汉的张之洞加紧防范，侦知自立会准备起义。二十八日晨，张之洞派兵围搜英租界李维德堂及宝顺里自立军机关部与轮船码头等处，先后逮捕了唐才常、林圭、李炳寰、田邦璇、王天曙、傅慈祥等20多人，当晚多人被杀害于武昌滋阳湖。此外，自立军右军统领沈荩闻武汉失事，率所部在新堤仓促起事，崇阳、监利、临湘、沅州等地响应，均因汉口失败在先，人心涣散，敌人力量过大，沈荩部很快失败。此外，汪容准备在长沙定王台起义，杨概在衡阳、何来保在常德率自立军响应，然均为湖南巡抚俞廉三所镇压，何来保、唐才中、蔡钟浩、方成祥等百余人被捕被杀。至此，自立军起义全部失败，数百人（一说千余人）惨遭杀害。

自立军起义虽然失败，但意义重大。首先，唐才常等人为国为民英勇牺牲的高尚品德和爱国主义精神，永远是鼓舞人民、团结人民的光辉榜样。其次，自立军起义标志着改良派向革命派的转化。唐才常等人是维新变法运动中的左派，戊戌变法后，唐才常等人和资产阶级革命派有了一定的接触和联系，自立军中就有兴中会的成员参加。自立军起义，正是改良和革命两条道路交错在一起的具体表现。唐才常最后终于举起了武装斗争的义旗，打响了反清专制的第一枪，这就表明唐才常的革命思想已经占了上风。自立军的枪声，促进了改良派向革命派的转化。最后，自立军起义表明资产阶级改良派的分化，许多维新志士开始转向革命，标志着资产阶级革命的开端。

（二）樊锥、易鼐、秦力山等维新派骨干

樊锥（1872—1908）又名时中，号春徐、春渠，笔名一鼐，湖南邵阳人。维新运动期间，樊锥为长沙城南学院学生。学兼中西，精研诸子，旁证西学，

为学政江标称赏。光绪二十四年（1898），参与创立湖南南学会，被选为总会长之一，并在邵阳建立分会，当选为会长，又手订邵阳南学会章程，开展讲学活动，宣讲西学和维新变法，随后，又在武冈建立南学会分会。同时，樊锥又参与创办《湘报》，被推举为六撰述之一。在《湘报》上先后发表《开诚篇》《发锢》等著名论文，其中对封建君主制进行了无情的揭露和鞭挞，强调救国只有变法一途，指出变法的内容是学习西方的民主政治，"起民权，建议院，开国会"，并主张大兴工厂，购置机器，发展民族工业。樊锥还与谭嗣同、熊希龄一道发起、成立了湖南不缠足会，并担任理事。由于樊锥在维新运动中英猛精进，引起了邵阳劣绅的极端仇视，他们四处张贴《邵阳士民驱逐乱民樊锥告白》，发誓将樊锥驱逐出邵阳。戊戌政变时，樊锥避居深山，得以免害，而后辗转逃亡至日本，与唐才常等联络，返国参加自立军起义。失败后，进入日本成诚陆军学校，与黄兴、陈天华等交往，编辑《游学诗编》，倾向革命。1907年，应蔡锷之邀，他到广西法政学堂任教。次年，他因病返湘，在邵阳家中逝世，终年37岁，其著作收入《樊锥集》。

易鼐，字伟舆，亦作味腴，后改名易夔，湖南湘潭人。光绪二十四年（1898）从长沙校经书院毕业。他参加了南学会、不缠足会，且为不缠足会董事。他积极支持《湘报》《湘学报》的活动，并发表了《中国宜以弱为强说》《论西政西学治乱兴衰与西教无涉》《五洲风俗异同考》等著名论文。在这些文章中他提出了改革主张：重视民权，主张君主立宪制强，调维新变法，要求开议院废科举，整顿海军，裁汰绿营，讲求商政，废除厘金，培育人才；主张全盘西化。戊戌政变后，易鼐逃至日本，进入东京乃治学堂，与梁启超、宋教仁有较多联系，回国后仍主张君主立宪，1911年6月，与谭延闿等在北京建立宪友会，又在湖南设立支部，并是支部负责人之一，并担任北京资政院议员，始终在宪政和民权方面努力活动。

毕永年（1870—1901）号松甫，湖南长沙人，光绪二十三年（1897）拔贡。湖南维新运动高潮中，他积极参加南学会活动并捐献图书，积极支持不缠足会的活动，并担任董事。在《湘报》发表《有华篇》，揭露历代封建君主的愚民政策，坚决反对封建专制，要求民主、平等、强调"只有贵民、重民、公权于民，而后国可保，君可存也"。毕永年还组织了"公法学会"，拟定了《公法学会章程》。在维新运动中，毕永年积极联络会党，往来于汉口、长沙、岳阳，与会党共商国是，以图利用会党的力量排满，"匡复事业"。毕永年性格刚毅，见识敏锐，有识人之长，是维新人才中最具特殊性格的一员。谭嗣同被捕，毕永年曾设法营救。康有为在日本坚持保皇，毕永年与之绝交。毕永年曾会见孙中山，表示愿加入兴中会。又与唐才常讨论自立军起义，力劝唐才常与康有为断交，唐才常不听，毕永年愤而削发为僧，改名悟玄。

秦力山（1877—1906），原名鼎彝，又名邮，号遁公，又号巩黄，湖南长沙人。自幼聪慧好学，性格豪爽，曾积极参加南学会的活动。戊戌政变后，秦力山应梁启超之召赴日本，与原时务学堂学生林圭、蔡忠浩，革命党人孙中山、章炳麟、戢元丞等往来密切，思想则多倾向革命。1899年，梁启超延请秦力山担任《清议报》主笔，从此，秦力山文名著于全国。次年，回汉口，与唐才常、林圭一起策划自立军起义。因秦力山与安徽抚署卫队管带孙道毅友善，被委任为自立军统领，驻安徽大通领导起义。原约期7月15日举事，因康有为汇款未到，起义延期，但秦力山未能得到延期通知，仍如期起义，张贴安民告示，以大炮轰击督销局，占领货厘局，释放被捕党人，击沉清军炮艇8艘，小轮船一艘，水师参将张某自杀。但起义军孤军无援，清军则大批增援，起义失败，秦力山逃亡至新加坡。旋亡命日本东京，与戢元丞等人创办《国天报》月刊，任总编辑，宣传革命，并沟通孙中山、章炳麟、张继等与中国留日学生的联系，以宣传反清革命。1905年在仰光创办《仰光新报》，在华侨中宣传革命，撰著《说革命》一书，深受欢迎。次年，秦力山病逝，终年仅29岁，其著作收入《秦力山集》。

沈荩（1872—1903），原名志诚，字愚溪，湖南长沙人。沈荩专治经史，不尚制艺，其天资过人，才气磅礴，识见超群。"以救国为己任，慨然有澄清天下之志"。光绪二十三年（1897）沈荩在湖北与谭嗣同相会，推荐其父湖北巡抚谭继洵处办理文案。次年，沈荩回湘参加维新运动，与谭嗣同、唐才常一道规划湖南新政。戊戌政变后，沈荩与唐才常同赴日本，商讨起义，1900年春返回上海，组织"正气会"，沈荩负责交通和组织联络事宜，后该会改名为"自立会"，发行"富有票"，建立"自立军"。沈荩任自立军右军统领，驻新堤。但汉口自立军总部被破获，唐才常、林圭等遇难。沈荩虽转湖鄂边界发动起义，终归失败，逃往上海，并前往北京，意图暗杀慈禧太后。但因叛徒告密而被捕，牺牲时年仅32岁。

林圭（1875—1900），亦名锡圭，字述唐，号悟庵，湖南湘阴人。幼年聪慧，涉猎经史百家，究心经史之学，年少风流，有强烈的民族精神。1898年进入时务学堂学习，积极投入维新运动，参加不缠足会，并在家乡湖阴创办了不缠足分会和广益会等维新团体，以变法救国相号召。戊戌政变后，曾力图以长沙为根据地，实行暴力革命，未能成功，乃与毕永年等同赴日本。接着，又奔走上海和湖南等地，联络同志，结交湖南会党，准备革命力量。稍后，进入梁启超办的日本横滨大同高等学校，仍热心于实际的革命斗争，乃与时务学堂同学一道，参加唐才常的自立军运动。先在上海组织自立军，而后林圭赴汉口，设立自立军秘密机关，联络各方面有志之士，购置枪炮刀械等武器，建立自立军总部。林圭任中军统领，准备在汉口、湖北、湖南、安徽、江西等地同时起义。汉口总机关被攻获时，林圭被捕，英勇牺牲，年仅26岁。

何来保（1875—1900），字颂九，自号铁笛，湖南常德人。维新变法时，何来保就学于长沙湘水校经堂，积极投入维新运动，参加了不缠足会和延年会，并是《湘报》六撰述人之一。何来保在《湘报》发表了《悲孔》《说私》《湘北校经堂宜改师范学校》等文章，对封建积弊和孔子之教进行了猛烈的抨击，号召维新变法。戊戌政变后，何来保潜回常德，与赵中振建立"寒社"，唐才常、蔡钟浩、蔡钟沅、汪镕尐参加活动，有"寒社七子"之称。1900年，唐才常在汉口设立自立军总机关，何来保欣然响应，于常德建立自立军，积极策划起义。唐才常被捕后，湖南巡抚俞廉三亦受命逮捕何来保、蔡忠浩等人，并于长沙浏阳门外不残酷杀害。何来保自幼聪慧好学，工于诗词，就义时，作《绝命诗》四首。其一说："锒铛铁锁出围墙，亲友纷纷送道旁。三百健儿齐护卫，万头钻孔看何郎。"

蔡忠浩（1877—1900），字树珊，湖南常德人。1898年，考入长沙时务学堂，积极参加维新活动，成立"自立党"。戊戌政变后，蔡忠浩远赴日本，1900年，参加组建自立军的活动，与何来保等负责常德地区，当蔡忠浩赴沅江上游各县发动时，汉口事泄，蔡忠浩与何来保均牺牲于长沙浏阳门外，年仅23岁。蔡忠浩之父蔡秉钧，亦主张维新变法，曾在《湘报》发表《变法论》强调"新变法，则中国日化新，不变法，则中国日以敝"。蔡忠浩之弟蔡忠沅，字佩珊，后改名湘，同蔡忠浩一道进入时务学堂，参加自立军起义，因年少而幸免于难。后学习工科，卒业后回湘培养人才，被称为"湖南工学系鼻祖"。

李炳寰（1876—1900），字虎村，亦作虎生，湖南慈利人。1898年，以优异成绩考入长沙时务学堂，积极参加维新运动。戊戌政变后，李炳寰等时务学堂学生，先后来日本留学。回国后，参加唐才常领导的自立军，委为中军文案，办理自立军汉口总机关文牍事物。汉口总机关被侦破时，李炳寰等人同时遇害，年仅24岁。

田邦璇（1879—1900），字伯玑，又字均一，湖南慈利人。1898年，田邦璇与弟弟田邦玙同时进入时务学堂，接受维新思想，参加维新运动。谭嗣同遇难，田邦璇悲愤异常，声言"手刃此老寡妇（慈禧）"。次年，应梁启超召，赴日本进入东京大同高等学校，唐才常谋划自立军起义，田邦璇兄弟回国参加，任自立军后军统领，来往于湘、鄂、皖之间，负责安庆一路起义事务。旋田邦璇兄弟在汉口被捕。临刑之前，田邦璇机智地为其弟开脱，使其幸免于难。而后田邦璇英勇就义，年仅23岁。

唐才中（1875—1900），字次尘，唐才常之弟，湖南浏阳人。曾参与建立图书馆、算学社既群萌学会。长沙时务学堂成立后，唐才中与其弟唐才质双双进入该校读书，并积极参加维新变法运动。戊戌政变后，唐才中三兄弟均受株连，都来到日本游学。1900年，唐才常开始筹建自立会，唐才中为自立军右军参谋兼掌军需。起义失败后，唐才中奔走于长沙，浏阳醴陵间，途中致书给唐才质说："兄学薄疏，自问无所短长，惟一片热忱充塞于胸，不可遏抑，必求无负于国而后已。区区七尺，久已置之度外。不然，忝生人世，非国民也。然身亡而心不亡，魄死而魂不死。弟等勉旃，毋忘初志。倘再不成，继之以血，未必国家竟无换回之日，黄种终无独令之期？来日方长，为国自爱。"[①] 一片爱国豪情，感人肺腑。唐才中在回浏阳途中被清兵抓捕，在狱中被严刑拷打，十指见骨，肌肤绽裂，全身流血，地石均红。仍然宁死不屈，豪气不减，英勇就义，年仅26岁。

五、熊希龄等维新派士绅

湖南维新人才群体的一个重要组成部分，是以熊希龄为代表的湖南地方士绅。这些人基本上可以分为两个部分：一是有功名、有学识的学者型人物，如熊希龄、皮锡瑞、欧阳中鹄、王先谦、黄自元等；二是有实力、有资财的实

---

① 杜迈之，刘泱泱，李龙如 [M]. 长沙：岳麓书社，1983：275.

业型人才，如朱昌琳、蒋德钧、廖树蘅、梁焕奎等，他们大多成为湖南第一代资产阶级中的杰出人物。就政治态度来说，该群体则可分为左、中、右三类。熊希龄、皮锡瑞等是湖南维新运动的核心人物，特别是熊希龄，堪称维新人才群体的领袖之一，所有湖南新政都与他关系密切。而朱昌琳、廖树蘅等企业界人才，他们的精力在办企业，设立新型的工厂、矿山，较少参加政治活动，他们和谭嗣同等人关系交好，戊戌政变也没有受到打击。王先谦、黄自元等人虽然一度参加了维新运动，但他们思想保守，王先谦甚至站到了维新志士对立面，成为顽固派镇压维新义士的帮凶和打手。

（一）熊希龄和湖南新政

熊希龄的一生，经历了清朝、北洋军阀、国民政府三个时期，辛亥革命后，他曾任国务总理，可谓是属于辛亥革命时期的湖南著名人物。但是，由于他在光绪年间对湖南新政做出的突出贡献，而且在思想上他接近于谭嗣同、唐才常等维新派，而较异于黄兴、宋教仁等资产阶级革命派，也不同于谭延闿等立宪派。因此，我们仍然将熊希龄置于维新运动前后湖南人才群体之中。

1. 熊希龄的简略生平

熊希龄（1870—1937），字秉三，别号明志阁主人，双清居士，佛号妙通，生于湖南凤凰县镇筸镇。熊希龄6岁进入学馆读书，禀赋聪颖，勤学多思，有"湖南神童"之称。光绪二十年（1894）进士，进入翰林院。中国在甲午战争中的失败，使他决心不做"俗儒"，转而投笔从戎，毅然辞掉翰林院的供职，加入湖北两湖营务处，充任总办。同时，认真研究古今中外军事，著《军事篇》，提出改革军制的设想。政治上则主张改革变法，救国自强。正在这时，陈宝箴任湖南巡抚，湖南维新变法风气正浓。于是，熊希龄回湖南，参与新政，成为湖南维新运动的一员主将。

戊戌政变后，熊希龄被革职，在妻兄朱其懿的庇护下，于衡阳、芷江闭门读书思过。随后，熊希龄思想发生变化，走上了"专制变法"与"实业救国"的道路。在朱其懿及端方、赵尔巽等的支持下，获"四品官位"，成为清政府中处理经济问题的能员。旋辛亥革命发生，封建帝制被推翻。熊希龄与立宪党人张謇、汤寿潜、赵凤昌发表通电，赞成共和，然后任湖南共和协会会长。南京临时政府成立，熊希龄任政府顾问，并与章炳麟、张謇组织"统一党"。袁世凯取得政权后，熊为袁所赏识，先后任财政总长、热河都统。1913年7月，熊希龄44岁，任国务总理，登上了他一生仕途的顶峰。熊希龄将所谓"第一流人才"梁启超、张謇、江大燮等人拉入内阁，力图建立一个真正的资产阶级共和政府。但在实际工作中，他遇到了重重阻力，没有实际权力，仅维持到1914年2月，熊希龄便提出了辞呈。袁世凯垮台后，熊希龄对政治灰心，坚辞各种职务，决心脱离官场。但他的拳拳报国、爱国、救国之心，却使他的一生都在为社会、为人民积极奔走，在那个灾难深重的社会里，他看到大批的儿童是国家的未来。因此，全身心地投入儿童慈幼教育事业。

"九一八"事变后，熊希龄投入抗日救亡活动，同张一麐、黄炎培等发起组织"中华民国国难救济会"，参与各种抗日集会，发表抗日演说，在香山慈幼院开展抗日救亡总动员活动，并联合马相伯、章炳麟等60多位知名人士致电国民政府，要求建立救国政府，团结抗日。卢沟桥事变爆发，熊希龄到上海组织救护工作，并多次向国民党中央提出抗日救国的具体建议。年底，熊希龄抵香港，因旅途劳苦，又受上海、南京沦陷的刺激，于12月25日突发脑出血而逝世，终年68岁。

2. 熊希龄发起和推行的湖南新政

光绪二十一年（1895）秋，熊希龄应陈宝箴之邀回到湖南。当时，湖南风气大开，参与湖南新政的，大致由三部分人组成：一是以陈宝箴、黄遵宪、江标为代表的省府大员；二是以谭嗣同、唐才常为代表的青年知识分子；三是熊希龄、王先谦、张祖同、蒋德钧、朱昌琳、黄自元等地方士绅。其中，熊希龄是新科进士，有官位，易为陈宝箴等官员信任和重用；其维新思想则比较激进，基本上和谭嗣同、唐才常一致，因而能密切合作。这样，熊希龄就能在湖南新政中发挥突出的作用，开始了个人历史上最放光芒的时期。

一是建议设枪厂。光绪二十二年（1896）春，熊希龄写信给陈宝箴，建议在湖南设军事工厂，制造枪支弹药。陈宝箴十分重视，先后派蒋德钧、熊希龄赴南京，向两江总督湖南人刘坤一求助，得到价值约20万两的枪炮弹药。但是，因经费困难，筹办枪厂的计划未能实现。

二是设立"宝善成制造公司"。熊希龄认为，湖南欲兴利致富，必须广开门路，因而与王先谦、蒋德钧、张祖同等商议，由个人分途招股，官府资助，设立官商合办的"宝善成制造公司",开办机器制造工业,生产电灯以及纺织、舂米、榨油、洋烛等机械,并建立了一座小型火力发电厂。

三是开办湖南内河航行。熊希龄认为:"时势维艰,欲致富强,则非轮船、铁路不足以创新大业""湖南即讲求西法,举行创造,出产繁盛,苟无轮船以运载之,则货必拥滞而不销,商必裹足而不前"。因此,他积极活动蒋德钧等士绅,筹办湖南航运;多次给陈宝箴、谭继洵、张之洞写信,反复宣传航运。光绪二十三年(1897),湘鄂轮船公司正式成立,湖南境内开始有了自己的轮船航行。

四是争取粤汉铁路经过湖南。光绪二十二年(1896),清政府决定修筑粤汉铁路,计划走江西绕道,不经湖南。熊希龄等人为了争取粤汉铁路经过湖南,作为士绅代表,积极宣传活动,多次游说盛宣怀(铁路督办)、张之洞,争取支持,又联合湘、鄂、粤三省绅商,各自集股,争取自办铁路,终于使粤汉铁路走湖南而不经江西。

五是设立时务学堂。蒋德钧、熊希龄等人建议设立时务学堂,熊希龄又请刘坤一每年拨盐厘款项,作为时务学堂经费;聘请梁启超、李维格分任中西文总教习。时务学堂成立后,熊希龄为提调(校长)。时务学堂为湖南培养了一批杰出人才,如自立军起义骨干以及领导护国战争的蔡锷,著名教育家和学者范源濂、杨树达等,都是时务学堂的学生。

六是主持《湘报》。熊希龄是《湘报》的发起人,又是实际主持者。开办前,熊希龄亲自到上海订购机器、铅字,制定《湘报馆章程》,物色报馆工作人员,筹措办报经费。梁启超说:《湘报》"虽发行未匝岁,而见锢于清政府,然湖南人自此昭苏。后此奇才蔚起,以缔造我中华民国,《湘报》之赐也。"[①]这一评价是极高的,也是有道理的。《湘报》的成就,是和熊希龄的名字连在一起的。

七是主办南学会。谭嗣同首先提议办南学会,熊希龄积极支持,陈宝箴确定熊希龄等十绅士为会董,正式建立南学会。举凡制定会章、筹措经费、确定宗旨、聘定学者、主持演讲、开展活动等具体事项,都由熊希龄负责办理。熊希龄还带头捐赠图书 1 000 多册,建立藏书处。

八是倡设不缠足会和延年会。光绪二十四年(1898)三月,熊希龄先后

---

① 梁启超.饮冰室合集:第七十五卷[M].北京:中华书局,1989:37.

倡议建立不缠足会和延年会，得到湖南维新人士的积极支持和响应。不缠足会又叫"正足会"，目的是解放妇女；要求会内同志互通婚姻，以革除缠足会恶习。延年会的宗旨则是为了革除烦琐的陋习，提高办事效率。熊希龄提出了延年会章程20条，对起居作息、办公休息、往来应酬、接待礼节都主张破旧立新。

3. 熊希龄和湖南新旧两派的斗争

随着湖南新政的发展，湖南新旧两派的斗争不断激化，原来参与新政的王先谦等人反对民主、平等的思想，转而站在反对派的立场。湖南的新旧斗争集中于时务学堂、《湘报》、南学会，而熊希龄正是这些新政的主要负责人，因此，熊希龄成为旧派攻击的主要对象。在强大压力下，陈宝箴被迫免去熊希龄时务学堂提调职务。熊希龄仍然坚持斗争，联合正直乡绅多人，上《公恳抚院整顿通省书院禀稿》，揭露王先谦所把持的湖南书院的各种弊病，提出整顿书院的具体措施。主张"延清博学主讲，以免旷时弛业，致误学生前程"。接着，熊希龄在《湘报》发表《上陈中丞书》，指出："省中物议纷腾，黑白混淆，若不打破此关，癰溃一发，受害更巨。"并表示："龄观日本变法，新旧相攻，至于杀人流血，岂得已哉？不如是，则世界终无震动之一日也。龄本草人，生性最戆，不能口舌与争，惟有以性命从事，杀身成仁。"①表达了决心为维新事业而英勇献身的无畏精神。

光绪二十四年（1898）八月，戊戌政变发生，湖南维新运动随之夭折。但是，熊希龄对湖南新政的发起功不可没。熊希龄是进士出身，有官阶，在维新运动中充分显现出办事的才干，但很少有过激言论，更无激进派那种在统治者看来有些离经叛道、桀骜不驯的言论与文字，因此，易于受到官府的信任和支持。熊希龄博学多识，工诗能文，热心参与实业活动，并表现了其办实业的远见卓识与才干，因此，易于得到士绅阶层的拥护和信任。熊希龄埋头苦干，思想先进，湖南的每一项新政都与他有关，而且都是牵头为首的人物，他又全力支持激进派，因此，他又能和激进派携手共进。可见，熊希龄是一个既能被官方，又能被士绅阶层，也能为激进派所接受、所信任的人物。当然，就思想的先进和开放程度而言，熊希龄不如谭嗣同、唐才常等人，但就开办湖南新政所起的作用来看，熊希龄却超过了谭嗣同、唐才常。因此，在谈到湖新维新人才群体时，应将熊希龄置于与谭、唐并驾齐驱的三位核心领袖人物之一。

---

① 林增平，周秋元. 熊希龄集：上 [M]. 长沙；湖南人民出版社，1985：58.

（二）其他维新派地方士绅

湖南维新人才群体中，许多支变法维新的士绅则在创办实业，发展民族经济方面做出了突出的贡献，取得了巨大的成就。

1.经学大师皮锡瑞

皮锡瑞（1850—1908），字鹿门，一字麓云，其所居名师伏堂，故学者称其为师伏先生，湖南长沙人。自幼好学，8岁能诗能文，光绪八年（1882）举人。以后4次参加会试，均落第，乃绝意科场，潜心讲学授徒，著书立说。先后在湖南桂阳州龙潭书院、江西南昌经训学院任讲席。

光绪二十三年（1897）皮锡瑞从江西返湖南探亲，正值湖南维新运动高涨开始之时，谭嗣同、熊希龄热情挽留，皮锡瑞决定留湖南参加维新变法运动，特别是担任了南学会主讲，曾在南学会主讲12次，题目是《论立学会讲学宗旨》《论讲学之益》《论朱陆异同归于分别义利》《论学者不可诟病遂学》《论交涉公理》《论保种保教均必去开民智》《申辩孔门四科之旨》《论孔子创教有改制之事》《论不变者道必为法》《论胜朝昭代之兴之原因》《论变法为天地之气运使然》《论洋人来华通商传教当暗求抵制之法》。从这些题目来看，皮锡瑞的讲学以学术问题为主，其目的在于开发民智，繁荣普及学术，挽救时局宣传维新变法。戊戌政变后，皮锡瑞亦受到清政府迫害，江西顽固派攻击皮锡瑞"离经叛道"，不准其在江西经训书院主讲。湖南巡抚则革除皮锡瑞的科名，交地方官严加管束。此后，皮锡瑞专心著作，并先后在湖南高等师范馆，中路师范学堂，长沙府中学堂讲课，又担任省学务公所图书课长，长沙定王台图书馆纂修。

皮锡瑞是晚清著名的经学大师，堪称清代今文经学的集大成者。他认为治学的目标在于"学术与政术相通，期于切实有用。"他说："讲汉学者，过于琐细，琐细无用；讲宋学者，失于空虚，空虚亦无用。今当务其大者远者，不能不驰域外之观，急宜讲求古今事变，中外形势，方为有体有用之学。"在南学会讲演中，皮锡瑞更明确提出："无论何项学术，不要务虚名，要均实用；讲汉学者，要通微言大义，方有实用，破碎支离，不成片段者无用；讲宋学者，要能身体力行，方有实用，空谈性命，不求实践者无用；专讲中学者，要能博通经史，方有实用，墨守高头讲章，专工制艺文字者无用；兼讲西学者，要能先通中学，方有实用，只能说几句洋语，识几行洋字者无用。"皮锡瑞在学术研究中，主张"义理必兼考证"；追求博通，不必争门户，是已非人；而要力除门户，求同存异，主张调和，融贯，不有私见，强调实事求是，不要"党同妒真"。正因为皮锡瑞对待学术有正确的态度，研究广泛，因而其学术成就是非常多的。他对《尚书》《礼学》《春秋》都有系统的研究，并以领经学贯通群经，系统地梳理今学历史，成就为一代经学大师。著有《五经通论》《经学历史》《尚书大传疏证》《经学通论》《今文尚书冤词平议》《孝经郑注疏》《郑志疏证》《汉碑引经考》《史记引尚书考实》《左传浅说》《礼记浅说》《九经浅说》《春秋艺说》《师伏堂笔记》《师伏堂词》《师伏堂诗草》《师伏堂日记》《师伏堂经说》《师伏堂骈文》等。

2. 欧阳中鹄

欧阳中鹄（1849—1911），字节吾，一字射侯，号瓣姜，亦作瓣𦈡，湖南浏阳人。同治十二年（1873）举人，次年授内阁中书，即在谭家教授谭嗣同兄弟。欧阳中鹄学思精博，极推崇王夫之，对谭嗣同影响极大。光绪四年（1878）欧阳应聘到漕运总督杨昌濬家中，教子读书，长达4年。光绪十二年（1886）欧阳加入浙江学政瞿鸿禨幕。而后入京供职，协修会典等文字工作。甲午战争以后，欧阳中鹄请假回湖，曾受湖南巡抚陈宝箴委派，赴浏阳办赈。这时，谭嗣同给他一封长信，提出在浏阳兴办算术馆。欧阳对此大力支持，并邀集涂启先、刘人熙等浏阳有声望的学者商议。次年，欧阳中鹄加入湖南巡抚陈宝箴幕。参加维新运动，对谭嗣同等人发起的新政有所贡献和支持。但对《湘报》宣传康有为的"孔子改制"说和民权平等主张，有所保留和遏制，自称"于新旧两无所附"。

戊戌政变后，欧阳中鹄授署广西桂林知府，旋授梧州知府，平乐知府，署巡警道。在任期间，"积案悉结，讼无大小，多两让而罢。及调署巡警道，百姓思之，愿借寇君而叹未能也。府君刚正不阿，不避劳怨，每值繁剧，长官必举以相属，而府君任之不疑。其于属吏，无疾言，无遽色。有所命，能始终为之任过。故皆乐为之用，而不忍或怠。巡道任中，豪贵有违警者，亲故有违警者，按之各以其律，正义既伸，私情自杜。"1911年，欧阳中鹄任广西提法使，旧疾复发，病卒于桂林，终年63岁。著有《瓣姜文稿》《瓣姜精舍主人自书所著诗稿》等著作。

3. 长沙首富朱昌琳

朱昌琳（1822—1912），字雨田，晚年自号养颐老人，湖南长沙人。家世习儒，但屡试不第，乃弃文就商，在长沙开设乾升杂货店，有经济头脑，眼光敏锐，行动果决。道光二十五年（1845）湘中农业大丰收，谷价大跌，朱昌琳乃尽出资金，收买谷米。次年，滨湖大水，谷价大涨，增值达15倍。朱昌琳抛售所囤谷米，以此暴富。改杂货店为乾升碓房，专营谷米生意。同治三年（1864），清政府实行票盐制，朱昌琳见机投资票盐生意，又得巨额利润。接着，朱昌琳在左宗棠的支持下，开设乾升茶庄。将湖南茶叶贩运西北各地，盈利大增。光绪三年（1877）陕西、山西饥荒，两省巡抚谭钟麟、曾国荃委托朱昌琳运米救灾，朱昌琳以布袋装米，将布袋又做成衣服，层层得利，一跃成为长沙首富。同时，朱昌琳因救灾有功，授道员，加按察使衔。

维新变法时期，朱昌琳支持新政。陈宝箴创办湖南在矿务局，湖南钱庄不敢借款，朱昌琳带头借银3万两，并要其子朱彝参与会办。朱昌琳又开设医院，多行善举，特别是先后捐银3万两，在长沙城北将浏阳河水引入北湖（又称碧浪湖），再与湘江接通，称为新河两江会合，有利于航行和商船停泊，又使湘江东岸、浏阳河北岸的大片沙滩变为良田，清廷亦因此赐其三品卿衔，并特授内阁学士衔，故人称其"阁学公"。

4. 湖南矿业先驱廖树蘅

廖树蘅（1839—1923）字苏畡，湖南宁乡人，自幼好学，但不乐仕进，光绪三年（1877）曾馆于陈宝箴家，教其子读书，常与陈宝箴诗词酬唱，以后一直设馆授徒，并曾主讲玉谭书院。光绪二十一年（1895），陈宝箴任湖南巡抚，设湖南矿务局，委廖树蘅为常宁水口山铅锌矿总办。首先改进开采技术，为了消除水患，创行"明窿法"开采，"就历年山民开采之所开一明窿，召集民夫，略加兵法部勒，金鼓以齐其作息。左右以分其出入：覆于窿之外沿修筑沟道，以防阳水溢入；仿制农家所制之龙骨车，以戽窿积水。每昼夜用夫四名，更翻踏之。计龙骨车一具，可抵竹筒车六条之用，向之役水夫数百名不足者，今后数十人任之有余，凡属暗窿积弊，一扫而空。"其次是改进新法开采，即用"西法"更新旧法，使用机器，安装锅炉、抽水机、吊车、铁轨、洗砂机、用机器代替手工劳动。再次，设立转动局，矿砂由湘江运至省城，再由矿务总局运汉口销售，在廖树蘅的经办下，水口山铅锌矿发展神速，由1896

年年产 550 吨，到 1900 年发展为 8 613 吨，短短 5 年时间，产量上升了 15 倍以上，到 1911 年，更上升到 13 183 吨，成为全省最突出的矿区。廖树蘅在水口山矿长达 8 年，赢利 600 万两。被称为"湖南矿业先驱"。光绪二十九年（1903）廖树蘅主持湘省矿务总局。因办矿有功，奖二等商勋，加三品衔。辛亥革命后，告老还乡，以诗酒自娱。著有《珠泉草庐文集》《诗钞》等。

廖树蘅之子廖基植，字壁根。光绪二十九年（1903）接办常宁水口山矿务，前后达 16 年，渐次采用西法，增加机器设备，获利 600 万两以上，奖四等商勋，加五品衔。

5. 积极参与维新事业的蒋德钧

蒋德钧（1852—1937），字少穆，晚年自号戒庐老人，乐天老人，湖南湘乡人。同治十年（1871）入京任事，光绪八年（1882）任四川龙安知府，在任勤政严明，重视发展生产，奖励农桑，光修水利；整顿吏治，严肃奸宄，惩办贪官；重视教育，创立义学，兴办书院；又制定《龙安保甲章程》，控制户口，设置团练，镇压会党起义。光绪十九年（1893）因父丧回湘，不再入仕途。

光绪二十一年（1895），应湖南巡抚陈宝箴之命，主持全省救灾放赈。事后，陈宝箴锐意在湖南维新变法，敦请蒋德钧相助，蒋乃积极参与。一是受陈宝箴之派，在上海与英商谈判，取消原出卖常宁水口山铅锌矿的契约，收回了水口山矿权。二是发展湖南内河航运。参与筹建"鄂湖善后轮船公司"，为六总董之一，主持南局集股资金，人事安排，设备增置等事，开办了省内及湘鄂间多条航线。三是争取粤湘铁路经过湖南，蒋德钧与熊希龄一道赴武汉，与张之洞、盛宣怀谈判，结果粤湘铁路直通湖南南北，成为湖南交通枢纽。四是参与时务学堂创办，"时务"之名，即由蒋德钧提出，是九校董之一，不仅为时务学堂解决开办经费，而且梁启超、李维格二人来湘亦由蒋德钧自上海接来。五是支持《湘报》的创办，为《湘报》八董事之一，并任《湘报》督办。在维新运动中，蒋德钧做了许多实事，和谭嗣同、熊希龄等人思想相通，密切合作，相互支持，但他没有过激言论，亦不参与新旧思想的论争，属于只干实事的温和派。

光绪二十八年（1902），阜湘矿务总公司（即湖南炼矿总公司）成立，蒋德钧为八绅董之一，并任南矿总理。稍后，在收回路矿权利的运动中，蒋德钧积极参与，表现了发展民族工商业的爱国热情。后迁居北京，不与政界人士来往，1937 年病卒于湘乡。

6. 华昌公司董事长梁焕奎

梁焕奎（1868—1929），号青郊，字璧垣，一作辟园，晚号青效居士，湖南湘潭人。光绪十九年（1893）举人，曾被推荐应试经济特科，列为二等，因时有目疾，改任湖南矿务总局提调、湖南矿务局总局文案，接受维新思想影响，主张开民智，办学堂，倡科学，发展民族工业，对湖南工矿事业的发展多有贡献。

维新运动期间，梁焕奎派人到省内各州县勘察，发现新化、安化、沅陵、益阳等地均蕴藏锑矿，湖南矿务局在梁焕奎的倡议下，决定在新化、益阳设立矿场，开采锑矿，但因管理不善，未能获利。光绪二十五年（1899），改为招商承办，梁焕奎变卖家产，筹措资金，接办益阳板溪锑矿，组织久通公司，用西法提炼。并创办实业学堂，培养采矿、冶炼、化验、机械人才，派自己的二弟主持矿务，三弟、四弟、五弟则分别留学日、美、学习矿冶。从法国购买低质锑砂提纯方法，扩大规模，开办华昌炼矿公司，自任董事长。在长沙南门外设炼锑厂，锑的质量超过英国产品。又自置轮船，在益阳矿区修筑铁路，以便运输。第一次世界大战期间，锑价暴涨，华昌公司迅速发展，年利达数百万多元，是其"黄金时代"。随着大战的结束和帝国主义对华掠夺的加强，华昌公司亏损巨大，难以为继，于中华民国九年（1920）关闭。

7. 张通典父女

张通典（1859—1915），字伯纯，号天放楼主，晚号志学斋老人，湖南湘乡人。自幼好学，不乐科举，而好致用之学，光绪十五年（1859），张通典加入两江总督曾国荃幕，并兼任江南水师学堂提调。曾上书曾国荃，论治国的四大纲领：正人心，求人才，理财，练兵。可谓符合民意，声望大增。

光绪二十二年（1896），张通典加入陈宝箴幕，参与创设湖南矿务总局，任提调。全盘规划，有力地促进了湖南矿业的发展。同时，张通典积极参加变法运动，与谭嗣同等一道创办《湘报》，成立南学会，成立保卫局，发起不缠足会并担任理事。戊戌政变时，潜居湖北，随后在上海，与容闳、严复、章太炎等发起召开中国国会，与会者数千人，影响至巨。自立军起义失败后，张通典一方面竭力庇护党人，一方面从事文教事业。在南京、安徽编辑杂志，教授学生，又在广东协助粤督张鸣岐主持垦务，建立垦牧公司。辛亥革命时，张通典加入同盟会，参加策划广州起义和光复苏州的活动。"中华民国"临时政府成立，张通典任内务司司长，临时大总统秘书，袁世凯篡权后，张通典退隐返湘，1915年病卒，终年57岁。著有《天放楼文集》《袖海堂文集》《匡言》《志学斋笔记》等。

张通典之女张默君（1884—1965），原名昭汉，号涵秋，邵元冲的妻子。早年加入同盟会，著名的妇女活动家，参加辛亥革命，致力于妇女解放，男女平等，热心教育事业。1965年病卒于中国台湾，终年80岁。著有《战后之欧美女子教育》《大凝堂诗》《玉蝶山房墨》等。

8. 著名学者王先谦

王先谦（1842—1917），字益吾，号葵园，湖南长沙人，同治四年（1865）进士，授编修，擢国子监祭酒，江苏学政。任内延揽人才，开设书局，弹劾李莲英，颇有一番作为。光绪十五年（1889）王先谦卸任返湘，定居长沙，主讲思贤讲舍。任城南书院院长，岳麓书院院长。又是一大学问家，故在湖南名声很响，根基很深。

维新运动初起，王先谦一方面与黄自元、陈文玮等集股开设宝善成机器制造公司，成为湖南近代工业的开路先锋，另一方面积极从事维新运动：在岳麓书院增设算学、外语等西学课程；参与时务学堂的筹备，主张聘请梁启超来任教；支持《湘报》，积极参加南学会活动。但是，随着维新变法运动的高涨，王先谦渐次走向反面，他与黄自元、张祖同等联合保守派绅士叶德辉、孔宪教、苏舆等人，攻击、诬蔑时务学堂、南学会、《湘报》等维新新政。反对变法，认为自古流传下来的封建伦理纲常名教是千古不变的法规。戊戌政变后，王先谦公然与维新人士为敌，堕落为清政府顽固派的走狗，参与杀害、搜捕自立会人士。王先谦晚年更是反对辛亥革命。

王先谦是清末著名的学者，李肖聃对其评价极高："长沙阆学，季清巨儒，著书满家，门庭广大。予尝论其尊崇经学似仪征阮相同，厘正文章拟桐城姚郎中，校注群史若嘉定钱宫詹，考证诸子如高邮王观察。而考其生平著书，尤有功于楚学。"将其与著名的经学家阮元、著名的史学和考古学家钱大昕、著名的文学家姚鼐、著名的考据学和音韵学家王念孙相提并论。又说：王先谦"上笺群经，下证国史，旁论文章，用逮诸子。四十余年，楚学生光，长沙大师，并称二王。"[①] 王先谦一生勤于著述，主要有《汉书补注》《水经注合笺》《后汉

[①] 钱基博，李肖聃. 近百年湖南学风：湘学略 [M]. 长沙：岳麓书社，1985：307，310.

书集解》《荀子集解》《诗三家义集疏》《群斋读书志》《魏书校勘记》《虚受堂文集》《虚受堂诗集》《癸园自订年谱》以及《皇清经解续编》《十朝东华录》《续古文辞类纂》等著、编、校、注、辑各类书籍五十多种，3 200多卷。王先谦又可以被称为诗人，其诗被人誉为"保杜之神，运苏之气"。

9.著名书法家黄自元

黄自元（1836—1916），字敬舆，号澹叟，湖南安化人。同治七年（1868）进士，为第二名榜眼。历任翰林院编修，江南乡试副主考，翰林院检讨，河南道陕西道监察御史，甘肃宁夏知府。在任期间，"跨马出巡，考察河工，与耆民李槐等俯仰晋见，藉求民隐。精修暗洞，以泄黄河之卤。宁夏人今利之。"[①] 甲午战争爆发，随湖南巡抚吴大澂任随军参赞，在山海关一带作战，失败后，从海上逃回长沙定居，先后主讲湘水校经堂和成德书院。

维新运动初期，黄自元与王先谦等发起建立完善成机器制造公司，从上海购置机器，招聘技工，主要制造制鞭机，但经营不善，亏损较大，只得交官办，稍后停办。但它是湖南第一个近代机械工业企业，特别是黄自元、王先谦等投资办企业的行动，在士绅中起了带头作用，一些士绅纷纷将其投资方由购买田土转为投向民族工商企业。对其他湖南新政黄自元也表现了一定兴趣，参加了某些活动。但到维新运动高潮期间，黄自元和王先谦一道，成为保守派反对维新变法。但黄自元又与王先谦不用，没有堕落为镇压维新派人士的凶手。

黄自元是有成就的书法家，初从祖父黄德濂学字，后又模仿颜体、柳体、欧体，虽不能自辟蹊径独创，却能博采众家之长，卓然自成一家，其书法遒劲方正，笔法流畅，架格清爽，字体秀丽点撇分明，刚劲有力。曾为同治帝母撰写神位，黄跪地悬手书写，工整匀称，劲厉畅达，大受赞赏。同治赐以"字圣"名号，从而声誉大振。黄自元还长期研究书法艺术，著有《间架结构九十二法》，是书法理论的重要著作。其流传的书法作品《玄秘塔》《醴泉铭》《正气歌》等，成为人们学习书法的教材，广为流传，至今仍是书法范本。

10.维新派学者邹代钧

邹代钧（1854—1908），字甄伯，又字沅帆，湖南新化人，邹汉勋之孙，为舆地学世家。光绪初年，补县学弟小员，得左宗棠昔举，保县丞。光绪十三

[①] 安化县地方志编纂委员会.安化县志[M].北京：社会科学文献出版社，1993：633.

年（1887），由曾国荃保荐，作为随员随大常寺卿刘瑞芬出使英、法等国。随时考察欧亚地理形势，购买地图，并根据公尺与华尺的比率，制定中国舆地尺，作为绘地图之准绳，回国后，他将收购国际地图与自绘中国地图200多幅，总共667幅，编印《中外舆图》。又上书清廷，提出测绘地图的三大要点为：测天度、测地面、依率成图。他还认为东北三省界俄日之间，形势危险，主张修建东北经蒙古到新疆的铁路，与俄国西伯利亚铁路平行，以利巩固边疆。旋应湖广总督张之洞聘，主修《湖北全省地图》，又在武昌创办舆地学会。

维新运动初起，湖南锐意维新，邹代钧从湖北回到湖南，建议开办矿务，陈宝箴任其为湖南矿务总局提调。他根据湖南矿源丰富的特点，普遍开采，重点经营，促进了湖南矿业的迅速发展。同时，邹代钧与谭嗣同等齐心合力，发起湖南新政，时务学堂建立后，邹代钧担任舆地教习。《湘报》创办，邹代钧是8名董事之一，《湘报》6个栏目，于其中的"舆地"由他编辑。南学会成立，他将自己的地图指南捐给学会图书馆，并担任四主讲之一。由谭嗣同讲天文，黄遵宪讲政治，皮锡瑞讲学术，邹代钧讲舆地。他的讲演十分精彩，普及了地理学知识，开阔了人们的眼界。谭嗣同说："邹友沅帆，使西访学，言彼学成，不事悦䌹。地图一册，新报一纸，载披载诵，用切于时。闻见既溥，法戒乃兴，迁善塞违，教治以懋。又言西史。初无官戒，亦维新报，公厥是非。"①邹代钧还参加了不缠足会，担任董事，堪为湖南维新派的中坚人物。戊戌政变后，邹代钧到北京，曾任北京编书局总纂，京师大学堂总教习，光绪二十九年（1903）任直隶州知州，旋补员外郎，任参事厅行走。

邹代钧一生著述极丰，有《西征纪程》《光绪湖北地记》《直隶水道记》《中国地理学讲义》《会城地理记》《中俄界说》《中国海岸记》《蒙古地记》《日本地记》《朝鲜地记》《安南缅甸暹罗地志》《印度阿富汗俾路支地记》《五洲城镇表》《五洲疆域汇编》《西图译略》《英国大地志》《西域沿革考》以及《文存》和《诗存》等20多种。

六、维新运动时期的湖南其他人才

自道光时期，特别是湘军兴起以后，湖南人才大批进入清政府政治权力

---

① 谭嗣同. 谭嗣同全集[M]. 北京：中华书局，1981：239.

中心。光绪中后期（指 1880 年以后），湖南人位至尚书、侍郎、总督、巡抚等朝廷重臣和方面要员的就有：周寿昌、郑敦谨、彭玉麟、刘长佑、郭嵩焘、杨岳斌、曾国荃、陈士杰、黎培敬、刘坤一、杨昌濬、谭钟麟、谭继洵、李兴锐、魏光焘、龙湛霖、曾纪泽、王之春、刘锦棠、张百熙、瞿鸿禨、聂缉椝、夏时、徐树铭等 20 多人。此外，还有许多湖南人位至两司、总兵、提督的官僚，以及一批文化学术人才。他们称维新派，基本上站在清政府立场上，坚持封建专制，镇压农民起义，没有参与变法维新，甚至站在反对的立场。但是，他们都有值得称道的政绩：有的在收复新疆、中法战争、甲午战争中站在爱国立场上，曾建立了功劳；有的勇于任事，注重吏事，多少为人民做了一些好事；有的虽不敢支持变法，但在一定程度主张学习西方，提倡洋务，支持新学。在维新变法期间的湖南人才群体中，这类人有实力，有影响，是不可忽视的力量，也表明汉族地主阶级的势力，在清王朝中巩固了地位，逐渐夺取了权力。上述人物，有些出身于湘军，在湘军中发迹，在上一章中已做介绍，此处不再重复。

（一）瞿鸿禨

瞿鸿禨（1850—1918）字子玖，号止庵，晚号西岩老人，湖南长沙人。同治十年（1871）进士，授编修。光绪初年，因大考名列第一，擢侍讲学士，升詹事府詹事。光绪二十三年（1897），擢内阁学士，先后主持福建、广西乡试，任河南、浙江、四川、江苏学政。甲午战争时，曾上四路进兵之策，未被采纳。义和团运动发生，他主张严厉镇压。八国联军侵华，慈禧太后逃离北京，瞿鸿禨随行，奉命写旨，深合慈禧之意，擢工部尚书、军机大臣、政务处大臣。稍后，总理事务衙门改为外务部，位居六部之上，瞿首任尚书，又加协办大学士。瞿鸿禨与奕劻同为军机大臣而互相矛盾，慈禧曾表示对匡勋不满，瞿鸿禨有意泄露，引起慈禧不满，责以漏言，言官弹劾，于 1907 年开缺回籍。

瞿鸿禨丢官后，在长沙与王闿运等人结社吟诗，游山交友，逍遥自乐，多有诗作，其诗意境高雅，表达了一种淡泊名利、怡情自然的精神，如《题刘君浯溪钓隐图》："浯溪岸曲回明漪，古木蔽崖阴倒垂。风吹钓船自来去，幽意独写无人知。白鸥与我同浪迹，手持钓竿坐磐石。日暮空归亦自佳，本不取鱼惟取适。"辛亥革命后，瞿鸿禨迁居上海，袁世凯曾聘为参政员，坚持不就任。1918 年病卒于上海，终年 69 岁，留有《瞿文慎公诗选》。

（二）曾纪泽

曾纪泽（1839—1890）字劼刚，曾国藩之子。自幼聪慧好学，博识多才，留心西学。同治九年（1870），由二品荫生补户部员外郎。33岁在湘乡开始自学英语，一无教师，二无同学，三无教材，全靠一本字典，居然成功。光绪三年（1871），袭侯爵，授太常寺少卿，任驻英、法大臣；两年后，兼驻俄大臣；稍后，晋兵部侍郎。光绪十一年（1885）回国，帮办海军事务，协助李鸿章建立北洋海军，先后署理刑部和吏部侍郎，擢总理衙门大臣。

曾纪泽是清末著名的外交家。光绪六年（1880），崇厚与俄签订《里瓦几亚条约》，丧权失地，割让伊犁。次年，曾纪泽受命与俄重开谈判。时清政府孱弱，不敢与争，又无主见。曾纪泽认为，伊犁乃新疆门户，"宜百折不回之力争之"。俄国刚刚取得对土耳其战争的胜利，骄横不可一世，强调条约已签，不能再谈。曾纪泽引国际惯例，强调条约未批，例可再议。谈判中，曾纪泽坚持原则，据理力争，不怕威吓，顶住压力，经半年努力，于次年签订《中俄伊犁条约》，收回伊犁等9城。对此，史家如此评说：曾纪泽"兼使俄国，改换约章，正承崇厚失词获咎之后，俄人藉为要挟之端。约自我废，势难转圜，其时沿海震动，以为兵事将起。该侍郎受任于危疑之际，力为其难，竟能废已定之成约，折无厌之要求，易危为平，卒归于好。不惟界务商务保全实多，而弭兵息民，大局所关尤非浅鲜。约成之始，伏旨褒奖，中外论者咸谓：此举殆中国办洋务以来所无，即泰西交涉亦未尝有也"。

光绪十年（1884），中法战争爆发，曾纪泽力主抗法，提出"一战不胜，则得再战，再战不胜，则得屡战"，表达了其反抗侵略到底的决心和信心。

曾纪泽学识渊博，工诗能文。其诗颇有特色，如《山行》："禹迹江河万古流，史详华夏略穷陬。秦皇无术求三岛，邹衍凭空撰九州。南北自教鹏运海，古今非复貉同丘。望洋向若嗟何补，且遇青山汗漫游。"其文精于说理，如晚年著《中国先睡后醒论》，表明中国发愤图强的决心，批驳西方关于中国将亡的谬论。强调"窃以中国能顺受其颠沛，而从中渐复其元气，如帆舟之航海，将狂风所损坏之物悉从船面抛去，修整桅舵，以将杀之风作为善风，乘之稳渡，不可谓为将灭之国。"并为洋务派辩护，主张"强兵"，相信中国一定能富强。文章还严正声明：中国富强之后，将坚持国际和平。强调"中国从古至今，只为自守之国，向无侵伐他国之意"，当与各国永结"和好之心"。

411

光绪十六年（1890），曾纪泽因病逝世，终年52岁，谥"惠敏"，有《曾惠敏公全集》传世。

（三）谭钟麟

谭钟麟（1822—1905），字文卿，湖南茶陵人。咸丰六年（1856）进士，选翰林院庶吉士。同治二年（1863）擢江南道监察御史，时清廷权力斗争，恭亲王被罢，谭钟麟却认为现今乃多事之秋，宜"上下一心，共资康济"，不宜置黜忠义大臣。同治五年（1866）任杭州知府，次年，署杭嘉湖道，建修海塘，浚长安河道。同治七年（1868）擢河南按察使，次年丁母忧回籍。同治七年（1871），经左宗棠保荐，任陕西布政使，旋署理巡抚。体察民情，"取所疾苦更易之。初汉回积不相能，至是值回乱，禁众回民出城，穷饿者，无以营生升。钟麟弛其禁令，汉民不得相仇。遇诉讼，戒属吏毋有所？回众感泣，誓不犯法"。同时，设局行钞，转运粮饷，又努力"兴学，立书局，浚郑白渠，教民种桑，蚕织大兴"。光绪元年（1875），实授陕西巡抚，组织救灾，社会积谷数万石悉以赈济，选用能员发赈，严惩贪奸官吏。时山西、河南、陕西同受灾害，"陕独晏然"，为朝野所称许。光绪五年（1879），调浙江巡抚，加兵部尚书衔。因兵乱田业失主，多为豪强兼并，谭钟麟调集案卷稽，并晓以祸福，使田地各归原主。有县吏浮收漕粮，谭予以严惩，并尽革诸弊，民众均踊跃输纳。又更定厘税，商民称便。更筑海塘，修炮台，重建文渊阁，聘请文人学者校刊书籍，一时以治绩著名。光绪七年（1881），任陕甘总督，"甘省边远贫瘠，屯军岁饷数百万，皆仰给他省"，谭钟麟乃创立官车局，以供转运，又减免苛捐，以苏民困，制定盐课征收，发展生产，整顿经济，建求古书院、河西精舍，振兴文教。"督甘九年，库储至百余万两，州县积谷数百万石，十倍初至时。"光绪十四年（1888）以目疾请求开缺，回籍就医。光绪十七年（1891），召命谭钟麟以尚书衔补吏部左侍郎，兼署户部左侍郎，管理三库事务，次年，署工部尚书，旋授闽浙总督，两年后，加太子少保，署福州将军。光绪二十一年（1895）调两广总督。粤省赌风严重，谭钟麟主张严惩，但阻力极大，甚至有人声称赌为粤省人民生计，不能禁止。谭严肃指出："一省之民持赌为生计，中外古今，安有是理？若谓盗风之炽，由于禁赌，言犹不经，闻因赌而窝盗，赌输而为盗者矣，不闻赌可弭盗也。无识之徒，罔顾利害，饰词耸听，所言万不可信，所请断不可行。"维新运动时期，谭钟麟多次上书，反对变法。光绪二十六年（1900）以病请求辞官，光绪三十一年病卒，终年 84 岁，谥"文勤"。

（四）张百熙

张百熙（1847—1907），字治秋，湖南长沙人。同治十三年（1874）进士，授编修。光绪七年（1881），擢山东学政，迁值南书房，侍讲，侍读学士，文渊阁校理。中日甲午战争前后，张百熙屡陈兵事，指责李鸿章"一意以战事为非，并不督饬诸军实力进剿，致使倭人逐日布置，逐段增兵；而我后路绝无准备，军械不足，粮饷不继"，因而导致失败。主张启用恭亲王奕䜣，"大兴边屯，生自然之利，辅铁路兵械所不足"。并认为日本要挟过甚反对签订和约。

维新变法时期，张百熙任广东学政，迁内阁学士，主张变法，提出并制造、设学堂、延教习、考舆地、习测绘等，荐康有为之才，应试经济特科。故戊戌政变后，受革职留任处分。光绪二十六年（1900），被启用为礼部左侍郎，擢都察院左都御史。张百熙曾在西安谒见慈禧、光绪，陈述国事，得到信任，得旨在南书房行走。旋清廷宣布"变法"，张百熙疏陈五策：一曰增改官制，设外交部、商部、学部等；二曰整理财政，"推广银行，讲求矿务，通行钞票，鼓铸银圆"；三曰变通科举，请用张之洞分场考试之法；四曰广建学堂，创设小学、中学、大学，资送留学生出国；五曰创立报馆，民办官办，设立译书局。又提出修改商约，根据实际情况，分别征收进口税；允许外人合办铁路、矿产，广兴工厂，优待我国出口商品。他认为富强之基，不外理财、教士、用人、练兵四大纲。随后，张百熙迁工部尚书，调刑部尚书，转吏部尚书兼管学大臣，主持京师大学堂，聘请著名文学家吴汝纶为总教习。先在京师大学党设立预科，仕学馆，以培养变法人才；师范馆，以培养中学师资；后又设立医学馆，实业馆，译书馆，增建校舍，添置图书器材，并派留学生出国深造，各省公费留学生由此开始。后张百熙又任户部尚书，邮传部尚书。

张百熙博学多识，工诗能文，其诗通俗工朴，意境幽深，有浓郁的乡土气息，如《市橘》："我家山中双橘林，秋来结实如黄金。客游道远那得食，泥土污肠尘满襟。阿奴市之自村谷，唉我忽如餐露菊。径思持此问风尘，凉遍炎炎贵人腹。炎凉异情难可知，霜重且保潇湘姿。清香贡入蓬莱殿，莫忘寒山畹晚时。"又如《丁稚璜宫保丈节署燕集谈次及山陕近事感赋其二》："北风北来雁南飞，哀鸿四野将安归。黄狐白昼入人室，泾阳几日天无辉。"将兵祸天灾所带来的影响，讲的是何等的深刻。

光绪三十三年（1907）张百熙病卒，终年61岁，赠太子少保，谥"文达"。

（五）徐树铭

徐树铭，字寿衡，一作叔鸿，生年不详，湖南长沙人。自幼好学"颖异，曾问学于何桂珍、曾国藩、倭仁、唐鉴诸人"。道光二十七年（1847）进士，授编修，咸丰二年（1852），擢山东学政，升内阁学士，兵部右侍郎。旋督学福建，时蒲田、同安二县，台、黄两姓械斗，其势汹汹，他出面调解，平息纠纷，并为两姓设立型仁、讲让两学校，教育子弟，使两姓从此和好，旋署礼部右侍郎。光绪十年（1884）晋太常寺卿，奉命勘察永定河，多采取有利于百姓的治河措施，奏请治理南运河，将漕粮改为河运。光绪十五年（1889）任工部右侍郎，又先后充任顺天、浙江乡试主考，会试总裁，转吏部右侍郎，改左部御史，充经筵讲官。光绪二十五年（1899）授工部尚书，旋病逝。

徐树铭为官清廉，"生平无私蓄，惟嗜钟鼎书画，藏书数十万卷，虽耄犹勤学不倦"。[①] 有《澂园诗集》行世。

（六）谭继洵

谭继洵（1823—1901），字敬甫，湖南浏阳人。自幼聪慧，少负才名，其文章传诵一时。咸丰九年（1859）进士，历任户部主事、郎中、监督坐粮厅。光绪三年（1877），谭继洵得左宗棠推荐，保任甘肃巩秦阶道，擢甘肃按察使、布政使。光绪十五年（1889），擢湖北巡抚，一度署湖广总督，授光禄大夫，振威将军。谭继洵为人正直，思想保守，办事唯谨，不求进取。维新运动期间，湖广总督张之洞多次约其联名陈奏新政，均辞谢。张之洞办事专断，亦不与争。故维新派杨深秀参劾说："湖北巡抚谭继洵守旧迁拘，虽人尚无他要，非能奉行新政者。此等即不逢裁缺，亦当分别罢斥，或优之听其告休。"其子谭嗣同则思想激进，在一个家族中，文化传承中新质与旧质的严重冲突，可说是并不多见的一例。戊戌政变后，因连坐而被革职，勒令回籍，并交地方官管

---

① 赵尔巽.清史稿：徐树铭 [M].北京：中华书局，1977：291.

束，既有伤子之痛，又怕朝廷加罪，忧惧交加，于光绪二十七年（1901）去世，终年78岁。

（七）王之春

王之春（1842—1906），字爵棠，湖南衡阳人。咸丰年间曾加入湘军，先在鲍超霆字营，后隶彭玉麟部，擢为通判，先后得到曾国藩、左宗棠的保荐。光绪十四年（1888）擢浙江按察使，旋改广东按察使，擢湖北布政使。曾办理中法勘界交涉，接待沙皇小尼古拉二世。当时，清政府推行"抵俄制日"的外交政策，光绪二十年（1894）奉命出使俄国，吊唁亚历山大逝世，并赴欧洲考察，回国后，条陈自强新策8条：修铁路、改军制、变通科举、造就人才、统筹款项、重商重工、办理矿务、重视外交。时中日《马关条约》签订，王之春特绕道巴黎，促成法、俄、德三国联合迫使日本归还辽东。光绪二十三年（1897），调四川布政使，两年后晋山西巡抚，调安徽巡抚。光绪二十八年（1902），调广西巡抚，主张以出让广西矿权为条件。旋因主张借法国人的资金和军队镇压广西人民起义，激起全国拒法运动，次年被革职。光绪三十年（1904），王之春在上海遭革命党人枪击，从此销声匿迹。王之春留心洋务对世界事务有所了解，著有《国朝柔远记》《使俄草》《船山公年谱》《椒生随笔》《王大中丞椒生奏议》。

（八）聂缉椝（guī）

聂缉椝（1855—1911），字仲芳，湖南衡山人，曾国藩女婿，出身于文化世家的衡山著名家族。因其父聂一峰在广东做官，其姐夫是广东人，在香港长大，故聂缉椝自幼受到西洋文化影响，对科举不感兴趣，而比较热心洋务。认识到中国不缺官，不缺翰林，而缺少办实业的人才。光绪初年，他的姐夫陈鸿志赴江宁江南机器制造局任差，聂缉椝亦跟着进了江南机器制造局。由于他学识丰富，善于办事，又有管理才干，很快得到曾国藩和制造局等人赏识。光绪八年（1882）被左宗棠任命为合办，两年后升任总办。光绪二十年（1894），擢浙江按察使，升布政使。光绪二十五年（1899）护理江苏巡抚，两年后实授安徽巡抚。光绪二十九年（1903），调浙江巡抚，后因浙江铜圆局舞弊案被革职。

聂缉椝任官期间，同时抓紧办实业，光绪十四年（1888），在上海筹组华新纺织新局，后聂氏独家经营，改名恒丰纱厂。光绪三十年，聂缉椝在洞庭湖领垦湖田，建立种福院，迄5万多亩种植粮食和棉花，并在长沙设"协丰粮栈"。聂缉椝成为中国最早的民族资本家。宣统三年（1911）聂缉椝病逝，终年57岁。

（九）龙湛霖父子

龙湛霖（1837—1905），字芝生，湖南攸县人。同治元年（1862）进士，授编修，历任乡试考官，詹事府右春坊，左中允侍讲官，侍读学士、江西学政、詹事府詹事、内阁学士。光绪十九年（1893），擢刑部右侍郎，兼任江苏学政。龙湛霖为人正直，为官敢言。曾为光绪帝讲课，疏请将左右从侍的宦官改为贵戚中的好学笃行之士，以利光绪的学习。中法战争时，竭力主战，提出进兵策略，并曾就币制、水利、治河等提出建议，均能切中机要。特别是他重视教育，以培养人才为己任，督学江西时，聘请经学大师皮锡瑞主讲南昌训经学院。督学江苏时，引入格致新法，购置译书，采办仪器，培养兼习西学的人才。光绪二十四年（1898）以病乞归，光绪三十一年（1905）病逝，终年69岁。

龙湛霖之子龙绂瑞（1874—1952），字萸溪，晚年自号希静。6岁随父读书，曾师从欧阳中鹄。光绪二十九年（1903），龙绂瑞与从兄龙璋各捐银圆2 000元。资助胡元倓创办明德学堂，任监督，聘请黄兴、周震麟等革命党人任教，旋又集资创办正经学堂，又创办湖南民立第一女学堂，为开办湖南女学之始。龙绂瑞思想进步，曾以教育掩护革命党人，以后又参加辛亥革命，加入革命党。1913年二次革命失败后，龙绂瑞对政治灰心，以诗文自娱，但仍关心国事，支持抗战，主张革新，争取民主。1952年病逝，终年79岁。有《武溪杂忆录》《龙萸溪先生遗书》留世。

（十）龙锡庆

龙锡庆（1835—1896），字吉甫，号仁亥，湖南安化人。出身清贫，但聪明好学，咸丰八年（1858）举人，同治六年（1862）领乡荐，稍后援例授刑部主事。同治九年（1870）经刘典举荐，办理陕西榆绥道军务，而年后署西宁知府。随左宗棠镇压回民起义,同治十二年(1872),实授知府,加盐运使衔。时"陕甘兵火之后,龙锡庆着手清查回、汉户口,招抚流亡,开垦荒地,修浚河渠,均减徭赋,贷种贷款,多方赈济,安定民心,恢复生产。并设立义学,创建正谊书院,以兴教化。"①光绪三年(1877)迁甘肃巩秦阶道道员,光绪十五年(1889)调福建盐法道。兼署督粮道,悉心整顿盐务,革除弊端。光绪二十年(1894)擢湖北按察使,署布政使,次年授资改大夫,晋浙江布政使。

龙锡庆办事果敢,为政清明,任西宁知府时,手书三联以明志:"要一分非份钱,幽有鬼神,明有国法;作半点亏心事,近报自己,远报子孙。""合七属之民物,入我怀来,教何以立,养何以兴,岂徒恃我不受钱,便称循吏;哀十载之疮痍,令人泪下,既困于兵,又困于岁,安得使人皆乐业,永享太平。"

(十一)叶德辉

叶德辉(1864—1927),字奂彬,号直山,又号郋园,祖籍江苏,太平天国时期迁居长沙,后落籍于湘潭。叶德辉自幼勤学苦读,17岁进入岳麓书院,光绪十八年(1892)进士,授吏部主事。次年,以乞养为名,请假回湘,不再任事。

维新运动时期,叶德辉坚持旧学,反对变法,撰《輶轩今语评》批判康梁思想,反对学政徐仁铸《輶轩今语》。攻击南学会,反对"开民智","伸民权",攻击《湘报》。与王先谦等人联合,递《湖绅公呈》,攻击维新变法。自立军失败后,叶德辉勾结官府,镇压收捕革命党人。民国初年,在湖南组织湖南筹安会,拥护袁世凯复辟帝制。平时在乡里作恶,鱼肉乡民,1927年农民运动中被处死,终年64岁。

叶德辉政治思想保守,而且自戊戌政变后,趋向反动。但在学术上却极有成就,精于版本目录学的研究。他曾核刊编定15部前人所撰的书籍目录著作,至今仍很有研究价值。对文字学也很有研究,而且极具功力。他重视书籍的发展,其《书林清话》,是我国第一部真正系统的书籍史。叶德辉又是一个藏书家,他的藏书达4 000余部,10万卷以上。李肖聃说:"论者谓湘州佹年以来,文儒相望,而甄微广术,孤诣致精,撰集穷乎众流,徒人及于域外,未

---

① 安化县地方志编纂委员会.安化县志[M].北京:社会科学文献出版社,1993:631.

有若先生者也。"又说叶德辉:"所著书多,《说文读若考》《六书古微》,专门家或能纠其违失。独所辑《书林清话》,称达藏家故实,广采名人燕语,学者谓其必传。"① 此外,叶德辉汇编校刊有《郋园丛书》《观古堂汇刻书》《双梅景暗丛书》《蒙古秘史》等达 100 多种,而且多有学术价值。

---

① 钱基博,李肖聃.近百年湖南学风:湘学略[M].长沙:岳麓书社,1985:208.

第九章　湖南人才的地理分布

在人类社会中，人才的存在是一个普遍的、必然的现象；只要人类存在，就会产生人才。同时，需要引起注意的是，在不同的时代、不同的地区，人才的数量是不相同的，人才的内涵也是有区别的。可见，人才问题中，还有一个地理分布的问题。地理环境、自然条件对人才的产生、成长、发展，有十分重要的影响。因此，本章将着重研究人才的地理分布，分析地理因素对人才的影响。

一、地理环境与人才的关系

人类社会只要存在，就必然处在一定的地理环境中。地理环境是指与人类社会所处的和地理位置有联系的各种自然条件的总和，如土壤、气候、山脉、河流、矿藏、动物、植物，等等。人不能离开这种自然条件，而地理环境和自然条件多种多样，对人类的生成和发展，则有好坏优劣之分。地理环境等自然条件对人类和人才的影响是深刻的、复杂的、多种多样的，但主要表现在两个方面。

（一）地理环境是人才产生的物质基础

从客观上讲，地理环境等自然条件为人类的生存、人类社会的延续，提供了物质基础，同样，也为人才的产生、发展，提供了物质基础。

马克思指出："人的活动的首要条件恰恰就是土地。"[①] 地理环境等自然条件是人和人才的基础，一是生存的基础，即经济的基础。人和人才的生存，首先要解决"吃"的问题，其次要解决"穿、住、行"等问题。这些问题不解决，人类就不能存在，人才也就不存在了。要解决这些问题，都靠经济，经济是前

---

① 中共中央马克思恩格斯列宁斯大林著作编译局.马克思恩格斯全集.第1卷[M].北京：人民出版社，1972：612.

提、是基础。而经济的发展受自然条件影响极大，特别在古代，地形的起伏、土壤的质量、水源的充足、环境的优劣，决定经济发展的潜力。只有经济发展到一定程度，文化的发展才有基础，人和人才的发展也才有基础。二是发展的基础，即文化的基础。人类的发展、人类社会的发展、人才的产生与发展，和文化有很大的关系。所谓"文化"，是针对精神文化而言，它包含社会意识形态、典章制度、政治组织、学术思想、风俗习惯、道德教育、宗教信仰、文学艺术，等等。这些因素是人和人才发展的基础，也是发展的条件。而文化的产生与发展，又与地理环境等自然条件紧密地联系在一起。地理环境等自然条件可以促进文化的发展，也可能给文化的发展带来许多阻力。特别在古代，山山水水和自然资源、物产等对文化的发展有极大的影响。同一江河流域的人，可以凭借舟筏、木排等交通工具相互联系、沟通；而大山峻岭，则是人类活动的天然屏障，导致人们之间的交往非常困难，从而形成不同的文化区域。尤是对文化传播的影响，文化区域之间的交流，在很大程度上取决于交通状况。交通是文化传播的必要条件，是文化发展、文化积累的重要保障。对人才的交流、成长也有十分重要的作用。

（二）地理环境对人才成长和发展具有重要影响

从主观上讲，地理环境等自然条件对人们和人才的思想、性格、精神、风俗习惯等的形成，有着巨大的作用。人们的精神面貌、性格特征、风俗习惯等，不是天生的，也不是偶然的，而是后天形成的，和他们所生活的地理环境等自然条件有十分密切的关系。狄德罗说："人物的性格要根据他们的处境来决定。""处境"，就是指地理环境等自然条件。大自然特定的乡土环境，会潜移默化地给人们的性格、精神、心理、习惯等烙上深深的印记。唐代学士孔颖达说："南方谓荆扬之南，其地多阳，阳气舒散，人情宽缓和柔""北方沙漠之地，其地多阴，阴气坚急，故人刚猛，恒好斗争。"刘禹锡说："潇湘间无土山，无浊水，民乘是气，往往清慧而文。"同时，地理环境等自然条件对人们物质生活和风俗习惯的影响，也是十分巨大的。《礼记·王制》指出"凡居民材，必因天地寒暖燥湿，广谷大川异制，民生其间者异俗，刚柔、轻重、迟速异齐，五味异和，器械异制，衣服异宜。"所谓"广谷大川异制"，即每条江河流域、每山脉区域是不同的，有区别的，即所谓的"异制"。因此，人民的

第九章 湖南人才的地理分布

物质生活和风俗习惯也是不同的、有区别的。这就表明,不同的地理环境和自然条件,养成了人们精神性格、思维方式、生活习惯、风俗民情,即"一方水土养一方人"。

"水土",俗指地方,《左传·僖公十五年》:"生其水土而知其人心",引申为某一地方的自然环境,因其水土不同,所"养"的人们的性格、风貌、思维方式是不同的。林语堂对此进行了具体的论述。首先,他认为中国地大人多,不同地方的人,有不同的性格等方面的特点:"南方与北方的中国人被文明纽带联结在一起,成为一个民族,但他们在性格、体魄、习俗等方面的区别之大,不亚于地中海人与北欧日耳曼人的区别。"其次,他认为不同地方的人,其文化艺术风格也是不同的。"粗犷豪放的北方,温柔和婉的南方,这些区别从他们各自地区的语言、音乐和诗歌中都能看到。我们来对比一下陕西乐曲与苏州乐曲之间的差异。陕西乐曲用一种木板控制速度,声调锵锵,音节高昂而响亮,有如瑞士山歌,使人联想到呼号的风声,似在高山上,似在旷野里,又似风吹沙丘。苏州乐曲的低声吟唱,介乎于叹息与鼾声之间,喉音和鼻音很重,很容易使人联想到一个精疲力竭的气喘病人,那习惯性的叹息和呻吟已经变成了有节奏的颤抖。在语言上,我们听到的是北京话洪亮、清晰的节奏,轻重交替,非常悦耳;而苏州女性则会发出轻柔、婉转的声调,其强调的力量并不在于很大的爆破音,而在局尾拖长了的、有些细微差别的音节。"[①]以诗歌为例,南方流行的诗如:"打杀长鸣鸡,弹去乌臼鸟。愿得连冥不复曙,一年都一晓。"北方的典型诗歌则是:"敕勒川,阴山下。天似穹庐,笼盖四野。天苍苍,野茫茫,风吹草低见牛羊。"可见,地理环境不同,文学艺术的风格是不同的。

人才和地理环境等自然条件有着密切的联系,人才就在人类和自然条件的相互依存和斗争中产生的。马克思指出:"劳动首先是人和自然之间的过程,是人以自身的活动来引起、调整和控制人类和自然之间的物质变换的过程。"[②]地理环境的好坏和自然条件的优劣,对于人类活动、人的成长有着非常重要的影响。不同的地理环境和自然条件,可以有利于人才的生长和发展;或可以

---

① 林语堂.中国人[M].上海:学林出版社,1994:31-32.
② 中共中央马克思恩格斯列宁斯大林著作编译局.马克思恩格斯全集:第23卷[M].北京:人民出版社,1972:201.

不利于人才的生长和发展；甚至对人才的生长与发展会起阻碍作用。相同的地理环境和自然条件，由于基本相同的生产方式、生活条件，所面临的人际关系和社会文化也总体相近；在这些基础上所产生的人才，也必然有着某些共同的特性，从而形成人才群的出现和发展。因此，研究人才的一个重要内容，就是讨论人才的地理分布，探讨地理环境和自然条件对人才的产生与发展所起的作用。

（三）湖南的地理环境很大程度上造就了湖南一代又一代人才

湖南是中国大省，物华天宝，人杰地灵，自古以来陶冶了无数的杰出人才。湖南风光如画。早在北宋时，画家宋迪和书法家米芾就非常欣赏湖南的风景名胜，分别作"潇湘八景"图和诗：一是"江天暮雪"，指长沙县橘子洲头的雪天暮景；二是"山市晴岚"，指湘潭市昭山雨后初晴景色；三是"潇湘夜雨"，指永州市潇湘亭，夜听雨声、橹声、江水声；四是"烟霞晚钟"，指衡山清凉寺夜晚钟声；五是"远浦归航"，指湘阴县湘江往来船只，顺风扬帆走浪尖，逆水拉纤响号子；六是"渔村夕照"，指桃源县武陵溪桃花源，夕阳收网时的行舟美景；七是"洞庭秋月"，指岳阳楼和洞庭湖相互辉映；八是"平沙落雁"，指衡阳回雁峰，秋天雁落河洲沙坪。至于今天，湖南风光更加美丽：张家界风光已成为世界旅游胜地；凤凰古城天下无双，又被新发现古长城屹立南方；炎陵县的炎帝陵，象征着中华文明的源头；常德诗墙长达三公里，入选吉尼斯世界纪录；韶山等革命圣地，更遍布三湘四水。1919年，毛泽东吟诗为罗章龙东渡日本送行，曾豪迈地指出："年少峥嵘屈贾才，山川奇气曾钟此。"认为湖南是山川灵秀之气聚集之地，必然产生人才，而且当"名世如会五百年"。刘禹锡说："潇湘间无土山、无浊水，人秉是气，往往清慧而文。"《左传》也说："钟山川之灵秀，得楚国之雄才。"宋代庄绰认为："大抵人性类其风土，西北多山，故其人重厚朴鲁；荆扬多水，其人亦明慧文巧，而患在清浅。"唐代柳宗元被贬到湘南之后，在创作方面也受到湖南自然环境的影响，"栖身湘粤，偶有所作，咸则《庄》《骚》，谓非土地使然欤？"这些都说明湖南的地理环境等自然条件对文化、人物性格、人才成长的影响。湖南山清水秀而又四面阻塞的地理环境，物产丰富而又地困民穷的经济条件，文化悠久而又开发较晚的历史背景，造就了一代又一代的湖南人才。

二、古代湖南人才的地理分布

1992年，湖南出版社出版了杨慎之主编的《湖南历代人名辞典》，收录了古代湖南人才2 023人。同年，湖南出版社又出版了《湖南省志·人物志》上册，共收录了湖南古代人物270人。1995年，复旦大学出版社出版了张伟然博士的《湖南历史文化地理研究》一书，收录了正史列传中的湘籍人物128人，加上《清史稿》中清代前五朝的湖南列传人物，共139人。1999年，中国档案出版社出版了澹泊主编的《湖南名人志》4卷本，共收录古代湖南人才1 627人。以上四种资料，共得4 059人，此处就以这个数字为基础，来讨论古代湖南人才的地理分布。讨论古代湖南人才的地理分布，首先从古代湖南人才的县籍着手。县，一直是古代中国基本的行政单位，湖南历代县的划分并不统一，而且变化极大，县名、属地也有变化。秦汉时，全省约30多个县，三国、两晋、南北朝时增加到五六十个县，隋代又减少至30多县，发展到明清时期，全省的县已有70多个。现以清代初期县名、县数为主，得66个县，作为分析的基础，如表9-1所示。

表9-1　古代湖南人才统计

县、市名	《湖南历代人名辞典》	《湖南名人志》	《湖南省志·人物志》	正史列传湘籍人物	合　计	比例	名次
长沙	178	160	35	31	404	9.95%	1
常德	111	82	23	25	241	5.94%	2
湘潭	114	90	19	4	227	5.59%	3
衡阳	104	77	10	2	193	4.75%	4
衡山	73	55	10	5	143	3.52%	5
邵阳	64	48	16	2	130	3.20%	6
零陵	60	48	9	5	122	3.01%	7
岳阳	64	46	6	5	121	2.98%	8
华容	58	51	7	3	119	2.93%	9
湘阴	63	48	5	2	118	2.91%	10
茶陵	56	48	5	7	116	2.86%	11
平江	42	50	1		95	2.34%	12
新化	46	30	15	—	91	2.24%	13
攸县	49	36	3	2	90	2.22%	14
湘乡	52	32	2	2	86	2.12%	15
益阳	45	28	6	1	80	1.97%	16
宁乡	39	33	5	—	77	1.89%	17

续表

县、市名	《湖南历代人名辞典》	《湖南名人志》	《湖南省志·人物志》	正史列传湘籍人物	合计	比例	名次
沅陵	38	35	1	—	74	1.82%	18
澧县	35	31	4	2	72	1.77%	19
郴州	29	28	5	5	67	1.65%	20
常宁	36	25	5	—	66	1.62%	21
道县	30	23	5	4	62	1.53%	22
永顺	31	29	2	—	62	1.53%	22
浏阳	31	23	2	6	62	1.53%	22
祁阳	26	25	5	2	58	1.43%	25
桂阳	29	21	2	4	56	1.38%	26
桃源	30	22	2	1	55	1.36%	27
武冈	28	27	2	—	55	1.36%	27
耒阳	25	19	4	3	51	1.26%	29
醴陵	23	18	4	3	48	1.18%	30
临湘	25	19	2	1	47	1.16%	31
汉寿	22	21	4	—	47	1.16%	31
宁远	22	18	1	1	42	1.16%	33
溆浦	21	15	2	1	39	0.96%	34
临武	15	17	3	1	36	0.89%	35
汝城	20	15	1	—	36	0.89%	35
永兴	16	14	5	—	35	0.86%	37
凤凰	17	14	2	—	33	0.81%	38
芷江	19	13	—	—	32	0.78%	39
安化	11	14	2	2	29	0.71%	40
鄠县	17	11	1	—	29	0.71%	40
宜章	12	13	3	—	28	0.69%	42
黔阳	13	11	3	—	27	0.67%	43
辰溪	14	10	3	—	27	0.67%	43
安乡	14	10	2	—	26	0.64%	45
吉首	12	12	2	—	26	0.64%	45
桂东	11	13	1	—	25	0.62%	47
资兴	14	8	—	—	22	0.54%	48
新宁	11	9	1	—	21	0.52%	49
靖县	11	8	1	1	21	0.52%	49
保靖	12	9	—	—	21	0.52%	49
慈利	11	7	—	2	20	0.49%	52
城步	7	11	2	—	20	0.49%	52
麻阳	9	6	1	—	16	0.39%	54
安仁	6	7	—	—	15	0.37%	55
江华	8	6	1	—	15	0.37%	55
永绥	5	4	5	—	14	0.34%	57
东安	6	5	—	2	13	0.32%	57

续表

县、市名	《湖南历代人名辞典》	《湖南名人志》	《湖南省志·人物志》	正史列传湘籍人物	合 计	比例	名次
泸溪	5	5	—	—	10	0.25%	59
石门	6	2	1	—	9	0.22%	60
蓝山	4	3	1	—	8	0.20%	61
龙山	5	2	—	—	7	0.17%	62
桑植	4	2	—	—	6	0.15%	63
沅江	3	2	—	—	5	0.12%	64
会同	2	2	—	—	4	0.10%	64
新晃	2	1	—	—	3	0.07%	66
总计	2023	1627	270	139	4059	—	—

古代湖南人才人数不多，分布的地区广大，遍及湖南所有的县，呈现出分布不平衡、人才中心不固定、人才数量不断增加等特点。

（一）人才分布的不平衡性

古代湖南人才分布在全省的66个县，分布极不平衡。人才最多的长沙有几百人，占了湖南人才总数的近10%。而石门、蓝山、龙山、桑植、沅江、会同、新晃7县每县只有几个人，7个县的人才加起来，才约占不到全省人才的1%。就大的区域说，人才大都集中于湘中和湘北的洞庭湖地区，两个地区的人才数量相加，将近占全省人才的3/5。南北比较，湖南古代人才集中于北部；二者大约是6∶4。东西比较，湖南古代人才集中于东部；二者大约是7∶3。当然，在具体的历史朝代，人才的分布又有差异。

这种不平衡性的产生，主要是古代湖南政治、经济、文化的状况造成的。从政治上看，古代湖南的重要城市、政治中心，如长沙、常德、邵阳、益阳、衡阳、湘潭、岳阳、澧县等都在湘中和湘北。湘南只有零陵、郴州；湘西只有沅陵。从经济上看，湘中、湘北自然环境优越，地势平坦，土壤肥沃，可耕地多，物产丰富，交通便利，经济相对发达。湘南、湘东、湘西多崇山峻岭，经济环境较差。从文化上看，湘中、湘北比较发达，长沙、常德、衡阳、邵阳都是古代湖南重要的文化中心。湘南、湘东处于次要的地位；湘西则比较落后。政治、经济、文化的发展水平，决定了古代湖南人才的分布状况。

古代湖南人才分布不平衡的次要原因，则是受到古代中国人才分布不平衡的影响。前文谈到，中国古代人才可以分为两个中心、两个人才带、一个人才基本空白点。湖南属于第二个人才带，东靠属于第二个人才中心的江西；南接第二个人才带的广东，以及基本上是人才空白点的广西；西则与人才基本空白点的贵州为邻；北与同属第二个人才带的湖北搭界；西北角亦与同属第二个人才带的四川接壤。受古代中国人才分布结构的影响，湖南人才也形成了东部多于西部、北方多于南方的格局。

（二）人才中心的流动性

古代湖南的人才中心是流动的。在秦汉、三国时期，湘南是湖南人才的一个主要中心，约集中了全省人才的2/5；其次是湘中，约集中了全省人才的35%；湘北占有全省人才的近1/5；湘西约占全省人才的5%；湘东则仅占全省人才的1%左右。两晋南北朝时期，湘中地区人才最多，占据第一的位置，其中长沙一地竟占全省人才的2/5，湘北地区也上升为第二，湘南地区的地位却下降为第三，占不到全省人才总数的16%。隋唐五代时期，湖南人才的最大中心仍是湘中地区，占全省人才总数的43%以上，长沙更占有全省人才的1/4；其次是湘北，占全省人才的23%左右；湘南人才比例稍稍回升，约占全省人才的17%；湘西占了全省人才的8%以上；湘东人才上升，占全省人才的5%左右。宋辽金元时期，湘中仍是全省人才中心，其比例在35%以上；湘东人才成倍增加，占了全省人才的1/5左右；湘南的地理面积是湘东的一倍，但人才数却基本相同；湘北人才是一个马鞍形，下降为只占全省人才的14%左右；湘西人才则占全省人才的8%以上。到明代，湖南人才分布再度发生变化，湘北成为湖南人才中心，占全省人才的1/4以上；湘中人才在全省所占比例，第一次下降到1/4以下；湘南人才数量占比有所回升，约占全省人才的22%；湘西人才稳步上升，占了全省人才的13%以上；湘东人才仍占有人省人才的11%左右。清代前五朝，湘中再次成为湖南人才中心，其比例高达47%以上；湘北、湘南的人才比例均有所下降，分别占全省人才的13%左右；湘西则占全省人才的11%左右；湘东约占全省人才的8%。综上所述，古代湖南人才中心有一个从湘南出发，到湘中，继续北上到洞庭湖地区，又回到湘中的过程。

古代湖南的人才中心之所以流动，主要有三个方面的原因。首先，正如前文所讲，古代湖南没有单独建省，没有一个作为省府的中心城市，而是有几个中心同时存在，或此起彼落，从而影响了人才中心的不断变化。其次，是由于湖南政治、经济、文化的不断变化。秦汉时期，湘南的地理位置相对重要，社会较安定，因而经济相对发展，文化也处于全省前列，故而人才较多。明朝时期，洞庭湖地区经济发展，成为湖南较富裕的地区；加之湖广行省的设置，使湘北靠近武昌这一全省的中心，人才也因之增加。至于湘中地区，特别是湘江中下游地区，则始终是湖南政治、经济、文化较发达的地区，因此，湘中人才始终占全省的重要地位。再次，受古代中国人才中心流动的影响。古代中国人才的分布不是静止的，而是流动的，有一个由中原的黄河流域，向东南，即黄河下游和长江下游流动的过程。湖南地处中国腹地，长江中游，是中原和东南各省的联结点。古代北方及中原人才南下或东向，必然对湖南人才产生深刻影响；东南各省人才的崛起，加之北上和西向，更对湖南人才的出发展，有着巨大的促进作用。

（三）人才发展的增长趋势

从历史发展来看，古代湖南人才呈不断上升的趋势，这是古代湖南人才的一个显著特点。据前引丁文江关于列传人物省籍的统计，汉唐两代共有列传人物1 935人，湖南仅4人，只占全国的0.2%。宋代有列传人物2 065人，湖南有24人，占全国的1.16%。清代有列传人物1 771人，湖南有27人，占全国的1.52%。《中国历代名人辞典》收唐代以前名人1 228人，其中湖南籍仅3人，只占全国名人的0.24%；唐代名人429人，湖南有2人，在全国的比例上升为0.47%；宋代名人370人，湖南有5人，比例又上升为1.35%；明代有名人532人，湖南6人，占全国的1.11%。1981年，黑龙江人民出版社出版了吴海林、李延沛的《中国历史人物生卒年表》，共收录唐代以前人物1 453人，其中湖南籍4人，仅占全国的0.2%；唐代572人，湖南3人，比例上升为0.57%；宋代1 305人，湖南8人，比例又上升为0.61%；明代1 242人，湖南10人，比例又上升为0.83%；清代鸦片战争前1 133人，湖南有26，比例更上升为2.29%。可见，根据一些中国历史人物辞典的统计，湖南人才在全国所占的比例，呈不断上升的趋势。整体来看，秦汉时期，湖南人才只占全国人才的0.8%左右；两晋时期，更下降为0.5%左右；唐宋时期又上升为0.9%左右；到明朝，湖南人才数量第一次占了全国人才的1%以上；到清代前五朝，湖南人才则占了全国人才的2%以上，与湖南土地面积在全国的地位相当。古代湖南人才不断上升的趋势，为湖南发展为中国的"人才大省"，奠定了坚实的基础。

三、近代湖南人才的地理分布

近代湖南人才数字的统计，主要选用了以下五种资料：一是杨慎之主编的《湖南历代人名词典》，二是澹泊主编的《湖南名人志》，三是《当代湖南人名辞典》，四是何梓林、夏远生主编的《二十世纪湖南人物》，五是李盛平主编的《中国近现代人名大辞典》。上述五种资料所收录的人物自古至今，此处只取公元 1820 年到公元 1950 年的人物，共得 8 136 人，如表 9-2 所示。

表9-2　近代湖南人才统计

县、市名	《湖南历代人名辞典》	《湖南名人志》	《当代湖南人名辞典》	《二十世纪湖南人物》	《中国近现代人名大辞典》	合计	比例	名次
长沙	313	414	255	124	92	1 195	14.69%	1
湘乡	204	220	82	57	46	609	7.49%	2
湘潭	142	209	101	56	44	550	6.76%	3
平江	104	139	100	62	69	474	5.83%	4
浏阳	105	126	85	43	44	403	4.95%	5
醴陵	98	135	69	52	42	396	4.87%	6
邵阳	80	129	82	32	23	346	4.25%	7
湘阴	68	122	47	21	19	277	3.40%	8
宁乡	73	116	46	18	23	276	3.39%	9
益阳	55	88	40	32	24	239	2.94%	10
衡阳	59	88	38	21	10	216	2.65%	11
衡山	50	67	35	25	15	192	2.36%	12
新化	58	73	30	12	8	181	2.30%	13
常德	52	61	29	12	17	171	2.10%	14
茶陵	22	45	37	23	15	142	1.75%	15
耒阳	25	34	19	17	15	110	1.35%	16
祁阳	31	26	23	12	16	108	1.33%	17
岳阳	30	36	21	11	9	107	1.32%	18
攸县	19	28	21	17	7	92	1.13%	19
安化	20	34	19	12	4	91	1.12%	20
华容	22	31	18	11	10	90	1.11%	21
宜章	20	22	11	18	12	83	1.02%	22
澧县	15	37	11	9	6	78	0.95%	23
桃源	20	25	12	3	6	76	0.93%	24
慈利	23	21	15	11	3	73	0.90%	25
新宁	20	31	10	6	4	71	0.87%	26
凤凰	23	22	12	9	2	68	0.84%	27
临湘	13	35	10	4	3	65	0.80%	28

第九章 湖南人才的地理分布

续表

县、市名	《湖南历代人名辞典》	《湖南名人志》	《当代湖南人名辞典》	《二十世纪湖南人物》	《中国近现代人名大辞典》	合计	比例	名次
溆浦	21	21	10	7	5	64	0.79%	29
武冈	12	28	14	6	1	61	0.75%	30
鄮县	13	19	11	9	8	60	0.74%	31
常宁	13	24	9	5	2	53	0.65%	32
宁远	18	17	8	5	5	53	0.65%	32
汉寿	13	17	12	7	4	53	0.65%	32
郴县	13	20	8	7	5	53	0.65%	32
东安	14	22	6	4	4	50	0.61%	36
资兴	12	15	12	8	2	49	0.60%	37
临澧	6	14	14	8	5	47	0.58%	38
嘉禾	14	14	2	10	6	46	0.57%	39
零陵	13	15	9	5	3	45	0.55%	40
桑植	8	15	7	7	6	43	0.53%	41
大庸	9	22	3	6	2	42	0.51%	42
沅陵	13	11	7	5	2	41	0.50%	43
吉首	16	20	3	1	1	41	0.50%	43
芷江	7	18	7	3	1	36	0.44%	45
汝城	8	12	7	6	1	36	0.44%	45
桂阳	10	17	5	2	2	36	0.44%	45
石门	11	13	6	—	5	35	0.43%	48
道县	16	11	1	1	2	31	0.38%	49
永兴	4	12	7	4	3	30	0.37%	50
保靖	10	9	3	5	1	28	0.34%	51
永绥	9	11	4	3	—	27	0.33%	52
永顺	7	7	6	5	1	26	0.32%	53
新田	8	7	4	3	2	24	0.29%	54
江华	8	7	2	5	2	24	0.29%	54
安仁	6	8	4	4	1	23	0.28%	56
麻阳	5	6	6	4	1	22	0.27%	57
南县	3	8	4	5	1	21	0.26%	58
沅江	4	7	6	3	—	20	0.25%	59
黔阳	8	10	1	1	—	20	0.25%	59
桂东	6	8	3	2	1	20	0.25%	59
龙山	7	8	2	1	—	18	0.22%	62
安乡	5	4	—	5	4	18	0.22%	62
辰溪	4	4	3	2	1	14	0.17%	64
临武	2	2	3	1	2	10	0.13%	65
泸溪	3	2	3	1	1	9	0.11%	66
古丈	3	5	1	—	—	9	0.11%	66
晃县	2	2	1	2	1	8	0.10%	68

续表

县、市名	《湖南历代人名辞典》	《湖南名人志》	《当代湖南人名辞典》	《二十世纪湖南人物》	《中国近现代人名大辞典》	合计	比例	名次
靖县	4	2	1	—	—	7	0.09%	69
城步	2	4	1	—	—	7	0.09%	69
会同	2	1	—	1	1	5	0.06%	71
蓝山	1	1	1	1	—	4	0.05%	72
通道	1	1	—	1	—	3	0.04%	73
绥宁	1	2	—	—	—	3	0.04%	73
合计	2 139	2 904	1 494	911	688	8 136	—	—

总的来说，近代湖南人才的分布，呈现以下特点。

（一）近代湖南人才的分布极不平衡

前文曾说到古代湖南人才分布的不平衡，到近代这种不平衡性更加明显和突出。湘中地区的面积仅占全省的23%，而近代人才却占了47.78%。几乎占了全省人才的一半，比古代人才更加集中。湘东地区的面积不到全省的1/10，却占了全省人才的近1/5，其百分比几乎比古代增加了一倍。湘南、湘西地区，其面积占全省的56%以上，而人才却只有全省的1/5。从县市来看，前10名的长沙、湘乡、湘潭、平江、浏阳、醴陵、邵阳、湘阴、宁乡、益阳，共有人才4 765人，占了全省人才的58.34%，也远远高于古代。古代湖南人才的前10名——长沙、常德、湘潭、衡阳、衡山、岳阳、华容、邵阳、湘阴、零陵，共有人才2 306人，只占全省人才的41.18%。

（二）湘东地区人才兴盛

近代湖南湘东人才的兴起，已是不争的事实，在人才数量前10名中，古代没有湘东的县市，近代却一举增到3席。湘东自然条件并不好，基本上是山区，全省最高的山峰酃峰也在湘东。湘东地区人才的兴起，首先是政治原因，自进入近代以来，湘东就是湖南政治斗争、阶级斗争最激烈的地区之一，湖南的维新运动首先起自湘东的浏阳，谭嗣同、唐才常都是浏阳人，新民主主义革命时期，湘东地区爆发了秋收起义、平江起义，井冈山、湘赣、湘鄂赣等农村根据地都在湘东地区。其次是经济原因。湘东地区的经济发展水平并不高，但大都有其物色经济，如浏阳的鞭炮，可说饮誉全国，有"烟花之乡"的美称；

醴陵瓷器驰名中外，为我国八大瓷器产地之一；平江的土布、茶叶亦闻名全国，远销各地；茶陵经济作物的发展，"大蒜、生姜、白芷"被称为"茶陵三宝"。最后是文化原因，湘东靠近长沙、衡山两个文化中心，历史上也是文人辈出，以李东阳为首的"茶陵诗派"，在中国文学史上占有一席之地，左宗棠等名人曾在醴陵任教，著名的教育家、岳麓书院山长欧阳厚均是湘东安仁人，维新时期建立的浏阳算学社，可说是"湖南全省新运之起点"。因此，近代湘东人才之盛，若按人口、土地面积的比例计算，可与湘中地区比肩。

（三）湘北地区经济相对落后，导致人才数量较少

湘北地区和湘东地区，形成明显的反差。在古代，湘北地区的人才占全省人才的2/5，其中常德仅次于长沙，居全省人才总数的第2名，岳阳、华容、湘阴到分列第6、7、9名，在前10名中占了4席，而到近代，除湘阴仍保留了第9名的位置外，常德、岳阳、华容分别落到了第14、18、21名，整个湘北地区人才仅占全省的11.62%，其百分比几乎下降了一半。湘北地区人才的下降主要原因在于经济，古代湖南，农业经济占有绝对优势地位，湘北地区是洞庭湖粮仓的中心地区，农业经济在全省占有举足轻重的地位，而近代，工业、手工业经济兴起，湘北缺少矿藏资源，其他轻重工业又远远落后于长沙、湘潭等地，导致整个经济地位下降。加之粤汉铁路的修建，常德作为交通枢纽的地位亦大降，因此，相对来说，湘北地区的人才已失去了古代的优势。

（四）以长沙为中心的人才区的形成

前文谈到，古代湖南人才中心有一个流动过程，即由南到北，再回到湘中地区。近代湖南人才却没有这个流动过程，长沙成为湖南人才的最大中心，占全省人才的14.69%，而古代的长沙人才只占全省人才的9.80%，而且曾一度被挤出前三名之外。特别是近代，形成了一个以长沙为中心的相对稳定的人才圈，北有平江、湘阴，西有宁乡、益阳，南有湘潭、湘乡，东有浏阳、醴陵，共9个县市，共有人才4 419人，占全省人才总量的54.88%。在古代，这个范围共有人才1 491人，占全省人才总量的29.44%。其比例，近代比古代差不多上升了一倍。

（五）精英人才的家乡人才大增

近代湖南人才有一个非常明显的特点，即精英人才、领袖人才的家乡，人才迅速增加，其中最典型的是湘乡。曾国藩建湘军，以湘乡人为骨干，产生了大批将才，如曾国荃、罗泽南、刘蓉、李续宾、李续宜、王鑫、刘松山、王开化、刘锦棠等。新民主主义革命时期，湘乡又有蔡和森、蔡畅、陈赓、谭政等人，因此，湖乡人才发展迅速，由古代的全省第 14 名跃居全省第 2 名。平江、浏阳人才增长的其中一个重要的因素是，新民主主义革命时期产生了一大批无产阶级的政治家、军事家。安化山区在古代位居全省人才第 38 名，却因"晚清人才第一"的陶澍是安化人，而上升为全省第 20 名。熊希龄的家乡凤凰，江忠源的家乡新宁，等等，人才都有不同程度的增加。可见，一个杰出人才的出现，能带动一批人才的成长。

参考文献

[1] 陆耀：《切问斋文钞》，道光五年刻本。
[2] 汤鹏：《海秋诗集》，道光十八年刻本。
[3] 严如熤：《乐园文钞》，道光二十四年刻本。
[4] 刘鸿翱：《绿野斋前后集》，道光二十四年刻本。
[5] 胡林翼：《长沙府益阳县箴言书院志（三卷）》，同治五年刻本。
[6] 郭庆飏、童秀春：《宁乡县志（同治）》，同治六年刻本。
[7] 邱育泉：《安化县志（同治）》，同治十一年刻本。
[8] 唐鉴：《唐确慎公诗文集》，光绪元年刻本。
[9] 贺长龄：《耐庵文存》，光绪八年刻本。
[10] 贺长龄：《耐庵诗存》，光绪八年刻本。
[11] 包世臣：《安吴四种》，光绪十四年刻本。
[12] 罗正钧：《左文襄公年谱》，光绪二十三年刻本。
[13] 孟森：《清史讲义》，北京：中国文化服务社，1947 年。
[14] 刘禺生：《世载堂杂忆》，北京：中华书局，1960 年。
[15] 林则徐：《林则徐集》，北京：中华书局，1962 年版。
[16] 赵尔巽：《清史稿（全 48 册）》，北京：中华书局，1977 年。
[17] 来新夏：《林则徐年谱》，上海：上海人民出版社，1981 年。
[18] 李柏荣：《魏源师友记》，长沙：岳麓书社，1983 年。
[19] 中华书局编辑部：《魏源集》，北京：中华书局，1983 年。
[20] 费成康：《薛福成》，上海：上海人民出版社，1983 年。
[21] 李东阳：《李东阳集》，长沙：岳麓书社，1984 年。
[22] 陈康祺：《郎潜纪闻初笔二笔三笔（上下册）》，北京：中华书局，1984 年。

[23] 蔡冠洛：《清代七百名人传》，北京：中国书店，1984年。
[24] 梁启超：《中国近三百年学术史》，北京：中国书店，1985年。
[25] 萧一山：《清代通史（全五册）》，北京：中华书局，1986年。
[26] 梅英杰：《湘军人物年谱（一）》，长沙：岳麓书社，1987年。
[27] 王锺翰：《清史列传（全20册）》，北京：中华书局，1987年。
[28] 汤鹏：《浮邱子》，长沙：岳麓书社，1987年。
[29] 邓显鹤：《南楼草堂诗钞》，长沙：岳麓书社，1988年。
[30] 唐鉴：《国朝学案小识》，济南：山东友谊书社，1990年。
[31] 中国第一历史档案馆：《鸦片战争档案史料（全7册）》，天津：天津古籍出版社，1992年。
[32] 伍新福：《湖南通史（古代卷）》，长沙：湖南出版社，1994年。
[33] 刘泱泱：《湖南通史（近代卷）》，长沙：湖南出版社，1994年。
[34] 宋斐夫：《湖南通史（现代卷）》，长沙：湖南出版社，1994年。
[35] 萧一山：《曾国藩传》，海口：海南国际新闻出版中心，1994年。
[36] 陶用舒：《陶澍评传》，长沙：湖南师范大学出版社，1995年。
[37] 曾国藩：《曾国藩全集》，长沙：岳麓书社，1995年。
[38] 汪茂和：《中华人物传库（清卷）》，北京：华夏出版社，1996年。
[39] 左宗棠：《左宗棠全集》，长沙：岳麓书社，1996年。
[40] 陶澍：《陶澍集》，长沙：岳麓书社，1998年。
[41] 胡林翼：《胡林翼集》，长沙：岳麓书社，1999年。
[42] 陶用舒：《近代湖南人才群体研究》，长沙：岳麓书社，2000年。
[43] 李志茗：《晚清四大幕府》，上海：上海人民出版社，2002年。
[44] 易永卿、陶用舒：《现代湖南人才群体研究》，长沙：湖南人民出版社，2005年。
[45] 夏剑钦：《魏源传》，长沙：岳麓书社，2007年。
[46] 邓显鹤：《沅湘耆旧集》，长沙：岳麓书社，2007年。
[47] 李元度：《国朝先正事略（上下册）》，长沙：岳麓书社，2008年。
[48] 欧阳厚均：《岳麓诗文钞》，长沙：岳麓书社，2009年。
[49] 陶澍：《陶澍全集》，长沙：岳麓书社，2010年。

后　记

　　1996年，我来到益阳师范高等专科学校（今湖南城市学院）工作，跟随我最敬爱的老师陶用舒教授学做编辑，学做科研。我从一个中学老师成长为一个大学教授和编审，走过的每一步都离不开陶老师的鼎力扶持与悉心关怀。

　　2005年初，陶老师带着我一起完成了《现代湖南人才群体》一书的写作，当我拿着书稿去请范忠程教授、莫志斌教授、王晓天教授指导时，几位教授提议，既然我们完成了《近代湖南人才群体研究》和《现代湖南人才群体研究》的写作，何不在此基础上对湖南人才史作一个宏观的研究呢？怀着兴奋和忐忑的心情，我把几位教授的提议转达给湖南人民出版社的责任编辑、我的兄长龙仕林先生（现为湖南人民出版社退休编审）。当夜，我住在龙老师家中，围绕这个提议彻夜长谈，龙老师非常赞同这一提议，并提出了很多很好的设想。回到单位后，我向陶老师汇报了关于这个选题的初步设想，我自知学力不逮，于是恳请陶老师继续扶持我做完这个课题。年届古稀的陶老师非常高兴地接受了我的恳求，很快就设计了研究方案和计划。为了完成这个课题的研究，陶老师付出了大量的心血。经过5年的努力，2010年，《湖南人才史》140万字的初稿终于完成了。

　　本书的修改几经周折，从初稿140万字浓缩为50万字，书名从"湖南人才史"改为"湖湘人才史略"。湖南省新闻出版局原副局长、巡视员、《湖湘文库》编委会副主任张光华女士以及《湖湘文库》编委会副主任曾主陶、夏剑钦、熊治祁诸先生为本书的修改给予了大量的指导和帮助，并专门邀请史学界的刘泱泱、王晓天、范忠程、郭辉东等专家为本书的修改提供指导和帮助。尤其令人感动的是，湖南省委原副书记、《湖湘文库》编委会主任文选德先生多次关注并询问本书的修改情况，并提出了许多宝贵的意见。我的硕士生导师郑佳明教授、博士生导师李培超教授，以及我的老师、湖南师范大学伦理学研究所的唐凯麟教授、张怀承教授、王泽应教授、李伦教授等，在本书的写作和修改过程中，都为我提供了诸多帮助与指导。本书责任编辑也为书稿的修改提供了许多建设性的意见和建议，并为本书的出版做了大量的工作。在此谨向我的老师以及上述诸君致以诚挚的谢意！

易永卿

2022 年 5 月 2 日